Kurt H. Biedenkopf · Die neue Sicht der Dinge

Kurt H. Biedenkopf
Die neue Sicht der Dinge

Plädoyer für eine freiheitliche
Wirtschafts- und Sozialordnung

Piper
München Zürich

ISBN 3-492-02813-6
2. Auflage, 11.–20. Tausend 1985

Gesetzt aus der Aldus-Antiqua
Gesamtherstellung: Mühlberger, Augsburg
Printed in Germany

Inhalt

Prolog

Wer eine neue Ordnung denken will,
muß den Mut haben, aus der alten Ordnung herauszutreten.
Wer die alte Ordnung verlassen will,
um sie zu überdenken,
braucht einen festen Standort.
Unser Standort ist unsere Wertordnung.
Sie zu erhalten ist unsere Aufgabe.
Ändern müssen wir die Strukturen,
in denen die Wertordnung sich ausdrückt,
dann, wenn die Realität sich verändert,
die wir politisch gestalten.
Dauerhaft muß das Ziel sein,
das uns bei der Gestaltung leitet.
Immer neu durchdenken müssen wir die Wege,
die wir beschreiten.

Dauerhafte Gültigkeit der Werte,
Veränderung der Strukturen:
Das ist freiheitliche Politik.

Für Konrad Henkel

Konrad Henkel begegnete ich zum ersten Mal im November 1968. Ich war eingeladen, bei der Firma Henkel einen Vortrag zu halten. Als wir, von Bochum kommend, in die Henkel-Straße in Düsseldorf-Holthausen einbogen, roch es nach Chemie. Es war derselbe, wenn auch durch die Verarbeitung natürlicher Fette verfremdete Geruch, den ich aus meiner Kindheit kannte. Wir wohnten damals einen Steinwurf vom Tor III der BASF in Ludwigshafen entfernt. Die Gerüche chemischer Prozesse gehörten zu meiner Lebensumwelt. So war es wieder von 1938 bis 1945, als wir in der Nähe des Buna-Werkes lebten, das die I.G. Farbenindustrie A.G. in Schkopau bei Halle gebaut und mit dessen technischer Leitung sie meinen Vater beauftragt hatte. Die »Chemie« und ihre Gerüche waren deshalb wie ein Stück lebendig gewordene Erinnerung, als ich ihnen an jenem Tag im Jahre 1968 wiederbegegnete. Meinem Fahrer sagte ich damals: Es wäre nicht schlecht, auch hier einmal zu arbeiten.
An den Vortrag schloß sich eine Diskussion an. Konrad Henkel nahm an ihr als Zuhörer teil. An eine Frage erinnere ich mich noch. Sie betraf Verantwortung und unternehmerisches Risiko von Vorstandsmitgliedern großer Unternehmen. Ich antwortete, mir scheine es eher gerechtfertigt, von der Verantwortung als vom unternehmerischen Risiko zu sprechen. Das Wagnis eines Handwerksmeisters mit eigenem Betrieb sei jedenfalls in der Regel größer als das wirtschaftliche Risiko eines Unternehmensvorstandes mit gut dotierten Abfindungsregelungen.
Konrad Henkel und seine Schwester, Frau Maskell, luden mich anschließend zum Essen ein. Es war ein vergnüglicher Abend. Ich habe ihn, dank des guten französischen Weißweines, ein wenig heiterer und aufgeräumter verlassen, als es mir bei späterem Nachdenken mit der Würde eines Universitätsrektors und des Vorsitzenden der Mitbestimmungskommission der Bundesregierung vereinbar schien.

Im Frühjahr 1969 hörte ich wieder von Konrad Henkel. Er rief an, um zu hören, ob er mich sprechen könne. Ich lud ihn nach Bochum ein und dachte an die Erörterung juristischer Fragen. Er kam alleine, ohne Fahrer. Wir sprachen kurz über die Ruhr-Universität und die Mitbestimmungskommission. Dann kam er zur Sache. Ob ich mir vorstellen könne, nicht an der Universität, sondern in der Führung eines Unternehmens tätig zu sein? Mit allem hatte ich gerechnet, nur nicht mit einer solchen Anfrage. Ich dankte ihm für das Vertrauen und bat um Bedenkzeit. Auf dieser Basis trennten wir uns. Ich glaube, unsere Begegnung hatte kaum länger als 30 Minuten gedauert.

Kurz darauf besuchte ich Konrad Henkel in Holthausen. Wir sprachen über sein Angebot: Im Prinzip könne ich mir als Wirtschaftsjurist einen Wechsel in die Praxis schon vorstellen. Auch meine Lehrer Heinrich Kronstein und Helmut Coing waren der Ansicht, einige Jahre praktische Erfahrung wären eher nützlich.

Als Vorsitzender der Mitbestimmungskommission sei es mir jedoch nicht möglich, über einen Wechsel in die Industrie weiter zu sprechen. Meine Unabhängigkeit könne gefährdet erscheinen. Gerade für eine Empfehlung in der Mitbestimmungsfrage sei sie jedoch wichtig. So bat ich Konrad Henkel, sich durch nichts gebunden zu fühlen. Ich selbst könnte weder direkt noch indirekt eine Zusage geben.

Am 21. Januar 1970 übergab die Kommission ihre Empfehlungen an Bundeskanzler Willy Brandt. Drei Wochen darauf erneuerte Konrad Henkel sein Angebot. Im Juli 1970 entschloß ich mich, zuzusagen und Ende des Jahres nach Düsseldorf zu kommen. Im Oktober 1970 war ich sechs Jahre Ordinarius in Bochum gewesen. Nun sollte ich selbst kennenlernen, worüber ich gearbeitet und Vorlesungen gehalten hatte: die Führung eines Unternehmens und seine innere Ordnung.

Zehn Jahre akademischer Laufbahn gingen damit zu Ende. Als Hans Mundorf vom Handelsblatt mich im Herbst des Jahres 1970 bei Henkel für ein Interview besuchte, sagte ich ihm zum Abschied scherzhaft, nach zehn Jahren Wissenschaft und zehn Jahren Wirtschaft könnten sich dann ja zehn Jahre Politik anschließen. Am nächsten Tag las ich es als Zitat in der Zeitung und mußte alles erklären – wie noch oft in späteren Jahren. Es war wohl die erste Irritation, die ich auf diese Weise ausgelöst hatte.

So richtig gelernt, sie zu vermeiden, habe ich bis heute nicht. Hübschen Formulierungen ist schwer zu widerstehen.

Tatsächlich wurden es nicht zehn, sondern nur rund zweieinhalb Jahre. Im Sommer 1970 hatte ich Helmut Kohl kennengelernt. Hanns Martin Schleyer hatte einen Kreis von Männern aus Politik und Wirtschaft gebildet, mit dem Kohl sich hin und wieder traf. Er lud mich dazu ein; Richard von Weizsäcker und Peter Scholl-Latour traf ich dort. Mitte Februar 1973 rief mich Kohl in Düsseldorf an. Ob ich mir vorstellen könne, Generalsekretär der CDU unter ihm als Parteivorsitzendem zu werden. Rainer Barzel war im Herbst 1971 in Saarbrücken zum Vorsitzenden der CDU gewählt worden. Helmut Kohl unterlag ihm damals als Gegenkandidat. Aber er hatte mit der Kandidatur seinen Anspruch angemeldet. Nach der verlorenen vorzeitigen Bundestagswahl 1972 wollte er ihn erneuern.

Wenige Tage später trafen wir uns in Koblenz zu einem Gespräch. Ich wollte zunächst Näheres wissen. Ein erneuter Wechsel, diesmal in die aktive Politik, schien mir verfrüht. Aber es war eine lockende Aufgabe.

Mitte April 1973 kam ich von einer USA-Reise zurück. Am Tag meiner Rückkehr besuchte ich meinen väterlichen Freund Wilhelm Schulte zur Hausen, um seinen Rat zu erbitten. Bei einem guten Abendessen sprachen wir über den Vorschlag. Schulte zur Hausen wägte die Vor- und Nachteile ab. Gehe man von meinen eigenen Interessen und denen des Unternehmens aus, müßte man die Kandidatur ablehnen. Für die Tätigkeit im Unternehmen komme die Politik zu früh. Im übrigen habe man sich in Düsseldorf gerade eingerichtet. Von der politischen Lage und der Situation der Partei her gesehen, könne man sich der Kandidatur nicht entziehen. Schulte zur Hausen war der Meinung, daß das zweite schwerer wiege als das erste. Er meinte, man dürfe sich einer Berufung nicht entziehen, wenn sie den eigentlichen Anlagen und Talenten entspräche. Ich habe Schulte zur Hausen selten so bestimmt und in seiner Argumentation endgültig erlebt.

Zwei Tage später fand sich eine Gelegenheit, mit Konrad Henkel selbst zu sprechen. Über das Gespräch habe ich einen Vermerk gefunden: »Nach einem Bericht über die Amerikareise berichte ich Dr. Henkel von der Anfrage Kohls. An mich sei das Ansinnen herangetragen worden, der CDU als Generalsekretär zur Verfügung zu stehen. Amtszeit: vom für Hamburg geplanten Parteitag im Herbst 1973 bis zum Herbst 1975, voraussichtlich aber bis zur Wahl

1976. Als Gründe für den Vorschlag wurden angegeben: besonders guter Zugang zur akademischen Jugend und zur Wissenschaft, ordnungspolitische Ausrichtung, Organisationskenntnisse, Unabhängigkeit und Beherrschung der gesellschaftspolitischen Themen. Dr. Henkel zögert nicht, sondern stellt fest, daß dies auf einen ›leave of absence‹ hinauslaufe. Zwar treffe die Firma eine solche Entwicklung sehr. Andererseits handele es sich um eine bedeutsame politische Aufgabe, von deren erfolgreicher Bewältigung auch die Allgemeinheit Vorteile habe. Trotz der Probleme, die er sieht, ist Dr. Henkel von Anfang an entschlossen, das Engagement zu ermöglichen.«

Wenige Tage später kam Helmut Kohl nach Düsseldorf. Konrad Henkel unterrichtete die Kollegen aus der zentralen Geschäftsführung über das Gespräch. Er habe einen guten Eindruck gewonnen. Kohls Bericht über die Situation der CDU und die Notwendigkeit einer durchgreifenden Änderung sei überzeugend gewesen. Wir besprachen die Notwendigkeit meines Ausscheidens aus der zentralen Geschäftsführung. Man betonte, daß ich jederzeit zurückkommen könne.

Am 12. Juni 1973 wurde ich auf Vorschlag von Helmut Kohl vom CDU-Bundesparteitag in Bonn zum Generalsekretär gewählt. Mit dem Ende des Jahres schied ich aus der Firma Henkel aus und löste damit alle vertraglichen Bindungen. Heute gehört das Unternehmen zu den Mandanten meiner Anwaltskanzlei.

So wurde ich, wie Konrad Henkel später zu sagen pflegte, der teuerste Lehrling, den das Haus Henkel je hatte. Für diese Lehre bin ich Konrad Henkel bis heute dankbar. Nicht erst der Gang in die Politik, bereits der Wechsel von der Hochschule in ein Großunternehmen war ein Schritt in eine andere Welt. Ich kannte das Leben bis dahin nur aus der Warte der Universität. Es war für mich frei und unabhängig gewesen. Dafür hatte mein Lehrer Heinrich Kronstein gesorgt. Sonst übliche Bindungen und Abhängigkeiten hatte er weder selbst gefordert noch entstehen lassen. Wo der Versuch gemacht worden war, sie zu begründen, war er ihm entgegengetreten. So hatte ich nie mit der Notwendigkeit Bekanntschaft gemacht, durch Beziehungen, Absprachen und Rücksichtnahmen auf andere die Zustimmung zum eigenen Handeln zu sichern, die sich aufgrund von Argumenten alleine nicht einstellen will. Ich hatte die

Hochschule auf fast ideale Weise als den Ort erfahren, an dem man durch Argumente überzeugt, sich frei jeder Diskussion stellt und für die eigene Arbeit auf niemandes Zustimmung wirklich angewiesen ist. Im Wettbewerb der Meinungen galt allein das Argument. Keine Absprache oder Bindung sollte es beeinflussen.

So war meine Überraschung groß, als ich im Unternehmen erfuhr, daß die Welt außerhalb der Universität so nicht beschaffen ist (sie ist es auch innerhalb der Universität nur in Ausnahmefällen). Die ersten achtzehn Monate bei Henkel gehören deshalb zu den wichtigsten, aber auch schwierigsten Abschnitten meines Lebens. Wie groß das Defizit an praktischer Lebenserfahrung wirklich war, das ich von der Universität mitbrachte, habe ich erst später ganz ermessen können. Daß ich es trotz meiner 40 Jahre und der Erwartungen, die man mit meinem Eintritt in die Unternehmensführung verband, abbauen konnte, ohne zu scheitern, verdanke ich vor allem Konrad Henkel. Er hatte die Geduld und den Großmut, ohne die der Wechsel nicht gelungen wäre.

Aber was ich ihm als älterem Freund nach dem Wechsel in die Politik vor allem verdanke, ist ein Stück Sicherheit und Unabhängigkeit. Konrad Henkel ist weder unkritisch gegenüber Menschen in seiner Umgebung, noch verschwendet er Lob. Aber ich konnte mich auf ihn verlassen, vor allem in schwierigen Tagen. Die innere Unabhängigkeit, ohne die ich es in der Politik nicht aushalten und ohne die ich auch politisch nichts bewirken und erreichen könnte, was sich nicht in anderen Tätigkeiten besser erreichen ließe – diese innere Unabhängigkeit also, die es erlaubt, für die Politik zu leben und nicht von der Politik leben zu müssen, verdanke ich vor allem seiner Freundschaft. Was sonst in diesem Buch auch immer vorläufige Feststellung sein mag – diese Feststellung ist endgültig.

Einleitung

Die erste Fassung dieses Buches habe ich im Sommer 1978 geschrieben. Sie war ausgelöst und stark beeinflußt durch den Bonner Wirtschaftsgipfel und seine Wachstumsphilosophie. Aber sie war noch nicht brauchbar.

Daß nun doch ein Buch entstanden ist, verdanke ich meiner Frau und meinem Verleger. Klaus Piper ist trotz des ersten Fehlschlages nicht müde geworden, immer wieder zu mahnen und zu erinnern. Er meinte, es sei notwendig, das Buch zu schreiben. Er verwöhnte mich mit den Erzeugnissen seines Verlages. Er schickte mir anregende Aufsätze oder Zeitungsausschnitte. Kurz: Er war nicht nur Kaufmann, sondern vor allem Verleger; so, wie es sie heute kaum noch gibt.

Daß das Buch erst sieben Jahre nach dem ersten Versuch fertig wurde, hat mit meiner Biographie zu tun. Von 1979 an war ich so mit Politik und Beruf beschäftigt, daß kaum Zeit blieb, einen größeren Text zu schreiben. Rückblickend war das ein Vorteil. Noch Unausgegorenes konnte sich entwickeln, in einer Reihe von Aufsätzen erste Gestalt annehmen und sich damit zugleich der Diskussion stellen. Vielen bin ich aus diesen Diskussionen für Kritik, Beiträge und Ermunterungen zu Dank verpflichtet. Dies gilt auch für jene, die oft die ganze Diskussion selbst für überflüssig hielten und sie zu verhindern suchten. Man braucht nicht nur als junger Mensch Widerstand, wenn sich etwas entwickeln soll, sondern das ganze Leben lang.

An Widerständen hat es auch in den zurückliegenden Jahren nicht gefehlt. Aber ebensowenig an politischer Erfahrung und Ermutigung. Vor allen »meinen Westfalen« und natürlich den »Lippern«, kurz: »meiner« westfälisch-lippischen CDU, möchte ich für ihre Freundschaft danken. Ich habe es ihr als Vorsitzender seit 1977 nicht leichtgemacht. Sie war das Exerzierfeld für viele politische

Überlegungen – häufig unvorbereitet – und auch für manche Eskapade. Ihren Unmut darüber hat sie mich wissen lassen. Aber das hat uns nicht gehindert, wirkliche Freunde zu werden. Da ich die Freunde nicht alle nennen kann, nenne ich nur einen: Heinrich Ostrop. Als wir uns bei einem Abendessen näher kennenlernten, erzählte er mir von der fast halsbrecherischen Dickschädligkeit seines Vaters, der ein Münsterländer Bauer war. Ich weiß nicht, ob er es so gemeint hat: Aber ich habe seine Erzählung als Ermutigung verstanden.

Auch was jetzt als Buch vorliegt, war nicht so geplant. Zuerst wollte ich die Aufsätze und Reden zusammenfassen, die mir aus den letzten Jahren wichtig sind. Klaus Piper hielt einige verbindende und erläuternde Worte für angezeigt. Von den Aufsätzen sind noch eine Rede von 1974 und das Gründungsprogramm unseres Bonner Instituts für Wirtschafts- und Gesellschaftspolitik als im wesentlichen originale Texte übriggeblieben. Der Rest sind die verbindenden Worte.

Wie der Leser erfahren wird, wenn seine Geduld bis dahin reicht, rechne ich mich wissenschaftlich und politisch zur Schule meines Lehrers Franz Böhm und seines nationalökonomischen Freundes Walter Eucken, der sogenannten Freiburger Schule. Auch Ludwig Erhard war ihr geistig verbunden. So lasse ich alle drei im folgenden häufig zu Wort kommen. Mein akademischer Ziehvater Heinrich Kronstein war mit Franz Böhm befreundet und stand den Freiburgern nahe. In den fünfziger Jahren wurden Franz Böhm und Walter Eucken von der Mehrheit der Politiker, vor allem den sogenannten Pragmatikern, vielfach belächelt und wegen ihrer »theoretischen Praxisferne« verspottet. Was sie lehrten, hielt man im wesentlichen für eine nationalökonomische Modellspielerei, und ihre Anhänger galten dann als gefährlich, wenn sie darauf bestanden, ihre Modelle mit Hilfe des Staates in die Praxis umzusetzen. Manch braver Unternehmer, der sie nur aus den internen Mitteilungen seines Verbandes kannte, hielt ihre Anhänger deshalb für verkappte Sozialisten.

Durch die Arbeit an diesem Buch – und nach dreißig Jahren eigener Erfahrung mit dem Leben und Wirken einer freiheitlichen Industriegesellschaft – hat sich mir erst die ganze Bedeutung und politi-

sche Tragweite dessen erschlossen, was das Denken in Ordnungen, in ORDO*, ausmacht.
Heute kann ich verstehen, warum Franz Böhm, Walter Eucken, aber auch Ludwig Erhard in ihrer Zeit, den fünfziger Jahren, noch nicht verstanden werden konnten. Inzwischen haben wir die Erfahrungen gesammelt, die sie uns für den Fall vorausgesagt haben, daß wir ihren Einsichten nicht folgen könnten. Es ist, wie sich gezeigt hat, alles so gekommen.
Das ist für eine wissenschaftliche Erkenntnis schon viel. Aber es muß alleine noch nicht überzeugen. Trotzdem erscheint es mir heute aussichtsreicher denn je, zu den ordnungspolitischen Quellen zurückzukehren und die Frage nach der Wirtschafts- und Sozialordnung, die dem Menschen gemäß ist, neu zu stellen.
Einmal haben wir es mit einer *neuen Generation* zu tun. Ihre Erfahrungen sind nicht Krieg, Diktatur und Elend, dann wiedergewonnene Freiheit, Wiederaufbau und Fortschritt. Sie sind Kinder des Wohlstands und die Erben seiner Nebenwirkungen: der Umweltschäden, der wachsenden Staatsverschuldung, eines Überflusses an staatlicher Reglementierung, einer im Detail geregelten Welt, der Gefahren der nuklearen Abschreckung und des Elends der Hungernden auf einer überfüllten Erde.
Zum zweiten wächst die Einsicht, daß eine *Neubesinnung* geboten ist. Die expandierende Wirtschaftsgesellschaft stößt an ihre Grenzen. Ihre Unfähigkeit zum Gleichgewicht wird jedermann offenbar. Die alten Ordnungen beginnen, mehr Schaden als Nutzen zu stiften. Sie erstarren und werden zunehmend unfähig zur wirklichen Reform.

* Mit dem Begriff ORDO, der auch Titel des Jahrbuches der Freiburger Schule ist, sollte nach Franz Böhm ein Dreifaches bezeichnet werden: 1. Eine rechtspolitische und wirtschaftspolitische *Devise*: sich unter mehreren denkbaren und möglichen Ordnungen der Wirtschaft für eine ganz bestimmte Ordnung einzusetzen, nämlich die Wettbewerbsordnung. – 2. Ein wissenschaftliches Programm, das in *Ordnungen* der Wirtschaft und Gesellschaft denkt, dabei alle denkbaren Ordnungen in Betracht zieht, von denen sich Elemente in der beobachteten geschichtlichen Wirklichkeit vorfinden, und den Ablauf der Wirtschaft unter ganz verschiedenen Ordnungen (Modellordnungen) zu begreifen und darzustellen sucht. – 3. Die Entwicklung einer *sozialen Ordnung*, die der *Natur* und der *Würde* des Menschen entspricht und in dem Maße ORDO ist, in dem sie diesem Ziel gerecht wird. Deshalb ist es Aufgabe dieses Denkens in Ordnungen und seiner politischen Devise, dafür Sorge zu tragen, »daß unter den möglichen sozialen Ordnungen denjenigen der Vorzug gegeben wird, dem die Natur des ORDO innewohnt«. Darin sahen und sehen die Freiburger und sehe auch ich die rechtspolitische und wirtschaftliche Aufgabe unserer Zeit.

So wächst das *Bedürfnis* nach neuer *Orientierung* und Erklärung. In der wachsenden Un-Ordnung der Teilaspekte unseres Tuns und Lebens, der Organisation unserer Gesellschaft suchen wir nach den Konturen des Ganzen, das den Teilen ihren Sinn gibt.

Und schließlich – so scheint es mir – ermutigen uns die Naturwissenschaften mit den ersten Erkenntnissen ihrer *naturwissenschaftlichen* Beschäftigung mit den Gesetzmäßigkeiten der kulturellen Evolution, erneut nach den Gesetzen der Ordnung menschlicher Gesellschaft zu fragen. Noch ist, was sie berichten, nicht sicher. Aber es erscheint – zumindest als ermutigende Hypothese – denkbar, daß die Gesetze, nach denen sich die Blüte und der Zerfall menschlicher Kulturen vollzieht, nicht das Werk eines mystischen Weltgeistes, die Folgen prädestinierter Zwangsläufigkeiten oder das Ergebnis der Taten genialer historischer Einzelpersönlichkeiten, sondern Teil der großen Schöpfung der Natur sind. Die Evolution der Kulturen folgt, so erscheint es, analogen Gesetzen wie die Entwicklung der Arten. Und dies auf eine Weise, die Raum läßt für spontane Freiheit und damit die Verantwortung des einzelnen.

Wäre dies so, so könnten wir uns bei unserer ordnungspolitischen Neubesinnung nicht nur auf die Erfahrungen der zurückliegenden Jahrzehnte, auf die inzwischen gewonnenen Einsichten in das Wesen hochindustrieller Gesellschaften, auf die spontanen Innovationen und Erneuerungen im Prozeß gesellschaftlicher Selbstanpassung, sondern auch auf Erkenntnisse stützen, die die Naturwissenschaften zum großen Dialog über die alles beherrschende Frage beisteuern, wie die Menschheit überleben kann. Sie kämen uns zusätzlich zu Hilfe zu einer Zeit, da uns die Geisteswissenschaften allein nicht weiterzubringen scheinen; in einem Augenblick, in dem wir im Begriff sind, die Kontrolle über all die Möglichkeiten zu verlieren, die Naturwissenschaftler uns in den vergangenen hundert Jahren erschlossen haben.

Worauf es bei allem ankommt, ist, gesammeltes Wissen und Erfahrung zu nutzen, um neue Antworten auf Fragen zu finden, die alte Erfahrungen uns nur unzureichend beantworten können. Dabei geht es nicht um die materiellen Güter und Einrichtungen, die wir in so großer Zahl und in stets wachsender Vielfalt produzieren – seit Kopernikus die Erde aus dem Mittelpunkt der Welt rückte und dem menschlichen Geist den Blick auf das Universum freigab. Worum es geht, sind die Institutionen und Einrichtungen, in denen wir als gesellige Wesen leben; das gesellschaftliche Gehäuse, in dem und mit dem wir uns als lebens- und kulturfähige Gemeinschaft organisieren.

Auch hier geht es um eine Wende im Denken. Für mich haben Franz Böhm und Walter Eucken eine Wende dieser Art eingeleitet. Sie schlagen uns vor, den Staat aus dem Mittelpunkt der menschlichen Gesellschaft zu rücken und so den Blick freizugeben auf die *Ordnung*, die ORDO, der auch der Staat als kulturelle Einrichtung unterworfen ist.

Daß der Staat der Ordnung unterworfen sein *sollte*, das wissen wir, seit Menschen sich um die Bindung staatlicher Macht an das Recht bemühen, um Rechtsstaatlichkeit und den Schutz der Menschenrechte. Aber immer blieb bisher ein Dilemma: Der Staat muß, wenn er Frieden stiften soll, Gewalt ausüben *dürfen*. Er muß, wenn die Freiheit geschützt sein soll, *gebunden* sein. Die Folge ist ein instabiles Gleichgewicht zwischen Macht und Freiheit. Immer wieder hat sich die Macht durchgesetzt. Immer wieder verloren die Menschen ihre Freiheit, oft das Leben.

Es mußte wohl erst die vollkommenste Entfesselung der Macht von den Bindungen des Rechts sich ereignen, um den Menschen die Augen für die Gefahr zu öffnen, die sie für sich selbst sein können. Inzwischen herrscht, jedenfalls in unserem Teil der Erde, eine Art Waffenruhe zwischen Macht und Freiheit, in der jeder auf den Zerfall der anderen wartet. Manche verbinden diesen Zustand mit der Hoffnung, aus diesem Prozeß könne sich eine Antwort auf das Dilemma ergeben. Zerfall ist jedoch Abstieg, nicht Aufstieg zu einer höheren Ordnung.

Zu einer Ordnung höherer Qualität können wir nur gelangen, wenn wir die Gesetzmäßigkeiten respektieren, die auch der menschlichen Gesellschaft und ihrer Organisation innewohnen. Sie haben sich im Laufe der menschlichen Geschichte entwickelt und haben bestimmbare Inhalte. Franz Böhm, Walter Eucken und die Freiburger Schule haben sie erforscht und für ihre Antworten auf unsere Frage nach der menschengerechten Ordnung nutzbar gemacht. Für sie war Gewißheit: Der Staat kann weder die Natur des Menschen verändern noch sich mit Aussicht auf Erfolg dauerhaft den Gesetzmäßigkeiten menschlicher Gesellschaft entziehen, die sich aus ebendieser Natur des Menschen ableiten und das Ergebnis kultureller Evolution sind. Er kann die Kultur damit allenfalls zerstören. Denn als gesellschaftliche Veranstaltung unterliegt *auch er* dem Prinzip der Ordnung. Er *soll* ihr nicht nur unterworfen sein, er *ist* ihr unterworfen. Das Recht kann beides verknüpfen: die Ordnung der Natur und die Ordnung der Freiheit.

Rechtsstaatlichkeit ist damit allein noch nicht gesichert. Die Menschen bleiben frei, die Ordnung zu mißachten, die sich in der kulturellen Evolution ihrer Natur gemäß entwickelt hat. Sie haben sie während der ganzen Menschheitsgeschichte immer wieder mißachtet. Viele menschliche Kulturen sind daran zerbrochen. So ist die Zahl derer groß, die wenig Anlaß zu der Hoffnung sehen, daß es in Zukunft anders werden könnte.

Aber es gibt einen Unterschied zu früher: In der Vergangenheit waren die Menschen unwissend. Wer Macht ohne Bindung beanspruchte, konnte ungestraft behaupten, Werkzeug des Weltgeistes, Vollstrecker des Schicksals oder mit der Vorsehung im Bunde zu sein. Niemand konnte ihm *beweisen,* daß er damit gegen die menschliche Ordnung verstieß. Niemand konnte ihn wirklich widerlegen. Heute lernen wir, es zu tun.

I. Zeit der Wende – Zeit ordnungspolitischer Erneuerung

Zeichen des Umbruchs

Im Sommer 1985 wurde mein Vater 85 Jahre alt. Er wurde im Jahre 1900, zu Beginn des 20. Jahrhunderts, geboren. Als wir in der Familie zusammensaßen, um zu feiern, überlegten wir, was alles in der Zeit geschehen war, die mein Vater mit seinem Leben bisher begleitet hatte. Wir nahmen ein Lexikon zu Hilfe. Es war Meyers Konversations-Lexikon aus dem Jahre 1894. Die fünfte, gänzlich neubearbeitete Auflage des »Nachschlagewerkes des allgemeinen Wissens« gab uns Auskunft über den damaligen Wissensstand. Die Pole der Erde waren noch nicht entdeckt. Der Bearbeiter des Stichwortes »Nordpol« gab einer für 1896 geplanten Expedition mit einem Freiballon gute Aussichten auf Erfolg. Auch sonst hatte die Landkarte der Welt noch weiße Flecken. Das Stichwort »Automobil« fehlt. Aber die Eisenbahn nimmt einen breiten Raum ein: 53 Lexikonseiten und viele Tafeln berichten über alle Aspekte der neuen Technik. Über die Entwicklung des Eisenbahnnetzes von 1840 bis 1891 erfahren wir, daß es in Deutschland von 549 km im Jahre 1840 auf 43 242 km im Jahre 1891 angewachsen war. In Europa, einschließlich Rußland, Balkan und Türkei, hatte es sich im gleichen Zeitraum von 2925 auf 227 995 km ausgedehnt. Das maschinengetriebene Fluggerät existierte noch nicht. Aber die Theorie des Dieselmotors wird bereits beschrieben. Es wird dargelegt, wie sehr er – in Kohlewärmeeinheiten – der Dampfmaschine im Wirkungsgrad überlegen sein könnte.

Die Vermehrung des Wissens und des Machbaren

Seitdem hat sich die Welt in einem damals unvorstellbarem Ausmaß verändert. Im ersten Jahrzehnt dieses Jahrhunderts erhob sich das erste Flugzeug mit Motorkraft vom Boden. Rund 60 Jahre später landeten Menschen auf dem Mond. Neue Kräfte und Möglichkeiten wurden entdeckt und genutzt. Die elektrische Energie löste die Dampfmaschine als Kraftquelle der Drehbänke und Bohrmaschinen ab und befreite sie vom Treibriemen. Man konnte die Produktion dezentralisieren. *Ford* und andere entwickelten das Fließband als Mittel der Massenproduktion auch anspruchsvollerer Produkte. Mit dem Preis für die Produkte aber fiel auch der Anspruch des Arbeitsplatzes an den arbeitenden Menschen. Monotonie der Arbeit war die Folge. Charlie Chaplin klagte sie in seinem Film über die Monotonie der alles beherrschenden Maschinenwelt und über den Menschen an, der in ihr verloren ist. Das Telephon breitete sich aus, Kabel wurden durch die Meere gelegt, der drahtlosen Telegraphie folgte das Radio. Ich selbst habe noch einen Detektorempfänger besessen. Mit viel Geduld und Übung konnte man auf dem Kristall die richtige Stelle für den Silberdraht finden, der ihn berühren mußte, und die passende Einstellung des Kondensators. Dann waren im Kopfhörer Musik und Sprache zu empfangen. Heute kostet ein Gerät, das weit mehr kann, nicht mehr als zwei Facharbeiterstunden. Der Facharbeiter verdiente damals in der gleichen Zeit zwei Reichsmark.

Mit immer größerer Geschwindigkeit vermehrte sich das Wissen über die Natur und ihre Gesetze. Die kopernikanische Wende hatte unvorstellbare Kräfte freigesetzt. Der fragende, messende, experimentierende Mensch begann die Natur zu erobern. Er überschritt bisher gottgegebene Grenzen, räumlich, vor allem aber mit dem Verstand, und er setzte sein neugefundenes Wissen um. Auch das ging immer schneller. Die Zeit zwischen Erfindung und Nutzung schrumpfte. 1720 wurde die Photographie erfunden. Angewendet wurde die Erfindung rund 110 Jahre später. Erfindung und Anwendung der Glühlampe trennten noch 79 Jahre; zwischen der Erfindung des Prinzips des Helikopters und seiner Umsetzung lagen 32 Jahre. Daß man nach dem Prinzip des Düsenmotors Energie erzeugen konnte, wurde 1928 entdeckt, 1934 demonstriert und 1940 angewendet.

Nach dem Zweiten Weltkrieg trat der Computer seinen Siegeszug an. In meinen Aufzeichnungen des letzten Jahres findet sich auf einem Blatt ein Chip, den mir ein Referent auf einer gemeinsamen

Veranstaltung überließ. Er ist wesentlich kleiner als eine Briefmarke. Aber er kann mehr als eine elektronische Rechenmaschine der fünfziger Jahre, die die Größe eines Schrankes hatte und einen enormen Energieverbrauch. Die Leistungen der Computer verzehnfachten sich alle fünf bis acht Jahre. Ihr Energiebedarf sank alle drei bis vier Jahre um eine Zehnerpotenz. Das Rechnen in Zehnerpotenzen verdrängt das Einmaleins. Die Rechenmaschine, die in den fünfziger Jahren so kostbar war, daß man glaubte, sie mache die Konzentration in der Industrie zu immer größeren Unternehmenseinheiten zwangsläufig, wird heute zu Weihnachten als Spielzeug verschenkt. Man begann, die Erfindungen von morgen zu planen. *Allen* wurde sichtbar: Die exponentielle Entwicklung beherrschte alles.

Jahrhundert der Technik – Jahrhundert der Spannungen

Was sich in den Naturwissenschaften und in der Technik mit atemberaubender und immer noch zunehmender Geschwindigkeit als technischer Fortschritt entfaltete, führte im politischen Leben zu wachsenden Spannungen. Die staatlichen und gesellschaftlichen Gehäuse, in denen die Europäer lebten, waren der Entwicklung von Wissenschaft und Wirtschaft nicht gewachsen. Als der letzte deutsche Kaiser noch hoch zu Pferde eine vergangene Epoche lebte und nach ihren Gesetzen zu handeln versuchte, entwickelten die Gelehrten in den Instituten der Kaiser-Wilhelm-Gesellschaft die Grundlagen der modernen Physik, der Atombombe und der Gentechnologie. Größere Spannungen zwischen politischen, gesellschaftlichen, geistigen, kulturellen und naturwissenschaftlichen Entwicklungen sind kaum denkbar. Im Europa des 19. Jahrhunderts waren sie noch zu stabilisieren. Es gab noch weiße Flecken auf der Landkarte. Es gab noch Länder zu erobern, aus denen später die Kolonialwaren kamen. Die Europäer versuchten, die Welt unter sich zu teilen, soweit sie noch zu haben war. England hatte als seefahrende Nation einen beachtlichen Vorsprung. Die Deutschen beeilten sich, nicht die letzten zu sein.

Im 20. Jahrhundert entlud sich die Spannung. Zwei Weltkriege brachten Not und Elend über die Menschen. Die technische Revolution hatte auch vor dem Kriegshandwerk nicht haltgemacht. Nicht die Soldaten – die Völker fielen übereinander her, berauscht von Vorstellungen der Größe, der Nation, der Ehre und des Vaterländischen. Der zweite Krieg brachte uns den totalen Krieg und unserem Land die schrecklichste Geißel von allen: die vollständige Entfesselung der Macht des modernen, bürokratischen Staates, verklärt von Wissenschaftlern, die einen Wahnsinnigen an der Spitze der Bewegung zur Quelle des Rechtes erklärten. Und diesem ausgeliefert ein Volk, dem Gehorsam und Disziplin viel, Ehre und Vaterland fast das Leben und der Staat den Vater bedeutete.

Nach dem Zweiten Weltkrieg war Europa erschöpft – und geteilt. Die europäischen Nationen hatten ihre alten Souveränitäten faktisch verloren. Nur gut 30 Jahre zuvor waren noch die Besten der deutschen Jugend bei Langemarck freudig kämpfend für eben diese Souveränität in den Tod gerannt. Es wäre fast nicht zu begreifen, wenn unsere Väter es nicht erlebt hätten. Mein Lehrer Heinrich Kronstein wurde dort verwundet. Er war Jude und hatte für sein Vaterland gekämpft. 22 Jahre später mußte er es mit seiner Familie fluchtartig verlassen. Nach dem Krieg kam er zurück – als amerikanischer Staatsbürger –, um am Wiederaufbau mitzuhelfen und auch wieder hier zu leben.

Neue Mächte wurden Protektoren Europas, jede auf ihre Weise. Tocquevilles prophetische Vorausahnung nach seiner Amerikareise im frühen 19. Jahrhundert, Amerika und Rußland könnten eines Tages die beiden Weltmächte sein, hatte sich erfüllt; es waren keine »gewöhnlichen« Weltmächte mehr – wie es noch Großbritannien gewesen war, das die Meere regierte und über dessen Fahne nie die Sonne unterging. 1945 waren die ersten beiden Atombomben über menschlichen Siedlungen gezündet worden. In Hiroshima kamen nicht wesentlich mehr Menschen um, als in Dresden kurze Zeit zuvor in einem Feuermeer den Tod gefunden hatten. Aber die *Qualität* dessen, was geschehen war, war neu. Mit der Atombombe, der nach kurzer Zeit die Wasserstoffbombe folgte, wurden Energien entfesselt, die »nicht von dieser Erde« waren. Otto Hahn hatte das Geheimnis der Kernspaltung nur wenige Jahre zuvor gelüftet. Europäer im amerikanischen Exil und Amerikaner setzten die Erkenntnis um. Die Bombe sollte den Krieg schneller beenden helfen. Sie eröffnete ein neues Zeitalter. In Zukunft müssen wir mit

ihr leben – in jedem Fall mit ihrer konkreten Möglichkeit. Einmal erworbenes menschliches Wissen ist irreversibel.
Die technisch-naturwissenschaftliche Energie entfaltete sich auch nach dem Zweiten Weltkrieg weiter. Wer heute Science-fiction-Zeitschriften aus den fünfziger Jahren liest, kann sich von dem ungebrochenen Fortschrittsglauben überzeugen, den die Technik und die Naturwissenschaften genossen. Alles schien möglich. Aber war alles nötig? Und war es vor allem erlaubt?
Nicht erst die Fähigkeit des Menschen, in die Gene einzudringen und genetische Information zu manipulieren, hat uns diese Frage stellen lassen. Aber seit wir in die Träger der Vererbung eingreifen können, wird sie mit besonderer Dringlichkeit gestellt. Viele mahnen: Nicht alles, was wir können, dürfen wir auch tun! Viele warnen uns vor der Hybris. Die Menschen beginnen zu zweifeln, ob sie die Kräfte noch beherrschen, die sie im Rausche des Entdeckens freigesetzt haben.

Bevölkerungswachstum und Strukturwandel

Zum exponentiellen Wachstum der Erkenntnisse und ihrer Umsetzung kam das exponentielle Wachstum der Menschheit selbst. In den dreißiger Jahren, als es etwa zwei Milliarden Menschen auf der Erde gab, rechneten kluge Populationsbiologen damit, daß sich der vernunftbegabte Mensch auf diesem Planet mit etwa 2,7 Milliarden Köpfen im Gleichgewicht mit der Natur befände. Mit ihrer Empfehlung hatten sie vermutlich recht, nicht aber mit ihrer Prognose. Noch vor dem Ende dieses Jahrhunderts werden mehr als 6 Milliarden Menschen, wahrscheinlich 6,5 Milliarden auf unserer Erde leben. Wenn der gegenwärtige Trend anhält, wird die Weltbevölkerung im 21. Jahrhundert rasch weiter anwachsen auf über 10 Milliarden. Wo ist die Grenze? Kann unser Planet uns tragen, das heißt, uns Lebensraum geben? Seit wir ihn im Bild gesehen haben, als bläulich leuchtendes Gestirn, wissen wir um seine Begrenztheit.
Auch in Deutschland wuchsen die Bevölkerung und mit ihr die Städte- und Infrastruktur. Der Eisenbahn im 19. Jahrhundert folgten in unserem Jahrhundert die Straßen. In den vergangenen 30

Jahren haben wir unser Land nach seinem Wiederaufbau erneut völlig umgerüstet, um es für den privaten Personenverkehr aufnahmefähig zu machen. Ein Wachstumsschub ohne Vorbild war die Folge. Er wurde durch den Zuwachs an Menschen verstärkt – erst aus dem Osten, dann aus dem östlichen Teil Deutschlands, dann, von uns selbst angeworben, aus dem europäischen Ausland.

Im Jahre 1800 lebten auf dem Gebiet der Bundesrepublik Deutschland 12 Millionen Menschen. Heute sind es knapp 61 Millionen. Die Bevölkerung hat sich innerhalb von sechs Generationen mehr als verfünffacht. 1973 hatte die Entwicklung mit 62,1 Millionen Einwohnern (einschließlich Ausländern) ihren vorläufigen Höhepunkt erreicht. Seitdem sinkt die Zahl der Deutschen: von 58,1 Millionen im Jahre 1972 auf 56,6 Millionen im Jahre 1985. Die Differenz entspricht in etwa der Einwohnerzahl Münchens.

Weit stärker als die Bevölkerung wuchs die Zahl der Haushalte, in der sie lebt. Während sich die Bevölkerung seit 1800 verfünffachte, verzehnfachte sich die Zahl der Haushalte. Im Jahre 1800 gab es auf dem Gebiet der Bundesrepublik 2,4 Millionen Haushalte. Heute sind es schätzungsweise mehr als 25 Millionen. Das nebenstehende Schaubild verdeutlicht die Entwicklung.

Mit dem schnelleren Ansteigen der Zahl der Haushalte schrumpfte die durchschnittliche Haushaltsgröße. Im Jahre 1800 lebten im Durchschnitt 5 Personen in einem Haushalt. Heute leben im Durchschnittshaushalt rund 2,4 Personen. Er ist gerade noch halb so groß. Die Entwicklung zum kleineren Haushalt beschleunigte sich mit dem Beginn dieses Jahrhunderts. Als mein Vater geboren wurde, war der statistische Durchschnittshaushalt erst um 10% von 5 auf 4,5 Personen geschrumpft. 1950 lebten noch durchschnittlich 3 Personen in einem Haushalt. Die Haushalte hatten sich in 50 Jahren um ein Drittel verkleinert.

Die Gründe waren vor allem die Verringerung des Anteils der Kinder an der Gesamtbevölkerung von rund 40% auf knapp 30%; sodann die zunehmende Zahl von Haushaltsgründungen durch nichtverheiratete Erwachsene. Ihr Anteil liegt seit etwa einhundert Jahren bei rund ein Viertel der Bevölkerung. Bis zur Jahrhundertwende lebten sie vorwiegend in den Haushalten verheirateter Erwachsener mit Kindern. In der ersten Hälfte dieses Jahrhunderts endete diese Form des Zusammenlebens. Seit den fünfziger Jahren

Entwicklung des Verhältnisses von Bevölkerung und Haushalten 1800 bis 2000

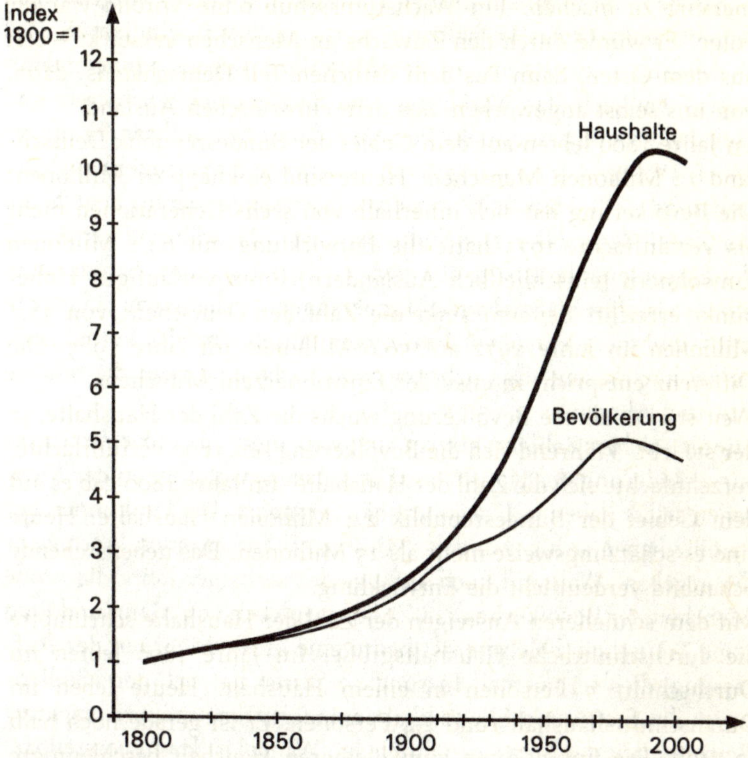

Quelle: IWG, Bonn

gibt es im wesentlichen nur noch zwei Haushaltsformen: Eltern mit minderjährigen Kindern und kinderlose Erwachsene.
Auch die Verteilung der Bevölkerung auf die verschiedenen Haushaltstypen hat sich in den zurückliegenden Jahrzehnten nachhaltig verändert. Noch zu Beginn dieses Jahrhunderts lebten zwei Drittel der Bevölkerung in Haushalten mit durchschnittlich 7 Angehörigen. Heute lebt nur noch etwa ein Sechstel in sogenannten großen Haushalten mit durchschnittlich etwas über 5 Personen. Knapp 500 000 Menschen lebten 1900 in Einpersonenhaushalten. Heute sind es annähernd 8 Millionen. Bezogen auf die Bevölkerung, die sich in dieser Zeit verdoppelt hat, hat sich die Zahl der Menschen,

die in Einpersonenhaushalten leben, verachtfacht. Im Jahre 1900 kamen auf jede Person, die in einem Einpersonenhaushalt lebte, 41 Menschen, die in einem großen Haushalt mit etwa 7 Angehörigen lebten. Heute ist das Verhältnis 1 zu 1,4. In knapp zehn Jahren wird es beinahe 1 zu 1 sein. In der bisherigen Lebensspanne meines Vaters hat sich das Verhältnis von Einpersonenhaushalten und Haushalten mit 5 und mehr Personen damit fast vollständig umgekehrt. Während 1900 nur 7 % der Haushalte Einpersonenhaushalte und rund 44 % Haushalte mit etwa 7 Personen waren, liegt heute der Anteil der großen Haushalte bei etwa 8 %, während der Anteil der Einpersonenhaushalte auf etwa 31 % gestiegen ist. Schon heute gibt es also fast viermal soviel Einpersonenhaushalte wie Haushalte mit 5 und mehr Personen. In wenigen Jahren wird das Verhältnis 1 zu reichlich 5 sein. Das nebenstehende Schaubild zeigt die relative Zu- und Abnahme.

Hinter solchen Zahlen verbirgt sich weit mehr als nur eine Strukturveränderung der Haushalte. Die Lebensgewohnheiten der Menschen selbst haben sich revolutionär verändert. Die Funktionen der Familie haben sich gewandelt. Mit ihnen hatte es einen Wertewandel gegeben. Während noch anfangs der sechziger Jahre die große Mehrheit der Bevölkerung ein Zusammenleben von Mann und Frau ohne Trauschein ablehnte, ist heute eine große Mehrheit der Auffassung, dies sei normal. In rund 20 Jahren hat sich der »Stellenwert« der Institution Ehe radikal verändert. Eine größere objektive Betroffenheit der Menschen durch den Wandel ist kaum vorstellbar.

Die Mobilität der Menschen ist ständig gewachsen. Ihre Dimensionen sind ohne historisches Vorbild. Millionen machen sich in den Sommermonaten auf den Weg in andere europäische Länder. Im Sommer 1985 reisten rund 17,5 Millionen Deutsche ins Ausland. Die Zahl der Menschen, die während der Völkerwanderung unterwegs waren, von der wir heute noch als historischem Ereignis berichten, wird in der Gegenwart an einem Wochenende von der Polizei durch die überfüllten Straßen Westeuropas geschleust. Alles ist anders geworden. Keine Erfahrung gilt mehr. Hat es so etwas schon einmal gegeben? fragen sich die Menschen gerne. Heute ist ein Nein meistens die richtige Antwort.

Relative Zu- und Abnahme der Anteile der verschiedenen Haushaltstypen 1900 bis 2000 (schematische Darstellung)

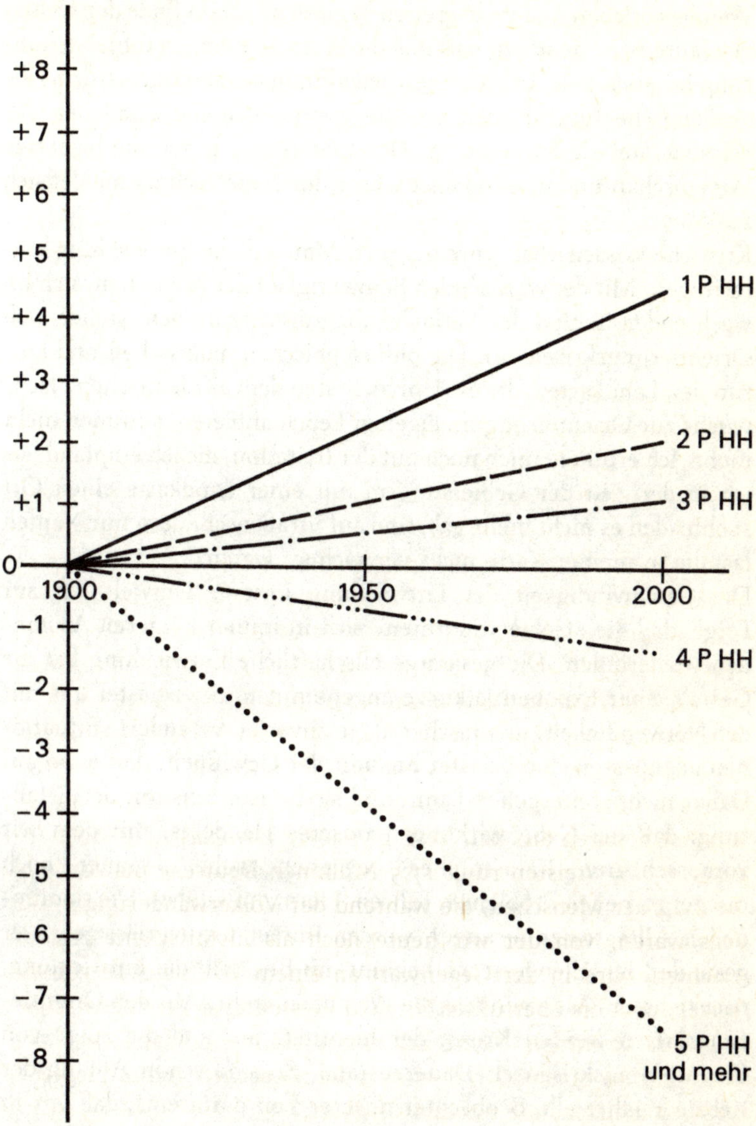

Quelle: IWG, Bonn

Die Relativierung von Erfahrung

So ist es nicht überraschend, daß wir unsere Zeit als eine Zeit des Wandels erleben und zu begreifen beginnen. Schon Ende der sechziger Jahre wird deutlich, daß uns die Autorität der erprobten Erfahrung im Stich läßt. In allen westlichen Industrienationen stürmt die akademische Jugend etwa um die gleiche Zeit die Zitadellen des Wissens, um sie zu besetzen. Der Widerstand gegen die bisherige Wissenschaft und ihre Indienstnahme durch die Technik meldet sich zu Wort.

Kritische Wissenschaft wird begehrt. Man will die Entwicklung hinterfragen. Mit der wachsenden Schwierigkeit der Menschen, sich im wachsenden Tempo der Veränderung zurechtzufinden, stellen sich Orientierungskrisen ein. Die philosophischen, politischen und kulturellen Landkarten, die die Universitäten dem akademischen Nachwuchs zur Orientierung im eigenen Leben anbieten, stimmen nicht mehr. Ich erinnere mich noch gut der Irritation, die ich empfand, als ich in der Zeit der Gebietsreform mit einer Landkarte einen Ort suchte, den es nicht mehr gab, und auf Straßenschildern nur Namen las, die in meiner Karte nicht verzeichnet waren.

Die Geschwindigkeit der Entwicklung unserer Umwelt hat zur Folge, daß die »Gebietsreformen« sich in immer kürzeren Abständen wiederholen. Die gesamtgesellschaftliche Entwicklung hat die Gestalt einer Exponentialkurve angenommen. Sie belastet uns mit der Notwendigkeit, uns rascher als je zuvor an veränderte Situationen anzupassen. Sie belastet uns mit der Gewißheit, daß es so auf Dauer nicht weitergehen kann, und sie belastet uns mit der Erfahrung, daß die Nebenwirkungen unseres Handelns, mit dem wir voraussehbaren Katastrophen begegnen wollen, immer noch rascher zu neuen Problemen führen (Hermann Lübbe). Die traditionellen Alltagsorientierungen werden immer unzuverlässiger. Der gesunde Menschenverstand beginnt, im Blick auf die Entwicklung, nachzulassen. Man versteht die Welt nicht mehr. Aus den Orientierungskrisen werden Krisen der Identität. Sie sind die Folge von Orientierungskrisen als Dauerzustand. So sind schon Anfang der siebziger Jahre alle Beobachter unserer Zeit darin eins, daß wir in einer Zeit des Wandels leben.

Diese Einsicht bleibt nicht ohne Wirkungen auf die Politik. Die politischen Parteien suchen nach Antworten auf die wachsenden Schwierigkeiten. 1974 habe ich dazu folgendes gesagt:

> Was unsere Zeit von anderen unterscheidet, ist, daß selbst grundlegende Aussagen über unsere Gesellschaft, das Zusammenwirken ihrer Teile, über Aufgabe und Stellung des Staates zum Problem geworden sind. Wir werden zunehmend unfähig, uns über die Grundlagen und Ziele unseres Gemeinwesens zu verständigen. Ordnungsgefüge, in denen sich die Gesellschaft noch vor wenigen Jahrzehnten fest verankert glaubte, sind ins Wanken geraten. Die stabilisierenden Kräfte der Familie, der organisierten Gruppen, des Staates oder der Kirche schwinden. Die Menschen suchen nach Orientierung, um die Unsicherheit des Ganzen zu überwinden, die dem einzelnen die Sicherheit nimmt.
>
> Bisher unbekannte Schwierigkeiten der Orientierung treffen zusammen mit sozialen und wirtschaftlichen Anpassungsproblemen ungeahnten Ausmaßes. Zwar neigt jede Epoche dazu, sich als Zeitenwende zu begreifen, und erst in der geschichtlichen Betrachtung späterer Jahre werden die wirklichen Bruchstellen einer geschichtlichen Entwicklung sichtbar. Gleichwohl bin ich überzeugt, daß sich in der Fülle der uns heute bekannten Daten ein neuer geschichtlicher Umbruch ankündigt. In wenigen Jahrzehnten werden sich die Staaten, wird sich die organisierte menschliche Gesellschaft in einer Weise und in einem Umfang verändert haben, die unser heutiges Vorstellungsvermögen übersteigen.
>
> Wieder einmal hat die Menschheit in ihrer Entwicklung einen Punkt erreicht, an dem es scheint, als seien die Grenzen und die Beschränkungen, die ihr Gesetz sind, größer als ihre Möglichkeiten. Solche Abschnitte hat es in der Geschichte immer wieder gegeben. Und die geschichtliche Erfahrung lehrt uns, daß sie nicht selten nur mit Gewalt und nach langen Krisen überwunden wurden. Stets jedoch hatten sie tiefgreifende gesellschaftliche und soziale Veränderungen zur Folge.
>
> Krisen solcher Art sind Krisen der Anpassung, der Bewältigung von Veränderungen im Verhältnis der Menschen zu ihrer Umwelt – Zeiten, in denen die Forderungen der Menschen an ihre Umwelt deren bekannte Ressourcen übersteigen. Sie sind

Zeiten eines dauerhaft gestörten Gleichgewichts der Institutionen, Zeiten, in denen sich die organisierte menschliche Gesellschaft als unfähig erweist, die Stabilität ihrer Institutionen mit den vorhandenen Mitteln zu gewährleisten.

Was die heutige Krise von früheren unterscheidet ist, daß uns der traditionelle Weg zu ihrer Überwindung: der Aufbruch zu neuen Ufern – in des Wortes buchstäblicher Bedeutung – verschlossen ist. Die unserer Entwicklung gesetzten Grenzen lassen sich nicht durch Auswanderung in neue Regionen oder durch die Ausdehnung unserer eigenen Werte und Gesellschaftsordnungen in bereits bekannte Regionen überwinden. Zum ersten Mal sind wir mit der Endlichkeit der Welt und ihrer bekannten Möglichkeiten und Vorräte und nicht nur mit der Beschränkung unserer augenblicklichen Fähigkeiten konfrontiert.

Diese Endlichkeit hat völlig neuartige Verteilungskonflikte heraufbeschworen. Sie sind zunächst im Bereich der Energieversorgung sichtbar geworden, ohne daß sie dort ihren Anfang genommen hätten. Die Ursachen liegen tiefer und weiter zurück. Aber die Erdölkrise hat zum ersten Mal auch dem Mann auf der Straße deutlich gemacht, daß es nicht länger selbstverständlich ist, jederzeit über einen wichtigen Rohstoff in ausreichender Menge verfügen zu können. Die Dritte Welt hat ihren Anspruch angemeldet, an der Lösung der Verteilungsprobleme gleichberechtigt teilzunehmen. Sie hat die Abhängigkeit hochindustrialisierter Gesellschaften als Mittel politischer Macht entdeckt.

Schon heute können wir mit Sicherheit sagen, daß sich der Verteilungskonflikt bei wichtigen Rohstoffen fortsetzen und auch vor der Welternährung nicht haltmachen wird. Wir wissen jetzt, daß die ganze Menschheit in einem wechselseitigen und ständig zunehmenden Abhängigkeitsverhältnis steht und ihre Probleme nur gemeinsam lösen kann. Die Welt ist zum geschlossenen System geworden, dessen Beherrschung eine Voraussetzung für den Fortbestand der Menschheit ist.

Daraus erwachsen den hochindustrialisierten Ländern neuartige Aufgaben und Verantwortungen. Sie sind es, die über das größte Potential an Kenntnissen und Fertigkeiten verfügen und die deshalb in erster Linie in der Lage sind, einen Beitrag zur Überwindung der neuartigen Strukturprobleme zu leisten. Konkret bedeutet dies, daß auch wir uns darauf einrichten müssen, einen angemessenen Teil unserer Kräfte zur Bewältigung der weltweiten Strukturprobleme einzusetzen. Die Berechtigung unseres Anspruches, als reiches Land in Freiheit von Not und Unterdrükkung zu existieren, wird von der Art und Weise abhängen, wie wir uns dieser Aufgabe stellen. Und der Umfang dieser Aufgabe wird die Dimensionen, an die wir heute im Zusammenhang mit der Entwicklungshilfe denken, mit Sicherheit sprengen.

Warnungen der Naturwissenschaften

Etwa zur gleichen Zeit begannen auch die Naturwissenschaftler, sich zu Wort zu melden. Auf die Gefährlichkeit exponentieller Entwicklungen als Ausdruck eines dauerhaften Ungleichgewichts machte der Club of Rome 1973 als erster aufmerksam. Er erzielte damit eine weltweite Resonanz. Bald schon mehrten sich die Stimmen, die vor einem Raubbau an Natur und Rohstoffen warnten und auf die Begrenztheit der Ressourcen unseres Planeten hinwiesen. Das Bild unserer Erde im All machte jedem begreifbar: Die Erde ist endlich. Wir sind, als Teil der Schöpfung, mit ihr auf Gedeih und Verderb verbunden. Sie ist, auf eine neue Weise, in unsere Hand gegeben. Und wir mit ihr.

Die Naturwissenschaftler begnügten sich jedoch nicht mit der Mitteilung der offensichtlich gewordenen Tatsache, daß die Quellen unserer Erde begrenzt sind und wir uns in diesen Grenzen einzurichten lernen müssen. Sie begannen auch, Fragen an die Entwicklung menschlicher Gesellschaft und Kultur zu stellen und den menschlichen Geist selbst zum *Gegenstand naturwissenschaftlicher Betrachtung* zu machen. Die Ergebnisse dieser Arbeiten ermutigten sie, die Krise nicht nur zu beschreiben, sondern auch Erklärungen für ihre Ursachen anzubieten.

Daß sie sich damit in Bereichen zu Wort melden würden, die bisher den Geschichtswissenschaften, den Politikwissenschaften und den normativen Wissenschaften vorbehalten waren, war und ist neu. Ihre Mitwirkung ist jedoch willkommen. Es sei seine Absicht, erklärt der Biologe Hans Mohr 1983, »mit Argumenten aus den Naturwissenschaften falsche Frontstellungen zu überwinden. Falsche Frontstellungen *müssen* überwunden werden, wenn vernünftige, auf eine *Bewältigung* des Fortschritts abzielende Politik Erfolg haben soll«. Und er fährt fort: »Wir sind in einer schwierigen Lage, und wir müssen miteinander reden, um weitere, vielleicht fatale Fehlentwicklungen zu vermeiden.«

Daß dieses Gespräch zustande gekommen ist und fortgeführt werden kann, ist ein solider Grund zur Hoffnung. Denn es führt uns zu Erkenntnissen, die nicht nur den Wissensstand der Naturwissenschaften vermehren, sondern uns zugleich Orientierungshilfen geben in einer Zeit, in der die alten Orientierungen versagen.

Das Gespräch mit den Naturwissenschaften wird auch für die Geisteswissenschaften befruchtend sein und sie unterstützen. Sie sind in eine Krise geraten. Allerdings nicht deshalb, weil das geisteswissenschaftliche Leistungsangebot immer kleiner wird, sondern – wie Odo Marquard es formulierte – weil die Nachfrage nach geisteswissenschaftlicher Ordnung und Erklärung unserer Wirklichkeit als Folge der immer schneller werdenden Modernisierung »schneller wächst als das geisteswissenschaftliche Leistungspotential«. Marquard schließt daraus: »Die gegenwärtige Krise der Geisteswissenschaften ist keine ›Leistungskrise‹, sondern eine ›Überforderungskrise‹.«

Ich stimme ihm zu, wenn auch in einem anderen Sinne. Die Geisteswissenschaften, vor allem die Wissenschaften, die Staat und Gesellschaft, Wirtschafts- und Sozialordnung erklären und damit begreifbar und handhabbar machen sollen, sind nicht nur überfordert, weil der durch die Naturwissenschaft erzeugte Modernisierungsschub größer ist als die Fähigkeit der Geisteswissenschaften, ihn aufzuarbeiten und zu erklären. Sie sind auch überfordert, weil sie durch die immer stärkere Aufteilung in Einzelgebiete die Fähigkeit verloren haben, die Entwicklung und das Wirken menschlicher Gesellschaft in ihrer Ganzheitlichkeit zu begreifen und den *Ordnungen* nachzuspüren, die das Ganze bestimmen. In dieser Hinsicht ist es nicht nur die technisch-naturwissenschaftlich ausgelöste Modernisierung der Gesellschaften, die die Geisteswissenschaften überfordert. Ihnen fehlt auch der *Dialog* mit den Naturwissenschaften *über das Ganze*. Nur das gemeinsame Bemühen um die Wiederentdeckung der Zusammenhänge, um eine ganzheitliche Betrachtungsweise in allen Bereichen der Wissenschaft kann uns jedoch den

Zugang zu den Ordnungsgesetzen erschließen, denen die Organisation menschlicher Gesellschaft entsprechen muß, wenn sie *zugleich* lebensfähig und menschengerecht sein soll.

Die Cartesianische Trennung von Geist und Materie

Die gegenwärtige exponentielle Entwicklung des Wissens in Wissenschaft und Technik entstand nicht erst im 20. Jahrhundert. Ihre geistigen Wurzeln reichen zurück bis zur kopernikanischen Wende. Die Sicht der Dinge und die Wertvorstellungen, die unsere Gegenwart prägen, haben sich in ihren Grundlagen im 16. und 17. Jahrhundert geformt. Vor der kopernikanischen Wende betrachtete man die Welt in den europäischen wie in den meisten anderen Kulturen nach organischen Maßstäben. Die Menschen lebten in kleinen Einheiten. Ihre Einzelwirtschaften waren nur in geringem Umfang durch Handel und Gewerbe miteinander verbunden. Die wechselseitige Abhängigkeit von Mensch und Natur war bestimmend für ihr Leben. Ihre Weltsicht war geprägt von der Kirche und von Aristoteles. Thomas von Aquin verband sie zu einem umfassenden System der Erklärung von Mensch und Natur, das während des ganzen Mittelalters nicht in Frage gestellt wurde.
Mit der Entdeckung der Tatsache, daß die Erde nicht Mittelpunkt des Universums ist, sondern ein Sonnenplanet, gerieten beide Autoritäten ins Wanken. Der fragende, messende und wägende Mensch trat der Natur gegenüber und begann ihr ihre Gesetze zu »entreißen«. Die Natur war nicht länger die Mutter aller Dinge, die gütige Nährmutter der Menschen (die Russen, an denen diese Entwicklung weitgehend vorbeiging, sprechen noch heute von Mütterchen Rußland). Der europäische Mensch fing an, die Natur zu überwinden und sie sich, als denkendem vernunftbegabten Wesen, zu unterwerfen. Er machte sich die Natur untertan. Descartes unterschied zwei Bereiche, die er streng voneinander trennte: den des Geistes und den der Materie. In Gott als dem Herrn der Schöpfung waren beide Bereiche miteinander verbunden. Mit der abnehmenden Kraft der Kirche und des Glaubens, die Ganzheit der Schöpfung gegen die sich schnell ausdehnenden naturwissenschaftlichen Erkenntnisse zu behaupten, zerfiel diese Einheit von Geist und Materie. Beide Berei-

che trennten sich: Die Geisteswissenschaften konzentrierten sich auf den Bereich des Geistes, die Naturwissenschaften auf den Bereich der Materie. Deren Gesetze, die »Naturgesetze«, galten als unzweideutig, als exakt. Sie waren objektiv richtig. Die Naturwissenschaften waren – und sind im allgemeinen Sprachgebrauch noch heute – die exakten Wissenschaften. Fritjof Capra hat in seinem Buch »Wendezeit« diese Entwicklung ausführlich beschrieben.
Die neue Methode des Denkens, die Cartesianische Vorstellung zweier (erster) »Substanzen«, von Geist und Materie, wurde zur entscheidenden Quelle der exponentiellen Vermehrung naturwissenschaftlichen Wissens.
Sie ist und bleibt von unschätzbarem Wert. Wie jede Methode hat sie jedoch auch ihre Grenzen. Zwei sind vor allem bedeutsam. Werden sie nicht erkannt und beachtet, wirkt sich dies nachteilig aus.

1. Die Vorstellung von der organischen Ganzheit von Mensch und Natur als Teilen der Schöpfung hatte »kulturelle Schranken« errichtet, die den Menschen veranlaßten, die Erde pfleglich zu behandeln und sich ihren Gesetzen anzuvertrauen. Mit der Trennung von Geist und Materie verschwanden diese kulturellen Hemmnisse. Der Mensch begann, die Natur als Sache zu sehen und sie auszubeuten. Sein Verhalten wurde nach heutiger Terminologie umweltfeindlich. Ziel der Wissenschaft war es, die Natur zu beherrschen, ihre Kräfte und »Naturschätze« zu nutzen, zu heben und dem Menschen dienstbar zu machen. Im Prinzip denken wir noch heute so und erkennen erst allmählich die Grenzen, die uns dabei gezogen sind.
2. Der denkende, zweifelnde, fragende, messende und forschende Mensch machte das gesamte Universum zum Gegenstand seiner naturwissenschaftlichen Neugier und Forschung. Er bezog auch seinen Körper als Teil der Natur und der Materie ein. Aber er nahm sich selbst, seinen Geist, davon aus. Da Geist und Materie streng getrennt waren, konnte der Geist nicht als Teil des Ganzen Gegenstand naturwissenschaftlicher Erkenntnisse werden. Er war Subjekt der Forschung, nicht ihr Objekt. Als Folge der Trennung von Geist und Materie blieben der Bereich der Schöpfung, der dem Geist-Bereich zugehört, von naturwissenschaftlicher Forschung, das heißt von der Suche nach erkennbaren Gesetzmäßigkeiten, ausgenommen.

Das war und ist vor allem bedeutsam für Entwicklung, Gestaltung und Wirkungsweise der menschlichen Gesellschaft selbst. Dieser Bereich war und ist auch heute noch prinzipiell den Geisteswissenschaften, allen voran der Philosophie als erklärender Wissenschaft, vorbehalten.

Das heißt: Die naturwissenschaftliche Methode wurde auf die Bereiche menschliche Gesellschaft, Wirtschaft und Handel, Kultur und Kunst nicht angewendet. Damit ergab sich eine zunehmende Diskrepanz zwischen der Entwicklung beider Bereiche. Die Naturwissenschaften entdeckten die Gesetze der »materiellen Natur«. Die Technik nutzte sie und veränderte damit die Umwelt. Aber die Methoden, mit denen die Menschen durch gemeinschaftliches Verhalten solche Veränderungen bewältigen, die neuen Möglichkeiten nicht nur technisch nutzen, sondern auch gesellschaftlich, wirtschaftlich und politisch umsetzen, entwickelten sich nicht in gleichem Maße. Der Stand der gesellschaftlichen Entwicklung fiel weit hinter den jeweiligen Stand der technischen Entwicklung zurück.

Daraus mußten sich früher oder später Spannungen ergeben. Sie entstanden, als die Zweifel auch die herrschenden Verhältnisse erfaßten, also die Machtverhältnisse. Davon wurde nicht nur die Kirche, sondern auch die weltliche Herrschaft des 18. Jahrhunderts in Mitleidenschaft gezogen. Die Französische Revolution war der Versuch, die vor der Aufklärung entstandenen, unbeweglich gewordenen Herrschaftsformen durch die Herrschaft der Vernunft zu ersetzen.

Das Vakuum, das dadurch entstand, füllte Napoleon. Ihm folgte eine ganze Serie von Experimenten mit unterschiedlichen Regierungsformen. Im Grunde fand Frankreich erst mit der Verfassung de Gaulles eine stabile Antwort.

Die ständige Ausdehnung des Materiellen

Die Spannungen verstärkten sich im 19. Jahrhundert mit der Gewährung der *Gewerbefreiheit*. Jetzt waren nicht nur die Energien des Geistes, sondern auch die der Produktion und des freien Handels freigesetzt. Was die kopernikanische Wende für das Weltbild war, das war die Gewerbefreiheit, der Wegfall von Zünften und Privile-

gien, für die Wirtschaft. Die Expansion des Eisenbahnnetzes im 19. Jahrhundert ist ein eindrucksvolles Beispiel für die Wucht der industriellen »Explosion«. Der Ausweitung des Wissens folgte die Expansion der materiellen Dinge. Damit hatte sich die Expansivität (Hans Mohr) des Denkens umgewandelt in eine Expansivität des Materiellen.
Diese Expansivität des Materiellen revolutionierte die Produktionsverhältnisse der europäischen Staaten des 19. Jahrhunderts und damit auch die gesellschaftliche Wirklichkeit. Aber sie führte nicht zu einer den Naturwissenschaften und der Technik entsprechenden Innovationsleistung der Politik und der politischen Wissenschaften. Vielmehr versuchte man zunächst, die neue Lage als einen unpolitischen Vorgang, als kaufmännisch im weiteren Sinne des Wortes – was die Ökonomie anbetraf – und als handwerklich im weiteren Sinne – was die Technik anbetraf –, zu erklären.
Die von den Universitäten getrennten Technischen Hochschulen sind ein Produkt dieses Versuches, die vorhandenen gesellschaftlich-politischen Verhältnisse von den radikalen Veränderungen der Wirklichkeit durch die Technik zu isolieren. Als das Ruhrgebiet entstand, wurde es politisch ähnlich exterritorial behandelt wie der Schmied in vordenklichen Zeiten, der am Rande der Gemeinschaft lebte und mit Erdgeistern und geheimnisvollen Kräften im Bunde stand. Das Revier war die »Waffenschmiede« des Kaiserreiches; die »Schlotbarone« waren der Industrieadel einer anderen Welt. Die Trennung wurde so konsequent durchgeführt, daß Kaiser Wilhelm II. noch 1892 verfügte, es dürfe im Ruhrgebiet keine Universität und keine Kasernen geben.
So expandierte die Wirtschaft, angetrieben von der Umsetzung exponentiell gewachsener naturwissenschaftlicher Erkenntnisse, in die »Hohlräume« der politisch-gesellschaftlichen Ordnung des 19. Jahrhunderts. Der Staat hatte die äußere und innere Ordnung zu wahren und das Recht bereitzustellen, das der Handel brauchte. Er war zuständig für die Soldaten und ihre Aufgaben, die Industrie für die Kanonen. Als sich auf dem europäischen Kontinent die Räume füllten, expandierten die Nationen über die Grenzen des Kontinents hinaus in die ganze Welt. Dem Handel folgten die Kriegsschiffe, den Schiffen folgte die Fahne und den Fahnen das europäische Denken. Der Prozeß verlief nicht ohne enorme Ausbrüche und Umbrüche,

vor allem im 20. Jahrhundert. Der Versuch, das immer schnellere Wachstum durch ein Gleichgewicht der europäischen Nationalstaaten zu stabilisieren, scheiterte im Ersten Weltkrieg.

Gruppengleichgewichte dieser Art sind nie stabil. Als der Durchbruch zu groß und die Widersprüche und Spannungen unübersehbar wurden, entluden sie sich in kriegerischer Auseinandersetzung.

Im Gefolge dieser Auseinandersetzung war der erste Versuch erfolgreich, den gesellschaftlichen Umwälzungen der industriellen Entwicklung mit der Diktatur des Proletariats neue Formen zu geben. Marx hatte im 19. Jahrhundert den theoretischen Überbau geliefert und für die Zwangsläufigkeit der Entwicklung die Wissenschaft vom dialektischen Materialismus in Anspruch genommen. Die Oktoberrevolution von 1917 brachte nun die erste reale kommunistische Herrschaft hervor. Sie war, ihrem Konzept nach, als Ausgangspunkt und Teil einer internationalen Ordnung angelegt. Wenige Jahre später waren die Verhältnisse in Deutschland der Entstehung einer nationalistischen Alternative zu dieser Diktatur günstig: Die nationalsozialistische Diktatur entstand. Der Zweite Weltkrieg war auch eine Auseinandersetzung zwischen beiden Formen der Diktatur. Die kommunistische Alternative überstand den Krieg. Sie beherrscht heute den östlichen Teil Europas.

Instabilität – Militärdiktaturen und Rüstung – ökologische Krise

Mit dem Ende des Krieges waren die Möglichkeiten weiterer räumlicher Expansion in Europa erschöpft. Die Völker, die Europa kulturell und politisch unterworfen hatte, nutzten die Schwäche Europas und machten sich politisch selbständig. Aber sie kommen mit dem europäischen Denken nicht zurecht. Es gelingt ihnen nicht, zu ihren alten Ordnungen zurückzufinden, noch neue zu entwickeln. Die Folge ist dauernde Instabilität. Da Instabilitäten von Gesellschaften auf Dauer nicht ertragen werden, wird das drohende Vakuum durch die militärische Ordnung ausgefüllt. Das Militär übernimmt die Funktion des Rechts, des Staates und der Polizei. Es legitimiert sich durch Bedrohungen von außen, auch wenn sie, wie bei vielen Militärdiktaturen in Lateinamerika und in Afrika, kaum bestehen. Oft werden die Bedrohungen erst erzeugt, um das Militärregime zu legitimieren.

Das Wachstum des Wissens und des Materiellen als beherrschende Elemente der europäischen Kultur wurden durch die Katastrophe des Zweiten Weltkrieges nicht beendet. Sie setzten ihre exponentielle Entwicklung fort, zusätzlich angetrieben durch die neuen »Hohlräume«, die es zu füllen galt: entstanden durch die kriegerischen Zerstörungen des Kontinents fast bis zum Ural, die Ausdehnung des Welthandels und die Entwicklung der Dritten Welt. Im »Wettbewerb der Systeme« erwiesen sich die westlichen Industrienationen als dem realen Sozialismus weit überlegen.

Das exponentielle Wachstum beschränkte sich jedoch nicht auf die Produktion materieller Güter für den gesellschaftlichen Bedarf. Dank des Antagonismus und der wachsenden Konfrontation zwischen Ost und West, zwischen der kommunistischen und der freiheitlich-marktwirtschaftlich-interventionistischen Wirtschafts- und Gesellschaftsverfassungen ergriff es auch den militärisch-technischen Bereich.

Nach nunmehr 40 Jahren friedenähnlicher Waffenruhe in Europa stehen sich die beiden Weltmächte im geteilten Europa mit den größten Waffenarsenalen der Menschheitsgeschichte und im Besitz der Fähigkeit gegenüber, diese Geschichte zu beenden. Sie stabilisieren damit – jedenfalls bisher – die Wirkungen der Expansivität und ihrer exponentiellen Entwicklung mit der Doktrin des Gleichgewichts der Abschreckung oder – wie Churchill es nannte – des Gleichgewichts des Schreckens. Ob sich ein solches zweiseitiges Gleichgewicht stabilisieren läßt und die Expansivität beenden kann, ist die Lebensfrage der europäischen Welt schlechthin.

Für ihre eigenen Wirtschafts- und Gesellschaftsordnungen haben die modernen Industrienationen der westlichen Welt noch keine befriedigende Antwort auf die Frage gefunden, wie sie die Ungleichgewichtserscheinungen überwinden können, die mit exponentiellen Entwicklungen – oder doch der Tendenz dazu – verbunden sind. In ihren eigenen Grenzen, aber auch weltweit, führen das expansivistische Denken und die Umsetzung der so gewonnenen wissenschaftlichen Erkenntnisse in die materielle Wirklichkeit der Technik ohne entsprechende gesellschaftliche und politische Gleichgewichte zu wachsenden Problemen der Regierbarkeit. Sie treten in den modernen Industriegesellschaften ebenso auf wie in den von ihrer Industriekultur beeinflußten Länder. Lediglich China und Indien sowie

Teile der islamischen Welt sind davon bisher nicht erfaßt oder wehren die europäische Denkweise als eine Gefahr für ihre eigene Identität ab. Allen jedoch wird immer deutlicher, daß die materielle Expansivität das ökologische Gleichgewicht unseres Planeten nicht nur bedroht, sondern dauerhaft gefährdet.
Damit sind die Lebensgrundlagen der Menschen selbst in Gefahr. Die Grenzen der Expansion werden nicht nur sichtbar, sie sind weitgehend erreicht. Selbst eine Expansion in die Zukunft – durch Rohstoffverbrauch und den Verzehr von Kapital, das erst noch erarbeitet werden muß – ist kaum mehr möglich.
Damit beginnen die ungeheueren Leistungen vor allem des letzten Jahrhunderts in ihr Gegenteil umzuschlagen. Die Versorgungskrisen, die die Europäer jahrhundertelang belastet und bedroht hatten, sind überwunden. An ihre Stelle ist – jedenfalls in Westeuropa – der Überfluß getreten. Dagegen sind mit der weltweiten Ausdehnung europäischer Wirtschaftsformen auch auf Länder ohne die notwendigen kulturellen Voraussetzungen neue, weit größere Versorgungskrisen entstanden. Alle Industrienationen, zunehmend die ganze Welt, geraten zudem in eine Begrenzungskrise. Die materielle Expansivität überfordert unsere ökologische Basis und stellt uns damit vor eine existentielle Gefahr. Die Folge sind wachsende Unruhen, Spannungen, Orientierungskrisen und der lauter werdende Ruf nach Besinnung und Umkehr.

Indikatoren des Umbruchs

Zeiten des Wandels sind Zeiten des Umbruchs. Das heißt, sie sind Zeiten wachsender Un-Ordnung. Seit einigen Jahren mehren sich die Untersuchungen und Beschreibungen der Indizien dafür, daß wir in einer solchen Zeit des Umbruchs leben. Folgende Indikatoren des Umbruchs werden vor allem genannt:

1. Der Verfall des Patriarchats. Seine Herrschaft erstreckt sich über mindestens 3000 Jahre. Sicher ist, daß die abendländische Zivilisation, wie auch die meisten anderen Kulturen, während dieser Zeit auf philosophischen, sozialen und politischen Systemen beruhten, in denen die Männer bestimmten, welche Aufgaben und Rollen die

Frauen in der Gesellschaft zu übernehmen hatten und welche ihnen nicht offenstanden. Die daraus entstandenen »Rollenzuweisungen« waren so universell akzeptiert, daß man in ihnen lange Zeit Naturgesetze sah und sie auch als solche darstellte. Heute haben wir erkannt, daß das patriarchalische Denken zu den ältesten und stabilsten gesellschaftlichen Strukturen gehört. Es ist damit politisch verfügbar geworden. Die auf ihm beruhenden »Wertvorstellungen« sind veränderbar. Die fast revolutionäre Veränderung der Vorstellungen über Aufgaben und Rollen der Frau in der Gesellschaft während der letzten 30 Jahre ist ein Ergebnis dieser Erkenntnis.

2. Das nahe Ende des Zeitalters der fossilen Brennstoffe. Fossile Brennstoffe – Kohle, Erdöl und Erdgas – waren und sind die wichtigsten Energiequellen des modernen Industriezeitalters. In dem Maße, in dem diese Energiequellen versiegen oder fossile Energie immer teurer wird, wird auch diese Ausprägung dieses Industriezeitalters zu Ende gehen. Die kommenden Jahrzehnte werden durch den Übergang vom Zeitalter der konventionellen Brennstoffe zu neuen Energiequellen gekennzeichnet sein.

3. Die Änderung unserer kulturellen Werte. Sie sind Ausdruck eines tiefgreifenden Wandels des Denkens, der Wahrnehmungen und der Werte, die auf einer besonderen Sicht der Wirklichkeit beruhen. Ändert sich die Sicht der Wirklichkeit, so ändern sich auch die Formen ihrer Wahrnehmung und die Bewertung des Wahrgenommenen. Der »Wertewandel« ist damit vor allem Ausdruck einer neuen »Bewertung« der Dinge und der Formen unseres gesellschaftlichen Lebens. Aus der heutigen Sicht der Dinge wird er als »Werteverfall«, als wachsende Unruhe und Bedrohung empfunden. Zum Teil ist dies berechtigt. Der Wertewandel *kann* auch Ausdruck eines Wertezerfalls sein. Vielfach deutet sich in ihm aber auch die neue Sicht der Dinge an, eine Suche der Menschen nach Orientierung, nach dem sie von der traditionellen »Wertelandkarte« auf ihrem Weg durch eine veränderte Wirklichkeit zunehmend im Stich gelassen werden.

Die Umwälzung, in der wir uns befinden, ist weitaus dramatischer als alle, die ihr vorausgegangen sind. Das Tempo des Wandels ist heute schneller denn je zuvor. Die Veränderungen fallen umfassender aus und ergreifen den ganzen Erdball. Mehrere größere Umwälzungen fallen zeitlich zusammen. Deshalb wird unsere heutige Krise zu Recht nicht einfach als eine Krise der Individuen, der Regierungen oder der gesellschaftlichen Institutionen angesehen. Es handelt sich vielmehr um einen Übergang von weltweiten Dimensionen, die alles, Individuen, Gesellschaft und Zivilisation und das planetarische Ökosystem, einschließen.

Um uns auf den damit verbundenen Übergang vorzubereiten, müssen wir deshalb die wichtigsten Annahmen und Werte unserer Kultur grundlegend überprüfen. Begriffsmodelle, die ihre Nützlichkeit überlebt haben, müssen abgelegt und Werte wiederbelebt werden, die in früheren Perioden unserer Kulturgeschichte beiseite geschoben wurden.

Den damit verbundenen tiefgreifenden Wandel der Mentalität unserer Kultur muß eine ebenso tiefgreifende Änderung der meisten gesellschaftlichen Beziehungen und Formen gesellschaftlicher Organisation begleiten. In jedem Fall handelt es sich um Veränderungen, die weit über jene oberflächlichen Maßnahmen wirtschaftlicher und politischer Anpassung hinausgehen, die von unserer Tagespolitik erörtert und, falls sie gelingen, als Wende empfunden werden.

Wenn alte Ordnungen überlebt, aber neue noch nicht gefunden sind, wachsen Unsicherheit, Instabilität und *Unvorhersehbarkeit* des Handelns gegenläufiger, einander widersprechender Kräfte, im Inneren wie im Äußeren. Alles wird deshalb darauf ankommen, zugleich zwei Aufgaben zu erfüllen: einerseits den Übergang von der alten zur neuen Sicht der Dinge zu finden und andererseits während der Übergangszeit Auseinandersetzungen, Konflikte, Zwietracht und Not so gering wie möglich zu halten. Das Ganze muß vor Verfall geschützt und zu einer besseren Qualität geführt werden. Dabei werden besondere Leistungen verlangt, vor allem im Bereich der politischen Führung einer demokratischen Industriegesellschaft und der Führung der gesellschaftlichen Gruppen und Organisationen. Wie diese Leistungen zustande kommen können und welche Voraussetzungen dafür geschaffen werden müssen, wird uns zunehmend beschäftigen.

Hier ist wichtig, daß sich beide Aufgaben, auch bei günstigsten organisatorischen Voraussetzungen, nicht bewältigen lassen, wenn wir nicht die *Ursachen* der entstandenen Gefahren kennen und den

Charakter der Grundentscheidung, um die es geht. Die Ursache liegt in der Expansivität unseres Denkens *und* in der Umsetzung der Ergebnisse dieses Denkens in den Bereich der Materie, in die Produktion von Gütern, in Dienstleistungen, in Wohlstand und materielles Vermögen.

Die ständige Erweiterung unseres Wissens ist als solche ohne Auswirkungen auf unsere Umwelt. Die Wirkungen auf die Realität gehen vielmehr von der *Anwendung* des gewonnenen Wissens aus, von der »Nutzanwendung« durch die Technik. Die Übertragung der *Möglichkeit in die Wirklichkeit* ist der *kritische Punkt*, an dem aus der exponentiellen Wissensvermehrung exponentielles Wachstum der realen Dinge, der Materie, wird.

Diese Prozesse der materiellen Expansivität verzehren auf Dauer ihre ökonomische Basis und zerstören sich damit selbst. Sie lassen sich überwinden durch die Überführung der Organisation menschlicher Gesellschaft in Formen, die fähig sind, dynamische Gleichgewichte zu erzeugen und zu erhalten. Die Organisation unserer menschlichen Gemeinschaft muß *gleichgewichtsfähig* gemacht werden.

Die neue Sicht der Dinge

Für die uns gestellte Aufgabe heißt das:

1. Aus der Fülle der ständig wachsenden naturwissenschaftlichen Erkenntnisse dürfen nicht diejenigen zur »Nutzanwendung« ausgewählt werden, die zur weiteren materiellen Expansivität beitragen, sondern diejenigen, die die Gleichgewichtsfähigkeit unserer menschlichen Gemeinschaft vermehren. Nicht die *quantitative* Expansion, sondern die *qualitative* Verbesserung der Organisation im Sinne höherer Gleichgewichtsfähigkeit – innerhalb der menschlichen Gemeinschaft – und in ihrem Verhältnis zur Umwelt – muß prämiert werden. Dies ist ein Aspekt der neuen Sicht der Dinge. Das heißt: Die Krisen gehen aus von der Art, wie wir die Ergebnisse unseres Denkens auswählen, um sie anzuwenden.
2. Sie gehen weiter aus von der Art und Weise, wie wir unsere menschliche Gemeinschaft, Staat und Gesellschaft, organisieren. Die gesellschaftlichen *Strukturen* sind *Schöpfungen des Menschen*,

insoweit sie durch Recht, Gesetz oder staatliche Macht gestaltet werden. Sie sind Ausdruck des freien Willens der Menschen. Das heißt aber auch: Diese Strukturen sind nicht vorgegeben. Sie sind nicht sogenannte Sachgesetzlichkeiten, sondern Ergebnisse politischer Gestaltung. Damit ist auch der Ort der Verantwortlichkeit für ihre Existenz wie für ihre Veränderung bezeichnet. Die Begrenzungskrise kann überwunden werden, wenn die staatlich verfaßte Gesellschaft in der Lage ist, die »politische Energie« zu mobilisieren, die wir für eine qualitative Verbesserung der Organisation unserer Gesellschaft brauchen.

Diese Neuordnung der politischen und gesellschaftlichen Einrichtungen mit dem Ziel, sie gleichgewichtsfähiger zu machen, bezeichnen wir als *qualitatives Wachstum*. Qualitatives Wachstum setzt damit geistige Leistungen voraus. Diese sind die wichtigste »Energiequelle« für die Erneuerung unserer menschlichen Gesellschaft und ihrer Teilbereiche. Durch sie überwinden wir die Begrenzungskrise. Wissen und Können des Menschen sind, wie auch in der Vergangenheit, die Quelle des Fortschritts. Aber sie werden heute und in Zukunft nur fruchtbar werden durch eine neue Sicht der Dinge.

Damit wird zugleich deutlich, daß es sich bei der notwendigen Veränderung nicht um eine *Wende* handelt, sondern um das *Fortschreiten* zu einer neuen, höheren Qualität des Denkens. Anders formuliert: Es geht nicht um Fortschritt *innerhalb des Systems* der materiellen Expansivität, das unsere heutige Industriegesellschaft bestimmt. Dieser Fortschritt, der die Entwicklung der Industriegesellschaften vor allem seit der Gewährung der Gewerbefreiheit und der Sicherung des freien Welthandels geprägt und revolutionär verändert hat, war und ist *quantitativer* Fortschritt.

Worum es jetzt und in Zukunft gehen muß, ist, die Ursachen für die sich ständig (exponentiell) beschleunigende Ausdehnung unserer *materiellen Ansprüche* an unsere Umwelt und unsere Zukunft (unsere materielle Expansivität und ihren exponentiellen Charakter) zu überwinden und damit die Gefahren beherrschen zu lernen, die uns aus der Ungleichgewichtigkeit unserer Gesellschaftsordnungen drohen: durch die neue Sicht der Dinge, die ein dynamisches Gleichgewicht ermöglicht. Dieser Fortschritt ist *qualitativer* Fortschritt.

Die Dimensionen dieser Aufgabe erscheinen überwältigend. Aber die Aufgabe, den Umbruch des Denkens von der alten zur neuen Sicht der Dinge politisch zu bewerkstelligen, ist nicht unlösbar. Wichtig für den Erfolg aller Bemühungen ist zunächst, allen klarzumachen, daß es nicht die *Menschen* sind, die sich ändern müssen, sondern die gesellschaftlichen und staatlichen Einrichtungen, die wir uns geschaffen haben. Als Galilei die Menschen lehrte, durch das von ihm weiterentwickelte Fernrohr zu blicken, und den Beweis führte, daß die Erde nicht der Mittelpunkt der Welt war, veränderte sich nichts auf Erden. Kein Mensch noch Tier oder Pflanze waren von dieser Entdeckung als Kreatur betroffen. Vater und Mutter, der Kaufmann oder der Handwerker: sie alle behielten ihre Identität. Was sich änderte, war die Sicht der Dinge und der Institutionen der Menschen: Die Kirche war betroffen und die Universitäten. Die Lehrbücher waren falsch und die alten Theorien. Die Besitzstände waren gefährdet, nicht die Menschen.

Dies gilt auch heute. Der Mensch bestimmt sich und seine Identität nicht durch die Großstrukturen, das Unternehmen oder die Nation. Beide begründen Mitgliedschaften, aber nicht Identitäten. Deutscher oder Franzose zu sein erschöpft nicht mein Menschsein. Der Gedanke, die Nation bestimme die Identität des Menschen, ist überholt. Er ist im Feuer des Zweiten Weltkrieges untergegangen. Zwar kann es, wie Hermann Lübbe feststellt, Identitätskrisen geben, wenn Großstrukturen ins Wanken geraten. Der Mann, der 40 Jahre bei Krupp gearbeitet hat, tut sich schwer in einer Welt, in der er nicht mehr bei Krupp ist. Aber Franz Böhm erinnert uns daran: In Zeiten des Zerfalls großer Organisationen wird der Mensch auf die kleinen Einheiten, auf die *kleinen Lebenskreise* zurückgeworfen.

Die »Wiederbelebung« der Familie

Konkret heißt dies: In Zeiten des Umbruchs der bisherigen Ordnung der großen Einheiten kommt die Familie wieder zu Ehren. Die Familie ist die natürliche Gemeinschaft der Menschen. In der Gemeinschaft einer Familie zu leben ist Teil des Gesetzes, nach dem der Mensch angetreten ist. Die Familie ist deshalb nicht *politisch verfügbar*. Sie wird, wie wir nach dem Zweiten Weltkrieg gelernt haben, selbst dann nicht tangiert, wenn alle anderen gesellschaftlichen Gemeinschaften zusammenbrechen. Die Entwicklung der Haushaltsgrößen vom größeren zum kleineren Haushalt wird wieder »zurückschwingen«. Das heißt, die Größe des durchschnittlichen Haushaltes wird wieder zunehmen. Die Menschen werden den Privathaushalt als Einzelwirtschaft wiederentdecken. Sie werden in ihm nicht nur leben und konsumieren, sondern auch arbeiten, für einander sorgen, soziale Funktion erfüllen und gemeinsam am Wirtschaftsleben teilnehmen. Die Familie wird, mit anderen Worten, wieder zum eigentlichen Ort der Identität des Menschen werden. Damit wird zugleich eine für die Industrialisierung prägende Entwicklung umgekehrt: die mit der Industrialisierung verbundene Verlagerung der Identität des Menschen aus der Familie in die Fabrik und in immer größere organisatorische Einheiten. Im sogenannten Rückzug ins Private kommt diese Umkehr bereits zum Ausdruck. Dieser Rückzug ist nicht negativ. Er ist ein Stück des Heilungsprozesses. Er ist ein Ausdruck der neuen Sicht der Dinge. In ihm wird deutlich, daß die Menschen den Zugriff des bürokratischen, allgegenwärtigen, allmächtigen, alles wohlfahrtlich verwaltenden Staats zunehmend ablehnen. Zwar wollen sie die Vorteile behalten, die ihnen der Staat gewährt, solange sie ohne Preis der Mitverantwortung zu haben sind. Aber die Lasten und Nachteile wollen sie nicht länger tragen.

Die »neue Rolle« der Frau in der Gesellschaft

Zugleich ändert sich die Stellung der Frau in der Gesellschaft. Dies ist nicht nur eine Folge des Abbaus des Patriarchats. Die »Emanzipation« ist auch nicht das Ergebnis einer Gleichberechtigung der Frau mit dem Mann. Gleichberechtigung im Verhältnis zum Mann kann nur heißen, daß wir alle *Bevorzugungen* des Mannes, alle Präferenzen gesellschaftlicher Einrichtungen für den Mann, kurz: das männliche Vorurteil in der Gesellschaft, abbauen und *damit* Chancengleichheit unter den Menschen ohne Ansehung des Geschlechts herstellen. Denn Gleichberechtigung von Mann und Frau kann nicht sinnvollerweise zum Ziel haben, daß sich alle »männlich« verhalten. Wohin die Emanzipation führen wird, ist der Abbau der Auswirkungen des Patriarchats als der wohl am tiefsten verwurzelten kulturellen Wertvorstellung zugunsten *beider* Geschlechter. Weder der junge Mann noch die junge Frau werden auf Rollen festgelegt, die durch patriarchalisches Denken geprägt sind. Schon heute empfinden wir es zunehmend als unsinnig, wenn von einem jungen Menschen die Unterdrückung seiner Gefühle nur deshalb verlangt wird, weil er männlichen Geschlechts ist, und er nur deshalb bestimmte Berufe nicht ergreifen darf, weil er weiblichen Geschlechts ist. Für mich gibt es kein schöneres Bild von der Befreiung beider Geschlechter von den Folgen überholten Denkens als das junge Ehepaar, das ich auf dem Evangelischen Kirchentag in Düsseldorf sah: Er trug das Baby in einem Tuch auf der Brust, beide gingen Hand in Hand durch das Freigelände, und sie hielt mit der freien Hand den Kirchentagsführer, um ihm den Weg zu zeigen – die neue Sicht der Dinge.

Emanzipation heißt damit die Wiedergewinnung der *natürlichen* Rolle der Frau. Aber nicht »natürlich« im Sinne vorgeprägter »Natürlichkeit« durch überholte Denkweisen; sondern als ordnende Kraft der Gesellschaft, vor allem der kleinen Lebenskreise. Die Zeit des Zweifelns, Fragens und Messens, die Zeit der Konfrontation von Geist und Materie, die Zeit, in der sich der Mensch die Natur unterwarf, war eher männlichen Eigenschaften gemäß. Die Zeit der Erneuerung der Zusammenhänge des Ganzen, die Wiederentdekkung der organischen Einheit der Natur, der Dezentralisation des Lebens in kleinen Lebenskreisen, die Zeit des dynamischen Gleichgewichts unter den Menschen und zwischen Mensch und Natur und die Zeit der Wiederentdeckung der Familie und der Hauswirtschaft als Ort der Identität des Menschen wird eher den Eigenschaften der Frau zugänglich sein. Sie kann Natur und Menschsein eher miteinander verbinden. Für sie ist die von den bisherigen exakten Wissenschaften so gesehene emotionale Natürlichkeit des Menschen nicht irrational, weil nicht meßbar und »objektivierbar«, sondern vernünftig.

Mit anderen Worten: Es wird ein neues Verstehen geben zwischen den Vertretern des »Rationalen« und den Frauen, die uns auf politisch relevante Weise das »Emotionale« und den Zugang zu den natürlichen Ordnungselementen menschlicher Gesellschaft wiederentdecken. Konrad Lorenz hat zu Recht auf die Unentbehrlichkeit des Emotionalen hingewiesen. Beide müssen der Menschheit dabei helfen, zu lernen, daß der *Mensch als Individuum* durch den Wandel nicht selbst gefährdet ist. Gefährdet sind die Strukturen, in denen die Menschen heute leben. Diese *Strukturen müssen sich ändern*, nicht der Mensch.

Der Mensch ist als *Mensch* erst dann gefährdet, wenn es ihm *nicht gelingt*, die Organisationen der Gesellschaft zu ändern, in der er lebt. Denn nur durch die Organisationen, die Symbole, das in ihnen gespeicherte Wissen kann er sein Verhältnis zur Natur gestalten und damit die Begrenzungskrise beherrschen lernen.

Der Staat als Diener des Rechts

Wir müssen aber nicht nur Abschied nehmen von der Bequemlichkeit des alten Denkens, sondern auch von seinen Vorstellungen und Begriffen. Die neue Sicht der Dinge ist mit den den alten Begriffen nicht zu begreifen.

Im Mittelpunkt unseres heutigen politischen gesellschaftlichen Denkens steht der *Staat*. Im deutschen Denken ist seine Stellung besonders ausgeprägt. Er ist nach Meinung der großen Mehrheit für mehr Fragen und deren Beantwortung zuständig als alle anderen gesellschaftlichen Einrichtungen und als der einzelne selbst. Umfragen zeigen, daß die Bevölkerung vor allem dem Staat Zuständigkeit und damit Verantwortung für die Erledigung der Aufgaben zuweist, die ihr wichtig erscheinen.

So kommt es auch, daß wir noch heute vom *Vater* Staat sprechen. Unsere demokratische Tradition war nicht stark genug, dieses Relikt der Feudalzeit zu überwinden. Aber der Staat ist nicht das Oberhaupt einer »Familie«, die wir Gesellschaft nennen. Der Feudalherr war das »Oberhaupt« der Feudalgesellschaft; er war der »Landesvater«. Die Mitglieder der Gesellschaft waren seine »Landeskinder«. Es gehört zu den größten Errungenschaften der kulturellen Entwicklung der Menschheit, daß es uns gelungen ist, zwischen Staat und Recht zu unterscheiden und den Staat dem Recht zu unterwerfen. In Ländern mit demokratischer Tradition, insbesondere im angelsächsischen Bereich, ist deshalb auch der Begriff »Vater Staat« nicht übersetzbar. Man kann ihn nicht begreifen.

Der Staat ist nicht Vater der menschlichen Gesellschaft, sondern

Diener des Rechts. Er ist an Recht und Gesetz gebunden. Er ist Rechtsstaat und *als solcher* konstitutiv für unsere freiheitlich demokratische Verfassung. Es besteht eine Analogie zur Praxis der Christenheit. Wie Gottes Sohn Diener des Geringsten ist, so ist das Oberhaupt der katholischen Kirche unter dem göttlichen Gesetz Diener des Geringsten.

Nur dienend, dem Recht unterworfen, ist die Macht des Staates mit der Würde des Menschen vereinbar.

Wo der moderne Staat mit seiner umfassenden Bürokratie *praktisch* versucht, Vater der menschlichen Gesellschaft zu sein, ist er entweder unmenschlich oder schwach und unvermögend. Seine eigentlichen Aufgaben, freiheitliche Gesellschaft in Frieden möglich zu machen und im dynamischen Gleichgewicht zu erhalten, kann er in beiden Fällen nicht erfüllen. Über die Gründe, warum dies so ist, handeln die folgenden Kapitel.

Das Ergebnis lautet: Wir sollten den Begriff »Vater Staat« aufgeben. Den irdischen Staat als Vater zu bezeichnen ist Sprachbarbarei. Sich als Repräsentant des Staates so bezeichnen zu lassen ist anmaßend. Der Begriff ist falsch. Wenn überhaupt, muß es heißen: Der Staat *dient* der Ordnung. *Diener* Staat und *Mutter Ordnung*: Auch dies gehört zur neuen Sicht der Dinge.

Grundlagen einer Erneuerung

Wie aber müssen Staat und Gesellschaft beschaffen sein, damit sie gleichgewichtsfähig werden, die ständige quantitative Ausdehnung unserer Ansprüche an unsere Umwelt und unsere Zukunft beherrschen können und wir so in der Lage sind, die *Begrenzungskrise* des modernen Industriestaates zu überwinden?

Die Frage ist nicht neu. Sie wurde zum ersten Male mit großer Dringlichkeit nach dem Ende des Zweiten Weltkrieges und dem Zusammenbruch des Deutschen Reiches gestellt. Schon während des Krieges hatten sich Männer und Frauen des Widerstandes mit ihr befaßt. Ihre Antworten und Vorschläge prägten deshalb die ersten Jahre des Neubeginns nach 1945 und die politische und wissenschaftliche Debatte dieser Jahre.

Wie muß die Wirtschafts- und Sozialordnung beschaffen sein, in der sich ein menschenwürdiges und wirtschaftlich erfolgreiches Leben entwickeln kann? Dies war die Frage, mit der Franz Böhm und Walter Eucken als Herausgeber und Fritz W. Meyer und Hans-Otto Lenel als Schriftleiter 1948 den Prolog ihres neugegründeten Jahrbuches »ORDO – Jahrbuch für die Ordnung von Wirtschaft und Gesellschaft« eröffneten. Ihre Antwort: Die leitenden Grundsätze einer solchen Ordnung müssen nicht erst gefunden werden. Sie sind in den letzten Jahrzehnten entwickelt worden und gipfeln in der *zentralen Erkenntnis*, daß nur die *Veranstaltung von Wettbewerb* in einem möglichst umfassenden Bereich der Wirtschaft eine volle Lösung des Problems der Wirtschafts- und Sozialordnung zu erbringen vermag!
Ebenso einig waren sie in der Ablehnung aller Spielarten von Planwirtschaft, genauer, der »Zentralverwaltungswirtschaft«. Und sie waren sich auch einig in der Ablehnung der sogenannten freien Wirtschaft, in welcher der Grundsatz des Laissez-faire verwirklicht ist. Sie wollten, besonders nach den Erfahrungen der zurückliegenden Jahre, keine planwirtschaftliche Ordnung, »weil sie die unabdingbaren Freiheiten des Menschen zwangsläufig mißachtet und ihn zum Sklaven der Bürokratie macht«.

Ordnungspolitischer Beginn der CDU

Drei Jahre zuvor, im Juni 1945, hatten Christliche Demokraten in Köln einen »Ruf zur Sammlung des Deutschen Volkes« beschlossen. In den »Kölner Leitsätzen« legten sie einen vorläufigen Entwurf zu einem Programm der Christlichen Demokraten Deutschlands vor.

> Soziale Gerechtigkeit und Soziale Liebe sollen eine neue Volksgemeinschaft beschirmen, die die gottgegebene Freiheit des einzelnen und die Ansprüche der Gemeinschaft mit den Forderungen des Gemeinwohls zu verbinden weiß. So vertreten wir einen wahren christlichen Sozialismus, der nichts gemein hat mit falschen kollektivistischen Zielsetzungen, die dem Wesen des Menschen von Grund aus widersprechen.

> Unser fester Wille aber ist es, eine soziale Ordnung aufzurichten, die der demokratischen Überlieferung der deutschen Vergangenheit ebenso entspricht wie der Weite und dem Geiste des christlichen Naturrechts.

Im Februar 1947 beschloß der Zonenausschuß der CDU für die britische Zone unter dem Vorsitz Konrad Adenauers im westfälischen Ahlen das »Programm von Ahlen«. »Das kapitalistische Wirtschaftssystem«, so beginnt die Erklärung, »ist den staatlichen und sozialen Lebensinteressen des Deutschen Volkes nicht gerecht geworden«. Eine Neuordnung von Grund auf sei geboten.
Das Programm behandelte neben der besonderen Situation des Bergbaus und der eisenschaffenden Industrie sowie den Fragen der Mitbestimmung der Arbeitnehmer auch die Planung und Lenkung der Wirtschaft und die Grundsätze, die bei allen Reformen zu beachten waren. Planung und Lenkung

> wird auf lange Zeit hinaus in erheblichem Umfange notwendig sein; es ist aber ein Unterschied, ob die Planung und Lenkung im Hinblick auf die Schwierigkeiten der wirtschaftlichen Lage erfolgt oder von Fall zu Fall als notwendig betrachtet wird, oder ob die Planung und Lenkung der Wirtschaft als Selbstzweck angesehen wird. Planung und Lenkung wird auch in normalen Zeiten der Wirtschaft in gewissem Umfange notwendig sein, was sich aus unserer Auffassung ergibt, daß die Wirtschaft der Bedarfsdeckung des Volkes zu dienen hat.

Bei allen Reformen sei »das erste und vornehmste Ziel das Wohl des gesamten Volkes«. Die deutsche Wirtschaft habe weder in erster Linie dem Wohle einer bestimmten Schicht zu dienen noch dem Auslande. Bei ihrer Gestaltung sei von ihrer Einheit auszugehen.

> Alle Teile der Wirtschaft greifen ineinander und stehen in Wechselwirkung. Kein Teil darf losgelöst vom anderen betrachtet werden. Bei der Gestaltung der industriellen Wirtschaft muß deshalb

der Zusammenhang mit den übrigen Wirtschaftsteilen berücksichtigt werden.

Die »Düsseldorfer Leitsätze« von 1949

Im Sommer 1949 verabschiedete die CDU die »Düsseldorfer Leitsätze«. Sie waren Teil der Wahlplattform der Union für die erste Bundestagswahl. In der Einleitung stellten die Autoren fest, nach einem Zustand völliger Auflösung des wirtschaftlichen und sozialen Lebens des deutschen Volkes habe der 20. Juni 1948 den Umschwung gebracht. Die Währungsreform allein habe ihn nicht herbeigeführt. Sie habe die technischen Voraussetzungen geschaffen. Der wesentlichste Impuls aber sei aus der Inkraftsetzung marktwirtschaftlicher Grundsätze gekommen. »Diese marktwirtschaftlichen Grundsätze wurden durch die von der CDU vertretene ›soziale Marktwirtschaft‹ am 20. Juni 1948 zur Grundlage der deutschen Wirtschaftspolitik gemacht.« Zur Verwirklichung der sozialen Marktwirtschaft formulierte die CDU eine Reihe von Leitsätzen. In ihrer Begründung zeichnet sich bereits die politische Auseinandersetzung um die neue Wirtschaftsordnung ab. Die von der CDU vertretene Wirtschaftspolitik, so heißt es, »führte zu einer wirtschaftspolitischen Wende. Die menschliche Arbeit erhielt wieder ihren Sinn, die Arbeitsleistung der Menschen erhöhte sich, die industrielle Produktion stieg rasch und steil an und verdoppelte sich in wenigen Monaten. Die Aufhebung der Bezugsscheinwirtschaft gab dem Verbraucher die Freiheit zurück. Nach langen Jahren bitterster Entbehrung konnte er erstmals wieder seinen dringenden Bedarf decken. Die Läden füllten sich. Mut, Kraft und Energie waren entfacht. Das ganze Volk wurde aus dem Zustand der Lethargie gerissen.«

Nicht die Währungsreform, sondern die *soziale Marktwirtschaft* sei für diesen Umschwung entscheidend gewesen. Das beweise, so heißt es, schon die Tatsache, »daß in der Ostzone, wo die Währungsreform nicht mit der marktwirtschaftlichen Politik verbunden war, der Umschwung, den wir im vereinigten Wirtschaftsgebiet erzielten, nicht eintrat«.

Die Leitsätze treten auch dem Vorwurf entgegen, die neue Wirtschaftspolitik führe zurück zu kapitalistischen Formen und zu altem Liberalismus unsozialer, monopolistischer Prägung. Nichts, so heißt es, liege der CDU ferner als ein solcher Weg. »*Aufbauend auf dem Ahlener Programm erstrebt sie die soziale Marktwirtschaft.*«

Deshalb stehe die soziale Marktwirtschaft auch im Gegensatz zur sogenannten freien Wirtschaft liberalistischer Prägung. Um einen Rückfall in die freie Wirtschaft zu vermeiden, sei zur Sicherung des Leistungswettbewerbs die *unabhängige Monopolkontrolle* nötig. Erst eine wirksame Monopolkontrolle verhindere, daß Privatpersonen und private Verbände Lenkungsaufgaben in der Wirtschaft übernehmen können. Erst die Monopolkontrolle führe dazu, »daß der Verbraucher mittelbar Art und Umfang der Produktion bestimmt und damit zum Herrn der Wirtschaft wird. Dadurch führt die von uns geforderte Wirtschaftsordnung neben den im Ahlener Programm genannten Mitteln zu *wahrer Wirtschaftsdemokratie,* und deshalb nennen wir sie die *soziale Marktwirtschaft.*«

Das System der Planwirtschaft wurde abgelehnt. Es beraube den schaffenden Menschen seiner wirtschaftlichen Selbstbestimmung, bringe die Unternehmer in Abhängigkeit von der Staats- und Selbstverwaltungsbürokratie, schalte den Einfluß der Verbraucher aus und bringe den Arbeitern und Angestellten keine Vorteile. Es hemme die Erzeugung und mute den Lenkungsstellen Aufgaben zu, die ihre Einsicht weit übersteigen. Statte man die Lenkungsstellen mit den umfassenden Vollmachten aus, die zur Lösung ihrer Aufgaben erforderlich seien, so führe dies zur »Diktatur der Verwaltungsbeamten und zum Ende der Demokratie und des Rechtes«. Versuche man aber die Lenkungsstellen einer demokratischen Aufsicht zu unterwerfen, dann könnten sie »ihre Aufgabe nicht lösen, weil die Natur der Aufgabe schnelles Handeln erfordert und keine umständlichen Kontrollen verträgt«. Deshalb könne die Planwirtschaft weder das Problem der höchstmöglichen Produktion noch das Problem einer gerechten Verteilung der Erzeugnisse meistern. »Statt einer freiheitlichen Ordnung entsteht mit zwingender Folgerichtigkeit die Diktatur oder das Chaos.«

Zum Schluß wurden die ordnungspolitischen Vorstellungen noch einmal präzisiert:

Die »soziale Marktwirtschaft« ist diejenige Ordnung, welche die Ausrichtung der Erzeugung auf die wirklichen Wünsche der Verbraucher und die billigste Versorgung des Gesamtbedarfs mit dem geringsten Aufwand an politischer und gesellschaftlicher Macht gewährleistet. Die Eindämmung von Macht aber ist die Aufgabe, vor die uns die Erfahrungen unserer eigenen jüngsten Vergangenheit und gewisser außerdeutscher Entwicklungsvorgänge stellen. Es sind also nicht nur wirtschaftliche und soziale Überlegungen, sondern auch politische und kulturelle Gründe, die uns veranlassen, die »soziale Marktwirtschaft« zu fordern. Wir sehen in ihr eine Wirtschaftsordnung, die zu echter Freiheit führt. *Wer frei sein will, muß sich dem Wettbewerb unterwerfen und darauf verzichten, Macht auf dem Markt zu erstreben. Wer Macht auf dem Markt besitzt, das heißt wer nicht durch Wettbewerb kontrolliert ist, darf nicht frei sein.*

Fragen der *Sozialpolitik* wurden nicht in den Leitsätzen zur sozialen Marktwirtschaft beantwortet. Sie wurden – zur gleichen Zeit – in gesonderten, sozialpolitischen Leitsätzen der CDU behandelt. In ihnen bekennt sich die CDU zu einer gesellschaftlichen Neubesinnung auf der Grundlage »sozialer Gerechtigkeit, gemeinschaftsverpflichtender Freiheit und echter Menschenwürde«. Sie erstrebt »eine umfassende Sozialpolitik für alle wirtschaftlich und sozial abhängigen Volksschichten«.
Als wichtigste »staats- und gesellschaftserhaltende Gemeinschaft« wurde die Familie anerkannt. Arbeit und Arbeitsmarkt, Gewerkschaften und Tarifordnung, Arbeitsschutz und Sozialversicherung waren die wichtigsten Themen, die behandelt wurden. Dem Wohnungsbau wurde wegen der außerordentlichen Maßnahmen, die die Zeit verlangte, ein eigenes Programm gewidmet.
Mit der Durchführung ihrer »fortschrittlichen Sozialpolitik« wollte die CDU »der inneren Befriedigung unseres Volkes dienen, das Vertrauen der breiten Schichten in die neue demokratische Ordnung stärken und den Willen zur Mitarbeit am Wiederaufbau unseres Staats- und Volkslebens fördern«. Zum Schluß stellten die sozialpolitischen Leitsätze fest:

Mit besonderem Nachdruck ist jedoch darauf hinzuweisen, daß die Grundlage einer gesunden Ordnung eine erfolgreiche Wirtschaftspolitik ist. Die besten Versicherungsgesetze nützen nichts, wenn eine unsachverständige Kredit- und Finanzpolitik die Kaufkraft, die Produktionshöhe, den Beschäftigungsstand, die Sparkapitalien mindert oder gar vernichtet. Die beste Sozialpolitik nützt nichts, wenn sich nicht Wirtschafts- und Sozialordnung wechselseitig ergänzen und fördern.

Der Dualismus von Wirtschafts- und Sozialpolitik

Der ordnungspolitische Neubeginn der Nachkriegsjahre ist für die Beantwortung unserer Frage nach der menschenwürdigen Wirtschafts- und Sozialordnung auch heute noch von unmittelbarer Bedeutung. Zwei grundsätzliche Entscheidungen wurden von der CDU nach dem Krieg getroffen: die Entscheidung für die *soziale Marktwirtschaft* und die Entscheidung für eine *umfassende Sozialpolitik*.

Für die Entscheidung zur Marktwirtschaft war Ludwig Erhard verantwortlich. Die CDU fand sie gewissermaßen vor, als sie ihre erste Wahlplattform beschloß. Im Ahlener Programm findet sich wohl die gleiche Ablehnung von Sozialismus und Laissez-faire-Kapitalismus, zu der sich auch die Freiburger Schule bekannte. Auch das machtverteilende Prinzip wird erwähnt, mit dessen Hilfe jede gemeinschaftsunverträgliche Marktmacht oder Beherrschung ganzer Industriezweige ausgeschlossen werden soll. Aber es ist in den späteren Diskussionen unklar geblieben, ob man 1947 mit dem machtverteilenden Prinzip den Wettbewerb meinte oder eine breit gestreute Kontrolle durch Beteiligung an Unternehmen, die in ihrem Markt besondere Bedeutung haben.

Das Bekenntnis der Union zu einer umfassenden Sozialpolitik ist vor allem das Verdienst ihrer Sozialausschüsse. Sie hatten die Tradition des Zentrums und der katholischen Soziallehre übernommen, die sich, vor allem im Rheinland, Ideen des christlichen Sozialismus verbunden fühlten. In der Stunde der Gründung ist deshalb auch von christlichem Sozialismus die Rede, der allerdings alle kollektivistischen Tendenzen weit von sich weist.

Die weitere Entwicklung der wirtschaftlichen und sozialen Ordnung durch die CDU wird von diesem Dualismus der Wirtschafts- und Sozialpolitik beherrscht. Er prägte auch die politische Entwicklung unseres Landes bis in die Gegenwart. Die SPD nahm an dieser Entwicklung bis zu ihrer programmatischen Distanzierung vom marxistischen Sozialismus durch das Godesberger Programm nur am Rande teil. Männer wie Heinrich Deist waren zwar schon früher um eine aufgeschlossene Haltung der Sozialdemokraten zur Marktwirtschaft bemüht, insbesondere im Zusammenhang mit der Kartellgesetzgebung. Franz Böhm fand mit seinen ordnungspolitischen Vorstellungen zum Gesetz gegen Wettbewerbsbeschränkungen bei ihnen oft eher Zustimmung als bei manchen Vertretern der Wirtschaft.

Die eigentlichen Konturen der Wirtschafts- und Sozialverfassung bis zur Bildung der großen Koalition wurden jedoch durch die politische Auseinandersetzung in der Union selbst gestaltet. Die wesentlichen Elemente dieser Auseinandersetzung entstanden in der Zeit von 1947 bis 1949. Das Ahlener Programm, in der tiefsten Nachkriegsnot in einer westfälischen Klosterschule beschlossen, war Ausdruck der sozialen Tradition. Die Düsseldorfer Leitsätze zur Marktwirtschaft gaben Erhards politische Position wieder, und 1948 meldete sich die Freiburger Schule programmatisch zu Wort mit der Aufforderung, die wirtschaftliche und soziale Ordnung mit den gleichen ordnungspolitischen Grundsätzen als Einheit zu gestalten. Was der CDU *nicht* gelang, war die *ordnungspolitische* Verbindung von Marktwirtschaft und Sozialpolitik. Die Formel, mit der die Düsseldorfer Leitsätze eine Antwort auf diese Frage geben wollten, lautete: Die Grundlage einer gesunden Sozialordnung ist eine erfolgreiche Wirtschaftspolitik. Die beste Sozialordnung nützt nichts, wenn sich die Wirtschafts- und Sozialordnung nicht wechselseitig ergänzen.

Die Versuche, dieses Wechselverhältnis genauer zu definieren, ziehen sich wie ein roter Faden durch die politische Programmatik der Partei und die praktische Politik unseres Landes. Mit der Übernahme der Regierungsverantwortung haben sich auch die Sozialdemokraten an ihnen beteiligt. Heute können wir ohne Übertreibung feststellen, daß nicht nur Karl Schiller 1972, sondern auch sein »Schüler« Helmut Schmidt 1982 an der Aufgabe gescheitert sind,

das ambivalente Verhältnis von Wirtschafts- und Sozialpolitik zu stabilisieren.
Diese Ambivalenz hat ihre Ursache in dem nicht näher definierten Zusammenhang zwischen der Wettbewerbswirtschaft, auf der die soziale Marktwirtschaft beruht, und dem Auftrag einer umfassenden Sozialpolitik für alle »wirtschaftlich und sozial abhängigen Volksschichten«. Sozialpolitik in diesem Sinne heißt, wie wir gesehen haben, nicht nur subsidiäre Hilfe des Staates für alle Bürger, die in Not sind. Sie will vor allem soziale Gerechtigkeit im umverteilungspolitischen Sinne. Sie will, wie die CDU es 1949 formulierte – und wie es bis heute gültig geblieben ist –, der »inneren Befriedigung unseres Volkes dienen« und das Vertrauen »der breiten Schichten in die neue demokratische Ordnung« stärken.

Die Entgrenzung der Sozialpolitik

Ein solcher politischer Anspruch ist prinzipiell unbegrenzt. Der soziale Friede und die Sicherung der Zustimmung des Volkes zur Demokratie als Ziele der Sozialpolitik rechtfertigen jede staatliche Leistung, wenn das Parlament einen konkreten Handlungsbedarf beschließt. Damit war das Verhältnis von Sozial- und Wirtschaftspolitik von Anfang an durch die *Leistungsfähigkeit der Wirtschaft* definiert. Sie durfte, so wollten es die Düsseldorfer Leitsätze, durch kredit- und finanzpolitische Maßnahmen des Staates für die Sozialpolitik nicht gemindert »oder gar vernichtet« werden. Alles, was diese Grenze respektierte, war jedoch durch den umfassenden sozialpolitischen Auftrag in das politische Ermessen des Parlaments und damit der Parteien gestellt.
Diese Entgrenzung der Sozialpolitik mußte eine unwiderstehliche Versuchung begründen, den angebotenen Handlungsspielraum auch auszufüllen. Das war so lange kein Problem, als die Prioritäten des Wiederaufbaus und der Bedienung der dringendsten Bedürfnisse der Produktion offensichtlich waren. Bis Mitte der fünfziger Jahre waren dies auch die eigentlichen Grenzen der sozialpolitischen Zuständigkeit des Staates. Mit der Auflösung des »Juliusturms« und der Verteilung des Staatsschatzes durch den sogenannten Kuchenausschuß auf verschiedene staatliche Leistungsversprechen,

die dauerhafte staatliche Verpflichtungen begründeten, kam jedoch die sozialpolitische Wende. Von diesem Zeitpunkt an kommt es auch zu den ersten Mahnungen und Vorhaltungen Ludwig Erhards, Maß zu halten. 1956, im Zusammenhang mit der Diskussion über die Neuregelung der Rentenversicherung, stellte er fest, es widerspreche der marktwirtschaftlichen Ordnung, die »private Initiative bei der Vorsorge für die Wechselfälle und Notstände des Lebens auch dann auszuschalten, wenn der einzelne dazu fähig und gewillt ist, selbstverantwortlich und eigenständig vorzusorgen«. Deshalb sei es notwendig, das Subsidiaritätsprinzip als eines der wichtigsten Ordnungsprinzipien für die soziale Sicherheit anzuererkennen und der Selbsthilfe und Eigenverantwortung so weit wie möglich Vorrang einzuräumen.

Mit dem Hinweis auf das Subsidiaritätsprinzip versuchte Erhard, die Sozialpolitik auf Ordnungsgrundsätze zu verpflichten und sie damit zugleich zu begrenzen. Nicht die Leistungsfähigkeit der Wirtschaft, sondern die *Leistungsfähigkeit des einzelnen und seiner Familie* sollten Maßstab für die sozialpolitische Zuständigkeit des Staates sein. Die Volkspartei CDU folgte ihm jedoch nicht. Sie setzte auf die Koalition der unterschiedlichen politischen Gruppierungen in der Partei.

Die Grenzen der Sozialpolitik wurden nicht objektiv bestimmt. Sie waren – und sind bis heute – das Ergebnis der jeweiligen Kräfteverhältnisse von Wirtschaftsflügel und Sozialausschüssen, Mittelstand und Junger Union, Frauenvereinigung und Wählern im Rentenalter, Landwirtschaft und der jeweiligen Einschätzung der Bedeutung neuer politischer Strömungen in der Bevölkerung. Sozialpolitik war seit Mitte der fünfziger Jahre nie ein Ergebnis von Ordnungspolitik, sondern stets ein Ergebnis von Machtpolitik. Die Folgen dieser Entwicklung und ihrer Auswirkungen auf den Zusammenhalt des Ganzen und seiner Teile werden uns noch beschäftigen.

Die rechtliche Verfassung der Marktwirtschaft

Um die ordnungspolitischen Grundlagen der sozialen Marktwirtschaft ging es auch bei der gesetzlichen Ordnung des Wettbewerbs, der zentralen Veranstaltung jeder Verkehrswirtschaft. Sie beschäftigte den Bundestag mehrere Jahre und endete zunächst mit der Verabschiedung des Gesetzes gegen Wettbewerbsbeschränkungen (GWB) 1957, im gleichen Jahr übrigens, in dem auch die Römischen Verträge über die Europäischen Gemeinschaften ratifiziert und die große Rentenreform verabschiedet wurden und in dem Konrad Adenauer mit der Union in der Bundestagswahl die absolute Mehrheit gewann.

Formell ging es beim »Kartellgesetz« um eine Ablösung der alliierten Dekartellisierungsgesetze von 1947 durch ein entsprechendes deutsches Gesetz. Inhaltlich stand die grundsätzliche Frage an, wie die Verfassung der Marktwirtschaft rechtlich beschaffen sein solle: Ob es sich beim Wettbewerbsprinzip um einen Verfassungsgrundsatz handele – von der gleichen Bedeutung für die moderne Volkswirtschaft wie die Privatrechtsordnung; oder ob die gesetzliche Regelung des Wettbewerbs an die Tradition der Kartellverordnung von 1923 anknüpfen, Kartelle also zulassen, aber einer staatlichen Mißbrauchsaufsicht unterwerfen solle. Wieder stand das Verhältnis des Staates zu den gesellschaftlichen Mächten zur Debatte, diesmal zu den wirtschaftlichen Mächten der Kartelle, Monopole und marktbeherrschenden Unternehmen. Wieder war dies auch eine Auseinandersetzung des neuen Ordnungsdenkens mit den Traditionen und Strukturen des 19. Jahrhunderts, der Epoche der Industrialisierung. Die organisierten Interessen in der Sozialpolitik beriefen sich, um ihren Anspruch auf staatliche und gesellschaftliche Macht zu begründen, auf die soziale Gerechtigkeit. Die Vertreter der »Selbstverwaltung der Wirtschaft« beriefen sich auf die Vertragsfreiheit und das Eigentumsrecht als Rechtfertigung der Bildung wirtschaftlicher Macht und der Ordnung der Märkte. Beide wollten es dem Staat überlassen, der Gefahr von Mißbräuchen zu begegnen. Beide wußten indes um die Grenzen der Macht des demokratischen Staates, mißbräuchliches Verhalten organisierter Gruppen und Interessen wirksam zu kontrollieren.

Die ordnungspolitischen Grundfragen waren in beiden Fällen gleich. Aber die Diskussion über die ordnungspolitische Bindung gesellschaftlicher Macht im Bereich der Wirtschaft war doch wesentlich weiter entwickelt. Sie konnte sich zudem auf politische Erfahrungen stützen, die vor allem im angelsächsischen Raum mit dem Verhältnis von Staat und wirtschaftlicher Macht gesammelt worden waren. Dort, und zumal in den USA, war die verfassungspolitische Dimension der Herausforderung, die von wirtschaftlicher Macht in den Händen Privater für die demokratischen Freiheiten ausgeht, schon Ende des neunzehnten Jahrhunderts erkannt worden. Führende Denker des Landes waren davon beeinflußt, daß die Einwanderer ihre europäische Heimat oft gerade deshalb verlassen mußten, weil die Zünfte, Stände und Kartelle die Freiheit des Marktes beseitigt hatten und sie nicht zu den Privilegierten gehörten, die produzieren und Handel treiben durften.

Die ordnungspolitische Debatte in der Union

Erhard ließ in der Diskussion keinen Zweifel daran, daß er seine Politik an ordnungspolitischen Grundsätzen orientieren wollte. Er stehe auf dem Standpunkt, erklärte er bei der Einbringung des späteren Gesetzes gegen Wettbewerbsbeschränkungen im Bundestag 1955, »daß eine sinnvolle Wirtschaftspolitik in jedem Falle einer klaren theoretischen Grundlage bedarf und sich nicht an verschwommenen und wechselnden Vorstellungen des Augenblicks orientieren darf«. Seine Gegner in der Union und in der Wirtschaft warfen ihm vor, um theoretischer Modelle wegen beschränke er in verfassungswidriger Weise die Vertragsfreiheit und trete eine bewährte Wirtschafts- und Rechtstradition der deutschen Wirtschaft mit Füßen. Der Abgeordnete Hermann Höcherl (CSU) lehnte in seiner Antwort auf die Begründung des Regierungsentwurfs für seine Freunde die Vorlage ab. Er sah in ihr den Ausdruck des »ewigen Perfektionismus«, sah die verfassungsrechtliche Koalitionsfreiheit durch das Kartellverbot verletzt und auf die Wirtschaft einen Polizeistaat zukommen. Die Debatte machte deutlich: Wichtige Teile der Union hatten das ordnungspolitische Konzept Ludwig Erhards nicht verstanden. Was er als Steuerung einer freiheitlichen Gesellschaft durch die staatliche Ordnung begriff, die nicht befehlen, sondern mittelbar lenken will, wurde von ihnen als staatlicher Interventionismus und als Beschränkung der Freiheit verstanden, für die die Union doch gemeinsam angetreten war.

Die Gruppierungen und Sonderinteressen, die sich mit Hilfe der Partei zu tragfähigen Mehrheitskoalitionen verbanden, wollten in

ihrem politischen Interessenausgleich nicht durch »Gesamtordnungen« gebunden sein. Sie waren überzeugt, dem Ganzen durch ihre machtpolitische Verbindung Stabilität verleihen zu können und dafür nicht auf eine theoretische Grundlage angewiesen zu sein, wie Ludwig Erhard sie für unverzichtbar hielt.
Aus heutiger Sicht können wir sagen, daß es für die damalige Politik wohl eine Überforderung gewesen sein muß, das zerstörte Land wiederaufzubauen, die ungeheuren Verluste an geistiger und moralischer Substanz aufzuarbeiten, die die Herrschaft der Unmenschlichkeit den Deutschen zugefügt hatte, und zugleich noch eine gültige *neue Ordnung der Wirtschaft* zu schaffen.
Das große Verdienst Ludwig Erhards war es, die Währungsreform mit der Einführung der sozialen Marktwirtschaft zu verbinden. Daß er bei seinem späteren Versuch scheiterte, die wachsende Flut der Interventionen zugunsten gesellschaftlicher Teilinteressen einzudämmen, war nicht seine Schuld. Die Entwicklung war in den Strukturen angelegt, die mit dem Wiederaufbau des Landes ihre Wirkung entfalteten. Ein Haushaltdefizit, mit 2,6 Milliarden DM lächerlich gering, war der politische Anlaß für das Ende seiner Regierung. Aber die »Haushaltskrise« war Ausdruck einer wachsenden Spannung in der sozialen Marktwirtschaft selbst. Der Verteilerstaat begann sich gegenüber der ökonomischen Realität zu verselbständigen. Die Wünsche der Interessengruppen wurden als »soziale Eigengesetzlichkeiten« (Rüdiger Altmann) hingenommen. An die Stelle der Ordnung trat der politische Pragmatismus. Nicht Ordnungsdenken, sondern die Machtverhältnisse bestimmten die Wirtschafts- und Sozialordnung der folgenden Jahre.

Objektive Bedingungen einer Ordnung

Diese Entwicklung war jedoch nicht nur eine *Antwort* auf die Möglichkeit der damaligen Zeit. Sie war und ist zugleich eine *Herausforderung*, es besser zu machen als in den fünfziger Jahren. Eine ordnungspolitische Erneuerung ist geboten. Sie ist möglich, wenn es uns gelingt, mit Hilfe der bisher gesammelten Erfahrungen und der Energien, die durch eine neue Sicht der Dinge freigesetzt werden, die entstandene Un-Ordung zu überwinden und Ordnungsvorstellungen zu entwickeln, die sich aus der Ganzheit der menschlichen Gesellschaft und ihrer Umwelt ableiten und der Natur und der Würde des Menschen gerecht werden.

Dabei gehe ich davon aus, daß sich auch die menschliche Gesellschaft und ihre wesentlichen Teilbereiche als lebende Organismen begreifen lassen. Als solche sind sie *nicht beliebig*, das heißt *nicht willkürlich politisch* gestaltbar. Sie folgen vielmehr *Gesetzmäßigkeiten*, die wissenschaftlichen Erkenntnissen zugängig sind. Franz Böhm meinte genau dies, als er feststellte, man erkenne, wenn man das Ineinandergreifen aller ordnenden Elemente sowie aller Elemente analysiere, die hinzutreten müßten, damit sich die Ordnung im ganzen störungsfrei entfalten könne: »Die Konzeption dieser Ordnung entstammt nicht dem menschlichen Gehirn, sondern ist ein Teil des Gesetzes, nachdem wir angetreten sind. Der Mensch tauscht, weil er als einziges Lebewesen zu dieser Tradition befähigt ist, ohne eine Ahnung davon zu haben, wie genial er sich da verhält und daß sich auf dieser bilateralen Ordnung von Augenblicksbeziehungen zwischen zwei Partnern eine multilaterale Dauerordnung für einen ganze Völker umfassenden Sozialprozeß aufbaut!«

Betrachten wir unter diesen Voraussetzungen die Wirtschaft als gesellschaftliche Veranstaltung. Sie stellt sich uns dar als »kulturelles Wunderwerk«, als höchst komplexes System aus unzähligen menschlichen Handlungen und Interaktionen. Dieses System untergliedert sich in eine ebenfalls unüberschaubar große Zahl mehr oder weniger autonomer Subsysteme, die wiederum auf die vielfältigste Weise miteinander verbunden sind. Jeder kann sich von der Komplexität dieser Interdependenzen selbst ein Bild machen. Er muß sich nur der Mühe unterziehen, auf einem Blatt Papier den Verlauf der Kette von Interaktionen nachzuvollziehen, die er auslöst, wenn er nach dem Katalog eines Versandhauses eine Uhr oder eine Küchenmaschine bestellt. Für mich bleibt es trotz jahrelanger Beschäftigung mit Fragen der Wirtschaft ein Wunder, daß der Einwurf einer Bestellkarte in den Postkasten um die Ecke das Gewünschte in wenigen Tagen sicher ins Haus bringt. Wir halten uns deshalb über den ganzen Vorgang nur dann auf, wenn er nicht funktioniert.

Das System der Wirtschaft ist, wie jedes lebende System, dauernd in Bewegung. Es paßt sich ständig veränderten Bedingungen an.

Aber es ist, jedenfalls zur Zeit, nicht im Gleichgewicht. Mit der außerordentlichen Entfaltung des technischen Wissens, so beobachtete Walter Eucken 1949, ein Jahr vor seinem Tod, stehe der Verfall der Wirtschaftsordnungen in scharfem Konflikt. Daran hat sich bis heute nichts geändert. Unsere Wirtschaft muß, so scheint es, ständig expandieren, um ihre Aufgaben zu erfüllen und die Widersprüche zu bewältigen, die sie ständig neu erzeugt. Dieses Ungleichgewicht ist auf unzureichende Anpassungsfähigkeit oder Flexibilität der Strukturen zurückzuführen. Die Ökonomen sprechen von Erstarrung. Das Gleichgewicht zwischen bestehenden gesellschaftlichen Strukturen mit der in ihnen enthaltenen Erfahrung und der notwendigen Erneuerung, das heißt der Veränderung dieser Strukturen, um neuer Erfahrung Platz zu machen und das System damit veränderten Bedingungen anzupassen, ist gestört. Wegen wachsender Invarianz (Konrad Lorenz), Inflexibilität (Arnold Toynbee) oder Ökosklerose (Herbert Giersch) ist das höchst komplexe System der Wirtschaftsgesellschaft von Zerfall bedroht. Sein Versuch, sich den Folgen der Unbeweglichkeit durch quantitative Expansion zu entziehen, verlagert nur die Ursache der Gefahr: vom langsamen Zerfall wegen Unbeweglichkeit zum langsamen Absterben wegen der Überforderung seiner Umwelt.

Veränderung als Bedingung für Stabilität

So bestätigt sich die schon aus der praktischen Erfahrung gewonnene Einsicht, daß die Wirtschaftsgesellschaft ihre Struktur *verändern muß*, um lebensfähig zu bleiben. Die Richtung dieser Veränderung ist durch die Herausforderung angegeben, vor der wir stehen: von der geringeren zur höheren Komplexität, von einer niedrigeren zu einer höheren, weil leistungsfähigeren, an die Um-Welt-Bedingungen besser angepaßten Struktur. *Voraussetzung* dafür ist, daß wir uns besseres *Wissen* über die Funktionsweise unserer Wirtschaftsordnung beschaffen. Qualitatives Wachstum ist Wachstum an *Wissen und Können*. Für dieses Wachstum wird es *keine Wachstumsgrenzen* geben. Denn im Unterschied zur natürlichen Umwelt und zur Endlichkeit unserer Erde ist menschliches Wissen beliebig vermehrbar. Worauf es ankommt, ist »also nur die hochgespannte

Daueranstrengung eines politisch geschulten freiheitsliebenden Volkes« (Franz Böhm). In dem Wort *nur* liegen so die Ursachen für die Krise wie die Chancen zu ihrer Überwindung!

Das Denken in Ordnungen

Nach dem Wissen, das uns über die Ordnung der Wirtschaft und ihre Gesetzmäßigkeiten zur Verfügung steht, können uns am ehesten die Einsichten der späten vierziger und frühen fünfziger Jahre und der Freiburger Schule aus der Begrenzungskrise und zu einer höheren Ordnung der Wirtschaftsgesellschaft führen. Diese Überzeugung gründet nicht nur in dem Umstand, daß Franz Böhm und Walter Eucken mein Denken geprägt haben.

Ebenso wichtig für den Versuch, die Antwort auf die uns gestellte *fundamentale Frage* nach den Prinzipien neuer Ordnungsstrukturen mit Hilfe des Denkens in Ordnungen des ORDO zu suchen, erscheinen mir die erstaunlichen *Übereinstimmungen*, die zwischen diesem Ordnungsdenken und den Einsichten in das Wesen und die Evolution menschlicher Ordnungen bestehen, die in jüngster Vergangenheit gewonnen wurden.

Die Freiburger hatten erkannt, daß die Koordination im Markt vor sich geht, ohne daß sie von einem bewußten menschlichen Willen in Vollzug gesetzt, ja ohne daß dieser Vorgang auch nur von einem einzigen der Beteiligten bemerkt und begriffen werden muß. Mit anderen Worten, »es ist eine ordnende Kraft vorhanden, aber diese ordnende Kraft ist nicht der menschliche Wille und nicht der menschliche Intellekt. Der menschliche Intellekt kann diese ordnende Kraft *entdecken*« und sich ihrer, sobald sie von ihm »entdeckt und begriffen worden ist, bewußt bedienen, wie er sich auch der Naturkräfte bedient, die er ebenfalls nicht macht, sondern bloß vorfindet«. Ihre Überlegungen hatten ergeben, »daß es nur noch ganz wenige Ordnungstypen gibt, in welchen der moderne Wirtschaftsprozeß gelenkt werden *kann*«. Sie wußten deshalb, daß im Blick auf die konkrete historische Lage nur ein Entweder-Oder bestand: »Da die gruppenanarchische, korporative oder ständische Lösung des Ordnungsproblems nur vorübergehend Bestand haben kann«, stellte Walter Eucken in seiner letzten Studie zur Wettbewerbsordnung – im ORDO-Jahrbuch 1949 – fest, »bleibt schließlich nur die Wahl zwischen zentralwirtschaftlicher Lenkung wesentlicher Teile des Wirtschaftsprozesses und der Wettbewerbsordnung. Es wird Zeit, diese Alternative zu sehen.«

Den Freiburgern war klargeworden, daß die Ordnungsstruktur des Wettbewerbs, in der sie die höhere Ordnung sahen, wohl als Teil des Gesetzes vorgeformt ist, nach dem wir als Menschen angetreten sind. Aber sie ist »der vollen Entfaltung durch bewußte menschliche Kulturleistung bedürftig. Und wiederum das gleiche gilt für die Struktur der zusammengesetzten Gesamtordnung, deren Konzeption von Menschen nicht erfunden, sondern nur entdeckt und nachvollzogen worden ist. Ihre optimale Entfaltung setzt aber voraus, daß es dem sozialen und kulturellen Gestaltungswillen der Menschen gelingt, eine ziemlich komplizierte Konstellation von Bedingungen zu verwirklichen« (Franz Böhm).

Diese Verwirklichung »aber ist bisher in der Geschichte noch nirgends auch nur annähernd gelungen«. Daß sie noch nicht gelungen sei, war das entscheidende Gegenargument all jener, die den neuen Ordnungsgedanken ablehnten und in ihm eine Gefahr sahen. *Der Beweis fehlte:* Und wer wollte schon erlauben, eine ganze Volkswirtschaft zum Experimentierfeld für eine Theorie zu erklären, die niemand verstand, die aller historischen Erfahrung und Praxis widersprach, die die Harmonie der bestehenden Ordnung störte und die zudem zu einer Umwälzung aller Machtverhältnisse führen mußte.

Heute liefern uns die Tatsachen den Beweis für die Instabilität der »gruppenanarchischen« korporativen Lösung des Ordnungsproblems. Statt geduldig an der Weiterentwicklung der Gesamtordnung der Wirtschaft zu arbeiten, entschloß man sich nach dem Zweiten Weltkrieg – in alter, nur moderat und mehr durch die Verhältnisse als durch das Kartellrecht geänderter Weise –, damit fortzufahren, den Markt durch eine wachsende Zahl systemwidriger Eingriffe zu mißhandeln. Was sich nach Böhms Überzeugung ereignen wurde, ist eingetreten:

> Der schwache Staat, der sich in alles mischt, der schwache Staat, der zum Spielball rivalisierender organisierter Gruppeninteressen wird, ein domestizierter Staat mit ungemein guten sozialen

> Absichten, der sich aber zum Behuf dieser Absichten einer Trompete bedient, in die man hineinblasen kann, wie man will, ohne aber jemals hoffen zu dürfen, daß aus dieser Trompete das Lied auch heraustönt, das man hineinblasen wollte. Fleißige Statistiker, Währungs- und Distributionsexperten, Konjunkturvirtuosen und andere »ewig strebend sich bemühende« Faust-Naturen werden die Schreibtische dieser Monster-Verwaltung besiedeln und im Schweiße ihres Angesichts versuchen, aus ihrer Tantalus-Arbeit das Beste für ihren Staat und ihre Gesellschaft herauszuwirtschaften. Wenn sie aber ehrlich sind, dann werden sie am Ende ihrer Laufbahn sagen müssen: »Behüt dich Gott, es wär so schön gewesen, behüt dich Gott, es hat nicht sollen sein.«

In allen westlichen Industrienationen ist diese Voraussage der »theoretisierenden Puristen« inzwischen eingetreten. Aus dem modernen Staat als einem »domestizierten Schützer einer freien, auf Koordination beruhenden Gesellschaftsordnung (Privatrecht) ist mehr und mehr eine Art Stammes-Scheich geworden«, der Tag für Tag »Familienfehden seines Clans« schlichten muß. Dabei hat er sich aber nicht mit anschaulichen Tatbeständen auseinanderzusetzen, sondern »mit akademisch-versierten und spezialisierten Fachvertretern kollektiver Fremdinteressen und mit höchst abstrakten Konfliktsituationen, die überhaupt niemand mehr versteht und die man mit Hilfe von diplomatischen Sprachregelungen schlecht und recht und möglichst honorig zu beerdigen versucht«.

Geben wir das *plebiszitäre Element* auf, das in der Wettbewerbswirtschaft als eine auf *Koordination* beruhende Ordnung die Richtung des Geschehens bestimmt, und verlegen statt dessen die Willensbildung nach oben in die Regierung und die organisierten Interessen, dann werden die Entscheidung, was wirtschaftlich und sozial geschehen soll, zu Macht- und damit zu *Willkürentscheidungen*. Die Beantwortung der Frage, was »richtig« ist, wird damit nicht nur materiell, sondern auch formell, dem Verfahren nach, unberechenbar.

Heute wissen wir, daß die professoralen Perfektionisten recht hatten, als sie empfahlen, den Ordnungs- und Baugedanken einer freiheitlichen Wirtschafts- und Sozialordnung etwas mehr Respekt zu erweisen. Die Zukunfts- und Aussichtslosigkeit der heute herrschenden Praxis, die offensichtliche Notwendigkeit einer Änderung und die inzwischen entstandene Gewißheit über die Ganzheitlichkeit unserer Welt und ihrer Grenzen sind ihre Zeugen. Franz Böhm würde sich heute auf sie berufen und seine Bemühungen um eine menschengerechte Ordnungspolitik erneuern. Er ist immer Optimist geblieben.

II. Das Denken in Ordnungen – ORDO

Theoretische Grundlagen

Die Entwicklung des Wirtschaftens

Die Marktwirtschaft selbst ist viele tausend Jahre alt. Sie gehört zu den sozialen *Urphänomenen*, die nicht von den Menschen, sondern mit den Menschen gesetzt sind. Der Mensch ist nicht genial genug, sie zu erfinden. Die Ordnung hat sich vielmehr im Zuge der kulturellen Evolution menschlicher Gesellschaft entwickelt. Ihr Kernstück ist die Fähigkeit des Menschen, durch Tausch zu kooperieren. Mit dieser Fähigkeit entwickelten sich die sozialen, politischen, rechtlichen und technischen Bedingungen, damit marktwirtschaftlicher Tauschverkehr entstehen kann. Sind diese Bedingungen, wenn auch nur rudimentär, erfüllt, können die Menschen tauschwirtschaftlich zusammenwirken. Die Fähigkeit dazu ist in ihnen angelegt. Sie nutzen sie immer, wenn sie nicht gewaltsam oder durch strenge Traditionen oder Regeln daran gehindert werden.

Damit tauschwirtschaftliche Vorgänge in Gang kommen, reichen die angeborene Fähigkeit des Menschen aus, durch Tausch zu kooperieren, und die Erfahrung, daß das Verfahren funktioniert. Eine Einsicht in die Zusammenhänge der Tauschordnung ist nicht notwendig. Jahrtausendelang sind die Menschen deshalb auch ohne solche theoretischen Erkenntnisse ausgekommen. Sie zogen enorme Vorteile aus dem System. Aber sie hatten keine Ahnung, wie es funktioniert. Seine Kenntnis war nicht Voraussetzung für die Teilnahme. Das ist noch heute so.

Bewußt war den Menschen der *Tauschvorgang* selbst. Die Benutzung von Geld trat hinzu, um die Tauschmöglichkeiten zu erweitern, und frühzeitig auch die *Regeln*, die für den Tausch, dann den Kauf und andere Formen der Kooperation gelten. Die zivilrechtlichen Normen waren das *erste*, was vom wirtschaftlichen Handeln auch theoretisch begriffen wurde. Denn diese Regeln betreffen einzelne Tauschakte oder das Zusammenwirken der einzelnen Mitglieder eines großen Ordnungsvorganges. Bis in die jüngere Vergangenheit beschränkte sich die Kenntnis der Menschen auf die mehr oder weniger intensiven Einzelvorgänge des wirtschaftlichen Geschehens. Sie sahen nicht, daß die *Gesamtheit* dieser Vorgänge sich zu einem sinnvollen und in sich geordneten *überindividuellen Sozialvorgang* (Böhm) der Güterbewegung und Gütererzeugung ergänzte, der in einer ganz bestimmten Weise gesteuert wird – ohne daß dies jemand will, weiß oder auch nur zu wissen braucht.

Diese Feststellung ist deshalb wichtig, weil sich alle wesentlichen rechtlichen Bindungen und Vorkehrungen für den Tausch- und Kooperationsvorgang – Privateigentum, Vertragsrecht, Gesellschaftsrecht, dingliche Verfügungen, Geldwesen, Versicherungen, auch Wettbewerbsregeln, das heißt aber das gesamte *Privatrecht* – entwickelt haben, *ehe* man die Gesetzmäßigkeiten der Gesamtordnung entdeckte. Bei der Entwicklung und Verfeinerung dieser Regeln für die Teileinrichtungen des Systems und die Einzelvorgänge wirkten sich die Regeln der Gesamtordnung zwar prägend aus: Die Institutionen des Privatrechts sind mit der Gesamtordnung vereinbar, sie harmonisieren mit ihr und spiegeln in ihrem Mikrokosmos den zentralen Baugedanken der übergreifenden makroökonomischen Ordnung wider, an der sie teilhaben. Aber den Menschen, die an dieser Entwicklung der Rechtskultur teilnahmen, waren die Gesamtzusammenhänge nicht bewußt.

Sie haben sich auch so lange nicht für sie interessiert, wie die wirtschaftliche Kooperation sich im wesentlichen auf Einzelwirtschaften und auf kleine überschaubare Märkte beschränkte. Zeitlich gesehen macht dies den größten Teil der Menschheitsgeschichte aus. Erst in – historisch gesehen – jüngster Vergangenheit wuchsen die verstreuten Teilmärkte nach und nach zusammen. Sie *vernetzten* sich zu Volkswirtschaften und, mit schnell wachsendem Außenhandel, zunehmend über die Landesgrenzen bis zum vollkommen integrierten Welthandel unserer Tage. In ihm erscheint es uns gänzlich normal, ein Auto aus Japan, eine Kamera aus Singapur, Erdbeeren aus Südafrika, Zitrusfrüchte aus Israel, Öl aus Saudi-Arabien, Wein aus Frankreich, Lachs aus Norwegen, Weizen aus Kanada und Butter aus Neuseeland zur täglichen jederzeitigen Verfügung zu haben, ohne daß es eine Instanz gibt, die für die Erfüllung dieser Erwartungen Sorge trägt oder gar Verantwortung übernimmt.

Bausteine einer Ordnung

Die Entwicklung der Wirtschaft von ihren Anfängen bis zur heutigen weltumspannenden Arbeitsteilung ist eine ungeheure kulturelle Leistung. Eine der größten und wichtigsten wissenschaftlichen Leistungen der Menschheit ist die Entdeckung der Organisationsstruktur dieses Wirtschaftssystems: des marktwirtschaftlichen Systems. Um sich die *Strukturen* dieser Ordnung in concreto zu erschließen, muß man nach Ordnungstypen suchen, aus denen die in der Wirklichkeit bestehenden Ordnungen zusammengesetzt sind: nach den Bausteinen der Ordnung. Drei *Grundtypen* lassen sich ausmachen: Die Eigenwirtschaft, die zentrale Verwaltungswirtschaft und die Verkehrswirtschaft.

1. Die *Eigenwirtschaft* ist eine Gesellschaftswirtschaft begrenzten Umfanges. Ihre Aufgaben können ohne Hilfe von Wirtschaftsrechnungen oder Bürokratien gelöst werden. Sie war jahrhundertelang die Ordnung für Millionen von landwirtschaftlichen Betrieben, die zum großen Teil selbstgenügsam, also praktisch autark waren und in wirtschaftlich mehr oder weniger beziehungslosem Nebeneinander in sehr langen und wichtigen Geschichtsepochen den breiten Unterbau der Wirtschaftsordnung bildeten. Für eine moderne Volkswirtschaft ist sie als Ordnungsformen wegen ihrer im wesentlichen nach innen gerichteten autarken Anlage weitgehend ungeeignet.
2. Die *Zentralverwaltungswirtschaft* ist die vom Staat zentral gesteuerte arbeitsteilige Volkswirtschaft. Sie beruht auf dem *Subordinationsprinzip*. Für sie ist kennzeichnend, daß die Pläne einer Zentralstelle darüber entscheiden, was und wo und wieviel und wie produziert wird und wie die Verteilung des Bruttosozialproduktes stattfindet. Der Staat nimmt die Lenkung des Prozesses des Wirtschaftens in vollem Umfang in Anspruch – selbst wenn er Teilerledigungen delegiert. Da das Wirtschaften eine *existenzielle* Tätigkeit

des Menschen ist, von der seine Versorgung mit Nahrung, Kleidung und Behausung abhängt, beansprucht der Staat in der Zentralverwaltungswirtschaft die Planung, Entscheidung und Kontrolle der Befriedigung aller, auch der existentiellen Lebensbedürfnisse der Menschen. Es gibt *prinzipiell keinen wirtschaftlichen Freiraum*. Mit der Zentralverwaltungswirtschaft ist deshalb eine freie Wirtschaftsordnung nicht vereinbar. Das Privatrecht hat keine oder allenfalls eine die staatliche Planung unterstützende Rolle. Ein autonomes Koordinationsrecht gibt es nicht.

3. Die *Verkehrswirtschaft* beruht auf dem Prinzip der *Koordination* und der Steuerung des Marktes durch Preise, die im Wettbewerb gebildet werden. Diese Ordnungsstruktur zeichnet sich gegenüber allen denkbaren und möglichen anderen Ordnungen durch zwei Vorzüge aus: Sie ist die einzige Ordnung, die das spontane Planen des Individuums voll zum Zuge kommen läßt. Sie stellt den wirtschaftlichen Entschluß jedes einzelnen im Rahmen des Rechts und der Sittenordnung frei von jeder übergeordneten Willensentscheidung anderer Menschen. Niemand kann gezwungen werden, sich einem fremden Wirtschaftsplan unterzuordnen. Wer es freiwillig macht, macht es aufgrund von Vereinbarungen. Die Wettbewerbsordnung ist zweitens die einzige Ordnung, der es gelingt, mit Hilfe der steuernden Kraft der Wettbewerbspreise Millionen spontaner und freier Wirtschaftspläne aufeinander und auf die Wünsche des Bedarfs dergestalt abzustimmen, daß die Reibungsverluste egoistischer Motive und Interessen auf ein Mindestmaß verringert werden.

Im Grundsatz handelt jeder ohne Befehl und Rechtszwang nach dem, was wirtschaftlich vernünftig erscheint. Zwar ist jeder abhängig von allen. Diese Abhängigkeit ist jedoch eine objektivierte Interdependenz, die dem einzelnen im Markt durch die Preise bewußt gemacht wird.

So ist die Wettbewerbswirtschaft die »bestregierte Wirtschaft«, zugleich aber auch diejenige Wirtschaftsordnung, in der am wenigsten »regiert«, das heißt unmittelbar durch den Staat entschieden wird.

Vielfalt der Wirtschaftsformen

Die Wirklichkeit der Wirtschaft zeichnet sich aus durch einen großen Reichtum an Erscheinungsformen. Deshalb schien es lange Zeit so, als müßte man jede Wirtschaftsordnung in ihrer geschichtlichen Möglichkeit gesondert betrachten und analysieren. Das Denken in Ordnungstypen erlaubt uns jedoch, zu erkennen, daß alle geschichtlichen Wirtschaftsformen zusammengesetzte, gemischte Wirtschaftsformen sind, bei denen die Elemente der Grundsysteme in verschiedenen Mischungsverhältnissen miteinander kombiniert wurden. Es liefert zugleich einen klaren Ansatzpunkt für das vergleichende Urteil und für politische Entscheidungen. Es ermöglicht, die optimalen Vorbedingungen – nach einer Formulierung von Alexander Rüstow: die sozialen Randbedingungen – zu ermitteln und bereitzustellen, auf deren Vorhandensein das jeweilige Ordnungssystem angewiesen ist, um sich gemäß der in ihm angelegten Ordnungsgesetzlichkeiten voll entfalten zu können. Zugleich lassen sich die Ursachen von *Ordnungsstörungen* erkennen, die in der Geschichte der Wirtschaftspolitik und des Zerfalls von Ordnungen eine so große und verhängnisvolle Rolle gespielt haben. Man denke nur an die gesellschafts-, moral- und rechtsverwüstenden Wirkungen, die von den Störungen der Geldordnung, von Inflation und Deflation ausgehen, aber auch von vielen gut gemeinten, aber systemwidrigen Maßnahmen der Sozialpolitik, der Kartellbildung oder monopolistischen Handelns, der Devisenbewirtschaftung, von Subventionen, steuerlichen Experimenten, kurz: von der ständig wachsenden Zunahme öffentlicher und privater Interventionen.

Vor allem jedoch läßt sich mit den Grundstrukturen das Problem der *gemischten Ordnungen* systematisch angehen. Dies ist für unsere Fragestellung deshalb von entscheidender Bedeutung, weil – da alle geschichtlich vorkommenden Ordnungen gemischte Ordnungen sind – die größten Gesellschaftskrisen und Zerfallserscheinungen offenbar von der falschen Mischung und Kombination von Ordnungen ausgehen, die wiederum in der Regel nicht das Ergebnis einer bewußten Wirtschaftspolitik, sondern von Machtkämpfen sind, die sich im Oberbau wie im Unterbau der Gesellschaft abspielen.

Zugleich zeigt sich aber auch – und zwar bei der Untersuchung der Verbindung von Verkehrswirtschaft und Zentralverwaltungswirtschaft –, daß diese beiden Ordnungstypen sich nicht miteinander verbinden lassen. Sie sind nicht »kompatibel«. Vielmehr sucht das *Subordinationsprinzip* das *Koordinationsprinzip* zu verdrängen und umgekehrt. Man muß sich deshalb *im Prinzip* für eine der beiden Ordnungen *entscheiden* und sodann seine ganze Sorgfalt darauf verwenden, die gewählte Ordnung so weit wie möglich zu verwirklichen und sie vor dem Eindringen der anderen Ordnung zu schützen. Ein »goldener Mittelweg« im Sinne einer Synthese von »Sozialismus« und »Kapitalismus«, auf deren Suche in den letzten Jahren soviel Mühe verwandt wurde, steht dagegen nicht zur Verfügung. Er führt zu einer dauernden und wachsenden Ungleichgewichtigkeit der beiden Formen der Vernetzung des Wirtschaftens der Menschen in Volkswirtschaften: Entweder wird sich die zentrale Leitung gezwungen sehen, die Freiheit der Märkte völlig zu beseitigen; oder aber die freien Märkte werden die Absichten der zentralen Leitung zunichte machen. Ordnungen, die durch die Vermischung von Zentralverwaltungswirtschaft und Verkehrswirtschaft einen Mittelweg suchen, sind folglich instabil und ständig vom Zerfall bedroht. Der Versuch einer *echten Mischung* von Verkehrswirtschaft und Zentralverwaltungswirtschaft ist deshalb auch bisher nicht unternommen worden.

Die »Wirtschaftspolitik der Mittelwege«

Was sich dagegen entwickelt hat, ist das, was Walter Eucken in der schon erwähnten Studie von 1949 die »Wirtschaftspolitik der Mittelwege« nennt. Sie ist das Produkt des Versuches, einen *Kompromiß* (nicht eine Synthese) zwischen Verkehrswirtschaft und Planwirtschaft zu finden. Das Denken Walter Rathenaus und John Maynard Keynes' wie auch vieler anderer war auf dieses Ziel gerichtet. Verschiedene Wege wurden versucht. Zu ihnen gehören die Bildung von Korporationen und Selbstverwaltungskörpern für Teilbereiche der Wirtschaft, die Lenkung einzelner Industriezweige durch den Staat oder die maßgeblich Beteiligten, die staatliche Lenkung der Grundstoffindustrie unter Beibehaltung der Verkehrswirtschaft in

der Weiterverarbeitung und so weiter. Immer handelte es sich um Eingriffe (Intervention) in Teilbereiche der Volkswirtschaft.
Diese *Aufspaltung der Gesamtwirtschaft* in einzelne Teilbereiche geschah in der Hoffnung, die *Teile* ließen sich besser überschauen und lenken oder durch Wettbewerb steuern als das *Ganze*. Diese Hoffnung beruhte jedoch – und beruht auch heute noch – auf einem grundliegenden Irrtum über die Aufgabe, die mit der Lenkung des Wirtschaftsprozesses in einer vernetzten Volkswirtschaft verbunden ist. Wenn jemand einen Anzug kauft, so fragt er nicht allein nach Garn oder Wolle, nach Farbe und Dienstleistungen der Schneider, sondern indirekt auch nach Energie und Rohstoffen. Steigt in einem Lande die Nachfrage nach Anzügen, so signalisiert damit der Markt, daß die Konsumenten verlangen, es sollten mehr Textilrohstoffe verarbeitet und hergestellt werden, und zugleich, daß mehr Energie in die Betriebe der Bekleidungs- und Textilindustrie gelangen muß. Widersprechen diese Marktsignale nun der Planung für die betroffenen Teilbereiche, etwa den Energiebereich, so entsteht ein Gegeneinander der lenkenden Kräfte.
Die Widersprüche, die daraus erwachsen, setzen sich durch das ganze System der miteinander verbundenen (vernetzten) Teilbereiche fort und treten – ähnlich wie es bei einer seelischen Krankheit der Fall sein kann – an Stellen des Körpers der Gesamtwirtschaft als Krankheitssymptome auf, an denen sie keiner erwartet hat. Deshalb werden sie in der Regel auch nicht als *Folgen* des ursprünglichen Widerspruchs erkannt. Die Symptome führen darum auch nicht zu einem Abbau des Widerspruchs, sondern zu neuen Maßnahmen, die auf das Symptom zielen, ohne seine Ursache zu kennen. Das Symptom wird als Ursache gesehen. Seine »Behandlung« erzeugt neue Widersprüche – und so weiter.
Vor allem vier Aspekte dieser Politik des »mittleren Weges« verdienen unsere Aufmerksamkeit:

1. Zwar ist jede einzelne staatliche Intervention geplant. Sie will einen Lenkungserfolg erzielen. Aber Interventionen sind *keine* Instrumente der *zentralen Planwirtschaft*. Sie sind weder für sich allein noch im Falle einer massiven Häufung zentral-verwaltungswirtschaftliche Lenkungsmaßnahmen, denn sie sind nicht Teil eines *zentralen Planes*. Den Interventionen fehlt, mit anderen Worten,

der Wille, die Wirtschaft *im ganzen* zentral zu steuern. Man will nicht lenken, sondern umlenken oder ablenken: Nachfrage verstärken, Investitionen verstärken oder verändern, Kreditaufnahmen ermutigen oder entmutigen, Aktivitäten in der Bauwirtschaft anregen, die Werftindustrie unterstützen, den Preis der Kohle subventionieren, die Wohnungsmieten »sozial« gestalten, das Wohnungsangebot in bestimmten Regionen erhöhen und so weiter. Alle Interventionen sind somit *Einzelmaßnahmen*. Jede von ihnen setzt voraus, daß die marktwirtschaftliche Steuerung der Wirtschaft im übrigen erhalten bleibt. Man will lediglich den *einen* oder den *anderen* Ablauf in eine etwas andere Bahn lenken. Aus der Sicht der ganzen Volkswirtschaft sind die Interventionen somit *planlos*.

2. Weil sie nicht von einem *Gesamtplan* ausgeht, sondern aus einer Fülle von »gezielten« Teilmaßnahmen besteht, die untereinander auch nicht durch eine Gesamtkonzeption verbunden sind, kann die Politik der Intervention eine zentrale Voraussetzung erfolgreicher Wirtschaft nicht gewährleisten: die *Konstanz der Daten*. In unserer politischen Diskussion wird immer wieder gefordert, das Handeln des Staates müsse voraussehbar sein, die Unternehmen und die Haushalte müßten sich auf die Dauerhaftigkeit der Gesetzgebung verlassen können. In diesen Forderungen kommt zum Ausdruck, daß eine Wettbewerbsordnung ohne Konstanz der Daten, das heißt ohne langfristige Zuverlässigkeit der staatlich gesetzten Rahmenbedingungen, nicht funktionsfähig ist. Walter Eucken hat schon 1949 die Beeinträchtigung und Zerstörung der »Datenkonstanz« dafür verantwortlich gemacht, daß die Neigung der Unternehmen zu Investitionen in so beängstigendem Maße zurückgegangen war, und darin eine der bedrohlichsten Erscheinungen der neuesten Wirtschaftsgeschichte gesehen. Die Erfahrungen seitdem haben seine Befürchtungen voll bestätigt. Auch heute zögern die Unternehmen zu investieren, wenn die Rahmendaten sich ständig ändern. Investitionen unterbleiben dann auch, wenn finanzielle Mittel in ausreichendem Umfang vorhanden sind.

3. Eine Politik der Intervention führt nicht nur zu einer zunehmenden Verzerrung der Verkehrswirtschaft, sondern zu *dauerhaften Ungleichgewichten*, die ständig neuen Interventionsbedarf erzeugen. Sie beteiligt Organisationen der Industrie, der Landwirtschaft, der Arbeitnehmer, des Handels und andere organisierte Interessen

maßgebend an der Wirtschaftspolitik und an der Lenkung des Wirtschaftsprozesses. Je nach Bereitschaft der staatlichen Organe können die gesellschaftlichen Gruppen ihre Forderungen durchsetzen, etwa günstigere Preisgarantien oder Einfuhrbeschränkungen und ähnliches. An die Stelle der Wettbewerbsordnung tritt die Gruppenkonkurrenz und damit der Verteilungskampf zwischen organisierten Interessen. Wie wir sehen werden, ist dieser Verteilungskampf eine der wichtigsten Ursachen für den Wachstumszwang.

4. In Wirtschaftsordnungen, in denen der Umfang der Interventionen ständig wächst, erhält auch die *Währungspolitik* eine neue Funktion. Sie soll nicht nur den Wert des Geldes stabil halten, sondern auch die Ungleichgewichte, die aus der Gruppenkonkurrenz und den Verteilungskonflikten entstehen, vorübergehend ausgleichen: durch Regulierung der Geldmenge, Expansion der Kredite, durch Abwertung oder eine Politik des niedrigen Zinses und andere währungspolitische Maßnahmen. Entstehen Störungen, insbesondere Arbeitslosigkeit, so wird von der Währungspolitik erwartet, daß sie ihre Instrumente zur Behebung der Störungen einsetzt. Da die organisierten Gruppen und Interessen ihren Einfluß auf den Staat im Rahmen der Nationalstaaten ausüben – also nicht auf internationaler Ebene –, die Wirkungen der währungspolitischen Maßnahmen aber an den Grenzen der Länder nicht haltmachen und es eine internationale Behörde der Währungspolitik mit ausreichenden Kompetenzen nicht gibt, werden durch die nationalstaatlichen Interventionsmaßnahmen auch die internationalen Geldmärkte und die Relationen zwischen den Währungen verfälscht. Dies wiederum führt zu Verfälschungen der Weltwirtschaft und der internationalen Arbeitsteilung.

Wirtschaftsordnungen, die durch wachsende Interventionen des Staates oder wirtschaftlicher Gruppen und organisierter Interessen gekennzeichnet sind, tendieren somit insgesamt zum *Ungleichgewicht*. Dies liegt, und darauf kommt es entscheidend an, weder an der guten oder bösen, der linken oder rechten Absicht der Interventen noch an ihrer Intelligenz, noch am Charakter der Interventionen, ihrer Zielgenauigkeit oder Dauer. Das Ungleichgewicht ist *ordnungsbedingt*. Es ist *unmöglich*, in einer modernen Verkehrswirtschaft, die mehr oder weniger eng mit der Weltwirtschaft verbunden ist, die Wirkungen einer großen Zahl »planloser« Interventionen zuverlässig zu bestimmen und den Eingriff so auf den betroffenen Teilbereich der Wirtschaft zu beschränken, daß andere Bereiche nicht betroffen werden und deshalb weiter ungestört durch Wettbewerb gelenkt und koordiniert werden können. Interventionen bedeuten somit *immer* einen Verlust an volkswirtschaftlichem Gesamtnutzen. Sie sind – bezogen auf das Ganze – unwirtschaftlich. Sie verursachen mehr Kosten, als sie Nutzen bringen.

Dies ist kein prinzipieller Einwand gegen Interventionen, sondern zunächst eine Feststellung. Man kann durchaus bereit sein, die Kosten der Interventionen in Kauf zu nehmen. Eine Vielzahl von Gründen ist denkbar. Sicher ist nur, daß jede Intervention die Leistungsfähigkeit der Verkehrswirtschaft als Gesamtordnung belastet. Außerhalb des Teilbereichs, der begünstigt werden soll, entstehen gewissermaßen die »externen Kosten« der Interventionen. Sie ähneln Umweltbelastungen, ehe man begann, die Verursacher von Umweltschäden mit den Umweltkosten zu belasten.

Interventionen sind, um im Bild zu bleiben, Umweltbelastungen in einem verkehrswirtschaftlichen System. Sie verursachen Umweltschäden in der Gesamtordnung, wie die rücksichtslose Produktion oder der Raubbau von Rohstoffen zu Schäden in der Gesamtheit der Umwelt führt. Zwischen beiden Vorgängen besteht im übrigen durchaus ein Zusammenhang. Die staatlichen »gezielten« Eingriffe in die Gesamtwirtschaft erhöhen die Kosten der Gesamtordnung und zwingen sie deshalb zur Expansion. Dieser Zwang wiederum war und ist eine Hauptursache für die Überforderung unserer Umwelt. Würde man die Kosten der staatlichen Eingriffe »internalisieren«, wie man dies beim Umweltschutz nach dem Verursacherprinzip zunehmend versucht, dann würde die »Umweltbelastung« der Gesamtwirtschaft durch staatliche Eingriffe rasch zurückgehen. Die Eingriffe wären für die begünstigten organisierten Interessen nicht mehr lohnend. Sie würden damit auch ihren politischen Nutzen verlieren.

Wirtschaftsordnung als Rechtsordnung

Entscheidend für die Ordnung der Verkehrswirtschaft – wie für jede Wirtschaftsordnung – ist ihre unmittelbare Verwobenheit mit der *Rechtsordnung*. Wir haben gesehen, daß einige der wichtigsten Ordnungselemente der Wirtschaftsordnung den Charakter *rechtlicher* Phänomene haben. Wie diese rechtlichen Phänomene *politisch* gestaltet werden, bestimmt deshalb zugleich auch die *Ordnung der Wirtschaft*. Der Tausch, die Urzelle der Verkehrswirtschaft, ist ein entgeltlicher Vertrag. Erfolg oder Mißerfolg des Unternehmers drückt sich rechtlich in seiner Haftung aus. Eigentum und Vermögensrechte gehören hierher. Der Wettbewerb selbst ist kein prinzipienloser Wirtschaftskrieg – wie Marx ihn beschrieb –, sondern ein rechtlich geordnetes, von sinnvollen Spielregeln beherrschtes Ausleseverfahren, das sich an Leistung und Bewährung orientiert.

Aber die Verkehrswirtschaft ist nicht nur auf eine Privatrechtsordnung, sondern auch auf ganz bestimmte Formen der *politischen Verfassung* und – in erheblichem Umfang – auf die helfende Unterstützung durch die staatliche Verwaltung angewiesen. Dem Recht muß Geltung verschafft, und der Rechtsfrieden muß gewahrt werden. Die Ordnung des Wettbewerbs muß geschützt werden. Private Macht von Unternehmen oder gesellschaftlichen Gruppen darf sie nicht beeinträchtigen oder außer Kraft setzen können. Das Recht muß der Gefahr einer »Refeudalisierung« der Gesellschaft von unten her begegnen, die von der Verbindung von Privatautonomie und wirtschaftlicher Macht ausgeht. Der Staat muß, auf den Punkt gebracht, die freiheitliche Ordnung der Koordination der Gleichberechtigten ständig vor dem in vielen Menschen angelegten Streben schützen, sich durch Zusammenschlüsse, Bildung wirtschaftlicher Macht, durch Organisation oder auf andere Weise einen Vorteil zu verschaffen, der nicht auf Leistung oder Bewährung, sondern auf Einfluß beruht. Er muß dafür sorgen, daß der Satz »Alle Menschen sind gleich« nicht abgeändert wird in: »Alle Menschen sind gleich, aber einige sind gleicher als andere.«

Die Bedeutung des Privatrechts

So ist die *Privatrechtsordnung* für die Wirtschaftsordnung der Verkehrswirtschaft *konstitutiv*. Das heißt aber auch, daß sie den Bauplan der Gesamtordnung in sich trägt. Von ihren Elementen (den Privatrechtsintituten) wird – im Sinne dieser Ordnung – *ordnungswidriger Gebrauch* gemacht, wenn man mit ihrer Hilfe in die Gesamtordnung machtvoll eingreift oder sie für bestimmte Märkte durch vertragliche Vereinbarungen außer Kraft setzt. Franz Böhm hat schon 1936 auf diese Ordnungsfunktion der privatrechtlichen Bausteine der Wirtschaftsordnung hingewiesen. Er hielt es nicht nur für zulässig, sondern für notwendig, das Privatrecht als Teil der Gesamtordnung einer freien Wirtschaft zu sehen. Wendet man die Rechtseinrichtungen des Privatrechts unrichtig an, das heißt »in einer ihrem vernünftigen Sinn und ihrer Funktion im Rahmen des Gesamtsystems zuwiderlaufenden Weise«, dann werden auch davon Störungen der Ordnung ausgehen. Welches Ausmaß diese Störungen erreichen können, lehrt uns die Geschichte des Kartellrechts.
Das heißt aber, daß die praktische Rechtsanwendung, als Teil staatlicher Tätigkeit, auch die Aufgabe hat, die Verkehrswirtschaft vor Verfälschungen zu bewahren, die der zweckwidrige Gebrauch des Privatrechts verursacht. Das heißt vor allem, daß es keine indirekte Privilegierung des Mächtigen durch die formale rechtliche Gleichbehandlung mit dem machtlosen Wirtschaftsbürger geben darf. Der wirtschaftlich mächtige Wirtschaftsbürger muß dem Grundsatz der *materiellen* Gleichberechtigung aller Wirtschaftsbürger, die sich am Koordinationsprozeß beteiligen, unterworfen bleiben.
Man hat uns vorgeworfen, diese Betrachtungsweise unterwerfe den marktmächtigen Teilnehmer am Privatrechtsverkehr einem »Ausnahmerecht«. In Wirklichkeit geht es jedoch nicht um Ausnahmerecht, sondern um die rechtlich wirksame Berücksichtigung der Tatsache, daß einige über wirtschaftliche Macht verfügen, die große Mehrheit aber nicht.
Wirtschaftliche Macht ist jedoch eine Gefahr für jede auf Koordination gegründete Verkehrswirtschaft, gleichgültig, in welchem Gewand sie auftritt. Ob der Staat den Energiepreis durch Intervention beeinflußt, ob dieser durch ein Mineralölkartell direkt oder unter Mitwirkung des Staates festgesetzt wird oder ein marktbe-

herrschendes Unternehmen ihn beeinflussen kann, macht für den Markt und die wirtschaftliche Gesamtordnung keinen Unterschied. Die rechtliche Verfassung der Macht, die dabei wirksam wird, ist für ihre Wirkungen auf den Markt ebenso gleichgültig, wie es für die Ameisen gleichgültig ist, ob die Ordnung ihres Hügels mit einem groben Knüppel oder mit einem eleganten Spazierstöckchen gestört wird. Es ist die Störung der Ordnung, nicht die Rechtsform, in der sie stattfindet, worum es in beiden Fällen geht.

Die Bedeutung des Wettbewerbs

Mit der Privatrechtsordnung ist auch das *Wettbewerbsprinzip* selbst für die Ordnung der Verkehrswirtschaft *konstitutiv*. Das Prinzip hat für die Ordnung *Verfassungsrang*. Der Wettbewerb ist eine *Verfassungseinrichtung*. Kommt kein Wettbewerb oder kein ausreichender Wettbewerb zustande, dann wird die verfassungsmäßig gewollte Lenkungsaufgabe der Marktpreise beeinträchtigt. Güterproduktion und Verteilung werden in eine nicht gewollte Richtung dirigiert. Fehllenkungen der wirtschaftlichen Zusammenarbeit der Wirtschaftsbürger sind die Folge.

Schwerer noch wiegt die Störung des *sozialen Gerechtigkeitsgehalts* einer freien marktwirtschaftlichen Ordnung. Dies vor allem dann, wenn die Beseitigung des Wettbewerbs nicht von staatlichen Organisationen, sondern von *privater* Macht ausgeht. Wer in diesem Sinne »gleicher« ist als die »Gleichen«, ist imstande, Marktstrategie zu betreiben. Er kann in die Wirtschaftsordnung hineinintervenieren, also etwas tun, was seinen Mitbürgern verwehrt und seinem Wesen nach Wirtschaftspolitik und Regierungsfunktion ist. Diese Macht hat die Natur eines feudalen Besitzstandes. Freie Bürger werden der Botmäßigkeit anderer freier Bürger ausgesetzt und müssen sich von ihnen Eingriffe in ihre beruflichen oder wirtschaftlichen Pläne gefallen lassen, die sie von ihrer Regierung nicht hinnehmen müßten, es sei denn, ein Gesetz hätte die Regierung eindeutig und unmißverständlich zu dem Eingriff ermächtigt.

Aber selbst dann müßte die Regierung ihren gesetzmäßigen Eingriff politisch verantworten. Der Inhaber privater Macht dagegen ist einer solchen Verantwortung nicht unterworfen. Er nimmt vielmehr das Recht für sich in Anspruch, sich bei der Wahl seiner Eingriffe ausschließlich von seinen privaten Interessen leiten zu lassen.

Aufgabe jeder freiheitlichen Verfassung ist es jedoch, Macht an Recht und Gesetz zu binden und Machtwillkür auszuschließen. In der Verkehrswirtschaft wird diese Aufgabe von der machtverteilenden Wirkung des Wettbewerbs geleistet. Die Wettbewerbsordnung ist die machtverhindernde und machtkontrollierende Ordnung schlechthin. Sie *ist* in der Wirtschaft die Verfassung der Freiheit.

Die Zwangsverwaltungswirtschaft dagegen kennt weder Koordination noch Autonomie noch Freiheit. Für sie gilt der Grundsatz von Subordination/Befehl/Gehorsam. Das Recht der Zwangsverwaltungswirtschaft wird deshalb nicht durch den Vertrag, sondern durch den Verwaltungsakt bestimmt. An die Stelle des koordinierten *Tausches* tritt die *staatliche Zuweisung* von Gütern. Der Kaufvertrag schrumpft in seiner Bedeutung zum Vollzugsgeschäft. Was von einer staatlichen Handelsorganisation als Mangelware zugeteilt wird, wird zwar bezahlt, aber nicht gekauft. Die Schlangen, die sich in sozialistischen Ländern vor Läden bilden, sind Ausdruck dieses fundamentalen Unterschiedes.

Beherrschend für diese Wirtschaftsordnung ist der Plan. Pläne sind nicht Absichten, sondern Befehle und Anweisungen. Man spricht deshalb auch von Befehlswirtschaft. Wo Tauschwirtschaften entstehen, entstehen sie als Inseln im Meer der Befehle und sind jederzeit widerruflich. Vorteile verschafft man sich in dieser Wirtschaftsordnung nicht durch die Vereinbarung von Kartellen oder durch Marktmacht, sondern durch Beziehungen zu denen, die befehlen, durch die Zuweisung von Privilegien und das Recht auf Sonderbehandlung.

Von der Verkehrswirtschaft zur Wettbewerbsordnung

Damit können wir zu der Frage zurückkehren, die wir uns am Beginn dieses Kapitels gestellt haben: Wie muß die Wirtschafts- und Sozialordnung beschaffen sein, in der sich ein menschenwürdiges und wirtschaftlich erfolgreiches Leben entwickeln kann? Wertet man alle geschichtlichen und politischen Erfahrungen und wissenschaftlichen Erkenntnisse aus, so muß man auch heute – wie Walter Eucken und Franz Böhm vor 35 Jahren – zu dem Ergebnis gelangen, daß nur ein Weg Erfolg verspricht: »nämlich der Versuch, die Verkehrswirtschaft zu einer Wettbewerbsordnung zu veredeln und im wirtschaftlich-sozialen Bereich eine Kulturwelt des ORDO zu verwirklichen«.

Einmal ist die soziale und wirtschaftliche *Steuerungskraft* der Wettbewerbsordnung den Steuerungsmöglichkeiten jedes anderen Wirtschaftssystems weit überlegen. Entscheidend jedoch ist der Freiheitsgehalt der Wettbewerbsordnung. Er ist die Folge des Umstandes, daß das arbeitsteilige Wirtschaften der Menschen nicht, wie dies sonst der Fall ist, durch Subordination zusammengefaßt werden muß. Es läßt sich mit Hilfe des Preissystems so koordinieren, daß es möglich wird, allen Betrieben, Haushalten, Verbrauchern und Sparern, das heißt allen Bürgern *Autonomie des Handelns* zuzugestehen.

Es gehört zu den großen politisch bedeutsamen Irrtümern und Mißverständnissen der neueren Menschheitsgeschichte, daß die Klassiker, die die ordnende Kraft des Wettbewerbs entdeckten, nicht erkannten, welche Bedeutung die *politische Verfassung* und die *Rechtsordnung* als Ergebnis einer bewußten sozialen Kulturleistung der Menschen für diese Ordnung hat. Weil sie dies nicht erkannten, erklärten sie sich das geniale Zusammenwirken einer unübersehbaren Zahl von Einzelhaushalten und Unternehmen mit dem Gedanken der »prästabilisierten Harmonie«.

Sie war die »unsichtbare Hand«, die nach der Überzeugung von Adam Smith und seinen Nachfolgern das Wunderwerk einer Verkehrswirtschaft steuerte. Deshalb glaubten sie auch, es genüge die Beseitigung der Privilegien, die Einführung der Gewerbefreiheit und die Unterlassung von Staatsinterventionen, um einen politisch-sozialen Rahmen zu schaffen, der es gestattet, alles weitere der »Natur« zu überlassen.

So kam es denn dazu, daß die Befreiung der Wirtschaft vom Zunft- und Privilegienwesen durch die Gewährung der Gewerbefreiheit nicht eine Wettbewerbsordnung hervorbrachte, sondern bloß die Wirtschaft des Laissez-faire, Laissez-aller. Weil diese Wirtschaft zwar die Freiheiten postulierte, sie aber nicht durch eine Wirtschaftsordnung, das heißt durch eine *Wirtschaftsverfassung*, in Pflicht und Verantwortung nahm, geriet sie zu einer Zerrform von

Wettbewerbswirtschaft. Funktionsstörungen und schwere soziale Erschütterungen waren die Folge.

Weil die wirklichen Ursachen für diese Störungen und Erschütterungen nicht bekannt waren, lag nichts näher, als den Wettbewerb selbst dafür verantwortlich zu machen. So schilderten die Kritiker der damaligen Verhältnisse, allen voran Karl Marx, wie die Konkurrenten einander persönlich bekämpften und ruinierten, wie die Konkurrenz der »rivalisierenden Kapitale rast« (Marx), wie die größeren Kapitalisten die kleineren totschlügen und Vermögen in diesen Kämpfen sinnlos vertan werde, wie die Arbeiter von einem Arbeitgeber abhängig seien und wie im ganzen der Konkurrenzkampf ein anarchischer Zustand sei.

Sie beschrieben damit die Wirklichkeit, wie sie sie wahrnahmen. Aber sie deuteten sie falsch. Es waren nicht die Wirkungen des Wettbewerbs, sondern einer *vermachteten Wirtschaft* mit Monopolen, Abhängigkeit von Monopolen und Teilmonopolen. Nichts ist jedoch beständiger als irrtümliche Deutungen der Wirklichkeit, die durch die Wahrnehmung der Sinne scheinbar bestätigt werden. So kommt es, daß noch in den fünfziger Jahren unseres Jahrhunderts die Zerstörung von Weizen- oder Kaffeevorräten dem Konkurrenzverhalten zugeschoben wurde, während es sich in Wirklichkeit um Folgen monopolistischer Marktformen handelte.

Die historisch bedeutsamere Folge dieses Irrtums jedoch war, daß er die *Arbeiterschaft in Gegensatz zur Wettbewerbsordnung brachte.* Die Störungen und Fehlleistungen hatten sich in besonders krasser Form auf dem Arbeitsmarkt ausgewirkt. Inhumane Ausbeutung, vor allem in England in der Frühzeit der Entwicklung (von Engels eindrücklich beschrieben), und die Entstehung des Industrieproletariats führten zur politischen Konfrontation mit dem Kapitalismus und dem »kapitalistischen Wettbewerb«. Auch die Tatsache, daß selbst die Wirtschaft des Laissez-faire eine gewaltige Steigerung des Massenwohlstandes brachte und es längst vor der Einführung des Tarifvertragssystems und ohne staatliche Interventionen gelang, die Erscheinungen des Massenelends, des Pauperismus und der krassen Formen der Ausbeutung einzuengen und schließlich zu überwinden, änderte nichts an der einmal entstandenen politischen Einstellung. Das Vertrauen in den Wettbewerb war zerstört. Die »soziale Frage« des 19. Jahrhunderts und die politischen und gesellschaft-

lichen Institutionen, die in ihrem Gefolge entstanden, waren gegen die kapitalistische Wettbewerbswirtschaft gerichtet, die den Menschen zur Ware zu degradieren schien.
Sie suchten die Ursachen für die Verelendung des Proletariats nicht in den *Fehlentwicklungen* der Wettbewerbsordnung, sondern im *Ordnungsprinzip selbst.* Das Prinzip hatte die geschichtlichen Beweise seines Unvermögens gegen sich. Die bitteren Gefühle von damals sind lebendig geblieben. In den programmatischen Dokumenten der CDU aus der Gründerzeit sind sie uns wiederbegegnet.

Die geschichtlichen Folgen der irrtümlichen Analyse des Laissez-faire

Diese geschichtliche Entwicklung hat zwei Folgen hervorgebracht, die für unsere heutige politische Situation gleichermaßen bestimmend sind und unser ganzes politisches Denken beherrschen.

1. Auch die Anhänger des Wettbewerbs erkannten nicht die Ursachen der aufgetretenen Störungen. Deshalb unterblieb der Versuch, diese Störungen durch *Verbesserung* der Wettbewerbsordnung zu beseitigen. Statt dessen versuchte man, die entstandenen gesellschaftlichen Widersprüche und Konflikte durch Rückgriff auf bereits bekannte, vorindustrielle Formen der Wirtschaftsorganisation zu bewältigen: durch »Zünfte« und »Stände« in Form von Produzentenkartellen und durch Interventionen des Staates. Es entstand die bis heute gültige Vorstellung, die Wirkungen des Laissez-faire-Kapitalismus ließen sich nur mit staatlichen Interventionen und Formen der Selbstverwaltung der Wirtschaft vermeiden, die wiederum Ausgangspunkt für die Forderung nach »Wirtschaftsdemokratie« wurden.
In den Wirtschaftsartikeln der Verfassung der Weimarer Republik fand diese Überzeugung ebenso ihren Niederschlag wie in den programmatischen Ausarbeitungen Fritz Naphtalis für den Allgemeinen Deutschen Gewerkschaftsbund. Man glaubte, die dezentralisierte Gruppen-, Verbands- und Kartellwirtschaft durch einen hierarchischen Aufbau in einer »Wirtschaftsdemokratie« zusammenfassen zu können. In ihr sollte es für jedes Kartell, jeden Wirtschafts-

verband, jede Spitzenorganisation und schließlich für das oberste Gremium, den Reichswirtschaftsrat, eine parlamentarische Verfassung unter Einbeziehung der Arbeiter-, der Lieferanten- und der Abnehmerorganisationen geben. Als die Nationalsozialisten später die Wirtschaft sozialisierten, mußten sie nur diese Hierarchie »enteignen«, nicht aber die »Kapitalisten«. Diese hatten die Planwirtschaft, die Hitler für seine großgermanischen Pläne brauchte, bereits privatwirtschaftlich organisiert.

Auch dank dieser Erfahrungen war es nach dem Kriege möglich, Kartelle und andere ständische Wirtschaftsorganisationen weitgehend zu beseitigen. Soweit wirtschaftliche Macht nicht beseitigt werden konnte, erwartete man von der Mitbestimmung und vom »machtverteilenden Prinzip« (Ahlener Programm) eine ausreichende Kontrolle.

Aber die grundsätzlich positive Haltung zum staatlichen Interventionismus und – je nach Standpunkt – zu Modellen wirtschaftsdemokratischer Organisation der Wirtschaft blieb unverändert. Keynes, Galbraith und andere hatten unverdächtige Begründungen geliefert. Galbraith mit dem Prinzip der »countervailing power«, Keynes mit der Meinung, der Fortschritt liege in der Richtung der Entwicklung und der Anerkennung halbautonomer Körperschaften im Rahmen des Staates. In den Vorstellungen Karl Schillers begegnen sie uns dann wieder als gruppenaggregierte Wirtschaftsgesellschaft. Auch heute noch hält die Suche nach einem Weg an, wie man dem Dilemma ausweichen könne, sich zwischen »Kapitalismus« und »Sozialismus« entscheiden zu müssen.

Mit der Vorstellung, Interventionen seien notwendig, um den Kapitalismus zu zähmen, sind jedoch auch alle gesellschaftlichen Gruppen und Organisationen erhalten geblieben, deren Aufgabe zum wesentlichen Teil darin besteht, solche Interventionen hervorzubringen oder zu sichern. Ein *Gebirge von Besitzständen* ist entstanden, das seine Existenz ausschließlich oder im wesentlichen der Überzeugung verdankt, eine interventionsfreie Wirtschaft sei eine unfreie, jedenfalls unsoziale Wirtschaft. Die Macht dieser Besitzstände ist beachtlich. Die neue Sicht der Dinge, die wir brauchen, wird mit ihr zu rechnen haben.

2. Weit dramatischer noch in ihren Auswirkungen jedoch ist die zweite Folge. Die Befreiung der Wirtschaft von spätfeudalistischen

Bindungen durch die Abschaffung der Stände und Privilegien und die Gewährung der Gewerbefreiheit war eine der bedeutsamsten politischen Leistungen des *Liberalismus* des frühen 19. Jahrhunderts. Warum es anschließend zu schwerwiegenden Fehlleistungen der Wirtschaft kam, habe ich bereits beschrieben. Da man diese Ursachen nicht erkannte, gab man dem *liberalen Gedanken* selbst die Schuld an den Störungen und sozialen Erschütterungen. Er schien als politische Idee dafür verantwortlich, daß ein Kampf aller gegen alle stattfand, die Freiheit faktisch durch wirtschaftliche Machtbildungen bedroht, Arbeitnehmer von Arbeitgebern, Konsumenten von Monopolisten, Händler von Konzernen und Kartellen abhingen und das Verteilungsproblem nicht zureichend gelöst wurde. Vor allem jedoch schien der Liberalismus unfähig, *soziale Gerechtigkeit* zu gewährleisten. Er erschien den Kritikern der damaligen Verhältnisse als ein »wertfreies Prinzip«, das den Staat auf die Aufgabe beschränkte, für die Funktionsfähigkeit des Privatrechts und für Ruhe und Ordnung zu sorgen. Diesem Staat hängte Ferdinand Lasalle deshalb die Bezeichnung »Nachtwächterstaat« an und gab ihn damit dem allgemeinen Gespött preis.

So konnte es dem historischen Sozialismus gelingen, das *soziale Anliegen* mit der Überzeugung zu verbinden, nur eine Wirtschaft, die auf *staatlicher Planung* und *Intervention* beruhe, sei fähig, diesem Anliegen zu dienen. Damit war zugleich die Möglichkeit verbaut, unbefangen nach den Ursachen der entstandenen Fehlentwicklungen zu fragen und nach einem Weg zu suchen, das soziale Anliegen mit Hilfe einer liberalen, aber *qualitativ besseren* Wirtschaftsordnung zu bewältigen.

Diese verhängnisvolle Verquickung von sozialem Anliegen mit einem bestimmten Rezept für seine Bewältigung hatte weitreichende Folgen. Man »kanonisierte ein Rezept« (Franz Böhm), nämlich die Planwirtschaft, und ließ dieses Rezept damit an der Verehrung teilnehmen, die nur dem sozialen Anliegen gebührte. Es ist durchaus sinnvoll, die Bereitschaft, sich für soziale Anliegen einzusetzen, als einen Prüfstein menschlicher Gesinnung anzusehen. Aber es ist eine reine Angelegenheit des Verstandes und nicht der Gesinnung, ob eine Sozialisierung der Produktionsmittel oder der Grundstoffindustrie oder andere Spielarten von Planwirtschaft oder ob Tarifverträge und kollektives Arbeitsrecht geeignete Mittel sind,

die Lage der Arbeiter dauerhaft zu verbessern und die Gesellschaft zweckmäßig und gerecht zu ordnen. Der historische Sozialismus stellte dieses richtige Verhältnis von Anliegen und Rezept auf den Kopf. Er kanonisierte das Rezept und erklärte jeden für einen antisozialen Reaktionär, der dem Rezept die Reverenz verweigerte.
Walter Eucken, Franz Böhm, Walter Rüstow und andere waren schon nach dem Ende des Zweiten Weltkrieges der Meinung, für den Sozialismus sei der Zeitpunkt gekommen, »mit dieser Verwirrung zu brechen und die volle wissenschaftliche Unbefangenheit in Fragen der Wirtschaftsordnung zurückzugewinnen. Die Tatsache, daß wir seit geraumer Zeit aus der Phase des theoretischen und politischen Meinungsstreites in die Phase der praktischen Großexperimente und des drastischen Anschauungsunterrichts übergetreten sind, zwingt zu diesem Schritt. Die Forschungsergebnisse der modernen Theorie machen ihn leicht. Der Sozialismus kann nur gewinnen, wenn er von seinem liebgewordenen Vorurteil Abschied nimmt« (Franz Böhm).

Die politische Entwicklung in Westeuropa zeigt, daß die erneuten Erfahrungen mit interventionistischen und sozialistischen Experimenten auf viele Sozialisten nicht ohne Wirkung geblieben sind. In Spanien und Frankreich, aber auch in Italien, haben sich führende sozialistische Politiker jedenfalls von der dogmatischen Festlegung auf die untrennbare Verbundenheit des sozialen Anliegens mit massiven staatlichen Interventionen gelöst und suchen »pragmatischere« Antworten. Die Beweise für die Unhaltbarkeit des Dogmas sind zu groß geworden.
Wo Menschen frei entscheiden können, in welcher Wirtschaftsordnung sie leben wollen, läßt sich das sozialistische Dogma nicht verwirklichen. Es ist nicht *mehrheitsfähig*. Denn es widerspricht der Natur des Menschen und den Gesetzmäßigkeiten, die die menschliche Gemeinschaft bestimmen.
Diese Einsicht ist eine große Ermutigung auf dem Weg zur ordnungspolitischen Erneuerung der Wirtschafts- und Sozialordnung unseres Landes und der Wirtschaftsordnungen der freien Länder Europas. Sie unterstützt auch die Überzeugung, vor allem der jüngeren Generation, daß es zu einer Wende des Bewußtseins, zu einer neuen Sicht der Dinge keine vernünftige Alternative gibt.

So erscheint es möglich, auch jene von der Idee einer freiheitlichen Wirtschafts- und Sozialordnung zu überzeugen, die die Ordnungskraft des Wettbewerbs unterschätzen und die praktische Möglichkeit bestreiten, die für eine solche Ordnung notwendigen politischen, rechtlichen und sozialen Bedingungen zu verwirklichen, und die deshalb in der Vermehrung der wirtschaftlichen Freiheiten und Verantwortlichkeiten des »kleinen Mannes« eine Gefahr für Wirtschaft und Gesellschaft sehen. Dank der Einsichten der letzten Jahrzehnte kann es auch gelingen, die organisierten Gruppen und Besitzstände zu gewinnen, deren Ehrgeiz es ist, Regierungen und politische Parteien zu immer neuen Interventionen zu veranlassen und ihnen dafür Unterstützung im Wettbewerb um politische Ämter zu versprechen.

Die Auseinandersetzung mit dem Marxismus und dem »realen Sozialismus«

Aber der Kampf um eine Wirtschafts- und Sozialordnung, die dem Menschen gemäß ist, ist damit noch nicht gewonnen. Denn die Idee des ORDO, die neue Sicht der Dinge, bleibt auch dann, wenn wir sie in unserem Lande verwirklichen, von einer Gegenmacht bedroht: der zur politischen Macht verdichteten antiliberalen, unfreiheitlichen *Ideologie des Kommunismus.* Sie hat der Idee des ORDO schlechthin den Kampf angesagt. Sie ist mit dem freiheitlichen Denken in Ordnungen ebenso unvereinbar, wie die Verkehrswirtschaft und die Zentralverwaltungswirtschaft als Ordnungstypen miteinander unvereinbar sind.

In Gestalt des »realen Sozialismus« und seiner bürokratisch-militärischen Herrschaftsstruktur hat sie den östlichen Teil Europas unter ihre Herrschaft gebracht. Die Auseinandersetzung mit ihr, im Bereich geistiger Auseinandersetzung wie in der geschichtlichen Wirklichkeit der politischen, wirtschaftlichen und militärischen Machtverhältnisse, wird die Zukunft unseres Landes und seiner freiheitlichen Existenz bestimmen. Sie wird auch auf den innenpolitischen Kampf um die neue Sicht der Dinge zurückwirken. Der geistige und ideologische Kampf um die menschengerechte Ordnung der modernen Industriegesellschaft kennt keine nationalen Grenzen.

Auch diese Gegenmacht hat ihre Wurzeln in der für die Geistesgeschichte des 19. Jahrhunderts kennzeichnenden Abkehr von der liberalen Idee. Im wirtschaftspolitischen Bereich ist diese Abkehr vor allem auf die schweren sozialen Mißstände und die Unfähigkeit des wirtschaftlichen Liberalismus zurückzuführen, die Arbeiterfrage zu lösen. Sie haben die liberale Idee aufs schwerste kompromittiert.
Gleichwohl läßt sich der »Aufmarsch der antiliberalen Ideen im 19. Jahrhundert« (Franz Böhm) nicht allein mit dem Arbeiterelend der industriellen Frühzeit und den kapitalistischen Wirtschaftskrisen erklären. Denn die antiliberale Rebellion ging weit über die Rebellion der Arbeiter gegen die sozialen Mißstände hinaus. Sie erfaßte auch Bevölkerungsschichten, die keine Arbeiter, eher Arbeiterfeinde oder Sozialistenfeinde waren.
Diese Verbindung der sozialen Revolution der Arbeiterschaft mit einer antiliberalen Revolution in wesentlichen Teilen des Bürgertums wurde vor allem durch die Persönlichkeit von Karl Marx vermittelt. Er war in seiner Person zugleich Anwalt der unterdrückten Klassen *und* ein Gegner des liberalen Ordnungsdenkens schlechthin. Er nahm gewissermaßen an beiden Revolutionen teil. Wahrscheinlich war es eine *dritte Eigenschaft*, die es Karl Marx nahelegte, »sich dem Haß gegen die liberale Idee zu verschreiben, nämlich seiner Eigenschaft als revolutionärer Stratege und Taktiker« (Franz Böhm).
Das geschichtsdialektische Denken seiner Zeit bot Marx die Möglichkeit, die These von der unabwendbaren Selbstzerstörung des Kapitalismus zu begründen und eine Lehre zu entwickeln, die jedenfalls zum Teil auch strategische Kunstlehre zur Begründung eines revolutionären Prozesses war. Marx hat die Revolution nicht gewollt, *weil* sie nach seiner wissenschaftlichen Überzeugung *zwangsläufig* war. Er hat, mit dem Rüstzeug der Hegelschen Geschichtsphilosophie, die Zwangsläufigkeit einer Revolution nachgewiesen, weil er sie *gewollt* hat. Bei den meisten Menschen, die einen ausgeprägten Instinkt für Macht haben, begegnen wir dieser Vorliebe für geschichtliche Entwicklungsgesetzlichkeiten und einer ebenso betonten Abneigung gegen ein Denken in Ordnungszusammenhängen. Ordnungszusammenhänge, Gesetz und Recht empfinden sie als Fesseln für ihren Gestaltungswillen, ihren Herrschafts- und Machtanspruch.
In diesem Sinne war die antiliberale Rebellion im Grunde eine Rebellion des Triebes nach Macht und Herrschaft gegen eine Freiheitsord-

nung, in der sich Macht und Herrschaft nicht entfalten können. Der Machttrieb widersetzt sich einer freiheitlichen Ordnung und ihrer Rechtsstaatlichkeit, die Macht an Recht und Gesetz bindet. So erklärt sich seine Kampfansage gegen die Idee des Rechtsstaates und gegen die Vorstellung eines durch Ordnung und Recht gebundenen Regierens. Es war der *sozialistische* Denker Lassalle, der dem auf die Reglementierung der Wirtschaft verzichtenden Rechtsstaat die Bezeichnung »Nachtwächterstaat« anhängte.

Dem in Kategorien von Macht und Herrschaft denkenden Geist erscheint es mit der »Würde des Regiments«, der Herrschaft der Politik unvereinbar, von der Staatsgewalt zu fordern, sie solle durch die Verfeinerung des Rechts, durch Sorge für Berechenbarkeit und Durchsichtigkeit des sozialen Geschehens, durch die Beobachtung fester Grundsätze und die Dauerhaftigkeit ihres politischen Verhaltens Ordnungen schaffen und erhalten, in denen den Menschen – im Vertrauen auf diese Ordnung – große Freiheiten des Planens und Gestaltens eingeräumt werden können. Der liberalen Rebellion verursachte die Vorstellung, wie es Böhm ausdrückte, »einen fast physischen Widerwillen, irgend jemand könne die Aufgabe der Politik darin erblicken, die Fülle und den Reichtum spontaner Sozialabläufe und Individualentscheidungen« freizusetzen und damit hinter die »private Menschenwelt« zurückzutreten.

So erklärt sich auch die antiliberale Ablehnung einer *Koordinationsordnung* und ihres Freiheitsgehaltes. Tatsächlich richtete sich die Ablehnung gegen die rechtsstaatliche Bindung des Machttriebes. Die antiliberale Rebellion manifestierte sich deshalb auch fast ausschließlich in Völkern, die auf eine lange Vergangenheit unter absoluten Regierungsformen zurückblickten: vornehmlich bei Deutschen und Russen. Völker mit alter demokratischer Geschichte, wie die angelsächsischen Völker, die Schweizer, aber auch die skandinavischen und die niederländischen Bevölkerungen, waren weniger betroffen.

So geht es bei der Auseinandersetzung um die freiheitliche Wirtschafts- und Sozialordnung bis heute um den Kampf um die *Bindung* der staatlichen Macht durch die Ordnung des Rechts. Es ist die *grundsätzliche* Auseinandersetzung zwischen jenen, die die Macht des Staates besetzen und mit ihrer Unterstützung als Vollstrecker geschichtlicher Zwangsläufigkeiten oder als Diener eines historischen Pathos *über Menschen* herrschen wollen, und der Idee des ORDO, die den Staat als *Diener* der Ordnung sieht, in der nicht Menschen über Menschen, sondern das Recht über alle herrscht und der einzelne in verantworteter Freiheit sein Leben in dessen Rahmen gestaltet.

Diese Auseinandersetzung muß auf allen Ebenen geführt werden: der ideellen, der kulturellen und der politischen. Aber sie muß vor allem auch dort gesucht werden, wo der antiliberale Machtanspruch in den Bereich der Wissenschaft übergreift. Denn hier kann der Kampf gegen die Ideologie der Unfreiheit mit der größten Gewißheit zum Erfolg führen. Die Welt der Wissenschaft *ist* die Welt der Ordnungen und Gesetzmäßigkeiten. Die Wissenschaft kann sich deshalb »nur da als eine *geschichtsgestaltende geistige Macht* behaupten, wo sie fest und unbeirrt in der Welt des ORDO wurzelt« (Franz Böhm).

Der Kommunismus und das Denken in Ordnungen

Heute manifestiert sich der Geist der antiliberalen Rebellion in den politischen Herrschaftsbereichen des Kommunismus. Den Nachfahren Karl Marx', vor allem Lenin, ist es gelungen, die Hoffnung, soziale Gerechtigkeit ließe sich durch zentrale staatliche Planung verwirklichen, für den Aufbau eines gigantischen Beherrschungssystems zu mißbrauchen und in ihm zugleich zu pervertieren. Der Marxismus ist ein Abkömmling der *modernen Industriegesellschaft*. In vorindustrieller Zeit wäre jeder Versuch sinnlos gewesen, eine absolute Herrschaft auf der Kontrolle der Wirtschaft und der Verstaatlichung der Produktionsmittel aufzubauen. Zwar hat es schon immer absolute Herrscher gegeben. Auch heute gibt es in vielen Ländern der Erde Diktaturen. Aber eine Herrschaft wie die des Kommunismus ist ohne das Fundament einer intensiv vernetzten Volkswirtschaft und ohne die mit der Kameralistik entstandenen Grundlagen eines bürokratisch organisierten Staatswesens nicht möglich.

So leuchtet es auch ein, daß Lenin die kommunistische Revolution weit eher in Deutschland für möglich hielt als im damaligen Rußland. Als sie in Deutschland mangels revolutionärer Masse nicht zu haben war, mußte er *mit* der Revolution in Rußland praktisch erst die industrielle Infrastruktur *für* die Revolution schaffen. Nichts hat dabei in der Übergangszeit mehr Opfer gekostet als die Enteignung der bäuerlichen Einzelwirtschaften, die sich immer wieder dem staatlichen Zugriff auf die Befriedigung der elementaren Bedürfnisse des Menschen – Nahrung, Kleidung, Wohnen – zu entziehen und damit der angestrebten Diktatur des Proletariats entgegenzuwirken drohten.

Die zentrale Bedeutung, die die Verstaatlichung der Landwirtschaft bis heute behalten hat, legt zugleich den Kern des kommunistischen Herrschaftssystems frei: die Beherrschung des Menschen durch die Kontrolle seiner *wirtschaftlichen Grundbedürfnisse*. Wer die Ressourcen kontrolliert, die den Menschen am Leben erhalten – Nahrung, Kleidung, Wohnung –, der kontrolliert ihn ganz. Es gibt, wie vor dem Industriezeitalter nur unter der Herrschaft der Leibeigenschaft, keine Freiräume, es sei denn, der Herrscher habe sie widerruflich gewährt. Es gibt keine Nischen, wohin die staatliche Macht nicht reichen könnte. Selbst während der Hochzeit des Absolutismus sahen die Herrscher keine Gefahr für ihre politische Herrschaft darin, daß es vergleichsweise autonome Einzelwirtschaften gab und Handwerk und Kaufleute ihren Interessen nachgingen, solange sie nur ihre Abgaben leisteten und den Herren nicht ins politische und kriegerische Handwerk pfuschten. Die politische Inbesitznahme des *gesamten Organismus* einer Volkswirtschaft, die Verschmelzung des kulturellen Systems Wirtschaft mit dem kulturellen System Staat und damit die – jedenfalls vom Anspruch her – *vollständige Verdrängung* des Koordinationsprinzips durch das Subordinationsprinzip ist die eigentliche Konsequenz des Marxismus.

Sie ist, bezogen auf die natürlichen Veranlagungen des Menschen als geselligem, zur Kooperation veranlagten Wesen, so ungeheuerlich, daß auch ihre intellektuelle Durchsetzung überhaupt nur mit Hilfe der Autorität der Wissenschaft möglich war – und ist. Dabei ist aufschlußreich – und bedeutsam –, daß bis heute noch nicht der ernsthafte Versuch gemacht wurde, die Funktionsweise einer ausschließlich auf Subordination beruhenden Volkswirtschaft theoretisch zu begründen. Walter Eucken hatte dafür eine einleuchtende Erklärung parat. Für Marx und seine Nachfolger habe nicht der Ordnungsgedanke, sondern eine ganz andere Art von Gesetzlichkeit im Vordergrund des Denkens gestanden, nämlich die »Gesetzlichkeit der geschichtlichen Entwicklung, sozusagen das Rezept, das der dialektische Weltgeist bei der Anzettelung und Steuerung gesellschaftlicher Klassenkämpfe beobachtet«. Die Sorge darum, die bevorstehenden Phasen dieser geschichtlichen Entwicklung bis zu ihrem Endstadium (nämlich dem Sieg der untersten Gesellschaftsklasse unter Herstellung der klassenlosen Gesellschaft) richtig und scharfsinnig vorauszuberechnen, habe offenbar die andere Sorge darum zurückgedrängt, wie die klassenlose Gesellschaft das Problem lösen wolle, in einer technisch hoch entwickelten, unendlich differenzierten, arbeitsteiligen modernen Volkswirtschaft Millionen von Gegenwarts- und Zukunftsbedürfnissen zu bewerten, den Produktionsplan auf diese Bewertungen abzustimmen, über die Anwendung der möglichen Techniken und über den Einsatz der Produktionskräfte zu entscheiden, den zeitlichen Aufbau der Produktion zu dirigieren und alle Arbeitsverrichtungen reibungslos ineinanderzuschalten.

Heute hat diese Sorge die Herrscher des Ostblocks eingeholt. Unter ungeheurem Aufwand an Mühen und Arbeit, Opfern und Entbehrungen zwingen sie ihre Völker, wirtschaftliche Aufgaben zu bewältigen, zu produzieren und zu verteilen, und sind dennoch häufig nicht in der Lage, sie auch nur bescheiden zu ernähren, zu kleiden und zu behausen. Zwar sind alle beschäftigt, haben die meisten gleich wenig und treten Inflationen nicht offen zutage. Aber die Leistungsfähigkeiten der Volkswirtschaften sind so gering, daß selbst die an fruchtbarem Land und Rohstoffen überreiche Sowjetunion ihre Bevölkerung mit Hilfe der Kapitalisten ernähren und sich den Anschluß an den Prozeß technischer Innovation notfalls durch geistigen Diebstahl (Spionage) sichern muß. Man könnte meinen, nicht nur der Weltgeist und seine geschichtliche Gesetzmäßigkeit, sondern alle guten Geister hätten die Führer dieses großen Landes verlassen.

Tatsächlich jedoch tritt mit dieser Entwicklung zutage, daß es sich beim Kommunismus sowjetischer Prägung weder um eine historische Zwangsläufigkeit noch um ein wissenschaftlich begründbares System, sondern um einen Fall der *vollständigen Entgrenzung des Machttriebes* handelt. Vollständig deshalb, weil sie mit der Inanspruchnahme wissenschaftlicher Wahrheit für ihre

Form der Machtausübung durch die Diktatur des Proletariats »wissenschaftlich« jede Möglichkeit beseitigt hat, daß vernunftbegabte und normaldenkende Menschen nach einer wie immer gearteten Domestikation des Machttriebes verlangen. Es ist deshalb nur folgerichtig, wenn jene, die es dennoch wagen, nach Begrenzungen der Macht durch die Gewährung von Menschenrechten zu verlangen, als geisteskrank angesehen und entsprechend behandelt werden, wenn sie nicht gerade internationale Aufmerksamkeit davor schützt.

Nun ist selbst die historische Widerlegung der angeblichen Zwangsläufigkeit geschichtlicher Entwicklung und damit des dialektischen Materialismus als Kunstlehre zur Rechtfertigung von Machtausübung keine unmittelbare Gefahr für die bereits fest und dauerhaft etablierte Macht der Herrschenden und ihrer Bürokraten. Denn diese Widerlegung hinterläßt zunächst nur ein Begründungsvakuum. Es kann von den Mächtigen auch anders, vor allem durch den Hinweis auf die reale Existenz ihrer Macht ausgefüllt werden. Was dennoch bleibt, ist die irritierende Wirkung, die von der Leistungsfähigkeit sogenannter kapitalistischer Systeme ausgeht. Sie ruft den Herrschaftsunterworfenen – auch wenn sie sorgfältig abgeschirmt werden – stets aufs neue die Mißlichkeit ihrer Lage ins Bewußtsein.

Deshalb werden im Osten alle Erscheinungen freudig begrüßt, die auf wachsende Instabilitäten in den westlichen Gesellschaftssystemen schließen lassen. Solche Symptome bestätigen zwar nicht die Zwangsläufigkeit des historischen Prozesses. Aber sie erlauben doch die Hoffnung, daß auch die demokratischen Industrienationen mit wachsenden Problemen der Verteilung, der Umweltbelastung und der politischen Stabilität zu kämpfen haben und ihre interventionsbelasteten Volkswirtschaften trotz aller Robustheit des verkehrswirtschaftlichen Systems Ermüdungserscheinungen zeigen.

In einer solchen Lage wäre es von fundamentaler Bedeutung, wenn sich erweisen sollte, daß uns die *Wissenschaft* Erkenntnisse über die Entwicklung menschlicher Gesellschaft und die Zweckmäßigkeiten verschiedener Ordnungen der Wirtschaft erschließen kann,

- deren Anwendung geeignet ist, die wirtschaftliche und politische Instabilität freiheitlich verfaßter Staaten *zu verringern* und die
- geeignet sind, das marxistische Gedankengebäude wissenschaft-

lich zu widerlegen und zugleich darzutun, daß die im Herrschaftsbereich des Kommunismus *vollzogene* Ablösung des Kooperationsprinzips durch das Subordinationsprinzip mit der naturgesetzlichen Beschaffenheit des Menschen in Widerspruch steht.

Die Wirkungen des Denkens in Ordnungen für die Stabilität einer prinzipiell freiheitlich konzipierten Wirtschafts- und Gesellschaftsordnung werden uns im folgenden beschäftigen. Deshalb hier noch ein Wort zu seiner Bedeutung für die *unfreiheitlichen Systeme*. Auch wenn eine ideologische Begründung für die Ausübung umfassender Herrschaft fehlt, die auf dem umfassenden Zugriff auf das kulturelle System Wirtschaft beruht, können sich die Herrscher zur Rechtfertigung ihrer realen Herrschaft darauf berufen, daß die Organisation der Wirtschaft ein Akt der *politischen Entscheidung* sei, die in einem *ordnungsfreien* Raum getroffen wird. Wenn dies zutrifft, dann ist es allein der *politische Wille*, der die Ordnung der Wirtschaft hervorbringt und ihren Charakter bestimmt. Wäre er nicht vorhanden, gäbe es keine Ordnung, sondern Chaos.

Diese Ableitung der Legitimation auch einer unfreiheitlichen Ordnung aus dem politischen Willen ist Teil der antiliberalen Geistesstruktur. In der Praxis des Ostens pflegt sie sich mit Argumenten der praktischen Nützlich- und Notwendigkeit zu verbinden. So gebieten angeblich die Knappheit und der Bildungs- und Wissensstand der Bevölkerung eine planwirtschaftliche Wirtschaftsordnung. Die Bedrohung durch äußere feindliche Kräfte, die Notwendigkeiten der Rüstung und der jederzeitigen militärischen Wachsamkeit werden bemüht. Im Kern ist es jedoch der Gedanke, ohne Plan herrsche Chaos, Kampf aller gegen alle, Ausbeutung und Ungerechtigkeit und damit ständiger Rechtsunfriede und Gefahr für Leib und Leben jedes einzelnen, mit dem die umfassende Herrschaft sich begründet.

Sollte sich nun erweisen, daß es nicht allein der politische Wille ist, der die Ordnung hervorbringt, sondern die Grundelemente der Ordnung im Menschen angelegt sind, daß die Alternative zur umfassenden staatlichen Lenkung und Herrschaft kraft politischen Willens also nicht Chaos, sondern das Wiederaufleben einer dem Menschen *gemäßeren* Ordnung wäre – und die Diktatur des Proletariats so allein auf dem politischen Willen der Herrschenden beruht und die Folge ihrer Weigerung ist, den Staat und das Recht der natürlicheren Ordnung dienstbar zu machen –, dann könnte dies nicht ohne Wirkung für die Legitimationsfrage kommunistischer Herrschaftssysteme sein. Es würde deutlich, daß die umfassende Herrschaft, die vollständige Ablösung der Kooperation der Menschen untereinander durch die Unterwerfung aller unter wenige sich

- weder auf zwingende wissenschaftliche Gesetzmäßigkeiten
- noch auf die Notwendigkeit berufen könnte, Chaos als Folge fehlender zentralwirtschaftlicher Planung verhindern zu müssen.

Darüber hinaus würde deutlich, daß die tatsächliche, durch staatliche Macht erzwungene Ordnung der Wirtschaft den nachweisbaren Grundstrukturen menschlicher Gesellschaft widerspräche, das heißt aber: nicht nur unmenschlich, sondern auch *unwissenschaftlich* ist.

Damit wäre der wissenschaftliche Marxismus, jedenfalls in seiner unfreiheitliche Herrschaft legitimierenden Funktion, durch die Einsichten in die Gesetzmäßigkeiten menschlicher Gesellschaft und das Ordnungsdenken des ORDO widerlegbar. Zugleich wäre das kommunistische Herrschaftssystem als das »entlarvt«, was es tatsächlich ist: die durch eine Pseudowissenschaft und durch vordergründige politische und pragmatische Argumente getarnte Machtausübung – von einer solchen Vollständigkeit des Machtanspruches, daß sie selbst die Machtstrukturen des zaristischen Rußlands weit hinter sich läßt. Eine darüber hinaus reichende Rechtfertigung ist weder theoretisch noch praktisch erkennbar.

Praktische Konsequenzen

Veränderungen der Perspektive

Das Denken in Ordnungen bedeutet eine Veränderung der bisherigen Sicht der Dinge. Franz Böhm bemerkt dazu, dieses Denken beginne »schon heute« (1950) Wirkungen zu erzeugen.

Vor unseren Augen scheint sich das Gewirr tiefer geistiger Fronten und affektgeladener Kampfparolen, der ganze Wust breitgetretener und eingefahrener Zwangsvorstellungen zu lichten. Vor allem beginnt die unseligste und verhängnisvollste Alternative langsam ins Wanken zu geraten, eine Alternative, die ein volles Jahrhundert lang das Denken und die Politik beherrscht hat, nämlich die Alternative: Kapitalismus und Sozialismus. Sie beginnt sich jetzt endlich als das zu enthüllen, was sie war und ist, nämlich als eine polemische und globale Kampfantithese ohne jeden exakten Erkenntniswert.

Diese Feststellung gilt auch für die Innenpolitik. Der Ansatz des ORDO verändert das Erscheinungsbild der politischen Frontstellungen in der innenpolitischen Diskussion. Maßstab für die Leistungsfähigkeit der Politik wird in neuer Sicht vor allem ihre Fähigkeit, einen Beitrag zur Verfeinerung, man kann auch sagen, zur qualitativen Verbesserung der Rechtsordnung und der durch sie gestalteten wirtschaftlichen, gesellschaftlichen und sozialen Strukturen zu leisten. Dabei geht es vor allem um die Frage, wie wir den Staat aus der Verantwortung für Verteilungsentscheidungen entlassen und diese rechtlich so gestalten können, daß der Vorgang dauerhaft geregelt ist, zu gerechteren Entscheidungen führt und sich das Ausmaß der Willkürlichkeit der Entscheidungsfindung verringert.
Die Erneuerung der Verläßlichkeit der Rahmenbedingungen wirtschaftlicher und sozialer Ordnungen und Teilordnungen, der Abbau des Willkürgehalts staatlichen Handelns, vor allem im Bereich der Interventionen, und die Entwicklung gerechter Entscheidungsverfahren unter Wiederherstellung eines angemessenen Verhältnisses von Entscheidungsfreiheit und Verantwortung für die getroffene Entscheidung sind deshalb auch wesentliche Kriterien für jede Politik, die die Folgen des Interventionismus – den Wachstumszwang und damit die Begrenzungskrise – durch qualitative Verbesserung der gesellschaftlichen Strukturen überwinden will.

Neue Begriffe

Von einer neuen Sicht der Dinge werden die *Begriffe* betroffen, mit denen wir uns die Dinge begreifbar machen. Das gilt für Schlüsselworte unserer Wirtschafts- und Sozialpolitik wie Arbeit, Beschäftigung, Bruttosozialprodukt, Leistung, Gewinn oder Wachstum. Manches von dem, was wir heute als Wertewandel wahrnehmen, ist in Wirklichkeit ein Wandel der begrifflichen Inhalte. Er findet in dem Maße statt, in dem die Menschen sich, ohne darüber besonders nachzudenken, in ihrem Verhalten den neuen Bedingungen anpassen. Das heißt: Soweit die Begriffe nicht nur eine Beschreibung des Vorganges, sondern auch eine *Bewertung* enthalten, ändert sich die Bewertung. Arbeit wird heute im Verhältnis zu anderen Tätigkeiten von vielen anders bewertet als früher. Leistung hat einen anderen »Stellenwert« auf der Skala der Positiv-negativ-Bewertung. Bei anderen Begriffen wiederum hat sich die Aussagekraft geändert, das heißt ihre Nützlichkeit. Das Bruttosozialprodukt beispielsweise sagt uns weniger über die Leistung einer Volkswirtschaft, wenn es für diese Leistung nicht nur auf meßbare Mengen, sondern auch auf unwägbare Qualitäten ankommt. Behalten wir den Begriff in der alten Bedeutung bei, so gibt er uns keine ausreichende Auskunft mehr über das, was wirklich ist. Wenn wir selbst über Begriffe nachdenken, die wir verwenden, werden uns noch zahlreiche vergleichbare Beispiele für den Wandel des *Inhaltes* von Begriffen deutlich werden.

Verschieben sich jedoch in einer Gesellschaft die Inhalte der Begriffe, mit denen die Menschen ihre gemeinsame Welt beschreiben und ihre Gedanken mitteilen, dann verschiebt sich das Bild selbst. Denn wir können unsere Umwelt und uns selbst nur durch Worte beschreiben und mitteilen. Ein politisch bedeutsames Beispiel für eine solche Verschiebung ist das Wort »sozial«. Es beschrieb ursprünglich die Verpflichtung der Gemeinschaft, alle Mitglieder vor Not zu schützen und ihnen eine menschenwürdige Existenz zu sichern. Heute meint der Begriff die Verteilung von Einkommen und Chancen schlechthin. Von »umfassender Sozialpolitik« war schon in den sozialpolitischen Leitsätzen der CDU von 1949 die Rede. Das heißt aber, der Begriff »sozial« beschreibt die *gesellschaftlichen*, nicht die *sozialen* Verhältnisse.

Es macht jedoch wenig Sinn, die Bundesrepublik als einen *gesellschaftlichen* Rechtsstaat zu definieren. Das Wort »sozial« ist ungenau geworden. Diese Ungenauigkeit wiederum ist ein Problem, wenn der Staat mit dem Begriff »sozial« sein Recht auf Eingriffe in die Wirtschaftsordnung begründet. Das Wort *bindet* den Staat jetzt nicht mehr, ein *sozialer* Rechtsstaat zu sein. Es *befreit* ihn von der ursprünglichen Bindung. Er soll jetzt durch Eingriffe mit staatlichen Mitteln angemessene gesellschaftliche Verhältnisse herstellen. Im Grunde soll er uns allen die Arbeit abnehmen, das zunächst einmal selbst zu tun.

Die Schieflage der Begriffe, mit denen wir so wichtige Dinge wie staatliche Aufgaben und die Grenzen staatlicher Machtausübung beschreiben, ist nicht ungefährlich. Denn sie führt, wie wir im einzelnen noch bestätigt finden werden, zu einer *Schieflage des Staates* selbst. Jeder Seefahrer weiß, daß die Manövrierfähigkeit seines Schiffes beeinträchtigt ist, wenn es in eine dauernde Schieflage gerät, weil sich die Ladung verschoben hat. Gefährlicher noch ist es, wenn der Kompaß eine dauernde Abweichung aufweist, von der wir nichts wissen. Er führt uns dann selbst in vermessenem und bekanntem Gelände in die falsche Richtung. Die Zukunft aber ist unvermessenes Gelände. Von ihr gibt es keine Landkarten, nur Annahmen. Sie sind unsicher und werden immer unsicherer, je weiter wir in die Zukunft blicken. Um so nötiger ist es, daß die Instrumente stimmen, mit denen wir unsere Position bestimmen. Begriffe sind solche Instrumente. Wenn sie uns *falsche* Werte angeben, weil sich die Wirklichkeit verändert hat, in der wir messen, sind wir in Gefahr. Aber wir können die Bedrohung der *falschen* Begriffe wegen nicht erkennen: Wir sind für die Gefahr *blind.*

Keinem Volk bekommt es auf Dauer, blind gegenüber den Gefahren der Zukunft zu sein. Deshalb ist die Überprüfung der Begriffe eine unserer wichtigsten Aufgaben. Voraussetzung dafür ist, daß wir uns verständigen, *welche Sicht* der Dinge für die Begriffsbestimmungen gelten soll. Bei dieser Verständigung handelt es sich um eine *Grundsatzentscheidung*. Entweder steht der Staat in der Mitte der menschlichen Gesellschaft oder das Recht. Entweder gibt es naturgegebene *Ordnungsprinzipien* menschlicher Gesellschaft: dann sind sie durch eine dem Menschen gemäße Wirtschafts- und Sozialordnung zu respektieren. Oder es gibt sie nicht: dann ist die Ordnung *allein* eine

Sache politischer Gestaltung, das Ergebnis politischer Willensbildung. In dieser Frage gibt es kein Sowohl-als-auch. Auch der magnetische Nordpol, nach dem sich die Kompaßnadel ausrichtet, kann kein Sowohl-als-auch-Pol sein.

Ist die Grundsatzentscheidung gefallen, dann lassen sich alle politisch und gesellschaftlich wichtigen Begriffe nach ihr *definieren*. Niemand sollte die Schwierigkeiten dieser Aufgabe unterschätzen. Es sind *politische und wissenschaftliche* Schwierigkeiten, die entstehen werden. Politisch wird es gegen die Neudefinition der Begriffe erheblichen Widerstand geben. Ein Kampf um die Begriffe wird einsetzen, wie ich ihn schon in meiner ersten Rede als Generalsekretär 1973 in Hamburg beschrieben habe. Er ist in Wirklichkeit ein Kampf um die politische Macht, besser: ein Kampf um die Bindung politischer Macht.

»Ambivalente Begriffe« und ihre Bedeutung

Auch in der Wissenschaft wird die Neubestimmung der Begriffe auf die bisherige Sicht der Dinge stoßen. Niemand trennt sich gerne von gewohntem Denken und alten Erfahrungen. Dennoch ist die Erneuerung der Begriffe notwendig. Nur mit klaren und eindeutigen Begriffen können wir die Wirklichkeit begreifen, in der wir leben.

Sowohl-als-auch-Begriffe dagegen versperren uns den Zugang zu neuen Wirklichkeiten. Sie sind ambivalent. Man kann sie so oder so sehen. Das Wort »sozial« kann *sozial* oder *gesellschaftlich* bedeuten (im Englischen steht »sozial« für »gesellschaftlich«). Das heißt aber: Wer das Wort verwendet, kann selbst bestimmen, was es heißen soll. Ambivalente Begriffe sind Einladungen zur Willkür. Willkür aber ist das Gegenteil von Verläßlichkeit. Eine politische und rechtliche Ordnung, die mit Sowohl-als-auch-Begriffen arbeitet, ist eine Ordnung voller Willkür.

Um das Problem zu lösen, haben wir uns deshalb angewöhnt, Begriffe zu verwenden, die überhaupt keinen Inhalt mehr haben. Das Wort »angemessen« ist ein solches Wort. Je öfter es in Gesetzen auftaucht, um so größer ist der Willkürcharakter der gesetzlichen Ordnung. Mit der Entstehung des modernen Wohlfahrtsstaates um die Jahrhundertwende stritten die Juristen darüber, ob es zulässig sei,

»unbestimmte« Rechtsbegriffe zu verwenden. Viele hatten Sorge, der Staatsmacht, vor allem dem Richter, werde dadurch zuviel Ermessensfreiheit zugewiesen. In Wahrheit war es nicht möglich, jede Einzelentscheidung eines Verteilungskonfliktes *gesetzlich* genau festzulegen. Das sollten deshalb, im Rahmen des neuen Begriffes, die Gerichte tun. Sie sollten beispielsweise sagen, was im konkreten Fall mit »Treu und Glauben« vereinbar sei. Durch eine umfangreiche Rechtsprechung haben die Gerichte diese Aufgabe erledigt. Mit immer neuen Entscheidungen immer neuer Lebenssachverhalte tun sie es weiter.

Eine Evolution des Inhaltes von »Treu und Glauben« ist die Folge. Auch dies ist ein Beispiel kultureller Evolution durch unzählige Einzelentscheidungen. Sie sind jedoch alle an den *Wert* gebunden, um den es geht: an *Treu und Glauben*. Die Evolution hat sich innerhalb der Ordnung von Treu und Glauben entwickelt. Treu und Glauben ist ein Wert der Ordnung, ein Gebot des Rechts. Mit dem *unbestimmten* Rechtsbegriff ist so ein Verfahren gewählt worden, in dem sich ständig Altes abbaut, um Neuem Platz zu machen in einem harmonischem Gleichgewicht. Dieses Gleichgewicht verdankt der Prozeß der Bindung an den Wert, man könnte auch sagen, an die Entwicklungs*ordnung*. Dieser Wert leitet sich ab aus der Würde des Menschen. Wer im Zusammenwirken mit anderen gegen Treu und Glauben verstößt, der verstößt gegen diese Würde.

»Angemessenes« Wachstum oder »angemessene« Preise oder »angemessene« Versorgung sind nicht in dieser Weise bestimmbar. Sie sind Aufforderungen, politisch zu entscheiden, was angemessen ist. *Was* angemessen ist, ist eine politische Frage, keine Frage des Rechts. Die *Willensentscheidung der Mehrheit*, nicht die Ordnung des Rechts ist der Maßstab. Das Recht regelt allenfalls noch das Verfahren und gibt der Sache damit den äußeren Anschein von Gerechtigkeit. Eine rechtliche Bindung von Macht ist mit solchen Begriffen jedoch nicht mehr verbunden.

Deshalb siedeln sich auch hier und in anderen vergleichbaren Begriffsnischen die staatlichen Interventionen und die organisierten Besitzstände an, die sie beeinflussen. Wenn der Gesetzgeber *durch Gesetz* bestimmt, eine bestimmte Versorgung soll angemessen sein, ohne zu sagen, nach welchen inhaltlichen Grundsätzen oder welchem sich selbst steuerndem Verfahren (dazu unten mehr) sich die Angemessenheit bestimmen soll, öffnet er dem Interventionismus Tür und Tor. Die Folgen kennen wir. Sie erfassen nicht nur den Bereich, der angemessen geregelt werden soll. Sie setzen sich in der unteilbaren Gesamtordnung der Gesellschaft fort und werden Teil eines Zerfallprozesses, der sich nicht etwa auf den Bereich der Intervention beschränkt, sondern die Rechtskultur, auch das Privatrecht selbst, zunehmend erfaßt.

Die Neubestimmung der Begriffe bedeutet deshalb auch Verzicht auf solche Begriffe, die sich nicht bestimmen lassen. Damit schließen wir die Türen für Interventionen und für die Einwirkung organisierter Interessen auf die Ausübung staatlicher Macht. Der Kampf um die Klarheit der Begriffe, gegen die Sowohl-als-auch-Begriffe, ist deshalb ein Kampf gegen die ungebundene Macht des Staates und der organisierten Besitzstände und für die Herrschaft des Rechts. Es ist zugleich ein Kampf gegen die organisierten Besitzstände, die mit den staatlichen Interventionen verbunden sind und sie stets neu erzeugen. Der »offene«, inhaltlose Begriff ist seit eh und je ihr formaler Berechtigungsschein, mit dem sie eine Teilhabe an staatlicher Macht fordern – ohne Bindung durch die Gesamtordnung. Mit der inhaltlichen Erneuerung der Begriffe durch Erneuerung der Gesamtordnung beseitigen wir diese Privilegien. Das Gebirge organisierter Besitzstände wird sichtbar, das wir dabei überwinden müssen.

Herausforderung für die Wissenschaft

Die Neubestimmung der Begriffe auf der Grundlage unserer Grundsatzentscheidung ist aber nicht nur eine wichtige politische Aufgabe, vor allem für das *Rechts*ministerium. Die Renovierung des Begriffsgebäudes ist auch eine große Herausforderung für die *Wissenschaft*. Vor allem die Wissenschaften sind gefragt, die früher in den traditionellen rechts- und staatswissenschaftlichen Fakultäten zusammengefaßt waren, also die Juristen, die Nationalökonomen und die Sozialwissenschaften. Diese Wissenschaften haben sich in den vergangenen Jahrzehnten ungefähr mit dem gleichen Tempo in viele Spezialgebiete aufgeteilt, wie die Teilbereiche der Gesellschaft das Ganze überwuchert haben.

Zur Aufgabe des Juristen will ich, da ich selbst einer bin, noch gesondert etwas sagen. Bei den sogenannten Gesellschaftswissenschaften ist mir schon seit Jahren aufgefallen, daß ihre Spezialisierung nicht nur den Vorteil hat, das behandelte Gebiet immer besser und tiefer kennenzulernen. Sie hat auch den Nachteil, daß die Gesamtschau der Dinge immer schwieriger wird. Immer eingehender werden einzelne Teile der Gesamtordnung erforscht und Schlußfolgerungen gezogen, die diese Teilbereiche betreffen, ohne daß bekannt ist, wie der Teilbereich mit dem Gesamtorganismus der Wirtschaftsgesellschaft zusammenhängt. Das gleiche Problem, das die Medizin seit einiger Zeit beschäftigt, die Zerlegung des Menschen in »Einzelteile« und deren Behandlung ohne Rücksicht auf die Einheit des lebenden Organismus, kennzeichnet auch die Gesellschaftswissenschaften. Sie zerlegen den Organismus menschlicher Gesellschaft in lauter Einzelteile und begreifen schließlich das Ganze nicht mehr. Es geht ihnen wie dem, der den Wald vor lauter Bäumen nicht mehr sieht.

Das gilt vor allem für ihr Verhältnis zu den Werten, Erwartungen und Zielen der Menschen. So gehen viele Ökonomen davon aus, daß der Bedarf des Menschen an Gütern und Dienstleistungen im Prinzip unendlich sei und deshalb jede Vermehrung von Kaufkraft auch eine Vermehrung von Nachfrage bedeutet. Diese Annahme war so lange sinnvoll, als die große Mehrheit der Bevölkerung eine große Zahl dringlicher Bedürfnisse zu befriedigen hatte, aber mangels Kaufkraft nicht befriedigen konnte. Es ist die Erfahrung aus der Zeit der Industrialisierung, einer Zeit der Überwindung von Versorgungskrisen.

Inzwischen haben sich die Verhältnisse geändert. Die dringenden Bedürfnisse, so wie wir sie noch vor 30 Jahren definiert haben, sind längst gedeckt. Heute geht es für die Mehrheit allenfalls um notwendige, eher schon, im Sinne der ursprünglichen Dringlichkeit, um angenehme Bedürfnisse. Das schließt nicht aus, daß es für den einzelnen dringlich sein kann, nach Mallorca in Urlaub zu fahren. Die Annahme jedoch, daß es in bezug auf den Urlaub *allen* so ginge, ist nicht haltbar. Das heißt aber: Wir können nicht mehr verläßlich voraussagen, wie die zusätzliche Kaufkraft verwendet werden wird, die der Staat etwa durch Kreditaufnahme finanziert, um das Wirtschaftswachstum zu fördern. Die *Motivationsstrukturen* der Konsumenten haben sich geändert. Das hat uns jedoch nicht davon abgehal-

ten, bis in die jüngste Vergangenheit auf Verdacht Hunderte von Millionen neuer Staatsschulden aufzunehmen, um die Kaufkraft zu vermehren, um die Nachfrage zu steigern.
Wissenschaften, die auf Annahmen über die Vorhersehbarkeit menschlichen Handelns, vor allem menschlicher Reaktionen auf bestimmte wirtschaftliche Maßnahmen angewiesen sind, werden durch solche Veränderungen in Verlegenheit gebracht. Ihre Erfahrungssätze stimmen nicht mehr. In der jüngsten Diskussion über die »Krise« der Volkswirtschaftslehre wird diese Verlegenheit offenbar, aber auch in den Berichten des Sachverständigenrates. Die Wissenschaftler, die nach dem Willen des Gesetzes jährlich ein Jahresgutachten zur Begutachtung der gesamtwirtschaftlichen Entwicklung vorlegen, haben deshalb auch schon verschiedentlich signalisiert, daß guter Rat teuer sei. In ihrem Gutachten zur Beurteilung der weltwirtschaftlichen Lage für das Jahr 1983 kamen die fünf wirtschaftswissenschaftlichen Institute zu dem Ergebnis, daß man eigentlich keine Erfahrung habe mit dem Verhalten von Konsumenten und Investoren unter gegenwärtigen Bedingungen. Die gleiche Feststellung fand sich auch im Sondergutachten des Sachverständigenrates vom Oktober 1982. Mit anderen Worten: Die Sachverständigen waren ratlos.
Diese Ratlosigkeit müssen wir überwinden. Denn zu keinem Zeitpunkt war die Politik stärker auf wissenschaftliche Unterstützung angewiesen als in unserer Gegenwart. Allerdings kommen auch die Wissenschaftler nicht ohne die Grundsatzentscheidung aus, um die es hier geht: die Ordnung der Wirtschaft als eine Ordnung durch das Recht und nach dem Bauplan und entsprechend den Eigenschaften zu begreifen, die dem Wesen des Menschen gemäß sind und sich in der Evolution menschlicher Kultur entwickelt haben.

Plädoyer für eine theoretisch fundierte Politik

Die Wissenschaft zu ermutigen, daß sie sich dieser neuen großen Aufgabe annehme, hat immer einen Sinn. Für die Politik kann Wissenschaft jedoch nur eine Hilfe sein, wenn die Politik anerkennt, daß man theoretische Erkenntnisse, eine Theorie, braucht, um vernünftige Politik zu machen. Damit hat es jedoch seine Schwierigkeiten. Nicht nur die Freiburger, auch Ludwig Erhard hat sie zu spüren bekommen. Seine schon zitierte Feststellung, eine sinnvolle Wirtschaftspolitik brauche in jedem Fall eine klare theoretische Grundlage und dürfe sich nicht an verschwommenen und wechselnden Vorstellungen des Augenblicks orientieren, blieb unbeachtet. Dabei hatte er so recht, als er 1955 im Bundestag ausrief: »Wer den Wettbewerb als Ordnungselement anerkennt, kann dieses Prinzip nicht da und dort aus Opportunismus ablehnen, heute bejahen und morgen verwerfen, und dabei noch stolz wähnen, daß solche Richtungslosigkeit Wirklichkeitsnähe verrate.«

Alle, die für eine theoretisch fundierte Wirtschaftspolitik eintreten, müssen mit zwei Schwierigkeiten rechnen: der Theoriefeindlichkeit bürgerlicher Politik und der Machtfrage. Die Theoriefeindlichkeit der bürgerlichen Politik ist eine der Folgen, die uns die politische Auseinandersetzung des 19. Jahrhunderts beschert hat. So, wie sich die Verkehrswirtschaft des Laissez-faire-Kapitalismus darbot, konnte sie kaum das Ergebnis einer Theorie sein. Die Wettbewerbstheorie, die Adam Smith entwickelt hatte, war zwar der richtigen Einsicht nahe.

Was Adam Smith jedoch nicht erkannt hatte, war die Notwendigkeit, die *Spielregeln* des Wettbewerbs davor zu schützen, von einem oder mehreren Spielern einseitig verändert zu werden. Als Adam Smith sein Modell entwarf, ging er als *selbstverständlich* davon aus, daß die Menschen das Recht und ihre Verantwortung gegenüber dem Nächsten achten würden. Die »unsichtbare Hand«, die nach seiner Überzeugung den Wettbewerbsprozeß steuerte, war in Wirklichkeit die Rechtsordnung, die für die Einhaltung der Spielregeln sorgte. Zudem lebte Adam Smith in der angelsächsischen Rechtstradition. Daß sich das Recht – wie es beim römischen Privatrecht der Fall ist, welches wiederum das deutsche Privatrecht prägte – der Macht gegenüber gleichgültig verhalten könnte, wenn diese im privatrechtlichen Gewand des Bürgers auftrat, als Kartell oder Monopol –, war ihm schlecht vorstellbar. So kam er nicht auf die Idee, es könne nötig sein, seiner »unsichtbaren Hand« die Rechtsordnung zur Seite zu stellen und *ihr* die Festlegung und den Schutz der Regeln zu übertragen, nach denen der Wettbewerb abläuft.

Da es keine liberale Theorie gab, konnte Marx das Theorievakuum ausfüllen. Der Erfolg war durchschlagend. Er hatte mit seiner »Theorie« des dialektischen Materialismus und dessen Zwangsläufigkeit geschichtlicher Entwicklung bis zur Endzeit proletarischer Erlösung im Zustand des vollkommenen Kommunismus nicht nur die Wissenschaft auf seiner Seite. Mit der »Besetzung« des Theoriegebäudes erzeugte er bei seinen bürgerlichen Gegnern zugleich den Eindruck, *jede* theoretische Begründung wirtschaftlicher Abläufe in der menschlichen Gesellschaft laufe auf die Behauptung von Zwangsläufigkeiten hinaus. Nichts aber war dem Denken der »Bürgerlichen«, vor allem auch der Nationalliberalen des späten 19. Jahrhunderts in Deutschland, verdächtiger und mehr zuwider, als eine solche Vorstellung. Dieser Abscheu der antiliberalen bürgerlichen Schichten gegen »graue Theorie«, in der sie einen Zwang und damit Beschränkung der Freiheit vermuten, reicht, wenn auch durch die historische Entfernung gemildert, bis in die Gegenwart.

Noch heute fällt es unserem Denken schwer anzunehmen, daß es eine natürliche oder rechtliche *Ordnung* geben kann, in der der Mensch sich frei entfaltet. Tief ist in unserem Denken die Verbindung von *Ordnung* und *Staat*, also *Ordnung* und *Befehl*, verankert. Dem Revolutionär Marx jedenfalls gelang es, für *seine* »Theorie« eine nachhaltige, im Grunde bis heute wirksame politische Überlegenheit zu begründen: die politisch überaus wirksame Behauptung des Kommunismus nämlich, die Theorie und damit die Wissenschaft auf seiner Seite zu haben. Mit dieser Behauptung konnte man nicht nur alle praktischen Unzulänglichkeiten, alle Fehlschläge und alles Versagen des realen Sozialismus mit der unzureichenden *Umsetzung* der Theorie und dem nach wie vor wirksamen Widerstand der Kapitalisten erklären. Man hatte dem Klassenfeind auch eine entscheidende Waffe aus der Hand geschlagen, mehr noch, er hatte selbst auf sie verzichtet – auf eine Theorie der freiheitlichen Ordnung nämlich, mit der sich die marxistische Theorie hätte messen und auseinandersetzen müssen.

Es steht für mich außer Frage, daß die Entwicklung der europäischen Geschichte während der vergangenen einhundert Jahre anders verlaufen wäre, wenn die liberale Idee in der Auseinandersetzung mit dem antiliberalen Ideengebäude *ebenfalls* über eine wissenschaftliche Theorie verfügt hätte, mit der sie hätte dartun können, daß eine freiheitliche Ordnung dem Menschen und seiner kulturellen Entwicklung eher entspricht als die »Ordnung« der Diktatur des Proletariats. Es ist anders gekommen. Aber das ist kein Grund, in *Zukunft* auf die theoretische Fundierung freiheitlicher Politik zu verzichten.

Theorielosigkeit und Macht

Ob Politik sich mit theoretischen Erkenntnissen begründet, ist aber auch eine Machtfrage. Als die »Modelle« der Freiburger in den fünfziger Jahren verspottet wurden und dem zutiefst liberalen Humanisten Franz Böhm von dem ebenso liberalen Humanisten Hermann Höcherl der Vorwurf gemacht wurde, er wolle mit seinem ewigen Perfektionismus die Wirtschaft unter die Kuratel eines Polizeistaates stellen und die verfassungsmäßigen Freiheitsrechte aufkündigen, war nicht nur das Theoriemißverständnis am Werke, von dem eben die Rede war. Es ging auch um Macht.

Wer die gesellschaftliche Veranstaltung Wirtschaft unter die Herrschaft des Rechts stellt, der beseitigt die Chance, die Spielregeln zum eigenen Vorteil zu verändern. Niemand käme auf die Idee, bei einem sportlichen Wettbewerb einigen Spielern das Recht einzuräumen, während des Verlaufes des Wettbewerbs die Spielregeln zu verändern oder außer Kraft zu setzen, nach denen der Wettbewerb ausgetragen wird. Schon gar käme niemand auf die Idee, die Spieler auf das Spielfeld zu schicken und die *Entstehung* der Spielregeln dem freien Spiel der Kräfte zu überlassen, die sich entfalten, wenn alle durcheinanderrennen.

Wer am wirtschaftlichen Wettbewerb teilnimmt, ist ebenfalls an Spielregeln gebunden. Wer jedoch in der Lage ist, wirtschaftliche Macht ins Spiel zu bringen, also, nach Max Weber, die Fähigkeit besitzt, Mitwettbewerber, Kunden oder Lieferanten gegen deren Willen zu einem Verhalten zu veranlassen, das dem Interesse des Mächtigen dient, der kann de facto die Spielregeln verändern. Er kann den Wettbewerber im 1000-m-Lauf zwingen, langsamer zu laufen, als es dessen Fähigkeiten entspricht, und damit selbst vor ihm ans Ziel gelangen.

Um die Beseitigung *dieser* Möglichkeit, oder doch ihre Beschränkung auf ein Minimum, geht es bei der rechtlichen Ordnung der Wirtschaft in allen Bereichen. Der theoretisch begründete Grundsatz, daß die Wirtschaft unter einer solchen Ordnung dem Wohl des Ganzen besser dient und der Freiheit des einzelnen gerechter wird, war und ist deshalb ein Angriff auf die *Privilegien wirtschaftlicher Macht*. Es ist nur zu verständlich, daß sich die Betroffenen gegen diesen Angriff zur Wehr setzen.

Weniger verständlich ist, daß die Politik sie dabei unterstützt. Das läßt sich nur angesichts des Zusammenhangs verstehen, der sich zwischen der staatlichen Interventionspolitik, den organisierten Besitzständen und der Mehrheitsfähigkeit politischer Parteien entwickelt hat. So stehen wir – als eine Folge dieses Zusammenhangs – vor der erstaunlichen Tatsache, daß die politische Praxis in unserem Land und in allen westlichen Industrienationen bewußt darauf verzichtet, ihr Handeln theoretisch zu fundieren und abzusichern. Und dies, obwohl es sich bei der Wirtschaft um den elementarsten Bereich des menschlichen Lebens handelt.

Von seinem ordnungsgemäßen Funktionieren hängt alles andere ab: Wohlstand, Kultur, Lebensqualität, die Erfüllung unserer Verpflichtungen als Volk in der Welt und die Sicherung unserer Existenz als kulturelle Gemeinschaft. Das Ganze erscheint sogar noch erstaunlicher, wenn wir bedenken, daß es sich bei einer modernen Verkehrswirtschaft und ihrer weltweiten Verpflichtung um einen Vorgang von außerordentlicher Komplexität handelt. Einer Komplexität, die ohne die Hilfe theoretischer Erläuterungen weder ausreichend durchsichtig noch so erfaßbar gemacht werden kann, daß jemand sie verstehen und mit Aussicht auf Erfolg gestalten kann.

Statt dessen stochern Hunderte von staatlich berufenen oder selbsternannten Instanzen mit einer unübersehbaren Zahl von Einzeleingriffen in dieser Ordnung herum, um unter Berufung auf bisher geübte Praxis, politische Notwendigkeiten, unabweisbare Bedürfnisse, berechtigte Forderungen oder schlicht auf gut Glück bestimmte Ergebnisse zu erzielen. Regierungserklärung nach Regierungserklärung, gleich welcher politischen Ausrichtung, verspricht Abhilfe. Kommissionen zur Entbürokratisierung des Dickichts aus Normen, Geboten, Regelungen, Erlassen, Ausnahmen, Privilegien, Erleichterungen, Subventionen, Leistungen, Zuweisungen oder Abgaben werden berufen. Sie legen Gutachten und Berichte vor, machen Änderungsvorschläge und empfehlen Maßnahmen. Aber die »Regelungsdichte« unserer Gesellschaft nimmt ständig zu. Dennoch wird in keinem dieser Berichte, der mir zu Gesicht gekommen ist, auch nur der Versuch unternommen, die *wirklichen Ursachen* dieser allseits beklagten Entwicklung wissenschaftlich zu erforschen, theoretisch zu erklären und *damit* Boden unter die Füße zu bekommen. Das Treten und Stoßen zieht uns statt dessen alle nur immer tiefer in den Morast.

Abhilfe können wir nur erwarten, wenn die Politik ihre Einstellung zu theoretischen Erkenntnissen über menschliche Gesellschaft und ihre Gesetzmäßigkeiten ändert. Auch dies ist ein Aspekt des notwendigen *qualitativen* Wachstums unserer Gesellschaft. Wissenschaftliche Erkenntnisse sollen Politik nicht ersetzen und können es auch nicht. Der Mandatsträger bleibt frei, gegen wissenschaftlich begründete Gesetzmäßigkeiten zu handeln und zu entscheiden. Aber dies und die vorhersehbaren Folgen gehören dann auch zu seiner Verantwortung! Er muß begründen, *warum* er wissenschaftlich begründeter Einsicht zuwider gehandelt hat.

Auch diese Begründungspflicht wird nicht gerne übernommen. Letztlich haben wir Politiker wohl immer wieder mit der Versuchung zu kämpfen, die darin liegt, eine Sache für politisch zu erklären, um sie nicht weiter begründen zu müssen. Wie alle menschlichen Versuchungen werden wir auch diese nicht ganz ausrotten können. Aber es wäre für uns alle – auch die Politiker – schon viel gewonnen, wenn wir *anerkennen* würden, daß es diese Versuchung gibt, sich gesicherter Einsicht zu verschließen, um sich das Leben leichter zu machen. Das ist allerdings nur die eine Seite. Die andere ist, daß die Wissenschaft uns als Politiker die Entscheidungslast erleichtern kann. Wenn man etwas von Marx lernen kann, dann ist es der geniale Gedanke, für eine menschenunwürdige Politik Zustimmung dadurch zu finden, daß er ihre wissenschaftlich erwiesene Schlüssigkeit behauptete. Sicher ist dadurch auch eine Menge Wissenschaftsgläubigkeit verbraucht worden. Aber bei der Domestikation – das heißt ja: bei der Umwandlung wilder Tiere in Haustiere – staatlicher und wirtschaftlicher Macht zum Wohle menschlicher Freiheit kann uns die Wissenschaft einen großen Teil der Last abnehmen. Wir müssen ihre Hilfe nur annehmen.

Dezentralisierung von Entscheidung und Verantwortung – das Prinzip der Regelkreise

Was uns zur Suche nach neuen Strukturen veranlaßt, ist vor allem der Wunsch, die Dinge wieder ins Gleichgewicht zu bringen. Exponentielles Wachstum und die Begrenzungskrise sind, wie wir sehen werden, eine Folge dauernder Ungleichgewichte. Wir sind deshalb an Strukturen interessiert, und auf sie angewiesen, die den ständigen Prozeß von Erneuern und Bewahren, Abbau und Aufbau, der Anpassung an Veränderungen *besser* bewältigen als die vorhandenen. Alle stimmen darin überein, daß wir unsere Gesellschaft deshalb dezentral gestalten müssen. Die Dezentralisation von Entscheidung und Verantwortung wird von *allen* gefordert – quer durch alle politischen Parteien.

Viel wäre allerdings damit nicht gewonnen, wenn gewissermaßen auf dezentraler Ebene der gleiche Schlendrian weiterginge. Zwar wäre das Interventionsverfahren nicht mehr so anonym. Einer würde den anderen eher kennen, und das Ausmaß der Rücksicht würde vielleicht zunehmen. Aber die Verkleinerung der Bereiche, in denen Ungleichgewichte durch Interventionen auftreten, bei gleichzeitiger Vermehrung der Zahl der Eingriffe, schafft noch kein Gleichgewicht. Wenn der Staat sich lediglich in viele »kleine Staaten« aufteilt, aber darauf besteht, in jeder Teilregion in der gleichen Weise wie bisher im Mittelpunkt zu bleiben, dann haben wir vielleicht die Wucht der Ausschläge des Ungleichgewichts in die eine oder andere Richtung verringert. Doch das Problem bleibt. Wir haben den großen Wald in viele kleine Wälder aufgeteilt, aber wir werden auch die kleinen Wälder noch immer vor lauter Bäumen nicht sehen.

Außerdem ist diese Form der Dezentralisation nicht stabil. Einmal werden die Organisationen, die nach Interventionen verlangen, sorgfältig darauf achten, daß das Ganze »geordnet« bleibt. Zum zweiten kann man den alten Zustand immer wieder herstellen; und man wird ihn wiederherstellen, wenn Not am Mann ist. Auch ein leidenschaftlicher Kämpfer für Dezentralisation und regionale Autonomie vergißt seine Skrupel, wenn die Zentralgewalt mit dem Besteuerungsmonopol des Staates winkt, ihm die Peinlichkeit abnimmt, für örtliche Steuern politisch geradestehen zu müssen, und ihn statt dessen am anonymen Steuertopf des großen Ganzen teilhaben läßt.

Was, um Dezentralisation wirksam zu machen, hinzutreten muß, ist die *Verbindung* von Zuständigkeit und Verantwortung, von Vorteil und Kosten, von Freiheit und Haftung. Die *kleinen Lebenskreise*, von denen die westfälisch-lippische CDU in ihrem Programm für die Kommunalwahl 1984 sprach und die uns später noch begegnen werden, sind solche Strukturen. In ihnen wird, in kleineren Einheiten, »autark« geregelt, was die kleinere Einheit selbst regeln kann.
Politisch sind die kleinen Lebenskreise *Rechtskreise*, naturwissenschaftlich gesehen sind sie *Regelkreise*. Ihr Wesen besteht darin, Prozesse zu steuern und dabei das Gleichgewicht immer wieder herzustellen. Man kann auch sagen, die jeweilige Kursänderung wird mit einem Minimum an Ungleichgewicht bewältigt.
Solche Regelkreise hat es in der menschlichen Gesellschaft immer gegeben: zwischen den Menschen untereinander und vor allem zwischen den Menschen und der Natur. Aus China wird von einer Stadt berichtet, deren Bevölkerung über lange Zeit stabil war, weil ihre Größe in einem Regelkreisverhältnis zum örtlichen Grundwasserspiegel stand. Vermehrte sich die Bevölkerung übermäßig, so wurde das Grundwasser überfordert, und der Grundwasserspiegel sank. Das Wasser war schwerer zu erreichen, das Leben wurde mühsamer und leidvoller, Menschen starben früher. Die Bevölkerung nahm ab, und das Gleichgewicht stellte sich wieder her.
Das Geniale an der Ordnung menschlicher Gesellschaft ist, daß es auch in ihr solche Gesetzmäßigkeiten gibt. Wir sind dabei, sie zu entdecken, und können sie deshalb für uns nutzbar machen. Die Verkehrswirtschaft ist unter allen menschlichen Veranstaltungen mit Sicherheit das komplexeste Regelkreissystem. Sie ist so lange gleichgewichtsfähig, wie nicht jemand in den Regelmechanismus eingreift, ohne genau zu wissen, was er tut. Der »Strom« in diesem Regelkreissystem – oder das Grundwasser – ist das Geld. Deshalb hat die *Konstanz des Geldes* für eine freiheitliche Wirtschaftspolitik eine zentrale Bedeutung. Eucken spricht vom *Primat* der Währungspolitik. Und Lenin hatte bereits erkannt: »Um die bürgerliche Gesellschaft zu verwüsten, muß man ihr Geldwesen zerstören.«
Mir kommt es hier auf die Feststellung an, daß der eigentliche Sinn der Dezentralisation – Wiedergewinnung der Gleichgewichtsfähigkeit – nur dann erreicht wird, wenn es uns gelingt, möglichst viele wirtschaftliche und soziale Vorgänge in derartigen Lebenskreisen zu

bewältigen und damit ins Gleichgewicht zu bringen. Der Regelkreis ist gewissermaßen die nächstkomplexere Einheit nach dem Tauschvorgang. Das Prinzip erlaubt eine unübersehbare Fülle praktischer Gestaltungen. Es ist vielseitig verwendbar. Wir werden – im Wettlauf mit der Begrenzungskrise – all unser Geistkapital in die Erfindung solcher Regelungen investieren müssen, wenn wir das Gleichgewicht innerhalb der menschlichen Gesellschaft und zwischen Mensch und Natur wiedergewinnen wollen. Das »Wachstum« an Lebenssachverhalten, die durch dieses Prinzip geordnet und damit gleichgewichtsfähig sind, wird der eigentliche Maßstab für das qualitative Wachstum unserer Gesellschaft sein.

Das Recht: Bauplan und Regelwerk der Gesellschaft

Zum Abschluß noch einige Bemerkungen zum Recht selbst. Das Recht hat in der Gesamtordnung der menschlichen Gesellschaft eine ähnliche Aufgabe wie Teile der genetischen Information in einem lebenden Organismus. Mit der Verfassung, der Summe der Gesetze, der Verordnungen und dem Richterrecht, stellt es den Bauplan und das Regelwerk bereit, nach dem die konkrete menschliche Gemeinschaft sich verfaßt, organisiert und im Zusammenwirken ihrer Mitglieder lebt. Seine »Institutionen« (das Verfassungsrecht, das Verwaltungsrecht, das Vertragsrecht, Familienrecht, Erbrecht, Handelsrecht, Arbeitsrecht, Sozialrecht usw.) tragen den Ordnungsgedanken des Ganzen in sich wie die Gene jeder Zelle eines lebenden Organismus die Information über das Ganze und ihren Platz darin in sich trägt. Als Bauplan und Regelwerk des gesellschaftlichen Organismus ist das Recht die Kodifikation des jeweiligen Ergebnisses der kulturellen Evolution. Alle Lebensäußerungen der Gesellschaft bestehen aus dem Zusammenwirken ihrer Mitglieder. Dieses Zusammenwirken vollzieht sich stets und immer nach Regeln. Sie können von den Beteiligten vereinbart oder ihnen vorgegeben sein. Alle Konflikte, die sich aus dem Zusammenwirken ergeben, werden nach Regeln entschieden. Das Recht durchdringt so das Leben des gesellschaftlichen Organismus und stellt – im Sinne von Konrad Lorenz – die

Gesamtheit des Wissens über seine jeweilige Angepaßtheit dar. Das Recht ist die Ordnung des gesellschaftlichen Organismus.

Diese Ordnung ist eine Kulturleistung. Nichts gibt im Grunde besser Auskunft über den Entwicklungsstand einer bestimmten Kultur als ihre Rechtskultur. Umgekehrt: Wo das Recht notleidend wird, ist auch die menschliche Gesellschaft in Gefahr.

Als Bauplan der menschlichen Gesellschaft regelt das Recht das Verhältnis der Teile zum Ganzen. Es gibt, vor allem durch die Verfassung, Auskunft über die Beschaffenheit der gesellschaftlichen Organismen, insbesondere über das Verhältnis der beweglichen, anpassungsfähigen Bereiche zu den starren Bereichen. Es ordnet das Verhältnis von »Körpergewebe« und »Skelett«. Dieses Verhältnis ist nicht nur für jeden lebenden Organismus, sondern auch für die menschliche Gesellschaft von entscheidender Bedeutung. Denn von ihm hängt ab, wie stabil und wie anpassungsfähig die konkrete Gemeinschaft ist. Ein Körper, in dem das Skelett einen besonders großen Raum einnimmt, ist zwar sehr stabil, aber auch sehr unbeweglich. Wenn es weniger auf Stabilität als auf Anpassungsfähigkeit ankommt, ist er eher hilflos. Umgekehrt kann zu hohe Beweglichkeit die Stabilität des Ganzen gefährden. Im Recht der jeweiligen menschlichen Gesellschaft ist das tatsächliche Verhältnis zwischen Stabilität (Steifheit) des menschlichen Organismus und seiner Anpassungsfähigkeit als Grundentscheidung vorhanden.

Das Recht enthält die systematische Erfassung wichtiger Erfahrungen aus der Evolution einer bestimmten Kultur. Sie muß dauerhaft festgehalten und weitergegeben werden können. Diese Information ist für die Gesellschaft wertvoll. Was sich an kultureller Information im Recht verfestigt hat, ist deshalb besonders auf Dauerhaftigkeit angelegt. Es hat eine hohe Festigkeit. Denn »es bedarf einer verhältnismäßig hohen Invarianz dieser (Wissens-)Strukturen, um sie überhaupt von Generationen zu Generationen *vererbbar*« und eine *Vermehrung* des Wissens durch Ansammlung möglich zu machen (Konrad Lorenz).

Das gilt vor allem für die zu Rechtsregeln erhärteten Überlebenserfahrungen, die die Menschheit während ihrer Entwicklungsgeschichte gesammelt hat. Diese Erfahrungen, die man in allen Kulturen antreffen kann, hat man deshalb auch dem Naturrecht zugerechnet. Daran ist richtig, daß es einen unmittelbaren Zusammenhang solcher Normen mit der Natur des Menschen gibt. So hatten zum Beispiel solche Ordnungen nicht auf Dauer Bestand, die nicht in irgendeiner Form Eigentum kannten. Was die Naturrechtslehre jedoch nicht gesehen hat, ist, daß sich solche Institute, wie das Eigentum, nicht aus der Natur des *einzelnen* Menschen, seiner Würde oder seiner Unverwechselbarkeit ableiten. Ein eigentumsloser Mensch ist, wie uns zum Beispiel religiöse Orden zeigen, nicht deshalb würdelos. Rechtlich gesicherte Einrichtungen wie das Eigentum oder die Vertragsfreiheit leiten sich vielmehr aus der natürlichen Ordnung der menschlichen *Gemeinschaft* ab. Sie sind *in* der Gemeinschaft und *dafür* entwickelt worden, menschliche Gemeinschaft in einer dem Menschen gemäßen Weise zu ermöglichen. Recht hat *ohne* menschliche Gemeinschaft keinen Sinn. Ohne *Recht* kann menschliche Gemeinschaft nicht existieren.

Öffentliches Recht und Privatrecht

Auskunft über das Verhältnis von »Skelett« und »Gewebe« des gesellschaftlichen Organismus gibt uns das Recht – vereinfacht gesagt – durch das konkrete Verhältnis von öffentlichem Recht und Privatrecht. Das öffentliche Recht, das Verfassungs- und Staatsrecht, das Verwaltungsrecht und das Recht der öffentlichen, staatsähnlichen Einrichtungen, ist Organisationsrecht der staatlichen Gewalt, bindet staatliche Macht an Recht und Gesetz und regelt das Handeln des Staates gegenüber den Bürgern und den gesellschaftlichen Einrichtungen, die diese sich geschaffen haben. Dieses Recht ist – um im Bild zu bleiben – das »Skelett« des gesellschaftlichen Organismus. Der Staat und seine Einrichtungen geben dem Ganzen Halt. Sie strukturieren die Gesellschaft, stabilisieren die Zuordnung ihrer Teile zueinander, ihre Zuständigkeiten, und gewährleisten die Existenz und Lebensfähigkeit des gesellschaftlichen Organismus in seiner kulturellen und natürlichen Umwelt.

Das *öffentliche Recht* ist somit Organisationsrecht und Recht der Äußerungen staatlicher Macht. Diese haben hoheitlichen Charakter. Sie sind durch Befehle im weitesten Sinne, also durch das Subordinationsprinzip, charakterisiert. Nur in Ausnahmefällen ist staatliches Handeln Gegenstand vertraglicher Vereinbarungen zwischen Staat und Bürger. Auch wenn sich im Laufe der Entwicklung des modernen Wohlfahrtsstaates neben diesen Aufgaben in immer größerem Umfang die sogenannte »Leistungsverwaltung« entwickelt hat, so bleiben für das öffentliche Recht doch das »Gewaltverhältnis« zwischen Staat und Bürger und die Bindung staatlicher Macht an Recht und Gesetz zum Schutze der Bürger charakteristisch.

Das *Privatrecht* hat zwei Aufgaben. Eine stand immer im Mittelpunkt seiner Entwicklung, die andere wird erst durch das Denken in Ordnungen in ihrer ganzen Bedeutung sichtbar. Beide sind jedoch gleichermaßen wichtig.

Aufgabe des Privatrechtes war es immer – wie wir gesehen haben –, den Bürgern (deshalb bürgerliches Recht) die rechtlichen Instrumente an die Hand zu geben, die sie brauchen, um ihre Verhältnisse untereinander zu ordnen. Durch Kauf, Miete, Pacht, den Erwerb von Eigentum, die Bildung von Vereinen, Personal- oder Kapitalgesellschaften und durch eine fast unüberschaubare Fülle von Mischformen solcher »Vertragstypen« nehmen sie am Leben der Gemeinschaft in rechtlich geordneter Weise teil, koordinieren ihre Verhältnisse zueinander und regeln ihr Angewiesensein aufeinander. Daß diese Teilnahme auf rechtlich geordnete Weise geschehen kann, hat seinen Grund in der Bereitschaft des Rechts, den Bürgern bei der Durchsetzung dessen behilflich zu sein, was sie untereinander vereinbart haben.

Der Rechtsfrieden verbietet es, daß die Bürger »das Recht in die eigenen Hände nehmen«. Der Rechtsstaat hat auch das Faustrecht beseitigt. So steht der Staat bereit, für die Einhaltung des Vereinbarten mit seiner Staatsmacht zu sorgen, wenn die Bürger etwas Zulässiges vereinbart haben. Dabei gilt der Grundsatz: alles ist zulässig und wird deshalb mit staatlicher Hilfe durchgesetzt, was nicht ausdrücklich verboten ist oder was nicht ernsthaft gewollt war.

Das Privatrecht regelt aber auch die *Verfahren* der Zusammenarbeit der Bürger und der Koordination ihrer Interessen. Es regelt insbesondere die Bedingungen dieser Teilnahme und legt die Spielregeln fest, nach denen die Bürger sich zu richten haben, wenn sie an den unterschiedlichsten rechtlich organisierten gesellschaftlichen Veranstaltungen mitwirken. Zu den wichtigsten dieser Veranstaltungen gehört die Verkehrswirtschaft.

Eine wichtige Ursache für unsere heutigen Probleme liegt nun darin, daß unser Privatrecht zwar die rechtlichen Instrumente hervorragend entwickelt hat, mit denen die Bürger ihre Beziehungen untereinander ordnen, aber erhebliche Defizite bei der Aufstellung der Spielregeln aufweist, nach denen das Zusammenwirken erfolgt. Der Grund für dieses Defizit liegt in der geschichtlichen Entwicklung unserer Rechtsordnung.

Unser Privatrecht ist vor allem vom römisch-rechtlichen Rechtsdenken geprägt. Bei der Entwicklung dieses Rechts konzentrierte sich die ganze kulturelle Energie auf die Entfaltung und Verfeinerung der sogenannten Privatrecht-Institute. Was sich dagegen nicht entwikkelte – und auch keinen Anlaß hatte, sich zu entwickeln –, waren »Spielregeln« für den Privatrechtsverkehr. Rom war, wirtschaftlich gesehen, eine auf die Ausbeutung ihrer Kolonien angelegte, vergleichsweise einfach organisierte und wesentlich durch die Bedürfnisse des Militärs geprägte Zentralwirtschaft. Die hohe Verfeinerung des Privatrechts innerhalb dieser Wirtschaftsordnung ist dem Umstand zu danken, daß die Zahl derer, die das Privileg hatten, an den kulturellen Errungenschaften des römischen Privatrechts teilzunehmen, vergleichsweise gering war. Der Sklave galt nicht als Mensch, sondern als Sache.

Als sich im Kontinentaleuropa des 19. Jahrhunderts die Industriegesellschaft entwickelte, konnte sie deshalb auf eine verfeinerte Ausstattung mit Privatrechts-Werkzeugen (Institutionen) zurückgreifen, die sich dank ihrer Kombinierbarkeit als außerordentlich anpassungs- und entwicklungsfähig erwiesen.

Was jedoch fehlte, weil es auch dem römischen Recht fremd war, war die Einbindung dieser Werkzeuge des Privatrechts, etwa des Eigentums, in die Ordnung des Ganzen, in der sie angewendet wurden. Da das römische Recht kein Recht der Verkehrswirtschaft und in diesem Sinne kein »demokratisches Recht« war, war ihm – und damit dem kontinentalen Privatrecht, das im 19. Jahrhundert zu Gesetzbüchern »kodifiziert« wurde – der Gedanke fremd, Bausteine für eine Gesamtordnung zu liefern. Der Vertrag galt, weil die Beteiligten den Rechtswillen hatten, daß er gelten sollte. Das Recht lieh diesem Willen die Macht des Staates, um ihn durchzusetzen. »Pacta sunt servanda – Verträge sind zu halten«, lautet der Grundsatz. Ob der Vertrag wirklich vom freien Willen *beider* Vertragspartner getragen war, interessierte das Recht nur im Falle der Täuschung oder der sittenwidrigen Ausbeutung einer Notlage oder der Unwissenheit des anderen. Wirtschaftliche *Abhängigkeit* galt nicht als Notlage. Deshalb galt der Arbeitsvertrag auch dann, wenn der Arbeitnehmer keine andere Wahl hatte, als ihn abzuschließen und die »diktierten« Bedingungen zu akzeptieren. In bezug auf die Macht eines der Vertragspartner war das Privatrecht »blind«.

So konnten die sozialen Mißstände entstehen, die zur sozialen Frage führten. Und wieder begegnen wir der Tatsache, daß man die Ursache nicht dort sucht, wo sie eigentlich zu suchen war: in der Handhabung des Privatrechts und seiner Blindheit gegenüber tatsächlicher Macht. Man wandte sich vielmehr gegen das Privatrecht und an den Staat und forderte ihn auf, Ordnung zu schaffen, einzugreifen und die Freiheit der Mächtigen von hoher Hand zu binden. Daß aus der Summe von Eingriffen, die damit ausgelöst wurden, keine *Ordnung* entsteht, haben wir bereits festgestellt. Aber es kommt noch ein wesentlicher Gesichtspunkt hinzu. Wenn der Staat die Ordnung, die gewünscht oder gefordert wird, auf diese Weise herstellt, bedient er sich hoheitlicher Mittel, also des Befehls. Er versucht nicht, die *Ordnung der Koordination* zu verbessern; er verdrängt sie durch Eingriffe von hoher Hand.

Gesetzesrecht und »vereinbartes Recht«

Damit verändert sich jedoch das Verhältnis der drei wichtigen Bereiche des Rechts: des öffentlichen Rechts, des privaten Rechts und des privaten Ordnungsrechts. Für die Anpassungsfähigkeit der Gesellschaft ist dies aus folgenden Gründen von eminenter Bedeutung:

Neben dem sogenannten »gesetzten Recht«, dem Recht der Gesetzbücher und der Verordnungsblätter, entsteht und verändert sich in der lebenden menschlichen Gesellschaft in einem kontinuierlichen Prozeß »vereinbartes Recht«. Es entsteht durch die *Vereinbarungen* der Bürger untereinander. Sie treffen sie, um ihr Zusammenwirken selbst zu organisieren und ihr Angewiesensein aufeinander zu ordnen. So entsteht eine unübersehbare Zahl von Rechtsbeziehungen. Sie liefern die rechtliche Absicherung der Koordinationen der Menschen untereinander.

Während nun das gesetzte Recht dauerhaft und stabil sein muß, um dem Ganzen Halt und Kontinuität zu sichern, ist dieses »vereinbarte« Recht und alle aus dem direkten Zusammenwirken der Menschen resultierenden *Rechtsverhältnisse* außerordentlich flexibel. Seine »Festigkeit« ist weit geringer als die des gesetzten Rechts. Wenn wir auf dem Markt Gemüse kaufen, entstehen Rechtsbeziehungen, die nach der Abwicklung des Geschäfts, spätestens aber dann beendet sind, wenn wir das Gemüse ohne Folgeschäden verzehrt haben. Verbinden sich mehrere zu einer Wettgemeinschaft, dauert das so geschaffene Recht länger. Die Rechtsbeziehungen unter Eheleuten sind grundsätzlich auf Lebzeiten angelegt. In einer Aktiengesellschaft können die Rechtsbeziehungen Generationen überdauern. Immer beruht *dieses* Recht aber nicht *unmittelbar* auf Gesetz, sondern nur mittelbar. Das Gesetz verleiht dem Willen der Menschen, die einen Lebenssachverhalt regeln wollen, Rechtswirkung. Es sorgt für die Durchsetzung der vereinbarten Regelungen, wenn es nötig sein sollte. Erst dann prüft der Staat auch, *was* die Bürger vereinbart haben und *ob* er die Regelung durchsetzen darf.

Damit zeigt sich uns, daß unser gesellschaftlicher Organismus mit dem Recht die unterschiedlichsten Aufgaben bewältigt: Er gibt sich Halt und organisiert sich durch das *öffentliche Recht.* Er ordnet die Verhältnisse der Bürger zum Staat durch *Verwaltungsrecht.* Er gewährt in großem Umfang – in Erfüllung seiner Aufgabe als Wohlfahrtsstaat – soziale und andere Leistungen im Rahmen des *Sozialrechts.* Er greift in das Verhältnis der Bürger untereinander ein durch sogenanntes *zwingendes Recht.* Wo das Recht zwingend ist, können die Bürger nichts anderes vereinbaren. Daß man den Grundstückskaufvertrag beim Notar beurkunden lassen muß, ist zwingend vorgeschrieben. Der Kaufvertrag ist sonst unwirksam. Wenn der Vermieter mit dem Mieter vereinbart, er solle keinen Kündigungsschutz haben, weil er wohlhabend ist und jederzeit eine andere Wohnung finden könnte, ist das zwar vernünftig, aber nichtig. Auf den Kündigungsschutz *kann* der Mieter nicht verzichten. Das Gesetz, das ihn anordnet, ist zwingend, und so weiter.

Mit dem *Privatrecht* stellt das Recht die Institutionen für den Rechtsverkehr der Bürger untereinander zur Verfügung und ordnet die Spielregeln an, die die Bürger bei ihrem Zusammenwirken, zum Beispiel im Markt, beobachten müssen. Und es stellt schließlich die Staatsmacht bereit, um das unter den Bürgern *vereinbarte Recht* durchzusetzen, wenn sich Beteiligte nicht an das halten, was sie vereinbart haben.

Struktur des Rechts und Anpassungsfähigkeit der Gesellschaft

Für die Anpassungsfähigkeit menschlicher Gesellschaft ist nun entscheidend, was sie der Ordnung durch vereinbartes Recht überläßt und was sie durch gesetztes Recht regelt und ordnet. Naturgemäß muß sich auch das Gesetzesrecht veränderten Bedingungen anpassen. Auch für dieses Recht gilt, daß seine jeweilige Struktur nur Angepaßt*heit* und nicht Anpassung, nur Wissen und nicht Erkennen ist. Auch für das Recht ist zutreffend, daß das lebendige Wachstum menschlichen Wissens nur weiterschreiten kann, wenn es Schritt für Schritt schon Angepaßtes, schon Gewußtes, abbaut, um Neuerem und Besserem Platz zu machen.

Der Aufgabe des gesetzten Rechts, der Gesellschaft Halt zu geben, entspricht es jedoch, daß dieser Prozeß langsamer verläuft als der Anpassungsprozeß der Gesellschaft im übrigen. Eine zu schnelle Veränderung der Gesetze macht die Gesellschaft instabil. Das Recht verliert an Festigkeit. Es wird »weich«. Wo sich das Recht »aufweicht«, ist jedoch der Bestand der Gesellschaft selbst gefährdet.

Rechtsaufweichung in diesem Sinne findet statt, wenn das Recht seine Autorität verliert. Dies ist dann der Fall, wenn es zunehmend widersprüchlich wird, sich in die Regelung einer immer größeren Zahl von Einzelfällen verstrickt und wenn sich die Zahl der »faktischen Rechtsquellen« in der Gesellschaft ständig vermehrt. Deshalb gehört es zu den geschichtlichen Erfahrungen der Menschheit, daß eine Gesellschaft dann zerfällt, wenn sie ihr Rechtsetzungsmonopol aufgibt und eine wachsende Zahl von Teilbereichen ihr eigenes Recht setzen. Auch unsere moderne Industriegesellschaft ist von einer solchen Entwicklung bedroht.

Bedroht ist die Gesellschaft aber auch, wenn sie so starr und unbeweglich wird, daß sie ihre Anpassungsfähigkeit verliert. Dies geschieht, wenn sich der Bereich des *gesetzten Rechts*, vor allem der Eingriffe von hoher Hand, immer weiter ausdehnt und damit das gesetzte Recht (Gesetze und Verordnungen, staatliche Verwaltungsakte) zunehmend das *vereinbarte, flexible Privatrecht* der Bürger verdrängt, das sie im Rahmen der Privatrechtsordnung gebildet haben. Das Recht, das aus der Koordination der Bürger untereinander entsteht, ist das Recht der *Selbstorganisation* und der *Selbstanpassung* im Rahmen der Gesamtordnung. Das gesetzte Recht, vor allem das öffentliche und das zwingende Recht, ist das Recht der Subordination und damit der Organisation und Anpassung des Ganzen durch den Staat. Es ist notwendigerweise starrer und unflexibel. Verdrängt das gesetzte Recht das vereinbarte Recht, so verdrängt das Prinzip der *Subordination* das Prinzip der *Koordination*. Das »steife« Recht verdrängt das »flexible« Recht. Das Ganze der menschlichen Gesellschaft wird unbeweglicher. Sie kann sich veränderten Bedingungen immer weniger anpassen.

Heute hat sich ein ganzes Netzwerk öffentlich-rechtlicher, interventionistischer Regeln über das Privatrecht gelegt. Damit ist das Ganze der Gesellschaft immer steifer und unbeweglicher geworden. Die Erstarrung ist die Folge, von der wir in den verschiedensten Zusammenhängen sprechen und die wir zunehmend als Gefahr erkennen. Alles ist schon geregelt. Nichts Neues läuft mehr. Die Anfrage eines jungen Menschen, was er denn in seiner Zukunft noch neu und anders machen könne, ob er also eine – gestaltbare – Zukunft überhaupt habe, ist durchaus gerechtfertigt, wenn die Gesellschaft in der schnell wachsenden »Regeldichte« *staatlicher Regelungen* zu erstikken droht.

Schlußfolgerungen

Für die neue Sicht der Dinge folgt aus alldem: Das Privatrecht ist das Recht der Koordination und der flexiblen Anpassung der Gesellschaft an veränderte Umstände. Es ist das Recht der Regelkreise. Da man dies früher nicht wußte, wurde diese Funktion des Privatrechts auch nicht gesehen.

Das Gesetzesrecht ist die Folge staatlicher Machtausübung. Es ist so wenig flexibel wie der Staat selbst. Wird es verwendet, um gesellschaftliche Bereiche durch direkten Zugriff des Staates zu ordnen, dann werden diese Bereiche entsprechend unbeweglich. Sie werden auch in diesem Sinne »verstaatlicht«. Nirgends wird dies so deutlich wie bei den Subventionen. Was insbesondere der demokratische Staat einmal gewährt hat, kann er kaum je wieder zurücknehmen. Wo die direkte Ordnung der Gesellschaft durch den Staat zunimmt, wo die staatliche Zuteilung den Markt verdrängt, nimmt deshalb auch die Unbeweglichkeit zu.

Das vereinbarte Recht dagegen ist so flexibel wie die Märkte, in denen es entsteht und geändert wird. Es begründet nur so lange und nur in dem Umfang Besitzstände, wie Beteiligte durch Vereinbarungen gebunden sind. Darüber hinaus kennt es, ebenso wie der Markt, keinen Schutz von Besitzständen.

Die neue Sicht der Dinge bedeutet für die rechtliche Ordnung der Gesellschaft folgendes: Einmal muß sich das *Verhältnis* von gesetztem Recht zu vereinbartem Recht verändern. Der Umfang des öffentlichen Rechts, des zwingenden, staatlichen Eingreifens, muß verringert werden. Das öffentliche Recht muß sich auf die dauerhaften Aufgaben des Staates konzentrieren: Frieden sichern, den Rechtsfrieden wahren, die staatliche Macht an Recht und Gesetz binden, die Gesetzmäßigkeit der Verwaltung gewährleisten, die staatlichen Institutionen und Aufgaben ordnen, das Recht durchsetzen und den sozialen Auftrag der Verfassung im ursprünglichen Sinne erfüllen: im Sinne des Subsidiaritätsprinzips.

Der Umfang des *vereinbarten Rechts*, der Koordination unter den Bürgern, muß zunehmen. Man kann auch sagen: *Der Umfang der Selbstanpassung muß wachsen, der Umfang hoheitlicher Anpassung muß schrumpfen.* Der Umfang der spontanen Selbstorganisation muß zunehmen, der Umfang der staatlichen Organisation muß abnehmen. Das heißt: Wir müssen die Bedeutung des Privatrechts wiederentdecken. Wir müssen es erneuern und qualitativ weiterentwickeln, von einem Recht der Privaten zu einem Recht der *Ordnungen der Privaten.* Seine Ordnungsaufgabe wird dabei für das Ganze um so bedeutsamer, je größer die Bedeutung der Selbstanpassung und der Selbstorganisation für das Ganze wird.

Das Privatrecht muß deshalb sowohl die rechtlichen Werkzeuge für die Regelung der Lebenssachverhalte durch die Nächstbeteiligten als auch die *Ordnungen* regeln, in denen sie sich frei bewegen und ihr Leben eigenverantwortlich gestalten. Das Privatrecht ist das *Recht der kleinen Lebenskreise.* Neben seinen bisherigen erfüllt es damit eine neue, zusätzliche Aufgabe. Es entwickelt sich qualitativ weiter. Die Weiterentwicklung ist *qualitatives Wachstum*. Worum es geht, ist, zu erkennen, daß das Recht seine Aufgabe, Bauplan und Regelwerk des Ganzen zu sein, ihm Halt zu geben und zugleich seine Anpassung an veränderte Bedingungen in geordneten Prozessen zu ermöglichen, nur leisten kann, wenn es ihm gelingt, ein »richtiges« Gleichgewicht zwischen Skelett und Gewebe zu sichern, zwischen gesetztem und vereinbartem Recht. Wächst das Skelett schneller als das Gewebe des gesellschaftlichen Organismus, dann wird dieser immer steifer und weniger anpassungsfähig. Der Versuch, das Wachstum des Gewebes dem überschnellen Wachstum des Skeletts anzupassen, ist aussichtslos. Statt immer mehr Unbeweglichkeit durch immer mehr Gesetze und staatliche Eingriffe zu schaffen, müssen wir deshalb die *Privatrechtsordnung* ausweiten. Zugleich müssen wir alle Einrichtungen und Teile der Privatrechtsordnung teilhaben lassen an der »Information« über den Inhalt der Gesamtordnung. Wir müssen sie auf die Gesamtordnung »programmieren«. Sie brauchen diese »Information«, um »ordnungsgemäß« zu funktionieren und das Ansinnen ordnungswidrigen Funktionierens ablehnen zu können. Diese Anreicherung des Privatrechts ist *qualitatives* Wachstum.

Auftrag der Rechtswissenschaften

Die neue Sicht von der Aufgabe des Rechts in der Wirtschafts- und Sozialordnung stellt auch die Rechtswissenschaft vor neue Aufgaben. Das richtige Verhältnis zwischen öffentlichem und privatem Recht, zwischen Befehl und Kooperation, Bindung und Freiheit oder – wie Ralf Dahrendorf es nannte – zwischen Planrationalität und Marktrationalität, stellt sich nicht von selbst ein. Es ist das Ergebnis politischer Entscheidungen und damit ein Stück Rechtskultur. Die Erhaltung und Sicherung dieses »richtigen« Verhältnisses ist der Auftrag der Rechtswissenschaften.

Ich habe ihn in meiner Rektoratsrede im November 1967 unter dem Titel »Über den kritischen Auftrag der Rechtswissenschaft« behandelt. Neben den klassischen Aufgaben der Rechtswissenschaft gehört zu diesem Auftrag »die Darstellung und Fortbildung der Rechtsinsti-

tute immer auch unter die Frage zu stellen, ob ihre begriffliche und funktionale Interpretation geeignet ist, zur Erhaltung offener Ordnungen beizutragen. Zur Erhaltung der Bedingungen, unter denen allein die neue Idee, der neue Gedanke, die neue Entwicklung und das neue Produkt eine Chance haben, sich zu verwirklichen; eine Chance, auf konkrete Entwicklung mit dem Ziel der Korrektur einzuwirken und die Berechtigung entstandener Besitzstände in Frage zu stellen.« Es geht nicht nur um die Beschreibung und systematische Einordnung der Rechtsinstitute, die Verwaltung des Wissensstoffes und seine Weitergabe an nachwachsende Generationen von Juristen. Den kritischen Auftrag seiner Wissenschaft kann der Rechtswissenschaftler nur erfüllen, »wenn er jedes Einzelproblem, welches ihm vorgelegt wird, im größeren systematischen und historischen Zusammenhang als Teilproblem der Gesamtordnung sieht. Nicht die Beschränkung auf die Analyse eines konkreten Vertrages, eines bestimmten Falles, einer konkret vorgefundenen Ausübung wirtschaftlicher Macht, sondern die damit verbundene Frage nach den Konsequenzen seiner Einzelfallentscheidung für die Gesamtordnung kennzeichnen seine Fragestellung. Sie überprüft die Funktionsfähigkeit von Rechtsinstituten immer auch auf ihre Fähigkeit, ein optimales Verhältnis von Freiheit und Planhaftigkeit herzustellen und zu erhalten. Sie untersucht das jeweilige Verhältnis von Plan und Markt, Zuweisung und Chancen, Besitzstand und Risiko, grenzt die im konkret geregelten Gleichgewicht enthaltenen politischen Wertentscheidungen mit wissenschaftlichen Mitteln ein, deckt sie dadurch auf und macht sie so korrigierbar, ohne sie selbst zu korrigieren.« Ist dies der Auftrag der Rechtswissenschaft, »so hat sie neben den ihr traditionell zuerkannten Aufgaben eine *kontrollierende Funktion*, die sie in ein politisch erhebliches Verhältnis zu den klassischen Gewalten des verfaßten Staates bringt. In dieser kontrollierenden Funktion liegt der Beitrag der Rechtswissenschaft zur dauernden Sicherung und Fortentwicklung einer materiell gerechten, offenen, das heißt aber, einer *demokratischen* Ordnung. Die Garantie der Funktionsfähigkeit offener Systeme ist eine Form der Gewährleistung materieller Demokratie.«
Und sie ist, so möchte ich heute hinzufügen, zugleich eine Form der Gewährleistung unserer Fähigkeit, Begrenzungskrisen zu überwinden und als Gesellschaft qualitativ zu wachsen.

III. Die Überwindung des Wachstumszwanges

Brauchen wir Wachstum?

Die materielle Expansivität und ihr exponentielles Ungleichgewicht haben in der modernen Industriegesellschaft die Erfahrung begründet, quantitatives Wachstum sei Fortschritt. Mehr und mehr ist aus diesem Fortschritt ein scheinbarer Zwang geworden. In der heutigen Sicht der Dinge erscheint Wirtschaftswachstum als *die* Bedingung moderner Industriegesellschaft schlechthin. Brauchen wir Wachstum? Geben wir zunächst Ludwig Erhard das Wort:

> Der wachsende Wohlstand wird aber auch in der Weise zu einer Wandlung der Geister führen, als sich damit der Horizont weitet und auch eine Umwertung der Werte vollzieht. Dann wird sich der Wohlstand nicht mehr nur in der Zahl und Menge konsumierter Güter manifestieren wollen, dann wird soziale Geltung nicht mehr ausschließlich in dem Zur-Schau-Stellen einer materiell gehobenen äußeren Lebensführung Genüge finden wollen, sondern es wird mit der Hinlenkung der Menschen auch auf die Deckung geistiger und seelischer Bedürfnisse der Blick vom Heute auf das Morgen gerichtet und das Bestreben wach werden, in der Gestaltung und Führung seines eigenen Lebens nach persönlichen Vorstellungen und Anschauungen Ruhe, Sicherheit, Befriedigung und Erfüllung zu finden. (1957)
>
> Was also ist da nicht in Ordnung, daß trotz aller Erfolge und dieses fast grandiosen Siegeszuges der Sozialen Marktwirtschaft aller Erfolg nicht immer auszureichen scheint, um die Menschen zu beruhigen, die Gesellschaft zu befriedigen. Woher kommt es, daß die Sicherung der Arbeitsplätze im Zeichen der Vollbeschäftigung und der Zuwachs der Produktion in einer kontinuierlich

ansteigenden Konjunktur bei ständig wachsendem Volkseinkommen die Menschen doch nicht ruhig und zufrieden sein läßt? Die allenthalben nur zu spürbare Unruhe in unserer demokratischen Gesellschaft ist ein bestürzendes Faktum. In den Notzeiten kaum spürbar, tritt sie nunmehr mannigfach hervor und scheint als eine Schwäche der freien Gesellschaft ganz allgemein nur schwer beeinflußbar zu sein. (1960)

Die Phase der extrem hohen Wachstumsraten und damit der übervollen öffentlichen Kassen liegt – nicht zuletzt wegen des vom deutschen Volk gar nicht geteilten Eifers, immer weniger arbeiten zu wollen – hinter uns. Es ist unverkennbar, daß wir auch in den nächsten Jahren mit einer weiteren Normalisierung des Wachstumstempos rechnen müssen und daß damit auch der Spielraum für finanzpolitische Entscheidungen immer enger werden wird.

Auf der anderen Seite stehen wir heute am Beginn eines neuen Überdenkens und damit auch der Neugestaltung der öffentlichen Aufgaben. Die Sicherung dieser großen Aufgaben zwingt uns denn auch dazu, große Reformen einzuleiten. Trotzdem bleibt die Aufrechterhaltung der Stabilität von Wirtschaft und Währung die wichtigste Sozialleistung, die der Staat zu erbringen hat. (1966)

Wachstum als Ziel der Wirtschaftspolitik?

Ludwig Erhard hätte die Frage, ob wir wirtschaftliches Wachstum *brauchen*, so kaum gestellt. Als das noch unter seiner Kanzlerschaft konzipierte Gesetz zur Förderung der wirtschaftlichen Stabilität nach dem Einzug Karl Schillers ins Bundeswirtschaftsministerium ausgedehnt wurde auf die Förderung der Stabilität *und* des Wachstums der Wirtschaft, hat er diese Veränderung heftig kritisiert. Otto Schlecht berichtete 1980, Erhard habe es mißbilligt, »daß wir es gewagt hätten, nun Wachstum zu einem selbständigen Ziel zu machen«. Für ihn habe es nur das magische Dreieck – Preisstabilität, hoher Beschäftigungsstand und außenwirtschaftliches Gleichgewicht – gegeben. Wachstum war eine natürliche *Folge* der anderen drei Ziele.

In der Tat war mit der Erweiterung des Zielkatalogs der Wirtschaftspolitik um das Ziel ». . . bei stetigem und angemessenem Wirtschaftswachstum« eine Änderung der Wirtschaftspolitik gewollt. Erhards Gesetzentwurf eines Stabilitätsgesetzes war situationsbezogen. Als sein Kabinett im März 1964 den Entwurf verabschiedete, war die Leistungskraft der deutschen Wirtschaft überbeansprucht. Mit den Mitteln des geplanten Gesetzes sollte deshalb vor allem die überhitzte Konjunktur bekämpft werden. Die Stabilität des Preisniveaus stand im Mittelpunkt.

Als das Gesetzesvorhaben im September 1966, noch unter der Regierung Erhard, den Bundestag erreichte, hatte sich die wirtschaftliche Lage nachhaltig verändert. Die Bundesbank hatte die konjunkturelle Entwicklung gedämpft. Die Investitionstätigkeit war zurückgegangen. Eine Rezession zeichnete sich ab.

Schon während der ersten Lesung des Gesetzes, vor Bildung der großen Koalition, verlangte Karl Schiller deshalb die gleichberechtigte Einbeziehung des Wachstumsziels in den Zielkatalog des Gesetzes. Deutlicher formulierte der Berliner SPD-Abgeordnete Arndt die neue wirtschaftspolitische Richtung: »Unser Volk will voran; das heißt: es will Wachstum. Unser Volk will das Erreichte sichern; und das heißt: es will Stabilität. Für uns Sozialdemokraten heißt dies, daß wir mit unseren Verbesserungsvorschlägen aus diesem Entwurf eine Waffe des Wachstums und der Stabilität, der Stabilität und Expansion schmieden helfen wollen.« Und weiter: »Wir müssen im Wachstum und in der Stabilität leben.« Die 3 % reales Wachstum, »mit denen Sie jetzt herumkrabbeln, schafft die Ostzone allemal; daran denken Sie doch bitte einmal«. Hohe Wachstumsraten wolle die SPD notfalls gegen den Willen und Widerstand der CDU verlangen. Stabilität sei nicht ohne Wachstum zu bekommen. Zum Schluß faßte Arndt zusammen, warum eine derartige Politik des Wachstums und der Stabilität wichtig sei:

> Wir sind nicht allein in dieser Welt, wir haben auch Zielsetzungen, innere Zielsetzungen, die nicht ökonomisch sind – in bezug auf unsere Bevölkerungsentwicklung, in bezug auf unsere Schulbildung, auf unsere Universitäten. Wir wollen doch verschiedene Dinge erreichen, die uns im internationalen Wettlauf, im Wettlauf nicht nur mit der Ostzone, sondern auch mit anderen Län-

> dern bestehen lassen. Wir wollen auch einmal mit gutem Gewissen ins Ausland fahren können und uns nicht vorrechnen lassen müssen, wie wir in diesen und jenen Punkten jämmerlich dastehen. Das wollen wir doch, und dazu gehören eben etwas weitere Horizonte als die des Tages.

Franz Josef Strauß war der einzige, der in der Debatte angesichts einer solchen Wachstumsentschlossenheit die möglichen Grenzen wirtschaftlichen Wachstums ansprach. Ausgehend von der wachsenden Zahl der Gastarbeiter sah er »Grenzen des Möglichen und Grenzen des Wünschbaren«. Beides gehöre zusammen. Der bereits erreichte Grad der Rationalisierung und Automation stelle die Politik vor die Tatsache, daß der auf diesem Weg erreichbare Produktivitätsfortschritt künftig kleiner sein werde als bisher. Auch sonst seien Grenzen gezogen, »die man nicht aufgrund eines Willensaktes beliebig weit setzen kann«. Seine Schlußfolgerung:

> Das aus dieser Konstellation heraus zwangsläufig abgeschwächte Wachstumstempo unserer Wirtschaft erfordert ein Zurückschrauben der Erwartungen und Ansprüche sowohl der öffentlichen Hand als auch des einzelnen.

Dies habe, so betonte Strauß, für die damals noch amtierende Regierung Erhard nichts mit dem Scheitern der Wirtschaftspolitik zu tun. Es seien einfach gewisse Grenzen erreicht. »Wir müssen uns darauf einstellen, daß das Real-Bruttosozialprodukt künftig nicht wesentlich stärker als um 3 bis 4% steigen wird. Wenn versucht wird, darüber hinausgehende Steigerungen zu erzwingen, sei es von der öffentlichen Hand her, sei es von der privatwirtschaftlichen Seite der Tarifparteien her, muß es zu Spannungen und Preissteigerungen kommen. Sie können dann nicht verhindert werden.« In den zurückliegenden Jahren sei das Gleichgewicht zweifellos verlassen worden. Das Resümee daraus: ». . . daß wir unsere Erwartungen zurückschrauben müssen, ja, daß wir uns vielleicht in einer Überschätzung der Leistungsfähigkeit unserer Wirtschaft und einer Überschätzung der daraus resultierenden finanziellen Möglichkeiten des Staates übernommen haben.« Der Staat sei nicht in der Lage, alle individuellen und kollektiven Bedürfnisse gleichzeitig in vollem Umfang oder in geradezu idealer Vollendung zu erfüllen. Unter diesen Einschränkungen war er bereit, der Forderung Karl Schillers zu entsprechen und das »magische Dreieck« um eine »vierte Ecke« zu ergänzen. »Dann wird es ein Viereck, nämlich ein *konstantes organisches Wachstum.*«

Schiller kritisierte Strauß. Was er über die Wachstumsmöglichkeiten gesagt habe, sei zu restriktiv. Das Gesetz sei nur dann ein wirklich gutes Gesetz, »wenn es nicht nur dazu dient, die jeweilige Konjunktur herauf oder herunter zu stabilisieren, sondern wenn es auch dazu dient, ein stetiges und angemessenes Wachstum mit einer optimalen Wachstumsrate zu sichern. Nur dann ist das Gesetz richtig.« Würde sich das Gesetz nur am Wirtschaftszyklus orientieren, so wäre es im wesentlichen ein Gesetz zur Dämpfung in Zeiten der Überhitzung. Die Frage der Krisenpolitik, wie sie in den dreißiger Jahren eine Rolle gespielt habe, werde »uns in Zukunft in der westlichen Welt kaum sehr stark beschäftigen, weil wir alle seit den dreißiger Jahren Keynesianer geworden sind – in der geistigen Haltung und in der Politik –, auch diejenigen, die es selber noch nicht wissen, daß sie auf dem besten Wege sind, Keynesianer zu werden«. Deshalb müßten die »dämpfenden Instrumente dieses Gesetzes eingegrenzt werden«. In seiner »Neuformung« müsse es ausgeglichen werden in dem Sinne, »daß es ein Gesetz für Stabilität *und* Wachstum wird«.

Mit dem Regierungswechsel zur großen Koalition erhielt Karl Schiller die Möglichkeit, genau dies zu tun. In seinem Bericht an den Bundestag stellte der Wirtschaftsausschuß fest, die konjunkturpolitischen Ziele hätten gleichen Rang »und sind daher möglichst gleichzeitig zu verwirklichen«. Deshalb solle das Gesetz »die Gleichzeitigkeit in der Vorschrift ausdrücklich« festlegen und »bestimmen, daß zur möglichst spannungsfreien Fortentwicklung unserer Volkswirtschaft ein stetiges Wirtschaftswachstum anzustreben ist«. Der ausdrückliche gesetzliche Hinweis darauf, daß die notwendigen Maßnahmen »im Rahmen der marktwirtschaftlichen Ordnung« zu treffen seien, diene nur der Klarstellung.

Mit dem neuen Gesetz wurde Schillers Konzept der Globalsteuerung der Wirtschaft politisch und – soweit dies möglich ist – auch rechtlich verbindlich. Der Ausschuß war der Auffassung, »daß in einer modernen hochindustrialisierten, mit der Weltwirtschaft verflochtenen Volkswirtschaft die Selbststeuerungskräfte der Wirtschaft allein nicht mehr ausreichen«, Preisstabilität, hohen Beschäftigungsstand und außenwirtschaftliches Gleichgewicht bei stetigem und angemessenem Wirtschaftswachstum »in befriedigendem Maße zu verwirklichen«. Die marktwirtschaftlichen Steuerungselemente müßten deshalb durch eine wirtschaftspolitische Beeinflussung des gesamtwirtschaftlichen Prozeßablaufs ergänzt werden:

> Unter den heutigen und künftigen Bedingungen kann die Effizienz des marktwirtschaftlichen Systems und damit der unternehmerischen Freiheit nur gewährleistet werden durch eine ergänzende globale Steuerung der wichtigsten Aggregate des gesamtwirtschaftlichen Kreislaufs. Nur so kann eine gleichgewichtige Entwicklung der Volkswirtschaft und damit das marktwirtschaftliche System auf Dauer gesichert werden. Eine gleichgewichtige Entwicklung, die größere Konjunkturausschläge vermeidet und ein angemessenes Wachstum auch langfristig ermöglicht, kann . . . nur durch eine systematische globale Steuerung des gesamtwirtschaftlichen Kreislaufs erreicht werden. [Diese Globalsteuerung beeinträchtige keineswegs] die Funktionsfähigkeit des marktwirtschaftlichen Systems; im Gegenteil: sie wird dadurch gestärkt. Denn die Globalsteuerung verzichtet auf direkte Interventionen in die privatwirtschaftlichen Entscheidungen und auf fallweise Regelungen; sie steuert die gesamtwirtschaftliche Entwicklung vielmehr durch eine Veränderung der Bedingungen für das einzelwirtschaftliche Handeln im Rahmen offengelegter Spielregeln.

Die Frage »Brauchen wir Wachstum?« wurde eindeutig und vorbehaltlos bejaht. Ob es möglich ist, wirtschaftliches Wachstum mit politischen Mitteln hervorzubringen, wurde in der gesamten Debatte um das Stabilitäts- und Wachstumsgesetz nicht erörtert. Alle gingen von der »Machbarkeit« des Wirtschaftswachstums aus: der Ausschußbericht und die Redner in der Debatte der zweiten und dritten Lesung. Das Gesetz wurde bei einer Enthaltung mit großer Mehrheit angenommen. Die Entscheidung, Wirtschaftswachstum zum eigenständigen politischen Ziel zu erklären, wurde von allen Parteien im Bundestag getragen.

Wirtschaftspolitik als Wachstumspolitik

Heute können wir Bilanz ziehen und feststellen: Diese Entscheidung der großen Koalition von 1967 war eine der folgenschwersten politischen Fehlentscheidungen der deutschen Wirtschaftspolitik nach dem Zweiten Weltkrieg. Erhard hatte recht. *Wirtschaftliches Wachstum* war jetzt nicht mehr die erfreuliche Folge wirtschaftspolitischen Handelns oder allenfalls ein Maßstab für den Erfolg der Wirtschaftspolitik. Es war zum *Ziel* der Wirtschaftspolitik erklärt worden. Schiller ließ keinen Zweifel daran, daß er darin das Ergebnis eines politischen Kurswechsels sah. Außer den beiden Haushaltsbeschlüssen Ende 1966 und Anfang 1967 wäre »kein Gesetz so sehr mit der Veränderung der politischen Landschaft der Bundesrepublik Deutschland verquickt« wie das Stabilitäts- und Wachstumsgesetz. Er sah in ihm »den Übergang von einer konventionellen Marktwirtschaft zu einer aufgeklärten Marktwirtschaft«. Mit dem Gesetz werde man »in die zweite Phase der marktwirtschaftlichen Ordnung« eintreten. Man werde mit ihm die Marktwirtschaft lebendiger gestalten. »Ich glaube«, so rief er in der Dritten Lesung des Gesetzes aus, »wir sind uns alle darüber einig, daß das Zeitalter des Wirtschaftens aus dem vollen in der öffentlichen und der privaten Wirtschaft vorbei ist. Das Zeitalter der Rechner hat begonnen. Dieses Gesetz ist ein Gesetz, das die Rechner animiert und die Rechner in die Verpflichtung nimmt – auch die Rechner bei der Wirtschaftspolitik. Das scheint mir eine gute Sache zu sein.«
Tatsächlich diente das Wachstumsziel den Rechnern nicht. Es hob die Berechenbarkeit der Wirtschafts- und Finanzpolitik im bisher verstandenen Sinne auf. Optimales Wachstum ist keine berechenbare, sondern eine politische Größe. Mit ihr wurde die Expansion legitimiert. Der Abgeordnete Arndt (SPD) hatte schon 1966 festgestellt: Man wollte nicht nur im Wettlauf mit der »Ostzone« besser sein. Man wollte auch Zielsetzungen verwirklichen, die nicht ökonomischer Natur waren. Sie wurden nach 1969 als die Reformvorhaben der sozial-liberalen Koalition im einzelnen definiert. Das Ziel war eine erhebliche Ausdehnung der staatlichen Aktivitäten, vor allem im Bildungs- und Gesundheitswesen, im Umweltschutz und im Bereich der sozialen Sicherung. Man war überzeugt, daß diese Bereiche bisher vernachlässigt worden waren und ein erheblicher

Nachholbedarf an Leistungen bestand, die nur vom Staat erbracht werden konnten. In einem großangelegten Programm sollte diese »öffentliche Armut« überwunden werden. Dafür war anhaltendes hohes Wachstum erforderlich.

Das Wachstumsziel diente so nicht in erster Linie der wirtschaftlichen Stabilität, sondern der Expansion der Politik. Im Ergebnis befreite sie sich aus den Bindungen des bisherigen Stabilitätsdenkens. Zwar ging man noch davon aus, daß es sich dabei um einen Vorgang der Globalsteuerung handele. Aber der erste und entscheidende Schritt in eine neue Richtung war getan. Franz Josef Strauß im Februar 1967:

> Wahrscheinlich ist der Weg, in der Phase der Konjunkturabschwächung mit expansiver Wirkung Schulden zu machen, die dann in Zeiten der Erwärmung der Konjunktur mit liquiditätsentziehender Wirkung wieder abgetragen werden müssen, leichter gangbar als der andere Weg, nämlich in der günstigen Konjunkturlage eine Ausgleichsrücklage zu bilden, wenn auch das als echtes Ziel in das Stabilitätsgesetz und in das zukünftige Instrumentarium aufgenommen wird.

Wie sich gezeigt hat, war der Weg, zunächst Schulden zu machen, leichter. Nur, abgetragen wurden die Schulden nicht mehr. Die politische Kraft fehlte, die durch die bisherige Politik gezogenen und mit dem politischen Kurswechsel aufgegebenen Begrenzungen der Fiskalpolitik im konkreten Fall wiederaufzurichten. Mit dem Wachstumsziel konnte man diese Schwäche rechtfertigen. Die Formel Helmut Schmidts »Lieber 5 % Inflation als 5 % Arbeitslosigkeit« wurde zum klassischen Beispiel einer solchen Rechtfertigung.

Erhard hatte die Gefahren einer solchen Entgrenzung der Politik schon zu Beginn der sechziger Jahre gesehen. Mit seinem Konzept der »formierten Gesellschaft« wollte er sie abwehren. Es ist ihm nicht gelungen, dieses Konzept zu verwirklichen. 1966 wurde nicht nur Ludwig Erhard als Kanzler gestürzt. Die große Mehrheit des Parlaments trennte sich auch von seinem ordnungspolitisch begründeten Stabilitätsdenken. Man wollte nicht länger »maßhalten« – und damit auch das Maß halten, das er mit seinen Ermahnungen und Begrenzungsversuchen zu setzen versucht hatte. Der Drang –

wie er es sah – zum Versorgungs- und Kollektivstaat, die macht- und organisationspolitischen Realitäten waren stärker. Sie setzten sich hinweg über die Idee einer »gewollten politischen Gesamtschau«, deren Ergebnis »ein vitales Verhältnis zwischen sozialer Stabilität und wirtschaftlicher Dynamik, die Konzentration auf eine fortdauernde Erhöhung der Leistung, die Sicherung einer expansiven Weiterentwicklung der Wirtschaft sowie auch die Forderung und Nutzbarmachung des technischen und wissenschaftlichen Fortschritts« sein sollte. Niemand mehr teilte seine Überzeugung, daß durch »Eingriffe des Staates . . . um des Phantoms des Wachstums willen . . . die menschliche Freiheit und Freizügigkeit Schaden erleiden« müsse.

Im Gegenteil: Man war der Ansicht, daß wirtschaftliches Wachstum, ausgedrückt im relativen Zuwachs des Bruttosozialprodukts, nicht nur ein Ziel sei, sondern ständige Bedingung für die Wirtschafts- und Finanzpolitik. In der Kommentierung des Stabilitäts- und Wachstumsgesetzes von 1972 (Stern/Münch/Hansmeyer) heißt es: »Wachstum erfüllt in der gegenwärtig geltenden Wertordnung mit Stolz, Wachstum verleiht Macht und trägt zur sozialen Zufriedenheit bei.« Die hinter dem Wachstumsziel stehenden meta-ökonomischen Ziele seien »neben der ›Glückseligkeit‹ des Menschen vor allem die Bestrebungen staatlicher Machterweiterung«. So könne »das Wirtschaftswachstum beispielsweise die Auseinandersetzung zwischen Ost und West in zweifacher Weise beeinflussen: Zum einen stärkt ein höheres Wachstum die Glaubwürdigkeit der ideologischen Auseinandersetzung, gleichzeitig erhöht es die tatsächliche politische Durchsetzungskraft.«

Wo sich solche Begründungen festsetzen, ist es nicht mehr weit zu der Vorstellung, Wirtschaftswachstum sei eine existentielle Bedingung moderner industrieller Demokratien. So dominierte auch bald die Auffassung – und wurde zur Überzeugung –, Wirtschaftswachstum sei eine Bedingung der Regierbarkeit moderner Industrienationen.

Es waren nicht nur alle, wie Schiller geglaubt hatte, Keynesianer geworden; wenige Jahre später war auch das politische Ziel aufgegeben, die Schulden wieder abzutragen. 1979, bei einem realen Wachstum von 4%, dienten schon fast zwei Drittel der Neuverschuldung der öffentlichen Hände der Zinszahlung für laufende

Kredite. Für die Steuerung der Konjunktur durch Staatsverschuldung war in den achtziger Jahren kein Raum mehr. Schiller war schon 1972 als Wirtschaftsminister zurückgetreten. Vergeblich hatte er gegen die schnellwachsende Staatsverschuldung anzugehen versucht und seine politischen Freunde gemahnt, die »Tassen im Schrank« zu lassen. Die Geister, die er gerufen hatte, hatten sich selbständig gemacht. Die zweite Phase der sozialen Marktwirtschaft, die er einleiten wollte, war nicht die aufgeklärte Phase geworden, die ihm vorschwebte. Sein eigentlicher Widersacher, Ludwig Erhard, hatte recht behalten.

Die Grenzen der Wachstumspolitik

Die Rechner, deren Zeitalter nach Schillers Überzeugung angebrochen war, rechneten nicht. Sie hätten feststellen müssen, daß es zu völlig unsinnigen Ergebnissen führt, wenn man stetiges und angemessenes Wirtschaftswachstum zum dauerhaften Ziel der Wirtschaftspolitik erklärt. Dies vor allem dann, wenn nicht vom absoluten Zuwachs des Bruttosozialprodukts, also von seiner jährlichen Mehrung, sondern vom *relativen* Zuwachs, ausgedrückt in Prozent des jeweiligen realen Bruttosozialprodukts, die Rede ist. Schon dem Rechner Schiller hätte klar sein müssen, daß der relative Zuwachs des Bruttosozialprodukts nach einer exponentiellen Kurve verläuft, der jährliche absolute Zuwachs also immer größer wird. Exponentielle Entwicklungen sind nie dauerhafte Entwicklungen. Sie zeigen eine Gleichgewichtsstörung an, die die von ihr betroffene Struktur am Ende zerstört. Das war auch schon 1967 bekannt. Aber niemand hat daran gedacht, es auf die Politik anzuwenden.
Als die Regierungschefs der westlichen Industrienationen sich 1978 in Bonn zum Weltwirtschaftsgipfel trafen, stand bereits fest: Der Versuch, durch Globalsteuerung, konzertierte Aktion und finanzpolitische Maßnahmen das Wirtschaftswachstum zu verstetigen, war gescheitert. Nur einmal war es gelungen, die Ziele des Stabilitäts- und Wachstumsgesetzes nicht nur zu erfüllen, sondern in gewisser Weise zu übertreffen: 1969. Seitdem hatte es kein gesamtwirtschaftliches Gleichgewicht mehr gegeben. Die Wachstumsraten schwankten bei abnehmender Wachstumstendenz zwischen +6 %

und −2 %, der Arbeitsmarkt zwischen Überbeschäftigung und wachsender Arbeitslosigkeit. Die Staatsschuld stieg nach einer exponentiellen Kurve an. In den anderen westlichen Industrienationen war der Befund nicht wesentlich besser.

Das hinderte jedoch ihre Regierungen nicht daran, im Wirtschaftswachstum den Schlüssel für die Überwindung der wirtschaftlichen Schwierigkeiten ihrer Länder und der Weltwirtschaft zu sehen. Sie einigten sich – neben anderen Zielen und Maßnahmen – »auf eine umfassende Strategie für Wachstum, Beschäftigung und Inflation«. Mit »Maßnahmen zur Sicherung des Wachstums und zur Verbesserung der beruflichen Qualifikation« wollten sie auf ein größeres Arbeitsplatzangebot hinwirken. Im Kampf gegen die Inflation wollten sie sich um weitere Erfolge bemühen. »Wir brauchen aber ein besseres Wachstum, wo dies ohne erneutes Anheizen der Inflation möglich ist, um extreme Zahlungsbilanzüberschüsse und -defizite abzubauen ... Besseres Wachstum wird zur Verringerung des protektionistischen Druckes beitragen. Wir brauchen es auch zur Förderung der Privatinvestitionen, von denen der wirtschaftliche Fortschritt abhängt.« Zusammenfassend waren sie überzeugt: »Besseres Wachstum ist erforderlich, damit die freie Welt den Erwartungen ihrer Bürger und den Bestrebungen der Entwicklungsländer gerecht werden kann.«

Um dieses Ziel, ein »stetiges und inflationsfreies Wachstum«, zu sichern, bedurfte es nach ihrer Abschlußerklärung vom 7. Juli 1978 seitens der einzelnen Länder »eines auf die unterschiedlichen Bedingungen abgestimmten Aktionsprogrammes«. Dort, wo Zahlungsbilanz und Inflation der Politik keine besonderen Beschränkungen auferlegten, »ist dafür ein rascheres Anwachsen der Inlandnachfrage erforderlich«. So versprach Kanada, eine Steigerung von Beschäftigung und Produktion um bis zu 5 % mehr zu erzielen; die Deutschen wollten »quantitativ substantielle Maßnahmen um bis zu 1 % des Bruttosozialprodukts vorschlagen ..., um eine erhebliche Stärkung der Nachfrage und eine höhere Wachstumsrate zu erreichen«; die Franzosen wollten als ihren Beitrag zu den gemeinsamen Anstrengungen ihr Staatsdefizit um 0,5 % des Bruttosozialprodukts steigern; die Italiener versprachen, das »Wirtschaftswachstum 1979 gegenüber 1978 um 1,5 % zu steigern«. Die Japaner verwiesen darauf, daß ihre Regierung »für 1978 eine etwa 1,5 %

höhere Wachstumsrate als in den vergangenen Jahren anstrebe«; und die Briten teilten mit, sie hätten »vor kurzem einen fiskalpolitischen Anreiz in Höhe von gut 1 % des Bruttosozialprodukts gegeben«, die Regierung habe die Absicht, den Kampf gegen die Inflation »im Hinblick auf eine weitere Verbesserung der Wachstums- und Beschäftigungsaussichten fortzusetzen«. Lediglich die USA versprachen keine zusätzlichen wachstumspolitischen Maßnahmen. Für sie sei die Verminderung der Inflation »für die Erhaltung einer gesunden amerikanischen Volkswirtschaft von entscheidender Bedeutung und habe deswegen in der amerikanischen Wirtschaftspolitik höchste Priorität«.

Am Sonntag nach dem Weltwirtschaftsgipfel 1978 ging ich ins Bonner Institut für Wirtschafts- und Gesellschaftspolitik, um auszurechnen, zu welchen Konsequenzen für den Umfang des Bruttosozialprodukts es führen müßte, wenn man unterstellte, unser Land wäre nur bei dauerhaftem Wachstum regierbar. Nicht die Auswirkungen der Wachstumspolitik für 1979 oder 1980 interessierten mich, sondern die Konsequenzen für Zeiträume, für die unsere Kinder planen, wenn sie sich – wie wir es von ihnen erwarten – als mündige Bürger verhalten. Als Grundlage wählte ich 4,5 % reales Wachstum pro Jahr. 1978 hatte das reale Wachstum 3,5 % betragen. Die Regierung hatte versprochen, es durch substantielle Maßnahmen weiter zu erhöhen. Aber ich hätte auch 4 % oder 3,5 % zugrunde legen können. Das Ergebnis wäre qualitativ nicht anders ausgefallen. In jedem Fall ergab sich aus der Wachstumsprojektion ein undurchführbares, also unvernünftiges und deshalb politisch ungeeignetes Handlungsziel.

Auf der Grundlage einer 4,5 %igen Wachstumsrate wäre das Bruttosozialprodukt von rund 1300 Milliarden im Jahre 1978 bis zum 65. Lebensjahr meines ältesten Sohnes im Jahre 2021 auf DM 8628 Milliarden (in Preisen von 1978) gewachsen. Bis zum 65. Lebensjahr meines jüngsten Sohnes hätte es sich um weitere DM 5372 Milliarden (oder um 413 % der Ausgangsbasis) auf DM 14 000 Milliarden (in Preisen von 1978) erhöht. Und dies bei einer schon 1978 deutlichen Abnahme der Bevölkerung in der Bundesrepublik.

Es ist offensichtlich, daß keine Volkswirtschaft objektiv in der Lage ist, bei annähernd konstanter Bevölkerung Zuwächse dieses Umfangs zu produzieren. Wirtschaft und Technik können noch so

Projektion der Entwicklung des BSP in der Bundesrepublik Deutschland bei einem angenommenen jährlichen Wachstum von 4,5 % (Ausgangsbasis 1978: 1290 Mia DM)

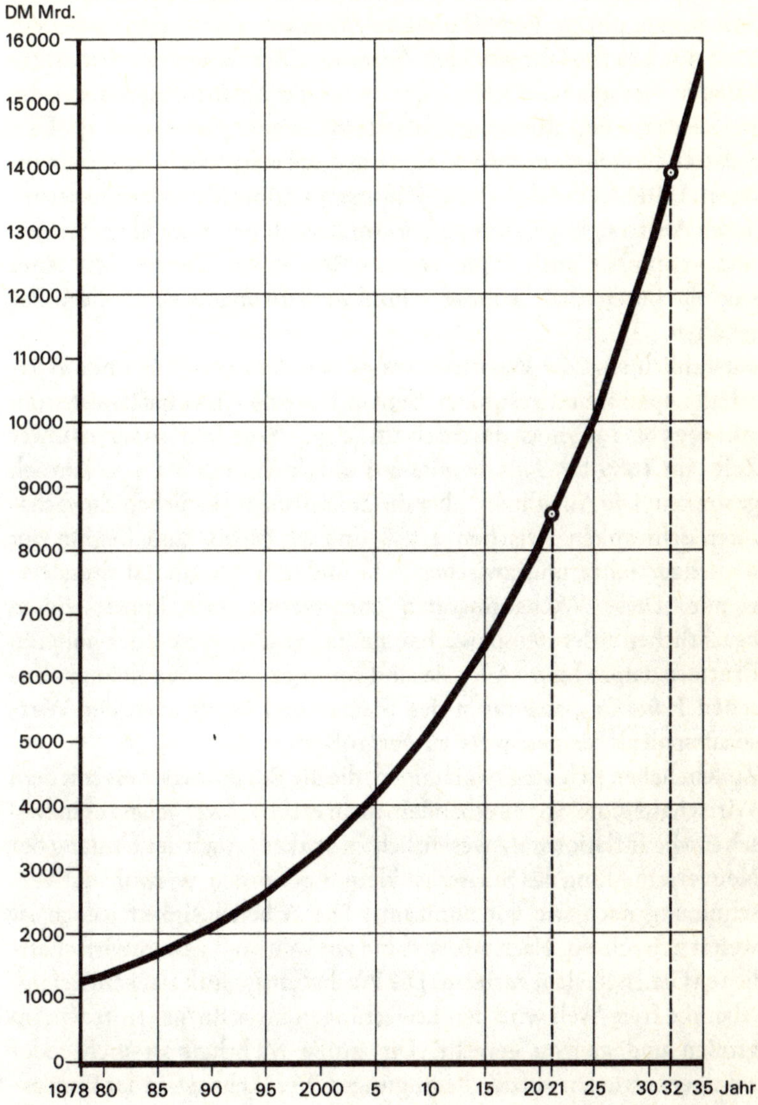

Quelle: Statistisches Bundesamt und IWG, Bonn

viel Neues hervorbringen und verwirklichen. Noch so viele neue Dienstleistungen können angeboten, neue Märkte erschlossen und neue Produkte entwickelt werden: All dies wird zwar zur weiteren Vermehrung des Bruttosozialprodukts führen, aber es würde nicht ausreichen, um ein Wirtschaftswachstum von 4,5 % oder 3,5 % oder auch nur 3 % pro Jahr über den Zeitraum einer Generation hervorzubringen. Vor allem jedoch würde eine solche Wachstumspolitik an der Bereitschaft der Menschen scheitern, immer neue und größere Anstrengungen zu unternehmen, um diese politische Vorgabe einzulösen. Unter freiheitlichen Bedingungen sind die Menschen zu besonderen Anstrengungen nur bereit, wenn sie ihnen sinnvoll erscheinen und erkennbar auch ihren eigenen Interessen dienen. Mit einer solchen Bereitschaft konnte schon 1978 niemand sinnvollerweise rechnen.

Tatsächlich sind die Wachstumsraten seit dem ersten Bonner Wirtschaftsgipfel weiter gesunken. Betrug das reale Wirtschaftswachstum von 1975 bis 1980 noch durchschnittlich 3,5 % im Jahr, so war es in der Zeit von 1980 bis 1985 bereits auf durchschnittlich 1,1 % jährlich gesunken. Die Annahmen über die zukünftigen jährlichen Zuwachsraten schwanken zwischen 2,5 % und 1,5 % bis zum Beginn der neunziger Jahre und zwischen 2 % und 1 % bis zur Jahrhundertwende. Diese Wachstumsraten entsprechen noch immer einem beachtlichen absoluten Zuwachs eines inzwischen wesentlich höheren Bruttosozialprodukts. Aber sie sind kaum geeignet, den finanzpolitischen Handlungsspielraum des Staates und damit auch der Wirtschaftspolitik nennenswert zu vergrößern.

Zudem haben sich die Erwartungen, die die Regierungschefs mit dem Wirtschaftsgipfel 1978 verbanden, nicht erfüllt. Zwar gelang es inzwischen, die Inflationsrate wesentlich zu senken. Auch der Umfang der Neuverschuldung des Staates ist kleiner geworden, wiewohl die Verschuldung nach wie vor zunimmt. Die Arbeitslosigkeit jedoch ist weiter gewachsen. Nach wie vor sind wir weit vom gesamtwirtschaftlichen Gleichgewicht entfernt. Die Wachstumspolitik war kein Erfolg.

Aber die freie Welt wird den Erwartungen ihrer Bürger trotzdem im großen und ganzen gerecht. Die große Mehrheit ist mehr oder weniger zufrieden mit den Bedingungen ihres Lebens – in der Bundesrepublik wie auch in anderen westlichen Industrienationen.

Das Wachstumsziel: Wiederholung 1985

Das hielt die Regierungschefs dieser Länder jedoch nicht davon ab, sich auf ihrem jüngsten Wirtschaftsgipfel in Bonn 1985 erneut für eine Wirtschaftspolitik zu entscheiden, die das Wachstum der Wirtschaft zum Ziel hat. »Im Bewußtsein der Verantwortung«, die sie »gemeinsam mit anderen Regierungen für die Zukunft der Weltwirtschaft und die Erhaltung der natürlichen Lebensgrundlagen tragen«, kamen sie am 4. Mai 1985 zu folgender Schlußfolgerung: »Den wirksamsten Beitrag für dauerhaften neuen Wohlstand, an dem alle Völker teilhaben, können wir dadurch leisten, daß wir unermüdlich – in jedem unserer Länder und gemeinsam – eine Politik verfolgen, die dauerhaftem Wachstum und höherer Beschäftigung dient.« Wiederum vereinbarten sie eine Fülle von Maßnahmen, »um ein inflationsfreies Wachstum und höhere Beschäftigung zu sichern«. Der Präsident der Französischen Republik betonte die Notwendigkeit, die Inflation zu verringern, die Produktionsmittel zu modernisieren, die Beschäftigung zu verbessern, die Staatsausgaben einzudämmen und die soziale Ungleichheit zu bekämpfen. In diesem Zusammenhang räumte er Erziehung, Forschung und Investitionen in Hochtechnologien »im Hinblick auf dauerhaftes Wachstum hohen Vorrang ein«. Die britische Regierung wollte weiterhin auf eine Senkung der Inflation »und die Schaffung der Voraussetzungen für anhaltendes Wachstum hinarbeiten« und dafür eine ganze Reihe von Maßnahmen ergreifen. Die Bundesrepublik maß wirtschaftlicher Flexibilität und Dynamik »hohe Priorität bei, um das Wachstum dauerhaft zu stärken und neue Arbeitsplätze zu schaffen«. Den Japanern kam es vor allem auf die Stärkung der Investitionstätigkeit, der Haushaltsdisziplin und Marktfunktionen an. Sie wollten das »Einfuhrwachstum« fördern und so weiter.

Mit diesen Maßnahmen wollten die Regierungen »der sieben großen Industrieländer« nicht nur ihre jeweiligen eigenen Probleme angehen, sondern zugleich »einen Beitrag zu anhaltendem Wachstum der Weltwirtschaft und zu einer gleichgewichtigeren Ausweitung des internationalen Handels« leisten. »Anhaltendes Wachstum des Welthandels, niedrigere Zinsen, offene Märkte und fortgesetzte Finanzierung in einem Umfang und zu Bedingungen, die dem jeweiligen Einzelfall gerecht werden«, sollten schließlich auch die Entwicklungsländer in die Lage versetzen, »gesundes Wachstum zu erreichen und ihre wirtschaftlichen und finanziellen Schwierigkeiten zu überwinden«.

Bundeskanzler Kohl faßte das Ergebnis des zweiten Bonner Gipfels in einer Regierungserklärung später wie folgt zusammen: »Die Überschrift der gemeinsamen Wirtschaftserklärung macht bereits deutlich, in welche Richtung unsere gemeinsamen Anstrengungen gehen müssen: für dauerhaftes Wachstum und höhere Beschäftigung.« Dabei betonte er besonders die erzielte Übereinstimmung, »und zwar sowohl in der Beurteilung der weltwirtschaftlichen Entwicklung als auch in der grundlegenden Orientierung der Wirtschaftspolitik«. Im Vergleich zu früheren Gipfeltreffen sah er »zwei große Fortschritte«. Man habe sich, statt Forderungen an andere zu stellen, zu seiner »jeweils eigenen Verantwortung bekannt«. Zum zweiten habe es keine Diskussion mehr über die Möglichkeit bequemer Lösungen gegeben. Wichtig seien »die klare Absage an Inflation und Verschuldungspolitik sowie das Bekenntnis zum technischen Fortschritt und zum wirtschaftlichen Wachstum« gewesen.

Es ist nach dem Rückblick auf den Bonner Gipfel von 1978 schwer, einen solchen Fortschritt zu erkennen. Aus dem Scheitern der Wachstumspolitik, das seit 1978 deutlich geworden ist, wurden 1985 keine Folgen gezogen. Wachstum wird erneut als Voraussetzung erfolgreicher Innen- und Außenpolitik angesehen. Das Wachstumsziel wird deshalb beibehalten. Es findet 1985 sogar Niederschlag im Titel der Erklärung, die die Regierungschefs abgeben. Zwar erwartet man in der Bundesrepublik Deutschland nicht mehr dauerhafte Wachstumsraten von 4 % oder mehr. Aber auch Projektionen von 3 % führen über längere Zeiträume – also bei anhaltendem Wachstum – zu Vermehrungen des realen Bruttosozialprodukts, die außerhalb jeder vernünftigen Erwartung liegen. Immer noch würde sich das reale Bruttosozialprodukt – auf der Basis von 1985 – von rund 1800 Milliarden DM bis zum 65. Geburtstag meines jüngsten Sohnes um gut 400 % auf rund 7200 Milliarden DM erhöhen, wenn es um jährlich 3 % wächst. Im Jahr 2032 müßte eine wesentlich kleinere Bevölkerung in der Bundesrepublik Deutschland DM 5400 Milliarden mehr Güter und Dienstleistungen zu heutigen Preisen pro Jahr erzeugen als heute, um dem noch vor zehn Jahren eher bescheidenen Wachstumsziel von 3 % jährlich zu entsprechen. Ich kann in den politischen Perspektiven und Entscheidungen der Industrieländer, die anhaltendes Wirtschaftswachstum für ihre Volkswirtschaften zugrunde legen, ohne sich zu den längerfristigen Aspekten einer solchen Festlegung auch nur zu äußern, obwohl seit Jahren über sie diskutiert wird, keinen politischen Fortschritt erkennen. Sie erscheinen mir eher als das Gegenteil.

Die Relativierung des Wachstumsziels

Wie ist es angesichts der wachsenden Widersprüche zwischen dem Wachstumsziel und der tatsächlichen wirtschaftlichen Entwicklung möglich, daß die Wirtschaftspolitik unverändert am Wachstum als politischem Ziel festhält? Zweifellos haben die Erfahrungen der fünfziger und sechziger Jahre dazu ihren Teil beigetragen. Vielleicht hat uns gerade die Einmaligkeit dieser Zeit beeindruckt und veranlaßt, in ihr den gültigen Ausdruck einer neuen Zeit des ökonomisch Machbaren zu sehen. Dies jedenfalls könnte die Entschiedenheit erklären, mit der die Politik bisher jedem Versuch entgegengetreten ist, den Wachstumsgedanken zu relativieren oder in Frage zu stellen. Als ich im Jahre 1977 im Bundestag die Regierung fragte, wie sie sich unter beschränktem Wachstum in Zukunft die Lösung von Verteilungskonflikten vorstelle, wenn sie zwischen organisierten Gruppen der Gesellschaft auf der einen und nichtorganisierten Teilen unserer Gesellschaft auf der anderen Seite auftreten; nach welchen Kriterien sie diese Verteilungskonflikte zu lösen gedenke und an welchen Prioritäten sie sich orientiere, wenn sie diese von ihr selbst vorausgesehenen und in ihren Ursachen richtig diagnostizierten Verteilungsprobleme lösen wolle, erhielt ich keine Antwort. 1978 kritisierte ich den Kernsatz des Bonner Wirtschaftsgipfels, besseres Wachstum sei notwendig, um den Erwartungen der Bürger der freien Welt entsprechen zu können. Ich war zwar dafür, Wachstum zum Ziel zu erklären. Aber ich hielt es »für lebensgefährlich, Wachstum zu einer existenziellen Voraussetzung für die Regierbarkeit westlicher Länder zu erklären«. Ich vertrat die Ansicht, es sei unmöglich, die Menschen und gerade die Jugend vor dem Hintergrund der Lage in der ganzen Welt davon zu überzeugen, daß es richtig sei, ihre Zukunft in eine Ordnung zu investieren, die nur existieren kann, wenn sie ständig wächst, weil sie regierungsunfähig wird, wenn soziale Gerechtigkeit aus der Substanz verwirklicht werden muß . . . Die Krisenbeständigkeit unserer Gesellschaft ist nicht so gering. Wir müssen uns jedenfalls fragen lassen, ob wir die Regierungsfähigkeit der westlichen Demokratien so gering veranschlagen wollen, und zwar nicht nur im Hinblick auf die eigene Jugend, sondern auch im Hinblick auf die restliche Welt, die wir von der Gültigkeit unserer Wertordnung überzeugen wollen.

Graf Lambsdorff antwortete damals, er sei zwar mit mir einig,

daß Wachstum alleine keine dauerhafte und verläßliche Basis für die Lösung unserer Probleme in den Größenordnungen, auf die wir uns in der Vergangenheit verlassen haben, bieten kann. Wir können nicht sicher damit rechnen. [Aber er frage sich] selbstverständlich, ob wir unsere binnenwirtschaftlichen Verpflichtungen im Rahmen des sozialen Sicherungssystems, das wir uns selbst geschaffen haben, und unsere außenwirtschaftlichen Verpflichtungen . . . in Demokratien . . ., die auf Wiederwahl ihrer politischen, parlamentarischen Vertreter angelegt sind, dann durchsetzen könnten, wenn wir nicht vom Zuwachs, sondern vom Vorhandenen abgeben und abliefern müßten. Ich beantworte die Frage gar nicht. Ich sage nur: Hier liegt das politische Problem.

In der Debatte zum Jahreswirtschaftsbericht 1979 ging es abermals um die Wachstumspolitik. Den Fehler der Regierung sah ich »in der vorweggenommenen Annahme, daß nur bei bestimmten Wachstumsraten, die gewissermaßen vorher festgesetzt werden, sozialpolitische, allgemeinpolitische, insbesondere verteilungspolitische Probleme lösbar seien . . . Ich bin der Meinung, daß hier Ursache und Wirkung gegeneinander ausgetauscht wurden. Das Wachstum ist nicht das Ziel, sondern das Ergebnis politischen Handelns. Das *Wachstum* ist der *Indikator* dafür, ob die *Ordnungspolitik* und die *Wirtschaftspolitik* der Regierung erfolgreich sind.« Rechtfertige die

Regierung jetzt öffentliche Verschuldung mit der Notwendigkeit höherer Wachstumsraten, so verwende sie Wachstum »nicht mehr als einen Indikator des Erfolgs ihrer Politik, sondern sie manipuliert diesen Indikator, und zwar, indem sie das Wachstum durch öffentliche Verschuldung finanziert«. Die Möglichkeit ordnungspolitischer und langfristiger Prognosen für die Wirtschaftspolitik bestehe nur, wenn wir uns »ernsthaft mit der Frage befassen, ob das Wachstum per se und als solches wirklich das primäre wirtschaftspolitische Ziel sein kann«. Die Forderung, Nullwachstum anzustreben, stehe nicht zur Debatte. »Was zur Debatte steht, ist die *Funktion des Wirtschaftswachstums* und sein Stellenwert in der Wirtschaftspolitik. Ich habe den Eindruck . . ., daß wir zunehmend zu einer *Politik des Wirtschaftswachstums* als des primären Ziels der Wirtschaftspolitik übergehen, weil viele von uns der Auffassung sind, daß ohne ein angemessenes Wachstum die Regierbarkeit unseres Landes gefährdet wäre.«

In der ersten Lesung des Haushalts im gleichen Jahr kam ich noch einmal auf diese Frage zurück. Die Regierung rechtfertige die Neuverschuldung aus konjunkturpolitischen Gründen mit dem Argument: » . . . wenn die Einnahmen nicht entsprechend diesen Wachstumsraten steigen, dann wird die *Regierbarkeit des Landes* gefährdet.« Dazu habe die Grundwertekommission der SPD festgestellt, daß ein unzureichendes Wachstum »die Lösung von Verteilungskonflikten fast unmöglich macht. Wir stehen jetzt in der Tat vor der Frage, ob wir unsere politische Fähigkeit, ob wir insbesondere die politische Fähigkeit der Bundesregierung, das Land auch mit geringeren Wachstumsraten zu regieren und Verteilungsprobleme auch mit geringeren Wachstumsraten zu lösen, als Datum nehmen sollen« oder ob wir weiter von dem auszugehen hätten, »was die Bürger in gemeinsamer freiwilliger Leistung zu produzieren und für die Gesamtheit zur Verfügung zu stellen bereit sind. Das ist der entscheidende Unterschied.« In der zweiten Lesung des Haushalts gab ich zu bedenken, daß wir uns über eine längere Zeit mit geringeren Wachstumsraten würden vertraut machen müssen und wir von einem Zuwachs von real 2 % ausgehen sollten. Graf Lambsdorff wies diesen Vorschlag zurück. Meine Einschätzung des Wachstums sei Wachstumspessimismus. Dieser sei, da Wachstum sehr weitgehend von psychologischen Faktoren abhänge, »der weiteren Entwicklung notwendigen Wachstums ... jedenfalls nicht förderlich«. Wolle man von vornherein 2% Wachstum »hinnehmen«, würden sich die Beschäftigungsprobleme noch weiter verschärfen. »Die Rentenversicherung würde aufs Spiel gesetzt. Die Bundesrepublik hätte zunehmende Schwierigkeiten, ihren wachsenden internationalen Verpflichtungen nachzukommen. Eine derartige Wachstumsverzichtspolitik ist in meinen Augen nicht vertretbar.« Die Neuverschuldung zur Förderung der Konjunktur (1979 betrug der reale Zuwachs des Bruttosozialprodukts 4%) sei gerechtfertigt. Man wolle zwar konsolidieren, aber sich nicht zu Tode konsolidieren.

Wirtschaftswachstum: programmatische Aussagen der CDU

Ob wir Wachstum brauchen, hat auch die programmatischen Aussagen der CDU beschäftigt. Zum erstenmal taucht der Begriff im Berliner Programm 1968/71 auf. Das Hamburger Programm von 1953 hatte zwar die Notwendigkeit betont, die Produktion und den Lebensstandard zu erhöhen. Aber seine Aussagen waren durch den wirtschaftlichen Neubeginn geprägt. So strebte man das Ziel an, die gewonnene Versorgungsbasis auszubauen, die Verbrauchsgüterproduktion zu verbilligen und die Qualität der billigen Waren weiter zu verbessern. Den Gütern eines gehobenen Verbrauches wollte man neue Käuferschichten erschließen. Rationalisierung und Produktivitätssteigerung wurden als Voraussetzungen für Kostensenkungen und für eine echte Mengenkonjunktur bezeichnet. Sie war das »Ziel der nächsten Phase der sozialen Marktwirtschaft«.
Im Berliner Programm, also nach der Bildung der großen Koalition und ihrem wirtschaftspolitischen Kurswechsel, hieß es dann:

> Strukturwandlungen sind Voraussetzungen und Folge des wirtschaftlichen Wachstums. Sie müssen durch eine vorausschauende und umfassende Strukturpolitik erleichtert werden. Dabei darf eine rein quantitative Erhöhung des Sozialprodukts nicht alleiniges Ziel sein. Zumindest ebenso wichtig ist ein an den Bedürfnissen des Marktes orientiertes qualitatives Wirtschaftswachstum. Dazu gehört auch, daß unsere Umwelt nicht zerstört wird und die

Arbeits- und Lebensbedingungen für den einzelnen und die Gesellschaft verbessert werden. Wirtschaftlicher, kultureller und sozialer Ausbau müssen Hand in Hand gehen.

Wenn sie auch nicht ausgesprochen werden, so spürt man doch die Vorbehalte, die gegen ein Wachstumsziel bestehen, das sich ausschließlich durch die Steigerung des Bruttosozialprodukts definiert. In der Mannheimer Erklärung der CDU von 1975 steht die Wiedergewinnung der Stabilität im Vordergrund. Sie wird als wichtigstes Ziel einer freiheitlichen Wirtschaftspolitik bezeichnet. Als Hauptaufgabe einer erfolgreichen Stabilitätspolitik wird die Beseitigung der Inflation gesehen. Für die »Wiedergewinnung von Stabilität, Wachstum oder Arbeitsplatzsicherheit« sei die kräftige Wiederbelebung der privaten und öffentlichen Investitionstätigkeiten und eine wirtschaftliche Ausnutzung der vorhandenen Mittel, vor allem im öffentlichen Bereich, Voraussetzung. Wirtschaftswachstum als Bedingung politischen Handelns wird nur an einer Stelle angesprochen: im Zusammenhang mit dem *Verhältnis* der öffentlichen Ausgaben für den sicherheitspolitischen und außenwirtschaftlichen zu jenen für den sozial- und gesellschaftspolitischen Bereich; das heißt im Rahmen der einheitlichen »Gesamtstrategie im außen- und innenpolitischen Bereich«. Das Ergebnis einer Überprüfung dieses Verhältnisses »muß der größeren Bedeutung außen- und sicherheitspolitischer Aufgaben Rechnung tragen«. Die Finanzierung dieser Aufgaben berühre weniger bestehende Verpflichtungen und gesetzliche Zusagen als vielmehr »die Zuweisung des künftigen Zuwachses der Einnahmen im Rahmen der öffentlichen Haushalte. Die Sicherung eines solchen Zuwachses durch angemessenes Wachstum der eigenen Volkswirtschaft ist somit aus Gründen der außenpolitischen Handlungsfähigkeit unerläßlich.« Zugleich will die Mannheimer Erklärung jedoch dem Problem »der Qualität des Wachstums« Rechnung tragen.

Wirtschaftliches Wachstum heißt nicht nur Vermehrung von Gütern und Dienstleistungen, sondern auch Steigerung des sozialen Wohlbefindens der Menschen durch menschengerechte Siedlungsstrukturen, Verbesserung des Umweltschutzes, nachhaltige Sicherung der Energieversorgung, Vermögensbildung und Humanisierung der Arbeitswelt.

Dabei komme es vor allem auf die gleichgewichtige Entwicklung aller Regionen unseres Landes an. Raumordnungspolitik, Städtebau- und Wohnungsbaupolitik, regionale Wirtschaftspolitik sowie Agrar- und Verkehrspolitik müßten eingesetzt werden, um die Wachstumschancen der ländlichen und abgelegenen Regionen zu sichern und eine dezentrale Siedlungs- und Wirtschaftsstruktur zu gewährleisten.

Ausführlicher äußert sich das Grundsatzprogramm von 1978 zur Wachstumsfrage. Prinzipiell will die CDU »für die soziale Marktwirtschaft auch dann eintreten, wenn sie weniger materiellen Wohlstand hervorbrächte als andere Systeme. Es wäre unerträglich, Güter auf Kosten der Freiheit zu gewinnen.« Allerdings ist die Partei der Auffassung, daß die Wahlnotwendigkeit nicht bestehe. Die soziale Marktwirtschaft habe nicht nur mehr immateriellen, sondern auch mehr materiellen Wohlstand geschaffen als andere Wirtschaftsformen. Zum wirtschaftlichen Wachstum selbst erklärt das Programm, es sei kein Selbstzweck. Vielmehr sei es »die Voraussetzung, um Arbeitsplätze und Ausbildungsplätze in ausreichendem Maß zu Verfügung zu stellen, unser bewährtes System der sozialen Sicherheit zu erhalten, die öffentlichen Aufgaben zu finanzieren, den Verteilungskampf zu entschärfen, individuelle Freiheitsräume zu sichern und nicht zuletzt unsere Verpflichtungen gegenüber den Entwicklungsländern zu erfüllen«. Allerdings werden auch Grenzen des Wachstums gesehen: ». . . wo Wachstum zu einer unvertretbaren Beeinträchtigung der natürlichen Umwelt führt, muß notfalls auf solches Wachstum und damit verbundene Einkommensmehrung verzichtet werden.« Die Unterscheidung zwischen quantitativem und qualitativem Wachstum findet sich im Grundsatzprogramm nicht mehr.

Der Entwurf der Weizsäcker-Kommission dagegen hatte noch zwischen beiden unterschieden. Zwar vertrat auch die Kommission die Ansicht, die Probleme der Zukunft ließen sich nur durch steigende Ergebnisse wirtschaftlicher Tätigkeit meistern. Aber es wurden auch die Probleme eines quantitativen Wachstums gesehen. Der soziale Fortschritt der letzten Jahrzehnte habe vor allem eine Ausweitung der Produktion gebracht.

> Dabei wurden wichtige Rohstoffe rücksichtslos ausgebeutet und teure Güter verschwendet. Die Grenzen des natürlichen Reichtums müssen künftig seine Nutzung bestimmen und die technologische Entwicklung beeinflussen. Wir brauchen ein qualitatives Wachstum, das in der Produktion hochwertig, im Gebrauch der Produktivkräfte sparsam und stärker auf immaterielle Bedürfnisse ausgerichtet ist. Qualitatives Wachstum zu fördern, ist eine der vordringlichsten Aufgaben der Wirtschaftspolitik.

Die Leitsätze der CDU für die achtziger Jahre (1984) zeigen eine deutliche Verlagerung der politischen Schwerpunkte. Sie betonen die Notwendigkeit, den Strukturwandel durch erhöhte Flexibilität und Dynamik der Wirtschaft zu bewältigen. Vor allem ihre Fähigkeit müsse zunehmen, auf wechselnde wirtschaftliche Daten schnell und flexibel zu reagieren. Kreativität und Fertigkeit seien bedeutender geworden und damit Ausbildung und Bildung. Dem Umweltschutz wird hohe Priorität eingeräumt. Er steht gleichrangig neben den wirtschaftspolitischen Zielen – hohem Beschäftigungsstand, Preisstabilität, außenwirtschaftlichem Gleichgewicht bei angemessenem Wachstum.
Zum Wachstum selbst heißt es, der »Fleiß der Bürger, die Leistungsfähigkeit der Wirtschaft und die Politik bestimmen über den Wohlstand und das wirtschaftliche Wachstum unseres Landes«. Damit wird – zum erstenmal seit 1966 – wieder der *voluntaristische Charakter* wirtschaftlicher Tätigkeit und damit auch wirtschaftlichen Wachstums anerkannt. Zugleich setzen sich die Leitsätze auch mit ihrer Definition des Wirtschaftswachstums vom Grundsatzprogramm der CDU ab. War dort das Wachstum noch *Voraussetzung* für die Bewältigung aller wichtigen wirtschaftspolitischen Aufgaben, so heißt es nunmehr – sechs Jahre später –:

> Wirtschaftliches Wachstum ist jedoch kein Ziel an sich, sondern eine *wesentliche Hilfe* für die Lösung gegenwärtig bestehender und künftiger ökonomischer, ökologischer und sozialer Probleme. Wir dürfen Wachstum aber nicht ausschließlich nach dem Umfang der Güter und Dienstleistungen bewerten, sondern müssen auch qualitative Veränderungen berücksichtigen. Einsparungen im Energieverbrauch durch neue Techniken und die Kon-

trolle sowie die Verringerung von Schadstoff-Emissionen sind Beispiele solchen qualitativen Wachstums, das unsere Lebensbedingungen verbessert und Ressourcen schont.

Damit hat die CDU als Partei eine wesentliche Kurskorrektur hin auf die Position beschlossen, die sie vor der großen Koalition unter dem Einfluß Ludwig Erhards eingenommen hatte. Sie war – um mit Brecht zu sprechen – fortschrittlich auf dem Weg zurück zur Vernunft.

Politische Wirklichkeit: Besitzstände und Wachstum

In der praktischen Politik hat dieser Fortschritt, wie der Weltwirtschaftsgipfel 1985 zeigt, bisher noch keinen Niederschlag gefunden. Sie bewegt sich weiterhin im Strom der noch immer herrschenden allgemeinen Ansicht, wirtschaftliches Wachstum sei unverzichtbar. Auf einer Veranstaltung der Ludwig-Erhard-Stiftung im April 1980 wurde dieser Strom vermessen. Otto Schlecht nannte die Gründe für die Beibehaltung des Wachstumsziels:

1. Es sei immer noch die liberalste und eleganteste Methode zur Erreichung und Sicherung eines hohen Beschäftigungsstandes. Zwar gäbe es auch »kluge Leute«, die die Abnahme der Nachfrage nach Arbeit mit dem Patentrezept der Arbeitszeitverkürzung korrigieren wollten. »Aber wegen der strukturellen Starrheiten des Produktionsapparates und des Arbeitsmarktes« könne dieses Mittel nur sehr behutsam und nur flankierend zur globalen Wirtschaftspolitik eingesetzt werden.
2. Wachstum entschärfe die Verteilungskonflikte. Über die Verteilung von Zuwächsen lasse sich weit eher Konsens erzielen als über die Neuverteilung bestehender Besitzstände. Dies gelte national wie international. Er wolle behaupten und kühn die These aufstellen: »Mit langfristigem Nullwachstum wäre Tarifautonomie nicht zu halten. Wir kämen nolens volens in eine Anti-Wachstumsdiktatur.«
3. Wachstum ermögliche die Erfüllung der zweifellos gewachsenen öffentlichen Aufgaben. Dies gelte insbesondere für das Netz der sozialen Sicherheit. So sei das Rentenproblem nur bei angemessenem Wachstum zu lösen.

4. Wirtschaftswachstum sei auch gerade deshalb erforderlich, »damit eine verantwortliche Umweltpolitik betrieben werden kann«. Wachstum und Umweltqualität seien kein Gegensatz. Wachstum »ist vielmehr eher die Voraussetzung dafür, daß die notwendigen Investitionen zum Recycling, zur Abwässerreinigung, zur Vermeidung von Umweltverschmutzung durchgeführt werden können . . ., ohne daß gleichzeitig Arbeitsplätze gefährdet werden«.

5. Schließlich entspreche – und dies will Schlecht mehr als eine gesellschaftspolitische und auch staatspolitische Bemerkung verstanden wissen – das Streben nach höherem Wachstum »nach wie vor der Mehrheit individueller Zielvorstellungen«. Das konkrete Verhalten der Mehrheit »sowohl am Markt wie an den Wahlurnen« zeige, daß das Streben nach angemessenem Wohlstand nach wie vor eine hohe Zugkraft habe.

Zwischen 1980 und 1983 hatten wir im Jahresdurchschnitt ein sogenanntes Nullwachstum. Es war weder von heftigen Verteilungskonflikten noch von unkontrollierbaren sozialen Unruhen begleitet. Die realen Nettoeinkommen der Arbeitnehmer sind in den vergangenen Jahren nicht gestiegen, sondern eher gefallen, ebenso wie die der Rentenbevölkerung. Die realen Staatseinnahmen stagnierten. Gleichwohl hält man noch immer an der Unverzichtbarkeit des Wachstumszieles fest. Im September 1983 stellte sich der damalige Vorstandssprecher der Deutschen Bank, Wilfried Guth, die Frage: Ist Wachstumsdenken nach den inflationären Erfahrungen der siebziger Jahre nicht der falsche Ansatz? Müssen die Unternehmen nicht vor allem lernen, bei stagnierenden Märkten zu überleben?

Er beantwortete sie in einem Vortrag zu dem Thema »Das Wachstum sichern« mit folgenden Kernthesen:

1. Wir brauchen Wachstum bei uns daheim wie in der Weltwirtschaft dringender denn je, gerade um mit den Beschäftigungsproblemen fertigzuwerden. Wachstum also nicht als Selbstzweck, sondern als Mittel zum Zweck, zur existenziellen Sicherung unseres Wirtschafts- und Sozialsystems.

2. Eine Wirtschaftspolitik, die nicht mehr alle Möglichkeiten

sinnvollen Wachstums auszuschöpfen versucht, wird zwangsläufig zur Stagnation führen, die dann von verschärften Verteilungskämpfen beherrscht wird.

3. Kurzatmige Ankurbelungsmaßnahmen und Beschäftigungsprogramme sichern weder das Wachstum noch dauerhafte Arbeitsplätze.

4. Ohne Beseitigung der strukturellen Schwächen und Verwerfungen in unserer Volkswirtschaft, vor allem ohne einen Abbau des überhöhten Staatsanteils und eine nachhaltige Stärkung der Unternehmensgewinne, wird sich stetiges, befriedigendes Wachstum, das von der privaten Wirtschaft getragen werden muß, nicht erreichen lassen.

5. Ohne Wachstum in den Industrieländern sind auch die Probleme in der Dritten Welt nicht lösbar.

Es ist eines der erstaunlichsten politischen Phänomene unserer Gegenwart, daß offenbar alle Autoritäten der Wirtschafts- und Unternehmenspolitik entschlossen sind, am *Wachstumsziel* als einer zentralen wirtschaftspolitischen Konzeption und Handlungsanweisung festzuhalten, obwohl sie sich seit Jahren durch die gesellschaftliche und politische Wirklichkeit widerlegt sehen. Schon 1979 hatten Meinhard Miegel und ich darauf hingewiesen (»Die programmierte Krise«), daß es seit Bestehen der Bundesrepublik einen ausgeprägten und eindeutigen *Wachstumstrend* gab. Mißt man das Wachstum in Intervallen von jeweils fünf Jahren, so sinkt die Wachstumsrate mit bemerkenswerter Gleichförmigkeit von Intervall zu Intervall um etwa ein Fünftel. Das durchschnittliche reale Wachstum betrug von 1950 bis 1954: 8,7%; 1955 bis 1959: 7,2%; 1960 bis 1964: 5,6%; 1965 bis 1969: 4,3%; 1970 bis 1974: 3,5%; 1975 bis 1979: 2,8%. Diesem Rückgang der Wachstumsquote entspricht eine auffällige Konstanz des absoluten Wachstums. In Preisen von 1970 betrug das jährliche absolute Wachstum im Mittel der fünfziger Jahre 23 Milliarden DM, der sechziger Jahre 25 Milliarden DM und der siebziger Jahre 22 Milliarden DM. Diesem relativen und absoluten Trend des allgemeinen Wirtschaftswachstums entsprechen auch das Wirtschaftswachstum pro Kopf der Bevölkerung, die Entwicklung der Investitionen und die Entwicklung des privaten Verbrauchs. Einige Sonderentwicklungen waren lediglich beim

Staatsverbrauch festzustellen. Darauf werden wir noch zurückkommen.

Alle Indikatoren sprachen nach unserer damaligen Einschätzung für eine gewisse Stabilität dieses Trends auch in den achtziger Jahren. Er war offenbar das Ergebnis des Zusammenwirkens vielfältiger wirtschaftlicher, politischer und gesellschaftlicher Faktoren. Sollten diese Faktoren fortwirken, so würde sich auch der bisherige Wachstumstrend fortsetzen.

Das aber bedeutete aus damaliger Sicht, daß das wirtschaftliche Wachstum in der ersten Hälfte der achtziger Jahre nicht, wie die Bundesregierung angenommen hatte, 4% sondern nur gut 2% betragen würde. In der zweiten Hälfte der achtziger Jahre, so schätzten wir, würde die Wachstumsrate dann eher auf unter 2% fallen. Mit Wachstumsraten von reichlich beziehungsweise knapp 2% in den achtziger Jahren wäre dann, wie in den zurückliegenden dreißig Jahren, ein absoluter Zuwachs von jährlich mehr als 20 Milliarden DM verbunden – ein durchaus beachtliches Ergebnis. Die tatsächliche Entwicklung liegt bisher unter diesen Annahmen. Die Bundesregierung, unter der Verantwortung von Graf Lambsdorff, erwartete dagegen *von 1980 an* eine völlige Trendumkehr. Mit ihrer Prognose von 4% lag sie um fast 100% über dem Trend von 1950 bis 1979. In absoluten Zahlen hätte das BSP nicht um reichlich 20 Milliarden DM, sondern (im Geldwert von 1970) um annähernd 40 Milliarden DM im Jahr zunehmen müssen. Für eine derartig extreme Veränderung der wirtschaftlichen Entwicklung gab es weder damals Anhaltspunkte, noch gibt es sie heute. Die »klassischen Wachstumsmotoren« (Rudolf von Benningsen-Foerder), die der Bundesrepublik Deutschland binnen zwanzig Jahren nach dem Kriegsende von Armut zu Wohlstand verholfen hatten, haben ihre Aufgabe erfüllt. Die Ursachen des Wirtschaftswachstums in dieser Zeit waren historisch einmalig. Bis heute sind keine Entwicklungen in Sicht, die zu ähnlichen Wachstumsschüben führen könnten. Schon in der zweiten Hälfte der siebziger Jahre konnte das Wachstum von durchschnittlich 2,7% nur noch mit erheblicher staatlicher Unterstützung erreicht werden. Von 1975 bis 1979 gaben die öffentlichen Hände dafür 150 Milliarden DM, im Jahresdurchschnitt 30 Milliarden DM aus. Ohne diesen Einsatz wäre die Volkswirtschaft schon damals kaum noch real gewachsen.

Der »Zwang« zum Wachstum«

Wenn die Politik und die gesellschaftlichen Gruppen *trotz* dieser *tatsächlichen* Entwicklung am Wirtschaftswachstum als Bedingung für die Bewältigung ihrer Aufgaben festhalten, dann muß es tieferliegende Gründe für diese Haltung geben. Es gibt diese Gründe tatsächlich. Sie haben ihren Ursprung in der in den fünfziger und zu Anfang der sechziger Jahre vollzogenen Veränderung des Verhältnisses von Staat und Gesellschaft, genauer: in der wachsenden Verstaatlichung der Gesellschaft und der gesellschaftlichen Verteilungsentscheidungen. Oder, wenn man es vom Staat her sieht: in der wachsenden »Vergesellschaftung des Staates« und seiner Organe im Wege der faktischen Besetzung staatlicher Zuständigkeiten durch gesellschaftliche Gruppen. In beiden Fällen: durch die zunehmende Aufhebung der *Trennung* von staatlicher Macht und gesellschaftlichen Sonderinteressen. Was seit Ende der sechziger Jahre – nicht nur in unserem Lande, sondern zunehmend in allen westlichen Industrienationen – als Wachstumszwang empfunden wurde, war in Wirklichkeit die wachsende Schwierigkeit demokratisch verfaßter Gesellschaften, mit der zunehmenden Entscheidungslast fertigzuwerden, die sich der Staat mit der Verstaatlichung gesellschaftlicher Verteilungsprozesse aufbürdete. Die exponentielle Vermehrung staatlicher Zuständigkeiten führte zum Ruf nach exponentiellem Wachstum.

Schon Mitte der siebziger Jahre glaubte deshalb Carl Friedrich von Weizsäcker, unsere Gesellschaftsordnung sei zum Wachstum verdammt. In einer Rede zur friedlichen Nutzung der Kernenergie bejahte er die Zwangsläufigkeit wirtschaftlichen Wachstums. Trotz eines geschichtlich beispiellosen Wohlstandes wünschten wir uns nach seiner Ansicht ein weiteres Wachstum unserer nationalen Wirtschaft vor allem aus drei Gründen: Stabilität, weltwirtschaftliche Verflechtung und Arbeitsmarkt. Von diesen hielt er die Stabilität für den vielleicht tiefsten Grund »der Nötigung zum Wachstum«. Das Wirtschaftssystem, dem die Industriegesellschaft entstamme, sei jetzt seit wenigstens zweihundert Jahren gewachsen. Alle seine Einrichtungen und Mechanismen, alle eingeschliffenen Reaktionen der Menschen seien auf weiteres Wachstum eingestellt. Wachstumsstillstand bedeute in diesem System »faktisch soziale Instabilität«.

Zur gleichen Zeit befaßte sich auch die SPD mit der Zwangsläufigkeit wirtschaftlichen Wachstums. Die Besinnung auf einen Fortschrittsbegriff, der sich an Grundwerten orientierte, so heißt es in ihrer Stellungnahme zu »Grundwerten in einer gefährdeten Welt«, führe »notwendig dazu, daß das Wirtschaftswachstum für uns heute nicht mehr die zentrale Rolle als Fortschrittskriterium einnehmen kann, die es bis in die Mitte der sechziger Jahre innehatte«. Aus der Weigerung, Wachstum mit Fortschritt gleichzusetzen, dürfe jedoch nicht gefolgert werden, »daß die Chancen für eine Politik im Sinne der Grundwerte von jedem ökonomischen Wachstum unabhängig« wären.

> In einer Gesellschaft ohne Wirtschaftswachstum werden alle Verteilungskämpfe notwendig schärfer . . . In einer Gesellschaft mit sich verschärfenden Verteilungskämpfen aber wird es entsprechend schwerer, Gerechtigkeit und Solidarität zu verwirklichen – und wenn die Konflikte sich immer weiter verschärfen, wird nach allen Erfahrungen schließlich auch die Freiheit gefährdet.

Beachtlich an dieser Aussage war die Preisgabe der früheren Position der Partei, Wachstum sei eine notwendige Bedingung des Fortschritts. Aber die Antwort auf die Frage nach den Folgen der neuen Position blieb offen. Die Feststellung allein, fehlendes Wachstum verschärfe die Verteilungskämpfe und werde nach aller Erfahrung schließlich auch die Freiheit gefährden, ist jedenfalls nicht ausreichend. Sie läßt die eigentlich entscheidende Frage ungestellt und damit auch unbeantwortet: die Frage nach dem Wachstumszwang. Gerade von Erhard Eppler hätte man eine weiterführende Erläuterung erwartet. Denn seine zutreffende, wenn auch polemisch mißbrauchte und deshalb weitgehend unfruchtbar gebliebene Unterscheidung zwischen Wertkonservatismus und Strukturkonservatismus bot einen guten Ansatz, um weiterzufragen.
Tatsächlich kann diese Unterscheidung weiterführen, wenn man sie nicht als Mittel der politischen Abgrenzung verwendet, sondern als Mittel zur Unterscheidung der Realität der menschlichen Existenz (und damit der im Wesen des Menschen angelegten Grundbedingungen) von den konkreten Strukturen, die sich Menschen schaffen, um als Gemeinschaftswesen existieren zu können. Die menschlichen Grundbedingungen sind unveränderbar und damit beständig.

Ebenso beständig sind die Wertvorstellungen, die sich aus diesen Bedingungen selbst ableiten. Sie sind deshalb auch universell gültig.

Gesellschaftlichen Strukturen dagegen fehlt diese universelle Gültigkeit. Sie sind das Ergebnis konkreter kultureller Evolutionen, das heißt Ausdruck gesellschaftlicher Erfahrungen und bewährter Verhaltensweisen. Als solche prägen sie das Bewußtsein der Menschen in einer konkreten Kultur. Aber auch wenn sie über lange Zeit »eingeschliffen« sind, bleiben sie für politische und gesellschaftliche Veränderungen verfügbar. Sie sind – als Ergebnis von Entwicklungen menschlicher Gesellschaft – »Menschenwerk«.

Unsere heutigen gesellschaftlichen Strukturen im Bereich der Wirtschafts- und Sozialpolitik (Produktion/Arbeit/Sozialsystem) sind vergleichsweise jung. Ihr Grundmuster entwickelte sich im 19. Jahrhundert. Sie waren das gesellschaftliche Gehäuse, in dem sich die Industrialisierung vollzog und die strukturellen Antworten auf die Probleme gegeben wurden, die sich aus der Umwälzung der Produktionsverhältnisse für die Gesellschaft ergaben, vor allem für das schnell anwachsende Industrieproletariat. Sie entwickelten sich deshalb auch in dieser Reihenfolge: zuerst die Freiheit des Handels, Gewerbefreiheit, Eigentum an Produktionsmitteln, Vertragsfreiheit und modernes Geldwesen; dann die politische Organisation der Arbeiterschaft; zugleich erste zaghafte Versuche einer gesetzlichen Beschränkung unternehmerischer Willkür durch die preußische Fabrikgesetzgebung in den dreißiger Jahren des 19. Jahrhunderts und durch die Gewerbeordnung von 1869; schließlich die Entstehung der Gewerkschaften und die staatliche Sozial- und Arbeiterschutz-Gesetzgebung.

Alle Strukturen waren von der Aufgabe geprägt, die mit der Industrialisierung bewältigt wurde: der Überwindung von Versorgungskrisen, die den Menschen jahrhundertelang immer wieder heimgesucht hatten. Ihr Grundgedanke ist die Arbeitsteilung im industriellen Ausmaß und die Massenproduktion standardisierter Güter. Damit wurden bisher gültige Grenzen der Produktion überwunden, die der Vermehrung von Gütern entgegenstanden. Der natürliche Wachstumstrieb, wie er auch dem Menschen eigen ist, konnte sich frei entfalten. Die »Bäume der Produktion« konnten plötzlich in den Himmel wachsen. Jedenfalls schien es, als habe menschliche

Kreativität Begrenzungen aufgehoben, die von alters her gültig gewesen waren. Wachstum und Neues wurden synonym mit Fortschritt.

Nach der Katastrophe des Zweiten Weltkrieges begann die Expansion der Produktion von neuem. Ausbau der gewonnenen Versorgungsbasis, Vermehrung des Güterangebotes und echte Mengenkonjunktur: Waren und Wohlstand für alle! Das waren auf dem Hamburger Parteitag der CDU 1953 die Ziele der Wirtschaftspolitik. Noch einmal war eine Versorgungskrise zu überwinden. Auch die Strukturen mußten neugestaltet werden. Aber sie waren – als gesellschaftliche Infrastruktur, als »Straßen- und Rohrleitungsnetz«, als »Telephon- und Kanalsystem« der Gesellschaft – schon vorhanden und prägten den strukturellen Neubeginn, wie die städtischen Infrastrukturen den Wiederaufbau der Städte prägten. Ernst Benda bemerkte am Vorabend des 8. Mai 1985 zu Recht, die Stunde Null als Chance eines völligen Neubeginns habe es nie gegeben. Auch die wirtschafts- und gesellschaftspolitischen Strukturen, die ihre Wurzeln im Boden der industriellen Revolution haben, blieben weiterhin geprägt durch die Erfahrungen der Expansion. Wachstum ist ein Teil ihrer strukturellen Erbanlage. Diese »genetische Information« veranlaßt sie auch heute, ständig weiterzuwachsen: vom Unternehmen und seiner Produktion über die gesellschaftlichen Organisationen und Einrichtungen bis zur Sozialgesetzgebung und staatlichen Sozialverwaltung. Sie sind ständig auf der Suche nach neuen Bedürfnissen, die sie versorgen können, auch wenn es immer schwieriger wird, solche Bedürfnisse auszumachen. Wie man denn seine Führungskräfte motivieren solle, fragte mich der Personalchef eines großen Unternehmens, Dinge zu produzieren und abzusetzen, die die Leute nicht mehr brauchen oder von denen sie genug haben? Gewerkschaften bemühen sich um neue, versorgungsfähige Interessen der arbeitenden Bevölkerung, um Mitglieder zu gewinnen. Die staatlichen Strukturen suchen nach neuen Versorgungssachverhalten, um ihre politische Legitimation und damit Mehrheiten zu sichern. Die gewachsenen Strukturen wollen auch dann weiterversorgen, wenn es sinnvollerweise nichts mehr zu versorgen gibt. Zugleich werden sie ständig weiter ausgebaut und perfektioniert.

So konnte es, weil sich die alte Ordnung nach dem Kriege fortsetzte, auch nicht zu der »Neuordnung von Grund aus« kommen, die das

Ahlener-Programm der CDU von 1947 für unverzichtbar hielt. Aber das Ziel dieses in der tiefsten Not nach dem »furchtbaren politischen, wirtschaftlichen und sozialen Zusammenbruch als Folge einer verbrecherischen Machtpolitik« zustande gekommenen Programms ist auch heute noch gültig: eine Wirtschafts- und Sozialverfassung für das deutsche Volk, »die dem Recht und der Würde des Menschen entspricht, dem geistigen und materiellen Aufbau unseres Volkes dient und den inneren und äußeren Frieden sichert«.

Anspruchsinflation und Begrenzungskrise

Die Versorgungskrisen sind lange überwunden. Eine neue, die Begrenzungskrise, ist entstanden. Denn mit der Produktion und dem wachsenden Wohlstand wuchsen auch die Ansprüche der Menschen an das Bruttosozialprodukt und die Versuchung, diesen Forderungen politisch zu entsprechen. Ludwig Erhard beobachtete dieses »Wachstum« schon Ende der fünfziger Jahre mit Sorge. Aber seine Appelle verhallten auch in der eigenen Partei. Die politische Dynamik der Expansion war größer als die Kraft zur Einsicht. Dem Schrei nach noch immer mehr »kollektiver Sicherheit«, den Erhard bereits 1959 »immer lauter« vernahm, konnte keine politische Partei widerstehen. So kam, mit der Auflösung des sogenannten Juliusturms Mitte der fünfziger Jahre, eine Ausdehnung der Ausgaben der öffentlichen Hände in Gang, in der Franz Josef Strauß zehn Jahre später den Keim der Rezession von 1967 sah. Ende der fünfziger Jahre seien Dauerausgaben beschlossen worden, »die zunächst aus nur einmal vorhandenem Guthaben finanziert wurden«. Dies »konnte nur so lange gutgehen, wie die Steuereinnahmen schnell anwuchsen«. Als dann in den sechziger Jahren das Wachstum zurückging, mußte »das strukturelle Ungleichgewicht zwischen Ausgaben und Einnahmen in den wachsenden Finanzierungslücken deutlich werden«.

Die große Koalition, als »Notkoalition« politisch begründet, wäre wahrhaft historisch gerechtfertigt gewesen, wäre ihre Antwort auf dieses strukturelle Ungleichgewicht anders ausgefallen. Rückblikkend können wir feststellen: Es wäre richtig gewesen, dieses Ungleichgewicht durch eine *Begrenzung* der Bereitschaft des Staates zu beheben, den Forderungen nach zusätzlichen staatlichen Leistungen zu entsprechen. Auf diesem Wege hätte man erreichen können, was Strauß als *organisches* Wachstum bezeichnete.

Aber auch das Bündnis der beiden Volksparteien hatte nicht die politische Kraft, zu verwirklichen, was Ludwig Erhard mit dem Konzept der »formierten Gesellschaft« erreichen wollte: eine Gesamtordnung, auf die die staatlichen und gesellschaftlichen Mächte verpflichtet sind und in deren Rahmen sie menschlicher Freiheit dienen. Von der Union hatte Erhard in seiner Parteitagsrede 1965 erwartet, daß sie ihm auf diesem Wege folge. Sie sollte die übergreifende Kraft verkörpern, in der sich die Gesamtordnung manifestierte, und damit zugleich die gesellschaftlichen Gruppen integrieren und die Richtung des Ganzen bestimmen. Mehr denn je, so erläuterte er sein Konzept, bedürfe unsere Gesellschaft übergreifender politischer Willensträger und Willensentscheidungen. Insofern habe sich in diesem Wandlungsprozeß nicht der Charakter, wohl aber die Aufgabe der Union verändert. Die Union sei »heute als der ständige Appell an unser Volk zu begreifen, sich zu einer großen Willenseinheit zusammenzuschließen. Zwar ist die politische Strategie der Union eine solche des Ausgleichs, aber darüber hinaus stellt sich ihr auch immer wieder die Aufgabe, Entscheidungseinheit zu sein. Die großen Aufgaben, die wir im inneren und nach außen zu lösen haben, können nicht nach den Sonderinteressen der einzelnen Gruppen beantwortet werden. Es sind Fragen, die die ganze Nation angehen.« Unter Nation verstand Ludwig Erhard in diesem Zusammenhang »die Nation in der Perspektive der sozialen, wirtschaftlichen und geistigen Entwicklung als eine formierte Gesellschaft«. Nur eine solche Gesellschaft, so sagte er, die nicht mehr von sozialen Kämpfen geschüttelt und von kulturellen Konflikten zerrissen sei, »nur eine solche in den Funktionen gebundene, aber keineswegs in der Form erstarrte Gesellschaft ist in der Lage, dem modernen Staat in seiner wirtschaftlichen, technischen und wissenschaftlichen Entwicklung ein festes Fundament zu geben«.

Das Protokoll vermerkt an dieser Stelle Beifall. Aber die Union ist Erhard auf diesem Wege nicht gefolgt. Die machtpolitische Ausrichtung ihrer wesentlichen Gruppen war zu stark, die zentrifugalen Kräfte konkurrierender Sonderinteressen zu groß, der Wunsch nach staatlichen Interventionen zugunsten dieser Interessen zu mächtig,

als daß es 1965 hätte gelingen können, diese Kräfte durch eine »gewollte politische Gesamtschau« zu domestizieren und mit der Partei die politische Entscheidungseinheit zu bilden, die Ludwig Erhard suchte.
Die CDU feierte den Mann, dessen wirtschaftspolitische Erfolge ihr die Regierungsmehrheit gesichert hatten. Den Zugang zu seinen ordnungspolitischen Vorstellungen von einer »Gesellschaft des dynamischen Gleichgewichts« fand sie nicht. Sie entschied sich für eine Beibehaltung und Fortsetzung der Politik in den bestehenden Strukturen, obwohl diese zur ersten Wirtschaftskrise nach 1949 geführt hatten. Zu einer Neubesinnung auf die ordnungspolitischen Fundamente der sozialen Marktwirtschaft sah sie keinen Anlaß.
So brachte auch die große Koalition keine ordnungspolitisch begründete, also grundsätzliche Begrenzung staatlicher Zuständigkeiten im wirtschaftlichen Bereich. Statt dessen versuchte sie, die wachsenden Widersprüche, die durch immer umfangreichere staatliche Interventionen in den Wirtschaftsablauf für eine immer größere Zahl von Gruppen und Sonderinteressen ausgelöst wurden, mit Hilfe eines »optimalen« Wirtschaftswachstums zu bewältigen. Die Globalsteuerung der Wirtschaft und die konzertierte Aktion sollten dafür als Instrumente dienen. Nicht die politischen Strukturen wurden überprüft und an die wirtschaftliche Wirklichkeit angepaßt – die wirtschaftliche Entwicklung sollte an die bestehenden Strukturen angepaßt werden. Das Konzept der aufgeklärten Marktwirtschaft sollte diese Anpassung leisten.

Staatliche Intervention und Qualität der Gesellschaft

Damit setzte sich der Wettlauf fort zwischen der Expansion staatlicher Eingriffe in das wirtschaftliche Geschehen, der Eingriffsbürokratien und der gesellschaftlichen Organisationen einerseits und der Expansion der Wirtschaft und ihrer Wertschöpfung andererseits.
Nicht nur das Angebot an Gütern und Dienstleistungen nahm weiter zu – nach Menge wie nach Qualität der Versorgung der Bevölkerung und des Weltmarktes. Was vor allem exponentiell wuchs, war und ist der Umfang staatlicher und kollektiver Interventionen und ihrer Strukturen.

Zugleich wuchs das Ausmaß der Widersprüche und Ungereimtheiten, die sie erzeugten. Die »Halbwertzeit« der Gesetze und Verordnungen schrumpfte. Die gesetzlichen Rahmenbedingungen veränderten sich immer häufiger. Die »Konstanz der Daten« ging verloren. Die Organisationsdichte unserer Gesellschaft nahm zu. Mit ihr vermehrte sich der Umfang der konkurrierenden Zuständigkeiten und damit die Zahl derer, die an Entscheidungen beteiligt werden müssen.
Eine solche Entwicklung verringert die Handlungsfähigkeit der Gesellschaft in den gegebenen Strukturen. Zugleich schwindet die Möglichkeit, die Verantwortung für Entscheidungen oder Nichtentscheidungen dingfest zu machen. So konsumiert exponentielles Wachstum, das im Bereich der gesellschaftlichen Organisationen und staatlichen Bürokratien stattfindet, immer mehr Führungs- und Koordinationsenergie, ohne daß die Qualität der Gesellschaft deshalb zunimmt.
Im staatlichen Bereich drückte sich das Wachstum vor allem in der Zunahme der Zahl der öffentlichen Bediensteten aus. Sie stieg von 2,03 Millionen Vollzeitbeschäftigten bei Bund, Ländern und Gemeinden im Jahre 1950 auf 3,6 Millionen Vollzeitbeschäftigte und zusätzlich 705 000 Teilzeitbeschäftigte (mindestens 20 Wochenstunden) im Jahre 1984. Rechnet man die Teilzeitbeschäftigten zu 50% der Vollzeitbeschäftigten, so nahm die Zahl der Vollzeitbeschäftigten von 2,03 Millionen auf rund 4 Millionen oder um fast 100% zu. In der Zeit von 1970 bis 1975 war der Anstieg am höchsten. Zusammen mit dem Wachstum der Bürokratien, der gesellschaftlichen Organisationen und der Unternehmen hat diese Vermehrung in den zurückliegenden Jahrzehnten entscheidend zum Zuwachs der Beschäftigten im Dienstleistungsbereich beigetragen.
Mit diesem Wachstum des öffentlichen und gesellschaftlichen Sektors – und der von ihnen bedienten und zugleich ständig zusätzlich erzeugten Bedürfnisse – konnte das Wachstum der Wirtschaft nicht schritthalten. Denn der prinzipielle Irrtum der Entscheidung, die alten Strukturen und Prioritäten beizuhalten, konnte weder durch konjunkturpolitische Instrumente, Globalsteuerung oder konzertierte Aktionen noch durch brilliante populärwissenschaftliche Rhetorik ausgeglichen werden: daß zwar gesellschaftliche Strukturen politisch verfügbar sind, nicht aber das Handeln freier Menschen.

Die Grenzen der Globalplanung

Es gehört zum Wesen der Demokratie, daß nicht der Staat über den Zuwachs der Wirtschaft entscheidet, sondern die Menschen, die ihn erzeugen. Sie bestimmen nicht nur in politischen Wahlen mit dem Stimmzettel über die politische Richtung ihres Landes. Mit dem Stimmzettel ihrer Kaufkraft und dem Einsatz ihrer persönlichen Leistungsbereitschaft befinden sie auch täglich darüber, wie sich die Wirtschaft entwickeln soll. Gegen diese gesellschaftliche-demokratische Mitbestimmung durch Millionen von Einzelentscheidungen ist politisch nur wenig auszurichten.

Sie läßt sich auch nicht planmäßig beeinflussen. Denn das zukünftige Verhalten der Menschen innerhalb der bestehenden Strukturen und ihre Reaktionen auf weitere staatliche Interventionen lassen sich immer weniger vorhersehen. Vorhersehbarkeit der Reaktion ist jedoch die Voraussetzung für eine Steuerung des wirtschaftlichen Verhaltens der Bürger durch staatliche Maßnahmen, die dieses Verhalten beeinflussen wollen. Einmal nimmt die Vorhersehbarkeit des zukünftigen Verhaltens ab, weil sich die Wert- und Zielvorstellungen der Bürger verändern, nicht zuletzt als Folge des erreichten Wohlstandes. Zum zweiten wird es wegen der wachsenden Fülle staatlicher Interventionen immer schwieriger, die Wirkungen einzelner Maßnahmen richtig einzuschätzen.

Wenn selbst Experten das Steuersystem für undurchschaubar halten, dann kann auch niemand mehr sagen, wie die Unternehmen oder die Haushalte auf eine neue Steuer, auf eine Steuererleichterung oder eine Ausnahmeregelung reagieren werden. Kommen die Eingriffe aus verschiedenen staatlichen und gesellschaftlichen Bereichen, ist es vollends unmöglich, ihren *Wirkungssaldo* zu ermitteln, zumal sie nicht Teil eines Gesamtplanes sind, sondern punktuelle Maßnahmen, um punktuelle Wirkungen zu erzielen.

So wächst die Widersprüchlichkeit der durch Eingriffe, Teilordnungen und Gruppeninteressen »zerklüfteten« Wirtschaftsordnung. Die bestehenden Strukturen fahren fort, die Menschen zu versorgen und Mangel zu beheben oder zu verteilen, wo es längst keinen mehr gibt. Der Gegensatz nimmt zu zwischen einer gesellschaftlichen Struktur, die auf Expansion angelegt ist, und

einer gesellschaftlichen Wirklichkeit, die nach Begrenzung und nach einem stabilen Verhältnis zu ihrer Umwelt verlangt.
Die überholten Strukturen reagieren auf diesen Gegensatz mit ihrer weiteren Verfestigung und Perfektionierung. Sie versuchen, die Wirkungen der veränderten Wirklichkeit abzuwehren oder ihnen mit den Möglichkeiten zu entsprechen, die ihnen *als Struktur* zur Verfügung stehen. Die Folge ist eine weitere Verhärtung der gesellschaftlichen Verhältnisse, ihre zunehmende Verkrustung.
Die Gefahren, die für die Gesellschaft damit verbunden sind, hatte schon Ludwig Erhard gesehen. Mit bestehenden Verkrustungen im Arbeitsmarkt begründete Otto Schlecht die Notwendigkeit eines weiteren wirtschaftlichen Wachstums. Er meinte, wegen der »strukturellen Starrheiten« des Arbeitsmarktes könne man eine Verringerung der Arbeitslosigkeit nicht von einer flexibleren Organisation der Arbeitszeiten erwarten. Das Defizit müßte durch globale Wachstumspolitik ausgeglichen werden. Damit wird die staatliche Konjunkturpolitik und die mit ihr verbundene Neuverschuldung im Grunde mit den erstarrten Strukturen, also mit der Unfähigkeit begründet, die Organisation des Arbeitsmarktes an veränderte Bedingungen anzupassen. Nachkommende Generationen sollen mit den Schulden auch die Kosten für die Bequemlichkeiten, Unfähigkeiten oder Trägheiten gegenwärtiger Organisationen und ihrer Funktionäre übernehmen. Eine absurdere und zugleich unmoralischere Begründung für öffentliche Verschuldung ist kaum denkbar. Würde sie zur offiziellen Politik erklärt, so bliebe den kommenden Generationen im Grunde nur der Weg »der revolutionären Veränderung der Verhältnisse«, um sich von der Last einer ins unermeßliche gewachsenen Staatsverschuldung zu befreien.
Wie groß die Widersprüche inzwischen geworden sind, zeigt uns die Entwicklung der Staatsverschuldung und der sogenannten Staatsquote.

Beide sind das getreue Abbild des exponentiellen Wachstums, wie man es von der Wirtschaftspolitik der Globalsteuerung erwartet hatte, das sie aber nicht hervorbringen konnte. Beide geben den wachsenden Verzehr an Gegenwarts- und Zukunftsressourcen wieder, mit dem sich die überholten gesellschaftlichen Strukturen immer mühsamer am Leben erhalten. Oder: Der Verlauf der Staatsverschuldung ist die »Fieberkurve« der erkrankten gesell-

Die Entwicklung von Staatsquote und Staatsverschuldung: 1. Anteil der Staatsausgaben (Gebietskörperschaften und Sozialversicherung) am BSP in %. – 2. Verschuldung der öffentlichen Haushalte insgesamt in Mia. DM.

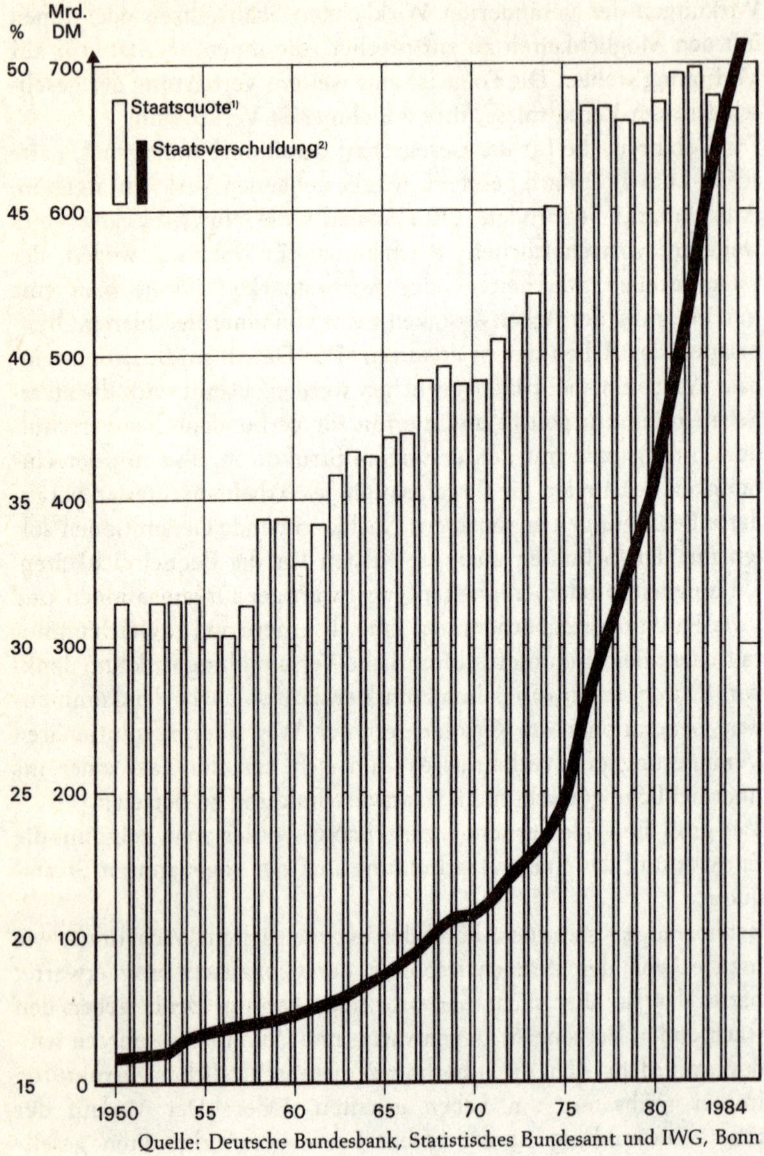

Quelle: Deutsche Bundesbank, Statistisches Bundesamt und IWG, Bonn

schaftlichen Strukturen. Ihre Krankheit droht zunehmend die ganze Gesellschaft in Mitleidenschaft zu ziehen und die Übel auszulösen, die mit stetigem und angemessenem Wachstum eigentlich verhindert werden sollten: Abbau des Sozialen durch Abgabenverweigerung, Entsolidarisierung durch Schattenwirtschaft, Verletzung der Solidarität mit den kommenden Generationen durch Staatsverschuldung, Aushöhlung der personalen Solidarität durch staatliche beziehungsweise kollektive Fürsorge, kurz: den Abbau des Menschlichen (Lorenz).

Mein Lehrer Franz Böhm hat diesen Prozeß wachsender Selbstgefährdung der Staats- und Gesellschaftsordnung durch zunehmende staatliche und gesellschaftliche Interventionen und punktuelle Eingriffe und Veränderungen und ihre damit wachsende Widersprüchlichkeit als »die spezifische Krankheit der Verkehrswirtschaft, überhaupt jeder Koordinationsordnung« bezeichnet. Es sei diese »Zerfallskrankheit, diese Auszehrungsform«, die der Marktwirtschaft jenes Odium eintrage, von dessen propagandistischer Auswertung ihre Feinde lebten.

Alternativen zur Wachstumspolitik?

Man hat wiederholt versucht, die wachsende Widersprüchlichkeit einer Politik zu überwinden, die auf quantitatives Wachstum angewiesen ist. Ein Weg war die Entwicklung geänderter Maßstäbe für das, was Wachstum ist, was also stetig und angemessen wachsen soll. So wollte man die »Qualität des Lebens« durch »Sozialindikatoren« messen und die Ergebnisse der Messungen im Bruttosozialprodukt berücksichtigen. Auch die CDU hat sich an diesen Versuchen beteiligt. Im Entwurf eines Grundsatzprogramms von 1977 fand das »soziale Wohlbefinden« Eingang in die soziale Marktwirtschaft. Zusammen mit der Wettbewerbsfähigkeit sollte es zur Richtschnur der Wirtschaftspolitik werden. Dazu sollten »neue Maßstäbe« gefunden werden, die mehr über das »soziale Wohlbefinden« auszusagen vermögen als Höhe und Verteilung des Sozialprodukts. Sie sollten neben den herkömmlichen und geltenden wirtschaftlichen Zielen, nämlich Vollbeschäftigung, Geldwertstabilität, Wachstum und außenwirtschaftlichem Gleichgewicht, mit berücksichtigt werden.

Andere Vorschläge wollten die unentgeltlichen Leistungen der Hausfrauen, Pfleger oder Betreuer kranker und alter Menschen bewerten und in die volkswirtschaftliche Gesamtrechnung mit einbeziehen. Dies hätte zwar rechnerisch einen »Wachstumsschub« ausgelöst. Aber eine solche Betrachtungsweise hätte nicht zu Mehreinnahmen geführt. Allenfalls hätte das Bruttosozialprodukt und damit die Basis zugenommen, an der man die relative Höhe der Staatsverschuldung mißt. Die Staatsschuld wäre kleiner *erschienen.* Sie hätte sich deshalb jedoch um keinen Pfennig vermindert. Ihre Last wäre gleichgeblieben.
Diese und andere Versuche konnten keinen Erfolg haben. Sie blieben von der Vorstellung bestimmt, der Erfolg der Wirtschaftspolitik müsse sich ebenso global messen lassen, wie der Staat die Wirtschaft zu steuern beanspruchte. Der epidemische Irrglaube (Konrad Lorenz), daß nur dem Zähl- und Meßbaren Wirklichkeit zukomme, war auch hier am Werk.
All dies zeigt uns nur: Wir können die »Wachstumsfrage« nicht sinnvoll beantworten, denn es ist die *falsche Frage*.
Die richtige Frage muß lauten: Wie können wir lernen, die wirtschaftlichen Prozesse zu beherrschen und zu verändern, die Wachstum zu einer *existenziellen Bedingung* für den Zusammenhalt und die Regierbarkeit des Landes werden lassen? Wie können wir die Strukturen ändern, die durch ihre programmierte Expansivität die Begrenzungskrise ausgelöst haben, in die unser Land und die modernen Industrienationen der Welt geraten sind? Wie müssen die Politik und die Strukturen aussehen, mit denen sich die Begrenzungskrise überwinden läßt. Wie müssen wir die bestehenden Strukturen erneuern, damit sie den Anforderungen der Gegenwart entsprechen und nicht ständig versuchen, die Wirklichkeit von gestern zu reproduzieren, weil sie in der Wirklichkeit von heute nicht existieren können.

Die Weiterentwicklung gesellschaftlicher Strukturen

Die Beantwortung dieser Fragen – das ist die Aufgabe der Wende: zur nächsten Phase der sozialen Marktwirtschaft, nachdem die Aufbau- und Expansionsphase zu Ende ist. Diese Aufgabe verlangt von uns wiederum eine »Neuorientierung von Grund aus« (Ahlener Programm), wenn auch unter völlig anderen Bedingungen. Vieles von dem, was das Programm 1947 zu dieser Neuorientierung sagte, ist erstaunlich aktuell geblieben. Das gilt für das allgemeine Postulat: »Die Wirtschaft hat der Entfaltung der schaffenden Kräfte des Menschen und der Gemeinschaft zu dienen« ebenso wie für das, was das Programm den *Ausgangspunkt aller Wirtschaft* nennt: »die Anerkennung der Persönlichkeit«. Die »Freiheit der Person auf wirtschaftlichem und die Freiheit auf politischem Gebiet hängen eng zusammen. Die Gestaltung und Führung der Wirtschaft darf dem einzelnen nicht die Freiheit seiner Person nehmen.« Die neuen Strukturen der deutschen Wirtschaft, so will es das Programm, müssen davon ausgehen, daß die Herrschaft des privaten Kapitalismus vorbei ist. Ebenso muß jedoch vermieden werden, daß er durch Staatskapitalismus ersetzt wird, der noch gefährlicher für die politische und wirtschaftliche Freiheit des einzelnen wäre. »Es muß«, so heißt es dann, »eine neue Struktur der Wirtschaft gesucht werden, die die Mängel der Vergangenheit vermeidet und die Möglichkeit zu technischem Fortschritt und zu schöpferischer Initiative des einzelnen läßt.« Die Düsseldorfer Leitsätze von 1949 gaben auf diese Anfrage eine Antwort. Mit ihnen wurde die Idee einer »sozialgebundenen Marktwirtschaft« politisches Programm der Union.

Was damals als Grundlage für den politischen Wiederaufbau gedacht war, ist auch heute noch gültig. Es ist zugleich der Inhalt der Aufgabe, die wir leisten müssen. *Qualitatives Wachstum* im richtig verstandenen Sinne bedeutet, wie wir gesehen haben, die Weiterentwicklung gesellschaftlicher Strukturen, in denen Menschen zusammen leben. Man erzielt dieses Wachstum, wie Hans Mohr es formuliert, »durch den vermehrten Einsatz wissenschaftlicher Erkenntnisse, durch neue, intelligentere Technologien, durch Initiative und Innovation, aber auch durch höhere Präzision der Arbeitsleistung, durch mehr Arbeitsdisziplin, durch ständige Anstrengung und Kreativität«. Gemessen wird das qualitative Wachstum »an der Steigerung der Produktivität, an zunehmender Systemvielfalt, an der Verbesserung der Produkte und Dienstleistungen, an der höheren Bedürfnisbefriedigung, an der Steigerung der Lebensqualität und vor allem am Grad der Anpassung an die vorgegebenen Umweltparameter«.

Qualitativ besser ist die Struktur also dann, wenn sie den gesellschaftlichen und ökologischen Wirklichkeiten besser gerecht wird. Sie ist dann eine »höhere Ordnung«.

Sie erlaubt ein größeres Maß an Kreativität, an Innovation, an Vielfalt und Spontaneität. Die schöpferische menschliche Tätigkeit ist die eigentliche Kraftquelle ihrer Entwicklung. Ihre Verträglichkeit mit der Natur des Menschen und mit seiner Umwelt sind die Maßstäbe ihrer Bewertung. Diese Maßstäbe lassen sich nur zum Teil quantifizieren. Arbeitsdisziplin, Systemvielfalt, höhere Bedürfnisbefriedigung und Steigerung der Lebensqualität etwa lassen sich nicht in Zahlen ausdrücken. Für qualitatives Wachstum kann es deshalb auch keine globale Mengenangabe geben, wie für die Veränderung des Bruttosozialprodukts oder die Arbeitsmenge in Jahresarbeitsstunden.

Was sich beschreiben läßt, sind die *Qualitäten* der neuen Strukturen, ihre Ordnungselemente und deren Wirkungen. Dabei kommt es – auf dem Weg von der expansiven zur Gesellschaft im dynamischen Gleichgewicht – vor allem darauf an, ob und in welchem Umfang sich die neuen Qualitäten gegen die expansiven Eigenschaften durchsetzen können. Wolfgang Stützel hat in der schon erwähnten Diskussion über die Wachstumsfrage den bedenkenswerten Vorschlag gemacht, auf den Gebrauch »so schwammiger Ausdrücke« wie wirtschaftliches Wachstum oder qualitatives Wachstum zu verzichten und statt dessen konkret anzugeben, was wirklich wachsen soll. Dabei sollte man, nach seiner Auffassung, nicht von »wachsen« sprechen. Der Begriff sei emotionsgeladen und daher der nüchternen Erörterung der Sachprobleme eher hinderlich. Besser sei es, zu fragen, was in concreto zunehmen oder abnehmen soll.

Wir sollten seinem Vorschlag folgen, und die konkreten Veränderungen angeben, die wir mit einer Politik der Strukturreformen erreichen wollen. Praktisch ergibt dies einen *Zielkatalog* von Eigenschaften und Bedingungen gesellschaftlicher Strukturen. Er ist aufgeteilt in solche, die zunehmen, und solche, die abnehmen sollen.

Wie wir die Veränderung solcher Eigenschaften bewerten, wird politisch entschieden. Aber die Auflösung des allgemeinen Maßstabes »qualitatives Wachstum« in seine Elemente wird der Konkretisierung der politischen Ziele dienen und die öffentliche Erörterung der Maßnahmen erleichtern, mit denen wir die Strukturen erneuern und damit die Begrenzungskrise bewältigen können.

Elemente qualitativen Wachstums

Zunahme	*Abnahme*
Kreativität	Energieverbrauch
Dezentralisation	Umweltbelastung
Innovation	Rohstoffverbrauch
industrielle Umsetzung	Verkehrsbelastung
Wanderung von Arbeitskräften zu innovativen Bereichen der Wirtschaft	Kohlenwasserstofftechnologie
	Bodenbelastung
Flexibilität des Arbeitsmarktes usw.	Bürokratie und Reglementierung usw.

Vom exponentiellen Wachstum zum dynamischen Gleichgewicht

Ziele einer politischen Wende

Von einer *Wende* der Politik können wir nur dann sprechen, wenn uns eine ordnungspolitische Veränderung und Erneuerung unserer gesellschaftlichen Strukturen gelingt. Diese Veränderung und Erneuerung muß zum Ziel haben:

1. Die *Entstaatlichung der Gesellschaft und ihrer Verteilungskonflikte.* Dazu gehören Dezentralisation der konkreten Verteilungsentscheidungen und Übertragung auf gesellschaftliche Entscheidungsprozesse, die den jeweiligen Bedingungen der Verteilungskonflikte entsprechen, über die entschieden werden muß.
2. Die rechtliche und politische Gestaltung aller gesellschaftlichen Teilbereiche und ihrer jeweiligen Gestaltungs- und Entscheidungsprozesse als *Teile der staatlichen Gesamtordnung*, so wie das Privatrecht oder das Tarifvertragsrecht neben dem Sozialrecht oder dem Staats- und Verwaltungsrecht Teile der Gesamtrechtsordnung sind. Der Staat gestaltet diese Ordnung. Sie ist im Vergleich zu den

heutigen Strukturen eine Ordnung »höherer Ordnung«. Denn sie stellt den Gesamtzusammenhang wieder her, der zwischen den Teilen der menschlichen Gesellschaft ungeachtet aller Vielfalt bestehen *muß*, wenn sie als *eine staatliche Gemeinschaft* gelebt und erlebt werden will.

3. Die Fähigkeit zur ständigen Veränderung und Weiterentwicklung unter Bedingungen eines *dynamischen Gleichgewichts*. Das heißt Stabilität ohne dauernde Expansion der staatlichen, gesellschaftlichen und wirtschaftlichen Aktivitäten. Staat und Gesellschaft müssen ihre Aufgaben lösen können, ohne auf einen ständig wachsenden Verzehr an Energie und Rohstoffen, Umwelt und Zukunft angewiesen zu sein. Das Ganze und seine Teile wachsen nicht durch quantitative Ausdehnung (Mengen-, Raum- und Zeitexpansion: Ressourcen-, Umwelt- und Zukunftsverzehr), sondern durch die Steigerung ihrer Fähigkeit (Qualität), sich in der Umwelt und ihren ständigen Veränderungen ohne Verlust an Lebensqualität zu behaupten.

Diese weiter entwickelte Ordnung ist

- *eine menschlichere Ordnung*. Sie vermehrt die Chancen der Menschen zur Eigenverantwortung und verringert den Einfluß staatlicher und gesellschaftlicher Bürokratien auf das Leben der Menschen.
- *eine freiheitlichere Ordnung*. Sie erweitert den Bereich verantworteter Mitgestaltung des einzelnen in überschaubaren Lebenskreisen. Sie verringert die Zentralisierung der Gesellschaft und vermehrt ihre Vielfalt. Die Vermittlung von Mitbestimmungsrechten durch Repräsentation nimmt ab, und die Möglichkeit direkter Mitwirkung nimmt zu.
- *eine solidarischere Ordnung*. Sie erweitert den Bereich personaler Solidarität und verringert den Anspruch – und Zugriff – kollektiver Solidarität durch die Anwendung des *Subsidiaritätsprinzips*. Das Ausmaß an Subsidiarität wird zunehmen, der Umfang an Zentralität wird abnehmen.
- *eine gerechtere Ordnung*. Die Erneuerung des Gesamtzusammenhangs der *politischen* und *rechtlichen* Ordnung des Ganzen wird die *Rechtsstaatlichkeit* der Gemeinschaft erhöhen, die Widersprüchlichkeit und Undurchsichtigkeit staatlichen Han-

delns verringern und der wachsenden Undurchschaubarkeit und Unausgewogenheit der heutigen Verteilungsentscheidungen Einhalt gebieten.

Ludwig Erhards »formierte Gesellschaft« gegen das Kartell der organisierten Interessen

Praktisch läuft die Veränderung und Erneuerung der gesellschaftlichen Strukturen auf eine Revision der 1967 durch die große Koalition getroffenen Entscheidung hinaus, die Idee Ludwig Erhards von der ordnungspolitisch »geformten« Gesellschaft zu verwerfen und an den expansiven Strukturen aus der Zeit der Industrialisierung und ihrer Tendenz zur Verstaatlichung der Gesellschaft festzuhalten.

Heute können wir erkennen: Was Ludwig Erhard mit der Idee der »formierten Gesellschaft« beabsichtigte, die sich »eine Form« geben sollte, war eine Reform dieser Strukturen. Er erkannte, daß es immer schwieriger werden würde, die organisierten Gruppeninteressen in das Ganze einzubinden, wenn die Politik ihren Forderungen zunehmend Rechnung tragen würde. Wieder und wieder mahnte er das deutsche Volk, appellierte an das Gewissen der Menschen und an ihre wirtschaftliche Vernunft. Von 1955 an macht ihm das Verhalten der Menschen im wirtschaftlichen Prozeß Sorge. In einer Regierungserklärung zur konjunkturpolitischen Lage im Oktober 1955 stellte er fest: »Die Maßstäbe für das, was jeder einzelne aus einer Hochkonjunktur für sich an Nutzen ziehen kann, und für das, was der gesamten Volkswirtschaft dienlich ist, drohen allenthalben verlorenzugehen.« Deshalb wendet er sich, wie später noch so häufig, an alle Organisationen und Verbraucher, weil er glaubt, »daß der Ablauf des wirtschaftlichen Geschehens weitgehend von dem Willen lebendiger Menschen gestaltet wird und daß der Appell an die wirtschaftliche Vernunft sehr wohl Gefahren zu beseitigen geeignet ist, denen jede Wirtschaft ausgesetzt sein muß, in der Maß und Besinnung verlorenzugehen drohen«. Schon damals bekämpft er die »gefährliche These«, die »Verdünnung der Kaufkraft« könne zu Konjunkturimpulsen führen. »Solange diese Verwirrung nicht völlig überwunden ist, wird auch der Schrei nach

dem Wohlfahrts- und Versorgungsstaat nicht verstummen können.« Auch heute, dreißig Jahre später, ist diese Verwirrung noch nicht überwunden.
Prophetisch war, was Erhard im gleichen Jahr voraussagte, falls es nicht gelingen sollte, die Ordnung als Ganzes zu erhalten und gegen die Dynamik und die Macht der Verbände und Sonderinteressen zu schützen.

> Es entspricht dem *Zeitgeist*, wenn heute die Durchsetzung von Gruppeninteressen und Sonderwünschen ... immer mit dem Hinweis auf die Notwendigkeit einer Ordnung vertreten wird, obwohl Teilregelungen dieser Art das Gefüge der umfassenden Ordnung sprengen und in die Atomisierung ... treiben müssen. Demgegenüber *erkläre ich*, daß es in einem geordneten Staat *nur eine Ordnung* geben kann; das ist die gesellschaftliche Ordnung als Ganzheit.
> Die Zerklüftung und Zerrissenheit einer Gesellschaft wird sich um so stärker ausprägen, je mehr diese in sogenannte *Teilordnungen* aufgegliedert ist. Der staatliche Dirigismus und Kollektivismus werden um so üppiger gedeihen, je mehr aus diesem Grunde ein Zwang vorliegt, das Getrennte mit künstlichen Mitteln wieder zu einem Ganzen zusammenzufügen.
> Wo Marktordnungen und Berufsordnungen überhandnehmen, da wuchert der Egoismus. Wo alle Gruppen einen besonderen Schutz ... haben wollen, werden die Menschen immer unfreier werden und immer mehr an echter Sicherheit verlieren.

1962 macht Erhard erneut den Versuch, »die Schallmauer der kollektiven Meinungs- und Urteilsbildung« zu durchbrechen und »unmittelbar an das menschliche Gewissen« zu appellieren. Er habe kein Volksbegehren beantragt. Wohl aber habe er sich gewünscht, »daß das deutsche Volk aufbegehrt gegen diese Unterjochung durch das Kollektiv«. Es sei nicht die augenblickliche Lage, »sondern es ist der Blick in die Zukunft, der uns besorgt sein lassen muß, wenn wir alle Warnungen in den Wind schlagen und auf dem eingeschlagenen Weg weiterschreiten«. Was ihn beschwerte, waren die »Entartungserscheinungen. Man kann es nicht anders bezeichnen.« Eine Diskussion zwischen den Arbeitgebern und den Gewerkschaften habe

nur Gegensätze gebracht. »Ich meine«, erklärte Erhard, »so kann das einfach nicht weitergehen. Deshalb meine ich . . ., daß wir etwas tun müssen, um dieser babylonischen Sprachverwirrung endlich Herr zu werden und eine klare Sprache zu sprechen, die auch der Mann auf der Straße versteht.«
Weder der Mann auf der Straße noch die Organisationen, noch seine eigene Partei haben ihn damals verstanden. So wie die Großunternehmen, mit denen Schiller das optimale Wachstum der expansiven Gesellschaft langfristig planen wollte, die einmalige Wachstumsentwicklung der damaligen Zeit als dauerhafte Gesetzmäßigkeit mißverstanden und deshalb Opfer enormer Fehlplanungen (etwa im Energiebereich) wurden, glaubten auch die Bevölkerung und ihre Abgeordneten an die Dauerhaftigkeit der Expansion. Die »Hybris«, von der Erhard gesprochen hatte, hatte sie erfaßt. Das Kartell der organisierten Interessen und Erwartungen an den Staat entstand.

Das »sozialpolitische Umlaufverfahren«

In ihm verbanden sich die alten sozialen und gesellschaftlichen Strukturen und entwickelten das, was Hans F. Zacher später das »sozialpolitische Umlaufverfahren« nannte. Er hat es in einer ebenso klugen wie treffenden Analyse beschrieben. Folgen wir dieser Beschreibung. Sie beginnt mit der Feststellung, daß Sozialpolitik die Wirklichkeiten korrigieren und durch andere Wirklichkeiten ersetzen will. Dabei will sie nicht nur Rahmenbedingungen für menschliches Handeln setzen, sondern Erwartungen erfüllen, Einkommen gewähren, Ungleichheiten ausgleichen, Kaufkraft zuweisen und umverteilen. Am wirksamsten ist sie im Bereich der Geldleistungen. Einkommens- und Subventionsströme lassen sich politisch weit leichter steuern als etwa die Bereitschaft zu sozialen Diensten. Geldleistungen werden auch unmittelbarer dem zugerechnet, der sie leistet, also dem Staat beziehungsweise denjenigen, die sie durch Einflußnahme auf die staatliche Gesetzgebung anordnen oder bewirken können.
Inhaltlich befaßt sich Sozialpolitik mit wirtschaftlichen Nöten und wirtschaftlichen Ungleichheiten: Sie soll für jedermanns menschen-

würdige Existenz sorgen, für den Abbau wirtschaftlich bedingter Abhängigkeitsverhältnisse und für den Ausgleich wirtschaftlicher Ungleichheiten. Diese Aufgaben verbinden sich in der modernen Industriegesellschaft mit der Politik, die darauf angewiesen ist, die Zustimmung der Betroffenen zu suchen und Mehrheiten zu sichern. Dazu spricht sie bestimmte Gruppen an, deren Zustimmung sie gewinnen oder behalten will. Solchen Gruppen kann sie die Erfüllung bestimmter Erwartungen und eine Verbesserung der relativen Positionen ihrer Mitglieder in Aussicht stellen. Da der Erwartungshaushalt der Gesellschaft eine unendliche Fülle von Erwartungen umfaßt, die sich weitgehend widersprechen und niemals sämtlich erfüllbar sind, ist die Politik auf die »Technik der partikularen Erfüllung von Teilerwartungen« angewiesen.

Die Wirkungen dieses Verfahrens auf die organisierten Gruppen ist verschieden. Diejenigen, deren Erwartungen erfüllt werden, sind insoweit befriedigt. Hinsichtlich ihrer verbleibenden Erwartungen werden sie deren Dringlichkeit und die Aussicht ihrer Bedienung neu bestimmen. Das gleiche gilt für Gruppen mit konkurrierenden Erwartungen. Sie werden zusätzlich durch den Umstand ermutigt, daß andere organisierte Erwartungen bereits erfüllt worden sind. Andere Gruppen sehen, daß die Erfüllung ihrer Erwartungen näherrückt.

Das Verfahren hat somit immer drei Wirkungen: Es stellt diejenigen zufrieden, deren Erwartung erfüllt ist; es veranlaßt diejenigen zur Neuorientierung ihrer Interessen, die konkurrierende Erwartungen haben; es stärkt die Hoffnung derer, die Ansprüche angemeldet haben, auf Erfüllung ihrer Erwartungen.

Betrachten wir das Ergebnis dieses sozialpolitischen Umlaufverfahrens etwa für die Zeit von 1970 bis 1978, so ergibt sich ein buntes Bild: Kinder, Jugendliche, Auszubildende, Studenten und Eltern, Frauen, Hausfrauen, Schwangere, geschiedene und getrennte Ehegatten, Witwen und Witwer, Waisen, Behinderte, Alte, Rentner der Rentenversicherung, Kriegsopfer, Arbeitnehmer, ausländische Arbeitnehmer, Arbeitslose, Landwirte, Selbständige werden in einem unablässigen Reigen immer neu getroffen – begünstigend, belastend, nicht selten beides in einem ambivalenten Verhältnis.

Eine besondere Dynamik entfaltet das System dort, wo es sich zur Aufgabe gesetzt hat, wirtschaftliche oder wirtschaftlich bedingte *Ungleichheiten* zu beseitigen. Was gleich oder ungleich ist, läßt sich in einer dynamischen Gesellschaft nie eindeutig beantworten. Was im Verhältnis zweier Gruppen zueinander als ungleich empfunden wird, kann im Verhältnis zu anderen Interessen als gleich oder, im umgekehrten Sinne, als Ungleichheit erscheinen. Deshalb erzeugt im Grunde jeder sozialpolitische Ausgleich einer bestehenden Ungleichheit neue Ungleichheiten. Wer je versucht hat, das Gehaltsgefüge des öffentlichen Dienstes zugunsten bestimmter Gruppen zu verändern, weiß um diese Zusammenhänge. Die Forderung nach Beseitigung wirtschaftlicher und gesellschaftlicher Ungleichheiten ist deshalb nie zu befriedigen. Durch die ständige Veränderung der gesellschaftlichen Bedingungen wird sie ständig neu erzeugt. Wo sie sozialpolitisch wirksam wird, wird sie deshalb zu einer zusätzlichen Triebkraft der sozialpolitischen Entwicklung. Die Entwicklung der Ausgaben für die beiden Aufgabenbereiche der Sozialpolitik – den Schutz vor Not und die Beseitigung von Ungleichheiten – bestätigt dies.

Die sozialpolitische Ausgabenentwicklung zeigt, daß die staatlichen Aufwendungen für die »horizontale« Umverteilung mit dem Ziel, den Empfängern einen »angemessenen« Anteil an den Einkommens- und Entfaltungschancen der Gesellschaft zu sichern, die Aufwendungen für die »vertikale« Umverteilung zugunsten derer, die auf den Schutz der Gemeinschaft vor Not angewiesen sind, um ein Vielfaches übersteigen.

So betrug das Sozialbudget, das alle Sozialleistungen umfaßt, im Jahre 1963 insgesamt 81,5 Milliarden DM. Für Sozial*hilfe* wurden im gleichen Jahr 1,86 Milliarden DM ausgegeben. 1973 war das Sozialbudget auf 252,6 Milliarden DM angestiegen, die Sozialhilfe auf 5,65 Milliarden DM. 1983 erreichte das Sozialbudget 533,9 Milliarden DM, die Sozialhilfe 17,57 Milliarden DM.

Eine eindeutige Aufteilung der Sozialausgaben in die Bereiche horizontale und vertikale Umverteilung ist allerdings nicht durchführbar. Zwar handelt es sich bei der Sozialhilfe und beim Wohngeld um relativ eindeutige Fälle *vertikaler* Umverteilung. Auch die Arbeitslosenhilfe und Ausbildungshilfen gehören eher in diesen Bereich. Die meisten anderen Umverteilungsarten enthalten jedoch neben horizontalen auch vertikale Umverteilungselemente, erfüllen also auch einen sozialen Ausgleich im engeren Sinne (zum Beispiel in der gesetzlichen Rentenversicherung).

Deshalb ist es auch der sogenannten Transfer-Enquete-Kommission Ende der siebziger Jahre nicht gelungen, horizontale Umverteilung (von der linken in die rechte Tasche) und vertikale Umverteilung (von stärkeren zu schwächeren Haushalten) quantitativ zu trennen. Den Vorwurf, das Geld werde *nur* zwischen der linken und der rechten Tasche der Bürger umverteilt, bezeichnete sie als übertrieben. Aber ebenso deutlich wurde, daß im Normalfall positive und negative Wirkungen des Transfersystems in ein und demselben Haushalt zusammentreffen und daß das Volumen des Umverteilungsprozesses in den siebziger Jahren stärker anstieg als die Erwerbs- und Vermögenseinkommen der Bevölkerung.
Die staatlichen »Leistungen« an die Privathaushalte stiegen von 1970 bis 1979 um 24 % stärker an als die Bruttoeinkommen. Entsprechend stiegen die direkten Steuern um 17 % und die Sozialbeiträge um 26 % stärker als das Einkommen. Vier Fünftel (80 %) aller rund 22 Millionen Haushalte in der Bundesrepublik erhielten Transferzahlungen, also staatliche Leistungen, vor allem Kindergeld und Renten.

Parteienkonkurrenz und Wachstum staatlicher Leistungen

Das sozialpolitische Umlaufverfahren muß nun im *Zusammenhang* gesehen werden mit der Konkurrenz der politischen Parteien um politische Mehrheiten. Darf der Staat gesellschaftlichen Gruppen »Leistungen« zusagen – und hat er dies bereits getan –, so wird die politische Unterstützung der Parteien von den Leistungsversprechen beeinflußt, die sie geben. Werden Erwartungen enttäuscht, kann die politische Unterstützung entzogen werden. Da sich die Erwartungen nicht nur nach dem absoluten Wert der Leistungen bestimmen, sondern auch nach ihrem Wert im Verhältnis zu Leistungen an andere Gruppen, müssen die politischen Parteien einen optimalen »Leistungsmix« versprechen, um mehrheitsfähig zu werden. Zumindest innenpolitisch unterscheiden sie sich denn auch praktisch vor allem durch die unterschiedliche Zusammensetzung dieses Leistungsmix.
Gleichwohl befreit dies die Parteien nicht von einem ständigen Dilemma. Schreiben sie das Interesse bestimmter Gruppierungen

an der Erfüllung ihrer Erwartungen fest, so führt dies bei begrenzten öffentlichen Einnahmen zur dauerhaften Enttäuschung der Interessen anderer Gruppen. Die Wirkung ist desintegrierend. Die Enttäuschten wenden sich ab, protestieren oder verweigern sich. Sie betrachten den Staat nicht mehr als »ihren Staat«.

Bedienen die Parteien im Verfahren der »konsekutiven Rundumbefriedigung« alle »politisch relevanten«, das heißt für ihre Mehrheitsfähigkeit bedeutsamen politischen Interessen, so erhöhen sie zwar die Integrationsfähigkeit des sozialen Systems. Wenn die zur Verfügung stehenden Haushaltsmittel begrenzt sind, müssen die gewährten Leistungen jedoch widerrufbar bleiben. Sie müssen einschränkbar oder aufhebbar sein für den Fall, daß andere Aufgaben oder Interessen mit größerer Dringlichkeit auf Erfüllung drängen. Der Kuchen muß, mit anderen Worten, in periodischen Abständen neu verteilt werden können. Das integrierende Rundumverfahren sozialpolitischer Erwartungserfüllung kann, bei begrenzten Haushaltsmitteln, nur mit Erfüllungen auf Zeit arbeiten.

Dieses Dilemma nimmt zu, wenn die Regierung nur über eine geringe Mehrheit verfügt. Je kleiner die Mehrheit, um so größer (bei Verhältniswahlrecht) der Einfluß der Grenz- und Wechselwähler, die über den Zugang zur Regierungsmacht entscheiden. Wächst in der Gesellschaft zugleich die Zahl organisierter, einander auch widersprechender oder neutralisierender Erwartungen an den Staat, die die Wahlentscheidungen der Bevölkerung mitbestimmen, so wächst auch die Gefahr, daß kleine Gruppen Wahlen entscheiden könnten. Bei Regierung und Opposition verringert diese Gefahr die Bereitschaft, organisierte Erwartungen zu enttäuschen oder in bereits gewährte Leistungen einzugreifen. Der Einfluß der Grenzwähler wächst; der Widerstand gegen die Erfüllung nur noch eines weiteren Interesses sinkt. Die Versuchung, weitere Erwartungen auch dann zu erfüllen, wenn der dafür notwendige Aufwand aus dem vorhandenen Bruttosozialprodukt nicht gedeckt werden kann, nimmt zu. Die politische oder ideologische Rechtfertigung für die Unabweisbarkeit auch solcher Ansprüche ist schnell bei der Hand. Verhalten sich Regierungs- und Oppositionsparteien in der gleichen Weise, so muß es beiden Seiten unzumutbar erscheinen, anders zu handeln. Im Wettstreit zwischen der Vernunft und der Aussicht auf die Macht ist die Vernunft selten überlegen – vor allem, wenn die

Macht mit dem Versprechen angestrebt wird, wieder vernünftig zu handeln, sobald man sie hat.
Diesem Dilemma können die Regierungen und die politischen Parteien eines demokratischen Staatswesens im Grunde nur ausweichen, wenn es ihnen gelingt, *beides* zu tun: bereits gewährte Leistungen als Besitzstände zu respektieren, dort, wo es am »politisch notwendigsten« ist, und gleichwohl neue Erwartungen zu erfüllen. Voraussetzung dafür sind wachsende öffentliche Einnahmen und damit *wirtschaftliches Wachstum*. Wer überzeugt ist, nur die ständige Erfüllung der durch neue Ungleichheiten entstandenen neuen Erwartungen bei gleichzeitiger Wahrung vorhandener Besitzstände erlaube es, mehrheitsfähig zu werden oder zu bleiben, muß somit davon ausgehen, daß die modernen Industriedemokratien nur bei Wachstum regierbar sind. Stagnation muß konsequenterweise zur Gefährdung des sozialen Friedens, zur Unregierbarkeit und damit zur Bedrohung der Freiheit führen.
Daraus folgt: Der Wachstumszwang hat seinen Grund in dem Umstand, daß der Staat in großem Umfang für Leistungen an gesellschaftliche Sonderinteressen in Anspruch genommen werden *darf*, daß diese Leistungen deshalb auch *gefordert* werden und daß die Unterstützung der politischen Parteien im Wettbewerb und die Mehrheit davon abhängig gemacht werden, ob die Parteien solchen Forderungen entsprechen. Aus der Sicht der Parteien gesehen: Sie sind überzeugt, daß sie nur dann mehrheitsfähig sind, wenn sie der »sozialen Erwartung« der Gesellschaft entsprechen, daß alle politisch wichtigen Interessen die Chance erhalten, erfüllt zu werden, ohne deshalb in Besitzstände eingreifen zu müssen, die durch die frühere Erfüllung von Forderungen entstanden sind. Oder, mit den Worten des Weltwirtschaftsgipfels 1978: ». . . damit die freie Welt den Erwartungen ihrer Bürger . . . gerecht werden kann . . . Besseres Wachstum ist [dafür] erforderlich.«

Die Funktionen organisierter Interessen

Die Überzeugung, nur bei annähernder Gleichbehandlung aller anspruchsberechtigten organisierten Interessen seien die westlichen Industrienationen regierbar, wird durch die Wirkungen auf das

System staatlicher Willensbildung verstärkt, die von den organisierten gesellschaftlichen Gruppen und Interessen ausgehen. Daß organisierte Interessen in einer offenen Gesellschaft eine unverzichtbare Aufgabe haben, ist allgemein unbestritten. Ebenso unbestritten ist das Recht der Bürger, sich zur gemeinsamen Wahrung ihrer Interessen zusammenzuschließen. Es ist verfassungsrechtlich geschützt. Tatsächlich erstreckt sich ein weitverzweigtes Geflecht von Organisationen, Verbindungen, Kooperationen und Koalitionen durch die ganze Gesellschaft, gibt ihr Struktur und Halt, macht sie überschaubar und in ihrem Verhalten vorhersehbar, schafft Gleichgewichte, ermöglicht Zusammenarbeit und erlaubt dem einzelnen Bürger, sich mit seinen eigenen Interessen in der Gesellschaft zu verorten. Dieses Netz gestaltet die gesellschaftlich organisierte Arbeits- und Aufgabenteilung. Es ist die organisatorische Infrastruktur der Gesellschaft, ihr »soziales Gewebe«.

Wie in allen lebenden Organismen ist auch das soziale Gewebe der Gesellschaft ständig in Bewegung. Neue Interessen entstehen, formieren sich zu Gruppierungen, verfestigen sich, bilden Organisationen, werden zu Besitzständen, setzen die Erfüllung ihrer Erwartungen durch, lösen damit neue Erwartungen und Interessen aus, wehren diese ab oder versuchen sie zu integrieren, wachsen über ihren ursprünglichen Zweck hinaus, verselbständigen sich und müssen sich in Frage stellen lassen von anderen, die neu aufgetreten sind. Der Strom der Interessen, Forderungen und Erwartungen wird von den Organisationen gegliedert, kanalisiert und so überschaubar und steuerbar gemacht, aber auch kraftvoll in bestimmte Richtungen gelenkt.

Wie überall, so gibt es auch hier Gemeinsamkeiten. Alle Organisationen sind daran interessiert, das von ihnen repräsentierte Interesse wirksam zu vertreten. Ihre Mitglieder engagieren sich, besuchen Veranstaltungen, wählen Funktionäre und bezahlen sie in der Erwartung, dadurch das gemeinsame Interesse zu fördern. Umgekehrt haben die Funktionäre ein Interesse daran, Funktionäre zu bleiben, Mitarbeiter zu beschäftigen, gesellschaftlichen Status zu erwerben und Einfluß auszuüben. Dazu müssen sie ihre Mitglieder zufriedenstellen, also Erfolge vorweisen können.

So kommt es zu der für jede gefestigte gesellschaftliche Organisation typischen Wechselwirkung zwischen der Organisation und ihren Funktionären einerseits und den Mitgliedern und ihren Erwartungen andererseits. Die Mitglieder erwarten die Erfüllung ihrer Interessen und belohnen sie mit weiterer Solidarität zur Organisation. Die Organisation beweist ihre Unentbehrlichkeit mit der ständig neuen Durchsetzung und Sicherung der Interessen ihrer Mitglieder. Die Mitglieder sind an der Erfüllung der Erwartungen, die Organisation an der Dauerhaftigkeit der Erwartungshaltung interessiert. Je stabiler und dauerhafter ein Interesse, um so stabiler auch die Organisation, die es vertritt. Da Einkommensinteressen zu den vitalsten Interessen gehören, sind ihre Organisationen auch die stabilsten: die Gewerkschaften etwa, die Ärztevereinigungen, der Beamtenbund.

Gesellschaftliche Organisationen konkurrieren miteinander wie die Interessen der Bürger, die sie vertreten. Sie wollen die Arbeits- und Lebensbedingungen ihrer Mitglieder, relativ zu anderen organisierten Interessen, verbessern. Da Chancen und Einkommen, Möglichkeiten und Vorteile begrenzt sind, ist ihr Erfolg abhängig von ihrer relativen Stärke. Sie wiederum hängt ab von der Größe der Organisation, aber auch von der Bedeutung des organisierten Interesses und dem gesellschaftlichen Einfluß ihrer Mitglieder. Ein Ärzteverband ist keine Massenorganisation. Aber er ist dennoch einflußreich, weil seine Mitglieder eine für alle Menschen lebenswichtige Dienstleistung anbieten. Für die Organisation der Fluglotsen oder andere Vereinigungen, die gesellschaftlich unverzichtbare Leistungen kontrollieren, gilt ähnliches.

Finden zwischen gesellschaftlichen Organisationen »Verteilungskämpfe« statt, so ist das Ergebnis eine Frage ihrer relativen Macht, also eine »Machtfrage«. Der Tarifkonflikt ist das klassische Beispiel einer solchen Auseinandersetzung. Aber die Verteilung der gesellschaftlichen Chancen kann auch durch die Bildung von Koalitionen unter den gesellschaftlichen Gruppen beeinflußt werden. In der gesellschaftlichen Wirklichkeit haben sich vielerlei Strategien und Verfahren entwickelt.

Die Verstaatlichung der Verteilungskonflikte

Besonders wirksam ist es jedoch, den Staat zum Verbündeten seiner organisierten Interessen zu gewinnen. Er verfügt über eine Möglichkeit, zu der keine gesellschaftliche Organisation Zugang hat: Er kann, *wo er dazu berechtigt ist*, das angestrebte Verteilungsergebnis anordnen. Er kann den Mieter vor dem Vermieter, den Arbeitnehmer vor dem Arbeitgeber, den Kunden vor dem Verkäufer schützen und so die Ergebnisse gesellschaftlicher – das heißt aber: privatrechtlich organisierter – Verteilungskonflikte beeinflussen.

Er kann jedoch, im Rahmen der gesetzlichen Ordnung, auch selbst umverteilen. Dies geschieht vor allem im Bereich der Sozialpolitik. Hier bringt der Staat über Steuern und Beiträge, Gebühren und Abgaben Mittel auf und stellt sie durch »Leistungen« an »Leistungsempfänger« wieder zur Verfügung. Wer in diesem Sinne den Staat zum Verbündeten hat, ist nicht darauf angewiesen, andere organisierte Interessen im gesellschaftlichen Verteilungskampf zu verdrängen oder ihre Position zu beeinträchtigen, um die Interessen der eigenen Mitglieder durchzusetzen. Der Staat besorgt es für ihn. Betroffen ist zudem regelmäßig nicht ein anderes konkretes Sonderinteresse, dem etwas genommen wird, sondern die Allgemeinheit. Nehmen und Geben erscheinen deshalb als zwei getrennte Vorgänge. Wo der Staat Steuern erhebt, um bestimmte gesellschaftliche Bedürfnisse zu befriedigen, sind die Vorgänge auch rechtlich getrennt. So wenden sich, soweit der Staat die Umverteilung selbst vornimmt, die Betroffenen auch regelmäßig nicht gegen die Begünstigten, sondern gegen den Staat. Alle von der staatlichen Abgabe Betroffenen erwarten zudem, früher oder später auch etwas zu erhalten. Womit wir wieder beim Rundumverteilen sind, das den sozialen Frieden sichern soll, den Verteilungskämpfe sonst gefährden würden.

Das bedeutet aber: Übernimmt der Staat selbst die geforderte Umverteilung, so übernimmt er auch die Verantwortung für das Ergebnis. Die gesellschaftliche Organisation, die die Umverteilung gefordert hat, trägt dagegen keine »Verantwortung« für die relative Verschlechterung der Lage anderer Interessen. Wohl aber beansprucht sie die »Verantwortung« für die Verbesserung der Lage ihrer Anhänger. Allenfalls wird sie den »Erfolg« mit der Regierung oder der politischen Partei teilen, die für die »Leistung« ebenfalls Anerkennung und Unterstützung erwarten.

Mit dem Wegfall der Verantwortung für das Verteilungsergebnis bei direkter staatlicher Umverteilung entfällt auch die Zurückhaltung, die mit Verantwortung verbunden wäre. Werden die Verteilungskonflikte auf gesellschaftlicher Ebene ausgetragen, das heißt ohne direkte Mitwirkung des Staates, so sind die beteiligten gesellschaftlichen Organisationen regelmäßig auf Koalitionen mit anderen organisierten Interessen und/oder auf die Zustimmung der Öffentlichkeit angewiesen. Diese Zustimmung, aber auch die Unterstützung anderer Verbände, ist nur zu haben, wenn die Bedienung des geltend gemachten Interesses Dritten und der Allgemeinheit vernünftig erscheint. Vor allem die öffentliche Meinung ist in solchen Konflikten ein wichtiger Schiedsrichter. Sie dämpft das Ausmaß der Forderung ebenso wie die Heftigkeit der Auseinandersetzung. Müßte der Verband der Lehrer eine Gehaltserhöhung mit dem Verband der Eltern aushandeln, deren Kinder die Lehrer unterrichten, so wären die Vorteile und die Nachteile der Regelung gleichermaßen deutlich auszumachen. Wer zahlt und wer gewinnt, ist eindeutig. Die Umverteilung findet direkt statt. Als Folge werden die Lehrer das Interesse der Eltern bei der Festsetzung ihrer eigenen Forderungen mitberücksichtigen, zumal Lehrer auch selbst Eltern sind. Nutzen und Verantwortung suchen ein Gleichgewicht. Wird der Verteilungskonflikt in überschaubaren Einheiten ausgetragen (Gemeinde, Landkreis, Bezirk) spielen auch zwischenmenschliche Beziehungen eine Rolle. Schließlich will man auch nach der Auseinandersetzung noch miteinander reden, aber auch gemeinsam handeln können, etwa wenn es darum geht, von der Stadt die Erneuerung der Schule zu verlangen. Das *Verfahren* der Konfliktlösung sorgt so zugleich für die *Begrenzung* des Konflikts.

Diese Begrenzung entfällt, wenn der Verteilungskonflikt »verstaatlicht« wird. Zwar zahlen noch immer die Eltern, zusammen mit den Lehrern und allen anderen Steuerzahlern, die Gehaltserhöhung. Aber in Form von Steuern und an den Staat, der das Geld nicht für einen bestimmten Zweck, sondern für alle Aufgaben pauschal einzieht, für die der Staat zuständig ist. Die Lehrer fordern die Erhöhung ihrer Gehälter nicht von den Eltern, sondern vom Staat, denn über die Gehaltshöhe wird im Parlament entschieden. Beide, Lehrer wie Eltern, sind in der glücklichen Lage, nicht nur weiterhin miteinander sprechen zu können, sondern auch ein gemeinsames Thema zu haben: den Unwillen gegenüber dem Staat. Die Lehrer, weil ihnen ihre Gehaltserhöhung nicht hoch genug erscheint; dabei ist sie wahrscheinlich höher, als sie wäre, wenn sie mit den Eltern direkt hätte ausgehandelt werden müssen. Die Eltern (und die Lehrer) weil sie höhere Steuern zahlen müssen. Die immanente Begrenzung des Verteilungskonfliktes, die wirksam wird, wenn er zwischen den direkt Beteiligten entschieden wird, ist entfallen. Was durchsetzbar ist, ist nicht mehr allein eine »Machtfrage« innerhalb des Gefüges gesellschaftlicher Organisationen. Mit der Verstaatlichung des Konfliktes ist es eine Frage der Macht des Staates und von dessen Bereitschaft geworden, diese Macht einzusetzen.

Die Entgrenzung der Verteilungskonflikte

Als *Zwischenergebnis* können wir feststellen: Die Verstaatlichung des Verteilungskonfliktes beseitigt die Begrenzungen, die gesellschaftliche Gruppen bei der direkten Lösung von Verteilungsproblemen untereinander beobachten und die sich aus den Bedingungen des nichtstaatlichen Verfahrens der Konfliktsentscheidung ergeben. Verantwortung und Rücksichtnahme auf die öffentliche Meinung und die Beurteilung des eigenen Verhaltens durch andere gesellschaftliche Gruppen begründen diese Begrenzung ebenso wie das wohlverstandene eigene Interesse. Die Allgemeinheit belohnt auf Dauer den »sozialpflichtigen Einsatz« der Organisationsautonomie und »bestraft« die allgemeinwohlwidrige Durchsetzung von Sonderinteressen. Die »Sozialpflichtigkeit der Verbände«, die uns als politische Frage seit Mitte der siebziger Jahre beschäftigt und ihren Niederschlag in der »neuen sozialen Frage« der Mannheimer Erklärung gefunden hat, ist eben nicht das Ergebnis direkter staatlicher Gebote und Verbote (Verbändegesetz), sondern der *Ordnung*, in der der Prozeß der Bewältigung gesellschaftlicher Aufgaben und der Entscheidung gesellschaftlicher Konflikte abläuft. Aus der Ordnung dieses Prozesses ergibt sich zugleich die Bindung der gesellschaftlichen Kräfte, die an ihm teilhaben, an das Wohl des Ganzen.
Mit der Beseitigung dieser gesellschaftlichen (und etwa im Arbeits-

kampfrecht auch rechtlich bedeutsamen) Begrenzung *enthemmt* die Verstaatlichung die Verteilungskonflikte, die Umverteilungserwartungen und damit die Forderungen an die Gemeinschaft. Die Verantwortung für die Folgen der erhobenen Forderungen wird auf den Staat abgewälzt. Die Kosten der Umverteilung werden sozialisiert. Der Nutzen bleibt bei den Mitgliedern oder Begünstigten der organisierten Interessen, also privatisiert. Alle organisierten Interessen teilen den Wunsch nach staatlicher Unterstützung ihrer Ansprüche auf die Verteilung sozialer Chancen. Sie begrüßen die Möglichkeit, den Staat für die Folgen der jeweiligen Umverteilungsentscheidung zugunsten anderer und zu Lasten der eigenen Interessen verantwortlich zu machen. In solchen Nachteilen sehen sie zugleich die Grundlage neuer Forderungen und damit eine Erneuerung ihrer Legitimation, die die Mitglieder bei der Stange und die Funktionäre in Amt und Würden hält.

Das Zusammenwirken dieser gesellschaftlichen Strukturen und Verhaltensweisen verstärkt den Druck auf Regierung und Parlament, weitere Bereiche gesellschaftlicher Konfliktsbewältigung zu verstaatlichen. Die Verstaatlichung der Gesellschaft und der Wachstumszwang, den sie auslöst, haben ihre Ursache in diesem Zusammenwirken. Sie sind das Produkt der *strukturellen Befindlichkeit* unserer demokratischen Industriegesellschaft.

Der sozialpolitische Gestaltungsauftrag

Damit bleibt die Frage: Was veranlaßt die Regierungen und politischen Parteien, zur Entscheidung gesellschaftlicher Verteilungskonflikte die Macht des Staates zur Verfügung zu stellen, an der geforderten Verstaatlichung der Gesellschaft mitzuwirken und damit den Prozeß ungehemmter Umverteilung erst in Gang zu setzen? Die Antwort lautet: Weil wir dem Staat mit dem Gebot der Sozialstaatlichkeit (Art. 20 des Grundgesetzes: Sozialer Bundesstaat; Art. 28 des Grundgesetzes: Sozialer Rechtsstaat) faktisch *zwei* Zuständigkeiten einräumen:

1. durch staatliche Leistungen alle Bürger vor wirtschaftlicher Not zu schützen und ihnen eine menschenwürdige Existenz zu sichern,

wenn sie sie, aus welchen Gründen auch immer, aus eigener Kraft nicht sichern können (Prinzip der *Subsidiarität*);
2. durch direkte staatliche oder gesetzlich begründete Leistungen wirtschaftliche oder wirtschaftlich bedingte Ungleichheiten auszugleichen, um allen eine »angemessene« – im Unterschied zur notwendigen – Teilhabe am Einkommen und an gesellschaftlichen Chancen zu sichern und den Anlaß und den Umfang dessen, was angemessen ist, durch Gesetz festzulegen und fortzuschreiben (der sozialstaatliche Gestaltungsauftrag des Gesetzgebers, wie das Bundesverfassungsgericht es nennt).

Was zum Schutz vor Not und zur Sicherung einer menschenwürdigen Existenz notwendig ist, läßt sich in etwa objektiv bestimmen. Was unter »angemessener Teilnahme« zur Verwirklichung von Chancen- und Verteilungsgerechtigkeit zu verstehen ist, ist letztlich eine »politische Frage«, also das Ergebnis dauernder politischer und gesellschaftlicher Entscheidungen. Nach welchen Ordnungsvorstellungen dieser Entscheidungsprozeß gestaltet wird, davon hängt auch das Ergebnis des Prozesses ab: für die beteiligten Teilordnungen ebenso wie für die Gesamtordnung. Sind die Teilordnungen in die Gesamtordnung eingebunden, dann werden – wie wir gesehen haben – auch bei Auseinandersetzungen in Teilbereichen die Begrenzungen der Gesamtordnung wirksam. Die Tarifautonomie oder der marktwirtschaftliche Wettbewerb sind Beispiele für eine solche Einbindung. Setzen sich die Teilordnungen jedoch gegen die Gesamtordnung durch, dann werden sie – wie Ludwig Erhard es vor dreißig Jahren vorausgesehen hat – die Gesamtordnung »sprengen und in die Atomisierung« treiben. Der Staat ist dann gezwungen, »das Getrennte mit künstlichen Mitteln wieder zu einem Ganzen zusammenzufügen«. Das wichtigste dieser Mittel ist »künstliches« Wachstum.

Die Bedeutung der Wechselwähler

Im Wettbewerb zwischen den politischen Parteien wird über die politische Handhabung aller Zuständigkeiten gestritten und entschieden, über die der Staat und seine Organe verfügen, also auch über den Inhalt des sozialpolitischen Gestaltungsauftrages des Gesetzgebers. Wird dem Staat im Rahmen des sozialstaatlichen Auftrages die Befugnis zuerkannt, gesellschaftliche Verteilungskonflikte zu verstaatlichen, so wird im politischen Wettbewerb auch über die Handhabung dieses Rechts entschieden. Friedrich August von Hayek hat diesen Zusammenhang, vielleicht nicht ganz zu Unrecht, als einen Prozeß der fortdauernden Korruption bezeichnet. Aber die Zusammenhänge und ihre Wirkungen sind komplexer und durch moralische Unwerturteile nicht zutreffend beschrieben.

Niemand bezweifelt, daß regiert werden muß. Die staatliche Macht soll vom Volke ausgehen: Das ist die Grundlage unserer demokratischen Verfassung. Offensichtlich kann sie nur durch demokratische Wahlen verwirklicht werden. Das Ergebnis der Abstimmung ist verbindlich: Wer die Mehrheit hat, ist gewählt. Eine weitere Qualifikation als die, eine Mehrheit gewinnen zu können, muß nicht nachgewiesen werden.

Daß sich die Bürger, wenn sie wählen, auch von ihren Erwartungen und Interessen leiten lassen, wird vorausgesetzt und entspricht dem Sinn der Wahl. Die Bündelung der Erwartungen ist Aufgabe der politischen Parteien. Sie gestalten aus dem Durcheinander der Forderungen und Wünsche mehrheitsfähige oder koalitionsfähige Gruppierungen und machen damit demokratische Regierung erst möglich.

Der eigentliche Grund für ihre besondere Empfänglichkeit für die Erwartungen und Interessen der Bürger liegt – wie schon gesagt – in der besonderen Bedeutung der Grenz- und Wechselwähler. Bei relativ ausgeglichener Verteilung der politischen Erwartungen, also der Konzentration der Wähler in der politischen Mitte, können relativ kleine Wählerbewegungen zum Machtwechsel führen. Das macht die Bedeutung von Minderheiten aus. Sie wird verstärkt, wenn die Minderheiten in organisierter Form auftreten. Stünde fest, daß eine bestimmte Gruppe, relativ klein, aber geschlossen, mit ihrem Abstimmungsverhalten die Wahl entscheiden könnte: alle Parteien wären darum bemüht, die Erwartungen dieser Gruppe zu erfüllen, um fast jeden Preis. Die jüngere Vergangenheit bietet dafür reichliches Anschauungsmaterial.

Tatsächlich ist das Bild in der Regel komplexer. In der Industriewerbung gilt die Erfahrung, daß man die Hälfte des Etats umsonst ausgibt. Nur weiß man nicht, welche Hälfte es ist. Bei den Versprechungen, die politische Parteien dem organisierten Interesse machen, ist das Verhältnis zumindest nicht günstiger. Wahrscheinlich ist der Nutzen solcher Versprechungen für eine bestimmte Wahl in der Regel weit geringer. Mehr wird deshalb versprochen – und muß im Falle des Wahlsieges eingelöst werden –, als notwendig gewesen wäre, um die Wahl zu gewinnen. Kaum je weiß man, welche Versprechen schließlich wahlentscheidend waren. Im Grunde weiß man nicht einmal, ob der Wahlausgang überhaupt durch bestimmte Versprechen entschieden wurde oder ob nicht gänzlich andere Gründe entscheidend waren: der Mann an der Spitze, die geringe Beliebtheit des Gegners, eine neue politische Strömung, außenpolitische Sorgen, plötzlicher Optimismus der Menschen oder der schlichte Wunsch nach einem Wechsel.

Gleichwohl ist das Risiko, Erwartungen und Interessen bewußt zu vernachlässigen, zu groß. So werden Erwartungen bedient, wo es nach dem Leistungsprofil der Partei politisch erforderlich erscheint. Die gesellschaftlichen Gruppen bieten die Wahlunterstützung ihrer Mitglieder oder der von ihnen vertretenen Bürger an und lassen sich dafür die bevorzugte Berücksichtigung ihrer Interessen versprechen. Die Parteien und ihre Abgeordneten, die Regierungen und das Parlament sind Adressaten dieser Angebote. Sie suchen den Ausgleich unter den widersprüchlichen Forderungen nach den Verfahren, die uns schon beschäftigt haben. Sollte dabei das Risiko, unter den Forderungen Prioritäten zu bilden, zu groß sein, werden sie gleichmäßig bedacht. Das »Gießkannenprinzip« und das »Forderungskarussell« sind die Leitbilder eines solchen Ausgleichs.

Kartelle und Ämterhäufung – Staat und Gesellschaft als Gewebe personeller Verflechtungen

Sehen die gesellschaftlichen Gruppen einen Nutzen in Koalitionen, so sichert man ihren Bestand. Normalerweise geschieht dies durch Vereinbarung. Sie legt die Voraussetzungen gegenseitiger Unterstützung und die Methode fest, wie die Zusammenarbeit zu organisieren sei. Man nennt solche Vereinbarungen Kartelle.

Ist der Staat beteiligt, scheiden nach unserem Staatsverständnis Vereinbarungen aus. Zwar hat es sie in den zurückliegenden Jahren auch gegeben. Sie sind jedoch die Ausnahme geblieben. Die Beständigkeit der Verbindungen zwischen gesellschaftlichen Gruppen einerseits und staatlichen und politischen Organen andererseits läßt sich dagegen durch Ämterhäufung sichern. Der Staat, die politischen Parteien und die Verbände tauschen nicht Vertragsurkunden über ihre Zusammenarbeit aus, sondern sie verbinden Funktionen. Ist eine Gewerkschaft zur Sicherung der Wohlfahrt ihrer Mitglieder auf dauernde staatliche Subventionen angewiesen und ist ihr Vorsitzender zugleich Mitglied des Parlaments, dann muß er die Forderungen seiner Organisation an den Staat nicht auf dem Marktplatz der organisierten Interessen vertreten. Er kann sich darauf beschränken, sie in parlamentarischen Gremien vorzutragen. Ist der Funktionär einer Bankenorganisation oder eines Industriezweiges als Parlamentarier an Entscheidungen beteiligt, die die organisierten Erwartungen betreffen, die er vertritt, so steigt die Aussicht, daß sie im »Verteilungskampf« des staatlichen Haushaltes bessere Chancen haben. Sind konkurrierende Interessen auf ähnliche Weise am politischen Entscheidungsprozeß beteiligt, dann lassen sich Verteilungskompromisse in den Bereich des Parlaments verlagern. Dort Koalitionen zu bilden und Kompromisse zu finden entspricht allgemeiner parlamentarischer Praxis. Gepaart mit dem Sachverstand, mit den Möglichkeiten und dem politischen Einfluß der beteiligten Gruppen sind solche Kompromisse fast stets mehrheitsfähig.
Dieses Gewebe personeller Verflechtungen – zwischen gesellschaftlichen Gruppen, organisierten Sonderinteressen, öffentlichen Einrichtungen, politischen Parteien und deren Abgeordneten, Funktionsträgern im sozialen System, Gewerkschaftern und Wirtschaftsvertretern – ist das eigentliche Netzwerk, das den Staat, politische Parteien und organisierte Interessen dauerhaft zusammenbindet. Den gesellschaftlichen Kräften sichert es den Zugang zur hoheitlichen Macht des Staates.

Den politischen Parteien sichert es den Zugang zu den Wählern der organisierten Interessen. Ist das Netzwerk elastisch und anpassungsfähig, dann ist auch die Gesellschaft beweglich, dynamisch und reformfähig. Erstarrt das Netzwerk in einer wachsenden Zahl von dauerhaften Koalitionen und Kartellen, dann erscheint uns die betroffene Gesellschaft verkrustet, unbeweglich, zu Anpassung und Reform unfähig.

Ärgerlich an diesem Sachverhalt ist weniger seine Existenz. Er gehört zum Tatbestand einer pluralistischen und demokratischen Gesellschaftsordnung. Ärgerlich ist die nachhaltige Weigerung vieler, seine Existenz zuzugeben. Sie leugnen die Kartellwirkung der Ämterhäufung und berufen sich statt dessen zur Begründung der jeweiligen Entscheidung, an der sie mitwirken, auf ihre jeweilige Funktion: im Parlament auf das Mandat, im Gewerkschaftshaus auf den Vorsitz, in der Partei auf das Parteiamt, im Rathaus auf den Wählerwillen, in der Bank auf das Eigentümermandat, im Verbandsbüro auf das Mitgliedervertrauen. Daß es für die Bürger eine Zumutung sein könnte, daran glauben zu müssen, die Reihe verschiedener Hüte auf der Ablage im Vorzimmer des Multimandatsträgers ließen, wenn sie nacheinander aufgesetzt werden, nur jeweils eine Funktion zur Geltung kommen, kommt ihnen nicht in den Sinn. Die Zuverlässigkeit, die die Ämterhäufung dem Zusammenwirken der gesellschaftlichen Organisationen und den staatlichen Organen verleiht, erscheint zu wichtig, als daß man zulassen könnte, die Methode in Frage zu stellen. Daß das organisierte Zusammenwirken die Gewaltenteilung als machtverteilendes und machtkontrollierendes Prinzip gefährden könnte, wird von der Selbstgerechtigkeit verdrängt, mit der sie von vielen Beteiligten praktiziert wird.

Der Verlust der inneren Souveränität

Tatsächlich erkennen wir nun: Die durch die bestehenden Strukturen begründete Zuständigkeit des Staates zur umfassenden Umverteilung und Begründung neuer Leistungserwartungen, verbunden mit der konkreten Organisation der politischen Willensbildung und der Verflechtung staatlicher Organe und organisierter Interessen macht es dem Staat – konkret: den Parlamenten – »politisch unmöglich«, nachdrücklich und mit »politischem Gewicht« vorgetragene und deshalb als »berechtigt« angesehene Forderungen abzulehnen. Das Parlament als Vertreter des souveränen Volkes hat – dank der Wirkung der bestehenden Strukturen und Ordnungsvorstellungen – die Fähigkeit verloren, das Wohl des Ganzen so gegen die Forderungen organisierter Interessen zu behaupten, daß eine Gesellschaft im dynamischen Gleichgewicht möglich wäre. Es ist der drohende Verlust der *inneren Souveränität*, der den Wachstumszwang erzeugt.

Mein Lehrer Franz Böhm hat bereits Anfang der fünfziger Jahre den Prozeß beschrieben, der zum Verlust an innerer Souveränität führt:

> Eine Politik der dauernden staatlichen Eingriffe in die Wirtschaft stellt ein *System des geringsten Widerstandes*, der punktuellen Augenblickshilfen, der unlösbaren Klassen- und Gruppenkämpfe, des grundsatzlosen Kurierens an Symptomen von Fall zu Fall dar, bei dem diejenigen, die frei sein sollten, zuwenig Freiheit, und diejenigen, die überhaupt keine oder doch nur eine begrenzte und kontrollierte Macht haben sollten, einen viel zu großen Bewegungsspielraum haben. Wo aber ein Zuviel an Bewegungsspielraum mit einem Zuwenig an Beherrschbarkeit und Übersehbarkeit zusammentrifft, da entsteht für die Inhaber von Einfluß ein geradezu unwiderstehlicher psychologischer Zwang, Falsches zu tun, auszubeuten, um nicht ausgebeutet zu werden, und das Ergebnis ist, daß trotz aller Geschäftigkeit nichts erreicht wird als eine immer heillosere Verwirrung und Unübersehbarkeit aller Abläufe. Die Interventionswirtschaft bedeutet die Entartung einer Koordinationsordnung in eine Anarchie der Interessenhaufen. Sie versetzt nicht nur die Verkehrswirtschaft in einen Aggregatzustand wirtschaftlicher und sozialer Dauerkrisen, sondern kompromittiert auch die Demokratie. Dazu kommt, daß das Interventionssystem eine formlose und ungestaltete Apparatur von öffentlichen Dienststellen und privaten Verbandsstellen erzeugt und damit eine Armee von Funktionären ins Brot setzt, die an der Aufrechterhaltung des Interventionssystems interessiert sind, denen das Reglementieren im Blut liegt, deren Machttrieb aber doch wieder viel zu dünnblütig ist, als daß sie in der Lage wären, diese von ihnen selbst geschaffene Apparatur gegen den Angriff jener in Reserve lauernden Klasse von Machtmenschen großkalibrigen Formats zu verteidigen, die sich auf die Strategie des Terrors, der Massenbeherrschung, der Großpropaganda und des In-Schwung-Bringens der Sozialmaschine wirklich

verstehen und die sich für den Augenblick bereithalten, in dem sich das Volk gegen den Ordnungszerfall und gegen die Vielregierei der Regierungsdilettanten auflehnt und nach der starken Hand ruft.

So gleicht das Interventionssystem einer Krankheit, die zwar tödlich, aber in ihren Anfangsstadien nicht oder nur wenig schmerzhaft ist. Es ist die *spezifische Krankheit der Verkehrswirtschaft*, überhaupt jeder Koordinationsordnung. Und diese Zerfallskrankheit, diese Auszehrungsform, nicht aber ihre eigentliche Struktur und Konstitution ist es, die der Verkehrswirtschaft jenes Odium einträgt, von dessen propagandistischer Auswertung die Zentralverwaltungswirtschaft lebt. Die Zentralverwaltungswirtschaft würde gar keine Chance gegenüber der reinen Verkehrswirtschaft haben; gegenüber der Interventionswirtschaft aber hat sie eine Chance. Nämlich die Chance, die der entschlossene Züchtiger gegenüber dem halbweichen Quäler, der Mensch, der weiß, was er will, gegenüber dem richtungslosen Vielbetriebsamen, der kühne und kühle Spieler gegenüber dem aufgeregten Gelegenheitsmacher hat.

Böhm hat keinen Zweifel daran gelassen, daß dieser Zerfall der freien Gesamtordnung der Wirtschaft als Folge eines wuchernden Wachstums der Teilordnungen nicht durch weitere Interventionen geheilt werden kann, die den Anreiz zu Investitionen auf künstliche Weise verstärken sollen. Mit Walter Eucken forderte er als Therapie vielmehr einen »entschlossenen und überlegten Abbau des Interventionismus und die Rückkehr zum Prinzip der langfristigen Konstanz in der Wirtschaftspolitik«.

Verzichtsmoral oder strukturelle Erneuerung der Gesellschaft?

Viele fragen angesichts dieses Befundes, ob die Überwindung des Wachstumszwanges und der ihm zugrunde liegenden Unzulänglichkeiten nicht in erster Linie ein Problem der moralischen Erneuerung des Menschen sei. Muß der Zwang durch eine große moralische Erneuerung überwunden werden, durch eine Rückkehr zu den alten Tugenden Fleiß, Disziplin, Arbeitsfreude, Leistungsbereitschaft und Sparsamkeit? Brauchen wir, wie Carl Friedrich von Weizsäcker in der bereits erwähnten Rede meinte, das Konzept einer asketischen Gemeinschaft? Viele empfehlen uns solche Anstrengungen. Die Einkehr sei notwendig, die Besinnung auf das Machbare, die Erneuerung der Werte. Andere sehen die Kirchen aufgerufen, den Menschen zur Selbstbescheidung, zum Verzicht auf immer neue Forderungen zu bewegen, um auf diese Weise die Ordnung zu stabilisieren, die unter der Last der Wachstumszwänge aus den Fugen zu geraten und sich selbst zu zerstören drohe.

Die moralischen Dimensionen der Herausforderung, die mit langanhaltendem Wohlstand für den einzelnen entstehen, achte ich nicht gering. Sie stellen sich dar in Form großer Fragen wie in Form täglicher Prüfungen. Was sind wir wirklich für den Nächsten zu tun bereit, der unsere Hilfe braucht?

Der Wachstumszwang, unter dem unsere gesellschaftliche Ordnung und unsere demokratischen Regierungen zu stehen scheinen, hat seine Ursachen jedoch nicht in Defiziten der Menschen an moralischer Befähigung oder an gesellschaftlichen Tugenden. Sie liegen vielmehr, wie wir gesehen haben, in der Beschaffenheit unserer staatlichen und gesellschaftlichen Einrichtungen und damit in den politischen und rechtlichen Ordnungsvorstellungen, deren konkreter Ausdruck sie sind. Auch diese Vorstellungen sind ein Problem der Moral. Pater von Nell-Breuning hat es bereits 1948 im Zusammenhang mit den Beratungen über die Grundlagen der sozialen Marktwirtschaft mit der Feststellung umschrieben: Die moralischste Wirtschaftsordnung ist diejenige, die mit einem Minimum an moralischem Anspruch an ihre Mitglieder auskommt. Mit anderen Worten: Moralisch ist eine Ordnung dann, wenn sie die Glieder der Gemeinschaft moralisch nicht überfordert. Wenn sie also zur Voraussetzung ihrer Funktionsfähigkeit nicht ein moralisches Verhalten hat, das Menschen normalerweise von Menschen nicht erwarten können. Oder, anders gewendet: Eine Wirtschaftsordnung ist dann unmoralisch im Sinne dieses Grundsatzes, wenn sie nur gleichgewichtsfähig ist, solange Menschen moralische Leistungen erbringen, die wir üblicherweise nicht von ihnen erwarten dürfen.

Das heißt aber auch: Nicht von der moralischen oder geistigen Einkehr der Menschen sollten wir eine Erneuerung unserer gesellschaftlichen Verhältnisse erwarten, sondern von einer Veränderung der Ordnungen und Strukturen, in denen sie leben. Dies in einer Weise, die sicherstellt, daß die Fähigkeit der Menschen zu moralischem Handeln nicht ständig überfordert wird. Nicht die Fähigkeiten der Menschen müssen den Ansprüchen gesellschaftlicher Strukturen angepaßt werden, sondern die Strukturen an die Fähigkeiten der Menschen. Dies ist nicht nur Postulat der Politik, sondern auch der Moral. Konkret: Politische Strukturen, die sich nur unter der Bedingung stetigen angemessenen Wachstums stabilisieren lassen, sind unmoralisch. Sie orientieren sich an einem Ziel, das mit politischen Mitteln nicht erreichbar ist. Denn sie setzen voraus, daß die Menschen ständig mehr produzieren, damit die verteilbare Menge ständig wächst.

Im Märchen von der Salzmühle konnte die Mühle, die das kostbare Salz erzeugte, nicht mehr zum Stehen gebracht werden. Die Menschen retteten sich schließlich vor der Gefahr, im Salz umzukommen, indem sie die Mühle ins Meer warfen. Dort dreht sie sich weiter und macht, daß das Meerwasser für Menschen ungenießbar ist. Viele Märchen erzählen von derartigen Begrenzungskrisen. Immer, wie auch in Goethes Zauberlehrling, fehlt das erlösende Wort, der Befehl, fehlt die *Norm*, die die Gefahr der Selbstzerstörung bannen kann.

Die Legitimationskrise traditioneller Strukturen

Mit der Entgrenzung staatlicher Zuständigkeiten und dem politischen Postulat stetigen und »angemessenen« (quantitativen) Wachstums zur Bedienung »angemessener« staatlicher Leistungen haben wir wiederum eine Begrenzungskrise ausgelöst. Sie erfaßt unsere Gesellschaft und alle Gesellschaften, die sich der gleichen expansiven Strukturen bedienen. Diese Strukturen widersprechen zunehmend den existentiellen Interessen der Menschen. Schon aus diesem Grunde können sie keine moralische Verbindlichkeit mehr begründen. Wer in ihnen nicht mehr »gerne arbeitet«, ist weder durch die Medien desorientiert noch durch den Arbeitgeber fremdbestimmt. Er ist nicht länger in der Lage, seine konkrete Wirklichkeitserfahrung mit den Forderungen der gesellschaftlichen Strukturen in Übereinstimmung zu bringen.

Auf die nach wie vor gültige gesellschaftliche und staatliche Zielsetzung wirkt ein solcher »Wertewandel« abträglich. Viele sind deshalb durch ihn beunruhigt. Elisabeth Noelle-Neumann und Burkhard Strümpel haben – für den wichtigen Bereich der Arbeitswelt – über die möglichen Ursachen und Wirkungen geschrieben und gestritten (»Macht Arbeit krank / Macht Arbeit glücklich?«, Piper Verlag, München 1984). Gehen wir das Problem der gewandelten Einstellung, etwa zur Arbeit – wie wir es hier versuchen –, mit der Frage nach der inneren Schlüssigkeit menschlicher Anstrengungen in den bestehenden Strukturen an, dann erschließt sich uns eine andere Sicht der Dinge. Die Arbeitsfreude geht dann – außer im kreativen Bereich der Arbeit – zurück, weil es für die Gesellschaft als *Ganzes* immer weniger Sinn ergibt, zu wachsen, um sich zu stabilisieren. Denn das Wachstumsziel in seiner *bisherigen* und heute noch gültigen Verbindlichkeit bringt die Gesellschaft, die ihm folgt, immer mehr in Widerspruch zu sich selbst und ihrer Umwelt. Damit verliert es seine politische und moralische Legitimation. Dieser Verlust wiederum teilt sich allen Strukturen und Einrichtungen der Gesellschaft mit, die das Wachstumsziel verinnerlicht haben, denen es zur »genetischen Information« geworden ist. Wo neue, andere Wege gesucht werden, menschliche Bedürfnisse zu befriedigen und der allgemeinen Wohlfahrt zu dienen, macht es auch Freude zu arbeiten.

Was ist zu tun?

Politik, die politische Ziele auch dann noch verfolgt, wenn sie sich durch Zielerledigung erfüllt haben, also zu »unmöglichen politischen Zielen« geworden sind, stellt sich selbst in Frage. Sie muß, auf Dauer gesehen, die politische Substanz der Gemeinschaft gefährden. Sie selbst – nicht erst ihre Auswirkungen im sozialpolitischen Bereich – bewirkt einen Prozeß dauernder Korruption und ist deshalb unmoralisch. Sie zwingt, wenn sie nicht geändert wird, die Gesellschaft zu ständiger Expansion. Bleibt diese in der Realität aus, muß sie durch die *Wachstumsillusion*, durch *Inflation* oder durch *Schuldenwachstum*, ersetzt werden. Die drei Methoden gesellschaftlicher Stabilisierung: ein durch Staatsausgaben forciertes

Wachstum (mit entsprechendem Ressourcenverzehr), die durch Inflation erzeugte Wachstumsillusion sowie das Wachstum durch wachsende Staatsverschuldung (die Finanzierung konsumtiver Ausgaben durch Kredite), entsprechen ausnahmslos nicht dem von Pater von Nell-Breuning formulierten moralischen Anspruch an die Wirtschaftsordnung.

Das bedeutet nicht, daß sich auch menschliches Verhalten in den staatlichen und gesellschaftlichen Strukturen immer aufs neue moralisch legitimieren muß. Deshalb ist es richtig, nach den moralischen Dimensionen der Ämterhäufung oder möglicher Abhängigkeiten der Abgeordneten zu fragen und deren Unabhängigkeit von fremden Einflüssen zu sichern. Die Maßstäbe ergeben sich aus der Verfassung und den Grundsätzen der repräsentativen Demokratie. Aber die moralische Energie muß sich vor allem auf die Änderung und Erneuerung der überholten Strukturen konzentrieren. Diese Energie wird an vielen Orten der Gesellschaft erzeugt, auch und vor allem in den Kirchen. Umsetzen kann sie sich jedoch nur im Parlament: durch die Entscheidungen, die die Zuständigkeiten des Staates begrenzen, die die Verstaatlichung der Gesellschaft und ihrer Verteilungskonflikte revidieren und die die Begrenzung rechtsstaatlich und ordnungspolitisch dauerhaft vor der Versuchung sichern, die Macht des Staates zum Vorteil politischer Kräfte erneut den organisierten Interessen zugänglich zu machen. Was für den Menschen gilt – daß er nur stark sein kann, wenn er auch seine Schwächen annimmt –, das gilt auch für den Staat. Auch die staatliche Ordnung ist nur stark, wenn sie die Schwächen der Menschen respektiert. Nur der starke Staat aber kann die *eine Ordnung* gestalten, von der Ludwig Erhard 1955 sprach: die gesellschaftliche Ordnung als Ganzheit.

Bausteine der neuen Ordnung

Die *politische Wende* ist somit eine Wende des Denkens, der Sicht der Dinge. Sie erfordert eine Änderung des »Bewußtseins«, ein *Sich-bewußt-Machen* der tatsächlichen Abfolge von Ursachen und Wirkungen, von Wegen und Zielen in der Wirklichkeit unserer Zeit. Nicht die Masse, sondern die Individualität – nicht die Einheitlichkeit, sondern die Vielfalt – nicht organisierte Geschlossenheit, sondern Offenheit – nicht kollektive Solidarität, sondern personale – nicht die große, sondern die kleine Einheit: das sind die Bausteine der zukünftigen Ordnung.

Für die Industrialisierung im 19. Jahrhundert waren Massenproduktion, Massenwaren, die Masse der Arbeiter, Massenorganisationen, Standardisierung und Einheitlichkeit, wachsender Verzehr von Rohstoffen und Energie kennzeichnend. Generell ging es um quantitative Expansion, zugleich aber auch Ausdehnung des Staates, wachsende Verstaatlichung der Gesellschaft und der Konflikte, kollektive Solidarität und Sicherheit und damit staatlich organisierte *und* zugeteilte Wohlfahrt. In ihrer Zeit hatten diese politischen Ziele und diese Strukturen ihren Sinn. Große Leistungen wurden mit ihnen erreicht. Die Menschen leben heute länger. Sie leben in Wohlstand. Ihre materiellen Bedürfnisse werden befriedigt. Sie genießen umfassenden sozialen Schutz. Sie sind politisch und wirtschaftlich freie Bürger. Sie leben heute in Frieden.

Damit haben diese Strukturen zugleich ihre Aufgaben erfüllt. Den neuen Aufgaben: Entstaatlichung der Gesellschaft, Wiederherstellung des Privaten, Entstaatlichung der gesellschaftlichen Verteilungskonflikte und damit »Ent-Massung« der Gesellschaft, können sie nur dienen, wenn sie sich ändern oder anderen Formen gesellschaftlicher Gestaltung weichen. Sie müssen als Teil der Gesamtordnung begriffen und gestaltet werden.

Der Vorrang des *Privatrechts*, die *Subsidiarität* als Ordnungsgedanke, die *Dezentralisation* der Entscheidungen in überschaubaren *Regelkreisen* als Organisationsprinzip, der *Abbau des Kollektiven* und die *Erneuerung des Personalen* werden den Charakter der neuen Strukturen bestimmen. In vielen Bereichen unserer Wirklichkeit sammeln die Menschen bereits Erfahrungen mit ihnen. Aus der Sicht des Alten erscheint dieser Prozeß als Unordnung. Aus der Sicht des Neuen ist er kreativ.

Die Bedeutung des Rechts für die Gesamtordnung

Das höhere Maß an Vielfalt, Pluralität und Dezentralisation stellt höhere Ansprüche an die Autorität der Gesamtordnung, in der es sich entfaltet, und somit an die Verbindlichkeit und Autorität des Rechts. Freiheitliche und sozial verpflichtete Gesellschaft ist undenkbar ohne Rechtsstaatlichkeit. Ohne Recht kann es keine Freiheit geben. Rechtsstaatlichkeit gehört deshalb zu den elementaren Grundsätzen unserer Verfassung. Einigkeit und Recht und Freiheit: Danach für das deutsche Vaterland brüderlich zu streben gibt uns unsere Nationalhymne auf.

In der Flut der Gesetze und Verordnungen der vergangenen Jahrzehnte ist das Bewußtsein um die Bedeutung des Rechts für den Zusammenhalt der Gesamtordnung zunehmend verlorengegangen. Mit der Verstaatlichung der Gesellschaft wurden auch weite Teile des Privatrechts verstaatlicht. Was als Recht der Bürger zur freiheitlichen, selbstverantworteten Regelung ihrer Beziehungen untereinander geschaffen war, droht ausgerechnet jetzt seine freiheitstiftende Bedeutung einzubüßen, da durch den gewachsenen Wohlstand die große Mehrheit der Bürger auch wirtschaftlich frei und in der Lage sind, ihre Interessen selbst zu ordnen und an der Regelung der Lebenssachverhalte durch die Nächstbeteiligten (Helmut Coing) teilzunehmen.

Mit der Neubesinnung wird deshalb auch eine Wiederentdeckung des Privatrechts verbunden sein – befreit von der gleichen Bevormundung durch staatlich-kollektive Strukturen, wie sie uns in allen Bereichen der Gesellschaft begegnet.

Bedroht ist vor allem die Einheit der Rechtsordnung und damit die Rechtsstaatlichkeit durch die Verselbständigung der gesellschaftlichen Teilbereiche auch im rechtlichen Sinne. Was Ludwig Erhard von der Aufgliederung der Gesellschaft in Teilordnungen befürchtete: die Zerklüftung und Zerrissenheit, das ist in besonderem Maße für die Rechtsordnung eingetreten. Staatlicher Dirigismus und das öffentliche, das Staats- und Verwaltungsrecht gediehen immer üppiger. Das Ganze war immer weniger zusammenzuhalten. Wo alle Gruppen ein besonderes *Recht* haben wollen, so könnte man in Abwandlung von Erhards prophetischer Vision von 1955 sagen, werden die Menschen immer unfreier werden und immer mehr Rechte (rechtliche Sicherheit) verlieren.

Heute bezweifelt niemand mehr, daß das exponentielle Wachstum der Normen und Teilordnungen die Autorität der Gesamtordnung bedroht. Wenn der Käufer einer Wohnung, zum Beispiel, sie nicht bewohnen kann, weil der Mieter Schutz genießt, obwohl es genug vergleichbare Wohnungen gibt, wenn die Menschen in allen Lebensbereichen auf Widersprüche zwischen den Teilordnungen stoßen, die unvereinbare Ansprüche an sie stellen, weil sie von ihnen nicht als Bürger, sondern als Träger spezieller Funktionen gesehen werden: da muß das Recht notleidend werden. Je größer die »Teilsouveränitäten« der gesellschaftlichen Gruppen und staatlichen Veranstaltungen, je vollendeter ihre Teilrechtsordnungen, je ausgebauter ihre Bürokratien und je umfassender ihr Regelungsanspruch, um so mehr verstrickt sich der Bürger im Gestrüpp der Normen und Gesetze. Wenn die gesellschaftlichen Kräfte das Recht aus dem Zusammenhang der Rechtsstaatlichkeit lösen, um es ihren eigenen Zwecken und Interessen besser dienstbar zu machen, wie soll dann die Rechtsordnung als Ganzes ihre Autorität und ihren Anspruch, gerecht zu sein, begründen.

Ordnung des Rechts statt konzertierter Aktion

Die Krise der »expansiven Gesellschaft« ist auch eine Krise ihrer Rechtsstaatlichkeit. Wirtschaftspolitik ist nicht nur Wirtschaft, sondern auch Politik und damit Gebundenheit an rechtsstaatliche Erwartungen, Zuständigkeiten und Werte. So hatte ich es bei Franz Böhm gelernt und so Karl Schiller 1968 entgegengehalten. Er hatte mit der »aufgeklärten Marktwirtschaft« in der expansiven Gesellschaft, zusammen mit dem Wachstumsziel, den Versuch unternommen, die rechtliche Bindung der Teilordnungen innerhalb der Gesamtordnung zu ersetzen durch die Kooperation der »Oligopole und organisierten Gruppen« mit dem Staat in der konzertierten Aktion. Was ursprünglich als der Versuch gedacht war, die Politik der Sozialpartner und die Aufstellung von Lohnleitlinien mit der staatlichen Konjunkturpolitik in Einklang zu bringen, verwandelte sich unter seinen Händen in ein gesellschaftspolitisches Leitbild, berufen, uns zu einer neuen Gesellschaft und zu einem neuen gesellschaftspolitischen Bewußtsein zu führen. Konzertierte Aktion – das war nach der von Karl Schiller vertretenen Auffassung kein bloßes Lohngespräch, nicht nur Einkommenspolitik oder ein einkommenspolitischer Versuch; wenngleich natürlich der Lohn und ebenso auch die Gewinne und die Investitionen dabei eine erhebliche Rolle spielen sollten. Dahinter stand vielmehr »und gerade in neuerer Zeit besonders« der Status des einzelnen und der Gruppen in der modernen Gesellschaft. Das Leitbild der konzertierten Aktion sollte unsere gesellschaftspolitische Landschaft verändern.

In der Tat hat sie unsere gesellschaftspolitische und unsere rechtsstaatliche Landschaft verändert. Heute erkennen wir, daß es ein Irrglaube war zu meinen, man könne die Ordnung des Ganzen mit Hilfe des Rechtes ersetzen durch das »künstliche Mittel« einer Kooperation der gesellschaftlichen Gruppen mit dem Staat. In der kulturellen Evolution, die auch eine Evolution des Rechtes ist, war die Entscheidung für die konzertierte Aktion ein Rückschritt, kein Gewinn. Sie gab die Forderung preis, daß wir die Autorität des Rechts und damit die Autorität ordnungspolitischer Entscheidungen auch im wirtschaftlichen Bereich anerkennen und sichern müssen; daß das Recht nicht nur Werkzeugkasten der Strukturpolitik sein darf, sondern daß die Ordnungspolitik den Charakter eines verbindlichen Bauplanes erhält, an den alle, auch der Werkmeister selbst, gebunden sind.

Die Wirtschaftspolitik der »aggregierten, gruppenhaft organisierten Wirtschaftsgesellschaft« (Schiller) streifte die Bindungen einer rechtsstaatlichen Ordnungspolitik ab. Zwar war das gesamtwirtschaftliche Gleichgewicht mit dem Stabilitätsgesetz zugleich Inhalt einer verfassungsrechtlichen Verpflichtung geworden. Der Begriff ist jedoch formaler Natur, rechtlich kaum fixierbar und prinzipiell wertfrei. Die wirtschaftliche Freiheit als rechtliche Kategorie steht vor der Klammer einer solchen Politik. Ich habe dies damals kritisiert. Aufgabe einer freiheitlichen Wirtschaftspolitik hätte es sein müssen, den Rahmen der marktwirtschaftlichen Ordnung nicht nur zu deklamieren, sondern inhaltlich zu füllen. Daß die neuen Probleme auch neue Antworten erfordern würden, war unbestritten.

Aber die rechtsstaatlichen Grundsätze der Kontrolle staatlichen Handelns etwa durften nicht angetastet werden. Das galt auch für die Unterscheidung staatlicher und privater Zuständigkeiten und Verantwortungen. Sie war durch die konzertierte Aktion besonders gefährdet. Kein freiheitliches System kann jedoch darauf verzichten, die Verantwortungen *derjenigen* klar zu bezeichnen, denen es Zuständigkeit über andere einräumt, und *all denen* solche Zuständigkeiten vorzuenthalten, die dieser Verantwortung nicht unterliegen. Noch bis zur neuen Politik der konzertierten Aktion in der expansiven Gesellschaft hatten das marktwirtschaftliche Prinzip und die Privatrechtsordnung diese Bedingungen einer freiheitlichen Wirtschaftsordnung gewährleistet. Zwar war die Notwendigkeit unbestritten, die Rechtsordnung zu modernisieren. Ihre Grundsätze standen jedoch außer Frage. Sie verlangten, die Träger wirtschaftlicher Macht auf die Zuständigkeiten zu beschränken, für die sie legitimiert waren und verantwortlich gemacht werden konnten. Sie erwarteten, den Markt offenzuhalten und damit jedem eine Chance zu sichern. Sie geboten, die Verfassungswirklichkeit im Wirtschaftsleben mit der Verfassungsordnung in glaubwürdige materielle und nicht nur formale Übereinstimmung zu bringen.

Die Schwierigkeiten und Widerstände, die sich der Verwirklichung solcher Grundsätze stets aufs neue entgegenstellen, sind groß. Die Privilegierung organisierter Gruppen und Interessen als Mittel und Folge pragmatischer Politik, die politische und rechtliche Anerkennung wirtschaftlicher Besitzstände und ihr Schutz vor Wettbewerb, die Zusammenarbeit von Staat und Verbänden außerhalb geordneter Verfahren, die wachsende Vernetzung der staatlichen und der Verbandsbürokratien, die Bildung ständig neuer Beratungs- und Entscheidungsgremien außerhalb des Parlaments, die Begründung faktisch neuer und die Formulierung rechtlich begründeter Zuständigkeiten: all dies schien mir schon 1968 die Konturen unserer politischen und rechtlichen Zuständigkeiten und damit die Verantwortungen für politisches Handeln zu verwischen. Der Staat war in Gefahr, zur Société anonyme zu werden.

Die CDU hat den Wechsel zur kooperativen Wirtschaftspolitik damals mitvollzogen. Er entsprach durchaus den Vorstellungen derer, die bereits gegen die rechtliche Verwirklichung der Grundsätze der marktwirtschaftlichen Ordnung im Gesetz gegen Wettbewerbsbeschränkungen Widerstand geleistet und das Konzept selbst nie ganz angenommen hatten. Der Konflikt zwischen der Erhardschen Ordnungspolitik und dem eher ständestaatlich orientierten Teil der Partei, der in der »Selbstverwaltung der Wirtschaft«, angereichert durch umfassende Mitbestimmungsmöglichkeiten der Arbeitnehmer, einen dritten Weg zwischen Kapitalismus und Sozialismus sah, war nie ganz ausgetragen worden.

Die Reform der Rechtsordnung als ordnungspolitische Aufgabe

Heute jedoch zeigen sich die Folgen einer gruppenorientierten Auflösung der Gesamtordnung in ihrer ganzen Tragweite. Mit diesen Folgen und mit dem Zerfall der Rechtsordnung in eine wachsende Zahl mehr oder weniger autonomer Teilrechtsordnungen, die nur noch mit Hilfe der Verfassung – und dies mühsam – vom Bundesverfassungsgericht zusammengehalten wird, muß sich die Rechtspolitik vor allem befassen. Wir stehen heute vor einer verfassungspolitischen Aufgabe ersten Ranges. Der Wachstumszwang *kann* nur überwunden werden, wenn die gruppenegoistische Dynamik der gesellschaftlichen Teilbereiche eingefangen und wieder auf die Ziele des Ganzen ausgerichtet werden kann. Dies ist eine politische Aufgabe. Aber ohne Recht ist die Politik ohne Kraft und die Gesellschaft ohne Halt.

Recht in diesem Sinne ist nicht die Menge der Vorschriften, sondern ihre Qualität. Was für die gesamte Gesellschaft gilt, das gilt auch für ihre rechtliche Ordnung: Wir müssen lernen, ihre Qualität zu verbessern, nicht ihre Quantität.

Um so bedauerlicher ist es, daß sich die Rechtspolitik zur Zeit eher in rechtspolitischen Randgebieten engagiert, wie dem Demonstrationsrecht – und dort noch an Fragen, deren Bedeutung für die Qualität unserer Rechtsordnung außer den Beteiligten und den Experten selbst kaum jemand nachvollziehen kann. Dabei ist allerdings die Heftigkeit, mit der über die Reform des Demonstrationsrechts gestritten wird, auch wieder aufschlußreich für unsere politische und gesellschaftliche Situation. Die Auseinandersetzung findet gewissermaßen an der politischen Bruchstelle zwischen den alten und der Forderung nach neuen Strukturen statt. Die heftigsten Demonstrationen der jüngeren Vergangenheit sind regelmäßig durch Sachverhalte ausgelöst worden, die man auch als Symptome der Begrenzungskrise begreifen kann. Der Einsatz von Kernkraft, die nukleare Abschreckung, die Belastung der Umwelt durch Großbauwerke sind politische Sachverhalte, in denen die Not fehlender Begrenzung besonders augenfällig wird. Das rechtfertigt zwar nicht unerlaubte Behinderungen oder unerlaubte Mittel des Protests. Aber es erklärt die Unsicherheit, die selbst die Rechtsprechung bei ihrer Verfolgung erfaßt.

Im Rahmen der politischen Auseinandersetzung über die Frage, ob der vermummte Demonstrant sich unter bestimmten Bedingungen nicht bloß einer Ordnungswidrigkeit, sondern eines Vergehens schuldig macht, sind diese Unsicherheiten allerdings nicht zu bewältigen. Wir können sie nur beheben, wenn wir ihre Ursachen begreifen. Sie liegen in der zunehmend evidenten Widersprüchlichkeit unserer gesellschaftlichen Wirklichkeit, einschließlich ihrer wirklichen Aufgaben und Gefährdungen, und der »Wirklichkeit« unserer Institutionen und Normen.

Jede Begrenzung von Freiheitsrechten (wie des Demonstrationsrechtes) zugunsten anderer Rechte und Interessen (wie das des ungehinderten Verkehrs auf öffentlichen Straßen) ist das Ergebnis von Güterabwägungen, mit denen eine angemessene Berücksichtigung und Schonung beider Rechte angestrebt wird, wenn diese zueinander in Widerspruch geraten. Dabei lösen sie sich nie ganz von den Zwecken, denen die Rechte dienen. Wenn die Menschen gegen etwas demonstrieren, das sie als existentielle Gefährdung der Gemeinschaft – nicht ihrer Sonderinteressen – empfinden, bewerten sie und die Allgemeinheit die Auswirkungen, die ihre Demonstration auf den Straßenverkehr hat, vergleichsweise gering. Für die Verwirklichung des gesetzten Rechts ist das eine Belastung. Politisch können wir dem Problem jedoch nicht nur dadurch gerecht werden, daß wir dem gesetzten Recht größeren Nachdruck verleihen. Denn der Zweck, die existentielle Gefährdung des Ganzen abzuwehren, ist in der traditionellen Güterabwägung und damit in der gesetzlichen Begrenzung des Demonstrationsrechtes nicht berücksichtigt. Man ging und geht zu Recht davon aus, daß der Staat diese Aufgabe auch erfüllen wird, ohne durch Demonstranten dazu aufgefordert zu werden.

Das Problem unserer Zeit besteht jedoch gerade darin, daß eine wachsende Anzahl von Menschen unsere Gesellschaft durch Gefahren existentiell bedroht sieht, die von den *bestehenden Strukturen und Institutionen der Gesellschaft und des Staates* ausgehen und deren rechtliche Ordnung *Teil* der Rechtsordnung ist. Es ist deshalb verständlich, wenn auch nicht erlaubt, daß sie in bezug auf den Staat, der seine Strukturen verteidigt, ein Recht zum Widerstand fordern; dies mit der Begründung, die materielle Rechtsstaatlichkeit, die der Sicherung der Existenz des Ganzen verpflichtet ist, werde durch die formale Rechtsordnung und die Strukturen bedroht, von denen die existentiellen Gefahren ausgehen, ohne daß der Staat Anstrengungen unternehme, diese Gefahren abzuwehren. Wenn Situationen dieser Art entstehen können, dann ist Gefahr im Verzuge. Sie geht jedoch nicht von den Demonstranten aus, sondern von den Widersprüchen, gegen die sie demonstrieren. Daß diese Widersprüche auch jene auf den Plan rufen, die »eine andere Republik« oder gar keine Republik wollen, ist kein Grund, die Auseinandersetzung mit den Widersprüchen zu verweigern.

So gesehen wird die Rechtspolitik zu einer zentralen Aufgabe der Wende. Die Erneuerung der Autorität des Rechts geht Hand in Hand mit der Erneuerung der Autorität der Gesamtordnung und der Erneuerung der »inneren Souveränität« des Staates, in dem die Gesamtgesellschaft ihre Verfassung, ihre Ordnung und ihre Handlungsfähigkeit als Ganzes findet. Die »expansive Gesellschaft« hat nicht nur die Rohstoffe, die Energiequellen, die Umwelt und die Zukunftsfähigkeit der Gesellschaft überfordert, sondern auch ihre Rechtsordnung.

Sie zu erneuern heißt: Abbau der Widersprüche, Neubestimmung der Zwecke der Normen, Verringerung der Bedeutung unbestimmter und vor allem *unbestimmbarer* Rechtsbegriffe, Begrenzung des öffentlichen und Wiederentdeckung des Privatrechts. Die Aufgabe muß in allen Bereichen der Gesellschaft geleistet werden. Einige werden wir berühren. Ihr Ziel muß es sein, die *eine Ordnung* des geordneten Staates zu sichern, ohne die es Rechtsstaatlichkeit nicht gibt.

Die europäische Dimension

Die Aufgabe stellt sich nicht nur für die deutsche, sondern auch für die europäische Rechtsordnung. Mit der Entwicklung der Europäischen Gemeinschaft zu einer eigenständigen Rechtsquelle für Rechtsnormen, die unmittelbar für alle Bürger der Mitgliedsstaaten gelten, ist die Dringlichkeit einer Gesamtordnung nicht geringer, sondern größer geworden. Was wir für das Verhältnis des Ganzen zu seinen Teilen im nationalen Bereich festgestellt haben, gilt noch weit mehr für das Verhältnis der Gemeinschaft zu ihren Mitgliedsstaaten.

Für die Bundesrepublik gilt heute: Die Teilbereiche innerhalb unseres eigenen Staatswesens haben sich zwar vielfach praktisch verselbständigt. Aber sie bleiben rechtlich Teil des Ganzen. Für die Europäische Gemeinschaft gilt: Ihre Teile sind nach wie vor souveräne Staaten. Sie können sich jederzeit auf ihre Souveränität und ihre vitalen, nationalen Interessen berufen und damit Entscheidungen der Gemeinschaft verhindern. Selbst wenn es gelingen sollte, auf dem Weg zu einer politischen Union die Möglichkeit eines Vetos gegen Mehrheitsentscheidungen zu beschränken, wird sie so lange bestehen bleiben, wie und soweit die Mitgliedsstaaten ihre Souveränität behalten.

Daran wird sich auch auf absehbare Zeit nichts ändern. Die ordnungspolitische Aufgabe, eine widerspruchsfreie Gesamtordnung zu schaffen, die die Teile auf die Ziele des Ganzen verpflichtet, ist damit nicht leichter geworden. Doch in den gewachsenen Schwierigkeiten kommt nur zum Ausdruck, daß auch die Herausforderungen gewachsen sind, denen wir uns als Europäer gegenüber sehen. Um so wichtiger ist es deshalb, die Grundsätze der Dezentralisation, der Vielfalt und der Regelung der »Lebenssachverhalte« durch die Nächstbeteiligten zu respektieren und zur Richtschnur der europäischen Integration zu erklären.

Mit jeder der unübersehbar gewordenen europäischen Verordnungen und Regelungen, die Dinge vereinheitlichen wollen, die man nicht vereinheitlichen muß, geht ein Stück europäischer Glaubwürdigkeit verloren. Vielfalt in Europa heißt auch: verschiedene Antworten auf das gleiche Problem zu akzeptieren, seien es Sicherheitsvorkehrungen für Lastwagen oder Traktoren, unterschiedliche technische Standards oder was auch immer.

Industrienormen werden, wenn es wirklich nur um Vergleichbarkeit und Kompatibilität geht, auch vom Markt erzwungen. Werden sie zur Marktbeherrschung mißbraucht, dann heißt die ordnungspolitische Aufgabe nicht bürokratische Standardisierung, sondern Bekämpfung der Marktbeherrschung. Versuchen Mitgliedsstaaten durch Industrienormen den Handel zu beschränken, dann muß die europäische Ordnungspolitik an dieser Absicht ansetzen und nicht versuchen, den Markt durch verordnete Standards offenzuhalten, die sie auch allen jenen aufzwingt, die es nicht für erforderlich halten, alles zu normieren.

Natürlich sind die praktischen Probleme weitaus vielschichtiger und komplizierter. Trotzdem dürfen wir nicht die eigentliche Aufgabe aus den Augen verlieren: die Überwindung einer Begrenzungskrise. Das exponentielle Wachstum des quantitativen Regelungsanspruches der Europäischen Gemeinschaft und ihrer Bürokratien, die durch Souveränitätssymbole überhöhten nationalen Egoismen und die schon fast mitleiderregenden Versuche der europäischen Parlamentarier, im Getümmel bürokratischer und exekutiver Betriebsamkeit die Fahne der europäischen Identität hochzuhalten: all dies wird uns nicht helfen, die Umstellungskrise zu überwinden, die unsere Völker und ihre Staaten erfaßt hat.
Freiheit ist auch in Europa nicht ohne Recht zu haben. Die europäische Einigung ist nicht nur eine wirtschaftspolitische, sie ist eine Aufgabe des Rechts im tiefsten Sinne seiner Bedeutung. Europäische Ordnungspolitik ist deshalb von unserer Aufgabe, im deutschen Rechtskreis zum Ordnungsdenken zurückzukehren, nicht zu trennen.

Rechtsordnung und gesamtwirtschaftliches Gleichgewicht

So können wir feststellen: Der Versuch der »neuen Wirtschaftspolitik« der »expansiven Gesellschaft«, den Geltungsanspruch der staatlichen Gesamtordnung durch die *Kooperation der Gruppeninteressen* zu ersetzen und diese auf das *gesamtwirtschaftliche Gleichgewicht* als verfassungspolitisches Ziel zu verpflichten, ist gescheitert. Karl Schiller hatte die Gruppen eingeladen, »an der Vorformung der Wirtschaftspolitik« mitzuwirken. In seinem »Modell einer aggregierten, gruppenhaft organisierten Wirtschaftsgesellschaft« sollte sich »soziale Symmetrie« verwirklichen. Mit der konzertierten Aktion als Ausdruck »unserer gruppenhaft aggregierten Gesellschaft« befänden wir uns, so glaubte Schiller, »auf dem Weg durch neues Gelände, wo Oligopole und organisierte Gruppen auch zu *Makrodezisionen* Zugang haben – wenn sie sie nicht selber usurpieren, was nicht gut wäre«.
Die Gruppen haben die »Makrodezisionen« usurpiert. Allerdings nicht durch Usurpation der staatlichen Macht. Sie nahmen die neue Politik vielmehr beim Wort. Die bis dahin nur mühsam zurück-

gestauten Umverteilungs- und Verteilungsansprüche organisierter Sonderinteressen, denen Erhards ständige Sorge gegolten hatte, ergossen sich ungehemmt in den staatlichen parlamentarischen Raum und verlangten politische Anerkennung und Verwirklichung. Das Parlament – konkreter: die Abgeordneten – war diesem Ansturm nicht gewachsen.

Den Schutz vor den Ansprüchen organisierter Interessen, den ihnen die Ordnungspolitik Erhards bieten sollte, hatte das Parlament mit seiner Zustimmung zu Karl Schillers Politik aufgegeben. Ohne ihn konnte es die Ansprüche der organisierten Interessen jedoch nicht länger abwehren. So gab das Parlament den Ansprüchen nach und löste die Lawine wachsender Staatsverschuldung aus.

Wirtschaftspolitische Ziele können auch dann nicht die Wirkungen einer Rechtsordnung ersetzen, wenn sie mit Verfassungsrang ausgestattet werden. Sie sind als solche ungeeignet, materielles Recht zu sein. Über sie kann jederzeit politisch verfügt werden. So ist denn auch der Versuch gescheitert, den Gesetzgeber bei der Staatsverschuldung durch Art. 115 des Grundgesetzes zu binden und gleichzeitig die Ausnahme »zur Abwehr einer Störung des gesamtwirtschaftlichen Gleichgewichts« zuzulassen. Ob die Bindung ohne die Ausnahme beachtet worden wäre, ist kaum zu sagen. Sicher ist, daß sie ohne Wirkung bleiben *muß*, wenn dem Staat *erlaubt* wird, Schulden zu machen, um regieren zu können – und die Regierenden selbst entscheiden dürfen, wieviel Geld sie brauchen, um regieren zu können.

Das Stabilitäts- und Wachstumsgesetz hat seine Berechtigung verloren – falls es je eine hatte. Sein Anspruch, das Gleichgewicht der Wirtschaftsgesellschaft durch stetiges und angemessenes Wirtschaftswachstum zu gewährleisten, hat sich als kostspielige Illusion erwiesen. Je schneller wir uns von dieser Illusion trennen und dem Geltungsanspruch der Gesamtordnung als einigendem Band wieder zu seinem Recht verhelfen – *unabhängig* vom Wachstumspfad der Wirtschaft –, um so besser für Staat und Gesellschaft und ihre Rechtsordnung. Bleibt es bei dem heutigen Widerspruch zwischen Verfassungsanspruch und politischer Wirklichkeit im Bereich der Wirtschaft, dann dürfen wir uns nicht wundern, wenn ein junger Richter in Frankfurt das Recht in die eigene Hand nimmt und die Demonstranten, die die Straße rechtswidrig blockierten, freispricht,

weil sie gegen die nukleare Bedrohung »Widerstand« geleistet haben.
Kritiker des Richters sehen ihn auf dem Marsch durch die Institutionen. Ich kenne die Biographie des Mannes nicht. Aber wer kritisiert, muß sich auch fragen lassen, welchen anderen Weg zur Änderung und Erneuerung überholter Strukturen er empfiehlt. Die stets wiederholte Antwort, die Erneuerung sei »politisch unmöglich«, reicht nicht aus. Meine Generation und die Älteren haben das Recht mit dem maßlosen Anspruch befrachtet, mit politischen Mitteln stetiges, angemessenes Wirtschaftswachstum und gesamtwirtschaftliches Gleichgewicht unserer Volkswirtschaft zu gewährleisten. Solange wir diesen Anspruch nicht berichtigen – und uns zugleich der Aufgabe stellen, daraus die Konsequenzen zu ziehen –, werden wir es schwer haben, andere, unerfüllbare Forderungen an die Rechtsordnung abzuwehren.

Die Bewältigung des Wandels in Freiheit

Je freiheitlicher eine Gesellschaft ist, je mehr die einzelnen selbst sie gestalten, gemeinsam gestalten und an ihr mitwirken können, um so größer muß schließlich auch die Übereinstimmung der Bürger sein, auf der das gesellschaftliche Zusammenwirken der Menschen und ihrer Institutionen beruht. Das »Konsensniveau« ist deshalb ein wichtiger Maßstab für den Entwicklungsstand einer Gesellschaft, für ihre Qualität. Je größer die Gemeinsamkeit an kultureller, geistiger, gesellschaftlicher und politischer Anschauung und Überzeugung, um so höher ist der kulturelle und politische Entwicklungsstand der Gesellschaft. Umgekehrt: Nimmt das Maß an Gemeinsamkeit ab, geht auch die Fähigkeit zurück, eine komplexe, dezentrale Gesellschaft als Einheit zu erleben.
Diese Übereinstimmung ist nicht ohne Aufwand zu haben. Sie ist das Ergebnis geistiger Anstrengung. Alle erfolgreichen Gesellschaften haben Formen und Methoden entwickelt, um dieses Ergebnis zu sichern. Die Identität der Gemeinschaft, ihr Bestand an kultureller und politischer Tradition, ihre Geschichte und ihr Nationalempfinden gehören zu ihnen. Erhard appellierte an die *Nation*, als er 1965 den Versuch machte, die expansive Entwicklung der Gesellschaft

einzufangen und in einem dynamischen Gleichgewicht zu stabilisieren. Wir Deutsche haben mit der Bindung unserer gesellschaftlichen Strukturen in einer Gesamtordnung der Nation, ihrer Verfassung und ihrer Rechtsordnung unsere besonderen Probleme. Trotzdem können wir nicht darauf verzichten.

Ich habe *1974* zum erstenmal für mich den Versuch unternommen, Bindungen der gesellschaftlichen Teilbereiche an das *nationale Interesse* zu begründen und damit den Gedanken Ludwig Erhards wiederaufzunehmen. Als Ausgangspunkt dienten mir Bemerkungen von Claus Jacobi und Walter Lippmann, die heute noch gültig sind. »In zwei Wesenszügen«, so hatte Claus Jacobi beobachtet, »hat sich die zunehmende Unfähigkeit der Demokratien, ihren staatlichen Auftrag zu erfüllen, zum Modell verdichtet: Sie sind nicht imstande, die international immer enger verzahnten Probleme der Wirtschaft national zu lösen. Sie sind nicht imstande, dem Druck außerparlamentarischer Kräfte im Inneren zu begegnen.« Walter Lippmann hatte schon 1969 festgestellt: »Um der Dinge willen, die es zu tun gibt, muß die Menschheit mehr regiert werden. Wegen der ständig steigenden Zahl involvierter Menschen wird aber das Regieren immer weniger möglich.« Es war die Zeit, als die Diskussion über die Regierbarkeit westlicher Industrienationen einsetzte. Was ich selbst dazu zu sagen hatte, möchte ich – in den wesentlichen Punkten – hier wiederholen, da es mir noch gültig erscheint. Zugleich behandelt es, wenn auch aus damaliger Sicht, die Konsequenzen, die sich aus einer Wende für wichtige Teilbereiche der Gesellschaft und für die Außen- und Sicherheitspolitik ergeben.

1. Den hochindustrialisierten Ländern erwachsen aus der Zeit des Wandels neuartige Aufgaben und Verantwortungen. Welchen Beitrag wir dazu leisten können, hängt von unserer Fähigkeit ab, uns grundlegend neuen Situationen anzupassen und dadurch Wandel und Veränderungen zu beherrschen. Die Erfahrungen, die wir in der jüngsten Vergangenheit mit dieser unserer Fähigkeit gemacht haben, sind nicht ermutigend.

a) Die Anzeichen mehren sich, daß unsere gesellschaftlichen Strukturen durch den geistigen, technologischen und wirtschaftlichen Wandel überlastet sind. Das Gleichgewicht unserer gesellschaftlichen Machthaushalte ist zunehmend gestört, die Stabilität unserer

Ordnungen gefährdet, das Gewebe der sozialen Organisation zum Zerrreißen gespannt. Es wird immer schwieriger, individuelle und gemeinschaftliche Identitäten zu entwickeln und zu behaupten und Ziel und Sinn des Ganzen zu erkennen. Die im Staat organisierte Gesellschaft sieht sich außerstande, das Gemeinwohl durchzusetzen, auch wenn seine Verletzung durch den Eigennutz organisierter Gruppen offensichtlich wird.

Die Rolle des Staates selbst erscheint in Frage gestellt. Die Vergesellschaftung staatlicher Organe und Kompetenzen ist in vollem Gange, ohne daß die Regierung ihr spürbaren Widerstand entgegensetzt. Dem Staat werden (durch die Entwicklung) die Mittel legitimer Herrschaftsäußerungen entzogen, ohne die er seinen Sinn verliert. Der Kampf um die Verteilung der gesellschaftlichen Ressourcen, um Kaufkraft, Eigentum, Macht und Kontrolle ist zum bestimmenden Grundsatz geworden. Die Inflation ist Ausdruck dieser unbewältigten Verteilungskonflikte. Ihre Hauptgründe sind der gestörte Machthaushalt unter den organisierten Gruppen und die Unfähigkeit der Regierung, das strukturelle Gleichgewicht wiederzufinden.

b) Das Verhältnis des gesellschaftlichen Ganzen zu seinen Teilen ist problematisch geworden. Wir leiden unter der Emanzipation organisierter Gruppen gegenüber der organisierten Gemeinschaft, dem Staat. Was auf der Strecke zu bleiben droht, ist die Fähigkeit des Ganzen, den Wandel in Freiheit zu bewältigen und Anwalt derer zu sein, die sich nicht organisieren können.

Die Erfüllung unserer nationalen Aufgabe in einer Welt rapiden Wandels und struktureller Krisen ist ohne politische Autorität des Allgemeinwohls unmöglich. Diese Autorität kann nur durch eine Erneuerung des Gleichgewichts zwischen der staatlich verfaßten Gesellschaft und ihren Teilen gesichert werden. Nur so kann die Regierung ihr politisches Mandat wiedergewinnen und die Legitimität ihres Führungsanspruches in einer freiheitlichen und offenen Gesellschaft neu begründen. Die Erneuerung und Sicherung dieses Gleichgewichts ist der politische Auftrag der CDU. Er ist das Ziel und die Grundlage ihrer Strategie.

Die Bewältigung dieses Auftrages vollzieht sich im Spannungsverhältnis von Solidarität und Subsidiarität. Beide sind Entfaltungen des zentralen Begriffes des Gemeinwohls. Unter Solidarität verstehen wir das christliche Prinzip der Gemeinschaft, den Ausdruck des gemeinschaftlichen Handelns des Menschen als Teil seiner Selbsterfüllung, den Anspruch des Schwächeren an den Nachbarn im Sinne sozialer Solidarität. Der Gedanke der Subsidiarität besagt: Was der einzelne aus eigener Initiative und mit eigener Kraft leisten kann, darf ihm nicht entzogen und der Gesellschaft als Ganzes zugewiesen werden.

c) Wollen wir ein neues Verhältnis zwischen Gemeinwohl und Gruppeninteresse erlangen, so muß das Verhältnis von Solidarität und Subsidiarität eindeutig definiert sein. Für dieses Verhältnis gilt, daß die Freiheit und Autonomie der Gruppen, ihre Angelegenheiten aus eigener Initiative und eigener Kraft zu gestalten, in die Solidarität des Ganzen einbezogen sein muß. Die allgemeine Anerkennung der gemeinsamen Ziele muß als Grundlage für das Zusammenwirken der Gruppen untereinander und für das Wohl des Ganzen gelten. Nur im Bezugsrahmen der Ziele der staatlichen Gemeinschaft läßt sich ein dynamisches Gleichgewicht der Teile zum Ganzen sichern. Nur in seinen Grenzen können die Spannungen zwischen Zusammenarbeit und Konflikt stabilisiert und konstruktiv genutzt werden. Es gilt: Die institutionelle Sicherung einer die Freiheit des Ganzen gewährleistenden Organisation hat keine Aussicht auf Erfolg, wenn die Handhabung dieser Organisation durch die beteiligten Gruppen nicht von einem Minimum an staatsbürgerlicher Loyalität bestimmt ist. Die Aufrechterhaltung und ständige Erneuerung dieser Loyalität ist eine der wichtigsten Aufgaben politischer Führung.

Die Bewältigung dieser Aufgabe hängt ab von den Zielen und Zwekken, für die sie die Solidarität des einzelnen und der Gruppen in Pflicht nimmt. Diese Ziele können nur die elementaren Bedürfnisse der organisierten Gemeinschaft Bundesrepublik Deutschland betreffen.

Unser Hauptziel ist, wie das jeder anderen Nation, die Sicherung unserer Existenz nach innen und außen. Es ist in dieser Zeit rapider weltweiter Veränderungen die Bewältigung des Wandels in Freiheit. Nur wenn es uns gelingt, den großen Veränderungen unserer Zeit in Freiheit zu begegnen, werden wir sie wirklich meistern.

d) In diesem Ziel der Bewältigung tiefgreifender Veränderungen unter der Bedingung der Freiheit sehe ich das vorrangige Interesse unseres Landes und damit sein *nationales Interesse*. Es ist ein politisches, das Ganze umfassendes Ziel – nicht die Summe der Interessen einzelner Gruppen. Was seiner Verwirklichung dient, ist richtig und damit vernünftig im Sinne politischer Gestaltung, ist rational im Sinne des Ganzen. An seiner Verwirklichung mißt sich gesellschaftlicher Fortschritt und Gerechtigkeit. Ihm ist die Rationalität, die Eigengesetzlichkeit und der Eigennutz der Teile untergeordnet, soweit sie mit dem Ganzen in Widerspruch stehen.

Weil dieses Ziel auf die Kontinuität der Nation in Freiheit angelegt ist, ist es eingebunden in die historische Identität unseres Landes. Es wird von unserer erlebten Vergangenheit ebenso bestimmt wie von unserer gewollten politischen Zukunft. Erst der historische Bezug verleiht diesem Ziel die politische Kraft, um eine dezentralisierte, freie Gesellschaft als ein organisiertes Ganzes zusammenzuhalten und ihm die notwendige Orientierung zu geben.

Die *Verwirklichung* dieses nationalen Interesses – die Bewältigung des Wandels in Freiheit – hat einen strukturellen und einen normativen Aspekt. Der strukturelle Aspekt betrifft die Organisation der gesellschaftlichen Institutionen im Hinblick auf ihre Fähigkeit, auf Veränderungen zu reagieren, sie zu verarbeiten und zu beherrschen. Gefragt ist nach den organisatorischen Bedingungen, die gegeben sein müssen, damit organisierte menschliche Gesellschaft im Wandel überleben kann und nicht an den Veränderungen ihrer Umwelt zerbricht. Über den normativen, den wertbezogenen Aspekt des nationalen Interesses geben die Strukturen, deren wir uns bedienen, als solche keine Auskunft.

Vielmehr ist die Umsetzung unseres Verständnisses vom Menschen in politische Institutionen und gesellschaftliche Strukturen die eigentliche Aufgabe, das eigentlich Politische bei der Gestaltung der organisierten Gesellschaft. Erst in der Ausgestaltung der Strukturen, in der Auswahl verschiedener Möglichkeiten kommt das zum Ausdruck, was Politik wirklich bedeutet: Gestaltung menschlicher Gesellschaft vor dem Hintergrund eines bestimmten Menschenbildes.

Unser Bild vom Menschen ist bestimmt von der Unantastbarkeit der Würde des Menschen, von der Verpflichtung aller staatlichen Gewalt, sie zu beachten und zu schützen. Es ist bestimmt vom Begriff der Freiheit. Die freiheitliche Gesellschaft geht von der Einzigartigkeit des Menschen und seiner letztlich personalen Verantwortung einer Instanz gegenüber aus, die außerhalb seiner selbst und außerhalb der menschlichen Gemeinschaft liegt. Diese normative Bindung allen politischen Handelns wirkt zurück auf die Auswahl der Strukturen, die uns für die Bewältigung des Wandels in Freiheit zur Verfügung stehen.

e) Unser *nationales Interesse*, das heißt das Interesse der organisierten Gemeinschaft Bundesrepublik Deutschland, bestimmt das Gleichgewicht von Solidarität und Subsidiarität. Wird die Notwendigkeit eines solchen Gleichgewichts zur Richtschnur konkreten politischen Handelns, regt sich Widerstand. Aus diesem Widerstand erwächst die Spannung zwischen der Zusammenarbeit für die Ziele des Ganzen und dem Konflikt mit den Zielen des Ganzen. Diese Spannung zwischen Zusammenarbeit und Konflikt in der Gesellschaft ist nicht aufhebbar. Ihre Ursachen liegen in den Bedingungen menschlicher Gesellschaft an sich. Aus diesem Grunde ist es notwendig, die zwischen Zusammenarbeit und Konflikt bestehenden Spannungen zu stabilisieren und die in ihr gespeicherten Energien für die Erhaltung der freiheitlichen Existenz und den Fortschritt des Ganzen nutzbar zu machen. Dies ist die vornehmste Aufgabe staatlicher Autorität.

Die Notwendigkeit, die Spannung zwischen Zusammenarbeit und Konflikt zu stabilisieren, ist zugleich die eigentliche Quelle der Legitimation der Staatsautorität. Nur eine politische Theorie, die Solidarität im Sinne der Zusammenarbeit für das Ganze und Subsidiarität im Sinne des Gesondertseins, der Selbständigkeit gegenüber dem Ganzen, gleichermaßen als konstitutive Elemente jeder gesellschaftlichen Struktur akzeptiert, ist in der Lage, die Autorität politischer Führung zu legitimieren. Die Theorie des Sozialismus reduziert die Gesellschaft auf ihre Konflikte und erwartet deren Beherrschung erst vom Sieg einer Klasse über den Rest der organisierten Gesellschaft. Die grundlegende Schwäche sozialistischer Regierungen (in demokratischen Ländern), denen nicht das Versprechen ständigen wirtschaftlichen Wachstums zur Verfügung steht, hat hier ihre eigentliche Ursache.

f) Ob es gelingt, die Spannung von Solidarität und Subsidiarität zu stabilisieren, hängt auch von der geschichtlichen Verbindlichkeit des Wertsystems der Gesellschaft ab. Wir haben es in dieser Hinsicht in der Bundesrepublik besonders schwer gehabt. Seit ihrer Gründung mußten die Interessen des gemeinsamen Ganzen stets um ihre Anerkennung ringen. Zunächst hatte aus naheliegenden und verständlichen Gründen die Wirtschaft Vorrang. Es ist kein Zufall, daß wir in den ersten Jahren nicht nach den Gesetzen einer politischen, sondern nach den Gesetzen einer wirtschaftlichen Ordnung antraten: der Marktwirtschaft. Zwar wurde der Primat der Wirtschaft in der Folgezeit abgelöst. Aber die Ablösung erfolgte nicht in erster Linie durch die kraftvolle Festlegung allgemeiner politisch definierter nationaler Interessen, sondern wiederum durch gesellschaftliche Teilinteressen, wie soziale Sicherheit, Ausbau der Verteilungsgerechtigkeit oder Mitbestimmung in gesellschaftlichen Teilbereichen.

Die Berechtigung solcher Interessen ist unbestritten. Aber sie können nicht isoliert gesehen werden und sind nicht aus sich selbst gerechtfertigt. Ihre Rechtfertigung erlangen sie vielmehr erst durch ihre Bedeutung im Rahmen des Gesamtinteresses, dem sie untergeordnet sind. Die Leistungen der Teilbereiche, wie der Großunternehmen, der Gewerkschaften oder der Bauernverbände, sind auch als Beiträge zum Ganzen zu bewerten. Darin liegt ein entscheidender Aspekt der Sozialpflichtigkeit autonomer Gruppen.

g) Bei der Sicherung des Gleichgewichts zwischen den Zielen der Allgemeinheit und ihrer Teile spielt die Verteilung der politischen, geistigen und kulturellen Ressourcen eine ebenso große Rolle wie die Verteilung der wirtschaftlichen Möglichkeiten unseres Landes. Eine Gesellschaft, die ihre Führungsenergien weitgehend in Teilbereichen konsumiert und – vom Eigennutz gesellschaftlicher Teilgruppen angetrieben – die Nachfrage nach Führungskräften schneller steigert als sie aufgrund des Ausbaus ihrer Bildungseinrichtungen befriedigt werden kann, verringert damit ihre Fähigkeit, die politischen Führungsenergien zu mobilisieren, die erforderlich sind, um das Wohl des Ganzen gegen den Eigennutz seiner Teile durchzusetzen. Daran sollten alle jene Gruppen denken, die nur noch sich selbst und ihren Fortschritt sehen und diesen Fortschritt ohne Rücksicht auf die Auswirkungen für die Gesamtheit zu verwirklichen suchen.

Wir müssen uns von dem Gedanken freimachen, daß jeder Fortschritt oder jede Verbesserung gesellschaftlicher Zustände in Teilbe-

reichen gleichbedeutend ist mit dem Fortschritt oder der Demokratie des Ganzen. Eine Regierung, die unterschiedslos die Demokratisierung von Teilbereichen fordert, weil sie keine klaren Vorstellungen über die angemessene, die richtige, die in unserem nationalen Interesse liegende Struktur der Gesellschaft hat, könnte eines Tages erleben, daß sie die Demokratie des Ganzen verspielt hat, weil sie ihr politisches Mandat gesellschaftlichen Teilbereichen überantwortet und diese sich, der Logik der Entwicklung folgend, als demokratisch legitimierte, als autonome Teilgesellschaften verstehen.
Die damit verbundene Auflösung der Solidarität des Ganzen geht Hand in Hand mit der inhaltlichen Entleerung der nationalen Zielsetzung und des aus ihr abgeleiteten Gemeinwohls. Das nationale Interesse wird zur Lehrformel reduziert, die die auseinanderstrebenden Gruppeninteressen nicht unter den Bedürfnissen des Gemeinwohls zusammenhalten kann. Die Spannung zwischen Zusammenarbeit und Konflikt, zwischen Solidarität und Subsidiarität, und damit das Gleichgewicht in der Gesellschaft kann nur stabilisiert werden, wenn das Gemeinwohl unmißverständlich definiert und kraftvoll durchgesetzt wird. Durch die Definition des Gemeinwohls wird nicht nur die Autorität zum Regieren erhalten, sondern auch die Autorität, die Interessen des Ganzen gegen die Interessen der Gruppen zu behaupten.

2. Die Sicherung der Existenz unserer Nation als einer freiheitlichen Gesellschaft im Wandel verlangt, daß wir sowohl innen- wie außenpolitisch alles unternehmen, um die Belastbarkeit unserer Gesellschaft zu sichern und zu erhöhen. Dies verlangt eine Gestaltung unserer gesellschaftlichen Institutionen und Vorkehrungen, die sie in die Lage versetzen, externe Einflüsse aufzufangen, zu absorbieren und damit zu beherrschen. Wir erreichen dieses Ziel, wenn wir unsere gesellschaftlichen Strukturen offen, elastisch und entwicklungsfähig halten, wenn wir die Festschreibung von Gruppenbesitzständen verhindern, wenn wir die Verwaltung gesellschaftlicher Sachverhalte entbürokratisieren und die Institutionen vereinfachen. Genau das ist der politische Auftrag der sozialen Marktwirtschaft.
Dabei kommt dem Gesichtspunkt der Vereinfachung gesellschaftlicher Problemlösungen und Strukturen besondere Bedeutung zu.

Nur durch eine solche Vereinfachung wird es möglich sein, Anonymität abzubauen und dadurch die Voraussetzungen für die Anerkennung sachlich legitimierter Autorität zurückzugewinnen. Der Forderung nach Abbau der Anonymität kann nur mit der Entflechtung der gesellschaftlichen Teilbereiche begegnet werden. Wir müssen neue Formen und Strukturen menschlicher Zusammenarbeit finden, wenn wir nicht an der Überorganisation der bestehenden Strukturen ersticken wollen.

Wir müssen durch den Abbau dieser Überorganisation auch wieder die Voraussetzungen dafür schaffen, einen Teil der institutionellen Kontrollvorkehrungen (institutionelle Mitbestimmungen) abzubauen, die wir heute im Zusammenhang mit der Gewährung von Entscheidungsautorität für notwendig halten und die ein immer größeres Maß an Führungsenergie verbrauchen. Aus einem System, in dem sich auf institutionelle Weise die Frage nach der Kontrolle der Kontrolleure beliebig fortsetzt, wird ein unfruchtbarer Kontrollkreislauf, der nichts mehr bewegt. Nur die Vereinfachung gesellschaftlicher Strukturen gibt uns die Chance, das Gleichgewicht zwischen direkter Kontrolle und institutioneller Kontrolle zugunsten der direkten Kontrolle (und Mitwirkung) zu verschieben und damit zugleich die Institutionen zu entlasten.

a) Ein praktischer Anwendungsfall ist das Verhältnis von institutioneller Mitbestimmung und Mitbestimmung am Arbeitsplatz. Aus der Notwendigkeit zur Vereinfachung und Dezentralisation gesellschaftlicher Strukturen folgt, daß die Mitbestimmung am Arbeitsplatz gegenüber der institutionellen Mitbestimmung nicht nur unter dem Gesichtspunkt unmittelbarer statt vermittelter Mitwirkung, sondern auch unter dem Gesichtspunkt gesellschaftlicher Strukturerfordernisse den Vorzug verdient. Mit der Vereinfachung gesellschaftlicher Strukturen ist die Verschiebung der Gewichte zugunsten der direkten Mitbestimmung am Arbeitsplatz verbunden. Das heißt aber, daß der Ausbau der institutionellen Mitbestimmung im Hinblick auf das Gesamtinteresse nicht dazu führen darf, bestehende Besitzstände an starren Großstrukturen festzuschreiben und so die Vereinfachung gesellschaftlicher Strukturen zu erschweren oder zu verhindern.

b) Ähnliches gilt für den Bereich des Unternehmensrechts. Wenn Elastizität und Flexibilität gesellschaftlicher Strukturen eine Voraussetzung für die Aufrechterhaltung der Fähigkeit des Ganzen ist, tiefgreifende Wandlungen in Freiheit zu bestehen, so müssen auch die Strukturen der Großunternehmen entsprechend diesem Erfordernis fortentwickelt werden. Für die Konzentrationsprozesse in der Wirtschaft bedeutet dies, daß sie ihre Notwendigkeit und damit Berechtigung nicht nur an der Rationalität der Unternehmen selbst, sondern ebenso an der Rationalität des Gesamtinteresses messen lassen müssen. Widerspricht die Konzentration in Teilbereichen dem nationalen Interesse an der Aufrechterhaltung einer optimalen Flexibilität, Durchlässigkeit und Anpassungsfähigkeit des Ganzen, so müssen neue Strukturen gefunden und entwickelt werden, die es erlauben, die anerkannten Ziele der Konzentrationsprozesse auf andere Weise zu erreichen. In keinem Falle darf die Vernünftigkeit von Konzentrationsprozessen nur an der Nützlichkeit gemessen werden, die sie für den gesellschaftlichen Teilbereich haben.

c) Der gleiche Grundsatz trifft auch auf die Großorganisationen der Gewerkschaft zu. Ausgehend von ihren gebiets- oder bundesweiten Tarifverträgen versuchen sie, Einheitsstrukturen auch in den Bereichen zu verwirklichen, in denen pluralistische Lösungen durchaus erstrebenswert und möglich sind.

d) Was für Großunternehmen gilt, gilt in gleicher Weise auch für die öffentliche Verwaltung. Das Verhältnis der Zentralbehörden zu den mittleren und unteren Instanzen muß im Zuge einer stärkeren Dezentralisation neu geordnet werden, um die Anpassungsfähigkeit an veränderte Aufgaben zu steigern. Für die Verwaltung müssen Strukturen entwickelt werden, die es den Oberinstanzen mehr als bisher ermöglichen, sich auf die Zielvorgabe zu konzentrieren und den Mittel- sowie den Unterinstanzen weitgehend die Zielverwirklichung zuzuweisen. Die Verwendung jahrhundertealter Organisationsstrukturen für die Bewältigung moderner Verwaltungsaufgaben führt unvermeidlich zur Vergeudung wertvoller Führungsenergie.

Die Gesetzgebung muß so vereinfacht werden, daß sie für den betroffenen Bürger wieder verständlich und handhabbar ist. Gesetze, die ihren Sinn durch Komplexität verfehlen, gefährden die staatliche Autorität. Sie strapazieren die Bereitschaft des Bürgers und der Gruppen, in den Gesetzen den Ausdruck des Gemeinwohls zu erkennen, und zerstören damit die Voraussetzungen für die Verwirklichung des nationalen Interesses an einem ausgewogenen Verhältnis zwischen Solidarität (mit dem Ganzen) und Subsidiarität. Ein Allgemeinwohl, das durch unverständliche Gesetze zum Ausdruck gebracht wird, kann den Gruppeninteressen nur Anlaß zur Indolenz sein.

e) Auch im Bereich der Bildung kann die durch die rasante Umweltveränderung notwendig gewordene Flexibilität der Bildungseinrichtungen nur durch deren Vereinfachung und Dezentralisation erreicht werden. Hinzukommen muß, gerade im Bereich der Bildung, eine klare Inhaltsvorgabe der zu vermittelnden Wertordnung.

f) Unerläßlich ist schließlich die Reform und Fortentwicklung des Verhältnisses von Regierung und Parlament. Die Stellung des Parlaments als dem eigentlichen Ort der Darstellung existentieller Ziele der organisierten Gesellschaft muß gestärkt und damit von der Exekutive unabhängiger gestaltet werden. Das allgemeine Wohl, dessen Definition, Beschreibung und Fortentwicklung letztlich im Parlament stattzufinden hat, kann nicht zum Gegenstand eines sogenannten »freien Spiels der Kräfte« zwischen der Regierung und den gesellschaftlichen Gruppen werden.

g) Die Bedeutung einer *inhaltlichen Definition des nationalen Interesses* bewährt sich aber nicht nur in der Innenpolitik. Sie besteht gleichermaßen für die *außenpolitische Handlungsfähigkeit der Nation.* Die unhistorische, beispiellose Situation der Bundesrepublik erschwert die Formulierung ihres außenpolitischen Interesses in besonderer Weise. Um so wichtiger ist es, vorhandene geschichtliche Bezüge zu pflegen, aber auch das geschwächte historische Bewußtsein durch bewußte politische Autorität zu entlasten. Nur so kann die Bundesrepublik die Voraussetzungen für einen eigenen Beitrag zur europäischen Entwicklung und zur Anerkennung unserer Rolle bei der Bewältigung der weltweiten Probleme gewährleisten.

Außenpolitisch müssen wir auf der Grundlage unseres nationalen Interesses solche Kooperations- und Gemeinschaftsstrukturen anstreben, die die Aufrechterhaltung unserer nationalen Integrität und die freiheitliche Organisation unserer Gesellschaft gewährleisten, uns vor der Unterwerfung durch andere Mächte schützen und uns helfen, den Wandel der Welt in Freiheit zu meistern. Weiterhin sind wir bereit, in einer starken Gemeinschaft diejenige Aufgabe zu

übernehmen, die es uns erlaubt, unsere Existenz und die Ansprüche unserer Nation durch entsprechende Leistungen an die Welt zu rechtfertigen.
Aus diesem außenpolitischen Grundsatz folgt konkret, daß wir zu den USA unter allen Umständen gute Beziehungen unterhalten müssen, da es nur mit ihrer Hilfe möglich ist, ernste außenpolitische Gefährdungen zu meistern. Für unsere Europapolitik bedeutet dieser Grundsatz, daß wir die Interessen der Einzelstaaten zum Ausgangspunkt unserer europäischen Integrationsbemühungen machen müssen. In den letzten Jahren haben wir immer seltener unsere nationalen Interessen artikuliert und statt dessen versucht, den Eindruck zu erwecken, als trieben wir eine altruistische Politik. Es kann der europäischen Bewegung nur dienlich sein, wenn wir diese verfehlte Position wieder aufgeben und unseren Partnern klar sagen, was wir wollen und welche Ziele wir zu unterstützen bereit sind.

h) Wir müssen uns in Europa freimachen von den Vorstellungen einer statischen Gemeinschaft. Unser Europa ist Entwicklung, Dynamik, Bewegung. Die europäischen Strukturen müssen so gestaltet werden, daß sie ein pulsierendes System von Einzelstaaten im Rahmen unserer gemeinsamen europäischen Wertordnung integrieren können. Dabei sollten wir auch die irrationalen Kräfte in den einzelnen Ländern, wie Geschichte, Sprache, Heimat, Nationalstolz und so weiter, für Europa aktivieren. Die europäischen Strukturen müssen eine solche Aktivierung gestatten. Es ist an der Zeit, daß Europa eine politische Struktur erhält. Die Wirtschaft hat ihren Beitrag bereits geleistet. Heute sind sie zusammen mit allen anderen auf der Suche nach einem politischen Europa.

i) In den Zusammenhang unseres außenpolitischen Konzepts gehören auch die multinationalen Unternehmen. Unser nationales Interesse gebietet es, daß wir mit den Ländern, in denen diese Unternehmen ihren Sitz haben, Rahmenvereinbarungen treffen, die die fehlende Gesamtrechtsordnung für den Tätigkeitsbereich der multinationalen Unternehmen durch Teilrechtsordnungen ersetzen. Dazu gehören vor allem Vereinbarungen über die ordnungspolitischen Grundsätze, die die multinationalen Unternehmen in allen Ländern beobachten müssen; weiterhin Maßnahmen, die es den multinationalen Unternehmen möglich machen, aus der nationalen Solidarität der Einzelstaaten auszubrechen. Nur unter diesen Voraussetzungen sind multinationale Unternehmen erträglich. Ohne diese Bedingungen müßten Herrschaftsbezüge gesellschaftsrechtlicher Art, die auf den nationalen Rechtsordnungen aufbauen, über nationale Grenzen hinweg eingeschränkt oder unterbunden werden.

3. Solidarität und Subsidiarität sind aber nicht nur Entfaltung des zentralen Begriffs des Gemeinwohls. In ihrem Verhältnis zueinander entscheidet sich zugleich, ob die Bürger unseres Landes sich mit ihrer *Nation als dem Ganzen* identifizieren können, mit dessen Schicksal sie verbunden sind. Wir Deutsche sind stolz auf unser Land. Wir lieben dieses Land, gerade auch, weil wir an seiner Geschichte leiden. Und weil wir es lieben, geht sein Wohl über den Nutzen der Gruppen. Weil wir es lieben, wollen wir seine Freiheit. Und weil wir seine Freiheit wollen, werden wir dafür arbeiten, daß es nicht zurückfällt in die Zerrissenheit des sozialistischen Klassenkampfes.
Die Überwindung dieses Klassenkampfes, an dem die Weimarer Republik und die Kraft ihrer demokratischen Parteien zerbrochen sind, ist die große Leistung unserer freiheitlichen Nachkriegsgeschichte. Der Beginn dieser Geschichte liegt in der Katastrophe des Zusammenbruchs, im politischen Akt der Neubesinnung auf unsere Grundwerte und in der Neugestaltung unserer Verfassung.
Dieser Neubeginn harrt noch der politischen Vollendung. Aus einer Wirtschaftsgesellschaft auf der Suche nach dem Staat muß ein Staat mit einer starken Wirtschaft werden, eine Wirtschaft, die dem Staat dient und Teil des Ganzen ist, deren oberstes Gesetz nicht ihrer Eigengesetzlichkeit, sondern das Gesetz des Ganzen ist. Erst dann wird unser Land seine Souveränität in seiner Identität endgültig gewinnen. Erst dann wird es ganz in der Lage sein, seine nationalen Interessen als politische Interessen zu begreifen und zu behaupten.

Inzwischen sind neun Jahre vergangen. Viel ist geschehen. Die Grenzen der »expansiven Gesellschaft« sind erreicht. Die OPEC hat dem Energieverbrauch, die Umwelt hat der Expansion der Produktion und der Infrastruktur Grenzen gesetzt. Die Wähler haben dem Wachstum durch Inflation und der wachsenden Staatsverschuldung politischen Widerstand entgegengesetzt. Aber der Neubeginn ist noch nicht vollzogen. Die CDU, so habe ich damals als Generalsekretär versprochen, »ist fähig, das Verhältnis des Ganzen zu seinen Teilen neu zu gestalten. Sie hat den Willen und die Kraft, dem Staat, und damit dem Ganzen, das politische Mandat für das Allgemeinwohl zurückzugewinnen, das er an die gesellschaftlichen Gruppen verloren hat. Dies ist die eigentliche Bedeutung des Grundsatzes von der Sozialpflichtigkeit gesellschaftlicher Gruppen.« Sie wird »die Ziele des Ganzen auch zu ihren eigenen Zielen erklären: die Wiedergewinnung des Gleichgewichts von Solidarität und Subsidiarität des Ganzen und seiner Gruppierungen – in der Partei wie im Volk – zu unser aller Wohl«.

Mit der Eindämmung der Staatsverschuldung, ihren umweltpolitischen Maßnahmen und einer ersten Steuersenkung hat sich die CDU nach der Bundestagswahl 1983 auf den Weg gemacht, dem Ganzen wieder eine Ordnung und Ziele zu geben, die der Wirklichkeit von morgen entsprechen. Zugleich hat sie erfahren, wie schwierig dieser Weg ist. Von der wirklichen Wende, vom eigentlichen Neubeginn, sind wir noch weit entfernt. Dazu werden wir weit eindeutiger, entschiedener und endgültiger Abschied nehmen müssen von der uns so vertraut gewordenen »Expansivität« (Hans Mohr) und von der Bequemlichkeit ihres Denkens und Handelns. Sonst werden wir, und unser Land, die Begrenzungskrise, in die wir geraten sind, nicht überwinden.

IV. Die Ordnung der Wirtschaft

Ordnungspolitische Idee und politische Wirklichkeit

Die besten Grundsätze und die überzeugendsten Ordnungsvorstellungen bleiben wirkungslos, wenn sie nicht verwirklicht werden. Wenn die ordnungspolitische Gesamtentscheidung gefallen ist, wird man deshalb fragen: Was hat zu geschehen, um sie zu verwirklichen? Umgekehrt: Darf man überhaupt die ordnungspolitische Gesamtfrage entscheiden, ohne zu wissen, was zu geschehen hat, um sie zu verwirklichen? Und sprechen nicht alle Erfahrungen dagegen, daß es überhaupt gelingen kann, sie umzusetzen? So daß der ganze Aufwand, eine Zustimmung zur ordungspolitischen Gesamtentscheidung zu erhalten, umsonst bleiben muß und sich deshalb nachträglich als eine Vergeudung von politischer Energie darstellen wird, die nicht zu verantworten war angesichts der vielen dringenden Aufgaben, die hier und heute auf uns warten? Ist es nicht weitaus besser und zudem ein Gebot der politischen Klugheit, sich diesen *dringenden* Fragen des Tages zuzuwenden und die *notwendigen* Fragen des Grundsätzlichen so lange zurückzustellen, bis jene erledigt sind: etwa bis nach den nächsten Wahlen?

So oder ähnlich verläuft jede Diskussion, in der die Forderung nach grundsätzlichen Orientierungsentscheidungen auf die Ansprüche der praktischen Politik stößt. Die Diskussion ist unvermeidlich. Es ist, auf anderer Ebene, der *Streit zwischen Theorie und Praxis;* diesmal im Gewande des Widerspruchs zwischen dem Prinzip und der konkreten Lage, auf die es trifft. Wird die ordnungspolitische Gesamtentscheidung *umgesetzt,* dann wird aus der Ordnung der Gedanken eine Ordnung der Wirklichkeiten. Denn immer sind bereits Realitäten vorhanden, in welcher Ordnung oder Unordnung auch immer. Sie stehen nicht als gestaltbarer Rohstoff zur Verfügung. Sie haben bereits Gestalt. Strukturen bestehen, Besitzstände sind vorhanden, Gesetze sind erlassen und werden angewendet.

Bürokratien sind tätig, ein Netz von Beziehungen existiert, Interessen werden geltend gemacht und so weiter.

Jeder Versuch, diese Wirklichkeiten und Machtkonstellationen zu ignorieren, um die politische Grundsatzentscheidung zu erleichtern, wäre zum Scheitern verurteilt. Aber ebenso falsch wäre es, aus Rücksicht auf die »bestehenden Machtverhältnisse« auf grundsätzliche Überlegungen ganz zu verzichten und statt dessen den verhängnisvollen Fehler der gegenwärtigen Strukturen beizubehalten und mit der ungrundsätzlichen punktuellen Wirtschaftspolitik fortzufahren. »Wer da meint«, so Walter Eucken 1949, »man könne Handelspolitik, Preispolitik, Patentpolitik, Agrarpolitik und überhaupt Wirtschaftspolitik punktuell und unter den Eindrücken des Tages treiben, irrt – wie wir wissen – völlig. In diesem Verhalten liegt eine Hauptursache der jetzigen wirtschaftspolitischen Not.«

Die Wirtschaftspolitik hatte nicht nur damals, sie hat auch heute noch »die Neigung, entweder in einen unrealistischen Doktrinarismus zu verfallen, welcher die jeweilige historische Situation nicht berücksichtigt, oder in einen ungrundsätzlichen Punktualismus, welcher die Wirtschaftspolitik zu einem Chaos unzusammenhängender oder widerspruchsvoller Maßnahmen macht«. Wie können wir trotzdem erreichen, daß die notwendige Grundsatzentscheidung fällt und nicht durch die schier unüberwindlich erscheinenden Schwierigkeiten ihrer praktisch-politischen Umsetzung erneut verhindert wird?

Wir müssen alle, die es angeht, davon überzeugen, daß es zu einer solchen Entscheidung *keine brauchbare Alternative* gibt. Einiges an Überzeugungsarbeit haben wir – so hoffe ich – bereits geleistet. Auch die Naturwissenschaftler tragen ihren Teil dazu bei. Sie zeigen uns, daß uns eine *Begrenzungskrise* droht, die die Menschheit insgesamt und damit auch unser Leben gefährdet. Eigentlich müßte das reichen.

Geschichtliche Erfahrung lehrt uns jedoch, daß es nicht reicht. Viele Katastrophen wären der menschlichen Entwicklungsgeschichte erspart geblieben, wenn man rechtzeitig auf die gehört hätte, die nachgedacht und die Gefahr gesehen hatten. Von der verhängnisvollen Fahrt der Titanic wird berichtet, daß der Kapitän sich weigerte, den rechtzeitigen Warnungen vor einem Eisberg Beachtung zu schenken. Das Schiff war als unsinkbar konstruiert. Also *war* es auch unsinkbar. Der Glaube der Verantwortlichen an die Unsinkbarkeit war – wie uns die Protokolle der späteren Untersuchungen des Unglücks zeigen – so unerschütterlich, daß man es nicht für notwendig gehalten hatte, auch nur die einfachsten Vorkehrungen für den Fall zu treffen, daß dem Schiff dennoch etwas zustoßen könnte. Man war tatsächlich überzeugt, selbst die Natur könne dem Wunderwerk des technischen Fortschritts in Gestalt eines Eisberges nichts anhaben.

Die Passagiere vertrauten auf diese Gewißheit. Wären ihnen das allgemeine Risiko und die herannahende Gefahr rechtzeitig mitgeteilt und sie selbst um ihren Rat gefragt worden, sie wären wahrscheinlich ihrem gesunden Menschenverstand gefolgt und hätten empfohlen, das Tempo des Schiffes zu vermindern oder der Gefahr auf andere Weise auszuweichen. Ihr Leben wäre ihnen ein zu großer Einsatz gewesen. Aber eine Befragung dieser Art hätte der Befehlsstruktur eines Schiffes widersprochen. Die Passagiere hätten sie auch nicht erwartet. Den Irrtum der Experten haben sie mit dem Leben bezahlt.

Unsere staatlich verfaßte Gesellschaft wird gern mit einem Schiff verglichen. Deshalb liegt auch der Vergleich mit dem Schicksal der Titanic nahe. Aber er hinkt. Denn wir sind auf die derzeitigen Organisationen der staatlich gesetzten Ordnung nicht in gleicher Weise *lebensnotwendig* angewiesen wie die Passagiere der Titanic auf ihr Schiff auf hoher See. Wir können, jedenfalls in Grenzen, »aussteigen«. Menschen können sich in Zeiten abnehmender Funktionsfähigkeit der staatlichen Einrichtungen selbst helfen. Sie können es jedenfalls dann, wenn sie nicht aus anderen Gründen – etwa denen wirklicher oder vermeintlicher äußerer Gefährdung – so dringend auf den staatlichen Schutz angewiesen sind, daß sie allen Verdruß, alle Lasten und Mühsalen, die er ihnen sonst bereitet, ertragen.

Die Schattenwirtschaft: Grauzone zwischen Altem und Neuem

Zur Zeit droht uns nach menschlichem Ermessen in Europa kein Krieg. Die Bürger unseres Landes jedenfalls fühlen sich alles in allem sicher. Deshalb sehen sie keine Veranlassung zu besonderer Rücksichtnahme auf den Staat. Der Wohlstand, den sie sich geschaffen haben, macht ihre große Mehrheit auch wirtschaftlich relativ unabhängig. Sie können deshalb »experimentieren«. Sie tun es auch. Das Ergebnis im Bereich der Wirtschafts- und Sozialordnung ist die *Schattenwirtschaft*.

Ich stelle sie deshalb an den Anfang unserer Überlegungen zu den Aussichten einer Umsetzung unserer ordnungspolitischen Grundsatzentscheidung – wenn sie denn fallen sollte –, weil die Schattenwirtschaft gewissermaßen die Grauzone zwischen der alten und der neuen Sicht der Dinge ist: der Bereich zwischen Vater Staat und Mutter Ordnung. Wir bewegen uns in ihm unschlüssig hin und her. Noch wollen wir uns von der alten Sicht nicht trennen. Sie hat sich immerhin, wenn auch nicht ohne zum Teil katastrophale Fehlleistungen, bewährt, vor allem während der letzten 35 Jahre. Allerdings werden die Nachteile immer größer.

Auf der anderen Seite fehlt die Erfahrung mit der neuen Sicht der Dinge. Es wäre schön, eine neue Ordnung zu haben, die uns von den Nachteilen der alten befreien könnte. Aber man sagt uns ja auch, daß die neue Ordnung nicht ohne erhebliche Anstrengungen zu haben sein wird. Es gibt sie nicht zum Nulltarif. Sie verlangt Investitionen, kostet also Geld, Mühe und Schweiß, und vor allem Überwindung eingeschliffenen Denkens, kurz: einen Überfluß an Geld und Gedanken. Wir müssen uns *mehr* Gedanken machen, als wir es heute tun. Bislang versuchen wir, nur die Vorteile zu erhalten, aber die Nachteile zu vermeiden.

Darin liegt ein Problem. Die Menschen sind, wie der Biologe Hans Mohr mit der Distanz des Naturwissenschaftlers beobachtet, »offenbar ohne Zwang nicht bereit, den einmal erreichten Status an Komfort und Bequemlichkeit der Einsicht in die Notwendigkeit zu opfern«. Und er zitiert N. Georgescu-Roegen: Die Entwicklungsgeschichte, auch die der menschlichen Kultur, läßt sich nicht rückgängig machen. Die Menschen sterben lieber im Penthouse, als daß sie in die Höhlen zurückkehren.

Nun geht die Gefahr, die uns beschäftigt, nicht von unseren Wohnverhältnissen aus, sondern von unseren Institutionen. Auch in ihnen haben wir uns jedoch eingerichtet – und dabei, im übrigen, die gleiche Mieterschutzmentalität entwickelt wie als Bewohner der

realen Penthäuser. Wir berufen uns nach wie vor auf den aus der Wohnungsnot geborenen Schutz vor Kündigung – und dies mit Erfolg! –, auch wenn es uns nur zu unbequem ist, von einem Penthouse in das andere umzuziehen.
Wenn also von den Penthouse-Bewohnern keine Einsicht zu erwarten ist (und damit von den 85 % der Bevölkerung, die 1981 mit ihrer Wohnung sehr zufrieden [35 %] oder zufrieden [52 %] waren), ist es dann heute nicht noch aussichtsloser, für eine neue Sicht der Dinge zu werben als zu Beginn der fünfziger Jahre? Es scheint so; aber der Schein trügt. Denn in einem realen Bereich unserer Gesellschaft droht der Druck, der eine neue Sicht der Dinge erzwingen kann, übermächtig und damit unausweichlich zu werden: im Bereich der staatlichen und gesellschaftlichen Institutionen selbst und aller organisierten Interessen, die ihn bevölkern. Er geht aus von der *Existenz* und *Expansion* der Schattenwirtschaft. Allgemeiner gesprochen: von dem wachsenden Bereich spontaner, aber noch nicht in einer neuen Ordnung gestalteter gesellschaftlicher Anpassung an veränderte Umweltbedingungen. Die Schattenwirtschaft und die legale Wirtschaft – sie sind wie zwei Theaterstücke auf der Bühne der Wirtschafts- und Sozialordnung auf einmal. Mit ihrer gleichzeitigen Aufführung wird die Widersprüchlichkeit unserer heutigen Wirtschafts- und Sozialordnung praktisch vorgeführt.

Ursachen und Folgen der Schattenwirtschaft

Nicht nur in unserem Land, sondern in allen westlichen Industrienationen, sind in den letzten Jahren »zweite Wirtschaften« (second economies) oder »Schattenwirtschaften« entstanden. Sie haben sich neben den legalen Wirtschaftsordnungen, vor allem als »Schwarzmärkte für Arbeit« entwickelt. In ihnen werden gesetzliche Vorschriften über Steuern und Abgaben umgangen, die Umsatzbesteuerung vermieden, Arbeitszeitvorschriften ignoriert und dafür auf formalisierte Vertragsabschlüsse verzichtet. Viele Dienstleistungen, in erster Linie solche, die von Privathaushalten nachgefragt werden, werden überwiegend oder ausschließlich in der Schattenökonomie angeboten. Das gleiche gilt für die Teilzeitarbeiten, für nachbarschaftliche Arbeiten und – in nicht unbeträchtlichem

Umfang – für Ausbildungsleistungen neben dem staatlichen Schulsystem.

Die Schattenwirtschaft ist vor allem ein Markt für Dienstleistungen. Hier ist es die hohe Abgabenlast, die den Bürger veranlaßt, den legalen Ordnungen auszuweichen. Wir werden ihr in diesem Zusammenhang noch einmal begegnen. Aber nicht nur die Arbeitskosten, auch die wachsende allgemeine Reglementierung der Wirtschaft, der Gesetzeswildwuchs, vertreibt die Bürger in wachsendem Umfang aus der legalen Wirtschaft in die Schattenökonomie.

Zahllose Vorschriften über Gehalt, Arbeitszeit, Urlaubsansprüche, Anstellungs- und Kündigungsbedingungen, Berichtspflichten, soziale Leistungen aller Art und bürokratische Hilfsdienste für staatliche Behörden erhöhen die relativen Kosten einer legalen Beschäftigung. Zusammen mit den hohen Lohnnebenkosten verstärken sie den Druck, in die Schattenökonomie auszuweichen.

So ist es nicht verwunderlich, daß der Umfang der Schattenwirtschaft in der Bundesrepublik Deutschland heute – je nach Berechnungsmethode – auf zwischen 7% und 10% des Bruttosozialprodukts geschätzt wird. Das waren im Jahre 1985 zwischen 125 und 180 Milliarden DM. Diese Dimension unterstreicht nicht nur die große wirtschaftliche Bedeutung der Schattenwirtschaft. Sie macht auch den Umfang der Fehlentwicklungen in der legalen Wirtschaftsordnung sichtbar, denen wir die Entstehung der Schattenwirtschaft verdanken.

Die Folgen der Schattenwirtschaft für die *Arbeits- und Sozialverfassung* sind beachtlich. Sie betreffen einmal die Einstellung der Bürger zur staatlichen Rechtsordnung selbst. Wenn der Steuer- und Abgabendruck und die staatliche Überreglementierung eine gewisse Grenze überschreiten, beeinträchtigen sie zunehmend die Bereitschaft der Bürger zur Solidarität mit der staatlichen Ordnung und ihre Steuermoral; und dies – wie Erfahrungen im Ostblock zeigen – unabhängig vom Freiheitsgehalt der Staats- und Gesellschaftsordnung. In ihrer Summierung gefährden übertriebene Belastungen der Bürger damit die materielle Legitimität der staatlichen Ordnung der Wirtschaft. In die Schattenökonomie auszuweichen erscheint zunehmend gerechtfertigt. Viele sehen in der expandierenden Schattenwirtschaft eine Art »Bürgerinitiative« gegen die staatliche Überforderung der legalen Wirtschaftsordnung. Die Auswirkungen dieser Entwicklung auf die Finanzierung des Staates und des sozialen Systems sind enorm. Die Schattenökonomie verschärft die Finanzkrise des Staates und des Systems der sozialen Sicherheit. Sie verzerrt die wirtschaftspolitischen Indikatoren wie Wachstum, Arbeitslosenquote und Inflationsrate. Sie führt zu Wettbewerbsverzerrungen und zu einer nachhaltigen Verletzung der Steuergerechtigkeit.

Dennoch ist es bisher nicht gelungen, diese Entwicklung durch staatliche Sanktionen oder Strafandrohungen zu korrigieren. Die jahrelangen Bemühungen, vor allem des Handwerks, um eine Verschärfung des strafrechtlichen Verbots der Schwarzarbeit waren vergeblich. Sie werden im Grunde nicht länger ernsthaft betrieben. Das Phänomen Schattenwirtschaft als Ausdruck von Veränderungen und Entwicklungen unserer gesellschaftlichen Wirklichkeit ist so mächtig, daß es sich nicht länger im Rahmen hergebrachter Strukturen unterdrücken oder einbinden läßt.

Im Gegenteil: Je intensiver die Versuche werden, die Schattenwirtschaft im Rahmen der konventionellen Strukturen zu beherrschen, um so stärker gefährdet sie die staatliche Rechtsordnung selbst. Denn mit der Untauglichkeit des Versuches wird zugleich demonstriert, daß die neuartigen Entwicklungen der Macht des Staates und seiner Gesetze Grenzen ziehen, die er nicht überschreiten kann. Aus dem Versuch, die überkommenen Strukturen auch neuen Entwicklungen gegenüber zu behaupten, wird so zusehends ein Verhältnis der stillschweigenden Tolerierung. Wenn sich kein Staatsanwalt mehr findet, Schwarzarbeit zu verfolgen, weil alle an der Schattenwirtschaft selbst teilnehmen, entsteht eine *rechtliche* Grauzone, in der sich die begrenzte Regelverletzung ansiedelt. Hat sie einmal einen nennenswerten Umfang erreicht, dann ist die Entwicklung faktisch irreversibel. Zugleich geht von ihrer Existenz die Versuchung aus, die Grenzen des tatsächlichen Zugriffes der staatlichen Ordnung weiter zu Lasten dieser Ordnung zu verschieben.

So tritt neben die Schattenwirtschaft ein Schattengeldmarkt. Auch an ihm ist eine große Zahl privater Haushalte beteiligt. Auf rund 100 Milliarden DM schätzt man die Zinsen auf private Geldvermögen, die in der Bundesrepublik Deutschland nicht versteuert werden, obwohl sie der Steuerpflicht unterliegen. Selbst die SPD sah keinen politischen Nutzen darin, diesem Übelstand durch die Einführung der Quellenbesteuerung zu begegnen. Praktisch heißt das, daß für einen wachsenden Bereich wirtschaftlicher Aktivitäten eine Art gesetzliche Exterritorialität entstanden ist. Auf die Legitimation staatlicher Rechtsordnungen kann dies nicht ohne Wirkung bleiben. Es ist schwierig, jugendliche Demonstranten gegen atomare Bewaffnung wegen Gesetzesverletzung zu belangen, wenn einiges dafür spricht, daß diejenigen, die die Bestrafung fordern, die Verletzung der Gesetze in anderen Bereichen für vertretbar halten. Das Argument, die Bekämpfung der nuklearen Gefahr sei wichtiger als die Tolerierung der Nachfrage nach preiswerten Dienstleistungen und müsse deshalb zumindest den gleichen faktischen Schutz vor Verfolgung genießen wie jene, läßt sich durchaus begründen.

Nur wenn wir diesen Zusammenhang sehen zwischen der faktischen Legalisierung neuer gesellschaftlicher Strukturen durch staatliche Tolerierung (zu der es keine sinnvolle Alternative mehr gibt) und den Auswirkungen dieses Verhaltens auf andere Bereiche der Rechtsordnung, werden die eigentlichen Gefahren sichtbar, die mit der Weigerung verbunden sein können, mächtigen Veränderungen der gesellschaftlichen Wirklichkeit durch die Reform überholter Strukturen zu entsprechen, statt sich im Wege opportunistischer Gesetzesanwendung mit ihnen zu arrangieren.

Auf nichts ist die qualitative Verbesserung unserer gesellschaftlichen Strukturen, die Erweiterung ihrer kooperativen Elemente zu Lasten hierarchischer, mehr angewiesen als auf die *Autorität der staatlichen Rechtsordnung.* Ihre Gefährdung durch Überlastung bedeutet deshalb nicht Fortschritt, sondern Rückschritt. Die von manchen Kritikern einer zeitgemäßen Veränderung der sozialen Ordnung beschworene Gefahr des Sozialdarwinismus wird nicht durch die Reformen ausgelöst – sie besteht, wenn Reformen unterbleiben und neue Entwicklungen sich überall dort Bahn brechen und geltendes Recht faktisch außer Kraft setzen können, wo organisierte Macht oder die Interessen der Mehrheit sie unterstützen. Hier – und nicht im Zuge der Wiederbelebung von Rechtsstaatlichkeit durch die notwendige Reform überholter Strukturen – droht eine Entsolidarisierung der Gesellschaft. In der Schattenwirtschaft entziehen sich die Bürger der Pflicht zum solidarischen Beitrag für das Ganze. Gestützt durch eine schnellwachsende Kette von Präjudizien befreien sie sich vom Grundsatz »Gleiches Recht für alle«, bis das

Recht in seiner ganzen Strenge nur noch jene trifft, deren Interessen weder durch die Mehrheit noch durch organisierte Minderheiten vertreten sind. Auch dies ist ein Ausdruck der neuen sozialen Frage. Mit der Mannheimer Erklärung von 1975 wollten wir ihr Gehör verschaffen. Aber sie wartet noch immer auf Antwort.
Es ist offensichtlich, daß diese Auswirkungen der Schattenwirtschaft auf die *bestehende* Ordnung vor allem die staatlichen und gesellschaftlichen Einrichtungen treffen und beunruhigen müssen. Sie sind zur Erfüllung ihrer Aufgaben und zur Entfaltung ihrer Aktivitäten auf die Funktionsfähigkeit der Rechtsordnung angewiesen. Bürokratische Einrichtungen können zudem nur Vorgänge erfassen, die mit bürokratischen Mitteln begreifbar sind. In der Schattenwirtschaft gibt es keine Bürokratien und keine bürokratischen Vorgänge. Verträge werden mündlich vereinbart, Rechnungen werden nicht geschrieben, Schriftliches ist verpönt. Wo es aber nichts Geschriebenes, nichts Registrierbares gibt, sind Bürokratien blind. Die Vorgänge sind für sie unsichtbar.

Die »Legalisierung« der Schattenwirtschaft

So wird denn bereits vorgeschlagen, den offensichtlich gewordenen Widerspruch durch eine Legalisierung der Schattenwirtschaft zu mildern oder zu beheben; gewissermaßen so zu tun, als seien die beiden Theaterstücke auf der Bühne in Wirklichkeit ein Theaterstück.
Auch der Sachverständigenrat beteiligt sich in seinem Jahresgutachten 1984/85 an solchen Überlegungen. Es lohnt sich, ihn zu Wort kommen zu lassen:

> Besondere Aufmerksamkeit des Steuergesetzgebers verdient das Problem der Schattenwirtschaft. Wo es eine lohnende Alternative zur arbeitsteiligen Produktion kaum gibt – etwa im Bereich der Spitzentechnik oder kapitalintensiver Produktion –, sind die effizienzhindernden Wirkungen der Anreizfehler, die von der Abgabenlast ausgehen, meist unauffällig. Mit Händen zu greifen sind sie dort, wo Eigenwirtschaft oder Schattenwirtschaft eine leicht nutzbare Alternative zur offiziellen Wirtschaft darstellen. Jeder,

der sich in die Eigenwirtschaft oder die Schattenwirtschaft zurückzieht, zwingt (teilweise) diejenigen, die seine Partner in der Arbeitsteilung in der offiziellen Wirtschaft sind, unfreiwillig mit in die Minderbeschäftigung der offiziellen Wirtschaft hinein. Die Steuersenkungspläne [gemeint ist die für 1986 und 1988 beschlossene Senkung der Lohn- und Einkommensteuer] haben auch von daher ihren hohen Rang. Angesichts der selbst danach verbleibenden enorm hohen Abgabenlast (einschließlich Sozialabgaben) ist freilich noch viel Phantasie nötig, dieses Problem, was nicht nur ein ökonomisches ist, zu lindern. Aber resignieren darf man auch hier nicht.

Zumindest längerfristig halten wir für außerordentlich dringlich, wenngleich ordnungspolitisch für extrem schwierig, für den Grenzbereich von Schattenwirtschaft und offizieller Wirtschaft Regeln zu finden, vor allem steuerliche, aber auch sozialrechtliche, die den besonders gefährdeten Bereich der offiziellen Wirtschaft bewahren helfen und nach Möglichkeit einen Teil der Schattenwirtschaft in die offizielle Wirtschaft, in die Gesetzlichkeit zurückholen. Neben der Verringerung des Gefälles zwischen Besteuerung und Nichtbesteuerung muß man hier wohl auch Formen der Pauschalbesteuerung für Kleingewerbetreibende, dem Steuersystem gewiß fremd, unbefangen diskutieren. Ohne ein großzügiges Angebot wird es kaum gelingen, der zunehmenden Gewöhnung entgegenzuwirken, im ungesetzlichen Teil der Wirtschaft das zu tun, was im gesetzlichen Teil mit Abgaben belegt ist, die alle für unfair halten.

Man kann das entstandene Problem kaum besser auf den Punkt bringen. Dabei geht es aber nicht nur darum, daß die Schattenwirtschaft immer tiefer in den Bereich höherer Dienstleistungen eindringt: vom Fensterputzer und Gärtner über den Schuster, den Autoschlosser, den Bauhandwerker, über den Lehrer und den Architekten bis zum Arzt. Zugleich »entleert« sich auch die kapitalintensive Produktion, die ihrer vielfältigen Verflechtungen wegen nicht in die Schattenökonomie abwandern kann. Die Maschinenhallen werden menschenleer. Aber der wesentliche Teil der Steuern und Abgaben wird von den Arbeitnehmern und den Selbständigen gezahlt. Will der Staat die »Maschinen« besteuern, verteuert er die

Produkte. Damit verringern sich die Exportchancen. Deshalb sind höheren Produktionssteuern durch den internationalen Wettbewerb Grenzen gesetzt. Damit bleibt die Erhöhung der indirekten Steuern übrig – also eine Umschichtung der Steuerlast von den direkten auf die indirekten Steuern. Solche Belastungen erhöhen die Exportpreise nicht. Denn die Mehrwertsteuer liegt nicht auf den Exportgütern, und die Steuerlast trifft nur inländische Verbraucher. Sie verteuert jedoch die Produkte wesentlich. Das hat nicht nur Folgen für die Verteilung der Einkommen, also sozialer Art. Mit teuren Produkten geht man pfleglicher um. Man behält sie länger und repariert sie oder läßt sie reparieren – wiederum in der Schattenwirtschaft. Nach einer Weile werden die Produkte im Markt bevorzugt werden, die man leicht reparieren kann. Wiederum schlägt die Wirtschaft den bürokratischen Staat im Wettlauf zwischen Kontrolle und Ausweg.

So hat der Sachverständigenrat recht, wenn er feststellt, es werde noch viel Phantasie nötig sein, das Problem zu lindern. Nur: *Wer* soll die Phantasie entfalten, und *worauf* soll sie sich konzentrieren? Von wem können wir, konkret, die schöpferische Kraft erwarten, die im ökonomischen System jene Rolle übernehmen kann, die der »genetischen Optimierungsstrategie« (Hans Mohr) im Verlauf der biologischen Evolution zugefallen ist?

Phantasie entwickelt, wer Schwierigkeiten hat. Not macht erfinderisch, sagt das Sprichwort. Sie löst geistige Energie aus, die sonst nicht erzeugt würde. In unserem Fall sind die bestehenden staatlichen Einrichtungen in Not, besser, die Menschen, die sie handhaben und von ihrer Handhabung leben. Sie sehen im wahrsten Sinne des Wortes, daß ihre »Kunden« davonlaufen und sich selbst versorgen. Deshalb besteht eine gewisse Hoffnung, daß sie auch bereit sein könnten, über ihren Schatten zu springen und – wenn schon nicht selbst die Ideen zu haben – wenigstens solche Ideen anzuhören und aufzugreifen, die ihnen helfen könnten.

Bleibt die Frage, *worauf* sich diese Phantasie konzentrieren sollte, wenn sie sich mobilisieren läßt. Offenbar nicht auf die Verbesserung der *bestehenden* Strukturen. Das versuchen wir seit 35 Jahren mit abnehmendem Erfolg. Aber auch die neue Sicht der Dinge ist für die Betroffenen zunächst nicht ermutigend. Wie kann man etwas aufgeben, das zwar nicht mehr richtig funktioniert, das man aber kennt, für etwas, das man sich nicht vorstellen kann, weil es noch keine Gestalt angenommen hat?

Die »Rohlinge« der neuen Ordnung

Hier nun hilft die Existenz der Schattenwirtschaft. Denn in ihr nehmen die neuen Formen der Kooperation und der Organisation der Gesellschaft erste Gestalt an: Die Selbstanpassung der Gesellschaft im Privatrechtsraum – wenn auch unter Verzicht auf die Mitwirkung des Staates bei der Durchsetzung von Vereinbarungen – und die Selbstorganisation der Lebenssachverhalte durch die Bürger entwickeln sie.

Zwar sind es keine Meisterwerke. Die Schattenwirtschaft ist eben nicht nur ein Do-it-yourself-Markt, sie produziert auch Do-it-yourself-Institutionen. Aber die Richtung stimmt. Was sich im Verhalten der Menschen in der Schattenwirtschaft abzeichnet, ist der Bestand an menschlicher Kooperationserfahrung, wie er sich darstellt, wenn er *nicht* durch die Kunst des Rechtes, des Regierens und des Verwaltens verfeinert wird. Gewissermaßen die »Rohlinge« aus den Formen, die die kulturelle Evolution uns liefert. Das Recht muß sie bearbeiten und verfeinern. Sonst sind sie für eine funktionierende Rechtsordnung, die unseren Ansprüchen genügen kann, nicht zu gebrauchen. Aber die wesentlichen Umrisse der veränderten Strukturen sind auch in den Rohlingen sichtbar. Vor allem gilt: Was sich hier entwickelt hat, kann nicht für eine ganz andere Ordnung Verwendung finden. Wenn das Recht den gesellschaftlichen Veränderungen entsprechen will, an die die Menschen sich durch ihre Experimente in der Schattenwirtschaft anzupassen suchen, dann muß es auch die »Rohlinge« akzeptieren, die dabei entstanden sind. Und damit zugleich den Bauplan, der diesen Rohlingen zugrunde liegt.

All dies bedeutet: Die Schattenwirtschaft wird nur dann aus der Illegalität der jetzigen Strukturen in die materielle Legalität zurückkehren, wenn wir ihre *Ursachen* bekämpfen, nicht ihre Symptome. Diese Ursachen sind eine nicht mehr zeitgemäße Organisation der Arbeits- und Sozialverfassung und die unsachgemäße Besteuerung und Reglementierung von Arbeit und Wirtschaft. Der jetzige

Zustand läßt sich so lange ertragen, als er Teil eines Prozesses des Überganges von der alten zur neuen Sicht der Dinge, des Wandels vom quantitativen zum qualitativen Denken ist. Allerdings muß dieser Übergang auch wirklich gewollt sein und betrieben werden. Richten wir uns dagegen in den bestehenden Widersprüchen dauerhaft ein, wird die alte Ordnung zunehmend an Autorität und politischer Zustimmung verlieren. An ihre Stelle werden spontane und informelle Ordnungen treten. Sie sind notwendigerweise von geringerer Qualität. Dies trifft auf ihre Leistungsfähigkeit für das Ganze wie auf ihren moralischen und politischen Anspruch zu.

Altes und Neues: Versuch einer Synthese

Nehmen wir nach allem an, die politische und gesellschaftliche Einsicht *läßt* sich mobilisieren und die ordnungspolitische Grundsatzentscheidung könnte getroffen werden. Wir hätten dann gewissermaßen ein *Mandat*, mit der neuen Sicht der Dinge an die bestehenden Verhältnisse heranzugehen. Wir könnten sie so verändern, daß sie den bisherigen *und* den neuen Bedürfnissen entsprechen können.

Den *bisherigen* Bedürfnissen: Das sind die Erwartungen an die Wirtschafts- und Sozialordnung, die auch heute schon erfüllt werden; die Sicherung des Wohlstandes, soziale Sicherheit, die Befriedigung unserer Bedürfnisse, soweit sie durch den Markt befriedigt werden können, und die staatlichen Leistungen, soweit der Staat sie mit den Mitteln erbringen kann, die wir ihm dafür zur Verfügung stellen, und so weiter.

Die *neuen* Bedürfnisse: Das sind unsere Erwartungen an die Umweltverträglichkeit unserer Gesellschaft, an eine sinnvolle Organisation der Arbeitsteilung, so daß jeder am Arbeitsleben teilnehmen kann, wenn er will und sich die notwendigen Fähigkeiten erworben hat, an Sicherheit im Alter, auch bei abnehmender Bevölkerung, an die Fähigkeit, unseren Verpflichtungen gegenüber der Welt, vor allem der Dritten Welt, nachzukommen, an die Sicherung des Friedens und die Überwindung der atomaren Grenzsituation wie auch der Teilung Europas.

All das heißt: Die *Qualität* der Ordnung, in der wir wirtschaften

und unseren gesellschaftlichen Verantwortungen nachkommen, soll sich verbessern. Sie soll eine neue Qualität annehmen. Es soll in diesem Sinne eine *höhere* Ordnung sein. Hegel würde sagen, These und Antithese sollten durch eine Synthese *aufgehoben* werden.
Nehmen wir weiter an, wir seien mehrheitlich bereit, auch die für eine solche Aufgabe notwendige Energie aufzubringen. Ja, gehen wir sogar davon aus, es würde uns – wenn wir uns *wirklich* die neue Sicht der Dinge zu eigen gemacht haben – nicht einmal mehr als *Opfer* erscheinen, vernünftig zu handeln, sondern als sinnvoll. Wir wären also mit Engagement bei der Sache und hätten damit die Chance, daß uns die Arbeit wieder glücklicher macht.
Was wäre dann zu tun?

Prinzipien der Wirtschaftsordnung

Auch diese Fragen haben sich die Freiburger bereits vorgelegt. Walter Eucken hat vor allem der Antwort auf *diese* Frage seine letzten Studien gewidmet. Dabei hat er, als Realist, zwischen den Prinzipien unterschieden, auf die es in jedem Fall ankommt, und dem, was man in einer gegebenen Situation sinnvollerweise nur unternehmen kann, wenn man sich nicht übernehmen und damit das ganze Werk gefährden will.
Die *Prinzipien* sind für ihn das, was ich bisher schon in den verschiedenen Zusammenhängen als die tragenden Elemente einer Gesamtordnung beschrieben habe. Der Baumeister muß die Gesetze der Statik kennen, wenn er ein Haus bauen will, zumal, wenn es unseren Ansprüchen genügen soll. Der Wirtschaftspolitiker muß die Prinzipien der Verkehrswirtschaft kennen, um eine solche Wirtschaft in concreto zu errichten. In keinem Lebensbereich gibt es die Möglichkeit, konkrete Ordnungen herzustellen, wenn nicht vorher entsprechende Prinzipien erarbeitet worden sind. Deshalb hat die alte Weisheit recht, nach welcher der Verfall der Ordnungen mit dem Verstoß gegen die Prinzipien beginnt.
Die *Anwendung* der Prinzipien, nicht die Formulierung der Prinzipien selbst, ist der eigentliche Ort der politischen Leistung. Sie hat die Wirklichkeit zu berücksichtigen, wie sie ist. Hier muß von Fall zu Fall entschieden werden, was zu geschehen hat. Hier ist deshalb

auch »konkrete Arbeit« zu leisten. Aber sie wird auch wieder Freude machen. Denn der Bauplan wird alle Teilarbeiten zu einem sinnvollen Ganzen sich ergänzen lassen.
Einige der Prinzipien, auf die es ankommt, hat Walter Eucken selbst noch beschrieben. Als erstes, neben der Herstellung des Grundprinzips der Wettbewerbsordnung, nennt er den *Primat der Währungspolitik.* Dieser Primat hat einen ordnungspolitischen Sinn. Durch eine gewisse Stabilisierung des Geldwertes wird es erst möglich, den Wirtschaftsprozeß durch Wettbewerb und damit an Hand der Marktpreise zu lenken. Stabiles Geld und Institutionen, die uns vor der Versuchung schützen, mit dem Wert des Geldes »Politik zu machen«, sind deshalb unverzichtbar. Wer für stabiles Geld ist, opfert nicht die Wirtschaft der Währung. Er dient der Rechtsstaatlichkeit und damit der Idee des ORDO.
Auch Eucken hat nicht verkannt, welche Probleme in der Praxis einer hochentwickelten Industriegesellschaft mit der Stabilisierung des Geldwertes verbunden sind. Er bezeichnet es als eine »große wirtschaftspolitische Frage, wie eine Geldordnung größerer Stabilität in die Wettbewerbsordnung eingebaut werden kann«. Was er dazu in Ansätzen entwickelt hat, ist durch die seitherige Entwicklung wesentlich weiter geführt worden. Das Problem jedoch ist geblieben: Wie muß ein System beschaffen sein, das das für eine komplexe Verkehrswirtschaft notwendige Geld in einer Weise bereitstellt, die weder das Preissystem übermäßig verfälscht noch zu Ungleichgewichten beiträgt, sie erzeugt oder verstärkt. Wie die Wechselkursschwankungen der vergangenen Jahre, aber auch die Entwicklung der Geldentwertungen zeigen, ist dieses Problem keineswegs gelöst. Seine Lösung ist jedoch besonders wichtig, wenn es darum geht, den Übergang vom quantitativen zum qualitativen Wachstum der Wirtschaft zu finden. Zwei Gesichtspunkte verdienen dabei vor allem Beachtung.

1. Über die Leistungen der Wirtschaft können wir, wie bereits erwähnt, nur insoweit mit Mengenmaßstäben Auskunft geben, als die Leistungen selbst meßbar sind. Der Maßstab ist generell der Wert der Leistungen, ausgedrückt in Preisen, also Währungseinheiten. Ob der Preis für höhere Qualität oder höhere Mengen gezahlt worden ist, ist nicht ohne weiteres erkennbar.

Die unterschiedlichsten Gesichtspunkte gehen in die Bewertung durch den Markt ein. Insoweit entstehen für den Geldbedarf einer Volkswirtschaft ähnliche Probleme der Messung und Schätzung wie bei der Bewertung des Bruttosozialproduktes selbst. Das gleiche gilt für die Einschätzung der Möglichkeiten, durch Vermehrung der Geldmengen Wachstum zu erleichtern oder durch ihre Verminderung Wachstum zu bremsen. Auch die Blindheit aller staatlichen Statistiken gegenüber der Schattenwirtschaft erschwert die Steuerungsprobleme. Selbst die Versuche, vom höheren Bargeldbedarf auf den Umfang der Schattenwirtschaft zu schließen, sind nur sehr beschränkt aussichtsreich. Je mehr die »zweite Wirtschaft« toleriert wird, um so schwieriger wird es im übrigen, wirtschaftliche Tätigkeiten in ihr mit staatlichen Mitteln zu verfolgen, wenn sie im Bereich des Geldverkehrs in der Legalität auftauchen, ohne sich dem Vorwurf willkürlicher Rechtsverfolgung auszusetzen.

2. Weit bedeutsamer jedoch erscheint mir eine weitere Frage. Solange die Wirtschaftspolitik *generell wachstumsorientiert* ist, geht die Konjunkturpolitik davon aus, daß sich im konjunkturellen Aufschwung im wesentlichen alle wirtschaftlichen Aktivitäten beschleunigen, im Abschwung entsprechend verlangsamen. Nicht einzelne Branchen, die ganze Wirtschaft hat Konjunktur oder befindet sich in einer Rezession. Verschiebungen treten allenfalls im zeitlichen Ablauf auf. Mit ihnen muß man deshalb rechnen. Die frühere Bedeutung der Bauindustrie als Konjunkturmotor ist ein Beispiel.

Wenn die Entwicklung vom quantitativen Wachstum zum dynamischen Gleichgewicht fortschreitet – was erforderlich ist –, wird es diese Art von gesamtwirtschaftlichen Konjunkturentwicklungen nicht mehr als Regel geben. Sie wird auch nicht mehr Ziel der Wirtschaftspolitik sein können. Im dynamischen gesamtwirtschaftlichen Gleichgewicht gibt es keine »gespaltene« Konjunktur als Ausdruck einer Fehlentwicklung, die man mit den berühmten »gezielten Maßnahmen« bekämpfen muß – wie es die CDU-Mittelstandsvereinigung auch 1985 verschiedentlich gefordert hat. An die Stelle der allgemeinen Konjunkturentwicklung werden *Branchen-* und vielfach *Firmenkonjunkturen* treten. Sie werden anzeigen, daß ein gewünschter und bisher zuwenig geförderter Prozeß stattfindet: der Eintritt neuer und das Ausscheiden verbrauchter industrieller Aktivitäten im Markt. Die Geld- und Währungspolitik kann solche *Teilkonjunkturen* nicht gezielt beeinflussen. Im Gegenteil: Wollte sie durch »leichtes Geld« älteren Branchen das Leben verlängern oder die Anpassung hinauszögern helfen, würde sie gleichzeitig andere Wirtschaftsbereiche zu Fehlverhalten veranlassen. Mit Mitteln der Geldpolitik kann man die Wirtschaft nur steuern, wenn damit gerechnet werden kann, daß sich alle Bereiche im wesentlichen gleich und auch nach den gleichen Bedingungen entwickeln. Unter Bedingungen eines dynamischen Gleichgewichts bedeutet eine Steuerung durch Geldmengen oder den Zins das genaue Gegenteil einer aufgeklärten Wirtschaftspolitik. Ob man die gewünschten Wirkungen in den Wachstumsbereichen erreicht, ist eher eine Sache des Zufalls. Die Kosten der Fehlsteuerungen in anderen Wirtschaftszweigen werden in der Regel höher liegen als der angestrebte und erreichte Nutzen.

Daraus folgt, daß die neue Sicht der Dinge weit strengere Anforderungen an die Stabilität des Geldwertes und die Neutralität der Geld- und Währungspolitik stellen muß. Wenn es Ziel der Politik ist, Besitzstände abzubauen, Ressourcen aus überholten Industrien freizusetzen, damit sie für neue zur Verfügung stehen, dann ist die Politik in besonderem Maße auf unbestechliche Märkte angewiesen. Märkte sind nur unbestechlich, wenn ihre Maßstäbe, auch über längere Zeit, unbestechlich sind. Der Maßstab des Marktes ist der Geldwert. Hohe Geldwertstabilität *und* die Neutralität der Währungspolitik im Prozeß dynamischer Anpassung und Veränderung auch *ohne* quantitatives Wachstum sind deshalb für eine Politik des dynamischen Gleichgewichts unverzichtbar. Sie zu sichern und funktionsfähig zu erhalten, auch gegen den Widerstand derer, die von der Manipulation des Geldes Vorteile erwarten, bedeutet eine *qualitative* Verbesserung der Währungspolitik. Daß sie im Hinblick auf die besonders engen internationalen Verflechtungen der Währungen auch besonders schwierig ist, ist mir durchaus bewußt. Aber das macht sie nicht weniger zwingend notwendig. Die Empfehlung des Sachverständigenrates zum Abbau der Schattenökonomie gilt auch hier: Man dürfe gleichwohl nicht resignieren.

Organisierte Selbststeuerung: die Vorteile des Marktes

Trotz ständig zunehmender staatlicher Interventionen (und ihrer Kompensation durch eine entsprechend wachsende Schattenwirtschaft) leistet die Gesellschaft den größten Teil ihrer wirtschaftlichen Anpassung nach wie vor mit Hilfe des Marktes. Der Markt ist der wichtigste Ort der organisierten Selbstanpassung. Er ist das Zentrum der Verkehrswirtschaft. Die Wettbewerbsordnung und die Marktpreise steuern die unübersehbare Zahl autonomer Teilpläne und koordinieren sie zu einem sinnvollen Ganzen.

Keine denkbare Einrichtung menschlicher Gesellschaft ist in der Lage, den Markt bei der *Bewältigung von Komplexität* (management of complexity) zu übertreffen. Für die Erfüllung dieser Aufgabe ist der Markt nicht auf Wachstum angewiesen. Er kann – im Unterschied zur Selbsteinschätzung des interventionistischen Staates – auch ohne Wachstum »regieren«. Denn der Markt kennt keine Besitzstände. Deshalb ist er als Lenkungs- und Verteilungsinstrument einer komplexen Volkswirtschaft vor allem dann von größtem Wert, wenn es gilt, ohne quantitatives Wachstum zu wirtschaftlichem Gleichgewicht zu finden.

Daß der Markt keine Besitzstände garantiert, hängt mit seiner Fähigkeit zusammen, seine Urteile über den relativen Wert der Güter und Dienstleistungen ständig zu ändern. Diese Urteile sind das Ergebnis der Wünsche und Erwartungen derer, die anbieten oder nachfragen. Diese Wünsche und Erwartungen ändern sich ständig. So kommen immer neue Markturteile zustande. Sie sind keinem einzelnen Marktteilnehmer zurechenbar und in diesem Sinne objektiv. Sie drücken sich in Preisen aus. Sie sind die Abstimmungsergebnisse des Marktes. Das Wahlvolk urteilt mit dem Stimmzettel über den Wert der Parteien. Das Urteil findet in »Stimm-Preisen« Ausdruck. Das Marktvolk urteilt mit seiner Kaufkraft über den Wert der angebotenen Leistungen. Sein Urteil kommt in »Geld-Preisen« zum Ausdruck.

Dabei lassen wir uns bei der Abstimmung von den unterschiedlichsten Gesichtspunkten leiten, nicht nur von ökonomischen. Auch die Dringlichkeit unserer Bedürfnisse bestimmt sich nach verschiedenen Kriterien. Die Zahl dieser möglichen Gesichtspunkte nimmt mit wachsendem Wohlstand des Marktvolkes ständig zu. Wer wohlhabend ist, kauft nicht nur, um unabweisbare Bedürfnisse zu befriedigen. Er befriedigt auch seine Launen. Launen sind aber nicht berechenbar. Deshalb wird es mit wachsendem Massenwohlstand immer schwieriger, das Verhalten des Marktvolkes vorauszusehen. Was sich jedoch auch mit wachsendem Wohlstand *nicht* ändert, ist, daß wir unsere Entscheidungen nach unseren eigenen Plänen und Absichten treffen. Wir verwirklichen unsere Wirtschaftspläne, nicht die anderer. Zwar wird uns niemand hindern, auch aus selbstlosen Motiven zu entscheiden. Aber die Regel ist das nicht. Deshalb wird der Markt Güter und Dienstleistungen nicht nur deshalb nachfragen, weil andere sie angeboten haben.

Wenn eine Fabrik in unserer Nachbarschaft Uhren herstellt, werden wir sie kaufen, wenn der Preis stimmt und die Uhr dem Stand der Technik entspricht. Kommt ein besseres Produkt auf den Markt, werden wir es vorziehen. Dies auch dann, wenn die Uhrenfabrik in der Nachbarschaft deshalb ihren Absatz verliert und die Arbeitsplätze derer gefährdet sind, die dort arbeiten. Wir werden diese Folge bedauern und vielleicht fordern, daß für die Betroffenen etwas getan werden müsse. Aber wir sind nicht bereit, die Waren oder Leistungen des Unternehmens nur deshalb zu kaufen, weil es das Unternehmen gibt. Wir denken weder daran, auf günstigere Marktangebote zu verzichten, noch kommen wir auf die Idee, den alten Betrieb zu unterstützen, damit er nicht aus dem Markt ausscheiden muß. Wir treffen unsere Entscheidungen somit ohne Rücksicht auf erworbene Besitzstände täglich neu.

Wir verteilen unsere Kaufkraft um, ohne uns durch frühere Entscheidungen gebunden zu fühlen oder auf sie Rücksicht zu nehmen, wenn sich unsere Beurteilung unserer Bedürfnisse geändert hat.

Damit unterscheidet sich der Markt *grundsätzlich* von der Lenkung der wirtschaftlichen Vorgänge durch staatliche Eingriffe. Mit staatlichen Interventionen entstehen Besitzstände. Sie lassen sich durch die politisch wirksame Organisation von Interessen schützen. Selbst wenn die Subvention nur auf Zeit gedacht war, läßt sie sich kaum rückgängig machen. Nichts ist im Bereich staatlicher Interventionen dauerhafter als ein Provisorium. Der Markt dagegen erfüllt Erwartungen nur auf Zeit. Er hat keine Probleme, neue Erwartungen zu Lasten bisheriger zu bedienen. Der Markt kann jedem Anbieter jederzeit seine Gunst entziehen und ihn bei der Verteilung der Kaufkraft leer ausgehen lassen. Er ist damit in der Lage, Prioritäten zu ändern, neue Dringlichkeiten festzulegen, neue Erwartungen zu erfüllen, ohne den Besitzstand alter, bereits erfüllter Erwartungen zu schonen. Er kann umverteilen, bisherigen Anbietern die Existenz entziehen, gutgemeinte Angebote zurückweisen ohne Rücksicht auf Organisationen oder Verbände, auf frühere Hoffnungen und Erwartungen. Er kann, kurz gesagt, etwas, das Regierungen und politische Parteien weit schwerer fällt: Verteilungsprobleme auch *ohne* Wachstum lösen.

So besteht die Überlegenheit des Marktes über die staatliche Wirtschaftssteuerung durch Interventionen einmal darin, daß er Verteilungsprobleme auch ohne quantitatives Wachstum entscheiden und einmal getroffene Entscheidungen ohne quantitatives Wachstum an veränderte Umweltbedingungen besser anpassen kann. Darüber hinaus ist es um so *wichtiger*, die Aufgabe: Anpassung an veränderte Umweltbedingungen, vom Staat auf die gesellschaftlichen Veranstaltungen der Selbstanpassung zu übertragen, je geringer die Spielräume werden, die staatlichen Verteilungsentscheidungen durch quantitatives Wachstum zuwachsen. Je weniger quantitatives Wachstum, um so mehr Markt!

Die bisherige Entwicklung ist genau umgekehrt. Je weniger Wachstum, um so mehr Interventionen. Diese Sicht der Dinge ist mit den Gesetzmäßigkeiten menschlicher Gesellschaft unvereinbar. Sie kann deshalb die Bewältigung der Begrenzungskrise nur erschweren.

Funktionsbedingungen des Marktes

Geht man davon aus, daß der Markt als prozeßsteuernde Selbstanpassung der staatlichen Intervention überlegen ist, dann sind zwei Probleme zu lösen.

1. Der Markt als geplante Veranstaltung gesellschaftlicher Selbstanpassung an veränderte Umweltbedingungen muß funktionsfähig gehalten werden. Der Markt muß offen sein. Das heißt zunächst: Der Staat darf die Veranstaltung: Selbstanpassung der Gesellschaft durch Märkte, nicht selbst wieder außer Kraft setzen, sei es auf

regionaler, staatlicher oder internationaler Ebene. Eine Politik der offenen Märkte ist das unverzichtbare Gegenstück zur Entscheidung, die Anpassungsfähigkeit moderner Industriegesellschaften an die Umweltveränderungen durch *Selbstanpassung* statt durch quantitatives Wachstum zu erhöhen. Das wird auch in den Plädoyers der Regierungschefs für einen offenen Welthandel und gegen den Protektionismus deutlich. Aber beides ist nicht nur eine Frage der Zweckmäßigkeit. Offene Märkte und der Abbau des Protektionismus – in welcher Form auch immer – sind zu Bedingungen für die Überlebensfähigkeit der modernen Industrienationen geworden. Nicht fehlendes Wachstum, sondern fehlende Märkte als organisierte Selbstanpassungen werden nämlich die westlichen Industrienationen unregierbar machen.

Aber die Selbstanpassung unserer Industriegesellschaften darf nicht nur durch Eingriffe von hoher Hand oder durch Zölle, Einfuhrkontingente, technische Normen, erzwungene Selbstbeschränkungen, Behinderungen des Technologietransfers oder all die anderen Vorkehrungen behindert werden, die der vereinigte Erfindungsgeist staatlicher Bürokratien und organisierter Interessen entwickelt haben und ständig neu erfinden. Sie braucht auch Schutz vor den Interventionen mächtiger Marktteilnehmer, nationaler wie internationaler.

Das war immer die Aufgabe des Rechts der Wettbewerbsbeschränkungen, seit die Bedeutung wirtschaftlicher Macht für die wirtschaftliche Freiheit der Bürger und als Gefahr für die Wettbewerbsordnung erkannt wurde. Daran wird sich auch in Zukunft nichts ändern. Deshalb bleibt es eine wichtige Aufgabe des Rechts, vor allem der Privatrechtsordnung, die Regeln der Wettbewerbsordnung zu verfeinern, nach denen der Prozeß der Selbstanpassung im Markt verläuft, und ihnen Autorität zu sichern.

Mit der Begrenzungskrise wird jedoch eine *weitere* Dimension des Wettbewerbsrechts sichtbar. Offene Märkte und geordneter Wettbewerb dienen nicht nur dem Schutz der Freiheit vor der Subordination durch *wirtschaftliche* Macht und dem Wohlstand aller. Sie sind eine Bedingung für die Regierbarkeit moderner Industrienationen geworden und damit für die Überlebensfähigkeit der demokratischen Industriegesellschaft. Das heißt aber: Wer sich durch die Vereinbarung von Wettbewerbsbeschränkungen oder die Bildung wirtschaftlicher Macht einzelwirtschaftliche Vorteile sichert und diese dem Urteil des Marktes entzieht, also privatrechtlich gesicherte Besitzstände errichtet, der beeinträchtigt nicht nur die Freiheit und den Wohlstand anderer. Er *gefährdet* die Anpassungsfähigkeit der Gesellschaft an veränderte Umweltbedingungen. Er beeinträchtigt damit die Fähigkeit unserer Gesellschaft, die Begrenzungskrise zu überwinden und damit ihre freiheitliche Existenz in einer schnell sich wandelnden Welt zu sichern. Existenzgefährdungen jedoch sind keine Kavaliersdelikte. Sie verstoßen auf besonders elementare Weise gegen das allgemeine Interesse. Dies ist die neue Dimension der Wettbewerbsbeschränkung. Ihr muß das Wettbewerbsrecht in Zukunft Rechnung tragen. Der Schutz der natürlichen Umwelt und der Schutz der Fähigkeit der Gesellschaft zur Selbstanpassung haben – politisch gesehen – den gleichen Rang. Beide schützen die moderne Industriegesellschaft davor, an der Begrenzungskrise zu scheitern.

Kein Marktteilnehmer darf sich deshalb – national wie international – den marktwirtschaftlichen Prozessen der Selbstanpassung entziehen. Liegen zwingende Gründe vor, anders zu verfahren, so kann dies nicht von den Unternehmen selbst entschieden werden – gleichgültig wer ihre Entscheidungen konkret trifft: die Aktionäre, die Arbeitnehmer oder der Staat als Eigentümer. Immer handelt es sich in solchen Fällen um eine Ordnungsentscheidung. Private sind für solche Entscheidungen nicht zuständig. Sie sind dem Staat, vor allem dem Gesetzgeber, vorbehalten.

2. Die Selbstanpassung durch den Markt ist zwar äußerst wirksam. Aber sie ist *nicht immer gerecht*. Der Markt trifft seine Entscheidungen nach Gesichtspunkten der Knappheit, nicht der Gerechtigkeit. Die Teilnehmer entscheiden nach ihren konkreten Bedürfnissen und Plänen, nicht nach den *Wirkungen*, die sie mit ihren Entscheidungen auslösen. Im Normalfall kennen sie diese Wirkungen nicht und können sie auch nicht kennen. So überläßt es der Markt den Betroffenen, sich seinem Urteil anzupassen. Der Uhrenfabrikant, der Textilunternehmer, die keine Abnehmer, die Lehrer, die keine Anstellung finden, weil die Zahl der Schüler zurückgeht, der Gastwirt, dessen Kundschaft ausbleibt, müssen selbst mit den Entscheidungen des Marktes fertigwerden. Der Markt – das sind wir alle als Kunden – berücksichtigt nicht, ob der Lehrer sich das Stu-

dium am Mund abgespart hat oder so reich ist, daß er die Anstellung nicht braucht, um zu leben; ob der Uhrenfabrikant sein ganzes Vermögen verloren hat oder genug zurückbehält, um den Verlust zu verkraften. Diese Fragen sind zwar wichtig, aber nicht für den Markt. Es ist auch nicht seine Aufgabe, sie zu beantworten. Er kann die Komplexität der Koordination von Millionen von Teilplänen beherrschen. Aber er kann nicht Gerechtigkeit verwirklichen.

Die Wirkungen, die das Markturteil bei den Betroffenen auslöst, müssen deshalb auf andere Weise bewältigt werden. Es gehört zu den verhängnisvollen Irrtümern des vergangenen Jahrhunderts, dies nicht erkannt und deshalb den Markt für die »Ungerechtigkeiten« verantwortlich gemacht zu haben, die seine Lenkungsentscheidungen im konkreten Fall zur Folge haben können. Heute wissen wir: Hier, an der Bewertung der Ergebnisse der Markturteile für den einzelnen Betroffenen, ist die Stelle, an der sich marktwirtschaftliche Ordnung und sozialpolitische Verantwortung der Gemeinschaft berühren.

Wettbewerb und Gerechtigkeit

Zur umfassenden sozialpolitischen Verantwortung, von der bereits in den sozialpolitischen Leitsätzen der CDU von 1949 die Rede war, gehört auch die Erwartung an die Gesellschaft oder die politische Gemeinschaft, sie möge diejenigen, deren Angebot der Markt zurückgewiesen oder deren Besitzstände er nicht geschützt hat, auf andere Weise entschädigen. Gerechtigkeit soll auch dort geübt werden, wo der Markt den Vorstellungen allgemeiner Gerechtigkeit durch sein Urteil nicht entsprochen hat.

Dieser Erwartung können wir im Prinzip auf zweierlei Weise entsprechen: Wir können das Urteil des Marktes akzeptieren und den Betroffenen helfen, mit den Wirkungen der konkreten Entscheidungen fertigzuwerden. Oder wir können dem Markt die Entscheidung des Verteilungskonfliktes und der Anpassung an veränderte Umstände entziehen und den Konflikt auf andere Weise entscheiden, um ihn so von vornherein *gerecht* zu entscheiden. Im ersteren Falle akzeptieren wir die Anpassungsentscheidung des Marktes an veränderte Bedingungen oder Bedürfnisse. Aber wir helfen den

Betroffenen bei *deren* Anpassung an die Marktentscheidungen, soweit sie auf die Hilfe der Gemeinschaft angewiesen sind und mit der neuen Lage nicht selbst fertigwerden können. *Wann* dies der Fall ist, wird nach dem Prinzip der Subsidiarität beantwortet. Daß die Gemeinschaft, auf welcher Ebene auch immer, hilft, ist Ausdruck der *Solidarität*. Das heißt praktisch: Der Uhrenfabrikant muß seinen Betrieb zwar schließen. Aber den betroffenen Arbeitnehmern wird geholfen, dem Fabrikanten auch, wenn seine persönliche Existenz bedroht ist. Beide können so lange auf die Unterstützung und damit die Solidarität der Gemeinschaft rechnen, bis sie neue Chancen gefunden haben. Das gleiche gilt für den Gastwirt, den Inhaber des Ladens um die Ecke oder den Lehrer, der keine Stelle finden kann.

Entziehen wir dem Markt die Entscheidung selbst, erklären wir ihn im konkreten Fall für ungeeignet zur Selbstanpassung, dann stehen uns wiederum zwei Wege zur Verfügung, die notwendigen Entscheidungen herbeizuführen:

- Die Verteilungskonflikte werden nicht von den Beteiligten selbst, sondern von Organisationen entschieden, zu denen sich die Beteiligten zu diesem Zweck zusammengeschlossen haben. Das wichtigste Beispiel für diesen Weg ist der Tarifvertrag zwischen den Tarifparteien im Arbeitsmarkt.
- Wir übertragen die Entscheidung des Konfliktes dem Staat unmittelbar.

Im ersten Fall sind die *gesellschaftlichen Gruppen* für die Anpassungsleistung zuständig, im zweiten Fall der *Staat*. Bezogen auf den Markt geschehen beide Interventionen aus Gründen der sozialen Gerechtigkeit. Aber im ersten Falle bleibt es eine Regelung auf der Ebene der Gesellschaft. Im zweiten Falle werden die Anpassungsaufgabe und damit die Lösung des Verteilungskonfliktes verstaatlicht.

Welche zentrale Bedeutung diese Entscheidung für die Anpassungsfähigkeit der Gesellschaft hat, haben wir bereits gesehen. Wenn es nämlich richtig ist, daß der Staat weit größere Schwierigkeiten hat, in bestehende Besitzstände einzugreifen, als der Markt, dann bedeutet jede Verstaatlichung eines typischen Verteilungskonfliktes, daß der Staat auf Wachstum angewiesen ist, um den Verteilungskonflikt lösen zu können, ohne die bestehenden Besitzstände zu schmälern.

So wird er den Betrieb des Fabrikanten eher subventionieren – wenn der Fabrikant entsprechenden politischen Einfluß mobilisieren kann – als ihn in Konkurs gehen lassen.

Die Mittel, die dafür benötigt werden, stehen zur Erfüllung anderer Erwartungen nicht zur Verfügung. Der Staat ist deshalb auf Zuwachs der Mittel angewiesen. Damit wird zugleich deutlich, daß es für alle, die das Urteil des Marktes fürchten müssen, vorteilhaft sein kann, die Lösung der Verteilungskonflikte auf den Staat zu übertragen, den Verteilungskonflikt also zu verstaatlichen. Entsprechend groß werden ihre Anstrengungen in diese Richtung sein. Unter Hinweis auf ungerechte Ergebnisse werden sie die Verstaatlichung des Verteilungskonfliktes verlangen. Sie werden dies unter anderem damit begründen, daß der Markt nicht »vernünftig« urteile, weil der Kunde nicht ausreichend informiert, durch Werbung oder Marktmacht in seinem Urteil manipuliert oder die Entscheidung als solche im politischen Sinne unvernünftig sei und der Markt deshalb außer Kraft gesetzt werden müsse.

Die sozialen Motive, mit denen die Forderung nach Verstaatlichung des Verteilungskonfliktes begründet wird, werden durch die Hoffnung beflügelt, auf diesem Wege zugleich den eigenen Besitzstand dem Urteil des Marktes entziehen zu können. So ziehen Gewerkschaften und Unternehmer fast immer am gleichen Ende des Strikkes, wenn es darum geht, den Staat zum Eingreifen zu bewegen. Beide sind der Meinung, damit berechtigten Bedürfnissen zu dienen: der Sicherung der Arbeitsplätze und der Versorgung der wahren Bedürfnisse der Kunden. Ihr gemeinsamer Widerpart ist der Markt und seine Anpassungsentscheidungen. Deshalb versuchen sie ihn zu ihren Gunsten auszuschalten – unter Aufrechterhaltung der marktwirtschaftlichen Prinzipien im übrigen.

Dabei treffen sie sich in den Wirkungen ihres Handelns, wenn auch nicht in ihren Motiven, mit jenen politischen Kräften, die aus prinzipiellen Gründen nichts vom Markt halten, weil sie nicht an die Urteilsfähigkeit der Marktteilnehmer glauben. Diese Kräfte sind überzeugt, daß ihr Urteil über das, was für die Menschen gut sei, dem Urteil des Marktes weit überlegen wäre. Deshalb sind sie für die Verstaatlichung oder doch die Vergesellschaftung der Verteilungsentscheidungen. In Wirtschafts- und Sozialräten oder anderen Gremien wollen sie als berufene Vertreter der Kunden für diese entscheiden, was sonst im Markt entschieden worden wäre, aber nicht entschieden werden soll. Sie beanspruchen, den wahren Notwendigkeiten der Gesellschaft gegen die Kurzsichtigkeit, Unbelehrbarkeit und Willkür der Marktentscheidungen zum Siege verhelfen zu können. Sie sind im Grunde überzeugt, daß das Volk zwar nicht weiß, was für es gut ist, aber entscheiden kann, wer weiß, was für es gut ist. Die Vergesellschaftung der Verteilungskonflikte und ihre Entscheidung durch Repräsentation: das ist die Alternative der Funktionäre und all derer, die dem Volk zu seinem wahren Wohl verhelfen wollen, zur Koordination der Wirtschaftspläne und der Anpassung an veränderte Bedingungen durch den Markt. Sie ist zugleich die wirksamste Form der Entmündigung des Bürgers – zu seinem eigenen Wohl, versteht sich. Er darf noch in Bereichen seines persönlichen Konsums entscheiden, dort, wo er keinen Schaden anrichten kann. Die wichtigen Entscheidungen dagegen fallen in Gremien »demokratisch«.

Das Ergebnis kennen wir: Da weder die aggregierte Gruppengesellschaft noch der Staat in ausreichendem Umfang in bestehende Besitzstände eingreifen können, sind sie für die notwendigen Anpassungsentscheidungen auf quantitativen Zuwachs der Verteilungsmasse angewiesen. Die qualitative Verbesserung der Anpassungsleistung ist nicht möglich. Die Begrenzungskrise nimmt ihren Lauf.

Damit stehen wir vor der Notwendigkeit, zwei gleichermaßen wesentliche politische Zielsetzungen so miteinander zu verbinden, daß es möglich ist, den Teufelskreis des Interventionismus und seines Wachstumszwanges aufzulösen: die Organisation der gesellschaftlichen Anpassungsprozesse durch *marktwirtschaftliche Selbstanpassung* im Rahmen der Wettbewerbsordnung und die Gewährleistung *sozialer Gerechtigkeit*. Die Problemlösung liegt in erster Linie in der Entwicklung sozialpolitischer Einrichtungen (nach dem Prinzip der Regelkreise), die gleichgewichtsfähig sind. Diese Frage wird uns in Kapitel VI beschäftigen.

Die Bedeutung der Subventionen

Hier geht es zunächst um das Problem, wie wir erstens durch Abbau der Interventionen, die bereits existieren oder ständig neu gefordert werden, die Beeinträchtigung marktwirtschaftlicher Lenkung und Anpassung verringern und damit die Anpassungsfähigkeit der Gesellschaft stärken und wie wir zweitens staatliche Interventionen und Subventionen so lenken können, daß sie der Anpassung dienen und diese nicht behindern. Es geht um Umfang und Richtung der Subvention.

Mißt man die Aussichten, vorhandene Subventionen abzubauen und neue zu vermeiden, an der Häufigkeit und Dringlichkeit, mit der das eine wie das andere gefordert wird, so müßte beides ein leichtes sein. Kaum in einem anderen Gebiet der Wirtschaftspolitik sind jedoch politisches Wollen und politische Wirklichkeit so weit voneinander entfernt.

Die Bewältigung des Strukturwandels, heißt es in den Stuttgarter Leitsätzen der CDU für die achtziger Jahre (1984),

> ist in erster Linie Aufgabe der Unternehmen und ihrer Mitarbeiter. Der Staat kann lediglich durch entsprechende ordnungspolitische Rahmenbedingungen der Wirtschaft ihre Aufgabe erleichtern. Die Förderung überholter Wirtschaftsstrukturen durch Subventionen kann zwar kurzfristig die Arbeitsplätze bestimmter Industriebranchen erhalten, schafft aber keine neuen, zukunftssicheren Arbeitsplätze und ist auf Dauer nicht zu finanzieren. Es geht um unsere Zukunft als führender Industriestaat in den achtziger und neunziger Jahren. Die Subventionierung notleidender Industriebranchen muß daher zeitlich befristet sein und – unter Berücksichtigung sozialer Erfordernisse – schrittweise abgebaut oder angepaßt werden. Nur so läßt sich das Ziel verfolgen, den Strukturwandel zu erleichtern und negative soziale Auswirkungen struktureller Verschiebungen zu mildern. Andernfalls werden wir Krisen ohne Ende haben statt ein Ende der Krisen.
>
> Im internationalen Rahmen – insbesondere der EG – müssen Übereinkommen getroffen werden mit dem Ziel, die staatliche Subventionierung ganzer Industriebranchen abzubauen beziehungsweise zu beseitigen. Der Abbau dieser wettbewerbsverzer-

renden Subventionen in Konkurrenzländern erleichtert den Verzicht auf Subventionen im nationalen Bereich.

Auch für die weitere Konsolidation der öffentlichen Haushalte und für eine »Rückführung zu Grundsätzen der marktwirtschaftlichen Ordnung« wird ein »weiterer Abbau von Subventionen« vordringlich. Generell führen Subventionen in der sozialen Marktwirtschaft zu Fehlsteuerungen, Strukturverzerrungen und hemmen in den Unternehmen die Entwicklung eigener Problemlösungen. Grundsätzlich müssen Unternehmen die Risiken der Fehlentscheidung selber tragen, ohne auf staatliche Hilfe hoffen zu können. Staatliche Subventionierung hat sich unter anderem an folgenden Kriterien zu orientieren:

– Eine eindeutige Definition des Subventionsziels und regelmäßige Erfolgskontrollen sind erforderlich.
– Subventionen sollen grundsätzlich zeitlich befristet und degressiv gestaltet werden.

In der sozialen Marktwirtschaft wird – zu Recht – die einzige Wirtschaftsordnung gesehen, die »auch den heutigen und zukünftigen Herausforderungen unseres Landes gewachsen« ist. Sie sei das ordnungspolitische Konzept, »das durch seine dezentralen Steuerungsmechanismen und das Leistungs- und Urteilsvermögen freier, verantwortlicher Bürger Fehlentwicklungen am ehesten vermeidet und am schnellsten korrigiert«. Den Staat will die Partei »auf seine wesentlichen Aufgaben konzentrieren«.

Das Ziel, Subventionen abzubauen, wird so lange angestrebt, wie es sie im nennenswerten Umfang gibt. Alle Regierungen und ihre Regierungserklärungen fühlen sich ihm verpflichtet. Durch den Subventionsbericht will man die öffentliche Meinung mobilisieren und so dem Parlament den Rücken stärken, wenn es um konkrete Entscheidungen geht. Sollte es dennoch an der notwendigen politischen Kraft zur Neuorientierung der Prioritäten fehlen, will man wenigstens durch eine lineare Kürzung aller Subventionen die Last der Ausgaben verringern.

Aber alles war bisher vergebens. Auch der Regierung Kohl ist ein Abbau der Subventionen bisher nicht gelungen. Im Gegenteil. Das Volumen der Subventionen hat sich weiter erhöht.

Dabei hat es nicht an Versuchen gefehlt, Kriterien für die

gewünschten politischen Entscheidungen zu entwickeln. Die Wettbewerbsfähigkeit der deutschen Volkswirtschaft, ihr Anschluß an die internationale Entwicklung, die Sicherung einer eigenen Energiebasis wurden ebenso genannt wie die Erhaltung von Arbeitsplätzen. Immer jedoch war das Ergebnis nicht eine Straffung der Subventionspolitik, sondern ein Zuwachs ihres Volumens. Ähnlich wie im Bereich der Sozialpolitik war es offenbar bis heute unmöglich, eine Neuordnung und Verwirklichung der politischen Beschlüsse zu erreichen, mit der man das allgemein beklagte Übel überwinden könnte.

Strukturwandel fördern

Ich habe nicht die Absicht, der kaum übersehbaren Fülle vorhandener Analysen und Vorschläge weitere hinzuzufügen. Vielmehr geht es mir hier um den Zusammenhang zwischen der Subventionspolitik des Staates und der Fähigkeit unseres Industrielandes, die Begrenzungskrise durch Anpassung zu meistern. Die industrielle Entwicklung ist in mehrfacher Hinsicht ein fortschreitender Prozeß. Einmal folgt sie der Entwicklung neuer wissenschaftlicher Erkenntnisse. Alte Produkte werden durch neue abgelöst in dem Maße, in dem das Wissen um neue Möglichkeiten fortschreitet. Das neue Produkt befriedigt das gleiche Grundbedürfnis, aber besser.

Produktentwicklung heißt das Stichwort. Dabei findet eine Fülle neuer Erkenntnisse auch aus anderen Gebieten industrielle Verwendung. Aber die Anwendung des Produktes Auto, Telephon, Fernsehgerät oder was immer bleibt die gleiche. Daneben steht die Entdeckung und industrielle Umsetzung gänzlich neuer, bisher nicht bekannter Möglichkeiten. Es handelt sich dabei nicht um eine bessere Qualität des Alten, sondern um eine neue Qualität des Neuen. Die Grenzen sind fließend. Gleichwohl besteht, jedenfalls der Tendenz nach, ein wichtiger Unterschied. Die bessere Qualität des Alten entwickelt sich eher in den Industrien, die das Alte produzieren. Die neue Qualität des Neuen wird eher in neu entstehenden Unternehmen industriell genutzt. Der Grund ist einfach: Ein Unternehmen, das ein bekanntes Produkt mit Erfolg vertreibt und ständig verbessert, sieht weniger Veranlassung, etwas Neues zu riskieren, solange das Alte erfolgreich ist. Der Neukommer im Markt sieht die Nachfrage nach bisherigen Angeboten befriedigt. Er sucht eine Marktnische für das Neue. Viele Unternehmen haben dies erkannt. Sie versuchen, die Situation des Neukommers in ihrer eigenen Organisation zu simulieren. Mitarbeiter dürfen ein »neues« Unternehmen gründen und selbständig betreiben. Sind sie erfolgreich, hat auch das Unternehmen seinen Vorteil. Andere kaufen erfolgreiche Neukommer auf, wenn sie eine gewisse Größe und Erfolgsaussicht erreicht haben. Oft geht dann mit dem Verlust der Selbständigkeit auch der Erfolg verloren.

In jedem Fall bewegt sich so der fortschreitende Prozeß der Umsetzung neuen Wissens in industrielle Nutzanwendung wie eine industrielle Welle durch die *vorhandene Industriestruktur*: vom Beginn industrieller Umsetzung der Idee, dem schnellen Wachstum, wenn sie erfolgreich ist, über die kräftige Ausdehnung bis zur Reife, um dann zu stagnieren, wieder zu schrumpfen und schließlich, als verbrauchte Möglichkeit, abzusterben. Für eine Industriegesellschaft ist nun entscheidend, daß sie auf ihrem Weg durch die industrielle Zeit stets genug Neues beginnt, um das Absterbende zu ersetzen. Für sie gilt – in analoger Anwendung – das *Prinzip der Nachhaltigkeit*. Es ist die Grundlage *qualitativen* Wachstums in der Forstwirtschaft. Dort besagt es, daß nicht mehr Holz genutzt werden darf, als mit Sicherheit nachwächst. Durch eine systematische Pflege von Wald und Boden soll die Ertragskraft gesteigert, die Qualität des Bodens aber zumindest erhalten werden. Durch die Anwendung dieser Grundsätze ist die Produktivität unserer Waldflächen seit Beginn des 19. Jahrhunderts nachhaltig gesteigert worden.

Das Prinzip der Nachhaltigkeit gilt jedoch nicht nur für die Forstwirtschaft. Es muß überall Anwendung finden, wo es darum geht, zwischen dem Aufbau des Neuen und dem Abbau des Alten ein Gleichgewicht zu sichern, das Ganze (den Wald) also weder durch Erstarrung noch durch Instabilität zu gefährden. Es handelt sich um einen allgemeinen Grundsatz qualitativen Wachstums im dynamischen Gleichgewicht oder im Fließgleichgewicht. Schon oft habe ich deshalb meinen Zuhörern qualitatives Wachstum mit dem Bild des Waldes zu erläutern versucht: Alles wächst und vergeht in ihm, aber er muß deshalb sein Volumen nicht vergrößern. Und die Vögel, die in ihm leben, finden stets einen Nistplatz. Zeigt ihr

Nistbaum Schwächen und droht zu stürzen, werden sie auf andere Bäume umziehen. Kein Förster kommt auf die Idee, den alten Baum zu stützen, um den Vögeln diesen Umzug zu ersparen. Allenfalls wird er den Baum fällen, ehe er stürzt, um Gefahren abzuwenden, die mit dem ungeplanten Sturz verbunden wären.

Im Wald der Wirtschaft gelten durchaus vergleichbare Gesetze. Unternehmen entstehen neu, wachsen schnell, reifen, beginnen zu altern und scheiden eines Tages aus. Entweder werden sie geschlossen (liquidiert), oder ihr Sturz ist unplanmäßig, wenn auch vorhersehbar. Dann gehen sie in Konkurs.

Für die Qualität dieses »Waldes« ist nun nicht nur die Bodenbeschaffenheit – die allgemeinen wirtschaftlichen Rahmenbedingungen –, sondern vor allem das Gleichgewicht von Aufwuchs und Einschlag entscheidend. Dieses Gleichgewicht wäre bei marktwirtschaftlicher Anpassung voraussichtlich gewahrt. Mit wachsendem Interventionismus wird es zunehmend gestört. Das hat seinen Grund darin, daß der intervenierende Staat sich nicht vom Grundsatz der Nachhaltigkeit, sondern davon leiten läßt, wo die Intervention den nachhaltigsten Erfolg in politischen Institutionen bringt. Der Grundsatz der Nachhaltigkeit wird nicht auf die Pflege der Wirtschaft angewendet, sondern auf die Erhaltung der politischen Macht. In einer interventionistischen marktwirtschaftlichen Ordnung liegt dies in der Natur der Sache. Es ist die zwingende Folge des Interventionismus. Wie gesagt: Die Menschen sterben lieber im Penthouse, als in eine einfachere Wohnung umzuziehen.

Die Folgen lassen sich in der Praxis eindrucksvoll beobachten. Rudolf von Bennigsen-Foerder hat sie in der Schrift »Wachstum ohne Wandel« auch graphisch dargestellt. Er hat die Wirtschaftszweige in wachsende, stagnierende und schrumpfende aufgeteilt; die wachsenden Wirtschaftszweige wiederum in rasant, kräftig, deutlich und schwach wachsende. Sodann hat er diesen Wirtschaftszweigen die Zahl der jeweils Beschäftigten und deren Veränderungen zugeordnet; dies für die Zeiträume 1960–73 und 1973–81. Dies ergibt das Schaubild auf Seite 252.

Zeitraum 1961 bis 1973

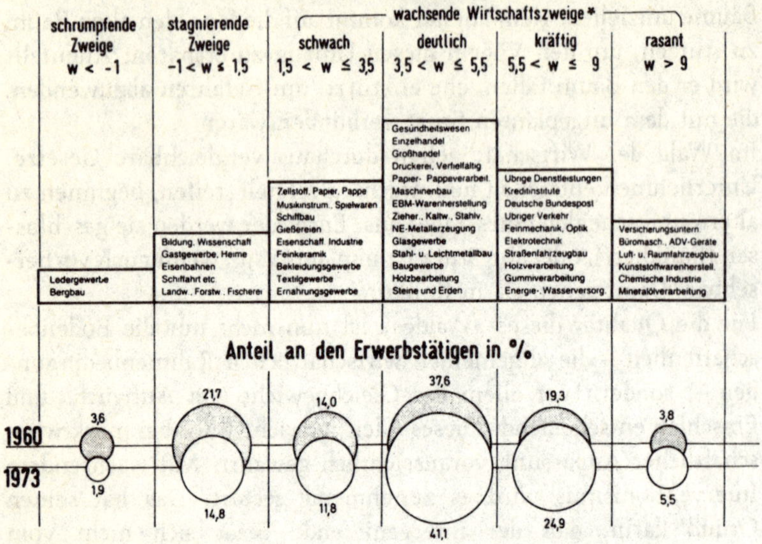

Zeitraum 1974 bis 1981

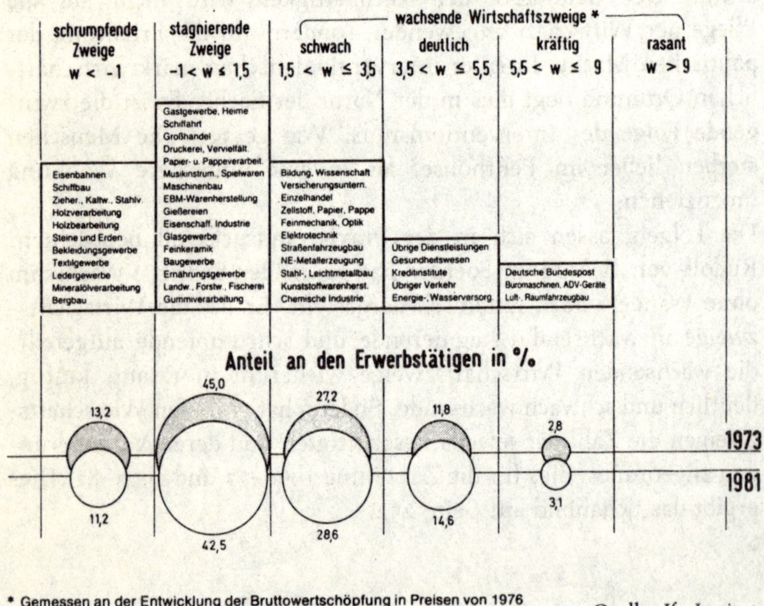

* Gemessen an der Entwicklung der Bruttowertschöpfung in Preisen von 1976
w ist die jahresdurchschnittliche Veränderungsrate in %.

Quelle: Ifo-Institut

Betrachtet man danach die Entwicklung der Beschäftigung, so zeigt sich, daß es in den rasant wachsenden Wirtschaftszweigen im zweiten Zeitabschnitt keine nennenswerte Beschäftigung mehr gibt. Im kräftig wachsenden Wirtschaftszweig ist sie nach anfänglichem Anstieg stark zurückgegangen. Noch stärker ist der Rückgang in den deutlich wachsenden Wirtschaftszweigen. Dagegen hat die Beschäftigung in den schwach wachsenden Wirtschaftszweigen zugenommen. Am kräftigsten ist sie in den stagnierenden Wirtschaftszweigen gestiegen. Selbst in den schrumpfenden Wirtschaftszweigen sind 1981 relativ mehr Menschen beschäftigt als 1960.

Gegen Aufteilungen dieser Art lassen sich immer Einwände geltend machen. Gleichwohl ist die Darstellung außerordentlich verdienstvoll. Denn sie macht besonders augenfällig, wie sehr unsere Industrie- und Wirtschaftspolitik das Prinzip der Nachhaltigkeit verletzt. Sie kümmert sich mehr um die großen, die alternden Bäume als um die Setzlinge. Die Zahlen lassen nicht erkennen, ob zwischen dieser Entwicklung und der staatlichen Subventionspolitik ein Zusammenhang besteht. Es wäre gut, dies im einzelnen zu untersuchen. Denn viel spricht dafür, daß es zumindest Wechselwirkungen gibt. Subventionen werden auch aus politischen Gründen gewährt. Es ist deshalb wahrscheinlich, daß sie vor allem dorthin wandern, wo die meisten Menschen beschäftigt sind. Ist dies nicht in den schnell wachsenden, sondern in den schrumpfenden Wirtschaftszweigen der Fall, so haben diese größere Aussicht, subventioniert zu werden. Die alten Bäume werden gestützt; die Setzlinge verkümmern.

◀ *Anteile der Erwerbstätigen in den einzelnen Wirtschaftszweigen der Bundesrepublik Deutschland in den Zeiträumen 1961–1973 und 1974–1981 (Branchen-Portfolio ohne Wohnungsvermietung)*

Kriterien marktwirtschaftlicher Förderungspolitik

Hier ist eine neue Sicht der Dinge besonders dringend. Wenn der Staat es für notwendig hält zu intervenieren, dann muß es zugunsten des Neuen sein, nicht zugunsten des Alten. Alles andere sichert unsere Zukunft nicht, sondern gefährdet sie. Für die Politik bedeutet dies in mehrfacher Hinsicht eine Neuorientierung:

1. Staatliche Hilfen für neue Entwicklungen dürfen sowenig wie möglich Auswirkungen auf die Wettbewerbsordnung haben. Deshalb dürfen nur solche Einheiten Hilfe erhalten, die sich nicht selbst helfen können (Subsidiaritätsprinzip).
Großunternehmen sind nach diesem Gesichtspunkt grundsätzlich nicht förderungswürdig. Sie verfügen in der Regel über die Möglichkeit, das Neue aus den Erfolgen vorhandener Aktivitäten selbst zu subventionieren. Es liegt in ihrem eigenen Interesse, durch Fortschreiten mit dem Prozeß der wissenschaftlichen Erkenntnis Schritt zu halten. Sie sollten deshalb auch keine staatliche Förderung erhalten, wenn sie neue Aktivitäten »ausgründen« und damit organisatorisch verselbständigen. Entscheidend ist nicht die Organisationsform, sondern die gesellschaftsrechtliche Selbständigkeit. Solange die selbständigen Einheiten weiter dem großen Verbund angehören, ist die staatliche Förderung immer eine Entlastung schon vorhandener Aktivitäten, aber nicht die Förderung einer neuen.
Nun wird vielfach argumentiert, nur das große Unternehmen verfüge über die Forschungskapazität und die Infrastruktur, die den Nährboden für den neuen »Setzling« abgeben könnten. Das ist zweifellos richtig, kann aber nicht zusätzliche Subventionen begründen. Denn eine offene Entwicklung verlangt, daß gerade auch dort Neues entstehen kann, wo es nicht an das Alte gebunden und von seinen Denkschemata geprägt wird. Eine neue Qualität des Denkens entwickelt sich leichter frei von den Bürokratien, die die bisherigen Denkschemata repräsentieren.
2. Staatliche Förderung ist immer ein Problem der Auswahl. Schon aus wirtschaftlichen Gründen kann nicht alles industriell genutzt werden, was theoretisch erfolgversprechend wäre. Deshalb muß es Maßstäbe geben. Der wichtigste Maßstab ist: Alles, was der Überwindung der Begrenzungskrise dient, hat Vorrang.

Was die Qualität unserer Ordnung verbessert – im hier definierten Sinne der gesteigerten Anpassungsfähigkeit –, sollte Priorität genießen. Nicht auf die Schaffung von Arbeitsplätzen, ohne Rücksicht auf den Beitrag der subventionierten Aktivitäten zum qualitativen Wachstum, kommt es in erster Linie an. Entscheidend ist der Beitrag zum qualitativen Wachstum. Fehlen den Menschen für solche neuen Tätigkeiten die notwendigen Qualifikationen, müssen sie sie erwerben. Das ist ein Teil der Energie, die *zusätzlich* aufgebracht werden muß, um unsere Gesellschaft qualitativ zu verbessern.

3. Damit ist zugleich die Frage angesprochen, ob es berechtigt ist, industrielle Tätigkeiten nur deshalb staatlich zu subventionieren, weil sonst Arbeitsplätze verlorengehen. Die Antwort kann nur lauten: Dies ist kein akzeptabler Subventionsgrund mehr. Subventionen dieser Art lösen keine Probleme, sondern vertagen sie nur. Zugleich wird die später notwendige Anpassung immer teurer. In Wirklichkeit wird durch solche Subventionen die Gesamtheit daran gehindert, sich an veränderte Umweltbedingungen rechtzeitig anzupassen und damit ohne *Verlust* an Qualität zu überleben; und dies nur deshalb, weil in bestimmten Bereichen erstarrte Arbeitsmarktstrukturen eine Anpassung erschweren oder unmöglich machen.

Wenn die Menschen im Saarland ihre Arbeitsplätze in der Stahlindustrie heute nur noch mit Hilfe astronomischer Subventionen behalten können – und dies nur auf Zeit –, so ist dies allein der Unfähigkeit der vorhandenen Organisationen zuzuschreiben, sich *rechtzeitig* an Veränderungen anzupassen, die seit Jahrzehnten voraussehbar waren.

Die dafür notwendigen Maßnahmen galten nach Einschätzung der Beteiligten als politisch unmöglich. Heute ist die Finanzierung der Folgen zunehmend objektiv unmöglich. Von einer rationalen Politik der Anpassung einer modernen Industriegesellschaft an veränderte Bedingungen ist dieses Verfahren weit entfernt.

Ebensowenig wie erstarrte Arbeitsmarktstrukturen eine staatliche Finanzierung des Wirtschaftswachstums rechtfertigen können, können sie auch sogenannte gezielte Subventionen begründen. Es widerspricht allen Gesichtspunkten rechtsstaatlichen Handelns und materieller Gerechtigkeit, die Allgemeinheit dafür zur Kasse zu bitten, daß den direkt Verantwortlichen die Kraft, der Wille oder die

Fähigkeit fehlen, die Erstarrungen zu überwinden. Wer solche Wege empfiehlt, empfiehlt die Sozialisierung der Verluste, die Unternehmen und Gewerkschaften einschließlich ihrer Mitarbeiter und Mitglieder dadurch entstehen, daß die Verantwortlichen ihren gemeinsamen Aufgaben nicht gewachsen waren.

Die Dinge werden sich jedoch nur ändern, wenn die Verluste dort zum Tragen kommen, wo auch die Verantwortlichkeiten liegen (Internalisierung der Kosten für fehlende Anpassung). Davon werden auch die Menschen betroffen sein, die sich den Verantwortlichen bisher anvertraut haben. Soweit *sie* mit den Folgen des Versagens nicht fertigwerden können, haben sie Anspruch auf die Solidarität der Gemeinschaft. Aber es sind die *Menschen*, die unsere Solidarität beanspruchen dürfen, nicht die überholten und lebensuntüchtig gewordenen Strukturen, auch wenn es sich um traditionsreiche Namen handelt. Viel zu lange haben diese sich hinter jenen verschanzt. Die neue Sicht der Dinge rückt auch hier den Menschen wieder in den Mittelpunkt des Ganzen.

Abbau von Reglementierungen, zum Beispiel: Kündigungsschutz – Ladenschlußzeiten – »Nachtbackverbot«

Nicht nur durch Subventionen greift der Staat in den Markt und damit in den wirtschaftlichen Anpassungsprozeß ein. Er behindert ihn auch durch eine Fülle zwingender gesetzlicher Regelungen, die die Planungsfreiheit der autonomen Marktteilnehmer einschränken. Diese Eingriffe sind Legion. Oft dienen sie einem vernünftigen Anliegen allgemeiner Gerechtigkeit oder Gefahrenabwehr. Oft hat sich die Gefahr jedoch längst erledigt, ohne daß der Eingriff beseitigt worden wäre. Und häufig hat es sich nie um eine wirkliche Gefahr gehandelt, die es abzuwehren galt, sondern um den Schutz spezieller Interessen im Gewande der Abwehr von Gefahren. Aus der Fülle des Materials greife ich drei Beispiele heraus: den Kündigungsschutz des Mieters, das Ladenschlußgesetz und das Nachtbackverbot für Bäcker und Backbetriebe.

1. Im April 1985 meldete die »Frankfurter Allgemeine Zeitung« unter der Überschrift »Die Wohnungshalden werden immer grö-

ßer«, der Wohnungsbestand in Nordrhein-Westfalen reiche schon heute bis zur Jahrhundertwende. In einer Erklärung appellierten die Verbände der rheinischen und westfälisch-lippischen Wohnungsunternehmen an die Politiker in Bund und Land, die schwierige Lage auf dem Baumarkt nicht zum Vorwand für weiteren Wohnungsneubau zu nehmen. »Wir können keine Wohnungen bauen, um Maurer zu beschäftigen«, erklärte der Geschäftsführer des Verbandes der Rheinischen Wohnungsunternehmen. Der Wohnungsmarkt in Nordrhein-Westfalen werde mit jedem Jahr immer mehr zu einem Mietermarkt. Im Bereich der gemeinnützigen Wohnungsunternehmen des Landes habe es im vergangenen Jahr mit rund 14 400 Wohnungen etwa 43 % mehr leerstehende Einheiten gegeben als 1983. Das in den derzeit leerstehenden gut 14 000 Wohnungen im Bereich der 432 gemeinnützigen Wohnungsunternehmen des Landes investierte Kapital wird auf 1,2 Milliarden Mark beziffert. Der jährliche Mietausfall soll 80 Millionen DM betragen. Alle Anzeichen, so der Verband, sprächen dafür, daß bei unveränderter wirtschaftlicher Lage in den nächsten Jahren noch mehr Wohnungen leerstehen würden. Denn es gäbe bereits 250 000 Wohnungen mehr als Haushalte, und die Bevölkerung des Landes werde nach Untersuchungen der Ruhruniversität Bochum bis 1990 um 650 000 Einwohner oder 271 000 Haushalte schrumpfen. Die Wohnungsbaupolitik müsse sich daher in Zukunft im wesentlichen auf die Bestandspflege der Wohnungen konzentrieren.

In Nordrhein-Westfalen wohnen knapp 30 % der Bevölkerung der Bundesrepublik. Alle Zahlen sprechen dafür, daß die Wohnverhältnisse in den anderen Bundesländern ähnlich sind. Der Wohnraum pro Kopf der Bevölkerung ist seit 1950 von rund 11 qm auf rund 42 qm im Jahr 1983 angewachsen. Die Deutschen haben im Schnitt mehr Platz zum Wohnen als fast jedes andere Volk der Erde. Ihre Wohnverhältnisse bezeichnen sie deshalb auch selbst zu rund 85 % als sehr gut oder befriedigend. Auch in den kommenden Jahren wird die Lage nicht schlechter werden. Denn es wird immer noch gebaut. Die Bevölkerung dagegen nimmt ab. Die Häuser leben jedoch länger als die Menschen. Die nachwachsenden Generationen werden sie deshalb erben. Sie werden sie – soweit es sinnvoll ist – renovieren. Schon heute ist die Bestandspflege ein schnell wachsender Wirtschaftszweig. Er wird den Neubau bald an Bedeutung überrunden.

Gemeinnützige Wohnunternehmen empfinden deshalb die Bindungen, denen sie im Rahmen der gesetzlichen Regelungen des sozialen Wohnungsbaus unterliegen, zunehmend als Last. Gerne würden sie darauf verzichten, die Mieten nach den gesetzlichen Berechnungsvorschriften festzusetzen; Vorschriften, die eigentlich eine *soziale* Miete sicherstellen sollen. Denn der Marktpreis ist in weiten Bereichen des Landes unter den »gesetzlichen Preis« gefallen, der doch den Mieter schützen soll. Die »Sozialmiete« wird höher als die Marktmiete.

Die Qualität der Wohnungen ist in der ganzen Welt ohne Vorbild. Die heutigen Standards für Sozialwohnungen entsprechen in Ländern wie Großbritannien oder Holland gehobenen Ansprüchen bis zur Luxusausstattung. Die Zahl der Bürger, die Wohnungseigentümer sind, ist ständig gewachsen. Knapp die Hälfte der Bevölkerung wohnt in den eigenen vier Wänden. 43 % der Zweipersonenhaushalte, 51 % der Drei-, 62 % der Vierpersonenhaushalte und rund 75 % der Haushalte mit fünf und mehr Personen haben Wohnungseigentum. Für immer mehr Menschen wird die Immobilie zur Kapitalanlage. Sie erhoffen sich von den Mieteinnahmen einen Beitrag zu ihrem Einkommen, vor allem im Alter.

Idealere Bedingungen für eine Lenkung von Angebot und Nachfrage durch den Markt sind kaum denkbar. Aber der Wohnungsmarkt ist hochgradig reglementiert. Je besser die Situation wurde, um so dichter wurde auch das Regelungsnetz. Nach dem Krieg, in Zeiten der Wohnungsnot, war es sinnvoll und geboten, die Verteilung von Wohnraum nicht dem Wettbewerb zu überlassen. Der Wohnungseigentümer verfügte über ein knappes Gut. Die Nachfrage war weit höher als das Angebot. Ein Dach über dem Kopf gehört zu den Lebensnotwendigkeiten. Erst Zuteilung und dann Schutz des Mieters waren notwendige Antworten auf diese Ausnahmesituation.

Die Versorgungskrise ist jedoch längst überwunden. Aber die Ausnahmeregelungen bestehen weiter: Bürokratien und Verbände haben an ihnen Besitzstände erworben. Die Anpassung durch den Markt ist deshalb kaum möglich. Das führt nicht nur dazu, daß auch der Mieter einer Luxuswohnung Mieterschutz genießt. Der Eigentümer, der seine Wohnung selbst nutzen will, muß mit dem Mieter prozessieren. Er muß sich die gerichtliche Überprüfung seiner Motive, seiner Bedürfnisse und Lebenspläne gefallen lassen. Sein Eigentum kann er trotz Wohnungshalden nicht nutzen, wenn ihm das Recht nicht im konkreten Fall zugesprochen wird. Immer mehr Wohnungen stehen deshalb leer, weil die Eigentümer sie später nutzen wollen und Sorge haben, mit der Vermietung auch ihr Verfügungsrecht zu verlieren. Aus dem Schutz des Mieters ist eine durch nichts zu rechtfertigende Privilegierung des Mieters geworden. Kein Wunder, daß die Interessenvertretungen dieses Privileg mit allen Mitteln verteidigen.

Aber die Ausschaltung des Marktes hat auch zu einer schnell anwachsenden *Vergeudung von Kapital* geführt. Menschen bewohnen große Wohnungen, die sie nicht brauchen, zu geringen Mieten. Sie würden kleinere Wohnungen bevorzugen, wenn sie nicht wesentlich teurer wären. Die geringeren Mieten der großen Wohnungen sind keine Marktpreise, sondern durch Mieterschutz bedingt. So bleiben in großem Umfang Wohnflächen ungenutzt, die für größere Haushalte (Familien mit Kindern) gebraucht werden. Weil die vorhandenen Wohnflächen durch staatliche Interventionen gebunden sind, versprechen deshalb die Parteien, mehr Wohnungen für kinderreiche Familien bauen zu lassen – und die erforderlichen Mittel dafür bereitzustellen. Intervention erzeugt Intervention.

Wäre der Wohnungsmarkt ein Wettbewerbsmarkt, wären die Mieten Marktpreise für Wohnungen, so würde erst das ganze Ausmaß der Fehlinvestitionen deutlich werden, das in den vergangenen fünfzehn Jahren durch die staatliche Wohnbaupolitik verursacht worden ist.

Aber auch so äußert sich die Fehlentwicklung bereits im Markt. Der Sachverständigenrat berichtet in seinem Jahresgutachten 1984/85, zunehmende Klagen über Vermietungsschwierigkeiten und Mietsenkungen im frei finanzierten wie im sozialen Mietwohnungsbau sowie ein zunehmender Angebotsdruck und Preisabschläge auf einer Reihe von Immobilienmärkten hätten Unsicherheit und Zweifel darüber aufkommen lassen, ob es sich noch lohne, im Wohnungsbau zu investieren. Nicht wenige Investoren ließen sich auch von der Überlegung leiten, daß der Rückgang der Bevölkerung das Risiko einer langen Kapitalbindung im Wohnungsbau erhöhe. Vor allem die Vermietung von Neubauten im Mietwohnungsmarkt mache Schwierigkeiten. Enttäuscht seien aber auch jene, die auf einen ansehnlichen Vermögensgewinn gesetzt hätten. Im Bereich der Eigentumswohnungen zeichne sich schon seit einiger Zeit eine Abflachung des Preisanstieges ab. Mittlerweile müßten hier sogar erhebliche Preisabschläge akzeptiert werden. Für einen Preisdruck sorge nicht zuletzt die Umwandlung von Mietwohnungen in Eigentumswohnungen namentlich durch Wohnungsbaugesellschaften, deren Neigung sich verstärke, sich von einem Teil ihres Wohnungsbestandes zu trennen. Auch bei Einfamilienhäusern habe der Preisdruck zugenommen. Selbst dort, wo es bisher noch zu beachtlichen Preiserhöhungen gekommen sei, ließen sich nun die Preisvorstellungen der Verkäufer vielfach nicht mehr durchsetzen.

Was sich hinter diesen nüchternen Feststellungen verbirgt, kann man als »kontraproduktive Wohnbaupolitik« bezeichnen.

Der Staat hat, wie die Sachverständigen feststellen, in den letzten Jahren das Bauen verstärkt begünstigt, teils durch steuerliche Entlastungen, teils durch gezielte, zeitlich befristete Fördermaßnahmen. Dafür hat er Steuergeld aufgewendet oder Schulden gemacht. Zugleich hat er die »Überproduktion« auf dem Wohnungsmarkt weiter vorangetrieben. Jetzt bezahlen die Eigentümer von Eigenheimen und Eigentumswohnungen, deren Vermögensbildung der Staat doch fördern wollte, mit einem zunehmenden Vermögensverfall für eine verfehlte Wohnungspolitik. Wenn es nicht schnell zu einer Kurskorrektur und zur echten Wiederherstellung marktwirtschaftlicher Verhältnisse auf dem Wohnungsmarkt kommt, werden in den kommenden Jahren weitere Milliarden fehlinvestiert werden und gleichzeitig weitere Milliarden an Substanzverlusten der Privathaushalte im Wohnungsbau entstehen.

Als Meinhard Miegel und ich mit unserer Studie »Wohnungsbau am Wendepunkt« Ende November 1978 auf die Gefahren solcher Fehlentwicklungen hinwiesen, gab es heftige Kritik von allen Seiten. Der heutige Wohnungsbauminister Oskar Schneider beschwor uns damals, von unseren »Irrlehren« abzulassen und die eigentumsorientierte Wohnungspolitik der CDU nicht zu gefährden. Die Untersuchung und ihre Aufnahme in der Öffentlichkeit wurde zu einer klassischen Fallstudie für den Widerstand, den politische und organisierte Interessen in Bereichen nachhaltiger staatlicher Interventionen gegen die objektive Analyse der tatsächlichen Lage und der voraussichtlichen Entwicklung immer wieder leisten werden.

Nur wenige Jahre später ist die voraussehbare Entwicklung eingetreten.

Aber noch immer gibt es ein Ministerium für Wohnungsbau und eine Reglementierung des Wohnungsmarktes. Es ist ein Gebot der praktischen Vernunft ebenso wie der sozialen Gerechtigkeit und der Achtung des Privateigentums, sich von beidem so schnell wie möglich zu trennen.

Im Bereich des Mieterschutzes sind – wiederum »leicht außerhalb« der Legalität – Veränderungen bereits in vollem Gange. In vielen Städten der Bundesrepublik Deutschland haben sich inzwischen Taxen für die Beträge gebildet, die der Vermieter einem Mieter zahlen muß, um ihn zum Umzug in eine andere Wohnung und damit zum Verzicht auf seinen Mieterschutz zu bewegen. Aus dem ursprünglich sinnvollen Mieterschutz ist eine »Mobilitätsprämie« geworden, die ihre Existenz alleine der Fortdauer einer überholten Gesetzgebung verdankt.

Diese Entwicklung macht zugleich deutlich, daß es für die Beibehaltung des Mieterschutzes, zumindest für sogenannten frei finanzierten und sozial nicht gebundenen Wohnungsbau, keine Rechtfertigung mehr gibt. Eine schnelle Überleitung vom jetzt reglementierten Wohnungsmarkt in eine marktwirtschaftliche Ordnung, die diesen Namen verdient, würde mit Sicherheit nicht zu einer wesentlichen Veränderung des gegenwärtigen Mietniveaus führen. Dafür würden sich jedoch Marktpreise bilden, die über die wahren Knappheiten auf dem Wohnungsmarkt Auskunft geben können. Der soziale Aspekt einer solchen Umstellung läßt sich ohne Schwierigkeiten im Rahmen des Wohnungsgeldes ausgleichen.

Ohnehin ist es sinnvoller, einkommensschwache Bevölkerungsschichten durch Transferleistungen in die Lage zu versetzen, auf dem Wohnungsmarkt eine angemessene Wohnung nachzufragen, als einen großen Teil der Wohnungen auf Verdacht zu subventionieren, um so auch die sozial wirklich bedürftigen Fälle zu erreichen. Eine größere Verschwendung öffentlicher Mittel als dieses »Schrotpatronenprinzip« ist kaum vorstellbar.

2. Das Ladenschlußgesetz, das dem Einzelhandel feste Ladenöffnungszeiten vorschreibt, ist ein Stein marktwirtschaftlichen Anstoßes, seit es erlassen wurde. Angeblich soll es dem Schutz der im Einzelhandel Beschäftigten dienen. In Wirklichkeit läßt das Laden-

schlußgesetz eine Beschäftigungsdauer zu, die weit über die übliche 40-Stunden-Woche hinausreicht. Tatsächlich hat das Ladenschlußgesetz keine andere Funktion als die eines »Öffnungszeitenkartells« des Einzelhandels. Mit dem Argument, auch der Einzelhändler, der kein Personal habe, sei gezwungen, die Öffnungszeiten seiner Konkurrenten einzuhalten, die sich ihrer Größe wegen Schichtbetrieb leisten könnten, wird die gesamte Bevölkerung davon abgehalten, nach 18.30 Uhr einzukaufen. Stadtkerne, in denen vorwiegend Geschäfte angesiedelt sind, sterben mit der vorgeschriebenen Ladenschlußzeit schlagartig aus. Anstrengungen, sie auf andere Weise zu beleben und damit die kostbaren Infrastrukturen auch nach den Ladenschlußzeiten zu nutzen, bleiben vielfach erfolglos.

Zugleich trägt das Gesetz wesentlich zur *Erstarrung des Arbeitsmarktes* in einem Bereich bei, der sich in besonderer Weise für Teilzeitbeschäftigung und flexible Arbeitszeiten eignet. Während im Bereich der Arbeitsmarktpolitik große Anstrengungen unternommen werden, neue Tätigkeitsbereiche für einfache und gehobene Dienstleistungen zu erschließen und den wachsenden Bedarf nach Tätigkeiten mit geringerer Beschäftigungsdauer zu befriedigen, werden durch die Verteidigung des Ladenschlußgesetzes als sogenannter »mittelstandspolitischer Maßnahme« genau diese Anstrengungen in einem wichtigen Teilbereich des Arbeitsmarktes konterkariert. Von allen anderen Ungereimtheiten, die mit dem Gesetz verbunden sind, ganz abgesehen, ist es ein klassischer Fall für die kontraproduktive, sich in ihren Wirkungen selbst aufhebende Interventionstätigkeit des Staates, der alles ordnen will und vieles damit in Unordnung bringt.

Auch hier ist ein Umdenken erforderlich. Wir können nur dann mit dem Anspruch, ernst genommen zu werden, über eine Neuorientierung unserer Politik, über eine Überwindung der Erstarrungen und Unbeweglichkeiten unserer Wirtschafts- und Gesellschaftsordnung reden, wenn wir in der Lage sind, uns von gesetzlichen Relikten wie dem Ladenschlußgesetz zu trennen.

3. Das sogenannte Nachtbackverbot, das den Bäckereien und den Brotfabriken verbietet, vor 4.00 Uhr morgens in der Backstube oder in der Brotfabrik zu arbeiten und vor 5.45 Uhr morgens Bäkker- oder Konditorwaren an Verbraucher oder Verkaufsstellen

abzugeben, erwähne ich eigentlich eher als Kuriosität staatlicher Interventionspolitik.

Gleichwohl zeigt das zuletzt im Jahre 1969 geänderte Gesetz, wie sich der Zweck staatlicher Interventionen im Laufe der Zeit ändern kann, ohne daß es gelingt, den einmal vorgenommenen Eingriff in den Markt zu beenden. Das Nachtbackverbot hat eine ehrwürdige Geschichte. Bereits ein Erlaß der Reichsregierung vom 4. März 1896 beschränkte die Arbeitsschicht der in Bäckereien und Konditoreien beschäftigten Arbeiter auf höchstens zwölf Stunden und setzte die Ruhezeit zwischen zwei Schichten auf mindestens acht Stunden fest. Diese sinnvolle, dem Schutz der Arbeitnehmer dienende Regelung wurde während des Ersten Weltkrieges durch die Einführung eines Nachtbackverbotes ergänzt, dessen erklärter Zweck es war, aus kriegswirtschaftlichen Gründen den Verzehr von frischen Backwaren einzuschränken und damit die knappen Getreidevorräte zu strecken. 1918 wurde diese Regelung aus sozialpolitischen Gründen in die »Verordnung der Volksbeauftragten über die Arbeitszeit in Bäckereien und Konditoreien« übernommen und durch die Einführung des Achtstundentages ergänzt. Aus diesen vorwiegend sozialpolitischen Gründen wurde das Nachtbackverbot auch später beibehalten; die Zeiten wurden jedoch verschiedentlich geändert. Während das Verbot zunächst für die Zeit von 22.00 bis 6.00 Uhr galt, ließ ein Gesetz von 1934 den Arbeitsbeginn bereits um 4.30 Uhr zu. Schließlich wurde wenig später »unter Zurückstellung erheblicher sozialpolitischer Bedenken« der Arbeitsbeginn auf 4.00 Uhr festgesetzt, um den Wünschen der Bevölkerung nach frischen Backwaren und den Forderungen des Backgewerbes nach einer Verlängerung der Zeitspanne zwischen Arbeitsbeginn und Auslieferungsbeginn Rechnung zu tragen. 1934 wurde auch ein Abgabe- und Ausfahrverbot von Backwaren an Verbraucher vor 6.00 Uhr morgens und an Verkaufsstellen vor 5.45 Uhr morgens erlassen. 1969 schließlich wurde dieses Ausfahrverbot einheitlich auf 5.45 Uhr festgelegt. Damit soll die Einhaltung des Nachtbackverbotes abgesichert werden.

Während das Verbot ursprünglich auch für sogenannte Dauerbackwaren galt, beschränkt es sich heute auf frische Bäckerei- und Konditoreierzeugnisse. Das gilt auch für das Ausfahrverbot.

Ob das Verbot heute in erster Linie aus sozialpolitischen Gründen oder aus Gründen des Schutzes des Handwerks vor Brotfabriken aufrechterhalten wird, ist zumindest zweifelhaft. Brotfabriken könnten, wie andere Unternehmen auch, im Schichtbetrieb arbeiten. Bäckereien können dies weniger. Viel spricht deshalb dafür, daß der Gesetzgeber an dem Verbot festhält, um die handwerklich betriebenen Bäckereien vor der Konkurrenz durch Brotfabriken zu schützen. Jedenfalls sieht auch das Bundesverfassungsgericht, das sich zweimal mit dem Verbot beschäftigen mußte, die Besorgnis begründet, daß der durch eine Aufhebung des Nachtbackverbots ausgelöste Wettbewerbsvorsprung der Industrie »die Handwerksbetriebe zwingen könnte, die Einhaltung des Nachtbackverbots gegenüber ihrer Existenzsorge zu vernachlässigen«.

Tatsächlich hat es nie eine wirkliche Prüfung des wahren Sachverhalts gegeben. Die Intervention hat sich von ihrem ursprünglich sozialpolitischen über ihren kriegswirtschaftlichen zu ihrem erneuten sozialpolitischen und nunmehr mittelstandspolitischen Zweck hin entwickelt und einen Besitzstand begründet, vor dem selbst eingefleischte Marktwirtschaftler im Deutschen Bundestag kapitulieren.

Dabei weiß jeder, daß sich kaum jemand an das Nachtbackverbot hält. Viele Brotfabriken könnten überhaupt nicht existieren, wenn sie das Verbot nicht ständig übertreten würden. Die Anlieferungswege zum Kunden sind zu weit, der Aktionsradius im Markt zu groß, als daß die Fabrik den Kunden in der vorgeschriebenen Auslieferungszeit erreichen könnte. In Österreich, dem einzigen Land, das auch ein solches Verbot kannte, hat man es eben deshalb im Jahre 1975 aufgehoben, und zwar schließlich auf Betreiben der Gewerkschaften. Trotz intensiver Überwachung der Betriebe seien immer wieder Gesetzesübertretungen zu verzeichnen gewesen. In der Bundesrepublik war der Gesetzgeber zu einer ähnlichen Einsicht bisher nicht in der Lage.

Was diese für die deutsche Wirtschaft sicher nicht bedeutsame staatliche Intervention unter ordnungspolitischen Gesichtspunkten interessant macht, ist der Umstand, daß das Bundesverfassungsgericht in zwei Entscheidungen dem Gesetzgeber das Recht zuspricht, solche Interventionen vorzunehmen, auch wenn sie in die grundrechtlich garantierte Freiheit der Berufsausübung eingreifen. Die

Anforderungen, die das Gericht an derartige Eingriffe in die Gewerbefreiheit stellt, sind vergleichsweise bescheiden. Zwar fordert der Grundsatz der Rechtsstaatlichkeit nach Auffassung des Bundesverfassungsgerichts, daß der einzelne vor unnötigen Eingriffen der öffentlichen Gewalt bewahrt bleibe. Deshalb verlangt es, daß die Mittel des staatlichen Eingriffs geeignet sind, das vom Gesetzgeber angestrebte Ziel zu erreichen. Da die Entwicklung sich nicht genau vorausberechnen lasse und aus den verschiedensten Gründen der erwartete Geschehensablauf eine unvorhergesehene Wendung nehmen könne, müßten jedoch Irrtümer über den Verlauf der wirtschaftlichen Entwicklung in Kauf genommen werden. Eine gesetzliche Maßnahme könne nicht schon deshalb als verfassungswidrig angesehen werden, weil sie auf einer Fehlprognose beruhe. Deshalb komme es für die Zwecktauglichkeit eines Gesetzes nicht darauf an, wie die tatsächliche spätere Entwicklung verläuft. Vielmehr könne nur danach geurteilt werden, ob der Gesetzgeber aus seiner Sicht davon ausgehen durfte, daß die Maßnahmen zur Erreichung des gesetzten Ziels geeignet waren. Für diese Einschätzung des späteren Geschehensverlaufs räumt das Bundesverfassungsgericht dem Gesetzgeber einen weiten Spielraum ein.

Im Rahmen verfassungsrechtlicher Überprüfung von Gesetzen kann das Gericht wahrscheinlich auch nicht anders handeln. Mit Sicherheit kann es nicht seine Einschätzung des möglichen Geschehensverlaufs an die Stelle der Einschätzung durch den Gesetzgeber setzen. Das Gericht soll die Gesetze auf ihre Verfassungsmäßigkeit, nicht auf ihre Vernünftigkeit überprüfen.

Andererseits zeigt uns diese Begrenzung, der das Verfassungsgericht unterliegt, wie problematisch es für die freiheitliche Wirtschafts- und Sozialordnung *ist*, daß der Gesetzgeber *prinzipiell in alle* wirtschaftlichen Sachverhalte nach politischem Gutdünken und weitgehend ohne Rücksicht auf die Gesamtordnung eingreifen und sie nach Gesichtspunkten politischer Opportunität regeln *darf*. Denn *kein* Gesetzgeber ist im konkreten Falle in der Lage, die tatsächlichen Auswirkungen seines gesetzgeberischen Verhaltens zuverlässig einzuschätzen, wenn seine Gesetzgebung sich in einem ständig dichter werdenden Dschungel staatlicher Interventionen vollzieht. Eine wachsende Un-Ordnung des Ganzen ist die Folge.

Was der SPD-Abgeordnete Eugen Glombig für die Sozialpolitik

beobachtet hat, gilt für alle Bereiche staatlicher Interventionen. Kein Abgeordneter, auch nicht die Experten unter ihnen, können heute noch zuverlässig voraussagen, welche Folgewirkungen sie mit bestimmten Interventionen in wirtschaftliche Abläufe auslösen. Deshalb verlassen sie sich insgeheim zunehmend darauf, daß der Markt den gröbsten Unfug im Rahmen einer ständig wachsenden Toleranzzone wieder ausgleicht und nicht auf die Idee kommt, »Dienst nach Vorschrift« zu machen.

Genau diese angesichts des wachsenden Interventionsvolumens wohl unvermeidliche Einstellung ist es jedoch, die die Autorität des Rechtsstaates generell gefährdet. Aus dieser Sicht müssen deshalb alle gesetzlichen Interventionen abgebaut werden, deren tatsächliche Wirkungen sich weit von dem entfernt haben, was ursprünglich beabsichtigt war. Hier liegt die eigentliche Aufgabe der *Entbürokratisierung.* Ihre Verwirklichung ist ein dringendes Gebot marktwirtschaftlicher Neuorientierung und qualitativen Wachstums unserer Wirtschaft und Sozialordnung.

Die neue Rolle des Privathaushalts: Lebens- und Wirtschaftseinheit

Was unsere Wirtschafts- und Sozialordnung in den kommenden Jahren weiter tiefgreifend verändern wird, ist die sich wandelnde Rolle des *Privathaushaltes.* Gängige ökonomische Betrachtungsweise teilt uns in Produzenten und Konsumenten. Dabei sind die Unternehmen als diejenigen Einrichtungen, die die Produktion von Gütern und Dienstleistungen zur alleinigen Aufgabe haben, immer auch Konsumenten oder »Nachfrager« nach Leistungen: Energie, Rohstoffe, Vorprodukte und natürlich Arbeit. Die Bürger selbst dagegen sehen sich – und werden vorwiegend gesehen – als Konsumenten, Arbeitnehmer und Leistungsempfänger in den drei Bereichen Markt, Arbeit und Soziales. Ihre Rollen in allen drei Bereichen sind *passiv* definiert. Sie sind Empfänger, sind abhängig und damit – aus der Sicht des Staates und organisierter Interessen – schutzbedürftig.

Nirgends wird dies deutlicher als im Begriff des »kleinen Mannes«. Er ist gewissermaßen das »Landeskind« des Sozialfeudalismus oder des Sozialkollektivs, das den dazugehörigen »Landesvater« darstellt. Wenige politische Schlüsselbegriffe werden deshalb auch so leidenschaftlich verteidigt wie der Begriff des kleinen Mannes. Ihn am Leben zu erhalten – und zwar vor allem im Selbstverständnis der Mehrheit der Bürger selbst – wird, wie wir noch sehen werden, von kollektiven Systemen und ihren organisierten Besitzständen als ein existentielles Problem angesehen. Selten bin ich deshalb mit einer Formulierung auf so direkten Widerstand dieser Besitzstände gestoßen wie mit der Feststellung: *Der kleine Mann ist groß geworden.* Welcher Vormund sieht es gerne, daß sein Mündel volljährig wird, wenn seine Betreuung einträglich war. Im Einzelfall löst sich das Problem dennoch durch Zeitablauf. Wenn es um eine ganze Bevölkerung geht, ist eine politische Entscheidung notwendig. Sie ist – wie alle Überwindung überholter Besitzstände – eine Machtfrage.

Was die zukünftige Rolle des Privathaushaltes angeht, so wird diese Machtfrage jedenfalls teilweise durch die Entwicklung selbst entschieden werden. Der Privathaushalt wird zunehmend aus einer Leistungsempfängeridentität herauswachsen und eigenständige und eigenverantwortliche Aufgaben übernehmen, die über die heute noch prägende Wohn- und Konsumgemeinschaft als wichtigste wirtschaftliche Funktion weit hinausreichen werden:

1. Der Privathaushalt wird in wachsendem Umfang Arbeitgeberfunktionen übernehmen. Schon heute ist er der wichtigste Arbeitgeber in der Schattenwirtschaft. Wenn es gelingt – wie vorgeschlagen –, das Arbeits- vom Sozialverhältnis zu trennen (und die notwendigen steuerlichen Maßnahmen zu beschließen), wird er als Arbeitgeber aus dem Schatten in die Legalität treten können. Selbst unter heutigen Bedingungen gäbe es Hunderttausende von Teilzeitarbeitsplätzen *mehr*, wenn der Privathaushalt auch steuerlich als Arbeitgeber anerkannt wäre. Die Vorstellung, bezahlte häusliche Dienste gehörten zum persönlichen Lebensaufwand und seien deshalb steuerlich nicht abzugsfähig, ist gewissermaßen ein Standbein der Schattenwirtschaft. Politisch entstammt sie einer Zeit, in der es das Privileg weniger war, andere im Haushalt beschäftigen zu können. Von den organisierten Interessen wird diese Sicht der Dinge sorgfältig gepflegt. Von der Praxis unserer Privathaushalte und

derer, die in ihnen arbeiten, wird sie schlicht ignoriert. Die Menschen fühlen sich weit gleichberechtigter, als es vielen lieb ist, die aus der Notwendigkeit, Gleichberechtigung zu verwirklichen, ihren Broterwerb gemacht haben.

Mit der weiteren Dezentralisation der Arbeit und ihrer zunehmenden zeitlichen und organisatorischen Verselbständigung von betrieblichen Abläufen wird die Arbeitgeberfunktion des Privathaushaltes auch in der legalen Wirtschaft wachsen. Vor allem im Dienstleistungsbereich und im Bereich von Geistesarbeit werden sich um Privathaushalte Satelliten arbeitsteilig organisierter Produktion bilden. Sie werden nichts mit der Heimarbeit der Anfänge der Industrialisierung und wenig mit der heute gesetzlich geregelten Heimarbeit zu tun haben.

Arbeitgeber- und Arbeitnehmerfunktionen werden im Privathaushalt zusammentreffen mit selbständigen Erwerbstätigkeiten. Besitzt der Haushalt Immobilienvermögen, was zunehmend der Fall sein wird, so muß es verwaltet werden. Einnahmen aus solchen und ähnlichen Tätigkeiten werden zunehmen. Damit werden in immer mehr Haushalten die Grenzen zwischen verschiedenen Funktionen im Arbeitsmarkt fließend.

2. Mit zunehmender Verdichtung des Kommunikationsnetzes können Privathaushalte auch selbst Ausgangspunkt arbeitsteiliger Produktion von Leistungen werden. Auch dadurch wird die Selbsteinschätzung ihrer Mitglieder sich verändern. Dabei ist es keineswegs so, daß sich solche Entwicklungen auf Bildungseliten beschränken. Jede Aktivität dieser Art begründet eine Nachfrage auch nach einfacheren Dienstleistungen, etwa Transport-, Kurier- oder einfachen Verwaltungsaufgaben.

Im übrigen wächst die Technik durch zunehmende Bedienungsfreundlichkeit aus dem Bereich des Elitären in den Bereich allgemeiner Zugänglichkeit. Nichts wäre verkehrter als der Versuch, die heutige Situation einfach in die Zukunft zu verlängern. Wenn die Kinder erwachsen sind, die heute einen Computer als Weihnachtsgeschenk erhalten, wird eine Fülle der heutigen Anpassungsängste Vergangenheit sein. Man wird die Möglichkeiten der neuen Medien kennen, aber auch ihre Grenzen. Alte Lebensweisheiten in Märchen von der Großmutter zu hören, das kann kein Fernsehen ersetzen.

3. Wir haben in der Bundesrepublik heute die höchste Zahl von Ein-

und Zweipersonenhaushalten unserer Geschichte. Die Bevölkerung hat sich förmlich atomisiert. Man ist räumlich auseinandergerückt und hat so seine Selbständigkeit begründet. Das gilt für die Jugend, die Singles wie die Alten. Um diese Erfahrung einer Gesellschaft im Wohlstand sind wir inzwischen reicher. Aber auch um die Erfahrung, daß es keine aufwendigere Form des Lebens gibt als die in kleinen und Kleinsthaushalten. Nirgends sind die Fixkosten einer angemessenen Lebensführung höher als im Einpersonenhaushalt. Vieles spricht deshalb dafür, daß die Haushaltsgrößen wieder zunehmen werden. Die jetzige Haushaltsstruktur enthält eine erhebliche Rationalisierungsreserve. Wenn die Bevölkerung sie sich erschließt, wird die frei verfügbare Kaufkraft zunehmen, selbst wenn sie insgesamt nicht steigt. Die Menschen werden wirtschaftlicher leben, nicht sparsamer. Für die Mehrheit der Bevölkerung ist es eine neue Erfahrung, zwischen verschiedenen Formen der Wirtschaftlichkeit wählen zu können.

Dieser Entwicklung kommt auch entgegen, daß sich ein neues Verständnis der Toleranz entwickelt hat. Die Bürger unseres Landes gehen heute weit toleranter miteinander und mit den Lebensgewohnheiten der anderen um als früher. Dies wird die Vergrößerung der Haushalte als wirtschaftliche Einheiten erleichtern. »Kostendegression« als wirtschaftliches Motiv, Gemeinsamkeit in gegenseitiger Toleranz bei ausreichender Selbständigkeit, wird die Entwicklung zu größeren Einheiten fördern. Der Wohnungsbau und der gesamte Wirtschaftsbereich, der zur Innenausrüstung der Haushalte beiträgt, wird sich darauf einstellen müssen.

4. Die Privathaushalte der Zukunft müssen nicht identisch sein mit der Familie im engeren Sinne, wenn sie es auch regelmäßig sein werden. Sie können als wirtschaftliche Einheiten über die Grenzen der Familie (Vater, Mutter, Kinder) hinausgreifen, sei es, daß sich drei Generationen wieder wirtschaftlich zusammentun, sei es, daß sich der Haushalt auf die Verwandtschaft ausdehnt. Ein vom Arbeitsverhältnis gelöstes Sozialsystem mit wachsenden Möglichkeiten individueller Risikogestaltung wird diese Entwicklung begünstigen.

Damit werden jedoch insgesamt Möglichkeiten dezentraler Mitwirkung im Markt erschlossen, die heute selbst Minderheiten kaum offenstehen. Zugleich wird das Ganze der Gesellschaft elastischer. Denn der Privathaushalt ist die Lebensgemeinschaft, die am wenigsten von Veränderungen betroffen ist. Dem widerspricht auch die höhere Scheidungsrate und damit die kürzere durchschnittliche Dauer der Ehe nicht.

Zum einen lassen sich die heutigen Erfahrungen nicht auf die zukünftige Entwicklung übertragen. Denn unser gegenwärtiges Sozialsystem hat die Familie weitgehend ihrer wirtschaftlichen und sozialen Funktionen beraubt. Zum zweiten werden sich wirtschaftliche Zusammenhänge auch erhalten können, wenn die Familie im engeren Sinne in Not gerät. Die kleineren Lebenskreise, die sich um den Privathaushalt, die *Hauswirtschaft*, bilden, werden so Stabilität verleihen und Schutz vor Identitätsverlust gewähren, wenn andere Institutionen, die dies heute leisten (wie das Unternehmen) diese Funktion wegen des gesellschaftlichen Wandels nicht mehr erbringen können. Für das qualitative Wachstum, das unsere Gesellschaft leisten muß, ist diese Rückkehr der Identität von größeren gesellschaftlichen Verbänden zurück in die Familie und die Hauswirtschaft eine notwendige Voraussetzung.

Mit dieser Entwicklung wird sich – offensichtlich – auch die Rolle der Frau im Haushalt verändern. Der Vorstand einer Hauswirtschaft mit nachhaltigen wirtschaftlichen, sozialen und menschlichen Interessen und Beziehungen hat nichts mehr gemeinsam mit der »Hausfrau« von heute. Diese soll, wenn wir der Werbung glauben schenken, auf die von Arbeit weitgehend entlastete, beschauliche und fürsorgliche Funktion von Frau und Mutter beschränkt sein. Jene wird Arbeitgeberfunktionen, wirtschaftliche Dispositionen, unternehmerische Tätigkeiten, Organisationsaufgaben und anderes umfassen; sämtlich Tätigkeiten und Aufgaben, die in ihrem Leistungsprofil denen entgeltlicher Tätigkeiten in der arbeitsteiligen Wirtschaft entsprechen. So ist es durchaus einsichtig, wenn Meinhard Miegel 1985 in einem Referat vor dem Hausfrauenbund voraussah, daß es die Hausfrau im heutigen Sinne in 70 Jahren nicht mehr geben wird.

Den Markt und die Wettbewerbsordnung wird diese Entwicklung nachhaltig verändern. Eine Hauswirtschaft ist ein anderer Marktteilnehmer als der passive Konsument. Der Privathaushalt, in dem die Identität der Menschen verankert ist, leistet wesentlich stärkeren Widerstand gegen Bevormundung und Manipulation, gleich, ob sie vom Staat, von kollektiven Einrichtungen oder organisierten Interessen ausgeht. Die Qualität der Ordnung wird mit dieser Entwicklung zunehmen. Denn sie wird dadurch interventionsfreier und damit ärmer an Chancen zur Willkür – und reicher an Ordnung.

V. Die Ordnung des Arbeitsmarktes

Erstarrung

Politische Versäumnisse und Fehler erledigen sich fast nie durch Zeitablauf. Sie wuchern unter der Decke tagespolitischer Ereignisse und Aktivitäten, bis ihre Korrektur unvermeidlich wird. Daß diese Korrektur, wenn sie sich selbst erzwingt, regelmäßig kostspieliger und schmerzhafter ist als rechtzeitiges Handeln, wissen wir aus langer Erfahrung. Dennoch durchlaufen wir immer aufs neue den Kreislauf bequemer, weil kurzfristig opportuner Fehlentscheidungen und anschließender aufwendiger und mühsamer Schadensbegrenzungen.

Für keinen Bereich gilt dies heute mehr als für den Arbeitsmarkt. Mehr als 2 Millionen arbeitslose Männer und Frauen, darunter eine wachsende Zahl junger Menschen, trotz eines realen Wirtschaftswachstums von knapp 3 % oder rund 40 Milliarden DM im Jahre 1985 sind nicht nur ein tagespolitisches Problem. Die Arbeitslosigkeit ist Ausdruck einer sich vertiefenden Fehlentwicklung des Arbeitsmarktes und damit eines wichtigen Teiles unserer Wirtschaftsordnung. Nicht nur in der Bundesrepublik Deutschland, sondern in allen westlichen Industrieländern befinden sich die Arbeitsmärkte im Zustand bedenklicher Unordnung.

Diese Unordnung und die damit verbundene abnehmende Funktionsfähigkeit der Arbeitsmärkte sind nicht erst in den letzten Jahren entstanden. Die Ursachen der heutigen Probleme gehen weiter zurück. Im Grunde funktionierte der Arbeitsmarkt schon in den sechziger Jahren nur noch höchst unzulänglich. Zwar gab es damals keine Arbeitslosigkeit. Sichtbarer Ausdruck der Fehlentwicklung war vielmehr eine Völkerwanderung. Sie wurde mit dem Ziel in Gang gesetzt, Arbeitskräfte*lücken* in den westlichen Industrienationen zu schließen. Millionen von jungen Männern, zunächst aus den Ländern der europäischen Gemeinschaft, zunehmend aber auch aus

Drittländern, verließen Haus und Heimat, um in der Bundesrepublik Deutschland zu arbeiten. Später holten sie Frauen und Kinder nach. Heute leben mehr als 4 Millionen ausländische Arbeitnehmer und ihre Familien in der Bundesrepublik.
Völkerwanderungen dieser Art wären verständlich, wenn umwälzende wirtschaftliche oder technische Neuerungen oder weiträumige neue Aufgaben besondere Anforderungen an unseren Arbeitsmarkt gestellt hätten. Davon konnte jedoch keine Rede sein. Die Entwicklung der Produktion und damit der Nachfrage nach Arbeitsleistung verlief vergleichsweise normal. Die eigentliche Ursache der Völkerwanderung war die bereits in den sechziger Jahren weit fortgeschrittene Erstarrung des Arbeitsmarktes. Im Grunde hatte er schon damals seine Fähigkeit verloren, auf Veränderungen von Angebot und Nachfrage an Arbeit angemessen zu reagieren.
Zwar gab es auch Stimmen, die auf die Gefahren solcher Erstarrungserscheinungen hinwiesen und Abhilfe forderten. Ludwig Erhard gehörte zu ihnen. Doch gegen den breiten Strom der tagesbezogenen Interessen und der Bequemlichkeiten konnte er sich ebensowenig durchsetzen wie andere. Niemand schien interessiert, nach den langfristigen Folgen einer Entwicklung zu fragen, die immer größere Arbeitskräftelücken produzierte. Überbeschäftigung schien normal. Daß der Arbeitsmarkt nicht in der Lage war, das konjunkturelle Auf und Ab der wirtschaftlichen Entwicklung durch eine entsprechend flexible Beschäftigung deutscher Arbeitskräfte abzufedern, wurde nicht als beunruhigend empfunden. Statt dessen wurde der millionste Gastarbeiter freudig begrüßt. Die ohnehin übervölkerte Bundesrepublik Deutschland wurde zum Einwanderungsland. Heute bemühen wir uns um die freiwillige Rückkehr derer, die wir ins Land geholt haben. Die materiellen und immateriellen Kosten, die durch diese Fehlentwicklung verursacht wurden und weiter verursacht werden, sind enorm. Ihre Bewältigung verlangt beachtliche gesellschaftliche und politische Anstrengungen.
Wenn wir nicht immer wieder kostbare politische Energie darauf verwenden wollen, Fehlentwicklungen des Arbeitsmarktes zu überwinden und selbstverursachte Schäden zu begrenzen, muß unsere Arbeitsmarktpolitik langfristiger und konzeptioneller angelegt werden, als dies in der Vergangenheit der Fall war. Nur so

jedenfalls lassen sich die Über- und Unterbeschäftigungskrisen in Zukunft vermeiden, die in den letzten 25 Jahren aufgetreten sind. Voraussetzung für eine solche Neuorientierung der Arbeitsmarktpolitik ist eine *ehrliche Analyse der Ursachen* für die abnehmende Fähigkeit des Arbeitsmarktes, seine Aufgaben zu erfüllen. Der Arbeitsmarkt, wie wir ihn heute kennen, ist durch die industrielle Entwicklung der zweiten Hälfte des 19. und des frühen 20. Jahrhunderts geprägt. Seine Einrichtungen, Institutionen und Strukturen, sind die Antwort auf die soziale Frage des 19. Jahrhunderts. Die Entstehung der Gewerkschaften als Schutzkoalitionen der Fabrikarbeiter, die Entwicklung der Systeme der sozialen Sicherheit, der Alterssicherung, der Kranken- und der Arbeitslosenversicherung, und die später immer umfassender gestaltete arbeitsrechtliche Gesetzgebung und Rechtsprechung sind die Antwort auf die wirtschaftlichen, gesellschaftlichen und sozialen Folgen der Industrialisierung. Diese Entwicklung war gekennzeichnet durch die Konzentration industrieller Aktivitäten in immer größer werdenden industriellen Einheiten, durch die existentielle Abhängigkeit einer schnellwachsenden Zahl von Menschen von industrieller Arbeit, durch die Gefahr des Massenelends als Folge dieser Abhängigkeit und von der Organisation solidarischer Selbsthilfegemeinschaften und politischer Bewegungen zur Überwindung dieser Gefahren.

Bestimmend für die Strukturen des Arbeitsmarktes – und des eng mit ihm verzahnten Systems der sozialen Sicherheit – war der Konflikt zwischen Kapital und Arbeit. Er war und ist im wesentlichen ein Verteilungskonflikt, bei dem es um die Verteilung von Einkommen und von Einfluß oder Mitbestimmung geht.

Ausgetragen wurde er seit der Entstehung der modernen Industriegesellschaft und bis in die Gegenwart zwischen denen, die über die Produktionsmittel verfügen, und denen, die in (von diesen Produktionsmitteln) abhängiger Arbeit stehen. Institutionell geordnet ist dieser Konflikt heute vor allem im Rahmen der Tarifautonomie und der Koalitionsfreiheit. Sie sichern das Recht zur Wahrung und Verbesserung der Arbeits- und Wirtschaftsbedingungen durch die Tarifparteien, frei von staatlichem Einfluß. Daneben hat sich die Mitbestimmung der Arbeitnehmer im Unternehmen und im Betrieb entwickelt. Mit ihrer Hilfe nehmen die Arbeitnehmer durch Vertreter ihrer Wahl an der Führung und Kontrolle großer Unternehmen teil und bestimmen durch ihre Betriebsräte das betriebliche Geschehen mit. Tarifautonomie, Mitbestimmung im Unternehmen und im Betrieb und rechtliche Sicherung der Arbeitnehmer durch Schutzgesetze und die Rechtsprechung der Arbeitsgerichte sind die wichtigsten Elemente der Organisation des Arbeitsmarktes.

Kaum eine andere gesellschaftliche Struktur war in der Vergangenheit so erfolgreich wie die des Arbeitsmarktes. Sie hat zu Veränderungen der Einkommens- und Vermögensverhältnisse der Arbeitnehmerhaushalte beigetragen, wie man sie noch vor wenigen Jahrzehnten nicht für möglich gehalten hat. An die Stelle verarmter Arbeiterfamilien sind Millionen Privathaushalte getreten, die im Wohlstand leben und über eigenes Vermögen verfügen.

Vor allem in den zurückliegenden dreißig Jahren entwickelten sich Einkommen und Vermögen in einem Ausmaß, das ohne jedes historische Vorbild ist. Zugleich schwächten sich die Verteilungskonflikte wesentlich ab. Die Einkommens- und Vermögensverteilung wurde, verglichen mit den fünfziger Jahren, ausgeglichener und damit gerechter. Unter Einbeziehung der Versorgungsansprüche gegen das soziale System lebt heute jeder fünfundzwanzigste Bürger in einem sogenannten Millionärhaushalt. Über ein Viertel der Bevölkerung lebt in Haushalten mit einem Vermögen von mindestens einer halben Million, und etwa zwei Drittel der Bevölkerung leben in Haushalten mit einem Vermögen von mindestens 100 000 DM.

Hand in Hand mit dieser Entwicklung ging eine ständig weitergeführte Verbesserung und Perfektionierung des arbeitsrechtlichen und sozialen Schutzes des Arbeitnehmers. Heute hat er einen Grad der Entwicklung erreicht, der es kaum noch möglich macht, ihn in der bisherigen Richtung weiter auszubauen. Die praktischen Möglichkeiten einer Ausweitung der Mitbestimmung etwa sind – ohne grundlegende Veränderung der Eigentums- und Verantwortungsverhältnisse – erschöpft. Diese Entwicklung, die die politische Auseinandersetzung jahrzehntelang beherrschte, wurde mit der Verabschiedung des Gesetzes über die Mitbestimmung in Unternehmen von 1976 praktisch abgeschlossen. Allenfalls Detailfragen, wie die Einbeziehung technisch bedingter Betriebsveränderungen in die Mitbestimmung der Betriebsräte, stehen noch zur Diskussion. Der gesetzliche Schutz vor Kündigungen, unfreiwilliger Mobilität, Einkommensausfall wegen Krankheit, Schwangerschaft oder Alter ist umfassend.

So ist – parallel zu privatem Wohlstand und privater Vermögensbildung – ein Netz kollektiver sozialer Sicherheit entstanden, das alle wesentlichen Lebensrisiken der Arbeitnehmerhaushalte absichert. Wohl gibt es noch immer Armut. Aber sie verhält sich zunehmend relativ zum erreichten Wohlstand und ist nicht existentiell. Auch die Ärmsten werden von der Gemeinschaft vor Not durch die Gewährung eines Lebensstandards im Rahmen der Sozialhilfe geschützt, der in etwa dem Lebensstandard des Arbeiterhaushaltes in den fünfziger Jahren entspricht.

Mit diesen enormen Erfolgen haben die klassischen Strukturen des Arbeitsmarktes jedoch zugleich die eigentliche Ursache ihrer Entstehung, die soziale Frage des 19. Jahrhunderts, im Grunde beseitigt. Aus dem Proletarier, der mit seiner Familie am Existenzminimum lebte, zwölf Stunden am Tag arbeiten mußte und keine Hoffnung hatte, seine Lage zu verändern, ist der Bürger geworden, dessen Einkommen erlaubt, daß er im Wohlstand lebt. Er arbeitet durchschnittlich nicht mehr 3000, sondern rund 1700 Stunden im Jahr. Seine Kinder können fortführende Schulen und Universitäten besuchen. Er fährt Auto und kann im Urlaub, der im Schnitt sechs Wochen dauert, in fremde Länder reisen. *Der kleine Mann ist groß geworden.* Was jenen, die aufbrachen, den arbeitenden Menschen aus den Fesseln einer unmenschlichen Industrieordnung zu befreien, als eine Utopie erscheinen mußte, ist Wirklichkeit geworden. Bei allen Problemen, die sich uns heute stellen und deren Bedeutung und Gewicht nicht gering geschätzt werden soll, lohnt es, sich an diese revolutionäre Veränderung unserer gesellschaftlichen Lage zu erinnern. Es hilft uns, die richtigen Maßstäbe nicht zu verlieren.

So stoßen die alten Strukturen des Arbeitsmarktes zunehmend an Grenzen. Was für alle Strukturen gilt, zeigt sich auch hier. Mit fortschreitender Perfektionierung verlieren sie die Fähigkeit, sich an veränderte Bedingungen anzupassen. Zwar hat die große Mehrheit derer, die ihr Einkommen als Arbeitnehmer im Arbeitsmarkt verdienen, auch heute keinen Anlaß zur Unzufriedenheit. Rund 90 % der Erwerbswilligen finden im Arbeitsmarkt eine Beschäftigung und damit Einkommen. Für sie ist die Organisation des Arbeitsmarktes nach wie vor in Ordnung. Gleichwohl wächst die Zahl derer, die im bestehenden Markt keine Arbeit mehr finden – vor allem auch in der jüngeren Generation. Mit ihnen nimmt die Zahl derer zu, die befürchten, ihren Arbeitsplatz zu verlieren. Damit wächst die Sorge, daß der Arbeitsmarkt in Zukunft noch weniger als in der Gegenwart in der Lage sein könnte, seine Aufgabe für alle zu erfüllen: jedem den Zugang zu Arbeit und damit Einkommen aus Arbeit zu ermöglichen, der gegen Entgelt arbeiten möchte.

Bedeutung der Wende im Arbeitsmarkt

Diese Sorge ist nicht unberechtigt. Noch ist nicht erkennbar, daß die Verantwortlichen in den gesellschaftlichen Gruppen und im staatlichen Bereich die Gefahren erkennen, die mit der zunehmenden Erstarrung des Arbeitsmarktes verbunden sind, und die richtigen Schlüsse aus den Veränderungen der gesellschaftlichen Möglichkeiten ziehen.

Noch stellen sie sich nicht der Aufgabe, die Strukturen des Arbeitsmarktes diesen Veränderungen anzupassen oder sie durch neue, leistungsfähigere Strukturen, Einrichtungen oder Verfahren zu ersetzen. So können wir als Zwischenergebnis der Entwicklung des Arbeitsmarktes festhalten: Er hat die ihm ursprünglich gestellten Aufgaben hervorragend gelöst. Seine Institutionen sind bis zur Perfektion entwickelt. Er ist, gemessen an den bisherigen Maßstäben, das modernste Arbeitsmarkt- und Sozialsystem der westlichen Industrienationen. Aber zugleich haben sich seine heutigen Strukturen damit auch »erfüllt«. Den inzwischen eingetretenen, radikal neuen Verhältnissen der modernen Industriegesellschaft werden sie nicht mehr gerecht. Für eine wachsende Zahl von Menschen sind ihre Wirkungen eher nachteilig, also kontraproduktiv. Die Wende muß deshalb auch die Strukturen des Arbeitsmarktes erfassen.

Wie in anderen Bereichen unserer Gesellschaft wirken sich die Änderungen der großen Trends gesellschaftlicher Entwicklung auch im Arbeitsmarkt aus.

Die demographische Entwicklung

Die wichtigste Veränderung ist dabei die Veränderung des Trends der demographischen Entwicklung. Seit dem Ende des Krieges hatte die Wohnbevölkerung in der Bundesrepublik Deutschland kräftig zugenommen. Von 1950 bis 1973 lag der Anstieg recht gleichförmig bei knapp 0,5 Millionen Menschen im Jahr. Damit wuchs auch die Wirtschaft. Mehr Menschen – das bedeutete auch mehr Aufgaben, mehr Nachfrage, ein wachsendes Bruttosozialprodukt und damit mehr Arbeit. 1974 kam diese Entwicklung zum Stehen.

Von da an verminderte sich die Wohnbevölkerung im statistischen Durchschnitt um jährlich 100 000 Menschen, und zwar mit zunehmender Tendenz. Noch ausgeprägter ist die Trendwende bei der deutschen Wohnbevölkerung. Hier setzt der Rückgang der Bevölkerungszahl bereits 1972 ein, nachdem sich der Zuwachs in den sechziger Jahren schon erheblich verlangsamt hatte. Von 1972 bis 1984 verminderte sich die Zahl der Deutschen mit zunehmender Geschwindigkeit um insgesamt etwa 1,3 Millionen.

Ganz anders dagegen die Entwicklung der Bevölkerung im erwerbsfähigen Alter (15–65 Jahre). Sie nahm von 1973 bis 1984 um knapp 3,3 Millionen von 39,4 auf 42,7 Millionen zu. Dies entspricht einem prozentualen Anstieg des erwerbsfähigen Bevölkerungsteils von 63,5 % auf 69,8 %.

Daß diese außerordentliche Zunahme der Erwerbsbevölkerung bislang die Zahl der Erwerbspersonen nicht wesentlich vermehrt hat, ist in erster Linie auf den Rückgang der Erwerbstätigkeit vor allem der über 65jährigen zurückzuführen. Würde die Bevölkerung heute mit der gleichen Intensität Arbeit nachfragen wie in der ersten Hälfte der siebziger Jahre, dann hätte die Arbeitslosigkeit – bei gleichen wirtschaftlichen und sozialen Rahmenbedingungen – 1984 über 3 Millionen oder reichlich 12 % betragen. Damit hat allerdings auch im zurückliegenden Jahrzehnt die sogenannte stille Reserve stark zugenommen. Das bedeutet: Das *Arbeitskräftepotential* ist heute, bezogen auf die schrumpfende Wohnbevölkerung, größer als jemals in den zurückliegenden 25 Jahren.

Nach allen Prognosen wird der Abwärtstrend der Bevölkerungsentwicklung auch bis Ende der neunziger Jahre und darüber hinaus anhalten. Lediglich das Ausmaß der Schrumpfung ist umstritten.

Voraussichtlich (so die Schätzungen des IWG) wird sich die Wohnbevölkerung in der Bundesrepublik bis Ende der achtziger Jahre von gegenwärtig etwa 61 Millionen auf knapp 60 Millionen und bis Ende der neunziger Jahre auf reichlich 57 Millionen vermindern. Dabei wird vor allem die deutsche Wohnbevölkerung von derzeit 57 Millionen auf 52 bis 53 Millionen schrumpfen. Die Zahl der Ausländer wird sich dagegen nur wenig verändern.

Die Entwicklung der Erwerbsbevölkerung

Schwieriger als die Entwicklung der Wohnbevölkerung ist die Entwicklung der Erwerbsbevölkerung vorauszusagen. Denn die Erwerbsquote, das heißt die Zahl derer im erwerbsfähigen Alter, die tatsächlich arbeiten oder arbeiten wollen, wird von einer Vielzahl von Faktoren beeinflußt, deren Eintritt oder Nichteintritt nur schwer voraussehbar ist. Setzen sich die bisherigen Trends fort, dann wird zumindest das Erwerbspersonenpotential bis Ende der achtziger Jahre relativ zur Wohnbevölkerung zunehmen, obwohl die absolute Zahl von Erwerbspersonen und Arbeitskräften in der stillen Reserve bereits rückläufig sein wird. Mit Beginn der neunziger Jahre wird das Erwerbspersonenpotential auch relativ geringfügig abnehmen. Die demographischen Bedingungen des Arbeitsmarktes werden damit bis Ende der neunziger Jahre weitgehend unverändert bleiben. Gewisse Probleme werden sich allenfalls aus der Veränderung der altersmäßigen Zusammensetzung der Erwerbsbevölkerung ergeben. Denn spätestens Mitte der neunziger Jahre werden starke Geburtenjahrgänge zwischen 50 und 60 Jahre alt sein. Zugleich werden außergewöhnlich schwache Geburtenjahrgänge in den Arbeitsmarkt eintreten. Das Durchschnittsalter der Erwerbsbevölkerung wird also in etwa einem Jahrzehnt deutlich ansteigen.
Eine weitere wichtige Veränderung der Wirklichkeit ist die Veränderung der Einstellung der weiblichen Bevölkerung zur Berufsarbeit. Eine immer größere Zahl von Frauen sucht heute in gleicher Weise eine dauerhafte Beschäftigung im Arbeitsmarkt wie die männliche Bevölkerung. Die Frauen erfüllen nicht mehr, wie das noch vor fünfzehn Jahren in erheblichem Umfang der Fall war, eine »Puffer-

funktion« im Arbeitsmarkt. Sie bleiben vielmehr auch im Markt, wenn sie keine Arbeit finden. Die Ursachen für diese Veränderungen sind nicht nur ökonomischer Natur. Sie beruhen auch auf veränderten politischen und sozialen Verhältnissen. Die Einstellung der Frauen zur Berufstätigkeit hat sich geändert. In zunehmendem Maße verfügen die Frauen über die gleichen Bildungsvoraussetzungen wie die Männer. Das Verhältnis der Geschlechter an fortführenden Schulen und Universitäten ist zunehmend ausgeglichen. Die berufliche Tätigkeit der Frau wird durch eine stark zurückgehende Kinderzahl erleichtert. Berufliche Wünsche werden eher von ökonomischen Erwartungen als von ökonomischen Zwängen bestimmt. All dies bewirkt: Das dauerhafte Arbeitsangebot der Frauen hat wesentlich zugenommen. Daran wird sich auch in absehbarer Zeit nichts ändern. Zwar gibt es, als Reaktion auf die wachsende Arbeitslosigkeit, Versuche, die Frauen zu ermutigen, aus dem Arbeitsmarkt auszuscheiden und – wie es so schön heißt – ihrer »eigentlichen und ursprünglichen Bestimmung« nachzugehen. Sie werden jedoch kaum etwas bewirken. Denn, so heißt es in den Leitsätzen der CDU für eine neue Partnerschaft zwischen Mann und Frau (beschlossen auf dem 33. Bundesparteitag 1985 in Essen): »Es ist der Ausdruck eines überholten Denkens, die Aufgaben der Frau auf die der Mutter und Hausfrau und die Aufgaben des Mannes auf die der Erwerbstätigkeit beschränken zu wollen.« Die CDU erwartet vielmehr »von der Wirtschaft und dem öffentlichen Dienst, daß sie qualifizierten und leistungsbereiten Frauen gleich gute Arbeitsplätze anbieten wie Männern. Es widerspricht dem Grundsatz der Gleichberechtigung, wenn auf dem Arbeitsmarkt qualifizierte Arbeitsplätze mit guten Aufstiegschancen und guter Bezahlung in erster Linie Männern, aber weniger qualifizierte Arbeitsplätze in erster Linie Frauen angeboten werden.« Dabei geht es nicht nur um die Chancen beruflicher Tätigkeit zu Beginn des Erwerbslebens der Frauen, sondern auch um die Rückkehr in den Beruf, wenn die Kinder groß sind. In beiden Fällen wird erwartet, daß der Arbeitsmarkt dem Wunsch nach Chancengleichheit Rechnung trägt.

Die große Mehrheit der Frauen will ganztags oder halbtags berufstätig sein, und zwar unabhängig davon, ob sie kinderlos sind oder Kinder haben. Auch diejenigen, die der Kinder wegen ihre berufliche Tätigkeit aufgeben wollen, wünschen später in den Beruf zurückzukehren.

Verwirklichen lassen sich diese Grundsätze und Zielvorstellungen nur, wenn der Arbeitsmarkt in der Lage ist, das damit verbundene *zusätzliche* Angebot an Arbeitskräften aufzunehmen. Im Rahmen seiner gegenwärtigen, durch Vollzeitarbeit und Dauerarbeitsplätze geprägten Strukturen wird dies kaum möglich sein. Die gewandelten gesellschaftlichen und politischen Einstellungen zur beruflichen Gleichberechtigung von Mann und Frau gehen deshalb ins Leere, wenn der Arbeitsmarkt ihnen nicht durch einen Wandel seiner Strukturen entspricht.

Arbeitsmarkt und Wirtschaftswachstum

Die Zunahme der Menschen, die neu oder zusätzlich in den Arbeitsmarkt eintreten wollen, wäre dann kein Problem, wenn wir damit rechnen könnten, daß unsere Wirtschaft wieder wächst und *deshalb* auch immer mehr Arbeit gebraucht würde. Von einer solchen Entwicklung können wir jedoch nicht ausgehen.
Die gegenwärtige Beschäftigungskrise ist keine Krise des produktiven Teils unserer Gesellschaft, das heißt, der Wirtschaft im engeren Sinne. Die Produktion, die uns mit Gütern und Dienstleistungen versorgt und in erheblichem Umfang den europäischen und den Weltmarkt beliefert, ist im großen und ganzen in Ordnung. Sie ist leistungsfähig und kann im internationalen Wettbewerb bestehen. Unsere Nachfrage nach Gütern und Dienstleistungen wird von ihr im Markt in umfassender Weise befriedigt. An diesem positiven Urteil über unsere Produktion ändert auch der Umstand nichts, daß die Wachstums*raten*, das heißt das relative Wachstum der Wirtschaft, rückläufig sind. Zwar erfreut sich die Strategie »Vollbeschäftigung durch Wirtschaftswachstum« noch immer großer Beliebtheit. Ein durchschnittliches Wirtschaftswachstum von real etwa 4 % (ohne gleichzeitiges weiteres Ansteigen der Erwerbsbevölkerung) würde auch in einigen Jahren zur Vollbeschäftigung führen.
Nur sind solche Vorstellungen völlig irreal. Ein längerfristiges Wachstum der Wirtschaft von real 4 % würde zu einem höheren absoluten Zuwachs des Bruttosozialproduktes führen, als alles Wachstum seit den fünfziger Jahren, ganz zu schweigen von der Zeit zuvor, zustande gebracht hat. Ein Wachstum in diesen Größen-

ordnungen käme in Westeuropa einem scharfen Wachstumsknick nach oben gleich. Die wirtschaftliche Entwicklung würde sich in bisher unbekanntem Maße beschleunigen. Es ist jedoch keine wirtschaftliche Aktivität zu erkennen, die auch nur ähnliche Wachstumsschübe auslösen könnte, wie sie in den fünfziger, sechziger und zum Teil noch in den siebziger Jahren vom Wohnungsbau, von der Motorisierung und vom Ausbau der Infrastruktureinrichtungen, wie Transportwegen, Schulen oder Krankenhäusern, ausging. Wenn 1985 in der Bundesrepublik Deutschland rund 4 Millionen Kraftfahrzeuge gebaut werden, ist dies zweifellos eine gewaltige wirtschaftliche Leistung. Doch ein Beitrag zum Wirtschaftswachstum ist damit nicht verbunden; 4 Millionen Kraftfahrzeuge wurden nämlich auch schon 1984 gebaut.

Bleibt der Export, der schon heute zum wichtigsten Wachstumsmotor geworden ist. Zweifellos besteht weltweit ein riesiger Bedarf an industriellen Gütern und Dienstleistungen. Wären wir bereit, unsere Produkte zu verschenken oder zu verschleudern, wir könnten Tag und Nacht arbeiten. Aber auch der Export stößt an unüberwindliche Grenzen: die Zahlungsfähigkeit oder richtiger die Zahlungsunfähigkeit vieler Nichtindustrieländer. Die westlichen Industrieländer haben sich in Sachen Export in der Vergangenheit gefährlichen Selbsttäuschungen hingegeben. Ihre Exportpolitik ruhte lange Jahre nicht zuletzt auf dem brüchigen Fundament verlorener Kredite. Sie ist deshalb so bald nicht wiederholbar. Die Weltschuldenkrise ist noch lange nicht überwunden. Es ist deshalb kein Zufall, daß der heutige Exportboom weniger westlicher Industrieländer, vor allem der Bundesrepublik, weit weniger vom Bedarf der Nichtindustrieländer als vielmehr vom Wechselkursgefälle zwischen den Industrieländern lebt. Wechselkurse sind jedoch kein stabiler Zustand. Sie können sich ändern. Der Exportboom steht auf unsicherer Grundlage.

Was wir deshalb brauchen, sind realistische Annahmen über die voraussichtliche Entwicklung des Wirtschaftswachstums. Ich bin der Auffassung, daß die realen Wachstumsraten bis Ende der neunziger Jahre verhältnismäßig niedrig und das absolute Wachstum der Wirtschaft etwas rückläufig sein werden. Wie das relative und das absoluteWachstum pro Kopf der Bevölkerung und insgesamt sich bisher entwickelt haben, zeigt das folgende Schaubild.

Bruttosozialprodukt insgesamt und pro Kopf der Wohnbevölkerung 1950–1988

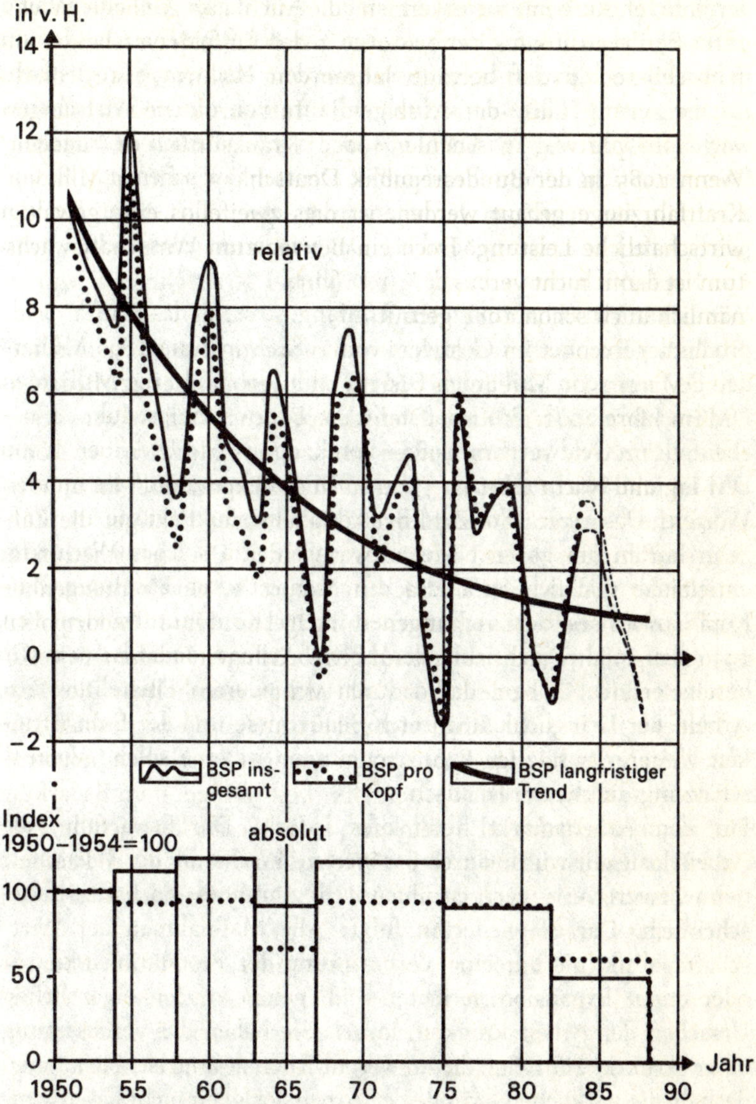

Quelle: IWG, Bonn

Danach wurde das relative Wachstum von einem konjunkturellen Zyklus zum nächsten fortlaufend schwächer. Das absolute Wachstum, insbesondere das Pro-Kopf-Wachstum, blieb dagegen im Laufe der Jahrzehnte bemerkenswert stabil. Auf dieser Grundlage und unter Berücksichtigung der Faktoren, die das Wirtschaftswachstum in absehbarer Zukunft beeinflussen werden, erscheint es realistisch, für die zweite Hälfte der achtziger Jahre von einem Wirtschaftswachstum von real zwischen 1 % und 1,5 % jährlich auszugehen. Dies entspricht einem Pro-Kopf-Wachstum zwischen 1,5 % und 2 %. Für die neunziger Jahre erscheint eine Wachstumsrate von jährlich real 1 % wahrscheinlich. Das wiederum entspräche einem Pro-Kopf-Wachstum von 1,4 % pro Jahr.
Wächst die Wirtschaft in diesem Umfang, so steigt das Bruttosozialprodukt, gerechnet im Geldwert von 1984, von rund 1800 Milliarden DM auf 1900 Milliarden DM im Jahr 1990 und 2100 Milliarden DM im Jahre 2000. Pro Kopf steigt das Bruttosozialprodukt dann – ebenfalls im Geldwert von 1984 – von knapp 29 000 DM über 32 000 DM im Jahr 1990 auf knapp 37 000 DM im Jahre 2000. Mit anderen Worten: Das reale Pro-Kopf-Bruttosozialprodukt würde in fünfzehn Jahren um gut ein Viertel wachsen. Ein solches Wachstum entspräche reichlich 80 % des durchschnittlichen absoluten Pro-Kopf-Zuwachses der vergangenen sechs Konjunkturzyklen von 1950 bis 1982. Angesichts des hohen Lebensstandards, den wir bereits erreicht haben, der dadurch veränderten Einstellung zur Arbeit, der Dringlichkeit unserer Bedürfnisse und der Sinnhaftigkeit weiterer zusätzlicher Anstrengungen ist eine solche Vorausschätzung durchaus realistisch.
Für den Arbeitsmarkt heißt dies jedoch: Die Erwartung, die Arbeitslosigkeit würde durch das weitere Wachstum der Wirtschaft nennenswert verringert, ist illusorisch, zumindest höchst unwahrscheinlich. Daraus wiederum folgt: Alle Maßnahmen der Wirtschaftspolitik, die auf eine Verbesserung der Produktionsstruktur oder deren Expansion gerichtet sind, gehen an den eigentlichen Ursachen der Arbeitslosigkeit vorbei. Sie haben die Verbesserung einer Struktur zum Ziel, die im wesentlichen gesund ist. Sie können deshalb die wirklichen Gründe der Arbeitslosigkeit nicht beseitigen. Dasselbe gilt für alle sogenannten beschäftigungspolitischen Programme: für das Programm »Arbeit und Umwelt« der SPD, das

rund 20 Milliarden DM kosten soll – und ein entsprechend ehrgeizigeres Programm des DGB in Höhe von 50 Milliarden DM –, für den Versuch, durch Steigerung der öffentlichen Ausgaben direkt oder indirekt das wirtschaftliche Wachstum zu forcieren, für die Forderung nach umfassender Steuerentlastung und damit nach Unterstützung der investiven Tätigkeit der Unternehmen wie für ein ganzes Bündel von Einzelmaßnahmen, von denen zusätzliche Beschäftigungswirkungen erwartet werden. Alle diese Programme und Maßnahmen übersehen, daß es keinen zwingenden Zusammenhang zwischen der Steigerung des wirtschaftlichen Wachstums und der Zunahme der Beschäftigung mehr gibt. Dank der »inneren Revolution« der Produktionsverhältnisse durch »intelligente« informationsverarbeitende Maschinen hat die Wirtschaft gelernt, mit weniger Rohstoffen, mit weniger Energie und mit weniger Arbeit auszukommen.

Darin liegt der entscheidende Unterschied zu früheren Wachstumsschüben. Die großen Innovationen, die sie hervorbrachten (chemische Industrie, Entwicklung der Kunststoffe, Elektroindustrie und Automobilindustrie), hatten eines gemeinsam: Sie veränderten die Produktionseinrichtungen und das wirtschaftliche Gesicht der Gesellschaft, ließen jedoch den Arbeitsmarkt weitgehend unberührt. Die heutigen technischen Entwicklungen fügen sich dagegen fast reibungslos in die ökonomische Struktur der Gesellschaft und in die Produktionsstruktur ein. Aber sie verändern den Arbeitsmarkt durch Verringerung der Nachfrage nach Arbeit. Die neuen technischen Entwicklungen und die zum Teil revolutionären Veränderungen der Produktionsweise und der Verwaltungsausläufe haben somit enorme Auswirkungen auf die *soziale* Struktur der Gesellschaft. Sie verringern die Nachfrage nach menschlicher Arbeit im organisierten Produktionsprozeß selbst dann, wenn sie zu einer Ausweitung des Bruttosozialprodukts beitragen.

Keine noch so intensive Wachstumspolitik kann diese »ressourcenschonende Wirkung« der modernen technischen Entwicklung außer Kraft setzen. Keine wachstumsorientierte Beschäftigungsstrategie kann uns deshalb von der Notwendigkeit befreien, die Ursachen der Arbeitslosigkeit dort zu suchen und zu beseitigen, wo sie tatsächlich liegen: in der Organisation der Arbeit und in den Strukturen des Arbeitsmarktes.

Arbeitsmarkt und Produktivität

Nun könnten auch geringere Wachstumsraten des Bruttosozialproduktes den Arbeitsmarkt entlasten, wenn die Produktivität der Arbeitsstunde gleich bliebe, für mehr wirtschaftliche Aktivitäten deshalb auch mehr Arbeit gebraucht würde. Einen solchen Stillstand der Produktivitätsentwicklung hat es jedoch während der letzten 30 Jahre nicht gegeben. Der Produktivitäts*fortschritt* pro Arbeitsstunde war vielmehr im Durchschnitt aller konjunkturellen Zyklen seit 1955 immer höher als das Wirtschaftswachstum.

In Zukunft kann sich daran nur dann etwas ändern, wenn

- sich der weniger produktive Dienstleistungssektor sehr viel rascher als bisher auf Kosten des hochproduktiven industriellen Sektors ausdehnt und/oder
- sich die Arbeitskosten so vermindern, daß die verstärkte Beschäftigung wenig produktiver Arbeitskräfte wirtschaftlich rentabel wird.

Die eine wie die andere Entwicklung ist unwahrscheinlich. Zwar wird der Dienstleistungsbereich auch in den kommenden Jahren wachsen, und der industrielle Sektor wird schrumpfen. Aber dieser schon lange anhaltende und bisher sehr kontinuierlich verlaufende Trend wird sich in absehbarer Zeit nicht außergewöhnlich beschleunigen. Nur eine solche Beschleunigung könnte jedoch den Produktivitätsfortschritt spürbar drosseln. Ähnlich unwahrscheinlich ist, wie wir noch sehen werden, eine substantielle Verminderung der Arbeitskosten gerade bei den wenig produktiven Arbeitskräften. Selbst wenn es zu einer Verringerung kommt, werden die Arbeitskosten pro Beschäftigten insgesamt nur langsam relativ zurückgehen. In immer mehr Bereichen wird der Faktor Arbeit darüber hinaus, fast unabhängig von seinem Preis, mit modernen Technologien nicht mehr konkurrieren können. Was für Rohstoffe, Energie und Arbeit gilt, gilt zunehmend auch für die Kapitalinvestitionen: Immer häufiger erfordern moderne Technologien einen verhältnismäßig geringen Kapitaleinsatz. Ihre Rentabilitätsschwelle liegt deshalb so niedrig, daß sie sich auch bei konstanten oder sinkenden Arbeitskosten zügig weiter ausdehnen werden.

Diese zukünftigen, zunehmend preiswerteren Technologien sind nicht nur prinzipiell vorhanden. Es ist darüber hinaus inzwischen weitgehend unbestritten, daß es für ihre Anwendung in der Bundesrepublik Deutschland einen nicht unerheblichen Nachholbedarf gibt. Wir müssen deshalb damit rechnen, daß in den nächsten Jahren eine »technologische Lawine« in Gang kommt, die selbst durch eventuell hohe Kapitalkosten kaum gebremst werden wird.

Für die weitere Entwicklung des Produktivitätsfortschrittes heißt dies: Er wird auch in Zukunft kaum unter den von uns angenommenen Wachstumsraten liegen. Weit wahrscheinlicher ist vielmehr, daß er sie deutlich überschreiten wird. Dies wiederum hat weitgehende Folgen für die Beschäftigung. Denn anders als in den fünfziger und sechziger Jahren können wir in Zukunft nicht davon ausgehen, daß die durch Produktivitätssteigerung bedingte Verringerung der Nachfrage nach menschlicher Arbeit durch einen entsprechenden Rückgang des Potentials an Erwerbspersonen ausgeglichen wird. Der das Wirtschaftswachstum überschreitende Produktivitätsfortschritt wird vielmehr, ähnlich wie im zurückliegenden Jahrzehnt, voll als zusätzliche Freizeit oder Arbeitslosigkeit auf dem Arbeitsmarkt sichtbar werden.

Wie hoch diese Differenz zwischen Produktivitätsfortschritt und Wirtschaftswachstum sein wird, hängt von einer Fülle von Einflüssen ab. Zu ihnen gehören die Arbeitskosten, die Entwicklung neuer, produktivitätssteigernden Techniken, neue Formen der Organisation der Arbeit und damit des Produktionsmanagements, die Kapitalkosten und nicht zuletzt die Art und Qualifikation der Arbeit, die angeboten und nachgefragt wird. Geht man von einem durchschnittlichen Produktivitätsfortschritt von real 2,5 % für die Zeit von 1985 bis 2000 aus, eine Annahme, die im längerfristigen Vergleich eher zurückhaltend ist, dann liegt der jährliche »Freisetzungseffekt« bei konstanter Arbeitszeit bei reichlich 300 000 Arbeitskräften im Jahr. Alleine bis Ende der achtziger Jahre würde sich die nachgefragte Arbeitsmenge von derzeit 42,6 auf 39,4 Milliarden Stunden verringern. Dies entspricht gegenwärtig der Beschäftigung von 1,9 Millionen Menschen. Bleibt es bei der bisherigen Jahresarbeitszeit und auch sonst unveränderten Bedingungen im Arbeitsmarkt, dann würde die Zahl der Arbeitslosen als Folge dieser Produktivitätsentwicklung bis 1990 auf reichlich 4 Millionen ansteigen. Die Arbeitslosenquote läge dann bei knapp 17 %.

In den neunziger Jahren würde sich der Trend verstärkt fortsetzen.

Sollte der Produktivitätsfortschritt dann 1,5 % über dem Wirtschaftswachstum liegen, so würde sich die nachgefragte Arbeitsmenge (bei gegenwärtigen Arbeitskosten) von 39,4 auf 33,9 Milliarden Stunden weiter verringern. Die *rechnerische* Folge einer solchen Entwicklung wäre, bei wiederum konstanter Arbeitszeit, eine weitere Verringerung der Beschäftigtenzahl um 3,3 Millionen. Die Erwerbstätigenquote würde von gegenwärtig knapp 41 % über 38 % auf rund 32 % im Jahre 2000 abnehmen. Nur knapp ein Drittel der Bevölkerung wären – nach diesem Szenario – gegen Ende des Jahrhunderts noch im organisierten Arbeitsmarkt erwerbstätig.

Angebotene und nachgefragte Arbeitsmenge pro Kopf der Wohnbevölkerung 1975–2000

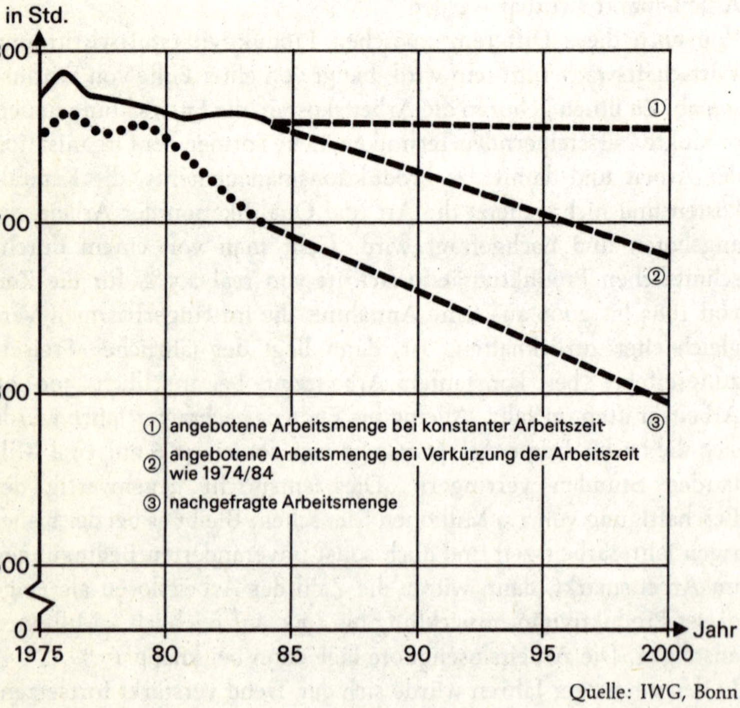

Quelle: IWG, Bonn

Das Schaubild zeigt, wie sich die Schere zwischen angebotener und nachgefragter Arbeitsmenge öffnen würde, wenn wir von den vorstehenden Annahmen ausgehen. Verglichen mit der zukünftigen Entwicklung würde die Arbeitslosigkeit zu Beginn der achtziger Jahre noch eher bescheiden erscheinen. Die eigentlichen Beschäftigungsprobleme lägen erst vor uns. Wollte man diese Schere ausschließlich durch Wirtschaftswachstum schließen, müßte das reale Pro-Kopf-Wachstum bis 1990 bei rund 4 % liegen. In den neunziger Jahren wäre die Vollbeschäftigung nur mit einem realen Pro-Kopf-Wachstum von 2,5 % im Jahr gesichert. Insgesamt müßte damit das Pro-Kopf-Bruttoinlandsprodukt von 1984 bis 2000 um 62 % von derzeit rund DM 29 000 auf knapp DM 47 000 im Jahr (im Geldwert von 1984) steigen. Ein vergleichbares Wachstum hat es in der deutschen Wirtschaftsgeschichte noch nie gegeben. Es läge um 72 % über dem durchschnittlichen absoluten Pro-Kopf-Wachstum der Zeit von 1950 bis 1982. Es wäre also annähernd doppelt so hoch wie alles, was wir bisher an Wirtschaftswachstum kennengelernt haben. Daß es für eine solche außerordentliche Trendveränderung keine Anzeichen gibt, haben wir schon mehrfach festgestellt. Der Produktivitätsfortschritt wird deshalb vom Wirtschaftswachstum nicht ausgeglichen werden.

Veränderung der Produktionsstrukturen

Wachstum und Produktivitätsfortschritt werden nicht nur den Arbeitsmarkt nachhaltig verändern, sondern auch die Struktur der Produktion selbst. Schon seit geraumer Zeit besteht weitgehend Einigkeit darüber, daß neue Arbeitsangebote im Arbeitsmarkt weniger von Groß- und Größtunternehmen und zunehmend von mittleren und kleineren Unternehmen zu erwarten sind. Wichtiger noch erscheint mir, daß kleinere unternehmerische Einheiten eher neue technische und wissenschaftliche Möglichkeiten industriell und gewerblich nutzen werden als große. Je mehr es auf Anpassungsfähigkeit der industriellen Strukturen, Innovation und Beweglichkeit in neuen Märkten ankommt – und es gleichzeitig gelingt, politisch begründete Wettbewerbsvorteile größerer Unternehmen abzubauen –, um so stärker wird die Tendenz zu kleineren Einheiten werden.

Die gegenwärtigen Arbeitsmarktstrukturen sind auf solche Veränderungen der Produktionsstrukturen nicht angelegt. Ihre prägenden Strukturelemente sind das Großunternehmen, das standardisierte Arbeitsverhältnis, die weitgehende Standardisierung der Arbeit selbst und damit auch der beruflichen Qualifikationen, die zentralisierte Regelung der Arbeits- und Wirtschaftsbedingungen für eine möglichst große Zahl von Arbeitnehmern (Kolonnenprinzip der Massengewerkschaft), gewerkschaftliche Mitwirkung an unternehmerischen Entscheidungen und damit eine Organisation der unternehmerischen Entscheidungen, die eine solche Mitwirkung ermöglicht, weitgehende Mitwirkung unternehmerischer Bürokratien am System der sozialen Sicherheit und an der Finanzierung seiner Kosten über die Preise der Unternehmen für ihre Güter und Dienstleistungen. Vor allem die Übernahme individueller Risiken der Arbeitnehmer durch den Arbeitgeber im Rahmen des Arbeitsverhältnisses geht von der Annahme aus, daß das Unternehmen eine große Zahl von Menschen beschäftigt und die übernommenen Risiken (Lohnfortzahlung im Krankheitsfalle, Schwangerschaftsurlaub und so weiter) deshalb kalkulierbar sind. Mit der Veränderung der Produktionsstruktur durch die technische und gesellschaftliche Entwicklung wird diesen Arbeitsmarktstrukturen zunehmend die tatsächliche Grundlage entzogen. Werden sie gleichwohl beibehalten, wachsen die Widersprüche zwischen ihnen und den Bedürfnissen des produktiven Sektors. Überholte Strukturen entfalten dann auch im produktiven Bereich der Wirtschaft negative Wirkungen – ähnlich wie im Arbeitsmarkt selbst für die wachsende Zahl der Menschen, die keinen Zugang zum Arbeitsmarkt mehr finden.

Die Unternehmen werden aber nicht nur kleiner, sei es als selbständige Einheiten oder durch Dezentralisation innerhalb größerer Unternehmen. Ihre Lebensdauer wird auch kürzer. Es wird in Zukunft eher die Regel sein als die Ausnahme, daß ein Unternehmen im Markt entsteht, eine bestimmte technisch-wissenschaftliche Möglichkeit industriell nutzt und aus dem Markt wieder ausscheidet, wenn diese Möglichkeit »verzehrt« ist. Das hat unmittelbare Auswirkungen auf die Existenz und Zahl von Dauerarbeitsplätzen im bisher verstandenen Sinne. Unternehmen, die nicht dauerhaft existieren, können keine Dauerarbeitsplätze schaffen. An die Stelle eines statischen Arbeitsplatzangebotes wird deshalb zunehmend ein dynamisches Angebot an Arbeit treten. Die Sicherheit des Arbeitsplatzes wird nicht unternehmens- und arbeitsplatz-, sondern strukturbezogen sein. All dies kann sich allerdings nur in einem Arbeitsmarkt entfalten, dessen Strukturen und Organisationen darauf eingerichtet sind.

Ein neues Verständnis von Arbeit

Schließlich ändert sich die Bewertung der Arbeit selbst. Eine Neubestimmung des Begriffes »Arbeit« wird allgemein verlangt. »Wir brauchen ein neues Verständnis von Arbeit«, heißt es in den Leitsätzen der CDU für eine neue Partnerschaft zwischen Mann und Frau:

> Arbeit ist nicht nur Arbeit, und Leistung ist nicht nur Leistung, wenn sie im Rahmen der Erwerbsarbeit erbracht werden. Arbeit gibt es nicht nur im Erwerbsleben, sondern auch in der Familie, im sozialen Dienst und im öffentlichen Leben. Die Arbeit in diesen Bereichen ist derjenigen im Beruf gleichwertig und muß deshalb entsprechend ihrer gesellschaftlichen Bedeutung anerkannt werden.

Und an anderer Stelle wird die Anerkennung der Gleichwertigkeit der Arbeit im Beruf und der Arbeit in der Familie als eine wichtige Voraussetzung für die Gleichberechtigung von Mann und Frau angesehen. Damit löst sich die begriffliche Verbindung von Arbeit und Einkommen. Auch die Hausfrau arbeitet, obwohl sie nicht bezahlt wird. Ehrenamtliche Tätigkeit ist Arbeit. Es arbeitet der, der durch Eigenarbeit den Wert seines Hauses steigert oder seinen Garten bestellt oder dem Nachbarn hilft. Pflegeleistungen im Haushalt sind ebenso Arbeit wie die eigene Fortbildung oder die Beschäftigung mit kulturellen oder musischen Themen.

Aber nicht nur die Entgeltlichkeit der Arbeit verliert ihre kennzeichnende Bedeutung für das, was Arbeit ist. Auch die Grenze zwischen selbständiger und unselbständiger Arbeit wird fließend. Michael Zöller weist zu Recht darauf hin, daß der Begriff der Selbständigkeit in unserer Lebens- und Arbeitswelt eine neue Bedeutung annimmt. Nicht nur der Selbständige im Sinne des Steuer- und Wirtschaftsrechts ist selbständig. Auch der Universitätsprofessor ist selbständig bei der Bestimmung des Inhalts seiner Tätigkeit, ihres zeitlichen Ablaufes und Umfanges. Dies, obwohl er als Beamter zugleich alle Vorteile einer lebenslangen staatlichen Alimentation genießt. Selbständig ist auch eine wachsende Zahl von Arbeitnehmern. Sie verfügen entweder über Qualifikationen, die sich oft nur unter Bedingungen der Selbständigkeit im Sinne von Selbstbestimmung der Arbeit entfalten können. Kreativität kann man weder befehlen noch zum Inhalt vertraglicher Verpflichtungen machen. Man kann sie nur durch die Bedingungen fördern, unter denen sie sich entfaltet.

Kreativität: Quelle qualitativen Wachstums

In der Arbeits- und Produktionswelt von morgen wird darüber hinaus immer mehr Kreativität gebraucht. Kreativität ist die Quelle qualitativen Wachstums. Damit ist sie die Quelle unseres Überlebens in unserem heutigen kulturellen Lebensraum. Diese Kreativität muß sich auf allen Stufen menschlicher Tätigkeit entfalten. Überall müssen sich deshalb die Bedingungen der Arbeit entsprechend ändern. Darin liegt wahrscheinlich die singulär *wichtigste Aufgabe* der Reform des Arbeitsmarktes und der Arbeitsorganisation, also der *Arbeitsverfassung*: Kreativität zu ermöglichen und zu ermutigen, ohne die qualitatives Wachstum nicht in ausreichendem Umfang stattfindet. Das heißt jedoch: Die Wende vom quantitativen zum qualitativen Wachstum, die ich als unsere zentrale Aufgabe beschrieben habe, muß sich zu einem wesentlichen, vielleicht dem entscheidenden Teil im Arbeitsmarkt vollziehen.

Die Strukturen industrieller Produktion und Arbeitsteilung waren die Antwort auf die Versorgungskrisen, die die Menschen vor der Industrialisierung immer aufs neue heimgesucht haben. Sie haben den heutigen Arbeitsmarkt geprägt. Ihre Organisationsformen waren der Großbetrieb, die Massenproduktion und, als Folge, die Massengesellschaft. Ihr Fortschritt war quantitatives Wachstum.

Die Strukturen von morgen werden nicht Massenstrukturen sein, sondern das Ergebnis der Wiederentdeckung von *Vielfalt*. Nicht die Bedingungen der Massenproduktion, sondern die Bedingungen der Kreativität werden sie prägen. Ihre Aufgabe ist die Überwindung der Begrenzungskrise. Der Maßstab ihres Fortschrittes ist qualitatives Wachstum.

Wie wir aus anderen Zusammenhängen wissen, bedeutet die Chance zur Kreativität und damit zur Selbständigkeit auch die Chance zum Glück. Glück ist nach einer schönen Formulierung Hermann Lübbes die Befindlichkeit, die sich einstellt, wenn ein Mensch eine ihm gestellte Aufgabe unter Anspannung seiner Kräfte, aber ohne deren Überforderung, gelöst hat. Der Wunsch nach Chancen zum Glück ist gewachsen. Daß Arbeit weniger glücklich macht als früher – wie etwa Elisabeth Noelle-Neumann und Burkhard Strümpel beobachten –, hat auch damit zu tun, daß sie weniger Chancen zur Selbständigkeit, zur Kreativität bietet, als von den meisten Menschen wahrgenommen werden könnte. Das wiederum hat nicht nur mit den herkömmlichen Zwecken, sondern auch mit der herkömmlichen Organisation von Arbeit zu tun. Sie orientiert sich – wie alle Institutionen im Bereich der Arbeits- und Sozialverfassung – an der Erfahrung der ersten industriellen Revolution, auch an den damaligen Fähigkeiten der Menschen zur Selbständigkeit. Wer seinen Lohn wöchentlich in bar erhielt, weil er nicht für fähig gehalten wurde oder nicht fähig war, über einen längeren Zeitraum finanzielle Dispositionen zu treffen oder am bargeldlosen Geldverkehr teilzunehmen, von dem konnte man auch keine Kreativität am Arbeitsplatz erwarten. Man brauchte ihm deshalb auch keine entsprechenden Chancen einzuräumen.

Die wöchentliche Lohnzahlung in bar haben wir in den fünfziger Jahren durch neue *Verfahren* abgelöst. Aber weite Bereiche der Arbeitsorganisation tragen den gewachsenen tatsächlichen Fähigkeiten der Menschen bis heute nicht Rechnung. Sie sind noch immer Ausdruck eines industriellen Armeedenkens mit streng begrenztem Eigenermessen. Auch hier wirken die alten Strukturen zunehmend kontraproduktiv.

Mit ihrer Überwindung durch Organisationsformen, die die Kreativität des Menschen fördern, dienen wir so nicht nur der Überwindung der Begrenzungskrise durch den Übergang vom quantitativen zum qualitativen Wachstum. Wir vermehren zugleich die Chancen persönlicher Entfaltung und damit die Chancen zum persönlichen Glück. Ich bin davon überzeugt, daß abnehmendes Glücksgefühl der Menschen in der Arbeitsorganisation von heute und zunehmendes Glücksgefühl mit zunehmenden Chancen zur Kreativität in der Arbeit von morgen etwas zu tun haben mit der Ausweglosigkeit des quantitativen Wachstums als Ausdruck der Massengesellschaft und mit den Zukunftschancen eines qualitativen Wachstums als Ausdruck der Überwindung der Begrenzungskrise. Die Menschen, die gemeinsam das Bewußtsein bilden und verändern – wir alle –, empfinden die Bedrohung, die sich in den überkommenen Strukturen manifestiert und aus unserer Unfähigkeit entsteht, diese sachgerecht zu ändern oder zu ersetzen. Wir wenden uns deshalb allem zu, was Kreativität verspricht oder ermöglicht – auch wenn dies mit Verzicht auf Ordnung verbunden ist. Dieser Kreativität eine ihr gemäße Ordnung zu geben, sie sich in einer menschlicher Kreativität entsprechenden Ordnung entfalten zu lassen, ist deshalb die Aufgabe unserer Zeit. Die *Verfassung der Arbeit* ist der institutionelle Ort, wo sie vor allem gelöst werden muß.

Wachsende *Selbständigkeit* wird jedoch nicht nur die Qualität der (unselbständigen) Arbeit von morgen kennzeichnen. Sie läßt auch den Übergang fließend werden zwischen Selbstarbeit (Selbständige im wirtschaftlichen Sinne) und Gemeinschaftsarbeit (Arbeit im Rahmen arbeitsteilig organisierter Produktionsprozesse). Der Arbeitnehmer der Zukunft wird immer häufiger von einem in den anderen Bereich wechseln oder sowohl in dem einen wie in dem anderen arbeiten. Die ersten Konturen dieser Entwicklung werden in der Schattenwirtschaft sichtbar. In ihr entwickeln sich Strukturen des Arbeitsmarktes von morgen. Sie entstehen teilweise außerhalb der Legalität, weil die Bedürfnisse, denen sie Rechnung tragen, im legalen Arbeitsmarkt und seiner Organisation keine ausreichende Berücksichtigung finden. In diesen, den neuen Arbeitsmärkten liegen erwünschtes Neues und unerwünschter Mißbrauch des Bestehenden noch eng nebeneinander. Auch hier findet sich Kreativität oft auf Kosten bestehender Normen und Ordnungen. Der Versuch, diese Kreativität zugunsten der bestehenden Ordnung zu unterdrücken, etwa durch Verbote oder Kriminalisierung, wird seit Jahren angestrengt. Er ist aussichtslos. Das veränderte Verhalten der Menschen wird sich nicht zurückentwickeln. Wer ihm eine Ordnung geben will, muß die bestehende Ordnung ändern. Nicht die Struktur, sondern der Mensch ist auch hier das Maß der Dinge.

Was zur Reform drängt

Praktisch heißt all dies: Die Reform des Arbeitsmarktes muß von folgenden Veränderungen ausgehen und ihnen entsprechen: von einem relativ wachsenden Anteil von Menschen, die am Arbeitsmarkt teilnehmen wollen, bis weit in die neunziger Jahre; von einer Umschichtung der Teilnahme am Arbeitsmarkt unter den Geschlechtern im Zuge der Verwirklichung der Gleichberechtigung von Mann und Frau; von abnehmenden Auswirkungen des wirtschaftlichen Wachstums auf die Beschäftigung (Entkopplung von Arbeitsmarkt und Wirtschaftswachstum); vom auch weiterhin zu erwartenden Zuwachs der Produktivität der Arbeit, der über das Wirtschaftswachstum hinausgeht; und schließlich vom wachsenden Beitrag der kleinen und mittleren Unternehmen zum Angebot an Arbeit im Arbeitsmarkt.
Daraus ergibt sich eine Reihe von Aufgaben und Maßnahmen. Wir können hier nur die wichtigsten behandeln, und dies nur in Umrissen. Das Folgende gehört in den Bereichen Tarifpolitik, Gesetzgebung und Unternehmensorganisation zu den *Essentialia* einer Reform der Arbeitsverfassung und damit zugleich zu einer beschäftigungspolitischen Strategie, die diesen Namen verdient.

1. *Die Wiederherstellung der notwendigen Beweglichkeit im Bereich der Arbeitszeit:*

Diese Aufgabe betrifft vor allem die zeitliche Organisation arbeitsteiliger Arbeit. Um Möglichkeiten einer größeren Beweglichkeit und ihre organisatorische Umsetzung ist in den Tarifkonflikten des Jahres 1984 gestritten worden. Der schließlich gefundene Kompromiß – flexiblere Arbeitszeitgestaltung bei gleichzeitiger Arbeitszeitverkürzung – war ein Schritt in die richtige Richtung. Mit ihm wurde eine Entwicklung eingeleitet, durch die der Zusammenhang zwischen Arbeitszeit des Arbeitnehmers und Betriebszeit des Unternehmens, der die heutige Arbeitsorganisation bestimmt, gelockert wird. Ihre Fortsetzung wird den Arbeitnehmern größere Wahlmöglichkeiten bei der Gestaltung des zeitlichen Umfangs ihrer Arbeitsleistung gewähren. Die Arbeitszeit des Menschen steht nicht länger unter dem Diktat der Arbeitszeit der Maschine.

Solche Möglichkeiten können allerdings nur genutzt werden, wenn die steuerlichen und sozialversicherungsrechtlichen Benachteiligungen kürzerer Arbeitszeiten abgebaut werden. Nur dann lassen sich unterschiedliche Arbeitszeiten – 40, 38, 30 oder 20 Stunden im wöchentlichen Schnitt oder kürzere Monats-, Vierteljahrs- oder Jahresarbeitszeiten – auf dem Arbeitsmarkt anbieten. Die große, heute unbefriedigte Nachfrage nach Teilzeitarbeit zeigt, wie wichtig ein solches Angebot ist. Es erlaubt den Privathaushalten eine bessere Befriedigung ihrer Beschäftigungswünsche. Viele arbeiten heute 40 Stunden in der Woche, weil es Arbeitsplätze mit 30 oder 25 Wochenstunden nicht gibt. Starrheit und schematische Einheitlichkeit bedeuten auch hier eine unwirtschaftliche Problemlösung.

Die Länge der Tages- oder Wochenarbeitszeit und die praktische Organisation der Arbeitsteilung, losgelöst vom Rhythmus der Maschinen oder fester Bürostunden, hat jedoch eine weit über die Flexibilität der Arbeit hinausreichende Bedeutung. Sie bestimmt, was ein *Arbeitsplatz* ist. Wir gehen heute als selbstverständlich davon aus, daß es sich bei einem Arbeitsplatz um die Möglichkeit handelt, im Rahmen einer organisierten Produktion 40 Stunden in der Woche zu arbeiten – oder 38,5 Stunden, wo diese Wochenarbeitszeit vereinbart ist. Was über diese Zeit hinaus gearbeitet wird, gilt als Überstunden. Wird regelmäßig weniger gearbeitet, handelt es sich um Teilzeitarbeitsplätze. Die *standardisierte Wochenarbeitszeit* ist somit ein wesentliches Merkmal des Begriffes »Arbeitsplatz«.

Eine solche Definition ist, wie jede Definition, dann richtig, wenn sie zweckmäßig ist, und falsch, wenn sie ihren Zweck nicht erfüllt. Solange Arbeit im Rahmen standardisierter, zeitgleicher Arbeitsteilung geleistet werden mußte, war die Definition des Arbeitsplatzes durch die Wochenstunden sinnvoll. Heute hat sie ihren Sinn verloren. Sie löst keine Probleme mehr, sondern schafft sie, und zwar in zunehmendem Umfang. In Zukunft wird der Arbeitsplatz deshalb sinnvollerweise nicht durch die Vorgabe einer festen Tages- oder Wochenarbeitszeit definiert, sondern als die Möglichkeit, durch Mitarbeit im Rahmen einer organisierten Arbeitsteilung Einkommen zu erzielen. Weder die Dauer der Mitarbeit noch die Höhe des erzielten Einkommens sind dagegen essentielle Merkmale des Begriffes »Arbeitsplatz«. Sie betreffen vielmehr Fragen des Wertes der geleisteten Arbeit und der Einkommensverteilung.

Diese Einkommensverteilung etwa würde sich nicht ändern, wenn in allen Privathaushalten, deren Einkommen heute von einem Haushaltsmitglied durch 40 Stunden Arbeit verdient wird, zwei Haushaltsmitglieder je 20 Stunden zum gleichen Stundenpreis arbeiten würden (Zeitaufwand für Arbeitsweg, Probleme der Arbeitsorganisation und Qualifikation sollen unberücksichtigt bleiben; letztere sind im übrigen lösbar). Durch eine solche Maßnahme würde sich die Zahl der Arbeitsplätze wesentlich erhöhen. Die gesamte Arbeitsmenge und das Arbeitseinkommen der Privathaushalte dagegen würde sich nicht verändern. Was sich verändern würde, sind der Beitrag der Haushaltsmitglieder zum Haushaltseinkommen, der Umfang der Mitarbeit im Betrieb und die Organisation der Arbeit.

Ohne weitere Beispiele bilden zu wollen, zeigt sich bereits: Ob eine Maßnahme zusätzliche Arbeitsplätze schafft und wie viele, können wir nur angeben, wenn wir den Arbeitsplatz durch die *Dauer der Arbeit* definieren. Tun wir das, schreiben wir jedoch unbewußt eine genau bestimmte, standardisierte Organisation der Arbeit fest.

Damit handeln wir nicht nur dem Ziel einer beweglicheren Arbeitsorganisation entgegen. Wir schaffen auch Zugangssperren zum Arbeitsmarkt. Dies gilt vor allem für jene Menschen, die mitarbeiten wollen, ohne 40 oder 38,5 Stunden in der Woche gebunden sein zu wollen; vor allem also für Frauen, die Kinder haben und sich um sie kümmern möchten. Wie viele Probleme, Spannungen, Konflikte und Opfer hätten wir uns in den vergangenen Jahren im Bereich von Familien mit Kindern schon ersparen können, wenn wir uns den Weg zu einer neuen Organisation der Arbeit nicht durch falsche Begriffe von Arbeit und Arbeitsplatz verbaut hätten. Die leidenschaftliche Diskussion innerhalb der CDU um den garantierten Arbeitsplatz für die Frau, die ein Kind hat und nach einem Jahr wieder arbeiten will, hätte sich weitgehend in Wohlgefallen aufgelöst, hätte man den Versuch gemacht, nicht neue Bedürfnisse in alte Strukturen zu zwingen, sondern die Strukturen zu ändern. Was jetzt als Krampf und als letztlich undurchführbar erscheinen muß, wäre dann ohne weiteres möglich geworden: ein breiteres Angebot an zeitlich und einkommensmäßig höchst unterschiedlich ausgestatteten Möglichkeiten der Mitarbeit, das es der Frau erlaubt, wieder »in den Beruf« zurückzukehren, das heißt durch Arbeit Einkommen zu erzielen und gleichzeitig für ihr Kind Zeit zu finden. Allerdings hätte man in diesem Falle die Neugestaltung der Arbeitsordnung nicht nur mit dem Bedürfnis der Frauen begründen können, wieder in den Beruf zurückzukehren, das heißt mitarbeiten und verdienen zu können. Um eines solchen Bedürfnisses willen ändert »man« nicht eine so festgefügte Struktur wie die Arbeitsverfassung. Deshalb war man auf den unbefriedigenden Weg angewiesen, das Problem innerhalb der alten Ordnung zu lösen.

Gerade dieses Beispiel zeigt uns auch, welche Folgen es hat, wenn man den Versuch unternimmt, die Symptome gesellschaftlicher Veränderungen innerhalb der überholten Ordnung zu korrigieren, statt die *Ordnung* selbst zu ändern. Daß Frauen Kinder haben und dann wieder mitarbeiten wollen, auch wenn sie es nicht müssen, ist kein soziales Problem der alten Ordnung, sondern Ausdruck eines neuen Bedürfnisses. Um es in der alten Ordnung bedienen zu können, mußte man es zum sozialen Problem erklären. Dabei gaben im Oktober 1984 in Nordrhein-Westfalen 66% der Bevölkerung die Erhaltung des Lebensstandards und nur 51% die Notwendigkeit, einen Beitrag zum Lebensunterhalt zu leisten (bei zwei möglichen Nennungen), als Grund für die Weiterführung der Berufstätigkeit der Frau nach der Geburt an. Mehrheitlich handelt es sich also nicht um ein soziales Problem im bisher verstandenen Sinne. Trotzdem wird es als solches definiert, um es mit hergebrachten Mitteln zu lösen. Damit wird jedoch gerade die Struktur bestätigt, die eigentlich überwunden werden müßte. Weil man die Einzelfrage aus dem Zusammenhang löst, in den sie gehört, kann man die Gesamtordnung nicht verändern. Ordnungspolitisches Denken verlangt den umgekehrten Weg. Nur aus dem ordnungspolitischen Zusammenhang lassen sich die Strukturen sinnvoll ändern oder ersetzen.

Wer Veränderungen dieser Art für unverzichtbar hält, stößt auf den

Widerstand derer, die das Bestehende für unverzichtbar halten, weil sie sich das Neue nicht vorstellen können. Als in deutschen Unternehmen in den siebziger Jahren die sogenannte Gleitzeit eingeführt wurde, waren viele der Meinung, die neue Arbeitsorganisation würde das Unternehmen ruinieren, die Arbeitsdisziplin untergraben und jede geordnete Zusammenarbeit unmöglich machen. Heute kann man sich die gleichen Bereiche ohne Fließzeit kaum vorstellen. Die Spannung zwischen Erneuern und Bewahren wird jede Reform begleiten, auch die der Arbeitsverfassung. Der Widerstand zwingt uns zur Begründung der Notwendigkeit des Neuen. Das gibt ihm seine Berechtigung. Aber wir müssen die technischen und organisatorischen Möglichkeiten, mehr Beweglichkeit der Arbeit zu gestalten, nutzen, die uns inzwischen zugewachsen sind. Denn Beweglichkeit ist Ausdruck von Kreativität. Sie zu erhöhen, ohne die Ordnung zu gefährden, in der sie stattfindet, heißt, die Qualität der Ordnung zu verbessern. Und darum geht es.

2. Die Verteilungsfunktion des Arbeitsmarktes verbessern:
Betrachten wir beim Arbeitsmarkt nicht die Seite der Arbeitnehmer, die ihre Arbeitskraft anbieten, sondern die Seite, auf der Arbeitsleistung nachgefragt wird, so zeigt sich, daß je nach der Beschäftigung der Produktion, ihrer Organisation, der Entwicklung der Produktivität, der erwünschten Arbeitsqualifikation und dem Preis der Arbeit in den zahlreichen Teilbereichen des Marktes eine jeweils gegebene *Arbeitsmenge* nachgefragt wird. Insgesamt läßt sie sich in Arbeitsstunden pro Jahr messen, die von der erwerbstätigen Bevölkerung gearbeitet werden. *Den* Arbeitsmarkt gibt es dabei ebensowenig, wie es *den* Markt für Güter und Dienstleistungen gibt. In vielen Bereichen, in denen spezielle Qualifikationen nachgefragt werden, herrscht Mangel an Arbeitskräften. In anderen gibt es um so mehr Arbeitssuchende, die keine Arbeit finden.
Mit der Arbeitsmenge ist ein *Arbeitseinkommen* verbunden. Um die Verteilung der Arbeit und des Einkommens geht es im Arbeitsmarkt. Dabei ist die Menge der Arbeit, die jeweils nachgefragt wird, offensichtlich auch vom Preis abhängig, den man für die Arbeit zahlen muß. In weiten Bereichen des Marktes wird dieser Preis durch Tarifverträge oder gesetzliche Bestimmungen festgelegt. In anderen wird er durch Angebot und Nachfrage bestimmt. Letzteres

gilt für besonders hochqualifizierte Tätigkeiten (außertarifliche Leistungen) ebenso wie für besonders einfache Leistungen (ungelernte Arbeiter, »Tagelöhner«).

Der Umfang der Arbeitsmenge, die auf den Arbeitsmärkten nachgefragt wird, wird somit durch zahlreiche Faktoren bestimmt. Nicht alle lassen sich politisch beeinflussen. Bei vielen, so im In- und Ausland bei der Nachfrage nach Gütern und Dienstleistungen, spielen Entwicklungen eine Rolle, die wir als gegeben hinnehmen müssen (Konsumverhalten und seine Veränderung, Wechselkurse und so weiter). Andere, wie der Preis der Arbeit, lassen sich zumindest kurzfristig nur unwesentlich verändern, insbesondere verringern. Was hier im einzelnen möglich und wahrscheinlich ist, wird uns noch beschäftigen.

Traditionell erfüllt der Arbeitsmarkt zwei Aufgaben: Er vermittelt zum ersten zwischen denen, die menschliche *Arbeit* nachfragen, und denen, die sie anbieten. Er beteiligt zum zweiten alle, deren Arbeit im Arbeitsmarkt nachgefragt wird, am Volks*einkommen*. Solange jeder, der durch Arbeit Einkommen erzielen muß, weil ihm andere Einkommensquellen nicht zur Verfügung stehen, im Arbeitsmarkt auch Arbeit findet, ist die Verbindung dieser beiden Aufgaben sinnvoll. Sobald es jedoch an Arbeit fehlt, wird auch die Einkommensverteilungsfunktion des Arbeitsmarktes beeinträchtigt. Dies ist heute der Fall. Für rund 10 % der erwerbswilligen Bevölkerung erfüllt der Arbeitsmarkt seine Einkommensverteilungsfunktion nicht mehr. Das Defizit muß deshalb in wachsendem Umfang durch staatliche Transferleistungen im Rahmen des sozialen Systems ausgeglichen werden. Das heißt aber: Die Fähigkeit des Arbeitsmarktes hat abgenommen, den nur in Grenzen veränderbaren Anteil der unselbständig Beschäftigten am Volkseinkommen unter diejenigen zu verteilen, die ihr Einkommen durch unselbständige Arbeit verdienen wollen. Daß diese Einkommensverteilungsfunktion des Arbeitsmarktes notleidend geworden ist – darin liegt das eigentliche Problem der Arbeitslosigkeit.

Wenn gleichwohl von vielen noch immer die Auffassung vertreten wird, dieses Defizit lasse sich mit wirtschaftspolitischen Maßnahmen zur Verstärkung des Wirtschaftswachstums beheben, so deshalb, weil der Versuch, das gegenwärtige Ergebnis der Einkommensverteilung im Arbeitsmarkt zu korrigieren, auf enorme *Wider-*

stände stößt. Denn mehr als 80 % der Arbeitnehmerbevölkerung sind mit der Verteilungsfunktion des Arbeitsmarktes nach wie vor zufrieden. Sie und die Organisationen, die sie vertreten, sehen deshalb keinen zwingenden Grund für Veränderungen im Arbeitsmarkt. Dies gilt für alle westlichen Industrienationen einschließlich der Vereinigten Staaten. Die große Mehrheit derer, die am Arbeitsmarkt teilnehmen, ist deshalb an Anpassungsprozessen nicht interessiert. Sie macht zugleich die Mehrheit der Bevölkerung aus. Gegen diese Mehrheit läßt sich der Arbeitsmarkt nur schwer verändern.

Welche Widerstände überwunden werden müssen, um die Leistungsfähigkeit des Arbeitsmarktes durch Überwindung erstarrter Strukturen zu verbessern, zeigt die Diskussion um das Beschäftigungsförderungsgesetz. Obwohl es sich um vergleichsweise geringe Veränderungen handelte, die allenfalls geeignet sind, die schlimmsten Verkrustungen aufzulockern, stieß das Gesetz bei den Gewerkschaften und den Sozialdemokraten auf erbitterten Widerstand. Der zentrale Einwand lautete: Jede Lockerung der bestehenden Strukturen vermindert die Zahl der Dauerarbeitsplätze und schwächt den Einfluß von Betriebsräten und Gewerkschaften.

Zur Begründung wurden in der öffentlichen Expertenanhörung die industriellen Strukturen des 19. Jahrhunderts beschworen. Selten hat es eine eindrucksvollere Demonstration der Besitzstände an überholten Strukturen gegeben. Aber auch mit ihr lassen sich die Zeiten der großen Stammbelegschaften, der jahrzehntelang unveränderten Dauerarbeitsplätze in Großunternehmen nicht zurückgewinnen. Nicht nur in den Bereichen der öffentlichen Haushalte und der Systeme sozialer Sicherheit, auch im Arbeitsmarkt geht die Zeit zu Ende, in der die Lösung von Verteilungskonflikten durch quantitatives Wachstum erleichtert wurde. Wie in den zurückliegenden hundert Jahren wird – wie wir gesehen haben – die Arbeitsmenge im Arbeitsmarkt auch weiterhin abnehmen. Die Anforderungen an die Beschäftigten – Unternehmer wie Arbeitnehmer – werden sich weiter verändern. Alte Unternehmen werden zunehmend aus dem Markt ausscheiden. Neue Tätigkeitsbereiche werden entstehen, von denen wir heute kaum eine Vorstellung haben.

Was jedoch in der Auseinandersetzung um das Beschäftigungsförderungsgesetz eigentlich deutlich wurde, ist ein *neuer politischer*

Konflikt. Er löst zunehmend den alten, durch die Industrialisierung des 19. Jahrhunderts begründeten Konflikt zwischen Kapital und Arbeit ab. Es ist der Konflikt zwischen denen, die Arbeit und damit Einkommen haben, und denen, für die die vorhandenen und weiter abnehmenden Arbeitsmengen im Bereich der Produktion nicht mehr ausreichen und die sich deshalb auf die Bank der Arbeitslosen und auf staatliche Transferleistungen verwiesen sehen.

Nebenwirkungen überholter Strukturen

Strukturen, die ihre eigentlichen Aufgaben nicht mehr erfüllen können, verändern ihre Funktion. Sie erzeugen unerwünschte oder schädliche *Nebenwirkungen*. Das gilt auch für die Einrichtungen des Arbeitsmarktes, vor allem für die Schutzkoalitionen und die Schutzgesetze. Beide sind auf den Konflikt zwischen Kapital und Arbeit angelegt. Beide haben zur Voraussetzung, daß ein Verteilungskonflikt zwischen den Unternehmen und den Arbeitnehmern entschieden und geregelt werden soll. An der Notwendigkeit, diesen Konflikt immer neu zu entscheiden, hat sich bis heute nichts geändert. Sie wird in Zukunft ebenso bestehen wie in der Vergangenheit. Allerdings werden sich die Institutionen und Verfahren ändern müssen, um der veränderten Wirklichkeit zu entsprechen. Dazu gleich mehr.

Hier geht es um die Nebenwirkungen, die von den heutigen Strukturen ausgehen. Aus dem Gesetz, das den Arbeitnehmer vor der Willkür des Arbeitgebers schützen soll, wird ungewollt auch ein Gesetz, das den Arbeitnehmer vor einer Veränderung der Verteilung der vorhandenen Arbeit und des damit verbundenen Einkommens zu seinen Lasten und zugunsten Arbeitsloser schützt. Koalitionen, die die Wirtschafts- und Arbeitsbedingungen der arbeitenden Bevölkerung gegen die Unternehmer durchsetzen und sichern sollen, erscheinen denen, die vor den Türen des Arbeitsmarktes stehen, zunehmend wie Vereinigungen, die die Arbeitbesitzenden auch vor Arbeitsuchenden schützen. Bleibt alles, wie es ist, dann werden sich die industriellen Großorganisationen, die den Konflikt zwischen Kapital und Arbeit ordnen, zunehmend auch zu Schutzorganisationen der Arbeitsplatzbesitzenden entwickeln. Die Entwick-

lung wird der der Handwerkszünfte gleichen, als die Meister dazu übergingen, den Gesellen den Zugang zum Meisterbrief und damit zu den Märkten zu erschweren, um ihren Wohlstand nicht mit ihnen teilen zu müssen.
Vergleichbare Konflikte sind bereits in der heutigen Wirklichkeit des Arbeitsmarktes erkennbar. Sie treten vor allem im Zusammenhang mit dem Abbau der Überstunden auf. Überstunden, insbesondere wenn sie regelmäßig auftreten, signalisieren, daß das Unternehmen mehr Arbeit nachfragt, als seine Mitarbeiter in der vertraglich vereinbarten regulären Arbeitszeit leisten. Sie sind zwar bereit, auch den Mehrbedarf an Arbeit zu befriedigen, aber nur zu höheren Stundenpreisen. Wenn der Unternehmer trotzdem keine zusätzlichen Arbeitskräfte einstellt, kann dies mehrere Gründe haben:

1. Entweder handelt es sich um einen vorübergehenden Mehrbedarf, und der Unternehmer scheut die Risiken, die mit zusätzlichen Einstellungen und der späteren Verringerung der Zahl seiner Mitarbeiter verbunden sind. Dann wirken die Regelungen des Arbeitsrechts, die zu einem hohen Trennungsrisiko für den Unternehmer führen, wie Schutznormen zugunsten der Erhaltung der Einkommensbesitzstände derer, die der Unternehmer bereits beschäftigt. Sie werden davor geschützt, das insgesamt vom Unternehmen erarbeitete Lohn- und Gehaltseinkommen mit weiteren Mitarbeitern teilen zu müssen.
2. Oder der Unternehmer zahlt lieber höhere Preise für Überstunden als die Kosten für die Einrichtung zusätzlicher Arbeitsplätze. Dann führt die Kopplung von Arbeitszeit und Betriebszeit – also die Unbeweglichkeit der Arbeitszeit – dazu, daß nicht mehr Arbeitnehmer zu gestaffelten Arbeitszeiten beschäftigt werden können; obwohl dies sowohl den Interessen des Unternehmers an ausreichender Beschäftigung seiner Investitionen wie den Interessen des Arbeitsmarktes an ausreichenden Beschäftigungschancen entspräche.
3. Oder die Arbeitnehmer – und der Unternehmer – haben das gemeinsame Interesse, die Zahl der Beschäftigten nicht zu erhöhen, die vorhandene Lohn- und Gehaltssumme also auf die vorhandenen Arbeitnehmer zu verteilen und durch Überstundenzuschläge das Einkommen zusätzlich zu erhöhen. Dann wirkt dieses gemeinsame

Interesse im Rahmen des Unternehmens wie ein Kartell der Arbeitsplatzbesitzenden zu Lasten der Arbeitsplatzsuchenden, die auf diese Weise von der Möglichkeit ausgeschlossen werden, mitzuarbeiten und ein Arbeitseinkommen zu erzielen.

In der Spätentwicklung der Zünfte ging die Beschränkung des Marktes Hand in Hand mit einer Einstellungsveränderung der Begünstigten gegenüber denen, die keinen Zugang zum Markt mehr fanden. Als die Folgen sichtbar wurden, öffnete man nicht den Markt, sondern übernahm soziale Verpflichtungen für die Ausgeschlossenen. Auch heute können wir eine solche Entwicklung feststellen. Die Mehrheit der Bevölkerung in Nordrhein-Westfalen gab in einer Umfrage vor der Landtagswahl 1985 an, die Arbeitslosigkeit sei vorwiegend ein soziales Problem, nicht ein Problem der Wirtschafts- oder Arbeitsmarktpolitik. Hans Mundorf schrieb im »Handelsblatt« (Nr. 81, 1985) unter der Überschrift »Keine falschen Hoffnungen«:

> Die Arbeitslosigkeit wird unser aller Schicksal der achtziger Jahre bleiben, und ein Schelm, der da Abhilfe verspricht . . . Die Aufgabe, die sie stellt, heißt: das Schicksal der Arbeitslosigkeit, gemeint ist die echte, so milde und menschenwürdig zu gestalten, wie das in einer sozialen Marktwirtschaft auch ein Gebot des Verfassungsrechts ist.

Ist die Arbeitslosigkeit wirklich »*unser aller* Schicksal«? Oder ist sie nicht vielmehr das Schicksal derer, die in einem schrumpfenden Arbeitsmarkt keinen Platz mehr finden, weil die Arbeitsplatzbesitzenden das steigende Volkseinkommen lieber unter sich verteilen, als die Arbeitslosen daran zu beteiligen? Ist alsdann die zum Ausgleich angebotene, gesetzlich verordnete kollektive Caritas gesellschaftlicher Großorganisationen die Antwort auf die abnehmende Offenheit des Arbeitsmarktes?
Offensichtlich kann sie es nicht sein. Die Antwort muß vielmehr an der Wurzel des Problems ansetzen: an der *Öffnung des Arbeitsmarktes* und der Verteilung der jeweils nachgefragten Arbeitsmenge und des damit verbundenen Arbeitseinkommens *durch den Arbeitsmarkt.*

Das heißt zunächst: keine Verteilung von Arbeit durch gesetzliche Maßnahmen. Diese Feststellung ist deshalb entscheidend, weil sie die Verantwortlichkeiten betrifft. Gesetzgeber und Regierung sind dann zuständig, wenn die gesetzlichen Regelungen des Arbeitsverhältnisses angesichts radikal veränderter Bedingungen des Arbeitsmarktes – langfristig schrumpfende Arbeitsmenge bei mittelfristig wachsender Erwerbsbevölkerung – die Funktionsfähigkeit des Marktes behindern. Das Beschäftigungsförderungsgesetz von 1985 ist ein erster Schritt in diese Richtung. Es soll unter anderem vorübergehende Beschäftigung erleichtern und damit eine der Ursachen für das »Überstundenkartell« beseitigen.

Bund und Länder sind auch zuständig für die Verbesserung der Leistungsfähigkeit des Arbeitsmarktes durch die dringend gebotene Qualifikationsoffensive. Sie muß dazu beitragen, daß die im Markt nachgefragten Qualifikationen von denen, die Arbeit suchen, ausreichend schnell erworben werden können. Die wachsenden Widersprüche zwischen den Qualifikationsprofilen der Nachfrage und denen des Angebots müssen abgebaut werden. Dies wird weitgehende Konsequenzen für das Bildungssystem haben. Sie werden uns noch beschäftigen. Zugleich werden wir uns von der immer noch vorherrschenden Ansicht trennen müssen, wer eine Qualifikation erworben habe, habe sie fürs Leben erworben.

Die Verantwortung der Tarifparteien

Die hier entscheidende Aufgabe jedoch: die jeweils nachgefragte Arbeitsmenge und das damit verbundene Einkommen *über den Arbeitsmarkt* so zu verteilen, daß alle eine Chance haben, teilzunehmen und teilzuhaben, ist vor allem die Aufgabe der Tarifparteien. Sie wird erleichtert, wenn sich die nachgefragte Arbeitsmenge erhöht. Das kann die Zunahme der Produktion, das kann die Abnahme der Kosten, insbesondere der Bruttokosten für Arbeit, bewirken. Aber dies ändert nichts an der Aufgabe selbst. Durch keine, wie auch immer geartete Forderung an andere können sich die Tarifparteien ihr entziehen.

Das wichtigste Instrument, mit dem sie dieser Verantwortung entsprechen können, ist die *tarifvertragliche Verringerung der Arbeits-*

zeit und damit der angebotenen Arbeitsmenge. In den Tarifabschlüssen von 1983, 1984 und 1985 haben die Tarifparteien derartige Vereinbarungen wieder getroffen. Die Schere zwischen der angebotenen und der nachgefragten Arbeitsmenge sollte sich nicht weiter öffnen und – soweit möglich – wieder zu schließen beginnen. Praktische Wege waren die sogenannte Vorruhestandsregelung, die der Gesetzgeber ermöglicht hatte, um die Lebensarbeitszeit zu verringern, und die Verkürzung der Wochenarbeitszeit.

Tarifvertragliche Regelungen der Arbeitszeit sind nicht nur notwendig. Sie sind zugleich auch für den Arbeitsmarkt und die gesamte Organisation der Gesellschaft außerordentlich *folgenreich*. Durch die Arbeitszeitregelungen beeinflussen die Tarifparteien nicht nur die jeweils angebotene Arbeitsmenge und den Verteilungsprozeß im Arbeitsmarkt. Sie setzen zugleich Daten für die Entwicklung der Produktion, des Verkehrswesens, also der Infrastruktur und – jedenfalls in den sechziger und siebziger Jahren – für die Einwanderung von Millionen von Menschen in die Bundesrepublik, mit deren Hilfe die entstandenen Angebotslücken geschlossen werden sollten. Arbeitszeitregelungen müssen deshalb mit großer Sorgfalt und einem hohen Maß an Vorausschau durchgeführt werden. Ob sie beweglich und an veränderte Umstände anpassungsfähig bleiben, bestimmt die Anpassungsfähigkeit der gesamten Arbeitsverfassung.

Während der zurückliegenden 30 Jahre hat es an beidem gefehlt. Weder die Arbeitgeber noch die Gewerkschaften folgten einem auch nur mittelfristig angelegten *Konzept der Arbeitszeitregelung*. Arbeitszeitfragen wurden vielmehr – wie Einkommensfragen – als Verteilungsprobleme zwischen Kapital und Arbeit und damit als *Machtfragen* angesehen. So entschieden über den Umfang der Arbeitszeit nicht die kurz- und mittelfristigen Auswirkungen der Arbeitszeitregelung auf den Arbeitsmarkt, sondern die machtpolitischen Konstellationen zwischen den Tarifparteien. Die jeweils stärkere Tarifpartei beschleunigte oder verzögerte die Verkürzung der Arbeitszeit ohne Rücksicht auf die objektiven Gegebenheiten und Bedürfnisse des Arbeitsmarktes. Unter dem massiven gewerkschaftlichen Druck wurde die Arbeitszeit bis Mitte der siebziger Jahre zu rasch vermindert und dadurch der Zustrom von Ausländern wesentlich erleichtert. Umgekehrt verlief der Abbau der

Arbeitszeit ab Mitte der siebziger Jahre zu langsam, was nicht ohne Einfluß auf den Anstieg der Arbeitslosigkeit blieb.

Es ist kennzeichnend für die Entwicklung seit 1950, daß es den gesellschaftlichen Gruppen zu keinem Zeitpunkt wirklich gelang, die angebotene und nachgefragte Arbeitsmenge in Übereinstimmung zu bringen, und daß der Staat sich als unfähig erwies, daraus die gebotenen Konsequenzen zu ziehen. Als Folge pendelte der Arbeitsmarkt heftig zwischen hoher Unter- und Überbeschäftigung. Es gelang dem deutschen Arbeitsmarkt nicht, auch nur einen einigermaßen harmonischen Ausgleich zwischen der angebotenen und der nachgefragten Arbeitsmenge zu erzielen. Entweder waren Hunderttausende und dann Millionen von Arbeitskräften ohne Beschäftigung, oder es fehlten Arbeitskräfte in ähnlichen Größenordnungen. Dabei war die »Überbeschäftigung«, also der Arbeitskräftemangel der sechziger und frühen siebziger Jahre, genauso eine Fehlleistung des Arbeitsmarktes wie die nachfolgende und bis heute wachsende Arbeitslosigkeit. Im Grunde hat der Arbeitsmarkt in der Bundesrepublik Deutschland seit Mitte der fünfziger Jahre nicht mehr politisch annehmbar funktioniert.

Meinhard Miegel hat in seiner Untersuchung »Arbeitsmarktpolitik auf Irrwegen« eindrucksvoll beschrieben, welche Anpassungsleistungen die Unternehmen und die Erwerbsbevölkerung in den sechziger und siebziger Jahren hätten erbringen müssen, um ein ausgeglichenes Verhältnis von Angebot und Nachfrage im Arbeitsmarkt zu gewährleisten. Tatsächlich wäre ein ausgeprägt anderes Verhalten nur in der Zeit von 1967 bis Anfang der siebziger Jahre notwendig gewesen, also in der Zeit, in der sich die deutsche Wirtschaft von der ersten schwierigen Nachkriegsrezession erholte und ein neuer Boom einsetzte. In dieser Zeit ging die Arbeitszeit fast linear zurück, während sie, gemessen an der Nachfrage, hätte konstant bleiben müssen. In der übrigen Zeit hätte es im großen und ganzen ausgereicht, wenn die Arbeitszeit weniger rasch gekürzt worden wäre. Aber die deutsche Erwerbsbevölkerung und die Organisationen, die sie vertraten, waren von 1960 bis 1973 nicht bereit, die von ihr angebotene Arbeitsmenge der Nachfrage anzupassen. Letztmalig reagierten sie auf konjunkturelle Mehranforderungen durch individuelle Leistungssteigerungen im Boom von 1964. In den folgenden zehn Jahren trugen sie den konjunkturellen Schwankungen kaum noch Rechnung. Die effektive und die tarifliche Arbeitszeit wurden in der Rezession kaum anders als im Boom nach einem im wesentlichen starren Schema gekürzt. Die Last der Anpassung an die schwankende Nachfrage wurde in dieser Zeit vor allem auf die ausländischen Arbeitnehmer abgewälzt.

Auch heute haben sich die Tarifparteien noch nicht über die Grundlagen der Arbeitszeitverkürzung geeinigt. Die Vereinbarungen in der Metallindustrie und in der Druckindustrie, die 1984 nach langen Arbeitskämpfen zustande kamen, erzielten keine Übereinkunft über die Frage, nach welchen Maßstäben künftig die angebotene Arbeitsmenge durch eine Verkürzung der Arbeitszeit gesteuert werden soll. Die Regelung der Arbeitszeitfrage wurde erneut taktisch-machtpolitisch behandelt. Eine der wichtigsten Aufgaben der Tarifparteien: die Gestaltung des Preises der Arbeit, der Arbeitsmenge und der Arbeitsbedingungen als Steuerungsaufgabe zu begreifen, wurde auch in der Tarifrunde 1984 nicht offensiv gelöst.

Gleichwohl ist die Bewältigung dieser Aufgabe in den kommenden Jahren unverzichtbar. Dabei sollte nach Jahrzehnten einschlägiger Erfahrung nicht mehr strittig sein, daß die nachgefragte Arbeitsmenge auch weiterhin zurückgehen wird und das Angebot sich entsprechend anpassen muß. Dies gilt jedenfalls unter den bestehenden wirtschaftlichen, sozialen und technischen Bedingungen der Bundesrepublik und vieler anderer westlicher Industrieländer. Für eine Beseitigung oder auch nur wesentliche Veränderung dieser Bedingungen gibt es zur Zeit keine politischen Mehrheiten. Dies gilt insbesondere für eine wesentliche Senkung der Arbeitskosten durch tarifvertragliche Vereinbarungen. Die Tarifpolitik der kommenden Jahre muß deshalb von diesen Bedingungen ausgehen.

Grundsätze sinnvoller Arbeitszeitverkürzung

Die wichtigste Voraussetzung für eine Anpassung von Angebot und Nachfrage im Arbeitsmarkt durch Veränderung der Arbeitszeit ist, daß die Arbeitszeitverkürzung *kostenneutral* erfolgt, also den Preis für Arbeit nicht erhöht. Das heißt: Nur der *reale* Produktivitätsfortschritt pro Arbeitsstunde kann der Verkürzung der Arbeitszeit zum Maßstab dienen. Arbeitszeitverkürzungen, die die Arbeits-

kosten erhöhen, können mögliches Wirtschaftswachstum behindern. Sie wären damit beschäftigungspolitisch kontraproduktiv.
Auf diesen Zusammenhang kam es mir auch in meinem Vermittlungsvorschlag an, den ich 1984 im Tarifstreit in der Druckindustrie vorgelegt hatte. Danach sollten die Tarifparteien »im Rahmen der jährlichen Lohnrunde« darüber entscheiden, »welcher Anteil am Erhöhungsbetrag (real) für Reallohnerhöhung und welcher Anteil für Arbeitszeitverkürzung verwendet werden soll«. Umgekehrt sollte gelten: »Wird in einem Jahr keine reale Erhöhung vereinbart, findet auch keine Arbeitszeitverkürzung statt.« Damit sollte sichergestellt werden, daß Arbeitszeitverkürzungen nicht mit Nominallohnerhöhungen verrechnet werden dürfen, die dem Inflationsausgleich dienen, aber keine reale Einkommenserhöhung darstellen. Für mich war und ist dies die entscheidende ordnungspolitische Bedingung für jede tarifliche Arbeitszeitverkürzung.
Über den Umfang der Arbeitszeitverkürzung sollte jeweils jährlich entschieden werden. Nur so ist es möglich, den veränderten konjunkturellen Bedingungen im vorgegebenen Rahmen gerecht zu werden. Dazu gehört auch die Berücksichtigung konjunktureller Zyklen. Eine Verkürzung der Arbeitszeit sollte deshalb jeweils nur für ein Jahr beschlossen werden. Das gleiche gilt für eine mögliche Verlängerung. Längere Vereinbarungen bieten zwar für die betriebliche Organisation Vorteile. Konjunktur- und beschäftigungspolitisch sind sie jedoch verfehlt. Für die Anpassung der angebotenen und nachgefragten Arbeitsmenge durch Veränderung der Arbeitszeit muß der Grundsatz gelten: langfristig in der ordnungspolitischen Konzeption, kurzfristig in der Verwirklichung. Haben sich die Tarifparteien über diese Grundsätze geeinigt, was bisher nicht der Fall ist, so bleibt genügend Raum für die differenzierte Gestaltung der jeweils erforderlichen Anpassungsmaßnahmen.
Bezogen auf die Größenordnung, die die Arbeitslosigkeit inzwischen angenommen hat, und den voraussichtlichen weiteren Zuwachs der Produktivität in den kommenden Jahren heißt dies praktisch: Die Tarifparteien müssen – unter Berücksichtigung der unterschiedlichen Bedingungen in den verschiedenen Teilmärkten des Arbeitsmarktes – die *reale Steigerung der Produktivität* für einige Jahre vorwiegend in *Arbeitszeitverkürzungen* umsetzen. Das heißt: Zukünftige Produktivitätssteigerungen kommen nicht in

erster Linie denen in Form von Einkommenserhöhungen zugute, die Arbeit haben, sondern zunächst denen, die arbeitslos sind. Nur so können sie eine wesentliche Ursache der gegenwärtigen Beschäftigungskrise überwinden und die durch den weiteren Produktivitätsanstieg bereits programmierten zukünftigen Risiken im Arbeitsmarkt meistern. Ein solches Programm muß auf mehrere Jahre und damit längerfristig angelegt und tariflich vereinbart werden. Nur wenn die Arbeitszeitverkürzung im Rahmen eines längerfristig angelegten Konzepts erfolgt, werden die Unternehmen sie nicht durch forcierte Rationalisierung, sondern durch die Beschäftigung zusätzlicher Mitarbeiter ausgleichen. Selbst dann werden sie sich zu Neueinstellungen im ausreichenden Umfang nur entschließen, wenn ihnen die gesetzlichen Rahmenbedingungen verläßlich erscheinen. Neben die mittelfristig verläßliche, tarifvertraglich vereinbarte Konzeption der Anpassung von Angebot und Nachfrage im Arbeitsmarkt muß deshalb eine ebenso zuverlässige und dauerhafte Gesetzgebung treten.
Da Arbeitszeitverkürzungen das Verhältnis von Angebot und Nachfrage im Arbeitsmarkt verändern, können sie nicht für alle Teilmärkte des Arbeitsmarktes gleichermaßen und im gleichen Umfang vereinbart werden. Sie würden nur zu neuen Verzerrungen und Ungleichgewichten führen. So wäre es wenig sinnvoll, die Arbeitszeit nicht nur in Märkten mit hoher Arbeitslosigkeit zu verkürzen, sondern auch dort, wo qualifizierte Arbeitskräfte fehlen, ohne die andere wiederum nicht ausreichend beschäftigt werden können. Die *differenzierte Gestaltung* der Arbeitszeitverkürzung ist deshalb ebenso notwendig wie ihre Bindung an die realen Steigerungen der Produktivität.
Die Differenzierung muß nach regionalen, sektoralen (Branchen) und nach Gesichtspunkten der Qualifikation erfolgen. Die regionale Differenzierung der Arbeitszeit bedeutet beispielsweise, daß in Bereichen mit höherer Arbeitslosigkeit kürzere und in Bereichen mit Arbeitskräftemangel längere Arbeitszeiten vereinbart werden können. Diese regionale Differenzierung sollte durch eine stärkere sektorale Differenzierung unterstützt, ergänzt, gegebenenfalls aber auch ausgeglichen werden. Dabei geht es nicht nur um die größere Beachtung der unterschiedlichen Wirtschaftsbedingungen in verschiedenen Sektoren und Branchen der Wirtschaft. Auch innerhalb

der einzelnen Sektoren muß stärker differenziert werden. Es ist nicht sinnvoll, die Arbeitsverhältnisse in so unterschiedlichen Bereichen wie Schiffsbau, Computer- und Automobilindustrie unter dem gemeinsamen Dach »Metall« nicht nur anzusiedeln, sondern auch einheitlich, also nach den gleichen Arbeits- und Wirtschaftsbedingungen zu regeln. Offensichtliche Unterschiede in der Leistungskraft, Produktivität und Marktlage der Unternehmen werden dadurch ignoriert. Beschäftigungschancen, die bei unterschiedlichen, den Regionen und Branchen entsprechenden Regelungen bestünden, gehen verloren. Das Kolonnenprinzip ist unfähig, Marktnischen zu nutzen.

Mit der regionalen und sektoralen Differenzierung ist schließlich die *Differenzierung nach Qualifikationen* eng verbunden. Bis zum Tarifabschluß in der Metallindustrie im Sommer 1984 gab es dafür nur die Möglichkeit, unterschiedlichen Arbeitsqualifikationen durch unterschiedliche Löhne zu entsprechen. Mit der Einführung der Flexibilisierung der Wochenarbeitszeit innerhalb eines Betriebes in einer Bandbreite von 37 bis 40 Wochenstunden ist es erstmals möglich geworden, unterschiedlich qualifizierte Arbeitskräfte auch unterschiedlich lange zu beschäftigen. Damit ist zum ersten Mal anerkannt, daß sich die qualifikationsbedingte Differenzierung der Arbeitseinkommen grundsätzlich auch auf die Gestaltung der Arbeitszeit übertragen läßt. Auch durch Arbeitszeitregelungen kann man der unterschiedlichen Knappheit verschiedener Qualifikationen im Arbeitsmarkt entsprechen.

Qualifikationsbedingte Lohn- *und* Arbeitszeitdifferenzierungen sind vor allem aufgrund des mitunter raschen Wandels der Nachfrage nach bestimmten Berufen notwendig. Wie die betriebliche Praxis lehrt, ist es oft nicht möglich, der Veränderung der Nachfrage der bestimmten Qualifikationen durch Schulungs- und Umschulungsmaßnahmen schnell genug zu entsprechen und damit Engpässe zu vermeiden.

Engpässe im Arbeitsmarkt bei bestimmten Qualifikationen führen jedoch in der Regel zu Beschäftigungsproblemen bei jenen, deren Arbeitsplatz von der Besetzung bestimmter Schlüsselstellungen im Betrieb abhängt. Wird die Arbeitszeit schematisch verkürzt, so werden die Probleme, die der Arbeitskräftemangel im Bereich bestimmter Qualifikationen auslöst, weiter verschärft. Vor allem die weniger qualifizierten Arbeitskräfte laufen dabei Gefahr, arbeitslos zu werden. Insgesamt wird eine Politik schematischer Arbeitszeitverkürzung dazu führen, daß das Wachstum behindert und der weitere Anstieg des Lebensstandards gedrosselt wird. Zugleich wird die Lösung der Probleme des Arbeitsmarktes unnötig erschwert. Auch hier gilt, daß die noch immer weit verbreitete Uniformität der Arbeitsbedingungen den Abbau der hohen und vermutlich sonst weiter ansteigenden Arbeitslosigkeit erschwert.

Auf die Gefahren einer schematischen Arbeitszeitverkürzung hat auch der Sachverständigenrat in seinem Jahresgutachten 1984/85 hingewiesen. Sie führe »auch bei Kostenneutralität zu einem niedrigeren Wachstumspfad, also zu weniger Produktion und zu weniger Einkommen sowie zu weniger Einnahmen des Staates und der Sozialversicherungen. Denn eine Kürzung der Arbeitszeit für alle bedeutet weniger Arbeit und damit auch weniger Einkommenserwerb für jene Beschäftigte, die dies gar nicht wollten.« Mit Dieter Mertens bin ich allerdings der Ansicht, daß die Zurückhaltung des Sachverständigenrates gegenüber differenzierenden Arbeitszeitverkürzungen nicht gerechtfertigt ist.

Nicht nur die Differenzierung der individuellen Arbeitszeit nach den Wünschen des einzelnen Beschäftigten vermeidet, wie der Rat zutreffend feststellt, die Nachteile einer schematisierten Arbeitszeitverkürzung. Das gleiche gilt auch für eine sachgerechte Differenzierung durch *tarifvertragliche Vereinbarungen*. So stellte der Rat selbst fest, daß die »breite Auffächerung der individuellen Arbeitszeiten«, die tarifvertragliche Vereinbarungen in der Metallindustrie ermöglichen, nämlich »unterschiedlich lange Arbeitszeiten insgesamt oder an einzelnen Tagen in der Woche, Viertagewoche und Kumulierung von Freischichten«, »den Wünschen vieler Arbeitnehmer nach einer freien Zeiteinteilung« entgegenkomme. Solche Differenzierungen können aber auch dem allgemeinen Interesse an einer beweglicheren Teilung der insgesamt nachgefragten Arbeitsmenge und dem insgesamt angebotenen Arbeitseinkommen dienen. Auf alle Entwicklungen dieser Art sollte deshalb nicht verzichtet werden. Die Bereitschaft, damit zu Lasten anderer Ansprüche einen Beitrag zur Verringerung der Arbeitslosigkeit zu leisten, erscheint mir anerkennenswert. Wir sollten sie, im Rahmen der aufgezeigten Voraussetzungen, ermutigen.

Das Prinzip der Subsidiarität in der Arbeitsmarktverfassung

Größere Flexibilität in der Gestaltung der Arbeitszeiten, Differenzierungen der Arbeitszeit, der Löhne und Gehälter nach regionalen, branchen- und qualifikationsbezogenen Gesichtspunkten, eine stärkere »Spreizung« der Tarifabschlüsse: dies alles setzt die Fähigkeit der Tarifparteien voraus, *Vielfalt* zuzulassen und angemessen zu regeln.

Allgemein müssen Tarifverträge, wenn sie der veränderten Wirklichkeit entsprechen wollen, stärker auf regionale und Branchenverschiedenheiten eingehen. Die Tendenz der letzten Jahre zur Zentralisierung der Tarifbewegungen hat wesentlich zur Erstarrung der Arbeitsmärkte beigetragen. Eine Überwindung des tarifpolitischen Zentralismus ist deshalb unverzichtbar.

Diese Forderung richtet sich an beide Tarifparteien und ihre traditionellen Organisations- und Vertragsformen. Aber sie treffen vor allem die Gewerkschaften. So ist es nur zu verständlich, daß es die Gewerkschaften sind, die den tiefgreifenden Veränderungen ablehnend gegenüberstehen, die sich in der gesellschaftlichen Wirklichkeit vollziehen und denen wir durch entsprechende Veränderungen und Erneuerungen unserer Struktur Rechnung tragen müssen. Sie können sich nur schwer mit der Vorstellung vertraut machen, Pluralität, Flexibilität und Dezentralisation könnten die Merkmale zukünftiger Tarifpolitik sein. Erwartungen dieser Art und die Aufforderung, ihnen zu entsprechen, sind ihnen als Forderungen, die die Arbeiterschaft entsolidarisieren könnten, verdächtig. Sie stehen, wie der Sachverständigenrat zur Differenzierung der Arbeitszeit feststellt,

> in einem gewissen Gegensatz zu wichtigen traditionellen Zielen der Gewerkschaftsbewegung. Beim Lohn, bei der Arbeitszeit und beim Arbeitsschutz haben die Gewerkschaften bisher um bessere Standards gekämpft, die einheitlich für alle Arbeitnehmer galten. Sie waren als Ziele gut auszumachen und lagen im Mitgliederinteresse. Die Einhaltung der Standards war ferner gut zu kontrollieren. Dies diente dem angestrebten Prinzip der Gleichbehandlung und der Solidarität der Arbeitnehmer.
>
> Es gibt heute Sorgen, die Bewegung hin zu stärker individuellen

Regelungen, wie jetzt bei der Auffächerung der Wochenarbeitszeit, könnte dem Gleichbehandlungsprinzip und möglicherweise damit auch der gewerkschaftlichen Solidarität schaden. Solche Sorgen sitzen tief.

Sie sitzen nicht nur tief. Sie sind auch berechtigt. Wie keine andere Institution der Arbeitsmarktverfassung sind unsere Gewerkschaften Ergebnis der ersten industriellen Revolution. Ihre Aufgabe war es, den Arbeiter vor der Verelendung in der Massengesellschaft zu bewahren und ihm eine menschenwürdige Existenz zu sichern. Ihre Leistungen auf dem Weg zu diesem Ziel sind groß, nicht nur für die wirtschaftliche, sondern auch für die politische Ordnung unseres Landes. Sie sind aus der politischen und gesellschaftlichen Entwicklung der modernen industriellen Demokratien ebensowenig wegzudenken wie die Einrichtungen des modernen Sozialstaates oder die privatrechtliche Unternehmensordnung.

Auf ihrem Weg von den Anfängen moderner Industrialisierung bis zur heutigen gefestigten, verfassungsrechtlich gesicherten und durch die Mitbestimmung auch in den Unternehmen fest verankerten Institution haben die Gewerkschaften wichtige Erfahrungen gesammelt. Zu ihnen gehören die überragende Bedeutung der Solidarität, der Grundsatz »Gleicher Lohn für gleiche Arbeit«, die Notwendigkeit der Geschlossenheit und Einheitlichkeit der Tarifvereinbarungen, das Monopol des Tarifvertrages auch gegenüber betrieblichen Regelungen der Arbeits- und Wirtschaftsbedingungen, um nur einige zu nennen. Diese Erfahrungen sind in die Organisation und Identität der Gewerkschaften eingegangen. Sie sind Teil ihres Selbstverständnisses geworden.

Manche dieser Erfahrungen sind auch heute und in Zukunft gültig. Aber vieles vom gewerkschaftlichen Erfahrungsbestand ist durch die Veränderungen der gesellschaftlichen Wirklichkeit überholt oder gerät zunehmend in Widerspruch zur zentralen Aufgabe der Zukunft: den Wechsel vom quantitativen zum qualitativen Wachstum zu vollziehen. Dies gilt vor allem für die Erfahrungen, die durch die Aufgaben und die Bedingungen der industriellen Revolution und damit durch die soziale Frage des ausgehenden 19. Jahrhunderts geprägt sind. Ihnen ist die Ausrichtung auf Massenproduktion, auf die »Masse« der Arbeitnehmer, auf typische Regelsachverhalte und quantitatives Wachstum gemeinsam. Diese Merkmale leben gewissermaßen in den Erfahrungen: Massengewerkschaft, standardisierter Arbeitsvertrag, zentral gesteuerter Arbeitskampf, einheitliche Tarifvertragsregelung soweit als möglich und dem diesen Bedingungen entsprechenden Solidaritätsgedanken, fort.

Mit dem Wandel vom quantitativen zum qualitativen Wachstum und der Ablösung der Massengesellschaft durch eine Gesellschaft der Vielfalt verlieren diese Erfahrungen ihre Gültigkeit. Soweit sie gleichwohl beibehalten werden, geraten sie zunehmend in Widerspruch zur Wirklichkeit mit ihren Notwendigkeiten. Soweit sie die Organisation Gewerkschaft auch in Zukunft bestimmen, gerät die Organisation selbst in Widerspruch zu ihrer gesellschaftlichen und politischen Umwelt.

Zwar wird auch »das Kapital« von dieser Entwicklung betroffen. Im Unterschied zur Gewerkschaft sind jedoch die Organisationen der Unternehmen, vor allem die Arbeitgeberverbände, nie von der gleichen existentiellen Bedeutung für ihre Mitglieder gewesen, wie es die Gewerkschaften für die arbeitenden Menschen waren und sind. Das Unternehmen ist auch ohne Verband tariffähig. Es kann auch ohne seine Organisation Tarifvereinbarungen über Wirtschafts- und Arbeitsbedingungen abschließen. Weit bedeutsamer aber ist: Die Unternehmen werden durch den Wettbewerb gezwungen, sich der veränderten Wirklichkeit anzupassen. Falls sie nicht durch den Staat oder durch eigene Marktmacht vor den Auswirkungen neuer Entwicklungen geschützt werden, müssen sie deshalb den neuen gesellschaftlichen Bedürfnissen und Bedingungen entsprechen oder aus dem Markt ausscheiden. Für die Führung des einzelnen Unternehmens ist dies nicht nur eine Belastung, sondern auch ein Vorteil. Sie kann den Anpassungsdruck, den der Markt auf das Unternehmen ausübt, an die Mitglieder der »Unternehmensgemeinschaft« weitergeben. Entscheidungen, die bisher gültige Erfahrungen außer Kraft setzen, Gewohntes verändern und Neues verwirklichen, lassen sich in jeder Organisation einfacher durchsetzen, wenn sie von außen, etwa durch den Wettbewerb, in dem die Organisation sich behaupten muß, erzwungen werden.

Das Unternehmen ist zudem von solchen Veränderungen nicht alleine betroffen. Allen Wettbewerbern ist die gleiche Aufgabe gestellt. Die Bewältigung von Strukturanpassungen erscheint damit als eine »normale« unternehmerische Aufgabe.

Dem Widerstand, der im Einzelfall in der eigenen Organisation überwunden werden muß, steht deshalb die Einsicht entgegen, daß die Existenz des Unternehmens und damit auch die Chance zur Mitarbeit derer, die im Unternehmen zusammenarbeiten, auf dem Spiel steht.

Letztlich gilt dies auch für die Gewerkschaften. Aber der Prozeß der Anpassung ist dort weit schwieriger zu leisten. Die Führung kann sich nicht auf das Vorbild des Wettbewerbers berufen. Sie kann zwar, wie dies bereits geschieht, auf schwindende Mitgliederzahlen und die Schwierigkeiten verweisen, in der jüngeren Generation neue Mitglieder zu gewinnen. Aber die Einsicht in die notwendigen Veränderungen muß sie im wesentlichen selbst und kraft eigener Autorität vermitteln. Ihre Mitglieder und Funktionäre sehen nicht die Gefahr, daß »ihr Unternehmen« im Wettbewerb unterliegen könnte, wenn es sich neuen Entwicklungen verweigert. Was von ihnen in Zukunft erwartet wird, widerspricht ihren bewährten Erfahrungen. Sie können sich zur Abwehr des Neuen auf althergebrachte Traditionen berufen und so weiter.

Niemand darf deshalb erwarten, daß sich die *Erneuerung der Strukturen* der Arbeitsverfassung ohne Reibungen und Verwerfungen im Bereich der großen Organisationen des Arbeitsmarktes vollziehen wird. Die tiefgreifende Veränderung unserer gewohnten Tariflandschaft, die sich bis Ende der neunziger Jahre vollziehen wird, wird deshalb von Auseinandersetzungen und gesellschaftlichen Reibungsverlusten begleitet sein, wie sie bereits im Jahre 1984 mit dem Tarifkonflikt über die Arbeitszeitverkürzung aufgetreten sind.

Sie werden auch auf den politischen Bereich übergreifen. Die Gewerkschaftsführungen werden den Versuch machen, den Zeitpunkt notwendiger Veränderungen durch Mobilisierung ihrer Mitglieder hinauszuschieben. Je weniger plausibel den Menschen die alte Solidarität der Arbeit gegen das Kapital erscheint, um so lauter wird sie zunächst von denen beschworen werden, die sich vom Althergebrachten nicht trennen wollen, weil sie sich das Neue nicht vorstellen können.

Aber all dies darf uns nicht davon abhalten, hinter den Auseinandersetzungen die Veränderungen selbst zu sehen, die in der Wirklichkeit stattfinden. Die damit verbundenen Entwicklungen müssen wir fördern. Und wir tun es nicht zuletzt im Sinne der Gewerkschaft, auf die wir auch in Zukunft nicht verzichten können.

Allerdings werden sich ihre *Aufgaben* wandeln. Das gilt vor allem für den Tarifvertrag. In der Vergangenheit schien es kaum denkbar, daß Tarifverträge in großem Umfang Regelungs- und Entscheidungskompetenz nach unten delegieren und damit kleineren Einheiten einen Teil der Schutz- und Ordnungsfunktion überlassen könnten, die der Tarifvertrag erfüllen soll. Als die Betriebsräte in der IG-Metall im Jahre 1967 von ihrer Gewerkschaftsführung das Recht verlangten, vor Ort tarifliche Regelungen zu ändern oder zu ergänzen – betriebsnahe Tarifpolitik zu betreiben –, verweigerte ihnen Otto Brenner in einer großen Auseinandersetzung auf einer Betriebsrätekonferenz in Braunschweig diesen Anspruch. Betriebsnahe Tarifpolitik werde, so seine Überzeugung, die Solidarität der Gewerkschaft zerstören, ihren Zusammenhalt gefährden und den Betriebsegoismus fördern.

Erfahrungen mit der Gestaltung von Vielfalt

Heute steht die IG-Metall vor der Schwierigkeit, auf betrieblicher Ebene umzusetzen, was sie im Jahr 1984 zur Verkürzung der Arbeitszeit vereinbart hat. Daß die praktische Durchführung der Arbeitszeitverkürzung den Betriebsräten überlassen wird, ist ein Vorgang, den es nach der Erfahrung der meisten Verantwortlichen in der Tarifpolitik noch nicht gegeben hat. Nach dem durch den Schlichter Georg Leber im Sommer 1984 herbeigeführten Tarifabschluß war deshalb die Unruhe zunächst groß. Die nunmehr zuständigen Partner der Betriebsverfassung wußten nicht recht, wie sie den auf der sogenannten höheren Ebene gefaßten Beschluß verwirklichen sollten. Im Arbeitgeber- wie im Gewerkschaftsbereich wurde die Kritik am Tarifkompromiß deshalb gegen Ende des Jahres 1984 immer größer.

Danach bewährte sich jedoch die im Rahmen des Betriebsverfassungsgesetzes geübte partnerschaftliche Zusammenarbeit in den einzelnen Betrieben. Die unterschiedlichsten Gestaltungen der Arbeitszeit wurden vereinbart. Der vom »Leber-Kompromiß«

eröffnete Spielraum wurde ausgefüllt. Arbeitgeber und Betriebsräte vor Ort richteten sich zum Ärger vieler Gewerkschaftsführungen nicht nach dem Oberziel, eine Verkürzung der Wochenarbeitszeit zu vereinbaren. Sie trafen vielmehr Vereinbarungen, die der jeweiligen betrieblichen Situation gerecht wurden. Der Einfluß der örtlichen Bevollmächtigten der IG-Metall ging wegen der Vielzahl der Abschlüsse und der damit verbundenen Arbeitsbelastungen erheblich zurück. Häufig kam es zu Vereinbarungen ohne Einschaltung der Gewerkschaft.

In den wenigsten Fällen wurde eine Verkürzung der täglichen Arbeitszeit vereinbart. Vielmehr entwickelte sich ein eindeutiger Trend zur ungleichmäßigen Verteilung der wöchentlichen Arbeitszeit innerhalb von zwei Monaten, das heißt zu freien Tagen innerhalb der Woche. Die Funktionäre der Gewerkschaft liefen gegen diese Entwicklung Sturm. Aber mit ihrer lauten Kritik in den Betriebsversammlungen zogen sie sich nicht nur den Ärger der Betriebsräte, die die Vereinbarungen selbst getroffen hatten, sondern auch der Belegschaft zu. Mit der Notwendigkeit, nicht nur mit dem Arbeitgeber, sondern auch mit der Belegschaft um die günstigste Umsetzung des Tarifvertrages ringen zu müssen – und damit nicht nur die Ergebnisse einer Tarifverhandlung mit allen ihren Vor- und Nachteilen vor Ort durchsetzen zu müssen, sondern die Umsetzung mitgestalten zu können –, entwickelten die Betriebsräte ein neues Selbstbewußtsein. Mit diesem Selbstbewußtsein war der Druck der »höheren Ebenen« auf die Betriebsräte unvereinbar.

Was in diesen ersten Erfahrungen mit tarifvertraglichen Delegationen auf untere Ebenen zum Ausdruck kommt, ist der Beginn einer neuen Entwicklung in der Tarifpolitik: der *tarifvertraglichen Gestaltung von Vielfalt* und der Stärkung der kleineren Einheiten (Subsidiarität/Dezentralisation). In den sechziger und siebziger Jahren mußten die großen Unternehmen unter dem Druck veränderter Wettbewerbsbedingungen lernen, ihre Organisation zu dezentralisieren. Nur so konnten handelnde Einheiten übersichtlich gestaltet und mehr Raum für Kreativität geschaffen werden. Viele Unternehmen waren dieser Aufgabe damals nicht gewachsen. Sie schieden aus dem Markt aus.

Heute steht den Gewerkschaften ein ähnlicher Lernprozeß ins Haus. Sie werden ihn erfolgreich bestehen, wenn sie ihn nicht als

Bedrohung, sondern als Aufgabe begreifen. Dabei gilt der allgemeine Grundsatz auch hier, daß qualitatives Wachstum auch die Verbesserung gesellschaftlicher Strukturen meint. Dezentralisation, die Organisation von Vielfalt, die Delegation von Entscheidungen an die betrieblichen Vertretungen: all dies bedeutet zwar Aufhebung der Solidarität der Massenorganisation. Diese Massenorganisation hat sich jedoch überlebt.
Wenn Ernst Breit in einem Gespräch, das »Die Zeit« im April 1985 mit ihm führte, noch glaubte, die »Situation der Arbeitnehmer [sei] insgesamt einfach zu ähnlich, als daß eine durchgängig andere Politik der Gewerkschaften [von einer Hinwendung der Gewerkschaft zu den Angestellten] zu erwarten wäre«, so gibt er die Erfahrung der Vergangenheit wieder. Die »Masse der gewerblichen Arbeitnehmer«, von der er im gleichen Zusammenhang spricht, ist dabei, sich in Vielfalt und Pluralität aufzulösen. Nicht nur, wie Breit vermutet, die Angestellten, sondern auch die gewerblichen Arbeitnehmer »glauben stärker an die Fähigkeit, Probleme allein regeln zu können«. Die Unterscheidung selbst – Angestellte und gewerbliche Arbeitnehmer – hat ihren praktischen Sinn verloren. Sie lebt nur noch in der Organisation der Rentenversicherung und in der gewerkschaftlichen Organisationsstruktur fort; die Wirklichkeit vermag sie nicht länger zu beschreiben. Sie ist über diese Unterscheidung, einst bedeutsames Element der industriellen Arbeitsverfassung, hinweggegangen.

Die neue Solidarität

An Stelle der alten wird sich eine *neue Form* der Solidarität entwikkeln. Sie wird in der Lage sein, Vielfalt und Pluralität in sich aufzunehmen, die Spannungen auszugleichen, die mit einer stärkeren Differenzierung von Löhnen und Arbeitszeiten verbunden sind, und auch die Konflikte einbeziehen, die innerhalb der arbeitenden Bevölkerung bestehen, vor allem zwischen denen, die Arbeit haben, und denen, die mitarbeiten wollen.
Diese *neue Solidarität* wird der heutigen Wirklichkeit besser entsprechen als die alte. Denn sie umfaßt neben dem bisher bestimmenden Konflikt zwischen Arbeitgeber und Arbeitnehmer über die

Einkommensverteilung auch die Konflikte, die in der arbeitenden Bevölkerung selbst durch die große Zahl von Umverteilungssystemen entstanden sind, bei denen Mehrheiten durch ihre Steuern und Abgaben sich selbst, die Nachbarn oder bestimmte Minderheiten innerhalb der Mehrheit unterstützen. Auf der Grundlage dieser Solidarität wird es möglich sein, auch auf Gewerkschaftstagen über die mißbräuchliche Inanspruchnahme sozialer Einrichtungen, über die effizientere Organisation sozialer Systeme oder über Alternativen zu kollektiven Einheitssystemen zu sprechen, die den Bedürfnissen der Arbeitnehmerhaushalte gerechter werden als die standardisierte kollektive Einheitssicherung.

Die Gewerkschaft, die solche Fragen anpackt und sich damit von überholten, das heißt aber reaktionären Schemata wie denen der »sozialen Demontage« oder der Entsolidarisierung löst, wird auch keine Schwierigkeiten haben, junge Menschen zu gewinnen. Denn solche Fragen können junge Menschen durchaus faszinieren. Ernst Breit meinte in dem bereits erwähnten Interview, die Jugendlichen seien für die Gewerkschaft deshalb als neue Mitglieder schwerer zu gewinnen, weil »dank der anerkennenswerten Initiative etwa des Handwerks ein sehr großer Teil der Jugendlichen in Klein- und Mittelbetrieben gelandet ist. Und die sind der gewerkschaftlichen Organisation traditionell viel schwerer zugänglich als die Jugendlichen in einer Lehrwerkstatt bei Großunternehmen«. Ernst Breit bringt damit das Problem des gesellschaftlichen Wandels und seiner Auswirkungen für die Gewerkschaft auf den Punkt. Da es unwahrscheinlich ist, daß Jugendliche in Zukunft nur deshalb wieder mehr in Großbetrieben ausgebildet werden, *damit* sie für die *traditionelle* gewerkschaftliche Organisation leichter zugänglich sind, muß sich die Gewerkschaft wohl oder übel von ihrem traditionellen Organisationsverständnis lösen oder auf Mitgliedernachwuchs verzichten. »Die Zeit« wollte von Ernst Breit deshalb wissen, ob die Schwierigkeiten der Gewerkschaften mit Jugendlichen nicht auch »an der grundsätzlich konservativen Haltung der Gewerkschaften« liegen könnte, »die neuen Bewegungen nicht gerade aufgeschlossen gegenübersteht«.

Breit meinte dazu, die Arbeit der Gewerkschaften sei gewiß trister als manche Bewegungen, die junge Menschen faszinierten, denn sie sei auf Dauer angelegt. Das habe Vor- und Nachteile. Das Problem sei nicht neu. Schon heute ließen die Gewerkschaften »ihren Jugendlichen so viel Bewegungsfreiheit, daß wir Älteren uns fragen, wo führt denn das hin? Aber zweifellos muß man sich mit ihren Problemen auseinandersetzen und ihnen dabei helfen, sich zu artikulieren und ihre Vorstellungen zu realisieren«.

Worum es in Zukunft vor allem gehen wird, ist nicht, den Jugendlichen zu helfen, »sich zu artikulieren«, sondern den Älteren beizustehen, die fragen, wohin das alles führen soll. Denn sie sind es, die vom Risiko des Wandels und der Last betroffen sind, auf alte Erfahrungen zu verzichten und neue zu erwerben.

Dezentralisation, Vielfalt und Pluralität der Meinungen und Interessen in der neuen Solidarität wird den Gewerkschaften diesen Lernprozeß erleichtern. Denn mit Vielfalt und Pluralität, Verantwortung vor Ort, Subsidiarität und Delegation von Entscheidungen wachsen in der Organisation auch die Chancen für Kreativität. Wie alle gesellschaftlichen Organisationen sind auch die Gewerkschaften auf mehr Kreativität angewiesen, wenn sie überleben wollen. Wo Kreativität herrscht, ist die Arbeit nicht trister, sondern lebendiger, faszinierender und deshalb interessanter als bisher. Genau darauf kommt es jedoch an, wenn man junge Menschen gewinnen will.

Letztlich treffen sich damit die Veränderungen der Institutionen im Arbeitsmarkt mit den Veränderungen, die die Zukunft der Gewerkschaft als der wohl wichtigsten Einrichtung der Arbeitsverfassung selbst sichern sollen. Wiederum wird uns der innere Zusammenhang deutlich, der im Wandel vom quantitativen zum qualitativen Wachstum zwischen dem Ganzen und seinen Teilen besteht. Die Ordnung, die sich aus diesem Zusammenhang begründet, ist die Ordnung, um die es uns gehen muß.

Die Arbeitskosten senken

Wenn mehr Arbeit angeboten als nachgefragt wird, spricht vieles dafür, daß der Preis der Arbeit zu hoch ist. Es ist deshalb nur folgerichtig, daß von einer Senkung der Arbeitskosten eine Entlastung des Arbeitsmarktes erwartet wird. Allerdings stößt eine beschäftigungspolitische Strategie, die eine Vermehrung der Nachfrage nach Arbeit von einer Senkung der Arbeitseinkommen erwartet, in der Wirklichkeit schnell auf Grenzen.

Eine Verminderung der Arbeitskosten durch Senkung der *Arbeitseinkommen* der Arbeitnehmer ist politisch kaum möglich. Wesentliche Wirkungen gingen von einer solchen Strategie nur dann aus, wenn die tarifvertraglich vereinbarten Löhne und Gehälter vor allem in den Einkommensgruppen gesenkt werden, in denen die Arbeitslosigkeit besonders hoch ist; das heißt im Teilarbeitsmarkt für nicht- oder gering qualifizierte Arbeitnehmer. Dort sind die Nettoeinkommen während der vergangenen Jahre real kaum gestiegen, teilweise waren sie rückläufig. Darüber hinaus liegen sie in diesem Bereich nur relativ wenig über den Leistungen der Sozialhilfe. Diese Leistungen definieren gewissermaßen das wirtschaftliche Existenzminimum, das nach Auffassung unserer Gesellschaft gewährleistet sein muß. Eine weitere Annäherung der unteren Lohneinkommen an dieses Niveau wird kaum praktische Auswirkungen auf den Arbeitsmarkt haben. Nicht nur sind die Spielräume gering. Arbeitseinkommen, die das Sozialhilfeniveau kaum überschreiten, wirken auch nicht motivierend auf die Arbeitsuchenden. Sie würden, falls sie ihr verfügbares Haushaltseinkommen überhaupt nennenswert erhöhen könnten, in erster Linie »für die Allgemeinheit«, das heißt für Steuern und Abgaben arbeiten.

Deshalb war auch die Diskussion im Frühjahr 1985 über die Forderung des Generalsekretärs der FDP, man möge die Möglichkeit eröffnen, die tariflichen Mindestlöhne durch Einzelvereinbarung zu unterschreiten, zwar aus grundsätzlichen Gesichtspunkten verständlich, für die Sache selbst aber von geringer Bedeutung.

In der grundsätzlichen Abwehr der Vorschläge, das *Günstigkeitsprinzip* des Tarifvertrages aufzuheben, dem einzelnen Arbeitnehmer also die vertragliche Unterschreitung der Tarifnorm zu gestatten, waren Arbeitgeber und Gewerkschaften einig. Der Präsident der Bundesvereinigung der deutschen Arbeitgeberverbände Otto Esser erklärte dazu, so könne man mit der Tarifautonomie und dem sozialen Frieden nicht umgehen. Die Arbeitgeberverbände lehnten jede Einkommenspolitik ab, die die Tarifnormen unterlaufe.

In der Tat wäre die Regelung der Arbeits- und Wirtschaftsbedingungen durch Tarifvertrag nicht zu halten, wenn sich Arbeitgeber und Arbeitnehmer durch Einzelvereinbarung über die Schutz- und

Ordnungsfunktion des Tarifvertrages hinwegsetzen könnten. Dies übersieht auch Graf Lambsdorff, wenn er der zwingenden Erfüllung des Günstigkeitsprinzips mit der Feststellung entgegentritt, dies habe die »abstruse Konsequenz, daß ein Arbeitnehmer besser entlassen wird, als ein Lohnangebot unter dem tariflich vereinbarten Lohn anzunehmen«. Entsprechendes gelte für die Arbeitslosen. Eine Entzerrung der Lohnstruktur durch einen nach unten erweiterten Lohnfächer kann, wenn überhaupt, nur von den Tarifparteien erwartet werden, nie dagegen von der Wiederherstellung der individuellen Vertragsgestaltung durch die Arbeitnehmer, die aufgrund ihrer tatsächlichen wirtschaftlichen Lage am wenigsten geeignet sein werden, ihre Interessen im Rahmen eines individuellen Arbeitsvertrages angemessen zu vertreten; die also am ehesten auf den Schutz des Tarifvertrages vertrauen müssen. Der richtige Weg ist in diesem Bereich nicht die Aufhebung des Tarifvertrages, sondern seine regionale und sektorale Differenzierung, wie sie auch der Sachverständigenrat wiederholt empfohlen hat.

Die Trennung von Arbeits- und Sozialverhältnis

Die eigentlichen Ursachen für die hohen Arbeitskosten in der Bundesrepublik liegen jedoch nicht in der fehlenden Bereitschaft, die heutigen Mindestlöhne nach unten zu öffnen oder durch Tarifvertrag zu senken, sondern bei den *hohen Sozialabgaben*, die auf den Arbeitsverhältnissen ruhen und deshalb zusammen mit Nettoeinkommen und Steuern verdient werden müssen. Im Unterschied zur staatlichen Belastung der Arbeitseinkommen kennt das soziale System keine »Besteuerung« nach Leistungsfähigkeit. Der Anteil der Abgaben an das soziale System ist für alle gleich, deren Einkommen innerhalb der Beitragsbemessungsgrenzen liegt. Das sind die große Mehrzahl der Arbeitnehmer und alle in den unteren und mittleren Einkommensgruppen. Auf die Höhe dieser Belastungen, die etwa 35 % der Arbeitskosten ausmachen, haben die Tarifparteien keinen Einfluß. Ihre Festsetzung beruht auf Gesetz oder gesetzlich geordneten Verfahren. Sie ist allenfalls politisch beeinflußbar.

Wie wir noch sehen werden, wird es eine der entscheidenden Aufgaben der Reform des Systems der sozialen Sicherheit sein, das Arbeitsverhältnis – zumindest teilweise – von diesen Lasten zu befreien und andere Formen der Finanzierung der sozialen Systeme zu entwickeln.

Auch damit werden die alten Strukturen des Arbeitsmarktes durch neue abgelöst. Konkret handelt es sich um die *Trennung des Arbeitsverhältnisses vom Sozialverhältnis* und die selbständige Gestaltung beider rechtlicher und gesellschaftlicher Beziehungen nach den jeweiligen Bedürfnissen, die sich aus der geänderten Wirklichkeit für beide ergeben.

Daß beides – die rechtlichen Beziehungen des unselbständigen Arbeitnehmers zum Arbeitgeber und die Beziehungen des Arbeitnehmers zum System der sozialen Sicherheit – durch das Arbeitsverhältnis vermittelt wird, ist historisch begründet. Das System der sozialen Sicherheit, das sich in den letzten rund einhundert Jahren entwickelt hat, ist – wie die Gewerkschaften und die Arbeitgeberverbände – ein Teil der Antwort auf die soziale Frage des 19. Jahrhunderts. Es ist, wie auch die anderen Institutionen der Arbeits- und Sozialverfassung, durch die Bedingungen und Notwendigkeiten geprägt, denen die Antworten auf die soziale Frage entsprechen mußten. Seine Aufgabe war von Anfang an, den Arbeitnehmer und seine Familie vor den Risiken des Einkommensverlustes im Falle von Krankheit, Arbeitslosigkeit und Alter zu schützen. Zwar schließt das soziale Netz der Gegenwart eine Fülle zusätzlicher Transferleistungen ein. An der zentralen Funktion, den Arbeitnehmer vor Einkommensverlust zu schützen, hat sich jedoch nichts geändert.

Die Organisation des sozialen Systems auf der Grundlage des Arbeitsverhältnisses entsprach dieser Aufgabe. Die Beiträge zu den kollektiven Systemen wurden von Arbeitnehmern und Arbeitgebern aufgebracht, soweit die Kosten nicht durch Zuschüsse aus der Staatskasse finanziert wurden. Die Einheitlichkeit des Systems, der weitgehende Mangel an echten Alternativen und die rechtliche Verpflichtung aller zur Teilnahme entsprachen den tatsächlichen Fähigkeiten der Arbeitnehmer zur Selbsthilfe und zur eigenen Entscheidung über zweckmäßige Formen der Vorsorge. Sie waren zu gering, als daß man auf gesetzlichen Zwang und Standardisierung hätte verzichten können.

Auch für das soziale System haben sich die Voraussetzungen grundlegend geändert. Die revolutionäre Veränderung der Einkommens- und Vermögensverhältnisse, das unvergleichlich höhere Bildungsniveau der Arbeitnehmerbevölkerung und der ständige Rückgang der Arbeitsmenge haben ihm seine bisherige Geschäftsgrundlage weitgehend entzogen. Seine Strukturen sind für Bedingungen entwickelt, die schon weitgehend entfallen sind und in Zukunft immer weniger Bedeutung haben werden. Damit stehen wir auch hier vor der Notwendigkeit, neue Strukturen zu entwikkeln, um das noch immer gültige Ziel – soziale Sicherheit – zu erreichen, ohne in wachsendem Umfang schädliche Nebenwirkungen zu erzeugen.

Grundsätze einer Reform

Jede Veränderung muß dabei von zwei Voraussetzungen ausgehen:
- dem Anspruch des Menschen auf *solidarischen Schutz* vor Not und damit auf soziale Sicherheit;
- dem Bedürfnis der modernen Industriegesellschaft nach *flexiblem und beweglichem Einsatz* nicht nur der Technik und der Investitionsmittel, sondern auch der *Arbeit*.

In der Vergangenheit war es durchaus sinnvoll, das Arbeits- und Sozialverhältnis miteinander zu verbinden. Dem Wunsch nach dauerhaftem sozialen Schutz entsprach die Vorstellung vom Dauerarbeitsverhältnis. Wer Arbeitnehmer war, war auch sozial gesichert. Wer einen Arbeitsplatz hatte, hatte dort seine soziale Sicherheit. Das Unternehmen war der Garant für beides. Dieser Grundsatz gehört noch immer zur Lebenserfahrung der arbeitenden Bevölkerung. Deshalb blickt sie vielfach voller Zweifel und Unsicherheit auf eine Entwicklung, die von ihr mehr Mobilität im Arbeitsmarkt erwartet. Daß nicht mehr das Dauerarbeitsverhältnis, sondern ein ausreichendes strukturelles Arbeitsplatzangebot ihre Beschäftigung sichern soll, ist ihr fremd. Denn dauerhafte soziale Sicherheit und Flexibilität des Arbeitsmarktes erscheinen als Widerspruch. Viele fürchten den Verlust ihres Arbeitsplatzes, weil sie damit zugleich ihre soziale Sicherheit gefährdet sehen. Die zentrale Rolle, die wir in der Vergangenheit dem Unternehmen als

Agentur sozialer Sicherheit zugewiesen haben, läßt sich nicht ohne weiteres aus dem Erfahrungsbestand der Menschen löschen.
Für den Arbeitsmarkt heißt dies: Unser gegenwärtiges System der sozialen Sicherheit tangiert seine Entwicklung in mehrfacher Hinsicht und beeinflußt ihn – falls Reformen unterbleiben – nachteilig.
Einmal muß die Finanzierung des sozialen Systems durch Abgaben im Rahmen des Arbeitsverhältnisses dazu führen, daß die Lohnnebenkosten ständig weiter steigen, wenn die sozialen Leistungen nicht abnehmen sollen.
Denn die Gesamtzahl der Arbeitsstunden, die auch »Träger« der Sozialkosten sind, ist bereits beträchtlich zurückgegangen und wird auch in Zukunft weiter sinken. Damit wird die Grundlage, die die Lasten des sozialen Systems tragen soll, immer schmaler.
Zugleich wachsen die Erwartungen der Gesellschaft an das soziale System. Nicht nur die aktiven Arbeitnehmer, sondern immer mehr Menschen, die nicht Arbeitnehmer sind, wollen am sozialen System teilnehmen: Selbständige, Hausfrauen, Familienangehörige, die im Betrieb helfen, Junge und Alte. Wir versuchen, sie in das bestehende Sozialsystem einzubeziehen, indem wir sie wie Arbeitnehmer behandeln, auch wenn sie keine Arbeitnehmer sind.
Ein wachsender Anspruch der Gemeinschaft an das soziale System verteilt sich damit auf immer weniger Schultern und immer weniger Arbeitsstunden. Die Arbeit wird teurer. Die unteren Einkommensgruppen, die gewissermaßen an der »Beschäftigungsgrenze« leben, sind davon am stärksten betroffen. Die Arbeitslosigkeit in ihren Reihen nimmt zu. Die Fähigkeit des Arbeitsmarktes wird beeinträchtigt, zusätzliche Beschäftigungsmöglichkeiten, vor allem für Menschen mit geringen Qualifikationen zu schaffen.
Gleichzeitig wächst auch die Sorge der Menschen, der Wechsel des Arbeitsplatzes könne die *soziale Sicherheit* gefährden. Sie steht der notwendigen Beweglichkeit im Arbeitsmarkt entgegen. Beides sind Folgen, die wir der Beibehaltung überholter Strukturen verdanken.
Der Weg zur Überwindung dieser Widersprüche liegt in der *Trennung* von Arbeits- und Sozialverhältnis. Was bisher als Einheit begriffen wurde, ist in Wirklichkeit zweierlei: Die vertragliche Regelung der Bedingungen, unter denen der Arbeitnehmer für den Arbeitgeber Arbeit leistet, steht auf der einen Seite, die Regelung der Beziehungen des einzelnen zur Gemeinschaft, die ihm in Erfül-

lung der Grundsätze der Solidarität und der sozialen Gerechtigkeit zur Seite steht, wenn es darum geht, Lebensrisiken zu bewältigen, die der einzelne nicht bewältigen kann, auf der anderen. Beide Verhältnisse haben unterschiedliche Aufgaben. Das Arbeitsverhältnis hat die Aufgabe, die Beziehungen zwischen Arbeitnehmer und Arbeitgeber zu ordnen. Das Sozialverhältnis hat die Aufgabe, dem einzelnen soziale Sicherheit zu gewährleisten. Die Mobilität im Arbeitsmarkt darf die Stabilität und Beständigkeit des Sozialverhältnisses des einzelnen zur Gemeinschaft nicht beeinträchtigen. Soziale Sicherheit verlangt eine stabile, beständige und langfristig zuverlässige Beziehung. Sie muß im übrigen so gestaltet sein, daß sie den neuen Entwicklungen der Arbeit selbst gerecht wird. Das heißt, soziale Sicherheit muß auch dann bestehen, wenn der Arbeitnehmer aus dem Arbeitsmarkt ausscheidet, um später wieder in den Arbeitsmarkt zurückzukehren, oder wenn er sich zwischen Selbständigkeit und Unselbständigkeit bewegt.

Die Lasten wiederum, die der Gemeinschaft entstehen, wenn sie ihre solidarischen Pflichten gegenüber dem einzelnen einlöst, dürfen das Arbeitsverhältnis nicht so weit belasten, bis insbesondere einfache Arbeit die Last nicht mehr tragen kann und aus diesem Grund immer weniger Arbeitsplätze für einfache Arbeitsleistungen zur Verfügung stehen, weil die Arbeit zu teuer geworden ist.

Eine Neuordnung der Grundlage des sozialen Systems durch Trennung des Sozialverhältnisses vom Arbeitsverhältnis ist deshalb Teil der notwendigen Reform sowohl des Arbeitsmarktes wie des sozialen Systems. Auch hier müssen wir uns in die Lage versetzen, den sozialen Auftrag unter den Bedingungen der heutigen Wirklichkeit zu erfüllen. Konkret heißt dies: Beweglichkeit, Kreativität, Gestaltungsfreiheit des einzelnen und der gesellschaftlichen Organisationen im Arbeitsmarkt ermöglichen – und zugleich das soziale Verhältnis des einzelnen zur Gemeinschaft verstetigen, zuverlässig und beständig gestalten und so sicherstellen, daß die Menschen sich auf Dauer auf die Solidarität der Gemeinschaft verlassen und mit ihr rechnen können.

Widerstände und ihre Gründe

Diese Trennung von Arbeits- und Sozialverhältnis wird auf erheblichen politischen Widerstand stoßen. Man wird zunächst auf die Schwierigkeiten verweisen, die mit der umfassenden Neuordnung der Sozialverfassung verbunden sind. Ich unterschätze diese Schwierigkeiten nicht, halte sie jedoch nicht für unüberwindlich. Die Ursachen des Widerstandes reichen jedoch tiefer. Sie haben etwas mit der sozialen und politischen Verortung des Menschen zu tun, die das heutige Verständnis vom Arbeits- und Sozialverhältnis vermittelt.

Die »soziale Identität« des Menschen, sein Verhältnis zur Solidargemeinschaft, ist heute am *Arbeitsplatz* und damit im Betrieb, im Unternehmen verankert. Sein Bedürfnis nach sozialer Sicherheit in der Gemeinschaft wird über den Arbeitsplatz und damit – in der traditionellen Denkweise – über die Fabrik, die Firma vermittelt.

Dieses Arbeitsverhältnis in seinem bisherigen und heute noch gültigen Verständnis ist rechtlich und organisatorisch ideal geeignet, die Verteilung gesellschaftlicher Chancen im Sozialsystem zu vermitteln. Es ist auf Dauer angelegt. In seinem Rahmen wird das Einkommen erzielt, von dem Steuern und Abgaben zu leisten sind. Der Arbeitgeber verfügt – jedenfalls nach den Vorstellungen des Gesetzgebers – über eine Bürokratie, die für das staatliche und kollektive soziale System das Inkasso der Abgaben und die Zuteilung eines Teiles der sozialen Chancen übernehmen kann. Das Interesse des Arbeitgebers an der Stabilität des Arbeitsverhältnisses stimmt regelmäßig mit dem Interesse des staatlichen Systems an der kontinuierlichen Leistung von Abgaben überein. Wer sich dem staatlichen Anspruch auf Abgaben und Steuern entziehen will, gefährdet sein Arbeitsverhältnis. Wenn die soziale Sicherheit, wie Hans F. Zacher feststellt, die soziale Luft geworden ist, ohne die unsere Gesellschaft nicht mehr atmen kann, und die soziale Sicherung an die »Verdienerrolle« anknüpft, dann ist das Arbeitsverhältnis in der Tat zum Dreh- und Angelpunkt der sozialen Identität des Arbeitnehmers geworden.

Dieser Umstand erklärt nicht nur die außerordentliche Empfindlichkeit, mit der die große Mehrzahl der Arbeitnehmer auf jede Störung ihrer sozialen Verortung im Arbeitsverhältnis reagieren werden –

und unterstreicht die Bedeutung einer rechtzeitig entwickelten, *einsichtigeren* Alternative. Er erklärt auch den heftigen Widerstand der Gewerkschaften, der Sozialpolitiker, aber auch vieler Unternehmer gegen alle Maßnahmen, die geeignet sein könnten, die zentrale Rolle des Arbeitsverhältnisses als *Ort sozialer Identität*, als Drehscheibe sozialer Sicherung des einzelnen und seiner Familie, zu verändern. Denn was lebenswichtig für den einzelnen ist, gibt denjenigen, die es zuteilen, gesellschaftlichen und politischen Einfluß. Die Kehrseite der Verortung der sozialen Sicherheit der meisten Menschen der modernen Industriegesellschaft im Arbeitsverhältnis ist die soziale Abhängigkeit.

Das Unternehmen, das seine Arbeitnehmer von der Wiege bis zum Grabe betreut und beschützt, das ihnen nicht nur Arbeit gibt, sondern auch eine Wohnung, das den Urlaub bezuschußt und das Weihnachtsfest verschönt, finanzielle Sorgen lindert und zinsbegünstigte Kredite gewährt, die Beiträge zur Sozialversicherung zahlt und eine Betriebskrankenkasse unterhält, den Arbeitnehmer am Produktivkapital beteiligt und ihm eine zusätzliche Altersrente gewährt, handelt nach hergebrachten Vorstellungen in vorbildlicher Weise sozial. Es gewährt Schutz vor Lebensrisiken und Geborgenheit in der Betriebsgemeinschaft.

Aber es schafft auch *Abhängigkeit*. Wer ein solches Unternehmen verlassen muß, verliert nicht nur seinen Arbeitsplatz, sondern ein Stück soziale Heimat. Vor allem aber trägt die umfassende soziale Sicherung durch das Unternehmen dazu bei, daß sich die »soziale Identität« seiner Arbeitnehmer nicht außerhalb des Unternehmens verorten kann, etwa im Bereich der Familie oder der kleinen, politisch organisierten Lebenskreise. Denn alle sinnvollen sozialen Risiken sind abgedeckt, die existentiellen sozialen Bedürfnisse sind befriedigt. Für private Initiativen, für Schutzfunktionen anderer Einheiten außerhalb der Arbeitswelt bleibt kaum noch Raum.

So zeigt sich im Mikrokosmos des Arbeitsverhältnisses und der Fabrik, was wir im System sozialer Leistungen noch beobachten werden: Die umfassende soziale Betreuung des Menschen schafft Abhängigkeiten und begründet damit zugleich Einflußchancen bei denen, die über die sozialen Leistungen verfügen.

Soziale Veranstaltungen erzeugen stets Abhängigkeiten und damit Machtchancen. Dies gilt auch für die Verortung der sozialen Sicherheit des Arbeitnehmers im Arbeitsverhältnis und damit im Betrieb. Mit der Trennung des Arbeits- vom Sozialverhältnis wird diese Verortung im Gefüge des Unternehmens und seiner Einflußstrukturen aufgehoben. Dem einzelnen wachsen neue und zusätzliche Gestaltungsmöglichkeiten zu. Bisher bestehende Herrschaftschancen werden beseitigt. Pluralität und Vielfalt als Alternative zur kollektiven Einheitlichkeit erhalten zumindest neue Chancen, sich auch in der Sozialverfassung zu entfalten. Die Zustimmung derer, die bisher als Treuhänder der sozialen Identität gehandelt haben, ist damit allerdings nicht zu gewinnen. Mit ihrem Widerstand muß deshalb gerechnet werden.

Die Signale der Schattenwirtschaft

Das wohl deutlichste Symptom der wachsenden Widersprüchlichkeit unserer heutigen Arbeits- und Sozialverfassung ist die *Schattenwirtschaft;* wir sind ihr bereits im Zusammenhang mit der Ordnung des Marktes begegnet.

Wo Schwarzmärkte entstehen, funktionieren die legalen Märkte nur unzureichend. Dies trifft auch auf den Schwarzmarkt für Arbeit zu. Die Nachfrage nimmt die Schattenwirtschaft in Anspruch, wenn die legalen Märkte vergleichbare Leistungen zu angemessenen Preisen nicht anbieten oder sich bei der Veränderung des Angebots als zuwenig flexibel erweisen. Beispiele für geringe Flexibilität sind starre Arbeitszeiten von Handwerks- und Dienstleistungsbetrieben oder die Ablehnung kleinerer, wenig lukrativer Aufträge. Gewachsen ist die Schattenwirtschaft aber auch mit der Zunahme der Arbeitslosigkeit. Sie hat einerseits die Zahl potentieller Arbeitskräfte in der inoffiziellen Wirtschaft, zum anderen die Nachfrage nach ihren relativ billigen Leistungen vergrößert. Auch die nachhaltige Verkürzung der effektiven Jahresarbeitszeit der Vollzeitbeschäftigten (um mehr als 20% zwischen 1960 und 1984) erlaubt einer immer größeren Zahl von Menschen, neben ihrer »offiziellen« Erwerbstätigkeit anderen Tätigkeiten nachzugehen. Mit anderen Worten: Die Verbesserung der Einkommens- und Vermögensverhältnisse der Privathaushalte, die ständige Verkürzung der Jahresarbeitszeit, die Vergrößerung der Freizeiträume und der Ausbau

des Systems der sozialen Sicherheit machen es möglich, daß viele, die primär als Arbeitnehmer beschäftigt sind, ihre Leistungen auch als Unternehmer im Markt anbieten können.
Entscheidend dafür, daß diese Leistungen in der Schattenwirtschaft und nicht legal angeboten werden, ist die ständig wachsende *Steuer- und Abgabenlast*. Hohe Steuern und soziale Abgaben erhöhen die Kosten der Dienstleistungen und vermindern zugleich den Anreiz, die Nachfrage nach Dienstleistungen aller Art in legalen Märkten zu befriedigen. Im Jahre 1960 mußte der Durchschnittsverdiener 27,5 % seines Bruttolohns in Form von Steuern und sozialen Abgaben an den Staat abführen. Im Jahre 1983 betrug diese Abgabenlast 40,9 %. Noch ungünstiger entwickelte sich die Grenzbelastung. Dem ledigen Durchschnittsverdiener blieben im Jahre 1965 nach Abzug aller direkten und indirekten Abgaben von 100 DM Gehaltserhöhung 57,89 DM übrig. Im Jahre 1982 waren es noch 39,20 DM. Seine Situation hat sich seitdem weiter verschlechtert.
Parallel dazu stiegen die *Lohnnebenkosten*, die das Dienstleistungsangebot ebenfalls verteuern. Im Jahre 1969 entfielen in der Industrie auf ein Entgelt von 100 DM für geleistete Arbeit zusätzliche Personalkosten in Höhe von 46,20 DM. Bis 1982 war der Anteil der Lohnnebenkosten auf 76,60 DM angestiegen. Von diesen insgesamt 176,60 DM erhielt der Arbeitnehmer im Durchschnitt etwa 70 DM ausgezahlt. Das sind knapp 40 % seiner tatsächlichen Personalkosten für den Betrieb.
Mit dem Übergang von den heutigen Strukturen zu einer Ordnung des dynamischen Gleichgewichts wird sich auch die Schattenwirtschaft zunehmend auflösen. Die Trennung des Sozialverhältnisses vom Arbeitsverhältnis wird dazu führen, daß alle Privathaushalte mit dem Sozialsystem verbunden sind. Die Übergänge von der Mitarbeit bei, mit und für andere, über die Selbstarbeit zur Selbständigkeit oder zur eigenen unternehmerischen Tätigkeit werden – wie wir schon gesehen haben – nicht länger durch den unterschiedlichen sozialen Status der verschiedenen Tätigkeiten behindert sein.
Auch die steuerliche Belastung der legalen Einkommen wird die Schattenarbeit nicht mehr begünstigen, wenn wir – wie vorgeschlagen – den Privathaushalt als Arbeitgeber auch steuerlich anerkennen. Damit begründen wir beim wichtigsten Arbeitgeber in der Schattenwirtschaft ein Interesse an der Legalisierung des Arbeits-

verhältnisses. Für Ausgaben, die man vom steuerpflichtigen Einkommen absetzen kann, braucht man eine Rechnung. Mit ihr tritt die Schattenarbeit jedoch wieder aus dem Schatten der Illegalität in das Licht des legalen Arbeitsmarktes.
Die – unstreitig beachtlichen – Probleme der Umsetzung sind vorwiegend technischer und administrativer Natur. Wir sollten in den Finanzverwaltungen Prämien aussetzen für alle, die zur Lösung beitragen.

Die Reform des Bildungswesens

Mit dem Tempo des technischen und industriellen Wandels nimmt auch die Bedeutung der *Qualifikation der Menschen für das Arbeitsleben* zu.
Selbständigkeit und Kreativität setzen eine entsprechende *Schulung und Ausbildung* voraus. Geht es – wie in unserer Industriegesellschaft der Zukunft – darum, die Qualität gesellschaftlicher Strukturen durch mehr Vielfalt, Pluralität und Differenzierung zu steigern, dann werden die geistigen Fähigkeiten der Menschen, die Vermittlung und Vermehrung ihres Wissens und Könnens, zur eigentlichen Quelle wirtschaftlicher und gesellschaftlicher Kraft. Von ihr werden Wohlstand und politischer und sozialer Friede abhängen. Die vielleicht bedeutendste Aufgabe, die mit der Erneuerung unserer Strukturen geleistet werden muß, ist deshalb die Reform von Ausbildung, Bildung und Weiterbildung unserer Bevölkerung.
Unsere bisherigen Erfahrungen lehren uns, die mit der Ausbildung erworbenen Kenntnisse und Fähigkeiten seien für das ganze Arbeitsleben bestimmt. »Nicht für die Schule, für das Leben lernen wir«, lautete der Spruch, mit dem meine Lehrer mich von der Sinnhaftigkeit ihrer Bemühungen überzeugen wollten. Je höher die Anforderungen des angestrebten Berufes, um so länger dauert in der Regel auch die Ausbildung.
Zugleich war – und ist weitgehend noch heute – mit der Länge und dem Schwierigkeitsgrad der Ausbildung eine bestimmte *Einkommenserwartung* verbunden. Als sich die Absolventen der klassischen Fachhochschulen für Ingenieure gegen Ende der sechziger Jahre aufmachten, die Einkommenslücke zum Diplom-Ingenieur zu

schließen, war es deshalb nur logisch, daß sie wie jene länger studieren wollten. Die Gesamthochschulen verdanken ihre spätere Entwicklung weit mehr diesen Bestrebungen als den vor allem ins Feld geführten Forderungen nach mehr Chancengerechtigkeit im tertiären Bildungssektor. Daß ihre Entstehung auch Status- und Einkommensvorteile für die bisherigen Fachhochschuldozenten versprach, hat deren reformerischen Eifer zusätzlich beflügelt. Im Prinzip jedoch ging es um die ständig weitergetriebene Perfektionierung eines Ausbildungssystems, das darauf angelegt ist, lebenslang gültige berufliche Qualifikationen zu vermitteln.

Die Folgen dieser Perfektionierung sind nicht nur segensreich. Mit der Konzentration der Berufsausbildung auf den Beginn des Erwachsenenlebens verlängert sich die Ausbildung ständig. In kaum einem Land der Erde wird heute länger ausgebildet und studiert als in der Bundesrepublik. Zwar wurde dadurch zugleich die Lebensarbeitszeit drastisch verkürzt, und so auch das Angebot an Arbeitskräften. Andererseits jedoch haben wir uns daran gewöhnt, junge Menschen bis zu einem Alter in den Universitäten festzuhalten, in dem sie in fast allen vergleichbaren Industrienationen längst einen Beruf ausüben, Einkommen erzielen und damit auch wirtschaftlich selbständig sind.

Seit einiger Zeit machen nun auch wir die Erfahrung, daß es einen Unterschied gibt zwischen einer optimalen und einer maximalen Ausbildungszeit. Offenbar wachsen mit zunehmendem Alter – etwa ab Mitte des dritten Lebensjahrzehnts – die Schwierigkeiten, die der Mensch überwinden muß, wenn er einen geschützten Raum verlassen soll, um auf eigenen Füßen zu stehen. Die weitverbreitete und vielfach ironisierte Beobachtung, daß das Sicherheitsbedürfnis des jungen Menschen bei überlangen Ausbildungszeiten wieder zunimmt, ist in Wahrheit Indiz für eine Fehlentwicklung. Wahrscheinlich gibt es in der Entwicklung des Menschen einen Zeitpunkt, jenseits dessen es wieder schwieriger wird, selbständig zu sein, sich von der ökonomischen Nabelschnur zu lösen, die ihn mit der Familie oder der Gesellschaft verbindet, und die Lebensrisiken selbst zu meistern. Nicht ohne Grund wird in der zunehmenden Akademikerarbeitslosigkeit zu Beginn des akademischen Berufslebens von vielen ein besonderes Problem gesehen. Dies sicher nicht nur deshalb, weil Akademiker in der Vergangenheit kaum jemals von Arbeitslosigkeit betroffen waren und ihnen deshalb entsprechende Erfahrungen fehlen.

Sicher scheint mir jedenfalls – aus eigener Erfahrung wie nach der Beschäftigung mit Fragen vor allem der Universitätsausbildung –, daß auch im Bereich der Ausbildung und Bildung Fehlentwicklungen auftreten, die darauf schließen lassen, daß die bisherigen Strukturen nicht mehr zeitgemäß sind. Überlange Ausbildung und anschließende Arbeitslosigkeit, das Fehlen jeder wirklich ernsthaft organisierten Weiter- und Fortbildung, die unzureichende Möglichkeit, sich *während* des Arbeitslebens auch in anspruchsvolleren Berufen neu zu qualifizieren, sind Ausdruck solcher Fehlentwicklungen im gegenwärtigen Bildungssystem. Ihre Wirkungen für die Betroffenen wie für den Arbeitsmarkt sind negativ. Erneut begegnen wir der kontraproduktiven Wirkung, die von perfektionierten, aber nicht mehr zeitgemäßen Strukturen ausgeht.

Wenn es richtig ist, daß unsere Industriegesellschaft sich auf dem Weg zur Informationsgesellschaft befindet und die Verbesserung der Qualität unseres Lebens, unserer Produktion und unserer Strukturen vor allem ein Produkt gesteigerter und verbesserter Verwendung und Verarbeitung von Informationen ist, dann sind solche Defizite von besonderem Gewicht. Sie betreffen nichts Geringeres als die Bildung und Vermehrung von *geistigem Kapital*, also dem *eigentlichen Vermögen* unseres Landes. Nicht die traditionellen Kapitalmärkte und die Kapitalausstattung unserer Wirtschaft, sondern die Märkte für Geistkapital – für menschliche Fähigkeiten zu Kreativität, Organisation von Vielfalt, Entwicklung besserer Strukturen – werden die Leistungsfähigkeit unserer Gesellschaft, letztlich ihre Überlebensfähigkeit, bestimmen. Nicht die Banken, die nationalen und internationalen Institutionen des Geldverkehrs, sondern die Schulen – Universitäten und Fortbildungs- sowie Qualifikationseinrichtungen – werden die »Kathedralen der Gesellschaft« der Zukunft sein.

Das Kapital dagegen wird in die dienende Rolle zurückkehren, in der es sich bis zu Beginn des 19. Jahrhunderts immer befand. Die zentrale Rolle des Geldes, nicht nur als Tauschmittel, sondern als Quelle und Ausdruck wirtschaftlicher Macht, ist auch ein Ergebnis der Phase des quantitativen Wachstums unserer Industriegesellschaften. Die quantitative Vermehrung aller Güter und Dienstleistungen setzt dauernde quantitative Expansion der Kapitalinvestition und des »Umlaufvermögens« der Volkswirtschaften voraus. Die relative Machtposition des Geldes und der Institutionen, die es verwalten und »produzieren«, muß in einer auf exponentielles Wachstum programmierten Gesellschaft besonders groß sein. Wahrscheinlich ist die gegenwärtige »Geldökonomie«, wie sie sich in den letzten 150 Jahren entwickelt hat, ohne exponentielles Wachstum überhaupt nicht funktionsfähig. Dafür spricht jedenfalls, daß im Zuge der Verschuldung der Drittländer Geldvermögen in großem Umfang aufs Spiel gesetzt und verloren wurden, nur um die Expansion der Märkte durch Kreditfinanzierung voranzutreiben. Wie sich heute zeigt, hat die Verschuldung der Drittländer weit weniger diesen selbst als den Industrieländern und ihrer auf Expansion programmierten Produktion gedient. Im Laufe des Wandels vom quantitativen zum qualitativen Wachstum wird also die relative Bedeutung des Geldes als Steuerungsmittel wirtschaftlicher Prozesse zusammen mit der relativen Macht der Banken abnehmen. Dagegen wird die relative Bedeutung der Institutionen der Ausbildung, Bildung und Wissenschaft wachsen.

Elemente einer Reform

Sinnvolle Reformen müssen auch hier mit der Frage nach den Bedürfnissen beginnen, denen entsprochen werden soll. Ich sehe sie – ohne Versuch einer erschöpfenden Aufzählung oder gar Beantwortung aller Fragen – in folgenden:

1. Der Arbeitsmarkt der Zukunft wird, wie sich längst abzeichnet, durch *erneuerte Qualifikationen* und nicht länger durch Permanenz der Beschäftigung an einem Arbeitsplatz oder mit einer, im wesentlichen unveränderten Tätigkeit gekennzeichnet sein. Die Zeit geht zu Ende, in der wir Mitarbeiter durch Orden öffentlich dafür auszeichnen, daß sie 40 Jahre lang im gleichen Unternehmen gearbeitet haben. Von immer weniger Unternehmen wird man erwarten, daß sie viele Generationen überdauern. Die Bestandsdauer der Unternehmen wird kürzer werden – und damit auch die Dauer der Arbeitsplätze. Auch ein Unternehmen, das 25 Jahre bestand und

damit seine Aufgabe erfüllt hat, kann ein erfolgreiches Unternehmen sein. Sein Ausscheiden aus dem Markt ist kein Makel. Die Aufgabe des Unternehmens ist erledigt, seine technischen oder innovativen Möglichkeiten sind erschöpft. Die Idee des Unternehmens ist realisiert, sein Zweck damit erreicht. Derlei zu erkennen bedeutet, sich von alten Annahmen zu lösen und umzudenken.
Immer weniger wird deshalb das Unternehmen jenes Kontinuum sein, das den gesellschaftlichen Ort der Mitarbeit definiert. Der Mensch selbst wird ihn bestimmen. Von ihm verlangt der Wechsel im Bereich der Unternehmen und ihrer Nachfrage nach Arbeit *häufigere Erneuerung seiner Qualifikation.* Er kann sie nur erneuern, wenn er seine berufliche Tätigkeit unterbricht, um sich auf andere Aufgaben vorzubereiten. So wird das Berufsbild des Dauerarbeitsplatzes, den man mit 20 Jahren antritt und mit 60 Jahren verläßt, langsam abgelöst werden von einem Berufsleben, das mehrere Unterbrechungen kennt. Sie werden sechs Monate bis zwei Jahre dauern und der Umorientierung, dem Erwerb neuer Fähigkeiten, der Regeneration von Geistkapital dienen. Das *Sabbat-Jahr* wird nicht länger das Privileg der Hochschullehrer bleiben. Immer mehr Menschen werden es in Anspruch nehmen. Die Gesellschaft wird zunehmend daran interessiert sein, daß sie es tun.
Mit der Verteilung des Erwerbs von Qualifikationen, von Ausbildung und Bildung auf das ganze Leben erreichen wir gleich mehrere Ziele. Einmal bauen wir den Ausbildungsstau ab, der sich in den letzten Jahrzehnten zu Beginn des beruflichen Lebens gebildet hat, vor allem im Bereich der akademischen Ausbildung. Wenn es möglich ist, eine akademische Ausbildung auf mehrere Lebensabschnitte zu verteilen, kann man auf den ohnehin aussichtslosen Versuch verzichten, alles, was für das Berufsleben notwendig ist, vor Beginn dieses Lebens zu erlernen.
Die heute allgemein gültige Praxis entspricht eher den Bedürfnissen einer statischen Gesellschaft. Zwischen ihr und der Tendenz unserer Strukturen zur Unbeweglichkeit besteht ein enger Zusammenhang. Die Menschen werden um so intensiver an den einmal erworbenen Kenntnissen und Fähigkeiten und den Strukturen festhalten, auf die sich diese Kenntnisse beziehen, je geringer ihre Aussichten sind, neue Kenntnisse und Erfahrungen zu erwerben.
Umgekehrt: Wenn sich der organisierte Erwerb von Kenntnissen

und Wissen auf mehrere Abschnitte des Lebens verteilt, die Menschen also mehrfach »zur Schule gehen«, dann lernen sie nicht mehr fürs Leben, sondern für *Lebensabschnitte*. Sie werden beweglicher. Der Wechsel von einem Bereich der Gesellschaft zum nächsten wird ihnen leichter. Sie können nicht nur ihr Wissen erneuern, sondern auch ihre Lebensfreude. Was jetzt mit einer zunehmenden Spaltung des Lebens in berufliche Routine und Freizeitbeschäftigung – im Wunsch nach Kompensation verbrauchter Spannung und Faszination im Beruf durch andere selbstgestellte Aufgaben – zur Wirkung drängt, kann sich dann auch in zeitlicher Abfolge ereignen. Ebenso wie die Lebensdauer der Unternehmen – vor allem der kleinen und mittleren – sich verkürzen wird, wird sich auch die »Lebensdauer« des Berufswissens verkürzen, das der Mensch zu Beginn seines Erwachsenenlebens erworben hat. Er wird im Laufe seines Lebens zwei- oder dreimal neues Berufswissen erwerben. Jedoch nicht nur – wie bisher schon – in einem Prozeß der kontinuierlichen Aneignung von Kenntnissen und Erfahrungen im Rahmen seiner dauerhaften Berufstätigkeit, sondern zunehmend durch Unterbrechung seines Arbeitslebens und Rückkehr zur Schule.

2. Der *Unternehmensseite* wird die Umstellung auf die neue Struktur des Arbeitslebens nicht schwerfallen. Sie sind an Beweglichkeit und Erneuerung der Kreativität ihrer Mitarbeiter interessiert. In kleinen und mittleren Unternehmen wird die Grenze zwischen denen, die die Arbeit arbeitsteilig organisieren (der Unternehmensführung), und denen, die sie leisten, ohnehin fließender werden. Neue Impulse, Ideen und Anregungen setzen sich in beweglichen, offenen Strukturen leichter um als in bürokratischen. Die Wirtschaft wird sich deshalb vor allem für die finanziellen Folgen interessieren, die mit der Ausbildung in mehreren Lebensabschnitten verbunden sind, und für die Art, wie die notwendigen Mittel aufgebracht werden können. Die Finanzierung des veränderten Ausbildungs- und Bildungsrhythmus wird zwar Umstellungen der Organisationen und Erneuerung bestehender Strukturen verlangen, also Geistkapital erfordern.

Zu einer finanziellen Mehrbelastung der Volkswirtschaft muß die Reform jedoch nicht führen. Worum es vor allem gehen wird, ist eine andere *Verteilung* der Lebensarbeitszeit. Auch heute schon sind wir bestrebt, die Lebensarbeitszeit zu verkürzen, um den

Arbeitsmarkt zu entlasten. Jede Verkürzung der Lebensarbeitszeit bedeutet jedoch, daß sich die Zeiten verlängern, in denen der Mensch von Transfereinkommen lebt, sei es im Rahmen der Familie und der sozialen Systeme oder (mit wachsender Bedeutung) von Kapitaleinkommen. Denn die Verkürzung der Lebens*arbeits*zeit bedeutet ja nicht eine Verkürzung der *Lebens*zeit. Eher das Gegenteil ist der Fall.

Verteilen wir nun die Ausbildungszeiten – anders als bisher – auf das ganze berufliche Leben, so werden sich damit auch die Zeiten anders verteilen, in denen der Mensch von Transfer- oder Kapitaleinkommen lebt.

Zwar werden die Transferleistungen, die ein 35jähriger Hochschulabsolvent in Anspruch nehmen muß, höher sein, als die seines 25jährigen Studienkollegen. Aber er wird auch intensiver arbeiten und solche Leistungen deshalb weniger lange in Anspruch nehmen. Und er wird, in den meisten Fällen, auch produktiver studieren, denn seine praktische Erfahrung wird seine Studien befruchten.

Die Kosten für lebenslanges Lernen müssen auch dann nicht steigen, wenn die Ausbildung zu Beginn des Berufslebens relativ kurz ist, sich also nicht auf mehrere Abschnitte im Berufsleben verteilen läßt. Einmal lassen sich tarfivertragliche Arbeitszeitverkürzungen über längere Zeiträume so zusammenfassen, daß sie für spätere Ausbildungsunterbrechungen verwendet werden können. Statt Verkürzung der Wochenarbeitszeit wird in diesem Fall die Ansammlung einer Art »Freistellungskredit« vereinbart, den der Arbeitnehmer zusammenhängend in Anspruch nehmen kann. Die insgesamt nachgefragte Arbeitsmenge wird auch durch solche Regelungen verkürzt. Die Unterbrechungen des Berufslebens können aber auch aus der Zeit finanziert werden, die der Mensch gewinnt, wenn er das Berufsleben später verläßt, also später »in Rente« geht. Damit können auch alle diejenigen erneut zur Schule gehen, die vorerst nicht studiert haben, sondern nach einer Ausbildung als Lehrling in den Arbeitsmarkt eingetreten sind. Wichtiger noch: Sie müssen den Arbeitsmarkt nicht, wie heute im Rahmen des Vorruhestandes, *vorzeitig* verlassen. Sie können ihren Unternehmen, ihrer gesellschaftlichen Umwelt und damit uns allen auch dann noch zur Verfügung stehen, wenn sie dank ihres Alters und ihrer Lebenserfahrung besonders qualifiziert sind, Bestehendes zu überprüfen, ohne durch eigene Besitzstände gebunden zu sein. Sie könnten somit in besonderer Weise zur Wende unseres gesellschaftlichen Bewußtseins, zum Wandel von quantitativem zum qualitativem Wachstum beitragen.

Die *Vorruhestandsregelung*, mit der wir den Arbeitsmarkt in seinen heutigen Strukturen entlasten können, erscheint in diesem Zusammenhang als ein eindrucksvolles Beispiel für Fehlentwicklungen, die wir uns einhandeln, wenn wir an überholten Strukturen gegen die veränderte Wirklichkeit festhalten. Alte Menschen wurden in früheren Kulturen auch deshalb besonders verehrt, weil sie im Besitz eines reichen Erfahrungsschatzes – von *Wissenskapital* – waren und es selten war, daß Menschen alt wurden. Sie waren Träger der durch Lebenserfahrungen geläuterten und bereicherten kulturellen und geistigen Überlieferungen. Ohne das in diesen Überlieferungen zusammengefaßte Wissen ist weder menschliche Gesellschaft noch kulturelle Entwicklung möglich.

Die moderne Wissenschaft hat uns als eine ihrer segensreichen Entwicklungen eine erhebliche Verlängerung der Lebenserwartung beschert. Heute erreichen die Menschen in unserer Gesellschaft durchschnittlich das biblische Alter von 70 Jahren. Die Lebenserwartung der Männer im Alter von 60 Jahren beträgt heute 16,5 Jahre, die der 60jährigen Frauen 21 Jahre. Viele dieser Jahre sind voller Kreativität, Neugier und Unternehmungslust. Da wir unsere Arbeitsmarktstrukturen nicht ändern wollen, vergeuden wir dieses Kapital durch »Freisetzung« (wie der technokratische Terminus für Entlassung lautet). Wir organisieren ganze Industrien, die die Älteren beschäftigen, damit sie nicht an der Aufgabe scheitern, sich selbst beschäftigen zu müssen. Denn unser Ausbildungssystem hat der Vermittlung dieser Fähigkeit bisher keine nennenswerte Beachtung geschenkt.

Auch hier ist eine *Neuorientierung* notwendig. Für qualitatives Wachstum werden wir auf Wissen und Erfahrungen der älteren Menschen besonders angewiesen sein. Keine andere Bevölkerungsgruppe ist besser in der Lage als sie, uns bei der Trennung von Spreu und Weizen im Bereich menschlicher Erfahrung zu helfen: bei der Trennung von verbrauchter Erfahrung und zeitlos gültiger Erfahrung; von Strukturen, die zeitbezogenen Zwecken dienen und uns behindern, wenn sie ihren Zweck erfüllt haben, von solchen, die zeitlos sind, weil sie der Natur des Menschen entsprechen. Die Vorruhestandsregelung mag wiederum akzeptabel sein, wenn es sich *nur* um einen Notbehelf auf dem Weg von alten zu neuen Strukturen handelt. Als Dauereinrichtung ist sie eine Perversion zeitlich gültiger Erfahrungen und eine gefährliche Umkehr von Mittel und Zweck. Lernen in mehreren Abschnitten: das heißt auch eine veränderte Bewertung des späteren Lernens. Wir leben in einer Zeit des Umbruchs. Deshalb verlieren bisherige Qualifikationen schneller ihren Wert, andere werden schneller wertvoll. Vor fünfzehn Jahren war niemand zu bewegen, das Schusterhandwerk zu erlernen. Heute ist es wieder eine wertvolle Qualifikation für selbständige Arbeit.

Berufliche und menschliche Identität

Wer im Zuge wechselnder Qualifikationsbedürfnisse im Arbeitsmarkt seinen Arbeitsplatz verliert, dem sagt der Markt, daß seine *Qualifikation* nicht mehr benötigt wird. Deshalb muß er eine neue Qualifikation erwerben. Der Markt sagt ihm dagegen *nicht*, daß er als *Mensch* nicht mehr benötigt wird. Viele Menschen sehen es jedoch so. Sie fühlen sich als Mensch ausgestoßen. Sie empfinden den Markt als unmenschlich, weil er für sie keinen Bedarf mehr hat. Sie verlangen von Staat und Gesellschaft, in ihren bisherigen Qualifikationen weiterbeschäftigt zu werden. Riesige Subventionsleistungen werden von der Gesellschaft erbracht, um diesem Bedürfnis zu entsprechen. Der Kumpel und der Stahlkocher im Revier sind die von Politikern und Funktionären oft beschworenen Symbole beruflicher Identität des Menschen. Wir fühlen uns aufgefordert, für den Menschen als Kumpel oder als Stahlkocher solidarisch einzutreten, damit er mit seinem Arbeitsplatz nicht auch seine berufliche Identität verliert. Hier liegt die emotionale Basis für die politische Zustimmung zu Milliardensubventionen in überholten Industriestrukturen.

Daß wir den Menschen mit seiner beruflichen Qualifikation auf diese Weise identifizieren, ist eine Folge unserer Vorstellung, die einmal erworbene berufliche Fähigkeit bestimme die Identität des Menschen. Dieses Denken ist, wie gesagt, überholt. Es stammt, ebenso wie andere tradierte Strukturen, aus dem Erfahrungsbestand einer im wesentlichen statischen Gesellschaft. Der Handwerksmeister – das war nicht nur eine berufliche Qualifikation, sondern in vorindustrieller Zeit auch zugleich Ausdruck gesellschaftlicher Stellung und personaler Identität. Für den Kruppianer oder den Hoeschianer galt das gleiche. Ihre Unternehmen verliehen ihnen Identität. Der Verlust ihres Arbeitsplatzes war gleichbedeutend mit dem Verlust dieser Identität und ihrer gesellschaftlichen Stellung. Wem solches widerfährt, den hat das Schicksal gestraft oder die Gesellschaft. Jedenfalls hat er sich wohl etwas zuschulden kommen lassen. So sah es die Gesellschaft. Und deshalb schämten sich seine Angehörigen. Vater ist arbeitslos: Das ist vielfach auch heute noch weit mehr als die Beschreibung eines wirtschaftlichen Sachverhaltes. Es bedeutet ein gesellschaftliches Stigma.

Aus der Diskussion der Arbeitslosigkeit gewinnt man im übrigen häufig den Eindruck, daß es an der Aufrechterhaltung dieses Urteils gegenüber Arbeitslosen ein Interesse geben könnte. Von dem Unwerturteil wird erwartet, daß es den Arbeitslosen veranlassen könnte, sich besonders intensiv um Arbeit zu bemühen, auch wenn es an ökonomischer Motivation fehlt. Erwartungen dieser Art müssen jedoch enttäuscht werden. Die Gesellschaft wird das Unwerturteil gegenüber den Arbeitslosen nicht beibehalten, vor allem, wenn die Arbeitslosigkeit zunimmt. Sie wird sich – ebenso wie im Falle der Schattenökonomie – weigern, moralische Energien zur Aufrechterhaltung von Strukturen zu mobilisieren, die überholt sind und nur deshalb nicht erneuert werden, weil denen, die sie in geordneten Verfahren erneuern könnten, die Kraft, der Mut oder die Phantasie oder alles zusammen dazu fehlen.

Auch die Stigmatisierung eines Zustandes, der, gemessen an der neuen gesellschaftlichen Wirklichkeit, »normal« ist, ist ein Symptom struktureller Fehlentwicklung. Im Arbeitsmarkt der Zukunft wird der Verlust des Arbeitsplatzes wegen Verbrauchs der erworbenen Qualifikation nicht als Schande, sondern als Mitteilung empfunden werden, daß eine *neue Qualifikation* zu erwerben fällig ist, weil es für die bisherige keine ausreichende Nachfrage mehr gibt. Die Identität des Menschen wird von dieser Veränderung unberührt bleiben. Er ist nicht ausgestoßen. Er unterbricht seine berufliche Tätigkeit, um wieder zur Schule zu gehen und zu lernen. Auch

während dieser Zeit arbeitet er, wie der Lehrling arbeitet, wenn er lernt, oder der Student, wenn er Vorlesungen besucht oder an Seminaren teilnimmt. Daß er mit dieser Arbeit kein Einkommen erzielt, sondern auf Transfereinkommen angewiesen ist (das er aus der Lebenszeit bezieht, in der er sonst Transfereinkommen erhalten hätte), wird uns in Kürze als ebenso normal erscheinen, wie es uns heute als normal erscheint, daß der 26jährige Student vom Transfereinkommen lebt, während er seiner Arbeit nachgeht. (Bei der Reform des Stipendienwesens in den sechziger Jahren war bezeichnenderweise noch vom »Studentengehalt« die Rede. Viele hat damals die Vorstellung empört, der Student solle für das Privileg, studieren zu dürfen, auch noch bezahlt werden. Heute erscheint uns dieses »Studentengehalt« selbstverständlich, und die Parteien wetteifern in ihrem Bemühen, seine Bedingungen besonders großzügig auszustatten. Sie sind auch nach der BAFÖG-Reform noch weit günstiger als alle vergleichbaren Ausbildungsförderungen im nichtakademischen Bereich.)
3. Unser *Bildungssystem* wird durch diese Entwicklung zum lebenslangen Lernen dagegen auf fast revolutionäre Weise verändert. Diese Veränderung wird von erheblichen Unruhen, Umstellungen, Neuorientierungen des Bewußtseins, aber auch von Widerständen begleitet sein, die wir überwinden müssen. Zugleich wird sie uns jedoch die Chance bieten, Fehlentwicklungen zu korrigieren, die mit den sogenannten Bildungsreformen der letzten zwei Jahrzehnte in Gang gesetzt wurden; sie belasten heute unser Ausbildungssystem nachhaltig und beeinträchtigen seine Leistungsfähigkeit.
In vielen Fällen sind auch diese Fehlentwicklungen Ausdruck des Versuches, neuen Bedürfnissen in alten Strukturen Rechnung zu tragen. Dies gilt vor allem für die Verwirklichung des Grundsatzes der Chancengleichheit im Bildungssystem. Daß alle Begabungen, ohne Rücksicht auf Herkunft oder wirtschaftliche Leistungsfähigkeit, in gleichberechtigter Weise gefördert werden müssen, ist einer der Imperative der modernen Industriegesellschaft. Die Achtung der Menschenwürde und des Gleichheitsgrundsatzes fordern ihn ebenso wie die Vernunft einer Gesellschaft, für die Können und Wissen, Kreativität und Selbständigkeit wertvollste Güter sind.
Die Ausdehnung des allgemeinen Ausbildungs- und Bildungsanspruches auf alle Teile der Bevölkerung bedeutete eine nachhaltige

Veränderung der gesellschaftlichen Wirklichkeit. Mit ihr wurden bestehende Bildungshierarchien abgelöst. Diese manifestierten sich in der Hierarchie bestehender Bildungseinrichtungen und ihrer jeweiligen Abschlüsse. Der grundlegende Fehler der Bildungsreform der fünfziger und sechziger Jahre bestand darin, das neue Prinzip in den alten Strukturen zu verwirklichen. Demokratisierung der Bildung führte so nicht zur Neugestaltung des Bildungssystems in einer der Humboldtschen Bildungsreform vergleichbaren grundsätzlichen Weise. Sie erschöpfte sich vielmehr in dem Versuch, möglichst vielen Mitgliedern der nachwachsenden Generation den Zugang zum Gipfel der alten Bildungshierarchie zu eröffnen, also die »Privilegien« des alten Systems zu demokratisieren, ohne die Privilegien selbst aufzuheben. Paul Mikat hat die Sinnlosigkeit eines solchen Unternehmens mit dem Vorschlag kommentiert, man möge jedem mit der Geburt das Abitur und mit der Volljährigkeit den Doktorgrad verleihen.

Wenn dieser Vorschlag auch nicht wörtlich befolgt wurde, so enthält er doch ein Korn Wahrheit über unsere Bildungsreform. Die Inflation der Studierenden unter Beibehaltung der Grundstruktur der Humboldtschen Hochschule hat nicht nur zu einer Verringerung des gesellschaftlichen Wertes von Universitätsdiplomen geführt – vor allem in den geisteswissenschaftlichen Massenfächern. Sie brachte uns auch die »Überproduktion« akademischer Qualifikationen und damit Arbeitslosigkeit.

Unsere Versuche, etwa mit Hilfe des Wissenschaftsrats, diese voraussehbare Fehlentwicklung Anfang der siebziger Jahre zu verhindern, scheiterten. Die Forderung nach veränderten Prüfungs- und Qualifikationsmethoden vor und während des Studiums wurde als der Versuch bekämpft, die Bildungsprivilegien der bürgerlichen Schichten durch die Errichtung von Zugangssperren gegen Arbeiterkinder zu schützen, die auf die Gleichheit ihrer Ausbildungschance pochten. Gegen solchen politisch wie emotional wirksamen Unsinn war damals kein Kraut gewachsen. So hat uns die Entwicklung nicht nur die *längsten Studienzeiten* aller westlichen Industrienationen (die heute mit ihrer entlastenden Wirkung für den Arbeitsmarkt gerechtfertigt werden) und das von allen Zulassungssystemen am wenigsten sachgerechte (aber unter den waltenden Umständen an den deutschen Hochschulen noch am ehesten vertretbare) beschert, sondern auch eine schnell anwachsende *Fehlqualifikation* gerade jener jungen Menschen, auf deren Begabung eine Gesellschaft im Umbruch besonders angewiesen ist.

Bedingungen einer Reform

Eine *wirksame* Reform des Ausbildungs- und Bildungssystems muß sich an den Bedürfnissen unserer Gesellschaft auf dem Wege vom exponentiellen zum qualitativen Wachstum orientieren. Von den Mitgliedern dieser Gesellschaft werden vor allem folgende Fähigkeiten erwartet:

- die Fähigkeit zur kreativen Tätigkeit;
- die Fähigkeit, in Vielfalt und Pluralität zu leben, ohne den Blick für das Ganze zu verlieren;
- die Fähigkeit zur neuen Solidarität und zur Toleranz;
- die Kenntnis der wichtigsten »Kulturtechniken«;
- die Kenntnis des wichtigsten, dauerhaft gültigen Wissens- und Erfahrungsbestandes unserer kulturellen Entwicklung (Literatur, Philosophie, Religion);
- damit die Fähigkeit, dauerhaft gültige von zeitlich begrenzten Erfahrungswerten zu unterscheiden;
- die Kenntnis elementarer Methoden, Neues zu lernen (lernen, wie man lernt);
- damit die Fähigkeit, neue Qualifikationen zu erwerben;
- die Kenntnis der wichtigsten Strukturen unserer Gesellschaft, vor allem ihrer kleinen Lebenskreise: Familie, Gemeinde, Vereinsleben und so weiter.

Schließlich wird der Erwerb – oder Neuerwerb – *spezifischer beruflicher Qualifikationen* verlangt. Sie werden nach Neigung und Bedarf ausgewählt. Man hat zu ihnen (jedenfalls bei knappem Ausbildungsangebot) Zugang, wenn man die Begabung und die Voraussetzungen mitbringt. Beides wird durch geeignete Verfahren ermittelt. Das Bildungssystem muß diese Grundlagen (Allgemeinbildung/kulturelle Bildung) und die beruflichen Qualifikationen in Zeiträumen vermitteln oder neu vermitteln, die die jetzigen Ausbildungs- und Bildungszeiträume nicht wesentlich überschreiten (wenn ich einmal von der Neuqualifikation in der »vorgezogenen« Rentenzeit absehe).

Es ist hier nicht der Ort, die neuen Strukturen, die sich aus diesen Anforderungen ergeben, im einzelnen zu beschreiben. Sicher scheint mir, daß die allgemeinbildenden Schulen (1. bis 10./13. Schuljahr) die Aufgabe übernehmen müssen, die allgemeineren kulturellen und geistigen Fähigkeiten zu vermitteln und den Schülern den Grundbestand an dauerhaftem, gewissermaßen wertbeständigem »Kulturgut« mitzugeben. Dies sind nicht nur Bildungs-, sondern auch Erziehungsaufgaben. Nicht der vor wenigen Jahren noch beschworene »Mut zur Erziehung«, sondern die selbstverständliche Notwendigkeit von Erziehung werden diesen Lebensabschnitt prägen. Auch geistiges Wachstum braucht den Widerstand, an dem es wachsen kann. Eine Gesellschaft, die diesen Widerstand verweigert oder gar für schädlich hält, entzieht sich die Voraussetzungen für qualitatives Wachstum. Sie zerstört sich damit selbst.

Der heutige tertiäre Sektor des Bildungswesens, die Berufsschulen und die betriebliche Ausbildung, haben, soweit sie nicht der Forschung dienen, vor allem die Aufgabe, Qualifikationen zu vermitteln und zu erneuern. Die Zeit ist absehbar, in der sich nicht nur die Schulen, sondern auch die Universitäten leeren, weil die geburtenstarken Jahrgänge sie verlassen haben und die geburtenschwachen Jahrgänge sie nicht füllen können. Diese Zeit eignet sich besonders für den Übergang vom heutigen zum zukünftigen Ausbildungs- und Qualifikationssystem. Lehrer werden frei und stehen damit zur Neuqualifikation zur Verfügung. Die Universitäten können sich, auch mit Hilfe freigewordener Lehrer, auf die neuen Aufgaben vorbereiten. Studienpläne für 36- oder 50jährige »Studenten« sehen anders aus als die heute praktizierten. Sie müssen deshalb neu erarbeitet werden. Auch die heute gültigen sind vielfach überholt, denn sie gehen von unrealistisch langen Ausbildungszeiten aus oder weigern sich, das Studium angemessen zu strukturieren und zu organisieren. In den philologischen und philosophischen Fächern muß die Reform weitergetrieben werden, von der seit Jahrzehnten die Rede ist, ohne daß sich Entscheidendes geändert hat, und so weiter.

Dozenten müssen lernen, Gleichaltrige oder Ältere zu unterrichten. Private Einrichtungen werden vor allem in diesem Bereich mit Universitäten und Einrichtungen der Weiterbildung konkurrieren. Sie müssen die gleiche Chance haben, in dem neu entstehenden »Markt für Qualifikation« Ausbildung und Fortbildung anzubieten, wie die öffentlichen Systeme. Entsprechend offen muß die Finanzierung der Aus- und Weiterbildung gestaltet werden, soweit sie durch die öffentliche Hand erfolgt. Der neue Ausbildungsmarkt muß ein Wettbewerbsmarkt werden. Es darf weder öffentlich-rechtliche Monopole noch eine Privilegierung der öffentlichen Systeme geben. Wo Innovation und Kreativität gelehrt werden soll, muß sich Innovation und Kreativität auch im Wettbewerb entwickeln und entfalten können. Von monopolisierten Märkten ist noch nie Neues ausgegangen.

Besondere Anstrengungen werden notwendig sein, um ein *vernünftiges* Gleichgewicht zwischen den angebotenen und den im Arbeitsmarkt nachgefragten Qualifikationen zu erreichen. Dies ist ein Problem der Flexibilität des Arbeitsmarktes wie des Bildungssystems. In beiden Bereichen haben wir es heute mit verfestigten Strukturen zu tun, mit festgeschriebenen Qualifikationshierarchien, die unabhängig vom konkreten Bedarf fortgeschrieben werden. Da sich mit bestimmten beruflichen Qualifikationen wiederum festgeschriebene Bewertungen und damit Einkommensrelationen verbinden, erzeugt die Beibehaltung der gegenwärtigen Qualifikationsstruktur zugleich eine zunehmend illusionäre Einkommenserwartung. Wird sie vom Arbeitsmarkt enttäuscht, weil es für die angebotene Qualifikation – jedenfalls zum bisherigen Preis – keine Nachfrage mehr gibt, so sieht der enttäuschte Anbieter die Ursache nicht in seiner »Berufsentscheidung« sondern im »Fehlverhalten des Marktes«. Daß solche Entwicklungen, wenn sie massenweise auftreten, Rückwirkungen auf die allgemeine Zustimmung zum politischen System haben müssen, ist offensichtlich. Auch deshalb sind eine Reform des Bildungssystems und der Abbau überholter Qualifikationshierarchien unverzichtbar. Daß auch dies auf erheblichen Widerstand stoßen wird, sei nur am Rande vermerkt. Niemand begrüßt es, wenn seine durch Einkommen definierte relative Stellung in der Gesellschaft dadurch verändert wird, daß sich bisher gültige Einkommensrelationen verändern. In dynamischen Märkten sind solche Veränderungen unvermeidlich. Wir werden uns an sie gewöhnen müssen.

Der Prozeß der *organisierten Neuqualifikation* wird für die weitere Entwicklung unserer Gesellschaft um so wichtiger werden, je älter die Erwerbsbevölkerung wird. Zur Zeit tritt noch etwa rund eine Million neuausgebildete Menschen pro Jahr in den Arbeitsmarkt

ein. In wenigen Jahren wird die Zahl derer, die auf diesem Wege Neues in den Markt bringen, auf die Hälfte geschrumpft sein. Zugleich nimmt die Zahl derer zu, deren berufliche Qualifikation 20 Jahre oder älter ist. Das Verhältnis von Neuqualifizierten und »Altqualifizierten« wird sich deshalb immer weiter zu Lasten der Neuqualifizierten verändern. Damit wird, wenn es keine Gelegenheit gibt, früher erworbene Qualifikationen zu erneuern oder zu ersetzen, das Qualifikationsniveau der Gesellschaft langsam abnehmen. Mit der Abnahme dieses Niveaus nimmt jedoch auch die Bereitschaft zu Kreativität und Initiative ab.
Zugleich nimmt die Tendenz zur Verfestigung alter Strukturen wieder zu. Wenn wir der Gefahr einer solchen Entwicklung vorbeugen wollen, müssen wir jetzt handeln. Wir müssen die Zeit nutzen, in der die geburtenstarken Jahrgänge in den Arbeitsmarkt eintreten und damit für Bewegung und Veränderung sorgen. Wir müssen den Übergang von geburtenstarken zu den geburtenschwachen Jahrgängen in Schulen und Universitäten nutzen, um deren Aufgabe neu zu bestimmen und die Strukturen neu zu gestalten. Wie in anderen Bereichen, sind auch im Bereich von Bildung und Ausbildung die objektiven Voraussetzungen für strukturelle Reformen heute besonders günstig. In zehn bis fünfzehn Jahren werden sie weit ungünstiger sein. Deshalb muß jetzt gehandelt werden.

Viel Erfindungsgeist, Reformbereitschaft, geistige Energie und Mut zum Konflikt werden notwendig sein, um die beschriebenen Veränderungen zu bewirken. Die Erfahrungen der vergangenen 20 Jahre, an denen ich selbst teilhatte, sind nicht ermutigend. Allerdings war uns damals auch noch nicht so klar wie heute, worauf es ankommt und worum es letztlich geht. Wir hatten Visionen und manchen guten Gedanken: zur Reform der Hochschulen, des Arbeitsmarktes, unserer Wirtschaftsverfassung und unseres Landes allgemein.
Vieles von dem, was wir damals diskutierten und schrieben, ist auch heute noch gültig. Es gab konkrete Ahnungen. Aber es fehlte das, was man eine operationale Antwort nennt: eine Antwort auf die neue Wirklichkeit, die sie nicht nur erklärt, sondern uns auch erkennen läßt, was zu tun ist und wie dem Handlungsbedarf so entsprochen werden kann, daß die neugestalteten Teile sich zu einem Ganzen verbinden lassen.

Deshalb glaube ich, daß wir uns durch die zurückliegenden Erfahrungen nicht entmutigen lassen sollten. Der Anspruch der heutigen Wirklichkeit hat eine neue Qualität. Er ist drängender und endgültiger zugleich. Und es öffnen sich Wege, die man gehen kann. Zugleich sehnen sich jüngere Generationen nach neuen Herausforderungen. Sie wollen sich nicht in der Wiederholung und Perfektionierung des Alten erschöpfen.

Das Alte sagte: So wie ich bin, bin ich seit je.
Das Neue sagte: Bist du nicht gut, dann geh (Brecht).

Gehen wir mit dem Neuen.

VI. Die soziale Ordnung

Was bedeutet »sozial«?

Im November 1980 lud das Bonner Institut für Wirtschafts- und Gesellschaftspolitik zu einem Gespräch über die Frage ein: Was ist sozial in den achtziger Jahren? Als Ergebnis notierte ich mir damals: Wir haben keine Antworten erhalten, aber eine Fülle von Anregungen. Wir müssen den Begriff »sozial« neu bestimmen, wenn wir in der Lage sein wollen, das einzulösen, was wir uns schon vor fünf Jahren mit der Mannheimer Erklärung vorgenommen haben.
Mit der Mannheimer Erklärung von 1975 hatte die CDU eine Fortentwicklung der Sozialpolitik beschlossen. Dabei gehe es in unserem Lande, »in dem die Bürger bereits 1975 300 Milliarden DM für soziale Aufgaben aufwenden, nicht in erster Linie um eine Erhöhung des Anteils (der sozialen Ausgaben) am Sozialprodukt. Wichtiger ist vielmehr die Verbesserung der sozialen Wirksamkeit dieser Mittel.« Die SPD-FDP-Koalition habe bei den Bürgern seit 1969 in verantwortungsloser Weise Hoffnungen und Erwartungen geweckt, »die die Kluft zwischen den Ansprüchen des einzelnen und der organisierten Gruppen und der Leistungsfähigkeit des Ganzen ständig vergrößert. Die Ansprüche vieler gesellschaftlicher Gruppen verfehlen heute nicht nur das wirtschaftlich Mögliche, sondern zunehmend auch das sozial Notwendige. Leidtragende sind regelmäßig die sozial Schwachen.«
Die Frage, was eigentlich sozial ist, begleitet uns seit der Gründung der Bundesrepublik Deutschland.
Die Verankerung des Sozialstaatsprinzips in der Verfassung und die Entscheidung der Union als Regierungspartei der ersten Stunde, mit der marktwirtschaftlichen Ordnung auch eine »umfassende Sozialpolitik für alle wirtschaftlich und sozial abhängigen Volksschichten« zu verwirklichen, die »der inneren Befriedigung unseres Volkes dienen« und »das Vertrauen der breiten Schichten in die neue demo-

kratische Ordnung stärken«, formulierten zwar einen sozialen Auftrag. Aber von Anfang an blieb die Frage offen, *wie und in welchen Grenzen* diese soziale Verpflichtung des Ganzen gegenüber dem einzelnen eingelöst werden sollte. Das Spannungsverhältnis zwischen der Wirtschaftspolitik und der Sozialpolitik, das in den beiden politischen Zielen: marktwirtschaftlicher Ordnung und umfassender Sozialpolitik, angelegt ist, wurde begründet. Aber bis heute wurde nicht geklärt, nach welchen Gesichtspunkten es konkret gehandhabt werden soll.

Wie notwendig eine solche *inhaltliche* Bestimmung des sozialen Auftrages von Anfang an gewesen wäre, ist leicht zu erkennen. Eine Politik, die den Staat beauftragt, mit dem Mittel sozial begründeter Umverteilung das Volk zu befrieden und das Vertrauen der Bevölkerung in die demokratische Ordnung zu stärken oder – wie es das CDU-Grundsatzprogramm 1978 formuliert – die »Verbesserung der allgemeinen Lebensbedingungen zu gewährleisten«, ist dringend auf Maßstäbe angewiesen. Denn theoretisch lassen sich mit derartig weit gefaßten Aufgabenstellungen *alle* Umverteilungsansprüche rechtfertigen.

Die Unterscheidung zwischen der *Sicherung des einzelnen vor Not* als der eigentlichen sozialen Verpflichtung des Gemeinwesens und der *sozialpolitisch legitimierten Umverteilung* im Rahmen einer Art sozialpolitischer Generalvollmacht des Staates hat uns schon im Zusammenhang mit den Wachstumsfragen beschäftigt. Von beiden Aufträgen läßt sich die Sicherung des Existenzminimums, die die Gemeinschaft jedem gewährt, vergleichsweise objektiv inhaltlich bestimmen. Der Leistungsumfang ist nur in geringen Grenzen der freien politischen Festlegung zugänglich. Denn die Sätze sind nach unten durch objektiv notwendige Bedürfnisse einer menschlichen Existenz in unserer gesellschaftlichen Umwelt und nach oben durch die unteren Arbeitseinkommen begrenzt.

Uns interssiert deshalb im folgenden auch nur die zweite Aufgabe, die wir als horizontale Umverteilung bezeichnet haben. Sie enthält im Grunde einen Verzicht auf eine ordnungspolitische Gestaltung der Sozialpolitik und überläßt sie dem *freien Spiel der politischen Kräfte*. Ihre Konkurrenz untereinander und um den Zugang zu staatlichen Leistungen für die jeweils vertretenen Interessen – und die politische Antwort von Regierung und Parlament auf diese Forderungen – bestimmt letztlich den Inhalt dessen, was in concreto sozial sein soll. Tatsächlich hat sich denn auch in den letzten 35 Jahren nur *eine* Begrenzung des sozialpolitischen Auftrages des Staates als praktisch wirksam erwiesen: die Begrenzung durch die Grenzen der Belastbarkeit der Privathaushalte und der Unternehmen mit Steuern und Abgaben und somit durch die begrenzte politische Bereitschaft der Bürger, eine weitere Verschuldung des Staates und inflationäre Geldvermehrungen hinzunehmen. Dagegen ist es bis heute nicht gelungen, den Umfang der sozialen Verpflichtung in einer politisch handhabbaren Weise inhaltlich zu bestimmen. Es war nicht möglich, den Begriff »sozial« so einzugrenzen, daß neue Forderungen nach staatlichen Leistungen hätten abgewehrt werden können, *ehe* die Grenzen der Leistungsfähigkeit des Staates erreicht waren.

Daß man von Anfang an bereit war, die praktische Ausgestaltung des Verhältnisses von wirtschaftlicher Leistungskraft, also von Wohlstandsmehrung, und sozialpolitischen Leistungen dem freien Spiel der *politischen Kräfte* zu überlassen, ist von großer politischer Bedeutung. Wie kaum eine andere politische Entscheidung läßt diese das Vorurteil gegen Koordinationsordnungen erkennen, das die deutsche Wirtschafts- und Sozialpolitik auch nach dem Zweiten Weltkrieg geprägt hat.

Ihre moralische und ethische Legitimation bezieht die Sozialpolitik aus der Tatsache, daß der Markt, also die Wettbewerbsordnung, Verteilungskonflikte nicht nach Gerechtigkeits-, sondern nach Knappheitsgesichtspunkten entscheidet. Soziale Gerechtigkeit, heißt es im Grundsatzprogramm der CDU von 1978, »kann der Markt nicht allein aus sich bewirken. Die Leistungsgerechtigkeit des Marktes ist nicht identisch mit der sozialen Gerechtigkeit.« Deshalb kann man »dem Markt« auch die Beantwortung der sozialen Frage nicht anvertrauen; das »freie Spiel der Kräfte« im Markt, wie es sich im Laissez-faire-Kapitalismus des 19. Jahrhunderts entfaltet hatte, bedarf der Korrektur unter sozialpolitischen Gesichtspunkten.

Aber in dieser Feststellung ist nur gesagt, daß die *Wettbewerbsordnung* soziale Gerechtigkeit im Sinne von Verteilungsgerechtigkeit nicht herbeiführen kann. Dies ist auch nicht ihre Aufgabe. Denn sie soll Güter und Dienstleistungen, die in der Gesellschaft angeboten und nachgefragt werden, dorthin lenken, wo sie am dringendsten gebraucht werden, also nach Gesichtspunkten der Knappheit entscheiden. Mit dieser Feststellung ist jedoch noch nichts darüber gesagt, ob *Koordinationsordnungen* denkbar sind, deren »Leistungsgerechtigkeit« sich mit den Anforderungen »sozialer Gerechtigkeit« *decken*. Diese Frage wurde nicht gestellt. Vielmehr stand fest – wie auch im Bereich der Wirtschaftsordnung –, daß praktisch aufgetretene Defizite des Marktes nur auf dem Wege staatlicher Interventionen, das heißt nach dem Grundsatz der Subordination – oder des staatlichen Zwanges – ausgeglichen werden könnten.

Die für den *Ordnungs- und Freiheitsgehalt* unserer Gesellschaft entscheidende Frage: Kann man soziale Gerechtigkeit – was immer im einzelnen darunter zu verstehen ist – auch durch Ordnungen verwirklichen, die auf dem Prinzip der Koordination beruhen, ist bis heute nicht beantwortet. So sehr haben wir uns von Anfang an auf eine durch den Staat und seine Ordnung »von hoher Hand« gestaltete Sozialordnung eingerichtet, daß sie auch gar nicht mehr gestellt wird. Dennoch ist die Beantwortung dieser Frage heute von existentieller Bedeutung. Wenn es nämlich richtig ist, daß interventionistische Ordnungen gesellschaftlicher Bereiche ihrer Natur nach expansivistisch sind, dann muß dies auch für den sozialen Bereich gelten. Dann ist politisches Handeln auch hier – jedenfalls im Prinzip – auf Wachstum ausgerichtet und angewiesen. Dies jedenfalls so lange, als es nicht gelingt, durch *qualitative* Verbesserung der Ordnung ihre Gleichgewichtsfähigkeit zu sichern. Alle Versuche, die staatlichen Zuständigkeiten durch ihre inhaltliche Definition – hier durch die Bestimmung des Begriffes »sozial« – zu begrenzen, müssen dann scheitern. Und tatsächlich sind sie auch, wie ich gleich zeigen möchte, gescheitert. Die Mechanismen, die die ständige Ausweitung staatlicher Aktivitäten und Interventionen und damit den Wachstumszwang auslösen, erwiesen sich auch hier als stärker als alle Versuche, die mit dem umfassenden sozialpolitischen Auftrag verbundene Entgrenzung staatlicher Zuständigkeit begrifflich wieder unter Kontrolle zu bringen.

Das heißt aber: Das gegenwärtige Sozialsystem ist gleichgewichtsunfähig. Es kann nur durch Erschöpfung der öffentlichen Kassen oder durch die Weigerung der Bürger begrenzt werden, Steuern und Abgaben zu zahlen. Beide Formen der Begrenzung haben jedoch nichts mit Ordnungspolitik zu tun. Sie sind in ihren Wirkungen unvorhersehbar, in ihrer Lastenverteilung ungerecht und in ihrer rechtlichen und moralischen Berechtigung zumindest zweifelhaft. Andererseits gehört das Sozialsystem zu den wichtigsten Politikbereichen überhaupt. Es ist nicht nur die größte Umverteilungsveranstaltung des Staates, sondern auch von zum Teil existentieller Bedeutung für die überwältigende Mehrheit der Bürger, insbesondere im Bereich der Alterssicherung.

Wenn das Sozialsystem in seiner gegenwärtigen Struktur unfähig ist, im Gleichgewicht zu funktionieren, dann wird es, seines Gewichts wegen, die ganze Wirtschafts- und Sozialordnung daran hindern, sich zu einer Ordnung des dynamischen Gleichgewichts fortzuentwickeln, also qualitativ zu wachsen. Statt dessen wird es die anderen Bereiche der Wirtschafts- und Sozialordnung immer wieder in den zunehmenden Strom staatlicher Interventionen zurückziehen. Alle Versuche, den Zwang unserer gegenwärtigen Strukturen zum quantitativen Wachstum, ihre *Expansivität*, zu überwinden und damit die Gefahr einer Begrenzungskrise zu vermeiden, werden deshalb vergeblich sein, wenn es nicht gelingt, die *Begrenzungskrise des Sozialstaates selbst zu überwinden.*

Individuum gegen Kollektiv – Verantwortung gegen Machtanspruch

Von Anfang an hat es nicht an Versuchen gefehlt, dieses Problem der Begrenzung im Rahmen der politischen Ausgangsentscheidungen, das heißt im Rahmen des gegenwärtigen Sozialsystems zu lösen. Im Grunde ist die Sozialpolitik seit 1950 beherrscht von Versuchen, den Widerspruch zwischen dem Wunsch nach Freiheit und Selbständigkeit des einzelnen und den Bindungen und Abhängigkeiten aufzulösen, die entstehen, wenn die »Verbesserung der allgemeinen Lebensbedingungen« sozialpolitisch, das heißt durch staatliche Interventionen bewirkt werden sollen. Das *sozialpolitische Paradoxon*: daß die Verbesserung der materiellen Lebenslage durch sozialpolitische Maßnahmen dem einzelnen so weit zwar wirtschaftliche Freiheit sichert, ihn zugleich aber als Leistungsempfänger in neue Abhängigkeiten führt, also ihr eigenes Ziel und damit ihre Berechtigung in Frage stellt, prägt die politische Entwicklung.

Letztlich, so brachte es Ludwig Erhard auf den Punkt, sei es »ein Kampf des Individuums gegen das Kollektiv; es ist die Auseinandersetzung zwischen Verantwortung und Machtanspruch«. Diesen Kampf kann das Individuum und damit die Verantwortung nur mit Hilfe des *Rechtes* gewinnen. Gerade an dieser Hilfe, der Unterstützung durch rechtliche Ordnungen im Sinne des ORDO, fehlt es jedoch im sozialpolitischen Bereich.

Selbst die großen Sozialsysteme – die Renten-, Kranken- und Arbeitslosenversicherungen – sind durch eine kaum noch übersehbare Zahl staatlicher Interventionen so verfälscht, daß sie ihre Fähigkeit zum Gleichgewicht und ihren Charakter als Ordnungen längst verloren haben, falls man sie je (im Hinblick auf ihren Selbstverwaltungscharakter) als Koordinationsordnungen hätte begreifen können. Das Individuum war deshalb immer unterlegen, wenn es um seine Verantwortung ging. Die Menschen haben das Paradoxon schließlich auf ihre Weise aufgelöst: Sie verlangen die staatlichen Leistungen, entziehen sich teilweise der staatlichen Steuern und Abgaben und distanzieren sich vom Staat selbst.

Den ersten und bis heute gültigen Versuch einer Ortsbestimmung der *sozialen* Marktwirtschaft hat Ludwig Erhards Weggefährte Alfred Müller-Armack unternommen. Ihm verdanken wir auch den Begriff »soziale Marktwirtschaft« selbst. 1948, noch vor der Verabschiedung der Düsseldorfer Leitsätze der CDU zur sozialen Marktwirtschaft, tritt Müller-Armack der Vorstellung entgegen, Grundsätze der sozialen Sittlichkeit ließen sich nur in sozialistischen Wirtschaftsformen verwirklichen. Es erschien ihm notwendig, dies klarzustellen, da man »auch im Kreise der christlichen Konfessionen« dazu neige, die Formen eines kollektivistischen Sozialismus mit sozialer Sittlichkeit gleichzusetzen.

Gerade wer die Versittlichung unseres wirtschaftlichen und sozialen Lebens als das tiefste Anliegen der sozialen Idee empfinde, werde die Frage, in welcher Ordnung die Fülle der verschiedensten Wertziele, welche das soziale Wollen erreichen soll, sich am besten verwirklichen lasse, nur nach nüchterner Prüfung der möglichen Wege entscheiden.

Müller-Armack bemühte sich um eine solche Prüfung. Mit Sorge betrachtete er die Tendenz der sozialen Bestrebungen der letzten Jahrzehnte in Richtung auf eine zentrale Wirtschaftslenkung. Die liberale Marktwirtschaft sei geradezu als Quelle aller sozialer Mißstände erschienen. Nachhaltig warnt er vor der Beibehaltung einer solchen Ansicht. Die zentrale Wirtschaftslenkung – oder die Zentralverwaltungswirtschaft – *könne* gar nicht in der Lage sein, der Komplexität des Sozialen als ethischer, soziologischer und wirtschaftlicher Forderung gerecht zu werden. Abgesehen davon sei die zentral geplante Wirtschaftsordnung nach allen praktischen Erfahrungen unfähig, die notwendigen wirtschaftlichen Voraussetzungen für die Einlösung des sozialen Postulats zu sichern. »Wenn uns«, so stellt er fest, »eine soziale Marktwirtschaft«, das heißt eine nach den Regeln der Marktwirtschaft ablaufende, aber mit sozialen Ergänzungen und Sicherungen versehene Wirtschaft »vorschwebt, geschieht dies in der Überzeugung, daß keine andere soziale Ordnung den gleichen Grad von sachlicher Produktivität und technischer Fortschrittlichkeit mit der Möglichkeit persönlicher Freiheit und sozialer Gestaltung vereinigt.« Bei der sozialen Marktwirtschaft selbst gehe es darum, eine echte Marktwirtschaft zu schaffen, »der soziale und sonstige konstruktive Verbesserungen zugefügt werden«. Wichtig sei, daß sich die Sozialpolitik von dem Irrtum befreie, nur eine totale Sicherung aller Erwerbs- und Verteilungschancen könne soziale Gerechtigkeit verwirklichen. Wichtiger noch, »innerlich Abstand zu gewinnen von jener Gesamttendenz der Sozialpolitik, die an die Stelle persönlicher Entscheidung das vermeintliche Entwicklungsgesetz rückt, jene Ansicht, welche den Zug zur großen und größten Form dem Fortschritt gleichsetzt«. Dieser Hang zur immer abstrakteren und anonymeren Organisation habe auch die soziale Idee ergriffen. Es sei schwer, bemerkte Müller-Armack, diese Ideologie auf ihr Maß zurückzuführen. Trotzdem müsse der Versuch unternommen werden. Soziale Marktwirtschaft bedeutete ihm so »zuerst den Verzicht auf eine vorgegebene Endform abstrakter, zentralisierter Verstaatlichung. Wir können die Aufgabe sozialer Gerechtigkeit und einer Versittlichung des Wirtschaftlichen nur im Konkreten überschaubarer, menschlich naher, direkter, persönlicher Beziehungen und Verhältnisse erfüllen.« Deshalb liegt ihm die »Überschaubarkeit« sozialer Einrichtungen besonders am Herzen. Die »Schaffung und Sicherung der Wettbewerbswirtschaft« und die »Schaffung eines sozialen Rechtes« sind ihm Voraussetzungen für das Funktionieren der Marktwirtschaft.

»In einer Synthese der marktwirtschaftlichen Kräfte und einer sozialen Ordnung liegt viel für das Schicksal unserer Zivilisation beschlossen.«

Kollektive Verantwortung und Eigenverantwortung: Ein ordnungspolitisches Dilemma

Ist diese Synthese gelungen? Schon bald melden sich Zweifel. Kaum sind die schlimmsten Nachkriegsfolgen überwunden und werden die Chancen eines Neubeginns und der Wohlstandsmehrung sichtbar, wachsen auch die Ansprüche an den Staat. Wiederum ist es vor allem Ludwig Erhard, der sich der Aufgabe stellt, zu einem »richtigen« Gleichgewicht von Freiheit und sozialer Verpflichtung zu finden. Rückblickend gesehen ist dieses Ringen nicht frei von tragischen Dimensionen. Denn Ludwig Erhard versucht, wie auch im Bereich der Wettbewerbsordnung, das im Grunde Unmögliche: eine *gleichgewichtsfähige Ordnung* des Ganzen zu finden, *ohne* die ordnungspolitische Grundsatzentscheidung für eine Ordnung der Koordination und gegen staatliche Interventionen durchzusetzen. Was jedoch für die Wirtschaftspolitik noch möglich war: durch das Gesetz gegen Wettbewerbsbeschränkungen eine Richtungsentscheidung zu treffen und damit staatliche Interventionen jedenfalls zu politischen Ausnahmetatbeständen zu erklären, das war im sozialpolitischen Bereich von Anfang an unmöglich. Zu sehr waren alle politischen Kräfte auf die Erfahrung mit der sozialen Frage des 19. Jahrhunderts fixiert, als daß es denkbar gewesen wäre, sich auf die Suche nach einer Ordnung des sozialen Bereichs zu machen, in dem die Koordination der sozialen Bedürfnisse der Bürger ebenso bestimmendes Bauelement gewesen wäre wie im Markt.
So finden wir uns heute mit der im Grunde unsinnigen und durch nichts erklärbaren Situation wieder, daß der Arbeitnehmer zwar Hauseigentümer sein, Vermögen bilden, Hypotheken aufnehmen, ein Auto besitzen und um die ganze Welt reisen kann – und all dies auch tut –, aber aus sozialpolitischen Gründen daran gehindert ist, die Höhe seiner gesetzlichen Rente mitzubestimmen oder seinen Krankenversicherungsschutz selbst zu gestalten. Eine derartig widersprüchliche Einschätzung der Leistungs- und Verantwor-

tungsfähigkeit des einzelnen durch zwei Ordnungsbereiche unserer Gesellschaft, die sich nach allgemeiner politischer Ansicht gegenseitig bedingen und nach Auffassung des CDU-Grundsatzprogramms »untrennbar miteinander verbunden sind«, ist weder politisch erklärbar noch moralisch zu rechtfertigen. Sie muß korrumpierende Wirkungen im Gesamtsystem auslösen und tut dies auch. Sie kann auch aus diesem Grunde keine stabile Ordnung sein.

Ludwig Erhards sozialpolitische Ordnungsvorstellungen

Von Anfang an war Ludwig Erhard bestrebt, dieses ordnungspolitische Defizit durch Appelle und Aufforderungen zur Besinnung auszugleichen. 1956, im Zuge der Diskussion über die Neuregelung der sozialen Renten- und Invalidenversicherung, meldete er sich mit einer grundsätzlichen Positionsbeschreibung zu Wort. Wenn wir eine freiheitliche Wirtschafts- und Gesellschaftsordnung auf die Dauer aufrechterhalten wollten, dann sei es »in der Tat ein Grunderfordernis, neben einer Wirtschaftspolitik, die dem Menschen wieder zu seiner persönlichen Freiheit verholfen hat, auch eine gleichermaßen freiheitliche Sozialpolitik zu betreiben«. Es widerspreche der marktwirtschaftlichen Ordnung, »die die Entscheidung über Produktion und Konsum dem einzelnen überläßt, die private Initiative bei der Vorsorge für die Wechselfälle und Notstände des Lebens auch dann auszuschalten, wenn der einzelne dazu fähig und gewillt ist, selbstverantwortlich und eigenständig vorzusorgen. Wirtschaftliche Freiheit und totaler Versicherungszwang vertragen sich nicht«.

Daher sei es notwendig, daß das Subsidiaritätsprinzip als eines der wichtigsten Ordnungsprinzipien für die soziale Sicherung anerkannt und der Selbsthilfe und Eigenverantwortung soweit wie möglich der Vorrang eingeräumt werde. Der staatliche Zwangsschutz habe demnach dort haltzumachen, »wo der einzelne und seine Familie noch in der Lage sind, selbstverantwortlich und individuell Vorsorge zu treffen«.

Besonders beschäftigte Ludwig Erhard die Forderung, auch die selbständigen Erwerbstätigen in eine staatlich geordnete Zwangssicherung einzubeziehen. Der Wunsch sei angesichts der Erfahrungen mit den Folgen des Krieges und der Währungsreform für die Daseinsvorsorge der Selbständigen zwar verständlich. Aber es wäre, in seinen Augen,

> geradezu verhängnisvoll, die künftige Sicherung gegen die Lebensrisiken auf einen derartigen, hoffentlich einmaligen Zusammenbruch ausgerechnet zu einer Zeit abzustellen, in der wir wirtschaftliche Sicherheit und wirtschaftlichen Wohlstand wieder zurückgewonnen haben und auf einen weiteren wirtschaftlichen Fortschritt hoffen dürfen.

Allgemein sah Ludwig Erhard eine Entwicklung zum »Versorgungsstaat« schon dann, wenn der staatliche Zwang über den Kreis der Schutzbedürftigen hinausgreift und wenn ihm Personen unterworfen werden, denen der Zwang und die Abhängigkeit aufgrund ihrer Stellung im Wirtschaftsleben geradezu wesensfremd ist. Er warnte vor dem »Drang zum Versorgungs- und Kollektivstaat« mit allen seinen wirtschafts- und gesellschaftspolitischen Konsequenzen.

Dieser Drang wäre jedenfalls nicht mehr aufzuhalten, wenn damit begonnen würde, über den Kreis der schutzbedürftigen Arbeitnehmer hinaus alle Erwerbstätigen, vor allem aber die Selbständigen, in eine Zwangsversorgung zu befehlen. Die Wirkungen wären nicht nur für die deutsche Wirtschaft, sondern auf längere Sicht auch für die politische und gesellschaftliche Ordnung verhängnisvoll.

Ludwig Erhard beschrieb sodann im einzelnen die Wirkung des Versorgungsstaates: Wagemut, Leistungsstreben, persönliche Initiative und Verantwortungsbewußtsein, ohne die eine freiheitliche Wirtschafts- und Gesellschaftsordnung nicht existieren können, würden mehr und mehr gelähmt. Eine wachsende Sozialisierung der Einkommensverwendung und eine um sich greifende Kollektivierung der Lebensplanung, eine weitgehende Entmündigung des einzelnen und zunehmende Abhängigkeit vom Kollektiv oder vom Staat würden die Folgen eines solchen Weges sein. An seinem Ende stünde der »soziale Untertan« und die bevormundende Garantie der materiellen Sicherheit durch den allmächtigen Staat.

Deshalb erschien es ihm

angesichts gewisser Tendenzen zum Versorgungsstaat, die auch bei uns vorhanden sind, doch dringend erforderlich, bereits den Anfängen zu wehren und darauf hinzuweisen, daß die persönliche Freiheit letztlich unteilbar ist. Denn eine freiheitliche Wirtschaftsordnung kann auf die Dauer eben nur bestehen, wenn auch im sozialen Sektor ein Höchstmaß an Freiheit, privater Initiative und Selbsthilfe gewährleistet wird.

In der Folgezeit nahm die Dringlichkeit seiner Warnungen vor den Gefahren einer solchen Entwicklung zu. Dabei beschränkte er sich nicht mehr auf die Selbständigen im mittelständischen Sinne. Ziel seiner Politik war es von Anfang an gewesen, immer mehr Menschen, vor allem den abhängig Beschäftigten, den Weg in die Selbständigkeit zu ebnen, wie wir sie heute auch bei der Neubestimmung des Arbeitsbegriffes definieren. Seine Politik »Wohlstand für alle« hatte für ihn über ihre materielle Auslegung hinaus noch einen höheren Inhalt. Der Wohlstand sollte dem einzelnen »mehr als nur Befreiung von materieller Not und soziale Sicherheit bringen«. Er sollte ein »neues Lebensgefühl wecken«.

Damit hatte sich Ludwig Erhard die große Idee zu eigen gemacht, die schon der Weimarer Verfassung zugrunde lag: nicht nur die politische, sondern auch die wirtschaftliche Freiheit des einzelnen, vor allem des Arbeitnehmers, zu sichern. Er wolle darauf hinwirken, erklärte er, daß »der einzelne Arbeitnehmer zu einem Gefühl relativer, aber doch zunehmender Selbständigkeit gelangen kann«. Hier sei ja die große Chance gegeben, »in einem modernen Wortsinn einen neuen echten Mittelstand zu schaffen« (1960).

Deshalb lehnte er »den Wohlfahrtsstaat sozialistischer Prägung und die allgemeine kollektivistische Staatsbürgerversorgung ab«. Diese »anscheinend so wohlmeinende Bevormundung« schaffe Abhängigkeiten, »die zuletzt nur Untertanen züchten, die freie staatsbürgerliche Gesinnung aber abtöten muß«. Außerdem müsse diese »Art von Selbstentäußerung, das heißt die Preisgabe menschlicher Verantwortung, mit der Lähmung des individuellen Leistungswillens zu einem Absinken der volkswirtschaftlichen Leistung im ganzen führen«.

Die zweite Phase der sozialen Marktwirtschaft, so sagte er der CDU auf ihrem Hamburger Parteitag 1957 voraus, werde »rasch und sicher über noch mehr Wohlstand und Vermögensbildung zu dem höchsten erreichbaren Ziel menschlicher Freiheit und Würde führen«. Nur sei es nötig, noch einmal, wie 1948, an die *Fähigkeit der freiheitlichen Ordnung zu sozialer Gerechtigkeit* zu glauben, um dieses Ziel zu erreichen. Erhard war überzeugt,

> daß nur ein Volk, das sich aus übermäßiger Bevormundung durch den Staat und andere kollektivistische Machteinflüsse befreien möchte und das, um die wirtschaftlichen Zusammenhänge wissend, auch seiner Zukunft eingedenk bleibt, von einem wachsenden Wohlstand den rechten Gebrauch machen wird. Mehr Wohlstand müßte auf die Dauer zur Entartung führen, wenn dieser nur mehr Konsum bezwecken wollte, ohne nicht auch über Vermögensbildung den Menschen kollektivistischen Einflüssen zu entreißen. Darauf muß und kann das deutsche Volk vertrauen, daß es nicht nur möglich ist, diesen Weg zu gehen, sondern daß es mit Sicherheit sein Ziel erreicht, wenn es sich nur selbst und einer wegweisenden Politik vertraut.

In der Bundestagswahl 1957 gewann die Union mit Konrad Adenauer und Ludwig Erhard die absolute Mehrheit. Aber wie die weitere Entwicklung zeigt, waren die Menschen – jedenfalls ihre politischen Repräsentanten – nicht bereit, sich selbst und Ludwig Erhards wegweisender Politik zu mehr Selbständigkeit und Eigenverantwortung zu vertrauen.

So sah sich Ludwig Erhard schon 1959 zu der Feststellung veranlaßt, daß dem Gefühl für den Segen der Freiheit allerdings die bedenkliche Entwicklung gegenüberstehe, »die soziale Sicherheit in allen Vorstellungsformen mit starkem kollektivistischen Trend immer mehr perfektionieren zu wollen«. Diese Entwicklung sei der Ausprägung des Leistungswillens und der Persönlichkeit nicht gerade förderlich. Aber es sei

> das überraschende Phänomen unserer Zeit, daß in dem gleichen Maße, in dem durch die Mehrung des Wohlstandes die soziale Sicherheit aus eigener Kraft sich verbessert und die Gleichförmigkeit einer nicht mehr von Risiken bedrohten ständigen wirtschaftlichen Aufwärtsentwicklung das Gespenst sozialer Not-

stände gebannt hat, der Schrei nach noch immer mehr kollektiver Sicherheit nur immer lauter erschallt. Dafür mag es besonders im Hinblick auf tragische politische Erfahrungen manche Erklärungen geben, aber gleichwohl gehen sie am eigentlichen Kern des Problems vorbei, weil kein Staat und keine Volkswirtschaft mehr soziale Gaben ausstreuen können, als ein Volk erarbeitet.

In den kommenden Jahren wurden Ludwig Erhards Warnungen immer dringender. 1960 forderte er die CDU auf, neben der Fortsetzung der Sozialpolitik auch die Veränderung in der Gesamtlage der Gesellschaft zu bedenken.

Denn mit zunehmenden Ersparnissen gewinnen immer mehr Menschen und immer breitere Schichten eine materielle Lebensgrundlage, in der diesen ein höheres Maß an Selbsthilfe zugemutet werden kann. Im Zuge einer solchen Entwicklung können dann die echten Fälle der Hilfsbedürftigkeit großzügig und menschenwürdig behandelt werden.

1961 wiederholte er noch einmal sein Ziel, mit Wohlstand »Grundlage und Voraussetzung zur inneren Befreiung des Menschen aus der Hörigkeit kollektiver Abhängigkeiten« zu schaffen. Er warnte vor der Unzufriedenheit und dem Unbehagen, in dem er auch die Anfrage vermutete, »ob das nun der Sinn der menschlichen Arbeit oder gar des Lebens wäre, nur dem materiellen Genuß nachzujagen und zu konsumieren«. Zugleich geißelte er die Tätigkeit politischer Kräfte, die »den organisierten Gruppen in unserem Volke einreden möchten, daß sie trotz ständiger Verbesserung ihrer Lebensführung ewig zu kurz kommen und ihre Ansprüche steigern müßten«. Solche, die »die Illusion nähren, als ob ein Volk mehr als das gemeinsam Geschaffene, also etwa 120% des Bruttosozialprodukts, verzehren könnte – die heute besitzen möchten, was morgen erst zu gewinnen möglich ist«. Diese Illusion hindere den Menschen daran, sich auf sich selbst und seine Aufgaben zu besinnen. Sie drohten, sein Gewissen und sein Verantwortungsbewußtsein immer wieder zu ersticken. »Ich ringe«, so rief er 1961 der CDU zu, »um die Einsicht, daß neben dem, was jeder froh genießen soll, wir auch als Gemeinschaft, als Volk und Staat, uns alle verbindende Aufgaben zu erfüllen haben und daß unsere Vor- und Fürsorge nicht nur dem Heute gelten darf, sondern auch das Morgen und Übermorgen – unsere Zukunft – zu bedenken hat.«

Als Erhard diesen Konflikt zwischen wachsenden sozialen Ansprüchen an den Staatshaushalt und den notwendigen Ausgaben für die Zukunftsvorsorge und für Sozialinvestitionen beschrieb, betrug das Bruttosozialprodukt rund 280 Milliarden DM und hatte sich seit 1950 knapp verdreifacht. Das Sozialbudget war in der gleichen Zeit schneller gestiegen: Von rund 17 Milliarden DM auf rund 62 Milliarden DM oder von knapp 18 % auf 21 % des Bruttosozialprodukts. Trotzdem kam es nicht zu der von ihm für erforderlich gehaltenen »Zumutung« eines höheren Maßes an Selbsthilfe. 1963 fragt er deshalb, wie es zu erklären sei, daß bei wachsendem Massenwohlstand der Umfang der sozialpolitisch begründeten Umverteilung zu- statt abnehme.

Nur zwei Jahre später betrug der Anteil der Sozialleistungen 24,6 % des Bruttosozialproduktes. Sie hatten damit, nach Ludwig Erhard, »den höchsten Anteil am Sozialprodukt in allen Ländern der Erde« erreicht. Aber die Sozialpolitik sei, so berichtete Erhard, nunmehr als Bundeskanzler, dem Bundesparteitag der CDU 1965, in der Anlage zuwenig straff und in der Zielsetzung zuwenig bewußt. Sie gerate in Gefahr, strukturlos zu werden. »Sozialpolitik darf nicht länger als eine Addition oder als fortdauernde Anstückelung von Leistungen verstanden werden. Anstelle einer bloßen Häufung muß auch hier eine echte Integration Platz greifen.«

Eine wesentliche Gefahr sah er darin, Sozialpolitik als die Befriedigung organisierter Interessen gelten zu lassen. Die vordringliche Aufgabe seiner Regierung sollte es deshalb sein, die Sozialpolitik von überflüssigem Gestrüpp zu befreien und das Gefüge der Sozialleistungen rationeller, überschaubarer und zugleich für den Bürger effizienter zu gestalten. Seine anschließende Versicherung, im Gegensatz zu den Sozialdemokraten lehne die CDU einen kollektivistischen Versorgungsstaat mit aller Entschiedenheit ab, wurde vom Parteitag mit lebhaftem Beifall begrüßt.

Achtzehn Monate später bildet die Union mit der SPD die große Koalition, unter anderem mit dem Ziel, einige der Leistungsversprechen zurückzunehmen, die sie zur Bundestagswahl 1965 beschlossen hatte. Der Anteil des Sozialbudgets am Bruttosozialprodukt war inzwischen auf 25,6 % gestiegen. 1967 kletterte er auf 27 %, fiel dann vorübergehend auf knapp 26 % und erhöhte sich von 1971 an als Folge der von der Regierung Brandt eingeleiteten inneren Reformen auf fast 32 % (1977), um sich dann bei gut 30 % zu stabilisieren. Der Versuch, die *Dynamik der Expansion* der sozialen Leistungen zu beherrschen, ein Gleichgewicht herzustellen und so zu einer sinnvollen Synthese von marktwirtschaftlichen Kräften und sozialer Ordnung zu gelangen, war gescheitert.

Auch der großen Koalition gelang die inhaltliche Begrenzung des sozialen Auftrages nicht. Nach allem, was wir heute über ihre konzeptionellen Grundlagen wissen, konnte eine solche Begrenzung auch nicht gelingen. Karl Schillers Konzept, die aggregierten Gruppeninteressen mit der konzertierten Aktion an den staatlichen Vorentscheidungen zu beteiligen und die ständige Ausdehnung der politischen Strukturen mit Hilfe gezielten Wirtschaftswachstums auszugleichen, mußte der Sozialpolitik als geradezu ideales Programm erscheinen.

Sie war von organisierten Interessen bestimmt. Sie beruhte im wesentlichen auf staatlichen Verteilungsentscheidungen. Sie war damit auf Wachstum angewiesen.

So ist es auch nicht überraschend, daß der Anteil des Sozialbudgets am Bruttosozialprodukt bis heute nur durch die wirtschaftliche Belastungsgrenze und die politische Toleranzschwelle begrenzt wird. Gut 30 % des Bruttosozialprodukts markieren in etwa diese Grenze. Mehr als knapp ein Drittel des Bruttosozialproduktes für staatlich verfügte Umverteilungen zu beanspruchen ist offenbar nicht mehrheitsfähig. Für die breite Mehrheit der Bevölkerung, die sowohl als Zahler wie als Leistungsempfänger am Sozialsystem teilnimmt und für die Belastungen und »empfangene« Leistungen sich oft ausgleichen, ist ein höherer Anteil des Sozialbudgets nicht akzeptabel.

Versuch einer ordnungspolitischen Ortsbestimmung: die Neue Soziale Frage

Die Union bemühte sich auch nach dem Verlust der Regierungsverantwortung weiterhin um eine *ordnungspolitische Bestimmung* des sozialen Auftrags, seines Inhaltes und seiner Ausgestaltung. Im Berliner Programm 1968/71 beschränkt sie sich noch auf die Feststellung, Wirtschafts-, Finanz- und Sozialpolitik bedingten einander. Statt des Versuches, diese gegenseitige Bedingtheit näher zu erläutern, wird auf das Sozialbudget als Orientierungs- und Entscheidungshilfe verwiesen. Im übrigen werden einzelne soziale Aufgaben wie Familienpolitik, soziale Sicherung und Gesundheitspolitik im einzelnen behandelt.

Der nach meiner Überzeugung wichtigste Versuch, die Expansivität der Sozialpolitik zu überwinden, war mit der Mannheimer Erklärung verbunden. Schon 1973 hatte ich auf die Notwendigkeit hingewiesen, den Staat vor dem Druck der organisierten Interessen zu schützen. Nicht nur das Eigentum, auch die Verbandsautonomie sei durch den Grundsatz der Sozialpflichtigkeit gebunden. Die klassische soziale Frage sei weitgehend gelöst. In ihrem Gefolge seien organisierte Besitzstände entstanden, die sich zunehmend verselbständigten. Damit stelle sich eine *Neue Soziale Frage*: wie nämlich die Interessen und Aufgaben durch die staatliche Politik angemessen Berücksichtigung finden könnten, die *nicht* durch die Palette der klassischen organisierten Interessen vertreten seien.

Dieser Gedanke fand Eingang in den Entwurf der Mannheimer Erklärung. Mit der Neuen Sozialen Frage sollte das inzwischen manifest gewordene ordnungspolitische Problem angesprochen werden: daß nämlich die Gesellschaft und ihre Staatsordnung in der politischen Wirklichkeit im wesentlichen auf organisierte Gruppen ausgerichtet sind und die Bevölkerungsteile, die nicht über eine organisierte Vertretung verfügen, im politischen Willensbildungsprozeß nicht oder nur unzureichend Gehör finden.

Mit der Mannheimer Erklärung sollte diese *neue* soziale Frage gegen die *klassische* soziale Frage ordnungspolitisch abgegrenzt werden. Die Erklärung stellt fest, daß zum Konflikt zwischen Arbeit und Kapital der Konflikt zwischen organisierten und nichtorganisierbaren oder nichtorganisierten Interessen getreten sei. Der Staat könne dieser neuen sozialen Frage nur gerecht werden, wenn er bereit und in der Lage sei, sich auch *gegen* den Druck organisierter Interessen der wirklichen sozialen Probleme im Land anzunehmen. Ein Sozialvertrag zwischen Staat, Wirtschaft und Gewerkschaften sei ungeeignet, den berechtigten Anliegen der Nichtorganisierten in der Gesellschaft Rechnung zu tragen. Dies stellt die Erklärung in eindeutiger Ausrichtung auf das Schillersche Konzept der aggregierten Gruppengesellschaft und der konzertierten Aktion fest.

Der Ansatz der Neuen Sozialen Frage war ordnungspolitischer Natur. Er wurde jedoch in der Diskussion um eine sozialpolitische Dimension erweitert. Dies geschah in der Weise, daß die nichtorganisierten oder nicht organisierbaren Interessen mit den Schwachen und den Unterbemittelten in der Gesellschaft gleichgesetzt wurden. Der von Heiner Geißler vorgetragene Gedanke der »neuen Armut« wurde mit dem Gedanken der Neuen Sozialen Frage verbunden. Dadurch erfuhr das Konzept zugleich einen *wesentlichen Bedeutungswandel.* Die ursprüngliche politische Fragestellung wurde durch andere, vorwiegend sozialpolitische Themen verdrängt. Der Prozeß fand weitgehend in der CDU selbst statt. Die Sozialausschüsse trugen entscheidend dazu bei. Sie stellten im Ergebnis die klassische Sozialpolitik, vor allem Rentenpolitik und Sozialhilfe, unter den Begriff der Neuen Sozialen Frage. Die ordnungspolitischen Probleme, die als *Folge* der klassischen Sozialpolitik und damit als Folge der Bewältigung der klassischen sozialen Frage aufgetreten waren und mit dem Begriff Neue Soziale Frage thematisiert werden sollten, waren damit wieder ohne selbständige begriffliche Bezeichnung. Politisch lassen sich neue Fragestellungen jedoch nur diskutieren, wenn sie begrifflich handhabbar sind. Das heißt, sie müssen mit einem einprägsamen und akzeptierten Wort umschrieben und damit beschrieben werden.

Die Veränderung des begrifflichen Inhalts der Neuen Sozialen Frage bedeutete deshalb zugleich eine Veränderung der politischen Aufgabenstellung und damit eine Veränderung der Politik selbst, die auf die Neue Soziale Frage im Sinne der Mannheimer Erklärung aufbauen sollte. Die Konsequenzen dieser Veränderung bestimmen bis heute die sozialpolitische Diskussion in der CDU.

Ursprünglich betrafen die neuen politischen Fragestellungen, die unter dem Begriff Neue Soziale Frage zusammengefaßt waren, nicht eine Fortentwicklung der *Sozialpolitik.* Sie sollten vielmehr ein *ordnungspolitisches* Problem beschreiben. Zwar stand dieses Problem im Zusammenhang mit gesellschaftspolitischen Aufgaben, wie der Verbesserung des Systems der sozialen Sicherheit, der Stellung der Frau in der Familie und der Verbesserung der Lage alter und hilfsbedürftiger Menschen. Aber es wurde nicht mit diesen Aufgaben und ihrer Bewältigung gleichgesetzt. Die neue Fragestellung sollte vielmehr die geänderten Rahmenbedingungen und Voraussetzungen zum Gegenstand haben, unter denen die Institutionen funktionieren, die sich im Zuge der Bewältigung der klassischen sozialen Frage entwickelt haben: vor allem also die Institutionen des Systems der sozialen Sicherheit und die Organisationen im sozialen Bereich, das heißt die Verbände.

Um den Unterschied zu verdeutlichen, behandelte die Mannheimer Erklärung zunächst das bestimmende Problem der *klassischen* sozialen Frage: den Konflikt zwischen Kapital und Arbeit. Sie stellt dazu fest, der Konflikt habe sich erheblich entschärft. Sodann heißt es: »Zu dem Konflikt zwischen Kapital und Arbeit sind Konflikte zwischen organisierten und nichtorganisierten Interessen, zwischen Minderheiten und Mehrheiten, zwischen Stadt und Land und zwischen den Machtausübenden und den Machtunterworfenen innerhalb der organisierten gesellschaftlichen Gruppen getreten.«

Mit anderen Worten: Die *Struktur der Verteilungskonflikte* hat sich von Grund auf verändert. Diese Veränderungen (der klassischen Struktur der Verteilungsprobleme in der modernen Industriegesellschaft) werden in der Mannheimer Erklärung angesprochen, wenn es heißt:

> Zu den Mächtigen in unserer Gesellschaft gehören heute nicht mehr allein die Kapitaleigner, sondern Kapitaleigner und Arbeitnehmer zusammen. Kapitaleigner und Arbeitnehmer sind heute in mächtigen Verbänden organisiert, die nicht nur die jeweiligen Sonderinteressen ihrer Mitglieder gegenüber der anderen Seite durchzusetzen versuchen, sondern die ebenso wirkungsvoll ihre Sonderinteressen gegenüber den nichtorganisierten Bevölkerungsgruppen behaupten. Die Nichtorganisierten, alte Menschen, Mütter mit Kindern oder die nicht mehr Arbeitsfähigen, sind den organisierten Verbänden in aller Regel unterlegen.

Die Bewältigung dieses neuen Konfliktes wurde als eine politische Aufgabe angesehen. Denn »in unserer Gesellschaft [werden] Interessenkonflikte zwischen Organisierten und Nichtorganisierten oder zwischen Erwerbstätigen und nicht mehr im Beruf Stehenden häufig zugunsten des Stärkeren und zu Lasten des Schwächeren entschieden«. Für die Nichtorganisierten bestehe die Gefahr, »daß sie in unserer Gesellschaft auch politisch benachteiligt werden«.

Anliegen der Neuen Sozialen Frage war es, Anstöße zur Überwindung dieses Konfliktes zwischen den Organisierten, die ihre Interessen in gewissem Umfang aus eigener Kraft wahren können, und den Nichtorganisierten zu geben, die zu ihrer Interessenwahrung auf die Hilfe der staatlich organisierten Gemeinschaft angewiesen sind. Das faktische Bündnis des Staates mit den organisierten Gruppen wurde als Fehlentwicklung gekennzeichnet.

Ziel der Neuen Sozialen Frage war aber nicht nur die Beschreibung dieser staatspolitischen Aufgabe. Aus ihr folgte vielmehr auch der Gedanke der *Sozialpflichtigkeit gesellschaftlicher Gruppen.* Wie schon erwähnt, knüpft dieser Gedanke politisch an das Prinzip der Sozialpflichtigkeit des Eigentums an. Diese Sozialpflichtigkeit ist das Ergebnis des für die ganze freiheitliche Gesellschaftsordnung bedeutsamen Versuches, die mit dem Eigentum an Produktionsmitteln verbundenen Probleme wirtschaftlicher und sozialer Macht nicht durch eine Änderung der Eigentumsverhältnisse, also durch Vergesellschaftung zu lösen, sondern durch Einbindung des Eigentumsrechts in den sozialen Gesamtzusammenhang der Rechtsordnung, also unter Aufrechterhaltung des Eigentumsrechtes selbst und damit unter Wahrung eines wichtigen Freiheitsrechts.

Im Zuge der Entwicklung der sozialen Institutionen und der Verstetigung und Verfestigung insbesondere der großen Verbände und Gewerkschaften als autonomer Zusammenschlüsse mußte das für Produktionseigentum kennzeichnende Machtproblem zunehmend auch für solche autonomen gesellschaftlichen Organisationen auftreten, deren Macht nicht auf dem Freiheitsrecht Eigentum, sondern auf der Freiheit zum Zusammenschluß zur Wahrung und Förderung wirtschaftlicher Interessen beruht. Daß auch diese autonomen Gruppen *Macht* ausüben, ist unbestritten. Sie werden zu diesem Zweck gebildet. Daß sich daraus eine besondere Pflicht zur Beachtung allgemeinwohlorientierter Interessen ergeben könnte, war lange ebenso bestritten wie in einem früheren Stadium der Entwicklung der Gedanke bestritten war, daß es eine besondere Sozialpflichtigkeit des Eigentums gebe. Heute ist man sich weitgehend darüber einig, daß alle autonomen gesellschaftlichen Organisationen dann einer *besonderen Pflicht zur Rücksichtnahme auf Belange des Allgemeinwohls* unterliegen, wenn sie mächtig sind.

Kontroversen und Mißverständnisse

Das Konzept der Neuen Sozialen Frage war von Anfang an umstritten. Die Bedenken und Widerstände kamen aus entgegengesetzten Richtungen. Vertreter der klassischen sozialen Anliegen in der CDU, aber auch in anderen Parteien, sahen in der Neubestimmung der Prioritäten gesellschaftspolitischer Fragestellungen den Versuch, die politische Rangfolge sozialer Aufgaben zu verändern und damit zugleich der Fortführung der klassischen Verteilungspolitik und einer weiteren Ausweitung des Volumens der Umverteilung Grenzen zu ziehen. Darin wiederum sahen sie eine Relativierung der Bedeutung der Verteilungspolitik und eine Gefährdung verteilungspolitischer Besitzstände.
An diesen Befürchtungen war richtig, daß die Mannheimer Erklärung die Aufgabe der Sozialpolitik in der Tat nicht länger in der ständigen Ausweitung des Sozialetats sah, sondern in einer *Neustrukturierung* der Sozialausgaben und in einer Verbesserung ihrer Wirksamkeit. Dagegen waren die Befürchtungen, die Union wolle mit dem neuen Konzept das »Netz der sozialen Sicherheit« reduzieren und damit in wesentliche sozialpolitische Besitzstände eingreifen, durch die Mannheimer Erklärung nicht gerechtfertigt. Aber bereits die *Begrenzung* des Wachstums des Anteils der Sozialausgaben am Bruttosozialprodukt wurde in der politischen Auseinandersetzung als soziale Demontage diffamiert. Um dieser Diffamierung entgegentreten zu können und damit die Argumentationslast der Auseinandersetzung zu verringern und zugleich die Bedeutung der sozialen Aufgabenstellung abzusichern, wurde die Neue Soziale Frage der Mannheimer Erklärung von Sozialpolitikern der CDU deshalb vor allem als Aufforderung zur quantitativen Verbesserung der klassischen Sozialpolitik ausgelegt.
Dies wiederum rief Ludwig Erhard auf den Plan – nach meiner Erinnerung zum letzten Mal in einer ordnungspolitischen Debatte. Er äußerte die Befürchtung, daß die Neue Soziale Frage »in der Wirkung lediglich der Auftakt für neue Forderungen und Belastun-

gen des öffentlichen Haushalts sein wird«. Die Aussagen über die Neue Soziale Frage hielt er vor allem deshalb für bedenklich, »weil sie in einem Augenblick geleistet werden, in dem mir genau das Gegenteil richtig zu sein scheint«. Ludwig Erhard war der Überzeugung, der Einsatz von mehr öffentlichen Geldern, mehr Staat, aber weniger persönlicher Verantwortung weise uns einen falschen Weg. Er wolle deshalb »nicht durch Schweigen mitschuldig werden an einer Entwicklung, die auch unsere Partei mehr zum Kollektivismus führt und ihr die Chance verbaut, durch überzeugende Alternativen zur SPD die Wähler zu veranlassen, ihr wieder die Mehrheit im Deutschen Bundestag zu geben«.

Ich habe damals zusammen mit Meinhard Miegel, der mit mir im Konrad-Adenauer-Haus arbeitete, in stundenlangem Gespräch mit Ludwig Erhard über diese Frage diskutiert und versucht, ihn davon zu überzeugen, daß es sich hier nicht um eine neue Verteilungspolitik, sondern um ein ordnungspolitisches Konzept handelte. Ludwig Erhard hörte uns zwar geduldig an, grummelte zum Schluß nur noch, ging dann mit uns in den »Adler« essen; aber er glaubte uns nicht. Heute muß ich hinzufügen: Die nachfolgende Entwicklung hat ihm recht gegeben.

Diese Entwicklung war vor allem durch die wirtschafts- und gesellschaftspolitische Diskussion im Vorfeld des Grundsatzprogramms von 1978 geprägt. Im Entwurf dieses Programms war für den Bereich der Wirtschafts- und Sozialpolitik die bis dahin gültige ordnungspolitische Ausrichtung der Politik zwar nicht abgelöst, aber doch durch neue Begriffe ergänzt worden. Hoher materieller Wohlstand, umfassende soziale Versorgung und soziales Wohlbefinden waren im Entwurf zu den wichtigsten Zielen der Wirtschafts- und Sozialpolitik erklärt worden. Darüber gab es auf dem Grundsatzforum der CDU in Berlin 1977 eine heftige Auseinandersetzung. Sie trug mir, wegen meiner Kritik an dem politischen Ziel sozialen Wohlbefindens den Vorwurf ein, ich hätte CDU-Politik in die Nähe sozialistischer Politik gerückt.

Die Debatte führte dennoch zu einer wesentlichen inhaltlichen Überarbeitung des Entwurfs. Aber die Frage nach der konkreten Ausgestaltung des Verhältnisses von *Selbstverantwortung* und *staatlicher Sozialpolitik* wird auch mit dem Grundsatzprogramm nicht beantwortet. Zwar werden die Grenzen eindeutig definiert, die dem Staat durch das Subsidiaritätsprinzip gezogen sind. Da die Verwirklichung der Freiheit der »eigenverantwortlichen Lebensgestaltung gemäß dem Prinzip der Subsidiarität« bedarf, muß »der Staat auf die Übernahme von Aufgaben verzichten, die der einzelne oder jeweils kleinere Gemeinschaften erfüllen können. Was der Bürger allein, in der Familie und im freiwilligen Zusammenwirken mit anderen ebensogut leisten kann, soll ihm vorbehalten bleiben.« Der Bürger darf »weder in die Rolle des Bevormundeten gedrängt noch zum bloßen Empfänger staatlicher Leistungen erniedrigt werden«.

Solidarität und Subsidiarität: ein ungeklärtes Verhältnis

Bereits bei der Definition der Solidarität und ihres Verhältnisses zur Subsidiarität zeigen sich jedoch die Schwierigkeiten einer Konkretisierung des allgemeinen Subsidiaritätsprinzips. Die soziale Sicherheit beruht auf dem Grundgedanken der Solidarität. Solidarität wiederum heißt, füreinander dasein, weil der einzelne und die Gemeinschaft auf das Miteinander angewiesen sind. Solidarität verbindet die Menschen untereinander und ist Grundlage jeder Gemeinschaft. Gemeinschaftlich werden deshalb die Risiken abgesichert, »die der einzelne allein nicht bewältigen kann«. Aber es wird nicht gesagt, welches die Risiken sind, die der einzelne allein bewältigen oder nicht bewältigen kann, oder nach welchen Gesichtspunkten sie definiert werden können.

Statt dessen heißt es nur allgemein, daß durch die soziale Sicherung keine widerruflichen Almosen und keine kostenlose Versorgung durch eine anonyme Kasse gewährt werden, sondern »es wird für den einzelnen ein Recht auf Sicherheit und Geborgenheit begründet«. Dafür trage jeder mit seiner Arbeit und Leistung dazu bei, »daß die Gemeinschaft aller für den einzelnen eintreten kann. Die soziale Sicherung hat befriedende und befreiende Wirkung.«

Sodann stellt das Programm fest, daß Solidarität und Subsidiarität *zusammengehören*. Der Staat solle dem Bürger eigene Initiative und verantwortete Selbsthilfe im Rahmen des Möglichen erleichtern und »zumuten«. Denn zur Solidarität gehöre auch die persönliche Zuwendung von Mensch zu Mensch. Neben der kollektiven

wird so, zu Recht, die personale Solidarität angesprochen. Aber wiederum fehlen Hinweise darauf, in welchem Verhältnis kollektive und personale Solidarität zueinander gesehen werden.
Auch die Grundsätze einer freiheitlichen Wirtschafts- und Sozialordnung des Grundsatzprogramms vermeiden eine weitere Konkretisierung des Verhältnisses von Solidarität und Subsidiarität. Aufgabe der »sozialen Ordnungspolitik« sei es, die Grundwerte Freiheit, Solidarität und Gerechtigkeit in der Sozialpolitik zu verwirklichen. »Soziale Ordnungspolitik folgt dem Gebot der Subsidiarität. Was die kleine Gemeinschaft aus eigener Kraft leisten kann, darf die größere ihr nicht nehmen.« Zum Verhältnis von Wirtschafts- und Sozialpolitik heißt es dann, ähnlich wie schon in den Düsseldorfer Leitsätzen von 1949:

> Wirtschafts- und Sozialpolitik sind untrennbar miteinander verbunden. Sie begrenzen und ergänzen sich gegenseitig. Eine Wirtschaftspolitik ohne soziale Gerechtigkeit verfehlt den sozialen Frieden und muß zu volkswirtschaftlichen Verlusten führen. Eine Sozialpolitik ohne Rücksicht auf wirtschaftliche Leistungsfähigkeit und wirtschaftliches Wachstum beraubt sich selbst ihrer Einnahmequellen.

Zu den wichtigsten Aufgaben »einer am Menschen orientierten Sozialpolitik« gehört nach Auffassung der CDU der Schutz vor Armut und Not, der soziale Ausgleich vor allem für die Familie, die individuelle Sicherheit durch Absicherung und Vorsorge gegen Wechselfälle des Lebens und die Verbesserung der allgemeinen Lebensbedingungen. Zur Neuen Sozialen Frage heißt es, sie erfordere eine neue soziale Politik:

> Sie ist soziale Ordnungspolitik. Ihre Handlungsprinzipien sind: Die sozialen Leistungen müssen auf die wirklich Hilfsbedürftigen konzentriert werden; durch eigene Leistungen oder Aufopferung für die Gemeinschaft erworbene Rechtsansprüche verdienen besonderen Schutz; die sozialen Leistungen müssen humaner und wirtschaftlicher erbracht und so geordnet werden, daß ihre soziale Wirksamkeit erhöht wird.

Schließlich sei es besser, die Entstehung sozialer Übel zu verhindern als sie nachträglich zu beseitigen. Damit macht die Partei deutlich, daß sie unter der Neuen Sozialen Frage im Grunde eine Fortsetzung der klassischen sozialen Aufgaben der staatlichen Sozialpolitik sieht. Denn der ursprüngliche ordnungspolitische Ansatz, die organisierten Interessen ordnungspolitisch zu domestizieren, steht nunmehr im engen Zusammenhang mit denjenigen Gruppen in der Bevölkerung, die auch nach den Maßstäben der klassischen Sozialpolitik der Hilfe der Allgemeinheit bedürfen.
Dabei sieht die Partei durchaus das Problem, daß sich die Gesellschaft an hergebrachten Maßstäben orientiert, wenn sie beurteilt, was sozial ist. Soziale Ansprüche, die bei ihrer Entstehung gerechtfertigt waren, müßten aber einer laufenden Überprüfung standhalten.

> Dies gilt für die Besitzstände aller sozialen Gruppen, auch im Bereich der Steuervergünstigungen und Subventionen. Soziale Ordnungspolitik wird in Zukunft verstärkt von uns fordern, Prioritäten zu setzen. Gruppen und Verbände schulden eine Begründung, ob ihre Ziele weiterhin die frühere soziale Berechtigung besitzen.

Auch in den Stuttgarter Leitsätzen wird der Gedanke der Subsidiarität wiederaufgenommen. Die Aussagen stehen nunmehr ganz im Kennzeichen der übernommenen Regierungsverantwortung. Es bleibt jedoch bei allgemeinen Feststellungen. Eine Konkretisierung des Verhältnisses von Solidarität und Subsidiarität, von staatlicher Zuständigkeit und Eigenverantwortung in einer politisch handhabbaren Weise wird auch von den Stuttgarter Leitsätzen nicht vorgenommen.

Sozialpolitik durch staatliche Interventionen

Eine solche Abgrenzung ist in den heutigen Strukturen der Sozialpolitik auch nicht zu leisten. Denn die sozialpolitische Gestaltungsfreiheit des Staates umfaßt nach heutiger Sicht der Dinge zweierlei: Einmal die eigene Entscheidung über alle sozialpolitisch relevanten

Verteilungskonflikte. Dies sind im Grunde *alle* Verteilungskonflikte in der Gesellschaft, soweit sich überhaupt ein sozialpolitischer Bezug herstellen läßt. Zum zweiten die Entscheidung darüber, ob der Staat dem einzelnen *Selbstvorsorge* »zumuten« oder sich in Beachtung des Subsidiaritätsprinzips zurückhalten soll.

Beide Aufgaben, die direkte Intervention zugunsten sozialpolitisch definierter Interessen wie die Begrenzung staatlicher Zuständigkeit, liegen in derselben Hand. Hier nun zeigen sich mit aller Deutlichkeit die Folgen einer fehlenden *ordnungspolitischen* Grundsatzentscheidung. Gäbe es eine dem Gesetz gegen Wettbewerbsbeschränkungen vergleichbare gesetzgeberische Festlegung auf die rechtliche Ordnung der Wirtschaft – allgemeiner: Gäbe es eine gesetzgeberische Festlegung auf die *rechtliche* Gestaltung von Koordinationsordnungen auch im Bereich des *Sozialen,* dann wäre die Abwehr neuer Interventionswünsche oder der Abbau bestehender Interventionsbesitzstände wesentlich einfacher. Denn der allgemeine Grundsatz, daß das Koordinationsprinzip Vorrang vor dem Subordinationsprinzip haben müsse, wäre auch für die soziale Ordnung gültig.

So ist die Situation jedoch genau umgekehrt. Für die Sozialpolitik gilt – ungeachtet aller programmatischen Beschwörungen der Selbstverantwortung und der Freiheit des einzelnen – der Grundsatz staatlicher Intervention. Der CDU-Parteitag in Essen 1985 hat mit seinen Beschlüssen über eine Arbeitsplatzgarantie für bisher berufstätige Mütter nur eine weitere Bestätigung dafür geliefert. Damit gibt es nicht nur keinen grundsätzlichen Widerstand gegen neue Interventionsforderungen oder -entscheidungen. Dank der umfassenden Definition des Begriffes »sozial« bietet die Sozialpolitik vielmehr auch ein ideales Einfalltor für Interventionen im wirtschaftlichen Bereich, soweit sich die Einfälle nur sozialpolitisch begründen lassen. Die Barriere, die mit wirtschaftspolitischen Grundsatzentscheidungen gegen staatliche Eingriffe errichtet wurde, läßt sich spielend sozialpolitisch unterlaufen.

Die Untrennbarkeit von Wirtschafts- und Sozialordnung, unter Einschluß des Arbeitsmarktes, erlaubt es, in den Gesamtzusammenhang durch Interventionen einzudringen, solange nur einer der Bereiche für Interventionen prinzipiell offensteht. In unserer gegenwärtigen Wirtschafts- und Sozialordnung stehen zwei Bereiche, der soziale und der Bereich der Arbeit, prinzipiell staatlichen Interventionen offen. Damit entfällt jedoch jede reelle Chance, den dritten durch gesetzgeberische Grundlagenentscheidungen (Gesetz gegen Wettbewerbsbeschränkungen, Artikel 85, 86 der Europäischen Gemeinschaft) geschützten Bereich der Wirtschaft interventionsfrei zu halten oder den Anteil der bestehenden Interventionen abzubauen.

Zugleich wird gewissermaßen eine Prämie für jedes organisierte Interesse ausgesetzt, das sich *sozialpolitisch* definiert. Letztlich heißt dies: Jedes *gesellschaftliche* Sonderinteresse kann seine Verwirklichung durch staatliche Intervention verlangen, wenn es als *soziales Interesse* anerkannt ist. Da der Gesetzgeber durch das schon beschriebene Beziehungsgeflecht mit den organisierten Interessen praktisch verbunden ist und zugleich das Recht hat zu entscheiden, was er als soziales Interesse bewertet – diese Bewertung auch nicht nachprüfbar ist –, ist faktisch jedes *gesellschaftliche* Interesse ein *soziales* Interesse.

In der politischen Handhabung meint das Wort »sozial«, was man im Englischen unter »social« versteht: gesellschaftlich. Vor diesem Hintergrund ist Friedrich August von Hayeks Frage berechtigt, was denn der Begriff »sozial« zusätzlich aussage, wenn er sich mit Begriffen wie »Gerechtigkeit« verbinde. In der Tat macht es wenig Sinn, von gesellschaftlicher Gerechtigkeit oder von gesellschaftlichem Rechtsstaat zu sprechen. Gerechtigkeit oder Rechtsstaatlichkeit sind nur unter Bedingungen der Gesellschaft denkbar. Aber viele der gesetzgeberischen Entscheidungen, die allgemeinen sozialen Zwecken dienen sollen, sind auch nur beschränkt einsichtig.

Daraus folgt: Wir können die Expansivität unserer gesellschaftlichen Strukturen nur überwinden, wenn wir auch im Bereich der *Sozialpolitik* die Grundsatzentscheidung treffen, die Verteilungskonflikte primär rechtlich geordneter Koordination unter den Bürgern selbst anzuvertrauen und dem Staat nur dort eine Zuständigkeit zur direkten Entscheidung zu belassen, wo das Koordinationsprinzip aus objektiven Gründen nicht anwendbar ist. Gelingt uns diese *qualitative* Veränderung unserer Sozialordnung nicht, dann sind auch die Versuche aussichtslos, die anderen Teilbereiche der Gesellschaft im Sinne des Ordnungsdenkens neu zu gestalten. Die neue Sicht der Dinge muß auch für den sozialen Bereich gelten.

Denn aus dem sozialen Bereich im Sinne der Sozialpolitik ist längst der allgemeine gesellschaftliche Bereich geworden.

Bereitschaft zur Reform

Damit stellt sich auch für die soziale Ordnung die Frage nach den politischen Möglichkeiten, das notwendige *qualitative* Wachstum zu bewirken, und nach den Aussichten, den bisherigen Aufgaben der Sozialordnung mit Methoden zu entsprechen, die *gleichgewichtsfähig* sind und deshalb besser. Die Frage nach den Aussichten betrifft – wie auch im wirtschaftspolitischen Bereich – die Einstellung der Menschen selbst und die der organisierten Besitzstände. Beides wiederum wird beeinflußt durch die bisherigen Erfahrungen und die Erwartungen, die mit Veränderungen verbunden werden. So kommt uns auch im sozialpolitischen Bereich die allgemeine Überzeugung zugute, daß wir unsere Gesellschaft der veränderten Wirklichkeit anpassen müssen, auch wenn dies mit Umdenken, mit Anstrengungen und mit Opfern verbunden ist. Denn die Sorgen vor den Auswirkungen der Begrenzungskrise wachsen, auch wenn dies unter der Oberfläche einer friedlichen, in Wohlstand lebenden Gesellschaft nicht immer erkennbar wird.
Die Bereitschaft zur Reform wird auch durch die Einsicht gefördert, daß es so, wie die Dinge gegenwärtig sind, nicht weitergehen könne. Schon 1980 erklärte der SPD-Sozialpolitiker Eugen Glombig auf einer Veranstaltung der Deutschen Angestelltengewerkschaft zum 1. Mai, es setze sich

> immer mehr die Erkenntnis durch, daß das historisch gewachsene System der sozialen Sicherung mit seinen zahlreichen, sich überschneidenden Leistungen und Leistungssystemen und seiner verwirrenden Fülle von Rechtsvorschriften vielfach Lücken, Mehrfachbegünstigungen und Ungerechtfertigkeiten aufweist. Es ist, gemessen am finanziellen Aufwand, nicht effizient genug, und es ist für den einzelnen Bürger schlechthin undurchschaubar geworden. Selbst für den Experten sind seine Belastungs- und Verteilungswirkungen weithin unkalkulierbar.

Wo Belastungs- und Verteilungswirkungen unkalkulierbar sind, läßt sich auch nichts mehr über ihren Gerechtigkeitsgehalt sagen. Ein ständig wachsender Anspruch an das Bruttosozialprodukt für Leistungen, deren Wirkungen unkalkulierbar geworden sind, ist jedoch auf Dauer politisch nicht durchzuhalten. So ist es nicht überraschend, daß auch die moralische Dimension einer Sozialpolitik angesprochen wird, die durch ständige Ausweitung des Sozialbegriffes mehr Erwartungen geweckt hat, als unter demokratischen Bedingungen erfüllbar sind. Wenn es überhaupt einen Grundsatz der Wirtschaftsmoral gäbe, stellte Pater von Nell-Breuning 1981 fest, dann den, »die Erwartungen nicht zu hoch zu schrauben, daß man sie hinterher nicht erfüllen kann«.
Auch der dauernde Verstoß gegen diesen moralischen Grundsatz gefährdet den Zusammenhalt der Gesellschaft. Enttäuschte Erwartungen bedeuten den Verzehr von Vertrauenskapital in der Gemeinschaft. Betroffen ist vor allem das Vertrauen in die Verbindlichkeit der Rechtsordnung und ihrer Wertentscheidung. Wird dieses Kapital verbraucht und nicht erneuert, verliert die Rechtsordnung – ähnlich wie im Bereich der Schattenwirtschaft – ihre moralische Legitimation. Auf Symptome dieses »Kapitalverzehrs« sind wir bereits allenthalben gestoßen. So unterstreichen auch die Wechselwirkungen zwischen dem sozialen System, der politischen und moralischen Legitimation der Rechtsordnung und des Staates und die Einstellung des einzelnen zum Staat die Dringlichkeit einer Erneuerung der sozialen Ordnung.

Anspruchsmentalität und Vertrauensdefizit

Aber nirgends sind die bisherigen Strukturen auch so tief »eingeschliffen« wie im sozialen Bereich. Die lange Gewöhnung an die Vermehrung staatlicher Leistungen und staatlicher Eingriffe in allen wichtigen Bereichen des Lebens hat die Einstellung der Bevölkerung nachhaltig geprägt. Ende 1982 führte das Institut Infratest (im Rahmen der Serie »Stern-Dialoge«) eine Umfrage durch, um Erkenntnisse über die Veränderung des gesellschaftlichen Bewußtseins der Bürger in der Bundesrepublik Deutschland zu gewinnen. Aus der Fülle der Ergebnisse interessiert uns vor allem die Feststellung der Untersuchung, daß der Staat von den Bürgern als »Problemlösungsträger Nr. 1« gesehen wird. Insgesamt 33 Ziele staatlicher und gesellschaftlicher Tätigkeit waren den Befragten mit der Aufforderung vorgelegt worden, sie nach Wichtigkeit zu ordnen und zugleich diejenigen zu bezeichnen, die sie für die Erledigung der jeweiligen Aufgabe für *zuständig* hielten. Nur in wenigen Fällen (Gesundheitsbewußtsein stärken, Selbstverantwortung und Eigeninitiative fördern, zu einer freundlicheren, weniger unpersönlichen Gesellschaft beitragen, mehr Verständnis für Ausländer entwickeln) wurde »jeder einzelne« häufiger für zuständig gehalten als der Staat. In fast allen anderen Bereichen fielen auf den *Staat* die meisten Nennungen. Lediglich bei der Förderung umweltfreundlicherer Produkte hatte die Wirtschaft einen eindeutigen Zuständigkeitsvorsprung. Bei den Aufgaben »Schaffung neuer Arbeitsplätze und Lehrstellen« und »Bewältigung von Rationalisierungsproblemen« kam die Zuständigkeit der Wirtschaft in der Einschätzung der Befragten der des Staates nahe. Die Gewerkschaften wurden in der Mitbestimmungsfrage eher für zuständig gehalten als der Staat. Aber wenn es um wohnliche, menschenfreundliche Städte, um Förderung von Wissenschaft und Forschung, um das gesellschaftliche Verantwortungsbewußtsein bei Forschung und Entwicklung oder um berufliche Weiterbildung und Schulung, um die Förderung von Besitz oder Eigentum, Anreize sich selbständig zu machen, die Verbesserung der Gesundheitsvorsorge oder die stärkere Unterstützung sozial Benachteiligter ging: stets wurde der Staat mit rund 80% und mehr der Nennungen in erster Linie für zuständig gehalten.

Insgesamt wurde dem Staat von 31% der Befragten 0–12mal, von 40% 13–15mal und von 29% 16–33mal die Mitverantwortung für die Verwirklichung wichtiger Ziele zugeschrieben.

Obwohl die Bürger vom Staat im Schnitt mehr erwarten als von allen anderen »Zuständigkeiten«, sich selbst eingeschlossen, besteht ein, so formuliert es die Studie, »eklatantes Vertrauensdefizit« vor allem gegenüber »Politikern, Parteien und Regierung«.

Nur 47% der Befragten glaubten, die großen Parteien seien ernsthaft bemüht, die Interessen der Bürger zu vertreten. 48% stimmten ganz oder überwiegend der Auffassung zu: Die großen Parteien wollen nur die Stimmen der Wähler, ihre Ansichten interessieren sie nicht. Nur 12% der Befragten lehnten diese These völlig ab.

45 % glaubten nicht oder weniger, daß die großen Parteien klare Konzepte zur Lösung wichtiger politischer Probleme vertreten. 73 % waren sogar ganz oder teilweise der Meinung, die Politiker tun zu wenig, um unsere großen Probleme zu lösen. Schließlich warfen sogar 66 % der Bevölkerung (45 % allerdings nur teilweise) den Politikern Korruption vor! Die Verfasser der Studie folgern daraus: »Die Einstufung des Staates als Problemlöser Nr. 1 darf also keineswegs als Urteil über eine tatsächliche Problemlösungsqualität mißverstanden werden!«

Dieser *Widerspruch* ist für die Beantwortung unserer Frage nach der Möglichkeit einer qualitativen Verbesserung der Sozialordnung von erheblicher praktischer Bedeutung. Ich sehe in ihm den Ausdruck einer *Übergangssituation.* Die politische Praxis der vergangenen Jahrzehnte legte dem Bürger nahe, zu jeder relevanten gesellschaftlichen oder politischen Frage oder Entwicklung eine Antwort des Staates zu erwarten. Verbunden mit den Interessen organisierter Gruppen an staatlichen Interventionen und der Bedienung dieser Erwartung durch die politischen Parteien entwickelte sich so eine »Anspruchsmentalität«. Ihre Existenz wird von der Politik heute beklagt.

Andererseits haben die Bürger jedoch, vor allem seit der Mitte der siebziger Jahre, die Erfahrung gemacht, daß das Parlament, die Regierung und die politischen Parteien auf viele neue Probleme keine adäquate Antwort bereithalten und sie auch nicht finden können. Was die Politiker und die Parteien als *Rückzug ins Private* deuten, ist oft nichts anderes als die Folge der zutreffenden Erkenntnis, daß der Bereich, der allgemein als politischer Raum definiert wird, keine Antworten auf neue Fragen weiß und man seine Fragen deshalb an andere Institutionen – oder an sich selbst – stellen muß. Eine Bestätigung dieser Deutung sehe ich in dem Umstand, daß das relativ neue Gebiet des *Umweltschutzes* von weit mehr Bürgern der eigenen Zuständigkeit zugerechnet wird als etwa das Ziel, die Selbständigkeit zu fördern; obwohl doch letzteres weit eher eine eigene Zuständigkeit begründen könnte. Offenbar gibt es eine zeitliche Gewöhnung an staatliche »Leistungsangebote«. Der Umweltschutz ist ein »junges« Thema. Seine Notwendigkeit wurde zudem nicht von staatlichen Institutionen, sondern von Bürgern und ihren Initiativen der Allgemeinheit vermittelt. Eine »Anspruchsmentalität« in bezug auf den Umweltschutz konnte sich deshalb noch nicht entwickeln.

Der »vorpolitische Raum«: eigentlicher Ort politischer Erneuerung

Bei ihrer Deutung des angeblich unpolitischen Verhaltens der Bürger sind die Parteien zudem Opfer des von ihnen definierten Begriffes vom *vorpolitischen Raum.* Mit ihm werden alle gesellschaftlichen Institutionen, Einrichtungen und Organisationen bezeichnet, die nicht politische Parteien sind und somit nicht über das Privileg verfügen, von Verfassung wegen zur Mitwirkung an der politischen Willensbildung des Volkes berufen zu sein und die Abgeordneten für die Wahlen nominieren zu können.

Daß die Ausdehnung dieses Begriffes über den »technischen Bereich« der *Teilnahme* an Politik *auf die Politik* zu nachhaltigen Mißverständnissen führen muß, ist offensichtlich. Der Evangelische Kirchentag oder der Katholikentag sind im materiellen Sinne von Politik ebensowenig vorpolitischer Raum wie Gewerkschaftstage, Unternehmertage und Tagungen anderer organisierter Gruppen. Die Ausdehnung des faktischen Parteienmonopols auf die inhaltliche Politik ordnet deshalb die Parteien in einer Weise dem Staat zu, die sie unfähig werden lassen, noch die Bündelungs- und Brückenfunktion zwischen den Einrichtungen des Staates einerseits und den Wählern und *ihren* Politikbereichen andererseits zu erfüllen, die ihnen von der Verfassung eigentlich zugedacht ist.

Damit werden sie aber in die Enttäuschungen einbezogen, die die Bürger gegen einen Staat empfinden, der sich ständig als Problemlöser anbietet und angeboten wird, ohne die damit verbundenen Erwartungen auch nur im entferntesten erfüllen zu können. Sie werden, jedenfalls von der Mehrheit, nicht mehr als der eigentliche Ort gesellschaftlicher und politischer Innovation angesehen. Daran wird sich auch so lange nichts ändern, wie es den Parteien nicht gelingt, die begriffliche Barriere zum angeblich vorpolitischen Raum abzubauen, zu lernen, wieder zuzuhören und so in Erfahrung zu bringen, welche Gedanken die Menschen sich selbst zu den notwendigen Antworten auf die neuen Fragen gemacht haben. Wie notwendig eine solche Neuorientierung des Selbstverständnisses der politischen Parteien sein kann, hat die CDU in der Landtagswahl in Nordrhein-Westfalen im Mai 1985 schmerzlich erfahren. Erfahrungen dieser Art können jedoch auch hilfreich sein, wenn sie in der richtigen Weise genutzt werden. Nach meiner Überzeugung werden sie dann richtig genutzt, wenn wir Abschied von der Vorstellung nehmen, die bisherige politische Praxis sei im Grundsatz richtig und es fehle nur an der richtigen Vermittlung ihrer Inhalte. Weder die Vermittlung der Inhalte noch die mehr oder weniger wohlwollenden Vermittler sind unser politisches Problem. Die Ursachen für die gegenwärtigen Probleme der Union liegen fast ausschließlich in dem Umstand, daß die Bürger mit dem Begriff »Wende« andere Vorstellungen verbunden haben als die Partei und ihre Führung selbst. Für die Partei lag es nahe, schon im Regierungswechsel die Wende zu sehen. Zwar hat sich mit dem Regierungswechsel im Oktober 1982 auch die Politik verändert. Vor allem die Anstrengungen, die weitere Expansion des Haushaltsvolumens und damit der Neuverschuldung zu bremsen, gehören hierher, aber auch die Bemühungen um eine flexiblere Gestaltung des Arbeitsmarktes. Eine *ordnungspolitische Fortentwicklung* im qualitativen Sinne hat es dagegen bisher nicht gegeben. Sie steht noch aus. Es ist meine Überzeugung, daß sie nur mit dem programmatischen Fundus der Union geleistet werden kann. Denn dieser Fundus hat seine Wurzeln *auch* im Denken in Ordnungen.

Orientierung vermitteln

Ich bin weit davon entfernt, die Schwierigkeiten zu unterschätzen, die mit der Überwindung des Gebirges von Besitzständen verbunden sind, das sich auch in der Union und ihrer Wählerschaft entwikkelt hat. 35 Jahre praktische Politik, die Erfahrungen der großen Koalition und des Kampfes um Mehrheiten lassen sich nicht einfach abstreifen. Das wird auch nicht vorgeschlagen. Worum es geht, ist eine Erneuerung der Grundsatzentscheidungen, des Koordinatensystems selbst, mit dem wir den politischen und gesellschaftlichen Ort aller Fragen bestimmen, die praktisch bedeutsam sind, und damit auch ihr Verhältnis zueinander.

Wenn uns dieses *qualitative Wachstum* unserer politischen Überzeugungen gelingt, können wir auch im bestehenden Dickicht staatlicher und gesellschaftlicher Interventionen und Un-Ordnungen wieder Orientierung vermitteln.
Orientierung ist jedoch das, was letztlich von einer politischen Partei erwartet wird. In Zeiten des Umbruchs ist sie besonders gefragt. Nicht wer sich besser verkauft, sondern wer in schlüssiger und einleuchtender Weise sagen kann, »wo es lang geht«, wird diesem Bedürfnis nach Orientierung gerecht. Der Glaube an die Richtigkeit des Ordnungsdenkens, zu dem Ludwig Erhard die CDU 1957 aufrief, tut auch heute noch not. Erhard war überzeugt, daß vor diesem Ordnungsdenken »unsere Widersacher wieder zuschanden werden«. Diese Überzeugung ist heute so gültig wie damals.
Die Union wird sie brauchen. Denn die Expansivität unserer Gesellschaft und die Begrenzungskrise, die sie erzeugt, muß überwunden werden. Nicht über das Ob, sondern über das Wie wird entschieden. Wer die geistige Energie mobilisieren kann, die für den qualitativen Fortschritt unserer Gesellschaft erforderlich ist, der wird auch das Mandat für die politische Neugestaltung erhalten.

Die Aufklärung der Bürger

Die Erfahrungen mit der staatlich organisierten Umverteilung sind freilich tief eingeschliffen. Jede Diskussion einer Veränderung stößt deshalb auf besondere Empfindlichkeiten und damit Schwierigkeiten. Wie man sich sozialpolitische Umverteilung unter Bedingungen demokratischer Wahlen und ohne Wachstum vorstellen solle, fragte Graf Lambsdorff schon 1977 im Bundestag. Die Frage ist heute ebenso berechtigt, *obwohl* wir bereits erhebliche Umverteilungserfahrungen *ohne* Wachstum hinter uns haben. Deshalb werden diejenigen Kräfte, die die gegenwärtige Politik fortsetzen und die interventionistischen Besitzstände verteidigen wollen, alles unternehmen, um die emotionalen Widerstände gegen eine Reform des Sozialsystems zu mobilisieren. Die Aufgabe wird dadurch nicht einfacher. In keinem Bereich der Politik sind wir alle als Bürger enger durch das unübersehbare Netz aus Interventionen und Subventionen der staatlichen und der organisierten Mächte eingebunden als im sozialen Bereich.

Um so größere Bedeutung hat die *Aufklärung* der Menschen selbst über die Veränderungen, die inzwischen eingetreten sind und die eine Reform der sozialen Ordnung erlauben, ohne daß die Bürger bereits *erworbene Rechte* aufgeben oder auf bisher gewährte staatliche Leistungen verzichten müssen, ohne auch entsprechend entlastet zu werden. Dabei geht es vor allem um Aufklärung: über die *tatsächliche Verbesserung* der Einkommens- und Vermögensverhältnisse der großen Mehrheit der Menschen; über die *Höhe der Lasten* durch Steuern und Abgaben, die die Bürger heute tragen müssen; über die heutige *Struktur der Umverteilung* und ihre Wirkungen für die Bevölkerung. Ohne eine solche umfassende Aufklärung wäre der Versuch einer Reform des Sozialsystems wohl aussichtslos.

Die Leistungsfähigkeit der Privathaushalte

Die Veränderung der Einkommen und Vermögen der Privathaushalte hat Meinhard Miegel untersucht. Was er 1983 als Ergebnis unter dem Titel »Die verkannte Revolution«, vorlegte, kommt für weite Bereiche der Gesellschafts- und Sozialpolitik einem Wegfall der Geschäftsgrundlage gleich. Millionen von starken, leistungsfähigen Haushalten sind seit dem Zweiten Weltkrieg entstanden. Sie sind längst in der Lage, unternehmerische Initiative zu entwikkeln, gesellschaftliche Impulse zu geben oder Lebensrisiken in eigener Verantwortung zu übernehmen. Gleichwohl werden sie für all dies nicht in Anspruch genommen, weil die gegenwärtigen Strukturen der Sozialpolitik ängstlich darauf bedacht sind, sie vor jeder Belastung zu schützen.

Im Grunde besteht entgegen aller politischen Beteuerung auch heute nicht die Absicht, dem Bürger mehr Eigenverantwortung politisch »zuzumuten«. Kürzungen sozialer Leistungen, soweit sie seit 1981 beschlossen wurden, stellen sich als das Ergebnis objektiver Sachzwänge dar, nicht als das Ergebnis eines politischen Reformwillens, nun, da die Leistungsfähigkeit der einzelnen gewachsen ist, auch die wohlfahrtsstaatlichen Aktivitäten entsprechend zu verringern.

Man sieht sich vielmehr mit dem Rücken gegen die Wand der

Staatsverschuldung stehen und gibt den *Druck der leeren Kassen* weiter. Das Verfahren ist nicht nur politisch legitim, sondern auch wirkungsvoll. Es hat nur einen Fehler: Es behält den bisherigen Ansatz der Sozialpolitik bei und verschiebt lediglich – unter Hinweis auf die Haushaltslage und die Bedürfnisse der Unternehmen und des Kapitalmarktes – die Belastungsgrenze. Deshalb ist es nur folgerichtig, wenn sich bereits wieder Stimmen melden, die mehr finanzpolitische Beweglichkeit durch großzügigere Staatsverschuldung fordern oder die Ansicht vertreten, die CDU müsse eine »Kleine-Leute-Politik machen« (so auf dem CDU-Landesparteitag im Saarland im Mai 1985), um wieder Wahlen gewinnen zu können.

Inzwischen wird jedoch offensichtlich, daß der *ordnungspolitische Widerspruch* zwischen der gewachsenen wirtschaftlichen Selbständigkeit der Privathaushalte und einer »Vollkaskopolitik« die Gesellschaft nicht länger befriedet und stärkt, sondern zu schwächen beginnt. Die Bürger öffnen sich deshalb zunehmend der Einsicht, daß ein Weniger an staatlichen Leistungen oft mehr, vor allem aber richtiger sein kann. Auch hier stoßen wir auf die Symptome einer *Übergangssituation.* Wir halten am Alten fest, weil es uns in der Vergangenheit gut gedient hat und bequem geworden ist. Zugleich sagt uns jedoch unsere Gegenwartserfahrung, daß Veränderungen unumgänglich sind. Im nichtstaatlichen Bereich werden sie bereits erprobt. Dort findet in weitaus größerem Umfang ein »Transfer« von Einkommen statt, als uns bekannt ist. Das Feld der *informellen, nichtstaatlichen Sozialpolitik* ist weitgehend unerforscht.

Norbert Blüm wollte im Sommer 1985 durch Umfrage ermitteln, wie viele der Autos und Motorräder vor den Schulen nicht von den Schülern oder ihren Eltern, sondern von den Großeltern bezahlt und unterhalten werden. Die Ergebnisse wären kaum mit dem zu vereinbaren, was die organisierten Interessen über die Lage alter Menschen berichten. Das heißt: Es gibt auch hier Vielfalt. *Alt ist nicht mehr gleich arm.* Als die SPD in Nordrhein-Westfalen ihren Wahlkampf mit der neuen Armut der Rentner bestritt, ergaben Auskünfte der Reisebüros im Ruhrgebiet, daß sich das Reiseverhalten älterer Menschen nicht verändert habe. Die Nachfrage nach Reisen ins Ausland sei nicht zurückgegangen.

Gerade die Vielfalt ist es, die wir deutlich machen müssen. Denn staatliche Sozialpolitik ist auf Einheitlichkeit, auf Standardisierung angelegt. Sie kann Sachverhalte nur schwer unterschiedlich behandeln. Sie kann nicht im Einzelfall »helfen«. Sie soll auch nicht als »Almosen« erscheinen. Sie muß deshalb typische Sachverhalte regeln. Deren Definition öffnet der Ausweitung der staatlichen Leistungen Tür und Tor. Denn es soll nicht als »Diskriminierung« empfunden werden, Leistungen zu erhalten oder nicht zu erhalten. So muß der Staat immer häufiger viele bedienen, um wenigen helfen zu können. Auch dies läßt sich ideologisch rechtfertigen. Das Argument lautet, die Frage nach der individuellen Leistungsfähigkeit der Privathaushalte oder des einzelnen sei mit der Würde des Menschen unvereinbar. So erhalten wohlhabende Haushalte Kindergeld oder Mutterschaftsgeld oder andere Leistungen. Mit wachsender Vielfalt der Wirklichkeit wird der Typenzwang der staatlichen Sozialpolitik immer unwirtschaftlicher und ungerechter. Gemessen an Maßstäben der materiellen Gerechtigkeit wächst die Un-Ordnung.

Meinhard Miegel hat die wichtigsten Ergebnisse seiner Untersuchung der Einkommen und Vermögen in Leitsätzen zusammengefaßt. In ihnen stellt er fest, daß die Haushalte in der Bundesrepublik im internationalen Vergleich zu den Haushalten mit den höchsten Realeinkommen und den größten Vermögen der Welt gehören. Auch die *Verteilung* der Einkommen und Vermögen sei bemerkenswert. Arm ist, wie sich zeigt, in der Bundesrepublik nur noch eine ganz kleine Minderheit. Und selbst ihre Armut ist nur eine *relative* Armut vor dem Hintergrund einer äußerst wohlhabenden Gesellschaft.

Im statistischen Durchschnitt verfügen die Haushalte in der Bundesrepublik 1983

> über monatliche Nettoeinkommen in Höhe von 3400 DM. Das durchschnittliche Pro-Kopf-Einkommen liegt bei rund 1400 DM netto. Hinzu kommen in der Regel beachtliche Einkommen aus der Schattenwirtschaft. Die Hälfte der Haushalte hat monatlich verfügbare Einkommen von wenigstens 1660 DM im Einpersonenhaushalt, 3320 DM im Dreipersonenhaushalt und 5000 DM im Haushalt mit fünf und mehr Personen.
>
> Knapp die Hälfte der Einkommen sind Einkommen aus abhängiger Arbeit. Reichlich ein Viertel sind Unternehmereinkommen, Gewinnentnahmen und Einkommen aus Vermögen. Knapp ein

Viertel sind Transfereinkommen. Das Durchschnittsvermögen des deutschen Haushaltes hat 1983 einen Wert von schätzungsweise 230 000 DM. Das Pro-Kopf-Vermögen liegt bei 95 000 DM. Hinzu kommen Ansprüche gegen die gesetzlichen Versorgungssysteme im Wert von durchschnittlich etwa 130 000 DM pro Haushalt. Unter Einbeziehung der Versorgungsansprüche lebt heute jeder fünfundzwanzigste Bürger in einem sogenannten Millionärshaushalt, über ein Viertel der Bevölkerung in Haushalten mit einem Vermögen von mindestens einer halben Million und etwa drei Viertel der Bevölkerung in Haushalten mit einem Vermögen von mindestens 100 000 DM.

Bezogen auf die Haushaltsgröße sind Haushalte mit zwei bis drei Personen besonders einkommensstark und vermögend. Bei Einpersonenhaushalten finden sich überdurchschnittliche viele besonders wohlhabende und relativ arme Haushalte. Haushalte mit vier und mehr Personen sind wirtschaftlich deutlich schwächer als solche mit zwei und drei Personen.

Im statistischen Durchschnitt besteht rund die Hälfte des Vermögens der privaten Haushalte aus *Haus- und Grundeigentum*, ein knappes Drittel aus Geldvermögen und ein Fünftel aus Sach- und Betriebsvermögen. Hinzu kommt der Wert der Ansprüche gegen gesetzliche Versorgungssysteme. Mit über 50 % des Wertes des sonstigen Vermögens stellt er den bedeutendsten Vermögenswert für den Durchschnittshaushalt dar. Die wohlhabendere Bevölkerungshälfte verfügt über etwa 70 % der von allen Haushalten erzielten Einkommen. Ihr Vermögensanteil liegt bei 80 %. Allerdings verschiebt sich die Einkommens- und Vermögensverteilung zugunsten der weniger wohlhabenden Bevölkerungshälfte.

Im internationalen Vergleich sind Eigentumsquote und Verteilung der Immobilienvermögen in der Bundesrepublik Deutschland gut. Zur Zeit sind etwa 47 % der deutschen Haushalte Immobilieneigentümer. Besonders hoch ist die Eigentumsquote großer Haushalte. Drei Viertel der Haushalte mit fünf und mehr Personen und zwei Drittel der Vierpersonenhaushalte haben ein Haus und Grundbesitz. Auch wirtschaftlich schwächere Haushalte weisen eine beachtliche Eigentumsquote auf.

Die Entwicklung der Einkommen und Vermögen sei in den zurück-

liegenden 30 Jahren »kometenhaft« verlaufen, stellt Meinhard Miegel fest. Vergleichbare Einkommens- und Vermögensanstiege habe es in der bisherigen Geschichte noch nicht gegeben.
Meinhard Miegel bezieht auch die voraussichtliche Zukunftsentwicklung in seine Untersuchung ein. Sollte in den kommenden zehn Jahren die Wirtschaft mit wenigstens 1 % jährlich wachsen, das betraf die Jahre von 1983 bis 1993, dann wären die absoluten Einkommenssteigerungen bis 1993 höher als im zurückliegenden Jahrzehnt. Pro Haushalt läge der Anstieg bei real 10,5 %. Das entspricht einem Einkommenszuwachs von 4000 DM im Jahre 1993. Die Vermögen dürften nach der Vorausschätzung von Meinhard Miegel bei einer solchen Entwicklung um reichlich ein Fünftel zunehmen. Im statistischen Durchschnitt würde sich damit der Wert der Vermögen (ohne den Wert des Versorgungsanspruches) pro Haushalt von 229 000 DM auf etwa 282 000 DM und pro Kopf von 95 000 DM auf etwa 121 000 DM erhöhen. Unter den Vermögensarten werde das *Geldvermögen* im Vordergrund stehen.
Das relative Gewicht der Versorgungsansprüche werde zurückgehen. Auch die Immobilienvermögen werden weiter zunehmen. Voraussichtlich werden 1993 Haushalte mit fünf und mehr Personen zu über 80 %, Vierpersonenhaushalte zu über 70 % und Dreipersonenhaushalte zu annähernd 70 % mit Wohnungseigentum versorgt sein. Damit wäre Anfang der neunziger Jahre eine faktische Vollversorgung mit Wohnungseigentum erreicht.
Für die Politiker bedeutet diese Entwicklung, daß künftig mindestens ein Viertel, vielleicht sogar ein Drittel der Haushalte beachtliche wirtschaftliche und soziale Funktionen übernehmen kann. Ein Viertel bis ein Drittel der privaten Haushalte wird spätestens in einem Jahrzehnt der staatlichen Vor- und Fürsorge entwachsen sein.
Auf einen Blick läßt sich die Entwicklung der Einkommen und Vermögen seit Beginn der Industrialisierung aus den beiden folgenden Schaubildern erkennen.
Zugleich führen uns die Schaubilder die Diskrepanz zwischen unserer heutigen Lebenswirklichkeit und den sozialen Systemen vor Augen. Die sozialen Systeme haben sich – wie wir gesehen haben – in der zweiten Hälfte des 19. Jahrhunderts in ihren Grundzügen ausgebildet und wurden bis Mitte der fünfziger Jahre dieses Jahr-

Entwicklung des Volkseinkommens pro Kopf und Haushalt 1800 bis 2000

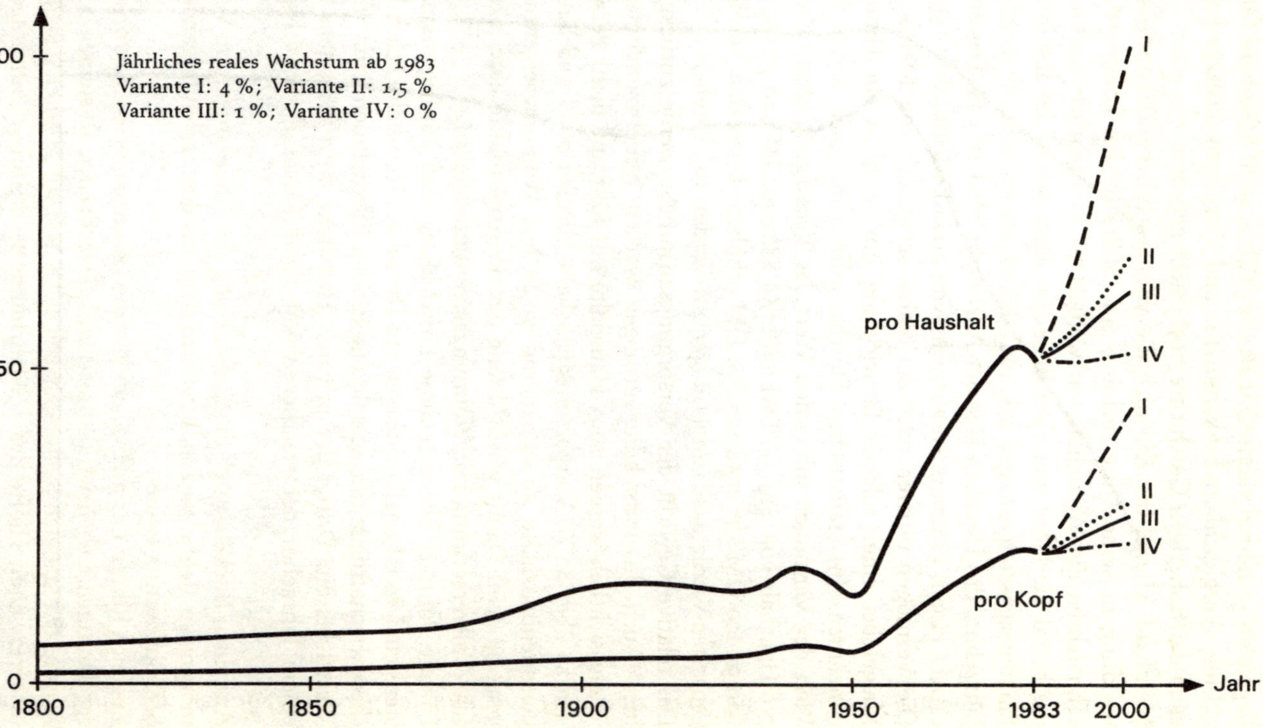

Quelle: IWG, Bonn

Entwicklung der Vermögen pro Kopf und pro Haushalt 1800 bis 2000 (im Geldwert von 1983)

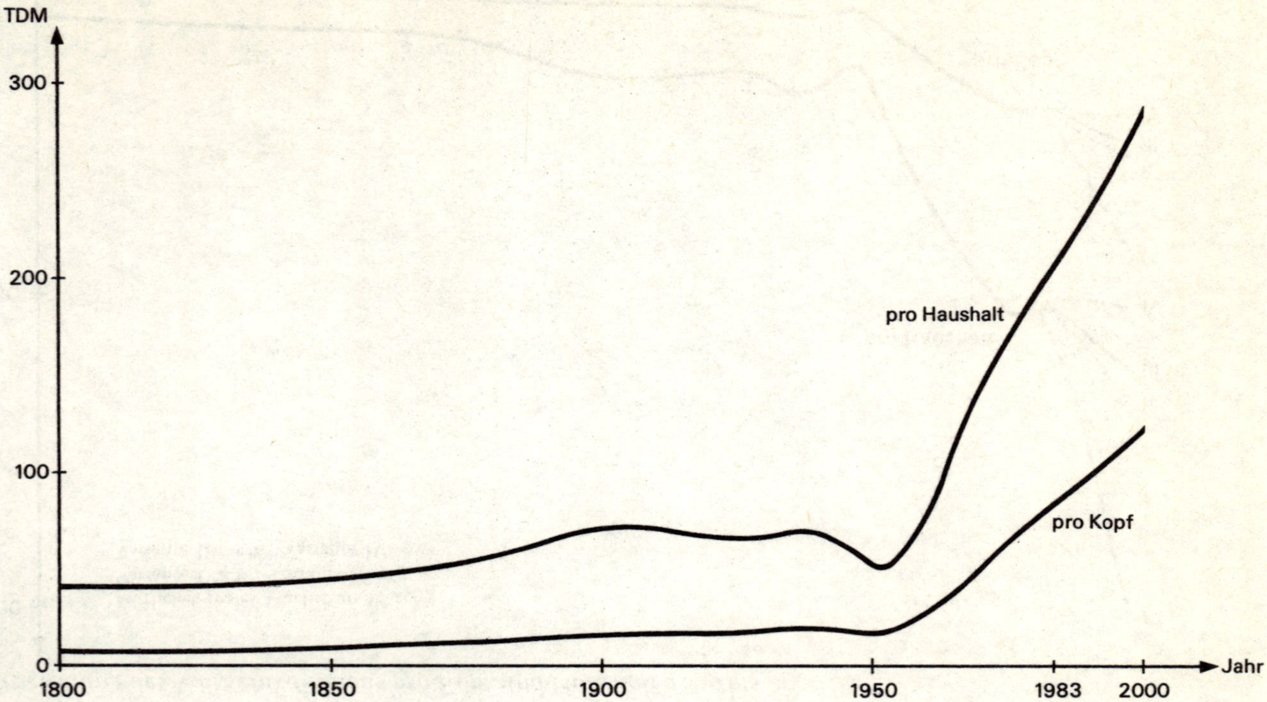

Quelle: IWG, Bonn

hunderts im wesentlichen in ihre heutige Form gebracht. Die Veränderung der Leistungsfähigkeit der Privathaushalte hat jedoch erst danach stattgefunden. Die sozialen Strukturen haben die Anpassung an diese Veränderung noch vor sich.

Die Bedeutung der Sozialen Gleichung

Zur Aufklärung gehört nicht nur die Darstellung der veränderten Leistungsfähigkeit des Privathaushaltes. Die Sozialpolitik ist nur dann »ehrliche Politik«, wenn die Bürger nicht nur erfahren, was die »Politik für sie leistet«, sondern auch erfahren können, was sie dafür bezahlen. Die Aufbringens- und die Leistungsseite, die beiden Seiten der *Sozialen Gleichung,* müssen bekannt sein. Nur wer die Soziale Gleichung kennt, kann beurteilen, ob sie sozial ist.
Das Interesse der Sozialpolitik und ihrer organisierten Besitzstände waren in der Vergangenheit eher darauf gerichtet, diese Kenntnis zu verhindern. Was Politiker am sozialen System interessiere, stellte Pater von Nell Breuning Anfang der achtziger Jahre fest, sei: »Wie können wir das so finanzieren, daß derjenige, der es wirklich bezahlt, es nicht merkt oder daß man überhaupt nicht weiß, bei wem die Belastung hängenbleibt.«
Die Soziale Gleichung wurde und wird bis heute mit Erfolg verschleiert. In Deutschland weiß kaum ein Arbeitnehmer, wie hoch die sozialen Abgaben sind, die er mit seiner Arbeit verdienen muß. Begriffe wie »Arbeitgeberanteil« hindern ihn, zu erkennen, daß auch solche Leistungen aus seiner Arbeit stammen und beim Unternehmer als Lohnkosten seines Arbeitsplatzes erscheinen. In Umfragen konnten deshalb Anfang der achtziger Jahre nur 5 % der Befragten zutreffend angeben, um wieviel sich ihr Nettoeinkommen erhöhen würde, wenn die Abgaben für Renten-, Kranken- und Arbeitslosenversicherung entfielen.
Ebenso klein war der Anteil derer, die eine Vorstellung von der gesamten Leistung hatten, die – einschließlich einer 6 %igen Verzinsung – erbracht wird, wenn man während eines 40jährigen Arbeitslebens monatlich 450 DM zurücklegt, was dem durchschnittlichen Rentenbeitrag entspricht. Von den wahren Lasten des sozialen Systems, die sie selbst als Abgaben tragen und verdienen

müssen, haben die Menschen keine Ahnung. Heddy Neumeister hat schon in den sechziger Jahren die Sozialabgaben als Steuern des kleinen Mannes bezeichnet. Der »kleine Mann« kennt die wirkliche Höhe dieser Steuern nicht.

Das schwächt nicht nur die Fähigkeit der Mehrheit der Bürger zum politischen Widerstand gegen unerwünschte Umverteilung. Die fehlende Kenntnis der Aufbringungsseite läßt die Leistung auch als »Leistung des Staates« erscheinen, die man ohne Gegenleistung erhalten könne. Sie kann deshalb beim Bürger auch kein eigenes Interesse an der sparsamen Inanspruchnahme der Leistung begründen. Denn jede Rückkoppelung durch eine entsprechende Entlastung der Aufbringungsseite der Sozialen Gleichung fehlt. Hier liegt der entscheidende Grund für die Tendenz des sozialen Systems zur Expansion, die wir schon verschiedentlich festgestellt haben. Was sich für den einzelnen Privathaushalt als »kostenlose Leistung«, als Sozialleistung zum Nulltarif, darstellt, wird unbegrenzt nachgefragt. Ein dauerndes Ungleichgewicht der Sozialen Gleichung und damit des sozialen Systems ist die Folge.

Der wahre Umfang der Umverteilung

Die *fehlende Transparenz* des Sozialsystems erzeugt aber auch Illusionen über die tatsächliche Verteilung der Einkommen und Vermögen und der Steuer- und Abgabenlast. An der Aufrechterhaltung solcher Illusionen und Irrtümer gibt es wichtige *politische* Besitzstände. Wer die wahren Sachverhalte nicht kennt, ist politisch leichter beeinflußbar. Unkenntnis und Unwissenheit sind heute die wichtigsten Verbündeten sozialer Vormundschaft.

Tatsächlich wird heute über einen wesentlichen Teil der arbeitenden Bevölkerung »sozial« verfügt, sei es durch staatliche oder durch tarifvertraglich vereinbarte Verfügungen. Würde man den Arbeitnehmer heute so behandeln, wie Ludwig Erhard 1956 den selbständig Erwerbstätigen und die Angestellten mit höheren Einkommen behandeln wollte – und etwa von den gleichen realen Einkommen und damit der gleichen Leistungsfähigkeit ausgehen –, so müßte der großen Mehrheit der heute »unselbständig Beschäftigten« das gesamte Einkommen ausgezahlt und damit zur eigenen Verfügung überlassen werden. Das gesamte Einkommen wäre dabei der Betrag, den der Arbeitgeber aufwenden muß, um den Arbeitnehmer zu beschäftigen. Das heißt: nicht nur das sogenannte Bruttoeinkommen des Arbeitnehmers, sondern auch der Betrag, den der Arbeitgeber *zusätzlich* zum Bruttoeinkommen des Arbeitnehmers aufwenden muß. Die Höhe dieser sogenannten Lohnnebenkosten ist, je nach tarifvertraglich vereinbarten Leistungen, unterschiedlich. Gesetzliche, tarifliche und betriebliche Personalkosten zusammengenommen betragen rund 80 % des Bruttolohns.

Ein Arbeitnehmer mit einem Bruttolohn von heute 2500 DM hätte dann rund 180 % dieses Betrages oder rund 4470 DM pro Monat zur Verfügung. Er würde, wie heute ein *Selbständiger* mit dem gleichen Einkommen, seine Steuern und Versicherungen bezahlen, gegen Einkommensausfall durch Krankheit, Verlust des Arbeitsplatzes oder Mutterschaft vorsorgen, seine sonstigen gesetzlichen Abgabenverpflichtungen erfüllen und seinen Urlaub planen und finanzieren. Im übrigen wäre er in der Lage, sich bei der Erfüllung dieser Aufgaben die für ihn und seinen Privathaushalt günstigste Form der Risikosicherung und Vorsorge selbst auszuwählen und zu gestalten. Dabei würde vom Facharbeiter mit entsprechender Verantwortung im Betrieb oder vom Angestellten nicht mehr verlangt als vom Kaufmann um die Ecke oder vom Schuster oder vom Inhaber der chemischen Reinigung oder einer Änderungsschneiderei. Niemand wird ernsthaft behaupten wollen, daß diese typischerweise eher in der Lage seien, derartige private Planungen vorzunehmen und durchzuführen als jene. Beide haben häufig die gleiche Schulbildung, vergleichbare Einkommen und vergleichbare Vermögen. Was sie unterscheidet, ist *allein* der Umstand, daß der Facharbeiter im Betrieb »abhängig« Beschäftigter ist und der Änderungsschneider »unabhängiger« Beschäftigter. Und daß sich um den Tatbestand »abhängig Beschäftigter« eine gewaltige Sozialbürokratie und ebenso gewaltige Interventions-, Betreuungs- und Bevormundungsbesitzstände gebildet haben, deren Interesse darauf gerichtet ist, den Tatbestand der »abhängigen« Beschäftigung unter allen Umständen aufrechtzuerhalten. Deshalb schildern sie die Gefahren des Wunsches nach Unabhängigkeit in so grellen Farben, daß es kaum jemand wagt, darüber ernsthaft politisch zu diskutieren.

Die betroffenen Bürger selbst suchen sich ein Stück ihrer Unabhängigkeit im Schatten der legalen Ordnung. Die Sozialbesitzstände tolerieren diese Entwicklung, weil sie auch der Erhaltung ihrer Bevormundungsbesitzstände dient. Denn tatsächlich bezieht sich das »unselbständig« des »abhängig« Beschäftigten heute längst nicht mehr nur auf sein Verhältnis zum Arbeitgeber. Dort ist die Selbständigkeit so groß wie der Wert der Leistung, die erbracht wird und der Grad an selbständiger Mitwirkung, die sie voraussetzt. Die »Unselbständigkeit« des Arbeitnehmers ist heute auch eine Beschreibung seines Verhältnisses zum Sozialsystem und der wirtschaftlichen Macht, die dieses besitzt. Wer über rund 60 %* eines Einkommens von 4470 DM fremd verfügt – und sei es ausschließlich zum Schutz des Betroffenen –, der übt soziale Macht über ihn aus.

Deshalb wird auch jeder Versuch, die *Verfügungsfreiheit* der »abhängig« Beschäftigten über ihr Einkommen zu erweitern, auf den erbitterten Widerstand der Sozialbürokratien und der organisierten Sozialbesitzstände stoßen. Ihnen wird mit der Möglichkeit, an der Verteilung des Sozialbudgets und der Sozial-»Leistungen« im bisherigen Umfang mitzuwirken, ein Stück »Verfügungskapital« genommen. Ihre *soziale* Macht wird begrenzt.

Sie werden sich deshalb ebenso verhalten wie *markt*beherrschende Unternehmen sich verhielten, als es darum ging, deren Marktmacht zu beschränken. Auch die marktmächtigen Unternehmen waren überzeugt, ihren Markteinfluß allein zum Wohle des Marktes und der Allgemeinheit auszuüben. Der berühmte Satz »Was gut ist für General Motors, ist gut für die Vereinigten Staaten« war nicht Ausdruck kapitalistischen Zynismus, sondern wirkliche Überzeugung. Viele marktmächtige Unternehmen und ihre öffentlichen Anwälte sahen deshalb in Beschränkungen ihrer Handlungsfreiheit durch das Gesetz gegen Wettbewerbsbeschränkungen eine Art Enteignung.

Der Vorgang wird sich bei den *sozial*mächtigen »Unternehmen« wiederholen. Auch sie werden in dem Versuch, durch ein Gesetz

* Bei 4470 DM Gesamtkosten des Arbeitsplatzes und bei einer Entlohnung von 2550 DM brutto pro Monat betragen die gesetzlichen, tarifvertraglichen und betrieblichen Personalzusatzkosten 1970 DM, die Sozialabgaben des Arbeitnehmers 438 DM, die Lohnsteuer des Arbeitnehmers 425 DM, so daß dem Arbeitnehmer ein Nettoeinkommen von 1687 DM oder 37,7 % jener Gesamtkosten verbleibt, die der Arbeitsplatz dem Arbeitgeber verursacht.

zur Verwirklichung der Subsidiarität mehr Wahlfreiheit ihrer »Kunden« und mehr Wettbewerb im »Sozialmarkt« zu gewährleisten, eine Art Enteignung ihres »Verfügungskapitals« und ihrer Autonomie sehen. Ebenso wie die Produzentenkartelle in den zwanziger und die marktbeherrschenden Unternehmen in den fünfziger und sechziger Jahren – aber auch wie etwa heute die öffentlich-rechtlichen Rundfunk- und Fernsehanstalten – werden sie die Forderung nach mehr Offenheit, Wettbewerb und Vielfalt als eine Gefährdung der Bürger diffamieren, die sie bisher betreut haben. Sie werden behaupten, von den Bürgern würden durch diesen »Sozialabbau« Leistungen verlangt, die sie nicht erbringen könnten. Durch den »Zwang«, zwischen mehreren Alternativen wählen zu müssen, würden sie überfordert. Das »Leistungs«-Niveau würde drastisch absinken. Sie würden der Willkür eines »Sozial-Darwinismus« ausgeliefert. Die Gemeinschaft werde durch Dezentralisation und Vielfalt entsolidarisiert. Der Egoismus des einzelnen und der Starken werde die Solidarität mit den Schwachen aushöhlen und so weiter.

In Wirklichkeit geht es bei all diesen Argumenten nicht um die Interessen der bisher betreuten Bürger, sondern um die der *betreuenden Besitzstände* selbst und derjenigen, die es zu ihrem Beruf gemacht haben, andere sozial zu verwalten. *Sie* sind betroffen, wenn die Wahlmöglichkeiten erweitert, die Strukturen offener gestaltet und die Gestaltungsformen vermehrt werden, die den Privathaushalten und den kleinen Lebenskreisen zur gemeinschaftlichen Vorsorge zur Verfügung stehen: *Sie* müssen umlernen, neue Aufgaben übernehmen, das heißt, den Strukturwandel bestehen. Die Führungen müssen *ihre* Funktionärskader von der Notwendigkeit überzeugen, eingefahrene Gleise zu verlassen und neue und andere Aufgaben zu leisten.

Ginge es wirklich um das Wohl der Bürger als »Leistungsempfänger« des sozialen Systems, gäbe es längst eine Diskussion darüber, wie man den abhängig Beschäftigten mehr Selbständigkeit sichern und den fremdverfügten Einkommensanteil verringern, wie man mehr Wahlfreiheit schaffen und mehr Selbstorganisation und Selbstanpassung im sozialen Bereich gewährleisten könnte. Tatsächlich werden von den organisierten Besitzständen jedoch nicht solche Forderungen erhoben, sondern mehr Mitbestimmung *durch Reprä-*

sentation, das heißt eine *Ausweitung* der Zuständigkeit der Funktionäre gefordert. Jede Ausweitung der Mitbestimmung *durch Vertretung* bedeutet jedoch eine entsprechende *Verringerung* der Selbstbestimmung der Bürger in dem betroffenen Bereich. Denn die Organisation durch organisierte Vertretung schließt die Selbstorganisation des gleichen Sachverhaltes aus.
Der Konflikt zwischen *privatrechtlicher Selbstorganisation* und *staatlicher Intervention*, dem wir bereits begegnet sind, kehrt hier wieder als Konflikt zwischen subsidiärer, also privatrechtlicher Organisation der Risikobewältigung durch die Bürger und den Interventionen der Sozialbürokratie, dem Sozialstaat und den Sozialbesitzständen. Es ist der Konflikt zwischen verantworteter Freiheit des einzelnen im Rahmen der sozialen Ordnung und der betreuten Sicherheit durch das gegenwärtige, interventionistische Sozialsystem. Wir müssen ihn – wenn wir die Begrenzungskrise des Sozialstaates überwinden wollen – ungeachtet aller Widerstände zugunsten der verantworteten Freiheit in der sozialen Ordnung entscheiden.

Das Umverteilungskarussell

Eine solche Entscheidung ist nicht möglich ohne die Bereitschaft einer Mehrzahl der Bürger, sie zu tragen. Die soziale Ordnung muß eine mehrheitsfähige Ordnung sein. Wenn die Bürger mitentscheiden sollen, müssen sie wissen, *worüber* sie entscheiden: was heute ist und welche Weiterentwicklung notwendig erscheint. Für ihre »mündige« Mitwirkung an der politischen Gestaltung der sozialen Ordnung sind sie deshalb auf Information angewiesen. Die Transparenz der Sozialen Gleichung und des Umfangs der Subventionen und der Umverteilungen sorgt dafür, daß sie sie erhalten.
Manche Wahlkampfparole der zurückliegenden Jahre war überhaupt nur wirksam, weil es an dieser Transparenz fehlte. So weiß die Bevölkerung weder über den Umfang der direkten Besteuerung genauer Bescheid noch über die Verteilung der Steuerlasten. Hoffnungen, man könne die eigene Lage durch politisch bewirkte Umverteilung zu Lasten »der Reichen« verbessern, ließen sich politisch wesentlich schwerer begründen, wenn die Kenntnis der tat-

sächlichen Verteilung der Steuerlast Allgemeingut wäre. 1984 zahlten von den rund 22 Millionen »Verdienern« (steuerlich gemeinsam veranlagte Eheleute werden als ein Steuerpflichtiger gezählt) 3,4 Millionen oder rund jeder sechste keine Lohn- und Einkommensteuer. Ihre Jahreseinkommen lagen nach Abzug aller Freibeträge unter der Besteuerungsgrenze. In der Proportionalzone mit einem festen Steuersatz von 22 % lagen 8 Millionen oder 36 % der »Verdiener«. Ihr Beitrag zum Steueraufkommen von rund 163 Milliarden DM betrug 12,7 %. 10,5 Millionen mittlere und gute »Verdiener« (rund 45 % aller Verdiener) trugen 71,7 % und die rund 100 000 Spitzenverdiener (also 0,4 % aller Verdiener) trugen rund 15,6 % zum Gesamtsteueraufkommen aus Lohn- und Einkommensteuer bei. Das heißt, die rund 100 000 »Reichen«, die nach den Vorstellungen der SPD höher besteuert werden müßten, zahlten im Jahre 1984 4,7 Milliarden DM mehr Lohn- und Einkommensteuer als die 8 Millionen »einfachen Verdiener«, deren Stimmen die Sozialdemokraten mit ihren Umverteilungsversprechen vor allem gewinnen wollen.

Jedem, der diese Zahlen auf sich wirken läßt, wird alsbald deutlich, daß solche Umverteilungsversprechungen offensichtlich uneinlösbar sind.

Rechnet man die Sozialabgaben in den Umverteilungskreislauf mit ein, so wird vollends klar: Der überwiegende Teil der Umverteilung, sowohl dem Kreis der Betroffenen wie dem umverteilten Betrag nach, findet innerhalb des Bereiches statt, dem die einfachen, die mittleren und die guten Verdiener angehören. Längst sind die Zeiten vorbei, in denen man plausibel von einer klassenorientierten Umverteilung sprechen konnte. Heute gehen die Verteilungskonflikte und die Umverteilungswirkungen quer durch alle Bevölkerungsschichten. Ihre »Vorteile« und »Nachteile« im Verteilungskarussell sind durchaus unterschiedlich. Sie wechseln mit den Einkommen, aber auch mit dem Alter. So betrug das Bruttoerwerbs- und -vermögenseinkommen der 5,5 Millionen Angestelltenhaushalte in der Bundesrepublik 1983 pro Haushalt im Monat 6263 DM. Nach der staatlichen Umverteilung blieben davon noch 3883 DM oder gut die Hälfte übrig. Im einzelnen stellen sich die »Gewinner« und »Verlierer« des Transferkarussells nach einer Aufstellung des deutschen Instituts für Wirtschaftsforschungen wie folgt dar:

Staatlicher Umverteilungsprozeß 1983 (Milliarden DM)

Zahl der Haushalte (in Mio.)	8.8 Rentner	1.0 Pensionäre	1.9 Selbständige	5.7 Angestellte	1.6 Beamte	5.9 Arbeiter
Leistungen vom Staat erhalten	190.4	39.9	22.9	30.5	10.2	36.7
darunter: Renten und öff. Pensionen	137.8	32.7	3.3	4.1	0.7	3.9
Arbeitslosenvers. und -hilfe Sozialhilfe	5.2	0.5	0.4	9.5	0.4	15.8
Kindergeld	0.9	0.1	2.0	3.9	1.5	6.1
Leistungen an den Staat	33.8	14.0	84.5	189.4	34.2	163.1
darunter: Direkte Steuern	6.7	5.4	44.2	59.3	16.2	37.9
Sozialbeiträge	5.0	0.7	16.4	44.5	3.3	43.9
Saldo aus dem Umverteilungsprozeß	+156.6	+25.9	−61.6	−158.9	−24.0	−127.0
Pro Haushalt	+17797.–	+25268.–	−32870.–	−28574.–	−15464.–	−21348.–

Quelle: Deutsches Institut für Wirtschaftsforschung/iwd

In diesen und anderen Zahlen werden die Grenzen manifest, die einer Fortsetzung der bisherigen Politik gezogen sind. Wenn sie nicht geändert wird, wird die Abgabenlast der Arbeitnehmer weiter steigen. Das IWG schätzte die Fortentwicklung in seiner Rentenstudie 1981 so ein, wie das nebenstehende Schaubild zeigt.

Es ist offensichtlich, daß die Mehrheiten, auf die die Sozialpolitik auch in Zukunft angewiesen sein wird, im Laufe dieser Entwicklung immer unsicherer werden müssen. An irgendeiner Stelle werden sie sich dann verweigern. Auch diese Aussicht trägt zur wachsenden Instabilität und zum Legitimationsverlust der sozialen Ordnung bei.

Die Belastung der Arbeitnehmer mit Steuern und Sozialabgaben 1950–2030

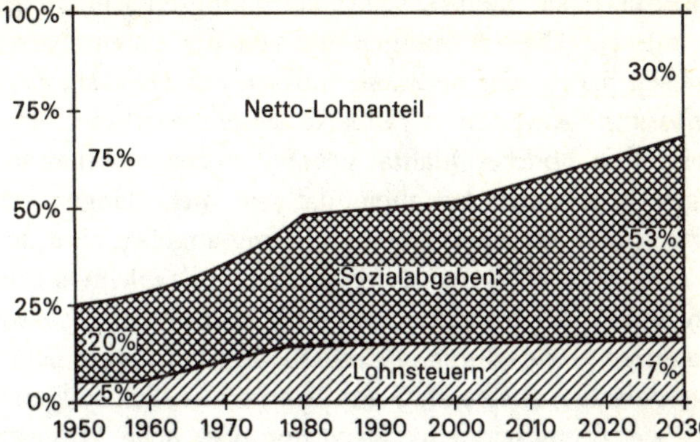

Quelle: Statistisches Bundesamt und Berechnung des IWG, Bonn

Grundsätze sozialer Ordnungspolitik

Die *Expansivität der gegenwärtigen sozialen Ordnung* und ihre Instabilität können wir überwinden, wenn wir die ordnungspolitischen Grundsätze, die für die Gesamtordnung gelten sollen, auch im Bereich des Sozialen anwenden. Im Grunde geht es um die Verwirklichung der Grundsätze der *sozialen Ordnungspolitik*, von der das Grundsatzprogramm der CDU von 1978 spricht. Die Ansätze für eine solche Problemlösung sind in den Grundlegungen von Alfred Müller-Armack ebenso enthalten wie in den programmatischen Aussagen der CDU zum Subsidiaritätsprinzip. Worauf es – wie im Bereich der Wirtschaft allgemein – ankommt, ist:

1. Die heutigen Gemengelagen staatlicher Umverteilungsregelungen und staatlicher und gesellschaftlicher Interventionen müssen abgebaut und durch rechtliche Ordnungen abgelöst werden, die in der Lage sind, die erheblichen Lebensrisiken der Menschen in einer gleichgewichtsfähigen Weise auf der gesellschaftlichen Ebene abzusichern. Diese Ordnungen müssen dem Subsidiaritätsprinzip wie dem Grundsatz der Solidarität entsprechen. Sie müssen anpassungsfähig sein. Sie dürfen keine Manipulationsmöglichkeiten

durch staatliche oder gesellschaftliche Interventionen bieten. Sie müssen die staatlichen Entscheidungsträger zugleich von der Notwendigkeit befreien, dauernd selbst Verteilungsentscheidungen fällen zu müssen. Die Ordnungen müssen die Eigenschaften von Regelkreisen haben; das heißt, sie müssen zur *Selbststabilisierung* und *Selbstanpassung* an veränderte gesellschaftliche Umstände fähig sein. Ihre höhere Qualität gegenüber den bestehenden Einrichtungen muß darin bestehen, daß sie nicht länger *expansiv strukturiert*, also auf ständige Ausdehnung angelegt sind und deshalb – wie etwa beim System der gesetzlichen Krankenversicherung – nahezu unbeweglich werden, wenn die erforderliche Ausweitung der Einnahmen, sei es durch wirtschaftliches Wachstum oder Erhöhung der Beiträge, ausbleibt. Sie müssen schließlich so konstruiert sein, daß sie die individuelle Gestaltung oder doch Mitgestaltung des Umfangs der Sicherung im konkreten Fall zulassen. Sie müssen also Vielfalt ermöglichen, um damit der inzwischen entstandenen Vielfalt der Bedürfnisse entsprechen zu können.

2. Die direkten staatlichen Leistungen werden auf die Bereiche der Sicherung von existentieller Not, vor allem also die Sozialhilfe, beschränkt. Auch hier muß der Grundsatz der Entscheidungsnähe gelten, das heißt der Dezentralisation. Wie wir gesehen haben, läßt sich das Existenzminimum, das die Gemeinschaft in Erfüllung ihrer Solidaritätspflicht jedem gewährt, vergleichsweise objektiv bestimmen.

Im übrigen beschränkt sich die Aufgabe des Staates auf die *Sicherung der Einhaltung der rechtlich geregelten Ordnungen* im sozialen wie in anderen Bereichen. Die konkreten Entscheidungen über Beiträge zu den Sicherungssystemen und den effektiv entnommenen Leistungen bilden sich innerhalb der geregelten Ordnungen selbst. Nicht das Parlament entscheidet über die jeweilige Leistungshöhe. Die Entscheidungen fallen in den gesellschaftlichen Einrichtungen, in denen sich Subsidiarität und Solidarität praktisch entfalten.

Damit wird für den *gesamten Bereich* der Sicherung der Bürger vor den wesentlichen Lebensrisiken staatliche Intervention durch rechtlich dauerhaft geordnete, gleichgewichts- und anpassungsfähige Ordnungssysteme abgelöst. Die rechtliche Ordnung tritt an die

Stelle der staatlichen Ordnung. Die Rolle des Bürgers wandelt sich vom Leistungsempfänger zum Teilnehmer am jeweiligen System. Er kann auf die effektiven Leistungen und auf seine Beiträge in bestimmtem Umfang Einfluß nehmen. Der Zusammenhang zwischen Anspruch und Leistung wird wieder sichtbar. Damit kann er auch wieder eine steuernde Wirkung entfalten.

Die Umsetzung dieser Prinzipien in praktische Systeme wird eine Menge Phantasie erfordern. Was der Sachverständigenrat für die Überwindung der Ursachen der Schattenwirtschaft festgestellt hat, gilt auch hier. Ähnlich wie im Arbeitsmarkt oder im Umweltschutz müssen neue Methoden und Instrumente entwickelt werden. Der damit verbundene zusätzliche Aufwand an »Energie« und Kosten gehört zu den Leistungen, die für ein qualitatives Wachstum der Gesellschaft und ihrer Anpassungsfähigkeit erbracht werden müssen. Mit Hilfe der entwickelten Methoden und Verfahren wird die staatliche Anpassung der jeweiligen Systeme durch die Selbstanpassung abgelöst. Je besser die praktische Umsetzung, um so elastischer, bedarfsgerechter und damit auch wirksamer werden die Mittel eingesetzt werden, die der Sicherung der Bürger vor Risiken dienen, die sie nicht selbst tragen können.

Dabei wird sich das Verhältnis von *Subsidiarität und Solidarität*, im Rahmen vorgegebener Spielräume, ebenfalls den konkreten Bedürfnissen des Einzelfalls anpassen. Die Gemeinschaft leistet den solidarischen Teil der Sicherung, der einzelne oder der Privathaushalt den subsidiären. Die Bereitschaft, selbst einen Teil des Risikos zu tragen, wird durch entsprechend geringere Beiträge des einzelnen zur Gemeinschaftsleistung anerkannt. Grundlasten, die die Gemeinschaft für alle übernimmt, werden nicht aus Beiträgen, sondern aus Steuern finanziert. Die »Beitragsgerechtigkeit« im Sinne gerechter Lastenverteilung wird dabei durch die Besteuerung nach Leistungsfähigkeit gesichert, soweit die Grundlasten durch direkte Steuern finanziert werden. Soweit sie durch indirekte Steuern finanziert werden, lassen sich unerwünschte Umverteilungswirkungen durch den horizontalen Finanzausgleich korrigieren, der im Rahmen eines reformierten Familienlastenausgleichs unter den Privathaushalten stattfindet und die heute bestehende Vielfalt und Unübersichtlichkeit von Ausgleichs- und Subventionszahlungen ablöst. Durch das Mittel der »Negativsteuer« läßt er sich in das Steuersystem integrieren.

Die gesetzliche Rentenversicherung: ein Beispiel

Es ist im Rahmen dieses Buches nicht möglich, diese Grundsätze auf jedes der wichtigen Sozialsysteme und auf die sonstigen Bereiche der Sozialpolitik anzuwenden. Deshalb beschränke ich mich auf das Beispiel der gesetzlichen Rentenversicherung. Sie ist das wichtigste und umfangreichste System der sozialen Sicherheit. Die meisten Menschen sind an ihm beteiligt und auf die gesetzliche Rente angewiesen. Es hat zugleich den größten Bedarf an langfristiger Vorhersehbarkeit bei gleichzeitiger Anpassungsfähigkeit an veränderte Bedingungen.

Wie ein Volk die wirtschaftlichen und sozialen Beziehungen zwischen den Generationen ordnet, sagt mehr über seine Wirtschafts- und Gesellschaftsordnung aus als fast alle anderen gesellschaftlichen Institutionen. Das gilt für weniger entwickelte Gesellschaften ebenso wie für die moderne Industriegesellschaft. Denn in jeder auf Dauer angelegten Gemeinschaft muß die Frage beantwortet werden, wie die arbeitende Bevölkerung für die nicht mehr arbeitende Bevölkerung sorgt und wie sie die Lasten verteilt, die durch die Versorgung der noch nicht arbeitenden Bevölkerung entstehen. Die Abfolge der Generationen in der Kontinuität des Ganzen wirtschaftlich zu gestalten ist eine zentrale Aufgabe der Politik.

Unser Volk hat sie, als Antwort auf die Folgen der Industrialisierung, mit dem Familienlastenausgleich und der Sozialversicherung gelöst. Dabei stand die Erfahrung Pate, die wir seit Beginn dieses Jahrhunderts mit zwei Inflationen gesammelt haben. Sie lehrten uns, daß von allen Institutionen der Altersvorsorge der Staat die zuverlässigste sei. Die staatliche Alterssicherung in Gestalt der Sozialversicherung von 1957 ist die bis heute gültig gebliebene Antwort auf diese Erfahrung.

1. Die Rentenreform von 1957 mit ihrem Herzstück, der bruttolohnbezogenen Altersrente, bestimmt unser *gesetzliches Alterssicherungssystem.* Sein Anwendungsbereich wurde ständig erweitert. Damit wuchs seine Komplexität, die Undurchschaubarkeit seiner Regelungen. Wie es funktioniert, können nur noch wenige Experten erklären.

Die Bevölkerung weiß nur um die Unverzichtbarkeit der gemeinsam organisierten Sicherheit im Alter und um die Notwendigkeit, dafür während der Dauer des eigenen Arbeitslebens Leistungen zu erbringen. Was mit diesen Leistungen geschieht, wie sie mit der für das eigene Alter zu erwartenden Rente zusammenhängen, von welchen Bedingungen die Einlösungen dieser Erwartungen abhängt, welcher Zusammenhang zur nachwachsenden Generation, zur Geburten- und Bevölkerungsentwicklung besteht, ist der großen Mehrheit ein Buch mit sieben Siegeln. Sie erwartet nicht, es entziffern zu können. Was sie erwartet, sind sichere Renten, ein angemessenes Alterseinkommen als Lohn für ein langes Arbeitsleben, kurz: Sicherheit im Alter.

In den letzten Jahren ist diese Sicherheit zunehmend »ins Gerede gekommen«. 67 % der im Frühjahr 1985 von der Forschungsgruppe Wahlen befragten Bürger glaubten nicht, daß die Renten auch in 20 Jahren noch sicher sind. Auf die Frage, ob es ihnen, wenn sie selbst einmal Rente beziehen, genauso gut gehen werde wie den Rentnern heute, schlechter oder besser, antworteten 62 %, es werde ihnen schlechter gehen. In diesen Zahlen spiegeln sich einmal die Erfahrungen mit der Rentenentwicklung seit Mitte der siebziger Jahre wieder. Real sind die Renten aus der gesetzlichen Rentenversicherung heute kaum höher als 1976. Allerdings sind auch die realen Nettolöhne der Arbeitnehmer im Jahre 1985 kaum höher als 1977, so daß Renten und Arbeitseinkommen sich durchaus gleich entwickelt haben. Zum anderen hat jedoch die Diskussion um die langfristige Sicherheit der Renten im Rahmen des gegenwärtigen Systems und die zunehmende Politisierung des Generationenvertrages im Streit zwischen Regierung und Opposition viel zur Verunsicherung beigetragen.

2. Wie die Studie des Instituts für Wirtschafts- und Gesellschaftspolitik (IWG) von 1981 »Sicherheit im Alter, Plädoyer für die Weiterentwicklung des Rentensystems«, zeigt, besteht aller Anlaß, sich grundsätzlich mit der gesetzlichen Alterssicherung zu befassen. Wie der Name sagt, ist die bruttolohnbezogene *dynamische* Rente auf Expansion angelegt. Sie ist ein Produkt der expansiven Phase der Nachkriegspolitik. Die Expansivität, die uns immer wieder beschäftigt hat, ist mit ihr gewissermaßen zum Prinzip erklärt. Was jedoch zunächst als Teilnahme der älteren Menschen am allgemeinen Zuwachs des Wohlstandes gedacht war, hat sich im Lauf der Zeit

verselbständigt. Die Entkoppelung der Rentenversicherung vom Familienlastenausgleich und die Fortschreibung der bruttolohnbezogenen Rentenformel ohne Rücksicht auf die Bedeutung von Bevölkerungsstruktur, Wirtschaftswachstum und Entwicklung der Steuern und Abgaben für die Arbeitseinkommen der Menschen waren die Folge. Beides hat zu den Schwierigkeiten beigetragen, vor denen wir heute stehen.

Obwohl man auch 1957 den Zusammenhang zwischen den beiden Aufgaben der arbeitenden Generationen kannte, das Alter zu sichern und für die Nachkommenschaft zu sorgen, zog die Rentenreform daraus nur unzureichende Konsequenzen.

So entstand die heutige Praxis, die Lasten der Kinder zu privatisieren und den Nutzen der Kinder (für die Alterssicherung) zu sozialisieren. Eine Zeitlang läßt sich mit einem solchen Widerspruch leben. Auf Dauer muß er den Zusammenhalt der Generationen gefährden. Kommt hinzu, daß man die Ansprüche der Alten an das Volkseinkommen festlegt ohne Rücksicht auf ihre Chancen, eigenes Vermögen zu bilden, und ohne dauernden Bezug auf die verfügbaren Einkommen der arbeitenden Bevölkerung, so muß beides zusammen genau das zerstören, was das System zu leisten hat und was allein seine Ansprüche und Lasten legitimieren kann: Sicherheit im Alter *und* Gerechtigkeit bei der Verteilung der Volkseinkommen.

Folgerichtig stellt der Sachverständigenrat zur Begutachtung der gesamtwirtschaftlichen Entwicklung schon in seinem Jahresgutachten 1980/81 fest, daß die Rentenfinanzierung von der demographischen Entwicklung auf lange Zeit so wesentlich belastet werde, »daß wohl gar nichts anderes in Betracht kommen wird, als sowohl eine Erhöhung der Abgabenlast wie auch eine Einschränkung der Leistungsansprüche, und zwar beides in massiver Form«. Das gilt, nach Auffassung des Sachverständigenrates, schon dann, wenn es überhaupt nicht zu den Leistungsverbesserungen kommt, über die damals heftig diskutiert wurde. Würden dennoch Leistungsverbesserungen beschlossen, so ist es von vornherein klar, »daß die Leistungsverbesserungen durch die Angehörigen einer Generation zu finanzieren sind, die selbst nicht in den Genuß dieser Verbesserungen kommen kann. Mit einem fairen Solidarausgleich zwischen Generationen hätte das wenig zu tun«.

Daß die »dritte Dimension« des *Generationsvertrages* in das System der Alterssicherung einbezogen werden muß und die bisherige Rentenformel nicht beibehalten werden kann, ist heute unter Sachverständigen nicht mehr umstritten. Was die Politik betrifft, so ist es allerdings öffentlich noch nicht anerkannt. In unserer politischen Praxis, so scheint es, kann für die Relevanz einer solchen politischen Frage erst dann eingestanden werden, wenn diejenigen, die an ihr einen politischen Besitzstand haben, auch schon eine Antwort mitliefern können, die ihren Besitzstand nicht gefährdet. Fehlt eine solche Antwort, wird auch die Frage politisch bekämpft. Wer sie stellt und außerhalb eingefahrener Strukturen und der mit ihnen verbundenen organisierten Besitzstände nach Lösungen sucht, ist in den Augen der betroffenen Besitzstände eine Gefahr für die Menschen, die auf das Bestehen des Systems der Alterssicherung vertrauen und in diesem Vertrauen nicht beschädigt werden dürfen. In Wirklichkeit gefährdet er diejenigen, die das Bestehen des Systems verteidigen, weil ihnen noch kein neues eingefallen ist, das ihnen den gleichen maßgeblichen Einfluß sichert.
Wegen dieser Erfahrung wird allgemein vermutet, es gehöre Mut dazu, Fragen zu stellen und nach unorthodoxen Antworten zu suchen. Nur so jedenfalls läßt sich der Aufruf an die Politiker erklären, zu dem sich Pater von Nell-Breuning Anfang der achtziger Jahre veranlaßt sah, als er von der Rentenversicherung sprach. Der große, alte Gelehrte, der unser System der Alterssicherung ein Menschenleben lang begleitet hat, rät uns:

> Die Politiker sollten den Mut aufbringen und sagen: Liebe Leute, was wir euch da erzählt haben von der bruttolohnbezogenen Rente ist Unsinn. Wir haben diesen Unsinn selber geglaubt. Wir haben den Strukturwandel im Altersaufbau der Bevölkerung nicht vorausgesehen, und wir haben seine Bedeutung völlig verkannt. Aber wir Politiker sind nur Menschen, und Menschen können sich irren. Wir gestehen unseren Fehler ein, bitte seht ihn uns nach. Ich bin davon überzeugt, der Politiker, der als erster den Mut zu dieser Ehrlichkeit aufbringt, verliert dadurch keine Wählerstimmen, sondern gewinnt.

In seinen Vorschlägen zur Reform der Rentenversicherung ging das IWG sowohl von der veränderten Bevölkerungsstruktur wie von der gewachsenen Fähigkeit der Privathaushalte zur Eigenversorgung aus. Als Ergebnis schlug es vor, ein Rentensystem einzuführen, das aus zwei Teilen besteht, einer Grundsicherung und einer Leistungsrente. Die Grundsicherung sollte für jeden Anspruchsberechtigten zum gegenwärtigen Zeitpunkt (1981) etwa 600 DM betragen. Das wäre für den durchschnittlichen Rentnerhaushalt eine Grundsicherung in Höhe von 1200 DM. Dieser Betrag sollte während der nächsten 20 Jahre dem Wachstum des Bruttosozialprodukts angepaßt werden. Aufgrund der Annahmen des IWG würde dann im Jahre 2000 die Grundsicherung, bezogen auf das Preisniveau von 1981, bei etwa 800 DM pro Anspruchsberechtigtem liegen. Wäre dieser Punkt erreicht, so sollte erwogen werden, die Grundsicherung nur noch den Geldentwertungsraten anzupassen, real jedoch konstant zu halten.
Neben der Grundsicherung sollte es eine Leistungsrente geben, in der ein bestimmter Teil der Bevölkerung pflichtversichert ist.
Pflichtversichert sollte sein, wer dauerhaft ein Jahresnettoeinkommen zwischen 8400 DM und 48 000 DM erzielt. Außerhalb dieser Pflichtversicherungsgrenzen sollte für Bürger über sechzehn Jahre die Möglichkeit der freiwilligen Versicherung bestehen. Dabei sollten die genannten Einkommensgrenzen nur der Geldentwertungsrate angepaßt werden. Damit würde zwar der Kreis der Pflichtversicherten langsam kleiner werden. Das Ergebnis ist jedoch politisch erwünscht. Wer zwei Jahre der Versicherung angehörte, sollte bei Invalidität oder bei Erreichung der Altersgrenze anspruchsberechtigt sein. Der Mutter oder dem Vater, die sich wenigstens zwei Jahre um ein Kleinkind kümmern, sollten zwei Versicherungsjahre angerechnet werden.
Über die Grundsicherung und Leistungsrente hinaus könnten und sollten die Bürger bei ihrer Alterssicherung verstärkt auf ihre privaten Vermögen zurückgreifen.
Dabei ging das IWG im Blick auf die Bevölkerungsentwicklung davon aus, daß die Geburtenrate der siebziger Jahre stabil bleibt. Dann würde sich der Anteil der Erwerbstätigen bis zum Jahre 2000 kaum, danach aber rasch vermindern. Im Jahre 2030 hätte die Zahl der Erwerbstätigen gegenüber heute um etwa ein Drittel abgenom-

men. Die Zahl der Rentner würde hingegen im gleichen Zeitraum ziemlich gleichmäßig um 1,5 Millionen zunehmen, so daß es in 50 Jahren 12 % Rentner mehr gäbe als heute. Durch diese demographischen Veränderungen würde sich das Verhältnis von Arbeitnehmer zu Rentner von gegenwärtig 2:1 auf fast 1:1 vermindern.
Beim Wirtschaftswachstum legte das IWG seinen Überlegungen eine durchschnittliche reale Wachstumsrate von 2 % in den achtziger Jahren, 1 % in den neunziger Jahren und Nullwachstum ab 2000 zugrunde. Dabei würde gesamtwirtschaftliches Nullwachstum bei einer rasch schrumpfenden Bevölkerung noch immer ein gewisses Wachstum pro Kopf der Bevölkerung bedeuten.
Schließlich unterstellte das IWG in seinem Szenarium, daß die gegenwärtige Sparquote in Höhe von etwa 15 % der verfügbaren Einkommen gleich bleibt. Der durchschnittliche Arbeitnehmerhaushalt, der 2030 das Rentenalter erreicht, hätte dann ein verrentbares Vermögen von rund 500 000 DM erarbeitet, und zwar in Preisen von heute. Bei der Verrentung dieses Vermögens stünden ihm – ohne Realverzinsung – 20 Jahre lang reichlich 2000 DM monatlich zur Verfügung, das wären 25 % mehr als die heutige durchschnittliche Sozialrente pro Haushalt.

Wirtschaftswachstum und Bevölkerungsentwicklung 1950–2030 (IWG-Projektion)

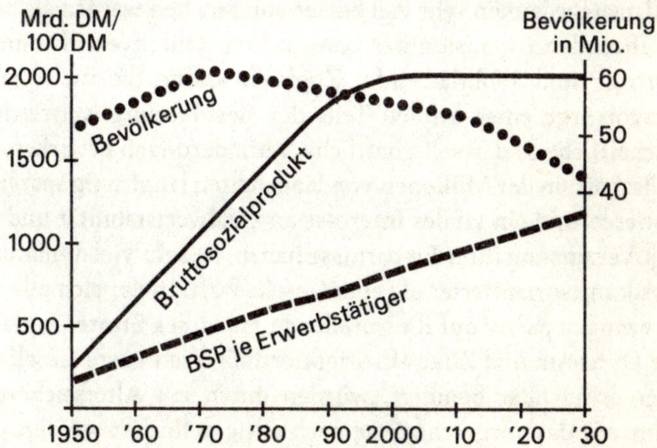

Quelle: Statistisches Bundesamt und Berechnung des IWG, Bonn

Von der Verwirklichung seines Vorschlages erwartete das IWG: Die wirtschaftlich schwächste Gruppe, die der staatlich organisierten Alterssicherung am nötigsten bedarf, würde deutlich besser versorgt werden als heute. Auch wenn die Zahl der Haushalte, die von 2000 an ausschließlich eine Grundsicherung erhielte, sehr klein sein würde, sei gerade ihre ausreichende Versorgung ein Gebot der Sozialstaatlichkeit.

Bei den übrigen Altenhaushalten könnten zwei Gruppen unterschieden werden: In der wirtschaftlich schwächeren Gruppe würde der Durchschnittshaushalt Ansprüche auf Grundsicherung und Leistungsrente in Höhe von insgesamt etwa 2500 DM in Preisen von heute haben. Hinzu kämen mehr oder weniger beachtliche Einkommen aus Ersparnissen. Die wirtschaftlich stärkere Gruppe, die im Jahre 2030 aus der gesetzlichen Leistungsrente hinausgewachsen sein dürfte, dürfte über private Vermögen verfügen, die ihr im Alter eine auskömmliche Versorgung sichern. Ihre Monatseinkommen aus der Verrentung ihrer Vermögen dürften bei 3700 DM liegen, was zusammen mit der Grundsicherung eines Zwei-Personen-Rentnerhaushaltes ein Alterseinkommen von 5300 DM zu Preisen von 1980 ergäbe.

Durch die stärkere Betonung der privaten Alterssicherung bei gleichzeitigem Ausbau der kollektiven Sicherungssysteme für den wirtschaftlich schwächeren Teil der Bevölkerung würde nicht nur dem Sozialstaatsgedanken sehr viel besser entsprochen werden als bei der fortwährenden Expansion der gesetzlichen Rentenversicherung für Bedürftige und Wohlhabende. Zugleich würde die mehr private Altersvorsorge eines großen Teils der Bevölkerung weitreichende wirtschaftliche und gesellschaftliche Veränderungen bewirken. Eine Gesellschaft, in der Millionen von Haushalten langfristig sparen und investieren und ein vitales Interesse an Geldwertstabilität und einer realen Verzinsung ihrer Ersparnisse haben, ist sehr viel dynamischer und zukunftsorientierter als eine Gesellschaft, in der sich alle mehr oder weniger passiv auf die zuteilende Hand des Staates verlassen. Diese Dynamik und Zukunftsorientiertheit, die unsere Gesellschaft immer dringender benötigt, würden durch ein Alterssicherungssystem wie das vorgeschlagene nachhaltig gefördert werden.

3. Meinhard Miegel hat diese Überlegungen, für die er maßgeblich verantwortlich zeichnet, inzwischen weiterentwickelt. Dabei ist ihm,

Die Entwicklung von Arbeits- und Renteneinkommen der Arbeitnehmer nach dem IWG-Modell von 1981 1980–2030

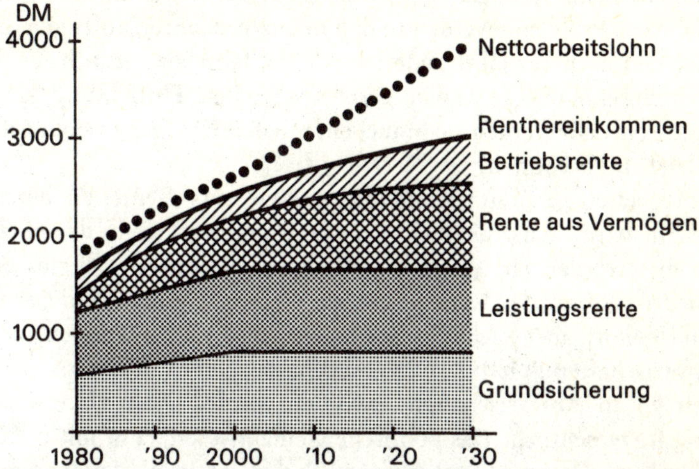

Quelle: IWG, Bonn

wie ich glaube, ein Durchbruch gelungen. Sein Vorschlag, den er in seinem Buch »Gesetzliche Grundsicherung, private Vorsorge – Der Weg aus der Rentenkrise« (1985) unterbreitet, verbindet in einer überzeugenden und zugleich verblüffend einfachen Weise *Stabilität* und *Verläßlichkeit* des staatlichen Rahmens mit *hoher Anpassungsfähigkeit* der individuellen Alterssicherung an die jeweils bestehenden tatsächlichen Verhältnisse des konkreten Privathaushalts oder des einzelnen Bürgers.

Die Reform eines allgemeinen Rentensystems ist vor allem deshalb so schwierig, weil ein zentrales menschliches Interesse betroffen ist: das Interesse an zuverlässiger Sicherheit im Alter. Deshalb gilt hier im besonderen die Beobachtung, die ich Hans Dichgans verdanke. Reformen sind danach unter demokratischen Bedingungen nur möglich, wenn zunächst jedem der Besitzstand garantiert wird. Für die Rentenreform heißt dies zweierlei: Einmal läßt sich ohne Eingriff in den jeweiligen Besitzstand der Rentner und derjenigen, die dafür Beiträge zahlen, die Rentenversicherung nur fortentwickeln, wenn die Durchführung der Reform über einen längeren Zeitraum erfolgt.

Dabei sind wir bei der Wahl des Zeitraumes, zu dem wir die notwendigen Weichenstellungen für zukünftige Entwicklungen vornehmen, nicht frei. Das gegenwärtige System ist zur Zeit nicht gefährdet. Probleme werden in den neunziger Jahren auftreten, die Krise erst nach der Jahrhundertwende. 25 Jahre sind jedoch für die Umstellung einer zentralen gesellschaftlichen Einrichtung keine lange Zeit. Wir werden sie brauchen, um den Übergang reibungslos vollziehen zu können.

Zum zweiten gehören zum *Besitzstand* zwar die Rente, die bereits gezahlt wird, einschließlich der Bedingungen, nach denen sie gewährt worden ist, sowie die Sicherung des *realen* Wertes der *Anwartschaften*, die durch Beiträge erworben wurden. Zum Besitzstand gehört aber nicht die *politische Erwartung*, daß sich diese Anwartschaften *dynamisch* über das hinaus vergrößern, was durch Beiträge an Anwartschaften erworben wurde. Diese Unterscheidung ist wesentlich. Das politische Gemeinwesen kann mit relativ hoher Zuverlässigkeit auch heute noch den bereits erworbenen realen Besitzstand in der gesetzlichen Rentenversicherung sichern. Aber wir können keinen *dynamischen Besitzstand* mehr anerkennen, wenn wir die Absicht haben, die Expansivität zugunsten eines sozialen Systems, das sich im Gleichgewicht befände, zu überwinden.

Meinhard Miegel geht bei seinen Vorschlägen von beiden Bedingungen aus. Sodann baut er den Gedanken der Grundsicherung aus und schlägt vor, das staatliche System auf die Grundsicherung zu beschränken; allerdings auf eine andere als die bisher ausschließlich diskutierte Weise.

Zwar soll jeder Bürger die Grundsicherung erhalten. Aber nicht als Einheitsrente. Die Höhe soll er durch seine Leistung beeinflussen können. Nur: Als Leistung gilt nicht, wie heute, die Höhe der Zwangsbeiträge, die der einzelne Arbeitnehmer nicht beeinflussen und die er auch nur zahlen kann, wenn er Arbeitnehmer ist oder auf eine andere Weise zur gesetzlichen Rentenversicherung zugelassen wird. Meinhard Miegel will *nicht* jedem Bürger die gleiche Rente ab Rentenalter bis zum Lebensende zahlen – und damit jedem Bürger de facto einen *unterschiedlichen Gesamtbetrag*. Er schlägt vielmehr vor, für jeden Bürger den gleichen, für eine bestimmte Grundsicherung notwendigen *Gesamtbetrag* einzusetzen (er ergibt sich aus der statistischen Lebenserwartung nach Eintritt in das Rentenalter und ist deshalb für jeden statistisch gesehen gleich).

Wie hoch der *tatsächlich gezahlte* Betrag ist, hängt dann davon ab, *ab wann* der einzelne die staatliche Grundsicherung *in Anspruch nimmt.* Jeder einzelne erhält seine Grundsicherung mit Erreichen der Altersgrenze. Nach Miegels Vorschlag soll sie im Jahre 2010 rund 1200 DM in heutiger Kaufkraft betragen; im Jahre 2030 rund 1700 DM nach heutigem Geldwert. Die Gesamtlast der staatlichen Alterssicherung würde dann – etwas mehr als heute – rund 14 % des Bruttosozialprodukts betragen. Sie wäre, wie heute, mehrheitsfähig.

Nimmt nun der ältere Mensch die Grundsicherung nicht schon bei Erreichen der Altersgrenze, sondern erst später in Anspruch, erhöht sich die Grundsicherung. Je länger er mit dem Bezug der Grundsicherung wartet, um so höher wird sie. Denn der gleiche Betrag steht jetzt (statistisch gesehen) für eine kürzere Lebensspanne zur Verfügung.

Politisch läßt sich in einem solchen System kaum etwas manipulieren. Die heute durch jährliche Anpassungsentscheidungen im Parlament erzwungene Politisierung der Rente wäre überwunden. Das System würde durch Steuern finanziert, nicht durch Beiträge. Damit entfiele eine der nachhaltigsten Belastungen des Arbeitsverhältnisses mit Sozialabgaben. Ein entscheidender Schritt zur Trennung von Arbeits- und Sozialverhältnis wäre getan. Das gesetzliche Alterssicherungssystem wäre überdies im Gleichgewicht. Es wäre in realen Werten stabil. Veränderungen beträfen das Verhältnis des Gesamtbetrages für die gesetzliche Grundsicherung zum Bruttosozialprodukt. Entscheidungen dieser Art werden nur selten getroffen, wie die Praxis bei der Sozialhilfe zeigt.

Gleichzeitig läßt das von Meinhard Miegel vorgeschlagene Alterssicherungssystem den Bürgern selbst praktisch jeden Gestaltungsspielraum. Leben von zwei Partnern, Mann und Frau, im Rentenalter noch beide, erhalten sie beide ihre Grundsicherung von dem Zeitpunkt an, den sie – damit auch in der Höhe – festsetzen. Die Rente der Frau ist nicht vom Alterseinkommen des Mannes abgeleitet oder umgekehrt. Die Frau muß nicht entgeltliche Arbeit geleistet und Beiträge gezahlt haben. Sie erhält ihre Grundsicherung in jedem Fall, wenn sie über einen gewissen Zeitraum in der Bundes-

republik Deutschland steuerpflichtig war. Die Größe des Privathaushalts und der Familienstand haben keinen Einfluß auf das Alterseinkommen des einzelnen. Anrechnungen anderer Einkommen gibt es nicht. Ob der ältere Mensch noch arbeitet oder nicht, ist seine Sache. Das Interesse älterer Menschen, größere Privathaushalte zu bilden oder ihnen anzugehören, würde deshalb wachsen. Konkret könnte jeder einzelne entscheiden, welche zusätzlichen »Leistungen« er für seine Alterssicherung durch Abschluß von Lebensversicherungsverträgen, Verrentungen erworbener Vermögen und, allgemein, durch seine private Vermögensbildung erbringen will. Sorgt er die ersten fünf Jahre nach dem Berufsleben, das heißt nach Erreichung der Altersgrenze, aus eigener Kraft für sein Alterseinkommen, dann kann er die staatliche Grundsicherung entsprechend später in Anspruch nehmen. Die monatlichen Zahlungen werden damit höher. Alle Risiken sind im voraus kalkulierbar. Der einzelne weiß, was er aufwenden muß, um für fünf Jahre aus eigener Kraft vorzusorgen, und er weiß, um wieviel seine Grundsicherung dadurch steigt, daß er sie später in Anspruch nimmt. Dagegen trägt er nicht das Risiko, daß er länger lebt, als er aus seinem Vermögen eine »Zusatzrente« finanzieren kann.
So bildet sich ein *Regelkreissystem* mit einer stabilen, gleichgewichtsfähigen Grundlast. Sie ist der Solidarbeitrag der Gemeinschaft. Im konkreten Fall bildet sich Vielfalt nach dem Subsidiaritätsprinzip aus. Ein solches System entspricht den Anforderungen der sozialen Ordnungspolitik. Soviel Subsidiarität wie möglich, soviel Solidarität wie nötig. Vorhersehbare Regelungen und leistungsbezogene Alterseinkommen, Gleichgewichtsfähigkeit und Anpassungsfähigkeit des Systems bei voller Berücksichtigung der Bedürfnisse und der Wünsche des einzelnen. Vor allem aber auch: Anpassungsfähigkeit an die veränderte Bevölkerungs- und Beschäftigungsstruktur. Es besteht kein Zweifel, daß diese Alterssicherung der heutigen weit überlegen wäre. Würde sie verwirklicht, so wäre dieses wichtige Sozialsystem *qualitativ* gewachsen.
4. Für die gesetzliche Krankenversicherung, die Arbeitslosenversicherung und den Familienlastenausgleich müssen wir in vergleichbarer Weise neue Wege gehen. Dabei können wir nicht nur in anderen Ländern, sondern auch in anderen Bereichen der eigenen Gesellschaft Vorbilder oder Möglichkeiten finden, zumindest An-

leihen machen. Ist erst einmal die Aufgabe gestellt und damit das sozialpolitische Tabu gegen die Umwandlung interventionistischer Regelungen in Ordnungen gebrochen, dann wird sich auch der notwendige Prozeß der Innovation in Gang setzen. Der unterbleibt heute schon deshalb, weil es aussichtslos erscheint, im sozialen Bereich eine neue Sicht der Dinge zu gewinnen.

So ist es durchaus denkbar, die staatliche Regelung darauf zu beschränken, eine gesetzliche Verpflichtung zur Sicherung gegen bestimmte Risiken zu begründen. Der einzelne wird von Gesetzes wegen verpflichtet, die Gemeinschaft nicht in Anspruch zu nehmen, wenn es ihm möglich ist, sich selbst zu schützen. Auch dies gehört zum Prinzip der Subsidiarität. Das Grundsatzprogramm der CDU von 1978 stellt zu Recht fest, daß derjenige die *Solidarität des Ganzen* mißbraucht, der Leistungen in Anspruch nimmt, auf die er nicht angewiesen ist. Die Rechtsordnung kann diese Pflicht konkretisieren.

Die Verpflichtung, sich als Inhaber eines Kraftfahrzeugs gegen Schäden zu versichern, die man mit dem Fahrzeug Dritten zufügen könnte, ist eine solche Konkretisierung. Das gleiche gilt auch, wenn es darum geht, sich selbst gegen Großrisiken zu versichern, die sonst die Allgemeinheit übernehmen müßte. Die Versicherungspflicht läßt sich jedoch auch anders als durch eine Einheitsversicherung realisieren. Im Gegenteil: Das Prinzip der Subsidiarität gibt auch hier überschaubareren Regelkreisen den Vorzug. Sie sind eher gleichgewichtsfähig, weniger gegen Mißbrauch anfällig, weniger politisch manipulierbar und weniger anonym als die großen Systeme. Sie lassen sich auch besser von den Teilnehmern mitgestalten. Die Rechtsform der Genossenschaft ist für ihre Organisation gut geeignet. In ihr läßt sich das Verhältnis von Solidarität und Subsidiarität besonders gut miteinander verbinden. Zugleich bietet uns das Genossenschaftswesen einen reichen Fundus an praktischer Erfahrung mit der Koordination innerhalb kleiner Lebenskreise.

Die Konsequenzen der Reform

Allen vorgeschlagenen Weiterentwicklungen des sozialen Systems ist gemeinsam, daß sie dreierlei bewirken:

1. »Horizontale« Umverteilung

Sie verändern – wie auch beim marktwirtschaftlichen Umweltschutz – die Richtung der Umverteilungsvorgänge. Auch im Ordnungssystem der gesellschaftlich organisierten Solidarität findet Umverteilung statt. Aber sie vollzieht sich nicht über den staatlichen Bereich, sondern gewissermaßen horizontal: auf der Ebene der Gesellschaft. Die Staatsquote wird durch die Umverteilung nicht erhöht. Der Staat dient den Ordnungen, indem er ihre Einhaltung überwacht und sie vor *Verfremdung durch die Interventionen* gesellschaftlicher Macht schützt. Wie im Wettbewerb besteht auch hier seine Aufgabe darin, die Ordnungen zu sichern und ihre Verfälschung durch gesellschaftliche Macht zu verhindern.

Damit wird zugleich der Umfang der Umverteilungsentscheidungen verringert, die das *Parlament* direkt zu treffen hat. Dies ist eine für die Gleichgewichtsfähigkeit demokratischer Systeme entscheidende Folge der neuen Ordnungsformen. Alle bisherigen Erfahrungen lehren, daß es aussichtslos ist, vom Staat und seinen Einrichtungen Selbstbegrenzungen zu verlangen, wenn die Zuständigkeit des Staates zum direkten Eingriff in die gesellschaftlichen Veranstaltungen der Risikobewältigung dem Grundsatz nach aufrechterhalten bleibt. Aus der Praxis der Dezentralisation in gesellschaftlichen Gebilden, zum Beispiel Unternehmen, wissen wir, daß die Delegation von Verantwortung wirkungslos bleibt, wenn die Zentrale sich den jederzeitigen Eingriff von hoher Hand in den Entscheidungsprozeß vorbehält. Solange dieser Vorbehalt besteht, besteht auch die Tendenz der kleineren Einheiten, sich durch Verlagerung der Entscheidung auf die größeren Einheiten der Verantwortung zu entziehen, die mit der Delegation verbunden ist.

Im sozialen Bereich wird diese Tendenz durch die organisierten Interessen verstärkt, die sich im Interventionsbereich angesiedelt haben. Sie haben nicht nur das Bedürfnis, sich selbst die Zuständigkeit des Staates für Interventionen zu sichern, an denen ihr eigener organisierter Besitzstand hängt. Diese staatliche Zuständigkeit unterstützt sie auch bei der Bewältigung der Probleme, die *innerhalb* ihrer Organisationen auftreten, wenn die Bewältigung von Anpassungs- und Verteilungsaufgaben dezentral organisiert und damit auf kleinere gesellschaftliche Ebenen verlagert wird. Das »Management von Vielfalt«, das mit solchen Strukturen verbunden ist, ist auch für die organisierten Interessen eine neue Aufgabe. Sie werden ihr so lange ausweichen, wie es möglich ist. Behält der Staat sein Recht zum jederzeitigen Eingriff bei, ist es auch für die gesellschaftlichen Organisationen leichter, ihre heutigen Organisationsformen beizubehalten. Der Interventionismus und die damit begründete Expansivität können so nicht überwunden werden.

2. Die Stärkung der kleinen Lebenskreise

Mit der qualitativen Weiterentwicklung des sozialen Systems ist eine Stärkung der kleinen Lebenskreise, vor allem der Privathaushalte verbunden. Sie werden zunehmend an die Stelle der Unternehmen und der kollektiven Systeme als Ort der sozialen Identität der Menschen treten. Mit diesen kleinen Lebenskreisen hat sich die westfälisch-lippische Landespartei der CDU intensiv beschäftigt.

Die Menschen bilden Gemeinschaften unterschiedlicher Größe. Die kleinste Einheit ist die *Familie*. Sie ist Ausdruck der Natur des Menschen und damit politisch nicht verfügbar. Alle Versuche, sie als Sozialagentur der staatlichen Gemeinschaft zu vereinnahmen, sind gescheitert und müssen auch früher oder später scheitern, selbst unter Bedingungen der Diktatur.

In der Familie beruhen Ordnungen weniger auf rechtlichen Regelungen als auf unmittelbarem menschlichen Zusammenwirken. Das Recht hat in ihr eher eine Hilfsfunktion. Es tritt erst in Aktion, wenn die eigentliche Form des Zusammenwirkens nachhaltig gestört ist. Daß der Staat, vor allem als Sozialstaat, in den letzten Jahrzehnten zunehmend direkt in den Familienverband hinein intervenierte, ist eine der Hauptursachen dafür, daß die Familie als sozialer Verband notleidend geworden ist.

Mit der neuen Sicht der Dinge wird diese Entwicklung beendet. Die soziale Bedeutung der Familie und der Privathaushalte wird zunehmen. An die Stelle direkter Interventionen werden auch hier Ordnungen treten, die auf der Kooperation der kleineren Einheiten untereinander und im Rahmen rechtlich begründeter Ordnungsbeziehungen beruhen. Sie werden zugleich den direkten Zugriff der staatlichen Macht verdrängen.

3. Die menschengerechte Ordnung

Damit tragen wir mit der neuen Sicht der Dinge zugleich dem

allgemeinen Bedürfnis einer *menschengerechteren Ordnung* Rechnung. Je größer die menschlichen Gemeinschaften sind, um so weniger kann sich der Mensch mit ihnen als Ausdruck seiner eigenen sozialen Natur identifizieren. Um so größer wird deshalb auch seine Bereitschaft sein, seine eigenen Interessen über die Interessen der Gemeinschaft zu stellen, statt seine Interessen mit den Interessen der Gemeinschaft auszugleichen. Das Subsidiaritätsprinzip dagegen will den Vorrang der kleineren Einheit. Es ist das Gestaltungsprinzip der Gemeinschaft, das die dem Menschen gemäße Gestaltung des Ganzen will. Die Gesellschaft nach diesem Prinzip zu gestalten heißt, sie so zu verändern, daß der einzelne seiner Verantwortung für den Nächsten gerecht werden kann.

Die kleinere und die größere Gemeinschaft unterscheiden sich aber nicht nur durch die Zahl. Sie sind auch von *verschiedener Qualität.* Je kleiner nämlich die Gemeinschaften sind, um so stärker regeln die Menschen ihre Beziehungen untereinander unmittelbar. Sie entscheiden selbst, wie die Dinge geordnet werden sollen. Sie müssen sich konkret mit dem Nächsten auseinandersetzen. Die kleine Gemeinschaft ist nicht auf Repräsentation des einzelnen durch andere angewiesen. Hier kann jeder selbst mitentscheiden. Je kleiner die Gemeinschaften, um so mehr wird die zwischenmenschliche Beziehung deshalb durch Toleranz, Rücksichtnahme, Zusammenarbeit und von der Notwendigkeit bestimmt, sich gegenseitig konkret zu ertragen; das heißt aber auch, den Nächsten als ein Stück des eigenen Schicksals mitzutragen. Dadurch verbessert sich zugleich die *Qualität des eigenen Lebens.*

Je größer die konkrete Gemeinschaft oder Organisation ist, um so mehr ist sie auf bürokratische Problemlösungen angewiesen. Die Teilnahme des einzelnen ist »mediatisiert«, das heißt sie wird vermittelt durch Repräsentation und Organisation. Zugleich treten das personale Element der Teilhabe des einzelnen wie auch die Möglichkeit zur personalen Solidarität und Zuwendung zum Nächsten zurück. Die Rolle des organisierten Interesses dominiert.

Das Ganze der Gesellschaft schließlich kann nur staatlich verfaßt sein. Der Staat ist die *einzige Instanz,* von der zur Erhaltung des Rechtsfriedens und der äußeren Sicherheit Gewalt ausgehen kann. Das Gewaltmonopol unterscheidet den Staat qualitativ von allen Formen menschlicher Gemeinschaft.

Dieses Gewaltmonopol ist für jede, auch die freiheitliche Gesellschaft unverzichtbar. Die Qualität der Gemeinschaft wird jedoch entscheidend davon mitbestimmt, wie sich das Verhältnis des Staates, der Gesellschaft und ihrer Teilbereiche und des einzelnen Menschen zueinander gestaltet.

Die Vermittlungsaufgabe der kleinen Lebenskreise

In der freiheitlichen Gemeinschaft, die die Würde des Menschen zur Grundlage hat, haben die kleineren und größeren Gemeinschaften nicht nur die Aufgabe, den sozialen Ort des Menschen zu bestimmen und die Selbstorganisation und Selbstanpassung der Gesellschaft zu ermöglichen. Sie haben zugleich die Aufgabe, zwischen dem einzelnen Menschen und dem Staat *zu vermitteln.* Der einzelne Mensch, jeder von uns als Person, kann den Staat als organisiertes Ganzes nicht »begreifen«, so wie wir den Nächsten verstehen können. Die Macht des Staates ist im Verhältnis zum einzelnen Menschen überwältigend. Der Staat ist als Organisation undurchschaubar und anonym. Bezogen auf unsere Natur ist er un-menschlich. Er *ist* Organisation. Er ist der Ort hoheitlicher Macht und damit der Gewalt. Beziehungen wie Toleranz, Verständnis oder Rücksichtnahme sind gegenüber dem Staat nicht möglich. Im Verhältnis zur staatlichen Gewalt, die uns begegnet, können wir nicht tolerant sein. Auf den Staat kann man nicht Rücksicht nehmen. Toleranz und Rücksichtnahme sind Kategorien zwischenmenschlicher Beziehungen. Sie sind auf das Verhältnis des einzelnen zur staatlichen Gewalt, zur staatlichen Organisation und damit zum Staat selbst nicht anwendbar.

Umgekehrt kann »der Staat« den einzelnen Menschen nicht »verstehen«. Menschliche Beziehungen sind zwar zu den *Personen* denkbar, die den Staat repräsentieren. Aber sie sind nicht denkbar zum Staat als *Gewaltmonopol* einer organisierten Gesellschaft. Wir haben menschliche Beziehungen zu den Beamten in den Behörden. Aber wenn der Staat dem Willen des einzelnen nicht entsprechen kann, wird der Schalterbeamte mit dem Ausdruck tiefsten Bedauerns erklären, die staatlichen Vorschriften ließen eine andere Entscheidung nicht zu. Nicht er, der Beamte, ist es, der den Inhalt der

Entscheidung bestimmt, sondern die Vorschrift. Sie ist »der Staat«. Die Bedingungen staatlicher Existenz und menschlichen Handelns sind deshalb nicht vergleichbar. Sie haben keine gemeinsame Ebene. Sie stehen sich fremd gegenüber. Sie müssen *vermittelt* werden. Die menschlichen Gemeinschaften, die Organisationen innerhalb der Gesellschaft, vor allem die kleinen Lebenskreise unterschiedlicher Art leisten diese Aufgabe.

In dieser Vermittlung liegt eine entscheidende Aufgabe der gesellschaftlichen Struktur. Der einzelne regelt, mit Hilfe des Privatrechts, seine konkreten Lebensbereiche. Der Staat gestaltet mit Hilfe des Rechtes die Rahmenbedingungen und dient dem Recht, indem er es sichert. Die Umsetzung allgemeiner Entscheidungen in konkrete Lebenssachverhalte dagegen ist die Aufgabe der gesellschaftlichen Bereiche.

Auch der einzelne trägt seine Probleme in seine Gemeinschaft. So entsteht ein Prozeß der *gegenseitigen Vermittlung*. Zugleich begegnet der einzelne der staatlichen Gewalt nicht *unmittelbar*. Die gesellschaftlichen Gemeinschaften, die kleinen Lebenskreise, schützen ihn vor der direkten Konfrontation mit der staatlichen Gewalt. Sie dienen dem Schutz des Menschen *und* dem Schutz des Staates. Sie machen ein Zusammenleben der Menschen in staatlich organisierter Gemeinschaft in einer menschengemäßen Art und Weise erst möglich.

Beide, der Mensch und der Staat, haben die Tendenz, aus diesem System der gesellschaftlichen Vermittlung und der Mediatisierung staatlicher Gewalt auszubrechen. Der Mensch hat die Tendenz, sich dem konkreten Ausgleich widerstrebender Interessen in der kleinen Gemeinschaft zu entziehen. Wird ihm die Chance geboten, seine eigenen Interessen mit äußerer Hilfe gegen die Interessen der kleinen Gemeinschaft durchzusetzen, wird er diese Chance nutzen. Der Staat wiederum hat – wie wir gesehen haben, unterstützt durch die organisierten Besitzstände – die Tendenz, die Lebenssituation der Menschen direkt zu ordnen, wenn ihm dazu Gelegenheit geboten wird. Denen, die die staatliche Gewalt handhaben, und denen, die sie in organisierter Weise dabei beraten und unterstützen, scheint es problematisch, wenn sich die Menschen anders verhalten, als sie sich eigentlich verhalten sollten.

Dem einzelnen erscheint das Ausbrechen aus der konkreten Bindung der kleineren Gemeinschaft als ein Vorgang der »Befreiung« von den »Zwängen«, denen er in dieser Gemeinschaft unterworfen ist. Er kann jetzt *mehr* als vorher; die Gemeinschaft kann *weniger* als vorher. Dem Staat erscheint die Vermehrung seiner Zuständigkeiten wie ein Gewinn von Macht und Gestaltungschancen. Sein *Einfluß* auf das Leben der Menschen nimmt zu, aber seine Fähigkeit zur *Ordnung* des Ganzen nimmt ab.

Beide, Mensch wie Staat, »befreien« sich so, wenn auch auf höchst unterschiedliche Weise, aus Bindungen. Beide gefährden sich jedoch im Laufe dieses *Entgrenzungsprozesses*. Der Mensch »befreit« sich aus der konkreten zwischenmenschlichen Bindung in der Gemeinschaft. Er findet sich wieder als einzelner in der unmittelbaren Konfrontation mit dem anonymen Staat. Der Staat »befreit« sich aus den Beschränkungen seiner eigentlichen Aufgabe, das Ganze zu gestalten und, dem Recht unterworfen, den Frieden zu wahren. Er findet sich wieder, gebunden – wie seinerzeit im Reich der Zwerge Gulliver auf den Boden gefesselt war – durch Hunderttausende winzig kleiner, jeder für sich leicht zerreißbarer Stricke von Einzelfallentscheidungen in einer ständig auswuchernden Bürokratie.

In der heutigen Wirklichkeit ist der Staat weit stärker in ein direktes Verhältnis zum einzelnen Menschen getreten, als es mit dem Wesen des Menschen und des freiheitlichen Rechtsstaates vereinbar ist. Zugleich haben die kleinen Gemeinschaften ihre Fähigkeit eingebüßt, dem einzelnen, in den Bindungen des Rechts, als *Ort sozialer Identität* zu dienen. Sie können nicht länger zwischen Mensch und Staat »vermitteln«. Die Gesellschaft wird dadurch nicht nur anonymer, sondern auch kälter und unpersönlicher. Toleranz und Rücksichtnahme gehen verloren. Sie sind Eigenschaften, die man nur in der konkreten Erfahrung mit dem Nächsten erwirbt. Beide, Mensch und Staat, nehmen mehr und mehr Schaden: Der Mensch gefährdet seine Menschlichkeit, der Staat seine Handlungsfähigkeit. Die Neigung des Menschen zu Gewalttätigkeiten nimmt zu, die materielle Berechtigung des Staates zur Gewaltanwendung nimmt ab.

Der Ausweg aus dieser Gefährdung menschlicher Ordnung heißt: *Wiederbelebung der kleinen Lebenskreise.* Nirgends ist dies wichtiger als im Bereich der sozialen Ordnung – die längst *gesellschaftliche Ordnung* geworden ist. Für den Menschen heißt dies: Verzicht auf den direkten Zugang zum Staat, um mit dessen Hilfe persönliche Interessen gegenüber anderen durchzusetzen, sowie stärkere Rücksichtnahme auf die eigenen Lebensgemeinschaften. Der Mensch muß lernen, mehr von seinem Mitmenschen zu ertragen als bisher. Gerade in den Bereichen der Gesellschaft, die von uns heute als »alternative Gesellschaften« bezeichnet werden, ist dieser Lernprozeß in vollem Gange. Rücksicht und Toleranz als notwendige Voraussetzung der Gemeinschaft müssen eingeübt werden. Ansprüche an den Staat müssen ersetzt werden durch den Ausgleich der Interessen in den kleinen Lebenskreisen und damit durch Vertrauen auf den Mitmenschen. Personale Solidarität ist ein Verhältnis des personalen Vertrauens. Hier beginnt die Ethik der Solidarität.

Für den Staat heißt dies: Rückzug aus der Einzelfallregelung und Beschränkung auf die Lenkung der Zusammenarbeit der kleineren Einheiten; vor allem aber *Gestaltung der Ordnungen*, in denen die Kooperation auf gesellschaftlicher Ebene stattfindet. Damit geht der Verzicht auf umfassende »Einzelfallgerechtigkeit« einher. Sie kann vom Staat ohnehin nicht geleistet werden. Die Einzelfallgerechtigkeit muß auf der gesellschaftlichen Ebene gesucht und gefunden werden, im Rahmen des Rechts und seiner Ordnungen.

Die Widerstände, die auf diesem Weg zu überwinden sind, haben uns immer wieder beschäftigt. Sie werden vor allem von den organisierten Besitzständen ausgehen, die sich im Bereich des staatlichen Interventionismus angesiedelt haben. Wir können sie überwinden, wenn wir den Zusammenhang erkennen, der zwischen der Erneuerung der sozialen Ordnung, der menschlichen Gestaltung unserer Gesellschaft, zwischen Solidarität und Subsidiarität und damit zwischen Freiheit und Verantwortung einerseits und unserer Chance andererseits besteht, die Expansivität unserer heutigen Strukturen zu überwinden. Letztlich haben auch die organisierten Besitzstände keine Wahl als den Schritt zum *qualitativen Wachstum.* Aufgaben wird es für sie immer geben. Aber die Zeit, da soziale Systeme zu Herrschaftssystemen werden können, muß zu Ende gehen. Zur politischen und wirtschaftlichen Freiheit muß die soziale Freiheit treten.

VII. Die Umweltpflichtigkeit der Wirtschaftsordnung

Ökologische Marktwirtschaft

Aufgrund der theologischen Einsichten über das Verhältnis des Menschen zur Natur

> muß es zu einer Kehrtwendung, zu einem neuen Denken und Handeln und zu einer Horizonterweiterung kommen. Der Beitrag der Christen zur Bewältigung der ökologischen Probleme besteht vor allem darin, jenes neue Denken anzustoßen, das zu einem sensibleren Verhältnis der Menschheit zur Welt, Geschichte und Natur führt. Es kommt darauf an, die Natur so zu regieren, daß sie nicht zerstört wird. Dafür müssen alle Fähigkeiten des schonenden Umgangs neu eingeübt werden. Die *Wiederentdeckung der Welt* als kreatürlich bewohnte und genutzte Schöpfung Gottes sowie als *Mitkreatur* steht uns eigentlich noch bevor.

Diese mit »Grundlegende theologische Folgerungen« überschriebene Feststellung ist ein *Kernstück* der Gemeinsamen Erklärung des Rates der Evangelischen Kirche in Deutschland und der deutschen Bischofskonferenz vom Mai 1985: »Verantwortung wahrnehmen für die Schöpfung«. Mit ihr wollen die christlichen Kirchen deutlich machen, »daß Verantwortung für die Schöpfung Gottes in rechter Weise wahrgenommen werden muß«. Die Bewältigung der Umweltprobleme ist eine gemeinsame Aufgabe, sagen Josef Kardinal Höffner und Landesbischof D. Eduard Lohse, die bei allen eine Veränderung des Verhaltens »und ein neues Denken« verlangt.

Macht euch die Erde untertan ...

Nirgends sind die gefährlichen Folgen des quantitativen Wachstums-Denkens und Handelns so mit Händen zu greifen wie in seinen Auswirkungen auf die natürliche Umwelt der Menschen.

Ein Denken, das der Natur ihre Gesetze abringt, sich in der Auseinandersetzung mit den Naturgewalten sieht, das die natürlichen Rohstoffe ausbeutet, kann das Schlüsselwort »Macht euch die Erde untertan und herrschet über alle Tiere« kaum anders als im Sinne von »Unterdrückung« und »Ausbeutung« verstehen. Es ist nicht fähig, den »göttlichen Weltauftrag«, der dem Menschen in Unterscheidung von den Mitgeschöpfen eine Sonderstellung zuweist, in der behutsamen Weise zu deuten, wie es der Rolle des Menschen als »Mandatar Gottes« in der Schöpfung zukäme. Warum soll der cartesianische Geist, der die Materie erforscht und sich ihre Gesetzmäßigkeiten erschließt, seine Expeditionen durch ethische oder moralische Gesichtspunkte begrenzen, die sich aus seinem Verhältnis zu ebendieser Materie ergeben? Die Frage ist im herkömmlichen naturwissenschaftlichen Denken selbst nicht angelegt. Die Begrenzungen hätten von »außen« bestimmt und durchgesetzt werden müssen.

Genau dies geschah jedoch nicht. Die Kirche beschränkte sich darauf, wie die zitierte Gemeinsame Erklärung es formuliert, die Vereinbarkeit der biblischen Schöpfungslehre mit dem naturwissenschaftlichen Weltbild aufzuweisen und »vor vermessenen Eingriffen in die Natürlichkeit des Menschen« zu warnen. Durch die Natürlichkeit des *Menschen* waren der naturwissenschaftlichen Forschung allenfalls Grenzen gezogen, nicht aber durch die *Natur*. Im übrigen war es für die Kirche schwierig genug, die Schöpfungsgeschichte gegen die Lehre von der Evolution der Arten zu behaupten. Daß der Mensch als Ebenbild Gottes »vom Affen abstammen könne« – wie die einfache Lesart der Erkenntnisse Darwins es sah –, schien den gläubigen Menschen so unglaublich, daß es bis in unsere Zeit Versuche gegeben hat, die Verbreitung dieser Erkenntnisse in christlichen Schulen zu verbieten.

Entscheidend für unsere heutige Situation ist, daß die Kirchen die *Methode*, zwischen Geist und Materie zu trennen, selbst nicht in Frage stellten. Sie wiesen auch nicht auf die Unvereinbarkeit dieser Methode mit dem Prinzip der Ganzheit der göttlichen Schöpfung hin, als das Bewußtsein von dieser Ganzheit verlorenging. Erst als sich die Expansivität des Denkens und Erforschens in der Expansivität der Technik, in der Umsetzung der entdeckten Möglichkeiten, fortsetzte und mit der Industrialisierung den Menschen selbst erfaßte, meldeten sich die Kirchen wieder zu Wort. Deshalb hat, nach der Gemeinsamen Erklärung der Kirchen, die »gegenwärtige Umweltkrise ... vor allem mit Beginn der industriellen Revolution ihren Anfang genommen«. Etwas unscharf heißt es dann, sie sei »nicht eigentlich Folge des Christentums, sondern eines einseitigen wissenschaftlich-technischen Möglichkeitsverständnisses und der damit verbundenen Verabsolutierung des Menschen«. Das ist insoweit zutreffend, als die Umweltkrise nicht die Folge des *Christentums* ist, also des christlichen Glaubens. Aber sie *ist* die Folge eines Denkens, das sich in der christlichen Welt entwickelte und, von dieser ausgehend, sich überall dort durchsetzte, wo das christliche Abendland seinen Einfluß begründete. Es ist Teil der christlich-abendländischen Kultur geworden.

Der »Regelkreis der Bedrohung«

Deshalb wurde der Umweltschutz auch erst dann und nur insoweit zum Gegenstand politischen Handelns, als es ein Gebot der Vernunft wurde, nicht die Grundlagen zu zerstören, auf denen und von denen der Mensch lebt. Das badische Forstgesetz von 1833, das auf dem Prinzip der Nachhaltigkeit beruht und den Schwarzwald vor der Zerstörung rettete, war nicht Ausdruck einer moralischen oder ethischen Verpflichtung gegenüber der Natur, sondern eines aufgeklärten vernunftbegabten Denkens und Handelns.
Mit zunehmender Evidenz der Gefährdung des *Menschen* durch die Gefährdung seiner Umwelt wurde es ein allgemein einsichtiges Gebot der Vernunft, die Gefahr zu erkennen und ihre Ursachen zu überwinden. Das schmälert nichts von der großen Bedeutung, die der »Wiederentdeckung der Welt« und der »Neuentdeckung menschlicher Verantwortung für die Natur« zukommt. Es zeigt uns vielmehr nur, daß die natürliche Ordnung, in der der Mensch Teil des Ganzen ist, daß die Neuentdeckung dieser Ordnung auch durch die Naturwissenschaften und die Neuentdeckung des Gebotes, wonach dem Menschen die Schöpfung zu treuen Händen anvertraut ist – daß all dies in die gleiche Richtung weist: »Die Bewältigung unserer Umweltkrise wird zu einem zentralen Thema unseres Lebens – und Überlebens« (Gemeinsame Erklärung der Kirchen von 1985).

Im Grunde erleben wir, daß die Natur uns Menschen gerade in dem historischen Augenblick zu Hilfe kommt, als wir im Begriff sind, die Beherrschung über die Fülle der Möglichkeiten zu verlieren, die wir uns erschlossen haben. In der Zeit, in der das Schlüsselwort »Macht euch die Erde untertan und herrschet über alle Tiere« entstand, herrschte ein Naturverständnis vor, das von Furcht vor der übermächtigen Natur bestimmt war. Damals konnte man sich nicht vorstellen, daß der Mensch jemals so stark werden würde, daß er die Erde aufbrauchen könnte. Den biblischen Autoren (so die Gemeinsame Erklärung) ging es vielmehr darum, die *Befreiung* des Menschen aus der *Übermacht* der Natur zu fördern.
Heute hat sich die Problematik genau umgekehrt: Die Natur ist in hohem Maße vom Menschen bedroht. Aber diese Bedrohung wirkt wie ein unseren ganzen Planeten umfassender »Regelkreis«. Denn der Mensch ist Teil der Natur. Mit der Bedrohung der Natur durch den Menschen bedroht er sich selbst. Und darin wiederum liegt der Grund für die Hoffnung, die Umweltkrise zu überwinden. Denn auch dies gehört, wie wir immer wieder erinnert werden, zur Natur des Menschen: Die Einsicht braucht die Gefahr als Bundesgenossen. Erst die Not macht den Menschen erfinderisch.

Die Umwelt als Gemeinschaftsgut: Problem der »externen« Kosten

Walter Eucken weist bereits in seiner Studie von 1949 zur Wirtschafts- und Sozialordnung auf die Besonderheiten hin, die mit dem Schutz der Umwelt in der Marktwirtschaft verbunden sind. Die Umwelt ist ein *Gemeinschaftsgut*. Wenn sie in Anspruch genommen wird, erscheint sie nicht in der Kostenrechnung der Unternehmen oder der Haushalte. Die Abgase der Ölheizung oder des Autos belasten – anders als das Abwasser – nicht das Budget des Privathaushaltes. Für das Abgas muß auch das Kraftwerk an niemanden einen Preis zahlen. Denn die Luft gehört niemandem als Eigentum. Sie gehört, wenn überhaupt jemandem, dann der gesamten Kreatur, die in ihr lebt. So wird mit der Verschmutzung der Luft auch niemandes Eigentum beschädigt. Von Ausnahmen abgesehen, wird auch niemand konkret und direkt nachweisbar geschädigt. Geschädigt oder belästigt wird eine unbekannte Vielzahl von Menschen. Um diese Belästigungen möglichst gering zu halten und die Luftverschmutzung weit zu verteilen, baute man in den sechziger Jahren deshalb besonders hohe Schornsteine. So konnte man die Abgase der Kraftwerke jedenfalls von besiedelten Gebieten fernhalten.

Was nicht in unseren Kostenrechnungen »erscheint«, seien es die der privaten Haushalte oder die der Unternehmen, »das kostet auch nichts«. Das System erkennt nur Kosten, die *erfaßt* werden. Deshalb ist es gegenüber Umweltschäden oder -kosten blind. Da es die Umweltschäden nicht registriert und damit auch nicht erkennen kann, werden keinerlei Anstrengungen ausgelöst, diese Schäden zu verringern oder zu vermeiden. Die Situation ist durchaus derjenigen vergleichbar, die im 19. Jahrhundert im Zuge der Industrialisierung zur sozialen Frage führte. Hatte die Art der Beschäftigung der Menschen in den Fabriken Erkrankungen zur Folge, so waren dies zwar Schäden und damit Kosten für den Arbeitnehmer, aber nicht für die Unternehmen. In den Kostenrechnungen der Unternehmen erschienen weder die Krankheitskosten noch gar die »immateriellen Schäden«, die mit Erkrankungen verbunden sind, noch die »Kosten« betrieblicher Unfälle. Erst durch die gesetzliche Einrichtung der Berufsgenossenschaften und der gesetzlichen Krankenkassen änderte sich dieser Zustand. Die bisher »externen«, das heißt außerhalb der Kostenrechnung des Unternehmens liegenden Kosten wurden nun zu *Kosten des Unternehmens*. Die Kosten, die das Unternehmen mit der Art seiner Produktion und der Organisation seiner Arbeitsplätze bei Dritten oder der Gemeinschaft verursachte, wurden »internalisiert«, das heißt, in die Kostenrechnung der Unternehmen einbezogen.

Selbstverständlich gab und gibt es auch eine moralische Verpflichtung, keine unfallträchtigen oder gesundheitsschädigenden Arbeiten verrichten zu lassen. Aber die Moral ist, wie wir gesehen haben, kein zuverlässiger Lenkungsmechanismus.

Besser ist ein Verfahren, das die Unternehmen für eine gute, unfallverhütende Organisation der Arbeit belohnt und für das Gegenteil bestraft. Die Berufsgenossenschaften sind solche Systeme. Sie funktionieren nach dem Prinzip der *Regelkreise*. Sie verwandeln die »Kosten« aus unfallgefährdeter Arbeit in Kosten des Unternehmens. Damit lösen sie im Unternehmen Anstrengungen aus, diese »Kosten« zu vermeiden – von allen anderen Gründen, die eine Vermeidung solcher Kosten gebieten, ganz abgesehen. Es lohnt sich nicht, bei der Sicherheit zu sparen, um günstigere Kosten und damit Vorteile im Wettbewerb zu haben.

So war mit der sozialen Frage des 19. Jahrhunderts im gewissen Sinne auch die Frage zu beantworten, wie man die sozialen Kosten der Produktion, die für die Unternehmen nicht sichtbar waren, weil sie nicht bei ihnen als Kosten erschienen, für die Unternehmen sichtbar machen konnte. Genau das gleiche Problem stellt sich uns bei der »ökologischen Frage« des 20. Jahrhunderts. Nur geht es nicht mehr direkt um den Menschen, sondern indirekt um den Menschen als Teil der Natur, in der und mit der er existiert. Die Umwelt ist das von der Produktion wie von unserer Lebensweise bedrohte Gut. Indirekt sind wir selbst gefährdet.

Sensibilisierung und Eigenverantwortung

Weil die Umwelt ein Gemeinschaftsgut ist, muß auch die Gemeinschaft dafür Sorge tragen, daß sich alle ihre Mitglieder umweltgerecht verhalten. Wir müssen lernen, die Umwelt zu schonen, Luft und Wasser rein zu halten, mit Rohstoffen sparsam umzugehen und die Böden vor Vergiftung durch Überdüngung zu schützen. Die große Mehrheit der Bevölkerung sieht es heute so.

Was das Grundsatzprogramm der CDU von 1978 noch als entscheidend für den Erfolg einer marktwirtschaftlichen Umweltpolitik ansah: den Willen und die Fähigkeit der politischen Führung, »im Bürger das Bewußtsein der persönlichen Mitverantwortung für seine Umwelt zu wecken«, ist weitgehend erreicht. Alle, nicht nur die politische Führung, haben daran mitgewirkt.

Schon 1978, als das Grundsatzprogramm verabschiedet wurde, gehörte nach Auffassung eines guten Drittels der Bevölkerung der Umweltschutz zu den wichtigsten politischen Problemen. Ende 1984 teilte er sich die Spitzenstellung als wichtigstes politisches Problem nur noch mit dem Problem der Arbeitslosigkeit. Diese Veränderung der Einstellung der Bevölkerung zum Umweltschutz ist jedoch nicht nur auf die immer deutlicher sichtbaren Umweltschäden zurückzuführen. Die Bürger sind, jedenfalls im Grundsatz, auch bereit, für den Schutz von Gemeinschaftsgütern Leistungen zu erbringen, wenn ihre eigenen wichtigsten Bedürfnisse befriedigt sind.

Das Interesse der Bevölkerung an Schutz und Erhaltung von Gemeinschaftsgütern nimmt eher zu, wenn sie wohlhabend ist. Die Bereitschaft zum Umweltschutz ist so auch ein Ausdruck von Wohlstand. In der Literatur spricht man verschiedentlich vom »Wohlstandsparadoxon«: Menschen, die hungern, nehmen keine Rücksicht auf ihre Umwelt, selbst wenn sie sich durch Raubbau an der Umwelt weiter gefährden. Erst Menschen, die im Wohlstand leben, sind bereit, auch ihre Existenzgrundlagen zu schützen, soweit sie öffentliche Güter sind.

In der Bundesrepublik sind nun in den letzten Jahren die Einkommen und Vermögen der Privathaushalte in einem Umfang angewachsen, der noch vor wenigen Jahren undenkbar schien. Zugleich hat die Dringlichkeit der Befriedigung der eigenen Lebensbedürfnisse bei einer wachsenden Mehrheit der Bevölkerung abgenommen. Damit ist die Bereitschaft gewachsen, gewissermaßen über den eigenen »Horizont« hinauszublicken und sich für den Schutz und die Erhaltung von Gemeinschaftsgütern einzusetzen, auch wenn die Erhaltung dieser Güter nicht mit einem unmittelbaren eigenen Nutzen verbunden ist.

Diese Bereitschaft, den Umweltschutz zur eigenen Sache zu machen, kommt schließlich in der bereits erwähnten INFRATEST-Umfrage zum Ausdruck. Befragt, wer für den Umweltschutz zuständig sei, erklären 58 %, jeder einzelne sei dafür zuständig, Umwelt und Natur zu schützen. Die Verantwortung des einzelnen wird damit höher eingestuft als die der Wirtschaft oder von Bürgerinitiativen. Die Gewerkschaften gar werden nur von 8 %, soziale Verbände von 7 % und die Kirchen von 6 % der Befragten für zuständig gehalten. Lediglich die Verantwortung des Staates wird etwas höher eingeschätzt: 63 % halten ihn in erster Linie für zuständig. Da wir sonst dazu neigen, für alle wichtigen Fragen in erster Linie den Staat verantwortlich zu machen, ist die große Bereitschaft zur Eigenverantwortung für Umwelt und Natur ein besonders wertvolles politisches Kapital. Die Aufforderung der Kirchen zu einem Neubeginn und zu einem neuen Denken fällt auf fruchtbaren Boden.

Die Programmatik der Union

So geht es heute nicht mehr um das Ob des Umweltschutzes, sondern um das Wie. Die eigentliche politische Diskussion wird über die Frage geführt, wie Umweltschutzpolitik aussehen soll. Nicht das Ziel ist umstritten, sondern die Wege, es zu erreichen.
Wie können Zielkonflikte zwischen Umweltschutz und Beschäftigung oder Umweltschutz und Wirtschaftswachstum vermieden und wie sollen sie entschieden werden, wo sie auftreten? Wieviel staatliches Handeln durch Gebote und Verbote ist notwendig und wieviel Freiheit und Eigenverantwortung der Bürger sind möglich? Grundsätzlicher: Können wir den Schutz unserer Lebensgrundlagen überhaupt einer Wettbewerbsordnung anvertrauen? Oder handelt es sich um ein so überragendes Gemeinschaftsinteresse, daß nur der Staat es angemessen schützen und verwalten kann, ähnlich wie äußere und innere Sicherheit?
Unbestritten ist seit langem, daß der Staat für Maßnahmen zuständig ist, die der Erhaltung des *ökologischen Existenzminimums* der Menschen dienen. Daß der Staat Umweltschutz betreiben, die Umwelt vor den Gefahren der modernen Industriegesellschaft schützen und damit dem Menschen seine Existenzgrundlage zu erhalten habe, ist seit langem als Aufgabe staatlicher Daseinsvorsorge anerkannt. Auch in vorindustrieller Zeit haben sich Regierungen immer wieder gezwungen gesehen, ihre Bürger vor Umweltgefahren zu schützen. Nach dem Zweiten Weltkrieg wurden die ersten Umweltgesetze in Nordrhein-Westfalen Anfang der sechziger Jahre von der Regierung Franz Meyers initiiert. Im Bundestagswahlkampf 1965 versprach der damalige Bundeskanzlerkandidat der SPD, Willy Brandt, den Wählern im Ruhrgebiet, den blauen Himmel über der Ruhr wiederherzustellen. Der Schutz des Wasserhaushaltes schließlich gehörte schon immer zum klassischen Bestand staatlicher Aufgaben.
Auch im Berliner Programm der CDU von 1971, das als erste programmatische Aussage der Partei ein eigenes Kapitel zum Umweltschutz enthielt, ging es vorrangig um den Schutz des Menschen vor gesundheitlichen Schäden durch Überlastung seiner Lebensumwelt. Man wollte dem Anspruch aller Menschen auf Reinhaltung von Luft und Wasser, offene Flächen für Freizeit und Erholung und auf

Schutz vor Lärm Geltung verschaffen. Im einzelnen sollte »die Wasserversorgung der Bevölkerung durch langfristige Planung« sichergestellt werden. Der Grundwasserschutz habe Vorrang vor anderweitiger Beanspruchung der Landschaft. »Es müssen alle Anstrengungen unternommen werden, die Abwässer in Zukunft so zu reinigen, daß sie unsere Gewässer nicht verseuchen oder vergiften können.« Der Verschmutzung der Luft »muß durch neue gesetzliche Vorschriften und durch bessere Kontrollen begegnet werden. Die Verschmutzung der Luft durch Abgase darf nicht ein gesundheitsschädliches Maß erreichen. Wir werden die Erforschung und Entwicklung abgasfreier Energien und emmissionsfreier Maschinen fördern.« Das Programm forderte weiterhin Maßnahmen zum Schutz der Bevölkerung vor Lärm und zählt dazu eine Reihe praktischer Vorkehrungen auf, einschließlich des Verbots des zivilen Überschallfluges über der Bundesrepublik Deutschland. Eine schadlose, geordnete und kontrollierte Beseitigung von Abfallstoffen müsse sichergestellt werden. Für das gesamte Bundesgebiet sollten Sanierungspläne aufgestellt werden. Von der Industrie wurde erwartet, daß sie Produkte auf den Markt bringe, die »im Abfallzustand ohne großen Aufwand wiederverwendet und dem natürlichen biologischen Kreislauf zugeführt werden können«. Die Auswirkungen von Schädlings- und Unkrautbekämpfungsmitteln und von maschinellen Feldbautechniken auf das biologische Gleichgewicht im Boden und auf die Gesundheit von Mensch und Tier wollte man verstärkt untersuchen; vermeidbare negative Auswirkungen wollte man unterbinden.

Aber es wurden im Berliner Programm von 1971, knapp zehn Jahre vor der Landtagswahl in Baden-Württemberg, mit der zum ersten Mal Abgeordnete der Grünen in ein Landesparlament einzogen, auch schon Ansätze einer *ökologischen Betrachtungsweise* erkennbar, die über die klassische Daseinsvorsorge hinausreichten und Umweltpolitik im heutigen Sinne beschrieben. So wurden »die Pflege der Landschaft und die Erhaltung des Gleichgewichts im Naturhaushalt« als Aufgaben der Raumordnung gesehen, »denen wir in Zukunft besondere Bedeutung zumessen«. Von der Land- und Forstwirtschaft wurde erwartet, daß sie neben ihrer Ernährungs- und gesamtwirtschaftlichen Funktion »durch Erhaltung und Pflege der Landschaft und durch den Schutz der Umwelt wichtige gesellschaftspolitische Aufgaben« erfüllt.

Wichtiger noch für die spätere Entwicklung einer ökologischen Ordnungspolitik sind die Einsichten des Programms von 1971 in die Zusammenhänge zwischen Strukturwandel und wirtschaftlichem Wachstum. Gleichsam als Antwort auf die beginnende allgemeine öffentliche Debatte über die Grenzen des Wachstums und auf die Besinnung auf mögliche Alternativen zur quantitativen Expansion der Volkswirtschaft stellt das Programm fest:

> Strukturwandlungen sind Voraussetzungen und Folgen des wirtschaftlichen Wachstums. Dabei darf eine rein quantitative Erhöhung des Sozialprodukts nicht alleiniges Ziel sein. Zumindest ebenso wichtig ist ein an den Bedürfnissen des Marktes orientiertes qualitatives Wirtschaftswachstum. Dazu gehört auch, daß unsere Umwelt nicht zerstört wird und die Arbeits- und Lebensbedingungen für den einzelnen und die Gesellschaft verbessert werden.

Als eine *marktwirtschaftliche* Aufgabe beschreibt die CDU den Umweltschutz zum erstenmal in der Mannheimer Erklärung von 1975:

> Die Grundsätze der sozialen Marktwirtschaft sind nicht auf den Bereich der gewerblichen Wirtschaft beschränkt. Sie sind auch in Bereichen wie dem Umweltschutz anwendbar. Zwar kann das Angebot in diesen Bereichen nicht, wie bei industriellen Gütern und Dienstleistungen, über Märkte organisiert und gesteuert werden. Die Güter und Leistungen können jedoch ebenso wie industrielle Güter und Dienstleistungen dezentralisiert, leistungsbezogen und im Wettbewerb erbracht werden. Unsere Politik erstrebt freiheitliche und soziale Lösungen auch in jenen Bereichen von Wirtschaft und Gesellschaft, die nicht ausschließlich über Märkte gesteuert werden können.

Zugleich nahm die Partei ihre Aussagen zum Zusammenhang von Wachstum und Umwelt wieder auf. Zusammen mit der Herstellung von Preisstabilität, Vollbeschäftigung und Wirtschaftswachstum »muß dem Problem der Qualität des Wachstums Rechnung getragen werden. Wirtschaftliches Wachstum heißt nicht nur Vermehrung von Gütern und Dienstleistungen, sondern auch Steigerung des sozialen Wohlbefindens des Menschen durch . . . Verbesserung des Umweltschutzes.«

Ökologie in der sozialen Marktwirtschaft

Die eigentliche, über die klassische Daseinsvorsorge hinausreichende Entscheidung für den Umweltschutz als Aufgabe der sozialen Marktwirtschaft traf die CDU mit ihrem Grundsatzprogramm von 1978. Mit ihm wurden wesentliche Grundlagen für eine marktwirtschaftliche Umweltpolitik gelegt – wiederum lange ehe Sozialdemokraten und die erst später entstandene Partei der Grünen sich der Frage politisch angenommen hatten.

Ausgangspunkt aller umweltpolitischen Aussagen im Grundsatzprogramm ist die Feststellung, die Erhaltung der natürlichen Grundlagen des Lebens sei ein Stück *verantworteter Freiheit.* »Wer in der Gegenwart die natürlichen Grundlagen des Lebens verantwortungslos ausbeutet und die ökologischen Zusammenhänge stört, verletzt die Solidarität zwischen den Generationen.« Die Partei erklärt, sie sei sich bewußt, daß die Erfordernisse des Umweltschutzes zusammen mit anderen Entwicklungen entscheidende Veränderungen in Wirtschaft und Gesellschaft notwendig machen würden. Sie stellen neue Anforderungen an die Anpassungs- und Leistungsfähigkeiten der sozialen Marktwirtschaft.

Um sie näher zu bestimmen, erweitert das Programm von 1978 die Ziele des Stabilitäts- und Wachstumsgesetzes um ein *fünftes Ziel*: die ökologische Zukunft. Vollbeschäftigung, Geldwertstabilität und außenwirtschaftliches Gleichgewicht bei angemessenem Wirtschaftswachstum seien die Ziele der Wirtschaftspolitik. »Aber die Verwirklichung dieser Ziele reicht allein nicht aus, um die Solidarität mit den künftigen Generationen zu gewährleisten. Sie müssen daher um die Sicherung der ökologischen Zukunft unseres Gemeinwesens erweitert werden.« Dabei werden vor allem zwei Fragen behandelt, die auch heute noch aktuell und nicht entschieden sind: die marktwirtschaftlichen Grundsätze des Umweltschutzes und sein Verhältnis zum wirtschaftlichen Wachstum. Zum Umweltschutz als Herausforderung der Ordnungspolitik in der sozialen Marktwirtschaft heißt es, der Staat habe die Aufgabe, diesen Bereich »durch die Aufstellung von Rahmendaten und notfalls durch Gebote und Verbote so zu ordnen, daß die im allgemeinen Interesse gebotenen Ziele auch tatsächlich erreicht werden. Dabei verdient immer der verhältnismäßig geringste Eingriff den Vorzug. Gebote und Verbote halten wir für äußerste Mittel, die nur dort eingesetzt werden dürfen, wo Alternativen nachweislich versagen« (Ziff. 86). Für die staatliche Ordnung des Umweltschutzes soll das Verursacherprinzip gelten. Allgemein seien »zuverlässige Rahmenbedingungen für eine ausgewogene wirtschaftliche Entwicklung ebenso wichtig, wie eine verläßliche Ordnungspolitik«.

Daß es zwischen den Zielen *wirtschaftliches Wachstum* und *Umweltschutz* zu Spannungen kommen kann, wird im Grundsatzprogramm gesehen. Die Partei will dafür eintreten, »daß Wirtschaftswachstum und technischer Fortschritt mit der Leistungsfähigkeit unserer natürlichen Lebensgrundlage, mit Boden, Wasser, Luft und Landschaft in Einklang gebracht werden« (Ziff. 62). Aber wirtschaftliches Wachstum, heißt es an späterer Stelle, sei kein Selbstzweck, sondern Voraussetzung für die Verwirklichung anderer politischer Ziele. Zu ihnen zählen, Arbeits- und Ausbildungsplätze in ausreichender Zahl zur Verfügung zu stellen, das bewährte System der sozialen Sicherung zu erhalten, die öffentlichen Aufgaben zu finanzieren und den Verteilungskampf zu entschärfen.

Aber auch diese Ziele werden gegen das Ziel des Schutzes der Umwelt abgewogen. Daraus ergeben sich mögliche *Grenzen* für die Wachstumspolitik. »Wo Wachstum zu einer unvertretbaren Beeinträchtigung der natürlichen Umwelt führt«, heißt es deshalb im Programm, »muß notfalls auf ein solches Wachstum und damit verbundene Einkommensmehrung verzichtet werden« (Ziff. 84). Die Partei ist jedoch zuversichtlich, diesen Konflikt auf Dauer vermeiden zu können. »Technischer Fortschritt und qualitätsorientiertes Wachstum«, heißt es kurz darauf (Ziff. 87), »stehen in keinem unüberbrückbaren Gegensatz zum Schutz unserer natürlichen Reserven und Umwelt.«

Von einer funktionierenden Marktwirtschaft wird erwartet, daß sie den notwendigen Ausgleich und den Ersatz immer knapper werdender Rohstoffe durch weniger knappe bewirken werde.

Die »Stuttgarter Leitsätze«

Wie marktwirtschaftlicher Umweltschutz *praktisch* ausgestaltet werden kann, war mit diesen Aussagen allerdings noch nicht angegeben. Damit befaßt sich die Partei in ihren Stuttgarter Leitsätzen von 1984. Die entscheidenden Beschlüsse waren vom westfälisch-lippischen Landesverband vorbereitet worden. In seinem Programm »Ökologie in der sozialen Marktwirtschaft« sah er im Umweltschutz neben der Sicherung und der Erhaltung der Wettbewerbsordnung und der Sicherung der sozialen Gerechtigkeit die *dritte Dimension* unserer freiheitlichen, sozial verpflichtenden Wirtschaftsverfassung.

> Wirtschaftliche Leistungskraft und schonender Umgang mit der Umwelt sind ebensowenig ein notwendiger Gegensatz, wie marktwirtschaftlicher Wohlstand und soziale Gerechtigkeit es waren. Die soziale Marktwirtschaft hat Freiheit der Wirtschaft und soziale Gerechtigkeit verbunden. Heute ist es unsere Aufgabe, die Belange der Umwelt in Einklang zu bringen mit den Notwendigkeiten unserer Industriegesellschaft und ihrer Wirtschaft. Dies bedeutet eine neue Phase in der Entwicklung der sozialen Marktwirtschaft. Wer die Umwelt gegen die Wirtschaft stellt, zerstört letztendlich beides. Nur wer beides miteinander verbinden kann, kann beides sichern.

Dabei ging es dem Landesverband darum, eindeutige und realistische ökologische Ziele mit dem geringstmöglichen Aufwand zu erreichen. Die zukünftige Umweltpolitik werde zwar nicht völlig auf Gebote und Verbote verzichten können. Jedoch sollten sie das äußerste Mittel bleiben und nur dort eingesetzt werden, wo Alternativen versagen. Umweltgüter sollen nicht verschenkt, aber auch nicht bürokratisch verwaltet werden. »In der Sozialen Marktwirtschaft werden die Marktkräfte selbst als Motor für den Umweltschutz ausgenutzt.«

Zu diesem Zwecke wird eine Reihe von *Instrumenten* empfohlen. Zu ihnen gehören die Steuerung des Umweltverhaltens durch steuerliche Anreize und Entlastungen, die die Schonung der Umwelt fördern, sowie die steuerliche Belastung von Umweltverschmutzun-

gen. Für bestimmte Schadstoffe und einzelne Regionen soll der Staat Belastungsobergrenzen festsetzen und eine begrenzte Zahl von Belastungsrechten in Form frei übertragbarer *Zertifikate* ausgeben, die auf Umweltbörsen gehandelt werden können. Diese Belastungsrechte sollen im Zuge der Entlastung der Umwelt abgewertet werden. Durch das Ausgleichsprinzip soll erreicht werden, daß neue Emissionen (durch neue oder vorhandene Betriebe) zulässig sein können, wenn im gleichen Gebiet zum Ausgleich an anderer Stelle die Belastungen vermindert werden. So sind gewerbliche Neuansiedlungen oder Umstrukturierungen möglich, ohne daß die Umweltbeanspruchung in der betroffenen Region insgesamt zunimmt. Nach dem Glockenprinzip sollen die Betriebe einer Region als Einheit betrachtet und den Betrieben damit ermöglicht werden, die Emissionen dort zu verringern, wo dies am kostengünstigsten möglich ist. Schließlich soll für spezielle Umweltbelastungen die Einführung besonderer Umweltabgaben geprüft werden.
Die Stuttgarter Leitsätze für die achtziger Jahre betonen erneut die Gleichrangigkeit des Umweltschutzes mit den anderen wirtschaftspolitischen Zielen: mit Beschäftigung, Preisstabilität, außenwirtschaftlichem Gleichgewicht und angemessenem wirtschaftlichen Wachstum. Die CDU will »Deutschland zu einem der umweltfreundlichsten Industrieländer« machen und die europäischen Nachbarländer dazu bewegen, sich diesem Vorgehen anzuschließen. Strenge umweltpolitische Vorgaben des Staates und eindeutig gesetzte, langfristig zuverlässige Rahmenbedingungen werden als Grundvoraussetzungen dafür genannt.

> [Neue] ordnungspolitische Maßnahmen müssen dafür sorgen, daß in Zukunft die umweltbelastenden Auswirkungen wirtschaftlicher Aktivitäten in die Kalkulation eingehen. Die Inanspruchnahme von Umwelt, zum Beispiel durch Schadstoffemissionen, darf keine wirtschaftlichen Vorteile bieten. Vielmehr ist zu erreichen, daß die Vermeidung von Schadstoffemissionen zu einem Ziel jedes gewinnorientierten Unternehmens wird. Nur auf diesem Wege kann das wirtschaftliche Eigeninteresse an der Förderung umweltfreundlicher Technologien und der Vermeidung von Umweltschäden geweckt werden. Dies gilt nicht nur für unternehmerische, sondern auch für private Verbraucher-

entscheidungen. Die Knappheit ökologischer Ressourcen muß ebenso selbstverständlich wie die der ökonomischen vom einzelnen als finanzielle Belastung erfahren werden. Auf solche Weise wird für staatliche und private Entscheidungen und Planungen die Prüfung der Umweltverträglichkeit selbstverständlich werden. Derjenige, der die Umwelt weniger belastet oder entlastet, muß hieraus wirtschaftliche Vorteile gegenüber dem erzielen können, der die Umweltgüter in stärkerem Maße beansprucht.

Zugleich wird der verstärkte Einsatz marktwirtschaftlicher Instrumente befürwortet. Allerdings werden die Maßnahmen eher zurückhaltend formuliert. Viele marktwirtschaftliche Instrumente, so heißt es, ließen sich zum Teil erst langfristig realisieren. Gleichwohl sollten »schon heute Anreize zu vermehrtem Umweltschutz geschaffen werden«. Dabei wird insbesondere an das Ausgleichsprinzip gedacht, das neue Emissionen nur dort zulassen will, wo an anderer Stelle in einem definierten Gebiet gleichzeitig die Belastungen abgebaut werden. Auch solle geprüft werden, inwieweit Emissionsgenehmigungen, die bisher unentgeltlich erteilt wurden, künftig für bestimmte Schadstoffe und Regionen »nur gegen Zahlung eines Preises und in handelbarer Form mit der Möglichkeit einer Abwertung der zugelassenen Werte erteilt werden können«. Schließlich wird eine besondere staatliche Förderung der Umweltforschung für erforderlich gehalten. Ursachen und Wirkungen der Umweltbeeinträchtigungen müßten wissenschaftlich geklärt werden. Seien diese bekannt, dann könne die neueste Technik für den Umweltschutz optimal eingesetzt und so den verschärften Umweltanforderungen auch tatsächlich entsprochen werden.

Umweltschutz zwischen Markt und Staat

Ziehen wir Bilanz: Die CDU will die Umwelt mit marktwirtschaftlichen Mitteln schützen. Sie will, daß unser Land eines der umweltfreundlichsten Industrieländer wird. Sie will damit eine ökologische Neuorientierung und eine ökologische Umrüstung der bestehenden realen Aktivitäten der Wirtschaft und der Privathaushalte.
Sie gibt marktwirtschaftlichen Instrumenten gegenüber direkten

staatlichen Eingriffen den Vorzug. Das gilt nach der programmatischen Ebene auch für das Handeln der Regierung. So hat das »Glokkenprinzip« in die sogenannte TA-Luft Eingang gefunden, die das Bundeskabinett im Juli 1985 verabschiedete. Aber noch besteht keine wirkliche Klarheit über das »richtige« Verhältnis von staatlichen Interventionen zu der Lenkung der ökologischen Umrüstung unserer Industriegesellschaft durch Rahmenbedingungen, die den Prozeß steuern, die Bewältigung der Aufgabe aber dem Prinzip der Koordination überlassen.

Wie dieses Verhältnis in Zukunft politisch gestaltet wird, was durch Interventionen »geordnet« wird und was sich an Anpassung und Veränderung im Rahmen der rechtlich geordneten Umsetzung durch die Unternehmen und Privathaushalte selbst vollzieht, ist keine akademische Frage. Mit der Entscheidung dieser Frage wird für einen existentiell bedeutsamen Teil unseres Lebens und Wirtschaftens darüber befunden, ob es uns gelingt, zu einer neuen Sicht der Dinge zu finden. Der Umweltschutz ist gewissermaßen der jüngste Bereich unserer Wirtschafts- und Sozialordnung. Seine politische Gestaltung ist weder durch langfristige politische Praxis noch durch ein Geflecht traditioneller Besitzstände vorbelastet. Ordnungspolitisch gesehen ist der Umweltschutz Neuland. Wir können deshalb relativ frei entscheiden, wie wir ihn ordnen, das heißt ordnend gestalten wollen.

Allerdings ist Eile geboten. Denn die Erfahrungen der letzten Jahre zeigen an, daß wir im Begriff sind, auch im Bereich des Umweltschutzes die alten Fehler zu wiederholen. Die *interventionistische Besetzung* des Neulandes ist in vollem Gange, die Anhänger staatlicher Maßnahmen, umfassender Programme und gezielter Aktivitäten finden allseits politische Zustimmung. Zu sehr sind wir schon daran gewöhnt, Problemlösungen von staatlichen Eingriffen zu erwarten.

Nachdem die Möglichkeiten neuer staatlicher Interventionen in den *traditionellen Bereichen* weitgehend erschöpft sind, öffnet sich im Umweltschutz ein neues Feld für Versprechungen, Zusagen und politischen Wettbewerb durch die Forderung nach staatlichen Maßnahmen. Die Sozialdemokraten verstärken den umweltpolitischen Druck auf den Staat durch die Verbindung des allgemeinen Wunsches nach Umweltschutz mit den ebenso dringenden Forderungen nach Abbau der Arbeitslosigkeit. Durch ihr Programm »Sondervermögen, Arbeit und Umwelt« wollen sie gewissermaßen zwei zentrale politische Aufgaben mit einem Schlag erledigen. Auch die Bundesregierung und die Landesregierungen stehen den neuen Möglichkeiten staatlicher Aktivitäten im Umweltbereich nicht ablehnend gegenüber. Die Medien verstärken die Versuchung. Aber der Besuch sterbender Wälder durch Spitzenpolitiker erzeugt Illusionen über die Möglichkeiten staatlichen Handelns im Bereich des Umweltschutzes, die niemand einlösen kann. Die Diskussion über das Katalysatorauto und die inzwischen gefundenen Regelungen zeigen zudem, mit welchen Nebenwirkungen staatliche Interventionen auch im Umweltbereich rechnen müssen. Niemand kann sie alle voraussehen. Was ordnungspolitisch gegen den Interventionismus spricht, spricht auch im Bereich des Umweltschutzes gegen ihn.

Der Abbau von Besitzständen

Eile ist auch geboten, weil mit dem Schutz des Gutes Umwelt neue *Verteilungskonflikte* entstehen. Sie stoßen auf bestehende Besitzstände. Wie in allen anderen Bereichen muß eine neue Sicht der Dinge sie auch hier überwinden. Diese Besitzstände sind nicht nur materieller Art. Es sind auch Besitzstände des Denkens. Zu den letzteren gehört die bisher gültige Erfahrung, daß Umweltgüter, jedenfalls grundsätzlich, kostenlos zur Verfügung stehen. Diese Erfahrung ist nicht länger gültig. Ihre Auswirkungen im Denken und Handeln der Menschen müssen überwunden werden. Auf der Ebene der Abstraktion bereitet dies keine Schwierigkeiten. Sobald der Bürger jedoch für ein bisher kostenloses Umweltgut einen Preis bezahlen soll, wird man auf Widerstände stoßen.

Ebenso schwierig wie die Überwindung althergebrachter Denkweisen ist die Veränderung bestehender institutioneller und organisierter Besitzstände. Vor allem die großen gesellschaftlichen Organisationen und Gruppen müssen lernen, in den neuen Kategorien zu denken. Sie müssen *Güterabwägungen* anerkennen, in die die Umwelt als ein schützenswertes Gut eingegangen ist, und dies auch dann, wenn bisher mit Priorität ausgestattete Interessen demgegenüber zurücktreten müssen. Zu den wichtigsten Veränderungen dieser Art gehören die derzeit die Diskussion beherrschenden Gegensätze zwischen den Interessen Umweltschutz und Wirtschaftswachstum und die Spannungen zwischen den Zielen Umweltschutz und Beschäftigung.

Ob es gelingt, bisherige Formen des Denkens zu überwinden und organisierte Besitzstände zur Anerkennung neuer, die Umwelt einbeziehender Interessenabwägungen zu veranlassen, auch wenn dadurch von ihnen vorrangig vertretene Interessen betroffen sind, hängt wiederum von der Methode ab, mit der der Umweltschutz in das bisherige Gefüge der Interessenstrukturen unserer modernen Industriegesellschaft integriert wird. Wird diese Integration von einem Geflecht von staatlichen Geboten erwartet, so richtet sich das Interesse der vorhandenen Besitzstände vor allem darauf, Inhalt und Auswirkungen dieser staatlichen Regelung *im Einzelfall* zu beeinflussen. Nicht das allgemeine Prinzip, sondern seine Anwendung durch staatliche Behörden im Einzelfall stehen dann im Vordergrund. Grundsätze werden in dem Maße akzeptiert, in dem die Aussicht besteht, für die eigenen Sachverhalte Ausnahmen zu erwirken. Tempo und Umfang der Einbeziehung des Umweltschutzes in die Wirtschaftsordnung hängen in diesem Fall wesentlich von der Fähigkeit der staatlichen Behörden ab, den allgemeinen Zielvorstellungen auch angesichts gewichtiger politischer und wirtschaftlicher Widerstände im konkreten Fall Geltung zu verschaffen. Wie die bisherigen Erfahrungen zeigen, sind diese Möglichkeiten nicht immer ermutigend.

Mit einer interventionistischen Umweltpolitik werden zudem *neue* Besitzstände erzeugt. Sie werden die Schwierigkeiten, zu einer wirklichen Ordnung im Umweltbereich zu gelangen, weiter erschweren. Gelingt es dagegen, den Umweltschutz mit marktrationalen Mitteln zu gestalten, dann lassen sich die Schwierigkeiten interventionistischer Lenkung auch hier vermeiden. Der Markt wird die Natur besser »regieren«, als der Staat es kann, und wird sie auch nicht zerstören. Voraussetzung ist allerdings, daß die Rechtsordnung der Umwelt im Markt durch *politisch festgesetzte Knappheiten* ein Stimmrecht gibt. Sie verwirklicht damit – durchaus analog zur Sozialpflichtigkeit der Marktwirtschaft – das Prinzip der *Umweltpflichtigkeit* der Wirtschafts- und Sozialordnung.

Strukturwandel durch Umweltschutz

Zwar wird die Entstehung von Verteilungskonflikten damit nicht vermieden. Es gibt den Umweltschutz nicht zum Nulltarif. Der Schutz der Umwelt wird zudem nicht allein die Wirtschaft und damit die Konsumenten indirekt, sondern jeden einzelnen Privathaushalt auch direkt betreffen. Denn wir alle belasten heute die Umwelt. Was wir in Zukunft für sauberes Wasser oder reine Luft ausgeben, für die Vermeidung von Lärm oder den Schutz unserer Böden, können wir nicht noch einmal für andere Güter oder Leistungen einsetzen.

Die Anstrengungen, die wir unternehmen, um die Umweltgüter zu schonen, wie auch die Mittel, die wir dafür aufwenden, stehen für andere Zwecke nicht mehr zur Verfügung. Der Umweltschutz wird Unternehmen und Privathaushalte zu neuen Prioritäten bei Investitionen und Verbrauch veranlassen. Eine entsprechende Neuorientierung der Verwendung ihrer *Kaufkraft* wird die Folge sein. Solange diese Neuorientierungen vom Markt ausgehen, werden sie auf bestehende Besitzstände keine Rücksicht nehmen. Mit anderen Worten: Wenn die Bevölkerung Kaufkraft zur Erhaltung und Sicherung der Umwelt bereitstellt, weil sie die Erhaltung und Sicherung der Umwelt als eine für sie bedeutsame Leistung ansieht, dann setzt sie ihre Kaufkraft für andere Zwecke ein als bisher. Sie steuert ihre Kaufkraft insoweit in eine andere Richtung, sie befriedigt ein neues Bedürfnis zu Lasten bisher befriedigter Bedürfnisse. Eine solche Umlenkung von Kaufkraft von bisher befriedigten Bedürfnissen auf neue Bedürfnisse findet in der Marktwirtschaft ständig statt.

Sie unterscheidet sich im Falle der Befriedigung von Umweltbedürfnissen nicht prinzipiell von Veränderungen, die etwa darin zum Ausdruck kommen, daß die Bevölkerung ihren Konsum an Textilien oder den Bau von Eigenheimen verringert und dafür mehr Geld für Reisen und Erholung aufwendet. Die Bevölkerung hat in den letzten 30 Jahren den Einsatz ihrer Kaufkraft häufig verändert. Dies hat immer zu entsprechenden Veränderungen auf der Angebotsseite geführt. Niemand käme jedoch auf die Idee, den Einsatz einer neuen Technologie, die Befriedigung eines neuen Bedürfnisses zu Lasten alter Technologien oder alter Bedürfnisse als wachstumsgefährdend oder arbeitsplatzvernichtend zu bewerten oder von ihr eine Beeinträchtigung der Exportfähigkeit zu befürchten.

Im Gegenteil: Eine Veränderung des Einsatzes der Kaufkraft etwa durch Kauf von Videorecordern anstelle von Tonbandgeräten, durch den Erwerb von Computern anstelle von Haushaltsgeräten oder vermehrte Ausgaben für kulturelle Angebote zu Lasten langlebiger Wirtschaftsgüter bedeutet nichts anderes als den Beweis für einen funktionsfähigen, lebendigen, innovativen Markt und damit letztlich für wirtschaftlichen, technischen und auch kulturellen Fortschritt. Was in solchen Prozessen gefährdet ist, ist nicht der Arbeitsmarkt oder die Beschäftigung als solche, sondern der konkrete Arbeitsplatz in der überholten Technologie. Aber auch dies: Die Mobilität innerhalb des Arbeitsmarktes, der fortschreitende Lernprozeß in der Industrie, die Befriedigung von sich wandelnden Bedürfnissen gehören zum »täglichen Leben« in der Marktwirtschaft.

Was für solche Veränderungen der Nachfragestrukturen allgemein gilt, gilt im besonderen auch für den Umweltschutz. Wenn die Bevölkerung auf eine Weise, die sogleich noch näher zu beschreiben sein wird, mehrheitlich einwilligt, daß die Ressource Umwelt nur zu angemessenen Kosten zur Verfügung stehen soll, und wenn sie bereit ist, in den Preisen für Güter und Dienstleistungen oder in den Kosten für ihre Lebensführung diese Kosten mitzutragen, weil sie die Umwelt für kostbar und ihre Erhaltung und Sicherung langfristig auch zu ihrem eigenen Wohle für notwendig hält, dann ändert sie in diesem Sinne und in diesem Umfang den Einsatz ihrer Kaufkraft zugunsten eines neuen, allgemeinen Bedürfnisses und damit zu Lasten bisher befriedigter Bedürfnisse. Wir haben es somit auch in diesem Falle mit einer Neuorientierung des Einsatzes der Kaufkraft zu tun, wenn auch nicht, wie bisher in erster Linie, zugunsten neuer Individualinteressen und -bedürfnisse, die an die Stelle alter Individualinteressen und -bedürfnisse getreten sind, sondern zugunsten eines neuen Allgemeinbedürfnisses, das, soweit es befriedigt wird, die Befriedigung bisheriger Individualinteressen verdrängt.

Dies bedeutet aber, daß die Befriedigung dieses neuen Bedürfnisses nicht als Erhöhung der *allgemeinen* Kosten der Wirtschaft, sondern als Folge eines *marktwirtschaftlichen* Anreizes zur entsprechenden Reorganisation des Angebotes an Individual- und Allgemeingütern angesehen werden muß. Als eine Erhöhung der allgemeinen Belastung der Wirtschaft könnte Umweltschutz nur dann angesehen werden, wenn es sich um staatlich verfügte, planwirtschaftlich auferlegte und organisierte Umweltschutzmaßnahmen handelte, oder anders formuliert: Marktwirtschaftlicher Umweltschutz bedeutet marktwirtschaftliche Neuorientierung von Kaufkraft zugunsten der Umwelt und zu Lasten bisher befriedigter Individualbedürfnisse; planwirtschaftlicher Umweltschutz bedeutet Inanspruchnahme eines Teils der Kaufkraft der Bevölkerung für staatlich angeordnete Maßnahmen nach staatlich vorgeschriebenem Verhalten.

Umweltschutz als Ordnungspolitik

Grundsatzentscheidungen, wie sie Franz Böhm und Walter Eucken für die Wirtschafts- und Sozialordnung gefordert haben, brauchen wir für den Umweltschutz aber auch noch aus einem allgemeinen politischen Anlaß. Ähnlich wie nach der Währungsreform und der Entwicklung der Grundsätze der sozialen Marktwirtschaft wird es auch bei der politischen Verwirklichung des Umweltschutzes wieder zu einer prinzipiellen Auseinandersetzung zwischen der Ordnung der Wirtschaft nach dem Prinzip der Koordination oder nach dem Grundsatz der Subordination kommen. Erneut werden wir entscheiden müssen zwischen der Ordnung durch das Recht oder der Ordnung durch den Staat. Die Gegner der freiheitlichen Ordnung können heute weder deren Fähigkeit bestreiten, Wohlstand zu mehren, noch ihre Fähigkeit, soziale Gerechtigkeit zu sichern. Sie könnten ihr jedoch die Fähigkeit absprechen, die Umwelt zu schützen. So wird die Wettbewerbsordnung heute auch vor allem mit dem Argument bekämpft, es fehle ihr die moralische und ethische Legitimation, weil sie – als eine notwendige Folge ihrer Wirkungsweise – die Umwelt gefährde und zerstöre.

Seiner politischen Bedeutung und Tragweite nach ist dieser Angriff durchaus vergleichbar mit der Behauptung, die Wettbewerbsordnung sei zur sozialen Gerechtigkeit, zur Achtung der Würde des Menschen unfähig. Denn wäre die soziale Marktwirtschaft tatsächlich nicht in der Lage, mit Mitteln, die ihren Ordnungsprinzipien entsprechen, die Umwelt zu schützen, so wäre sie in einem entscheidenden Punkt ungeeignet, Ordnung einer modernen Industrie-

gesellschaft zu sein. Ihre Gegner hätten mit dem Nachweis ihrer ökologischen Untauglichkeit einen entscheidenden Einbruch in die politische, rechtliche und moralische Legitimation einer Wirtschaftsordnung erzielt, die auf dem Ordnungsprinzip des Wettbewerbs aufbaut. Die soziale Marktwirtschaft ließe sich als politische Ordnung gewissermaßen von der »Umweltflanke« her aufrollen. Zugleich wäre dem Bestreben, zum Wohle des Umweltschutzes von Staats wegen zu intervenieren, zu lenken und Investitionen zu steuern, Tür und Tor geöffnet. Dies wiederum mit Auswirkungen, die weit über den ursprünglichen Anlaß Umweltschutz hinausreichen. Denn direkte staatliche Einwirkungen auf Entscheidungen im Bereich von Wissenschaft und Forschung, die staatliche Bestimmung technischer Prioritäten und der direkte steuernde Eingriff in allen wichtigen Investitionsbereichen würden genau das Prinzip außer Kraft setzen, auf dem die marktwirtschaftliche Ordnung beruht: die Steuerung wirtschaftlicher Prozesse durch die Wettbewerbsordnung. Die ordnungspolitische Gestaltung des Umweltschutzes wird deshalb voraussichtlich der Ort sein, an dem es sich entscheidet, ob es uns gelingt, zu einer *neuen Qualität* unserer Wirtschafts- und Sozialordnung fortzuschreiten.
Wie wir gesehen haben, hat die politische Auseinandersetzung über die sozialen Fehlentwicklungen des liberalen Ordnungsgedankens im 19. Jahrhundert nicht zu einer verbesserten Umsetzung dieses Gedankens geführt. Man suchte vielmehr nach einem »mittleren Weg« und und entschied sich, die Mängel der konkreten Politik durch staatliche Interventionen zu beheben. Die Folgen dieser Entwicklung haben wir bereits behandelt. Es ist nun *entscheidend,* daß sich diese Fehlentwicklungen nicht im Umweltbereich wiederholen. Vielmehr muß es uns gerade hier gelingen, die ordnungspolitischen Grundgedanken einer freiheitlichen Wirtschafts- und Sozialordnung zu verwirklichen und so diese Ordnung *qualitativ* weiterzuentwickeln. Ob wir zum qualitativen Wachstum, zur Fortentwicklung unserer Industriegesellschaft von einer expansivistischen zu einer Ordnung im dynamischen Gleichgewicht, fähig sein werden, wird sich zuerst im Bereich der Umweltpolitik zeigen.
Die Bedingungen für eine Umweltpolitik im Sinne des ORDO sind nach alldem besonders günstig. Die Bürger fühlen sich verantwortlich. Sie wollen auch einen eigenen Beitrag leisten. Das Gebiet ist

politisches Neuland. Es ist noch nicht von interventionistischen Besitzständen durchsetzt.
Die moralische Verpflichtung zu wirksamem Handeln ist unbestritten. Die Kirchen unterstützen Lösungen, die die Verantwortung des einzelnen einbeziehen. Sie fordern einen neuen Lebensstil. Diese Forderung kann nur vom verantwortungsfähigen Menschen, nicht von anonymen Kollektiven erfüllt werden. Die Kirchen erwarten von uns ein ökologisch verträgliches Wirtschaften, sie verlangen eine ökologisch orientierte Politik. Sie unterstützen und ermutigen damit all jene, die sich um eine Überwindung der Ursachen für die herrschende expansivistische Denkweise und Politik einsetzen.

Die Energiekrise: Beispiel erfolgreicher Anpassung

Hinzu kommt, daß die Forderung nach einer marktwirtschaftlichen Anpassung an die neuen Erfordernisse menschlichen Wirtschaftens sich auf ein Beispiel *erfolgreicher Anpassung* aus jüngster Vergangenheit berufen kann: auf die marktwirtschaftliche Anpassung an die plötzliche Verteuerung der Energiepreise in den siebziger Jahren. Diese Anpassung erfolgte so schnell und so wirksam, daß kaum Zeit für umfassende staatliche Interventionen und die Begründung entsprechender Besitzstände blieb. Wo Interventionen erfolgten, haben sie die Anpassung allenfalls erschwert oder – aus anderen politischen Gesichtspunkten – verhindert.
Bis 1973 war Energie in der Bundesrepublik Deutschland zwar keine kostenlose, aber eine sehr preiswerte Ressource. Dies galt insbesondere für das Rohöl als Energiequelle. Weil die Energie preiswert war, gab es wenig Anlaß, sparsam mit ihr umzugehen.
Durch politische Entscheidungen, die außerhalb unseres Einflußbereiches lagen, wurde im Jahre 1973 – und dann wieder im Jahre 1979 – die Energiequelle Rohöl entscheidend verteuert. Die Unternehmen mußten sich auf diese dramatischen Preisveränderungen einstellen. Die damit verbundenen Umstellungen sind mit ungewöhnlicher Schnelligkeit erfolgt. Die wichtigste Folge dieser Umstellungen war die Entkoppelung von Wirtschaftswachstum und Energieverbrauch. Jeder wird sich noch gut an die Prognosen über den zukünftigen Energieverbrauch erinnern, die bis weit in die

siebziger Jahre aufgestellt wurden. Sie beruhten sämtlich auf der Annahme, *daß es einen untrennbaren Zusammenhang zwischen Wirtschaftswachstum und Energieverbrauch gäbe.* Mit jedem Prozent Wirtschaftswachstum sollte danach ein entsprechendes Wachstum des Energieverbrauchs verbunden sein. Projektionen, die bis weit in die neunziger Jahre reichten, gingen deshalb von einem exponentiell wachsenden Energieverbrauch aus. Wenige Jahre später waren diese Prognosen Makulatur. Hätte man sie damals zur Grundlage von Investitionsentscheidungen gemacht, um dem prognostizierten Energiebedarf angemessen Rechnung zu tragen – das Land wäre heute von Investitionsruinen übersät.

Auch so fehlt es nicht an Beispielen für Fehlinvestitionen, etwa im Raffineriebereich. Offenbar sind die Sachverständigen bis zur dramatischen Ölpreiserhöhung davon ausgegangen, daß der Preis für Energie sich nicht ändern oder die Nachfrage nach Energie so unelastisch sein werde, daß der Energieverbrauch mit dem Wirtschaftswachstum zunehmen müsse, unabhängig davon, wie teuer die Energie war. Als der Energiepreis sich dann dramatisch erhöhte, stellte sich die Wirtschaft im Rahmen marktwirtschaftlicher Prozesse schnell auf die veränderten Bedingungen ein. Sie lernte, mit der knappen Ressource Energie sparsam umzugehen. Sie entwickelte die dafür notwendige Technologie. In kürzester Zeit wurden neuartige Methoden angewendet, um den Energieeinsatz zu reduzieren und die »Produktivität« des Energieeinsatzes zu steigern. Im Markt bildete sich in kürzester Zeit ein neues Angebot an Wissen, Kenntnissen und technischen Voraussetzungen zur Lösung der neu gestellten Aufgabe. Schon wenige Jahre später war eine große Zahl neuer, vor allem kleinerer und mittlerer Unternehmen entstanden, die über entsprechendes Sachwissen verfügten und die zu seiner Anwendung notwendigen Technologien entwikkelt hatten.

Auch der »Rohstoff« Umwelt war 1973 eine sehr preiswerte Ressource. Er war zwar nicht kostenlos. So hatte der Verbrauch von Wasser auch schon damals seinen Preis. Durch die Berechnung von Gebühren für die »Wiederaufarbeitung« des gebrauchten Wassers war der Verbraucher an den Kosten für die Erhaltung des Wasserhaushaltes beteiligt. Aber dieser »Preis« war relativ gering. Er spielte, ebenso wie der Energiepreis – von Ausnahmen abgesehen – keine wesentliche Rolle und hatte nur geringen Einfluß auf den Umgang der Haushalte oder der Unternehmen mit der Umwelt. Mit der politischen Festsetzung von Knappheiten für Umwelt-»Leistungen« im Rahmen einer marktwirtschaftlichen Umweltpolitik wird eine wesentliche Verteuerung der »Ressource Umwelt« verbunden sein. Wir haben jedoch keinen Grund zu der Annahme, daß der Wettbewerb nicht in der Lage sein könnte, auf diese Verteuerung der Ressource Umwelt in gleicher Weise zu reagieren wie auf die Verteuerung der Ressource Energie. Auch im Bereich der Umwelt werden die Unternehmen und die privaten Haushalte lernen, mit der knappen Ressource sparsam umzugehen sowie neue Technologie und neuartige Methoden anzuwenden, um die Umwelt zu schonen und den »Verbrauch« von Umweltressourcen zu verringern.

Zugleich berechtigt uns die Erfahrung mit der Anpassungsleistung der Wirtschaft nach der drastischen Ölpreiserhöhung zu der Erwartung, daß auch eine weitere Gefahr nicht eintreten wird, die viele von einer Einbeziehung der Umweltkosten in den Wirtschaftsprozeß befürchten: daß nämlich ein »übertriebener Umweltschutz« die Arbeitsplätze gefährde, das wirtschaftliche Wachstum beeinträchtige und die Exportfähigkeit der deutschen Wirtschaft behindere.

Trotz der großen Bedeutung der Energie für eine moderne Industriegesellschaft ist keine dieser Wirkungen durch die Energiepreiserhöhung ausgelöst worden. Vielmehr hat eine – wie die Fachleute es nennen – Re-Allokation von Ressourcen stattgefunden, mit deren Hilfe die neuentstandene Situation bewältigt wurde, ohne daß es zu nachhaltigen Beeinträchtigungen des Wachstums oder der Exportfähigkeit kam. Im Gegenteil: Die Art, wie die marktwirtschaftliche Ordnung die Energiepreiserhöhung bewältigt hat, läßt vermuten, daß sie auf eine Preiserhöhung der Ressource Umwelt, soweit die Umwelt für industrielle Aktivitäten in Anspruch genommen werden muß, in der gleichen Weise reagieren wird. Auch hier wird es zu einer Neuzuordnung der Ressourcen kommen mit dem Ziel, möglichst wenig Umwelt in Anspruch zu nehmen, mit der Umwelt sparsam umzugehen oder, anders formuliert, in Zukunft auf eine »Vergeudung von Umwelt« zu verzichten.

Für die Akzeptanz einer marktwirtschaftlichen Umweltpolitik ist diese Erfahrung von großer Bedeutung. Die Bevölkerung kann aufgrund eigener Erfahrung und bereits gewonnener Einsicht die Erkenntnis gewinnen, daß der Weg der ökologischen Marktwirtschaft nicht nur gangbar ist, sondern die Bewältigung der Aufgabe Umweltschutz auch ohne übermäßige Opfer möglich macht.

Umweltschutz und Arbeitsmarkt

Dies gilt insbesondere für das Verhältnis von Umweltschutz und Arbeitsmarkt. Vor allem die Frage, ob die Integration des Schutzes der Umwelt in die marktwirtschaftliche Ordnung zur Gefährdung von Arbeitsplätzen führen könne, hat uns in letzter Zeit immer wieder beschäftigt.

Zur *Begründung* eines solchen Zusammenhanges wird auf die Fälle verwiesen, in denen die stärkere Berücksichtigung von Umweltbelangen gegenüber industriellen und gewerblichen Aktivitäten zu Strukturveränderungen und damit zum *Verlust konkreter Arbeitsplätze* geführt hat. Betriebe in der Nähe von Wohngegenden konnten nicht weiter produzieren oder nicht expandieren und mußten deshalb geschlossen oder verlagert werden. Sogenannte marginale Betriebe, die an der Grenze zu Verlusten arbeiteten, mußten schließen, weil sie nicht in der Lage waren, die mit der Einbeziehung der Umweltkosten verbundene Erhöhung der Produktionskosten in den Preisen ihrer Produkte weiterzugeben oder aber die Umweltkosten durch zusätzliche Investitionen zu verringern.

Solche Folgen der allgemeinen Veränderung von Produktionsbedingungen sind jedoch nicht typisch für den *Umweltschutz.* Sie treten immer dann ein, wenn sich Unternehmen an veränderte Produktionsbedingungen nicht anpassen können, sei es, daß diese Veränderungen auf Gesetz, Tarifvertrag oder auf Änderung der Marktbedingungen und Preise für Rohstoffe, Energie oder Vorproduktion beruhen. In einer dynamischen Wirtschaft führen solche Veränderungen zum Ausscheiden weniger leistungsfähiger Unternehmen – zugleich aber auch zur Entstehung neuer oder Erweiterung bestehender Unternehmen im gleichen oder in anderen Bereichen. Die damit verbundenen Wirkungen auf das Angebot von Arbeitsplätzen sind ebenfalls Ausdruck eines dynamischen Strukturwandels.

Auch die Integration des Umweltschutzes in den Wirtschaftskreislauf führt zu *Strukturveränderungen mit Folgen für den Arbeitsmarkt.* Zugleich entsteht jedoch eine *neue Nachfrage nach Umwelttechnologie und Industriegütern* im Umweltbereich, nach umweltsparenden Techniken, Methoden und Verfahren, die die Beanspruchung von Umwelt verringern helfen und dem Betrieb oder Privathaushalt Kosten ersparen, indem sie durch Rationalisierung des Umweltverbrauchs oder -gebrauchs zur Senkung der Umweltkosten beitragen.

Mit dieser neuen Nachfrage entstehen auch *neue Arbeitsplätze.* Im übrigen ist es eine Aufgabe der Neuordnung des Arbeitsmarktes, den Veränderungen der Produktion und der Marktbedürfnisse auf den Fersen zu bleiben. Wir können nicht Wohnungen bauen, die keiner braucht, um Maurer zu beschäftigen, erklärten die gemeinnützigen Wohnbauunternehmen in Nordrhein-Westfalen kürzlich, und wir dürfen nicht Güter produzieren und dabei die Umwelt belasten, um »Arbeit zu schaffen«. Mit der Aufarbeitung der Umweltschäden, die schon entstanden sind, werden wir im übrigen lange Jahre auch zusätzliche Beschäftigung haben.

Aus diesen Gründen ist es auch verkehrt, den Folgen des Umweltschutzes durch *staatliche Programme* zu begegnen, mit denen durch die Finanzierung von Umweltinvestitionen Arbeitsplätze geschaffen oder erhalten werden sollen. Wo Umweltinvestitionen sinnvoll sind oder nicht, kann *der Markt weitaus besser beurteilen als die staatliche Verwaltung.* Wo sie dank höherer Preise für Umweltbelastungen lohnend werden, werden sie auch stattfinden und die entsprechende Nachfrage nach Investitionsgütern und damit Arbeit auslösen.

Jede staatliche Beeinflussung dieses Strukturwandels führt nur zu Fehlentwicklungen und zusätzlichen Lasten aus unterbliebenen oder vertagten Strukturanpassungen. Subventionen verhindern zudem, daß sich der Wettbewerb um neue Lösungen von Umweltproblemen auch auf den Markt für Umwelttechnologie selbst auswirkt und dort zu günstigeren Angeboten und preiswerteren Problemlösungen führt. Denn sie verringern das Preisbewußtsein der Nachfrage nach solchen Leistungen und Gütern. Auch aus diesem Grund behindern sie den erforderlichen Strukturwandel.

Die ordnungspolitische Aufgabe

Die Einbeziehung des Umweltschutzes in die Wettbewerbsordnung setzt *dreierlei* voraus: die Grundsatzentscheidung für eine marktwirtschaftliche Problemlösung, die Entwicklung geeigneter Instrumente und die sachgerechte Gestaltung der rechtlichen Rahmenbedingungen.

1. Die Grundsatzentscheidung kann nur lauten: Der Staat beschränkt sich prinzipiell auf die *Festlegung der Knappheiten* der Umweltgüter. Das heißt: Er legt fest, wie hoch die Umweltbelastungen in Zukunft noch sein dürfen, welche Belastungen an Schadstoffen oder Emissionen in welchen Bereichen und in welcher Höhe zulässig sein sollen und in welchen Zeiträumen sie sich weiter verringern sollen. Er schützt die Umwelt, im Prinzip indem er sie von einem kostenlosen in ein kostbares, weil knappes Gut verwandelt. Je eher, klarer und eindeutig diese Entscheidungen erfolgen, um so besser. Mit ihnen steht und fällt eine freiheitliche Umweltpolitik.
Das heißt zugleich auch: Der Staat wird keine Vorschriften zur *technischen Umsetzung* des Umweltschutzes erlassen. Er schreibt nicht vor, *wie* das Umweltschutzziel technisch erreicht werden soll. Er definiert dieses Ziel vielmehr und macht es politisch und rechtlich verbindlich. Dabei wird er sich auch an den technischen und wissenschaftlichen Möglichkeiten orientieren, mit denen die jeweils anstehenden Umweltschutzziele erreichbar werden. Aber der jeweilige »Stand der Technik« ist nicht der alleinige oder der wesentliche oder gar entscheidende Maßstab für Inhalt und Umfang der definierten Ziele. Preise für die Inanspruchnahme von Umweltressourcen sind auch dann zu entrichten, wenn der jeweilige Stand der Technik es noch nicht gestattet, die konkrete Umweltbelastung zu verringern oder ganz zu vermeiden.

Denn das Ziel der staatlichen Umweltschutzmaßnahmen ist es ja gerade auch, den Wettbewerb um die Entwicklung und das Angebot neuer, weiterführender technischer Lösungen in Gang zu setzen und damit zum *Fortschritt der Umwelttechnik* beizutragen. Auch deshalb darf es in der ökologischen Marktwirtschaft nicht dazu kommen, daß der Staat durch eigenes Handeln bestimmte Umwelttechniken verbindlich vorschreibt. Er würde damit einen wirtschaftlichen und politischen Besitzstand an dem für verbindlich erklärten Stand der Technik begründen und so zugleich die Weiterentwicklung der Technik und die Entwicklung technischer Alternativen behindern.

2. Zu der Frage, wie die Instrumente und die gesetzlichen Rahmenbedingungen beschaffen sein müssen, das heißt die Spielregeln, nach denen die marktwirtschaftliche Anpassung unserer Gesellschaft an den Umweltschutz funktionieren soll, hat uns die Wissenschaft in den letzten Jahren eine Fülle von Anregungen geliefert. Mit der wachsenden Dringlichkeit des Umweltschutzes ist ein wissenschaftlicher Innovationsprozeß in Gang gekommen, auf dessen Ergebnisse die Politik zurückgreifen kann. Auch das umweltpolitische Programm des westfälisch-lippischen Landesverbandes der CDU hat sich die Ergebnisse dieser wissenschaftlichen Arbeiten zu eigen gemacht.

Abgabe- oder Marktpreis?

Für die politische Umsetzung ist auch hier eine Grundentscheidung wesentlich: Soll der Staat den Preis für die Inanspruchnahme der Umwelt, wie beim Abwasserpreis etwa, selbst festsetzen, also eine Umweltabgabe erheben? Oder soll er, wo immer dies möglich ist, den Umfang der Umweltinanspruchnahme festlegen, also etwa die Gesamtbelastung der Luft durch industrielle Aktivitäten in bestimmten Räumen, und die *Verteilung* dieser Menge auf die »Verbraucher« dem *Markt* überlassen, in dem sich dann ein entsprechender Preis bildet, je nach dem »Wert«, den die Berechtigung für das einzelne Unternehmen hat, die Umwelt zu belasten.

In beiden Fällen hat die Umweltbelastung ihren »Preis«. Im ersteren Fall würde er jedoch vom Staat, im zweiten Fall dagegen vom Markt ermittelt. Holger Bonus hat den Unterschied wie folgt charakterisiert: Die Abgabenlösung macht die Umweltbelastung mit einer »Schadstoffeinheit«, zum Beispiel einer Tonne Schwefeldioxyd, zum abgabepflichtigen Tatbestand. Das Unternehmen wird deshalb versuchen, der Abgabe auszuweichen, und den Schadstoffausstoß drosseln, freilich nur so lange, wie es billiger ist, den Schadstoffausstoß zu verringern, als die Abgabe zu zahlen. Die jeweils vom Staat festgesetzte Abgabe bildet die Obergrenze der Umweltkosten des Unternehmens. Unterhalb dieser Obergrenze suchen die Unternehmen nach der kostengünstigsten Lösung für den Umweltschutz.

Dieser Weg ist, wie Fallstudien gezeigt haben, dem heute üblichen Umweltschutz durch staatliche technische Vorschriften weit überlegen. Die Abgabenlösung ist wirtschaftlicher als der Weg direkter Gebote und Verbote. Aber sie hat dennoch wesentliche Nachteile. Einmal hängt es nicht nur vom Abgabensatz, sondern auch von anderen wirtschaftlichen Größen wie Produktionsumfang, Nachfrage und Preisentwicklung ab, ob es sich »lohnt«, die Umwelt stärker zu belasten. Zum zweiten werden Abgaben auf Umweltbelastungen schnell zu Festpreisen für Umweltnutzungen. Wer abgabenpflichtig ist, wird darauf bestehen, daß die Abgabe sich nicht ändert. Damit wird die Anpassungsfähigkeit der Wirtschaft, etwa an veränderte Umwelttechniken, verringert. Vor allem aber spricht alle Erfahrung dafür, daß der Abgabensatz in einem langwierigen politischen Prozeß ausgehandelt werden muß. Was am Ende herauskommt, ist, wie Holger Bonus zu Recht feststellt, ein politischer Kompromiß, »niemals aber der wirtschaftlich und ökologisch wirksame, korrekte Abgabensatz«. Da auch Umweltabgaben als Ergebnisse politischer Kompromisse regelmäßig zu niedrig angesetzt werden dürften, ist das voraussehbare Ergebnis der Abgabenlösung eine Überlastung der Umwelt mit Schadstoffen. Sie würde wiederum eine Begründung für direkte staatliche Eingriffe liefern.

Die »Zertifikatslösung«

Will man die Festsetzung des »Preises« für Umweltbelastungen dem Markt überlassen, so kann sich der Staat darauf beschränken, die »ökologischen Rahmenwerte« festzuschreiben. Die Verteilung dieser Gesamtbelastung auf die einzelnen »Umweltverbraucher« findet dagegen im Markt statt. Wer die Umwelt belasten will, muß in der Höhe der Belastung Zertifikate erwerben. Wer bisher die Umwelt belastet und dafür eine Genehmigung hatte, kann diese Berechtigung in Form von Zertifikaten an andere veräußern, wenn er seine Umweltbelastung entsprechend verringert.

Die Tätigkeit des Staates beschränkt sich auf die *mengenmäßige* Fixierung der zulässigen Gesamtemission in einem bestimmten Bereich. Er muß weder entscheiden, wie hoch die Umweltbelastung durch einzelne Unternehmen sein darf, noch selbst den Preis für Umweltbelastungen festsetzen. Die Koordination der großen Zahl unterschiedlicher Gesichtspunkte und Einflußfaktoren, die sich im Rahmen der Verteilung der insgesamt festgesetzten Umweltbelastung auf die »Umweltverbraucher« ergeben, bleibt dem Markt überlassen. Er kann sich auch hier als »manager of complexity« bewähren. Er ist besser als jede andere Lenkungsmaßnahme in der Lage, alle Gesichtspunkte der Einzelpläne der Unternehmen oder der Privathaushalte, falls auch sie betroffen sind, zu koordinieren und zu steuern. Da die Unternehmen auch im Rahmen der Preisermittlung durch den Markt bestrebt sein werden, den kostengünstigsten Weg zur Verringerung der Umweltbelastung zu wählen, werden auch bei dieser sogenannten Zertifikatslösung die Kosten des Umweltschutzes so niedrig bleiben, wie dies angesichts des erwünschten Reinheitsgrades möglich ist.
Die sogenannte Zertifikatslösung überläßt aber nicht nur die Verteilung der insgesamt zulässigen Umweltbelastung dem Markt. Sie macht sich den Marktmechanismus auch zunutze, wenn es um die Verringerung der anfangs festgesetzten zulässigen Gesamtbelastung geht.
Diese Verringerung wird durch eine »Abwertung« der ausgegebenen Zertifikate bewirkt. Die Inhaber von Berechtigungsscheinen sind nach der Abwertung nur noch berechtigt, den neuen, geringeren »Umweltverbrauch« in Anspruch zu nehmen. Durch diese Abwertung entstehen neue Verteilungsprobleme. Sie werden ebenfalls vom Markt gelöst.
Es besteht für mich kein Zweifel, daß die Zertifikatslösung, wo immer sie durchführbar ist, den Vorzug vor der Abgabenlösung und diese wiederum den Vorzug vor direkten staatlichen Interventionen verdient. Mit anderen Worten: Die Preisbildung für den Rohstoff »Umwelt« muß soweit wie möglich dem Markt überlassen bleiben. Denn alle Erfahrungen lehren, daß er Verteilungsprobleme besser lösen kann und eher zu wirtschaftlichen Problemlösungen anspornt als die Erhebung staatlicher Abgaben oder gar direkte staatliche Gebote und Verbote.

Vor allem jedoch bedeutet die Beschränkung des Staates auf die Festsetzung der Knappheit der Umwelt, daß sich keine politischen Sonderinteressen bilden und staatliches Handeln zu willkürlichem Handeln verfälschen können. Jedenfalls ist diese Gefahr bei der marktwirtschaftlichen Lösung wesentlich geringer. Sie hat zudem den Vorzug, daß bei der Festsetzung von ökologischen Rahmenwerten ein beträchtlicher politischer Druck zugunsten niedriger Belastungswerte erreicht werden kann.

Die Beschränkung des Staates auf die Festlegung der Rahmenbedingungen hat zudem zwei weitere *entscheidende Vorzüge.*

Einmal zahlen die Unternehmen ihre Gebühren oder Abgaben nicht an den Staat. So fließt auch keine Kaufkraft vom privaten in den öffentlichen Sektor, die die Geldmenge erhöht, »über die die Politiker verfügen können«. Das Geld bleibt vielmehr im privaten Sektor. Der Staatsanteil bleibt unberührt.

Ordnungspolitisch macht dies einen *gewaltigen* Unterschied. Werden Abgaben an den Staat gezahlt und gibt der Staat diese Mittel für die Förderung von Umwelttechnologien oder Umweltschutzmaßnahmen wieder aus, so entscheidet letztlich der Staat, »was Pioniertechnologien sind und was nicht«. Damit wird genau jene »ökologische Investitionslenkung« (Jo Leinen) möglich, die zu neuen staatlichen Interventionen, zur Begründung entsprechender Besitzstände und zur damit verbundenen Verringerung der Anpassungsfähigkeit unserer Gesellschaft an veränderte Umweltbedingungen führt, auf die wir schon wiederholt gestoßen sind.

Bleibt die Kaufkraft dagegen im wirtschaftlichen Sektor, so entscheiden die Unternehmen *selbst* darüber, welche neuen Techniken zur Entlastung der Umwelt sie einsetzen wollen und auf welchen Wegen sie möglichst schnell umweltschonende Technologien umsetzen und damit wertvolle Berechtigungen zum »Umweltverbrauch« veräußern können.

Zum zweiten bedeutet die Beschränkung des Staates auf die Festsetzung von Rahmenbedingungen, wo immer dies möglich ist, den Verzicht auf den Aufbau einer entsprechenden neuen *Umweltbürokratie.*

Eine solche Bürokratie ist sowohl im Falle direkter staatlicher Interventionen wie auch im Falle der Abgabenlösung erforderlich. Je mehr der Staat selbst an der Entscheidung der Verteilungskonflikte

im Umweltbereich beteiligt ist, um so größer muß auch die bürokratische Ausstattung werden, die er für diese Tätigkeit benötigt.
Daß gleichwohl die Auseinandersetzung um die beiden Wege – Zertifikate oder Abgaben – gelegentlich den Charakter von Glaubenskriegen annimmt, hat damit zu tun, daß zwischen diesen beiden Lösungen eines marktwirtschaftlichen Umweltschutzes in der Tat Welten liegen. Die Abgabenlösung ist die Fortsetzung der bisherigen marktwirtschaftlich-interventionistischen Praxis. Sie entspricht dem heute vorherrschenden Denken. Die Entscheidung, sich auf die Festlegung der Knappheit und damit der Kostbarkeit unserer Umwelt zu beschränken, wäre dagegen ein qualitativer Fortschritt. Er würde die direkten Einflußmöglichkeiten des Staates verringern, den Bereich der Selbstanpassung durch rechtlich geordnete Verfahren erweitern und damit zu einer qualitativen Verbesserung der Anpassungsfähigkeit unserer Gesellschaft an veränderte Umweltbedingungen führen. Zugleich würde die damit verbundene Begrenzung des Staates jedoch die Möglichkeiten all derer verringern, deren machtpolitische oder organisatorische Besitzstände oder Bestrebungen auf die Erweiterung staatlicher Interventionen gerichtet sind. So gesehen ist die Entscheidung zwischen der Abgabenlösung oder der Zertifikatslösung eine Machtfrage.
Es überrascht deshalb nicht, daß staatliche Bürokratien der mit der Zertifikatslösung verbundenen Selbstbeschränkung des Staates mißtrauisch oder ablehnend gegenüberstehen. Ebensowenig kann es uns, nach den Erfahrungen mit dem Gesetz gegen Wettbewerbsbeschränkungen, überraschen, daß der Innenminister die Zertifikatslösung eher in den Bereich theoretischer Überlegungen verweist. Wieder begegnet uns der Einwand des »Praktikers«, ordnungspolitisch konsequente Problemlösungen seien »Theorie« und könnten den Anforderungen der politischen Wirklichkeit kaum gerecht werden. Für den Umweltschutz gilt das gleiche wie für die ordnungspolitische Auseinandersetzung der fünfziger Jahre: Es geht nicht um Theorie oder Praxis, sondern um mehr oder weniger Interventionismus; konkret: um die Beschränkung staatlichen Ermessens und um die Ordnung wesentlicher Bereiche unserer Wirtschaft durch Regeln des Rechts. Vor allem darauf jedoch kommt es an.
Denn: Hat der Staat die Knappheit der Umwelt und damit ihre

Kostbarkeit festgesetzt und sind die weiteren Verknappungen (die Abschreibungen) vorhersehbar, so kann sich nunmehr der Anpassungsprozeß im Markt *nach dem Prinzip der Wettbewerbsordnung*, das heißt nach den Regeln des *Privatrechts* vollziehen. Die Gemeinschaft kann sich in dem ökologischen Rahmen einrichten, den wir durch politische Entscheidungen definiert haben, der uns jedoch in Wirklichkeit durch die Notwendigkeit einer ökologisch verträglichen Existenz unseres Gemeinwesens vorgegeben ist. Die politische Entscheidung für eine kostbare Umwelt ist somit auch hier eher die Konkretisierung natürlicher Gegebenheit als ein freier Akt politischer Willensbildung.
In diesem Rahmen entfaltet dann die Ordnung der Koordination aller betroffenen Einzelpläne – über Märkte und nach den Regeln der Wettbewerbsordnung – ihre Wirkung. Sie setzt die Energien frei, die wir zusätzlich brauchen, um die Ordnung unserer Industriegesellschaft weiterzuentwickeln, das heißt, um qualitativ zu wachsen. Zu dieser Art des Wachstums, das wissen wir heute, gibt es keine sinnvolle Alternative.

Die ökologische Aufgabe: Beispiele

Praktisch bleibt nach dieser Grundsatzentscheidung eine Fülle von Problemen zu lösen. Wir können ihnen hier nicht nachgehen, ohne den Rahmen der Gesamtdarstellung zu sprengen. Deshalb möchte ich mich auf zwei Beispiele beschränken: den Umweltschutz beim Privathaushalt, konkret beim Auto und die grenzüberschreitende Dimension des Umweltschutzes.

Knapp 60 % der Bürger sehen sich, wie schon erwähnt, selbst aufgefordert, etwas für den Umweltschutz zu tun. Tatsächlich ist es nicht nur oder in erster Linie die Industrie, die unsere Umwelt gefährdet. Wir alle behandeln Luft und Wasser, aber auch die Stille als Gegensatz zum Lärm, noch immer wie reichlich vorhandene und deshalb im Grunde wertlose Güter. Auch in unsere *privaten* »Kostenrechnungen« muß deshalb die Inanspruchnahme der Umwelt als Kostenfaktor eingehen. Daß die Aufbereitung des Abwassers notwendig ist und Geld kostet, weil Kläranlagen betrieben werden müssen, ist uns geläufig. Die damit verbundenen Abgaben werden aber, selbst wenn sie steigen, den Wasserverbrauch kaum beeinträchtigen. Zudem stößt ihre Neufestsetzung auf kommunalpolitischer Ebene auf erhebliche Widerstände; ein praktisches Beispiel für die Grenzen, die der Abgabenlösung gezogen sind.

Dagegen ist es in unserer Vorstellung neu, daß wir durch die Beheizung unserer Wohnungen oder Häuser und durch unsere Autos die Umwelt belasten und *dafür* einen Preis bezahlen sollen. Wie schwierig es ist, auch in diesem Bereich die Umwelt wirksam zu schützen, zeigt die Diskussion um das »Katalysatorauto«. Diese Diskussion ist für den Lernprozeß in ökologischer Marktwirtschaft an Bedeutung kaum zu überschätzen. Es ist die erste umweltpolitische Debatte, von der als »Umweltverbraucher« nicht wenige Unternehmen oder Kraftwerke, sondern rund 25 Millionen Privathaushalte betroffen sind. Sie hat deshalb dazu geführt, daß die Mehrheit der Bevölkerung sich als unmittelbar betroffen mit Fragen des praktischen Umweltschutzes und seiner Verwirklichung befassen mußte. Dabei ging es vor allem um zwei Fragen, die auch nach den inzwischen gefundenen nationalen und europäischen Regelungen bedeutsam bleiben: (1) Soll der Staat nur vorschreiben, ob, in welchem Umfang und in welchem Zeitraum die Umweltbelastung durch Autos verringert werden soll, oder soll der Staat vorschreiben, wie die Aufgabe technisch zu lösen ist. – (2) Wer bezahlt die Kosten für die Umrüstung der Fahrzeuge oder für den Einbau neuer Techniken.

Wenn wir die *ökologische Umrüstung* des privaten Personenverkehrs marktwirtschaftlich verwirklichen wollen, dann kann die endgültige Antwort auf diese Fragen nur lauten: (1) Der Staat beschränkt sich darauf, das umweltpolitische Ziel zu bestimmen und durch Rahmenbedingungen sicherzustellen, daß es erreicht wird. Die technische Umsetzung dagegen bleibt dem Wettbewerb der Anbieter überlassen. Sie werden um die sowohl umweltfreundlichste wie preiswerteste Problemlösung konkurrieren. – (2) Die Kosten für die umweltfreundlichere Gestaltung des Individualverkehrs tragen die *Verkehrsteilnehmer* selbst. Sie bezahlen für die Inanspruchnahme der Umwelt, die mit dem Betrieb des Kraftfahrzeuges verbunden ist.

Praktisch heißt dies folgendes: Der Staat verzichtet darauf, die ökologische Umrüstung des privaten Personenverkehrs zu subventionieren oder auf andere Weise die vom einzelnen verursachten Umweltkosten zu übernehmen. Eine Subvention der Umrüstung auf einen umweltfreundlicheren Individualverkehr wird in mehrfacher Hinsicht negative Auswirkungen auf die Verwirklichung der ökologischen Marktwirtschaft haben.

Einmal wird sie die Bevölkerung in der noch immer weit verbreiteten Auffassung bestärken, der Schutz öffentlicher Güter sei nicht nur schlechthin Aufgabe des Staates, sondern müsse auch vom Staat finanziert werden. Damit erschwert die Subvention jedoch genau den Lern- und Erfahrungsprozeß, auf den wir für eine wirksame Integration des Umweltschutzes in die marktwirtschaftliche Ordnung und damit für qualitatives Wachstum alle angewiesen sind. Die Bevölkerung wird dementsprechend auch in Zukunft stets staatliche Subventionen erwarten, wenn es darum geht, Umweltbelastungen zu reduzieren, die von Privathaushalten und ihren Lebensgewohnheiten ausgehen.

Zum zweiten wird die Subvention den Erwerb der Einsicht erschweren, daß wirksamer Umweltschutz auch den wirtschaftlichen Interessen des einzelnen dient. Diese Einsicht stellt sich nur dann ein, wenn umweltfreundliches Verhalten Kosten verringert oder vermeidet, die dem Privathaushalt andernfalls entstanden wären. Genau dieses individuelle Interesse an einem möglichst sparsamen Umgang mit der Umwelt soll durch die Berechnung von Preisen für die Inanspruchnahme der Umwelt ausgelöst werden. Ein solches individuelles Interesse kann jedoch nicht entstehen, wenn die Kosten kollektiv getragen werden und der einzelne durch gemeinwohlverträgliches Handeln seine eigene wirtschaftliche Lage nicht verbessern kann – und sie durch weniger gemeinwohlverträgliches Handeln auch nicht verschlechtert.

Schließlich beeinträchtigen Subventionen den Wettbewerb um die beste technische und preisgünstigste Problemlösung. Schreibt der Staat bestimmte Problemlösungen vor und subventioniert sie zugleich in bestimmter Höhe, so löst er im Markt Wirkungen aus, die denen der Empfehlung von Mindestpreisen für bestimmte Produkte entsprechen. Die Wahrscheinlichkeit, daß das Subventionsniveau vom Preiswettbewerb wesentlich unterschritten wird, ist gering. Wem die Kosten für technische Vorkehrungen ganz oder zum Teil ersetzt werden, der leistet im Markt weniger Widerstand gegen überhöhte Preise.

Die Einführung von Preisen für die Inanspruchnahme der Umwelt durch den privaten Personenverkehr darf auch nicht mit »sozialen Komponenten« verbunden werden. Jede »soziale Komponente« im System der Umweltpreise führt zu ähnlichen Fehlentwicklungen und Fehllenkungen wie in anderen Bereichen unserer Wirtschaft auch, in denen Preise unter sozialen Gesichtspunkten manipuliert werden. Werden durch die Einbeziehung der Umwelt in das Kostengefüge der Privathaushalte sozial erhebliche Umverteilungswirkungen zu Lasten der Bevölkerung mit geringerem Einkommen ausgelöst, dann müssen solche Folgen auf anderem Wege als durch die Manipulation der Preise für Umweltbelastungen korrigiert werden. *Der Preismechanismus des Marktes ist ein Steuerungsmechanismus für wirtschaftliches Verhalten.* Preismanipulation ist grundsätzlich ungeeignet, sozial oder politisch erwünschte Umverteilungseffekte zu bewirken, ohne daß sie zugleich unerwünschte, aber nicht kontrollierbare Nebenwirkungen auslöst.

Für den Privathaushalt bedeutet die ökologische Umrüstung des Individualverkehrs konkret: Der Betrieb eines Autos verursacht neben den bisherigen Kosten nun auch Kosten für den »Umweltverbrauch«. Nur wenn solche Kosten entstehen, wird das energie- wie das umweltpolitische Interesse des Privathaushaltes begründet, ein Fahrzeug zu benutzen, das sowohl im Energieverbrauch wie im »Umweltverbrauch« sparsam ist. Diesem Interesse wird der Privathaushalt über den Automobilmarkt Geltung verschaffen. Eine entsprechende Weiterentwicklung der Produktion, der Technik und des Gebrauchs des Autos wird die Folge sein.

Die inzwischen gefundenen Regelungen sind ein Schritt in diese Richtung. Sie nutzen die Kraftahrzeugsteuer als ein Instrument, um die Umrüstung vorhandener Automobile zu ermutigen und die Umstellung der Produktion auf umweltfreundlichere Autos zu erleichtern. Von einer marktwirtschaftlichen Lösung sind sie jedoch noch weit entfernt. Dazu wäre die Entscheidung notwendig, die Kraftfahrzeugsteuer endgültig in ein System von Preisen für die Inanspruchnahme von Umweltleistungen umzuwandeln. Unterstellt, es wäre ohne großen technischen Aufwand möglich, die Schadstoffemissionen eines Kraftfahrzeuges zu messen und die

Mengen zu registrieren: In diesem Fall wäre es möglich, den Umweltverbrauch des einzelnen Autos zu messen und zu berechnen. Da ein Auto nicht standortgebunden ist, kommt für die Festsetzung des Preises nur die Abgabenlösung in Frage. Sie würde die jetzige Abgabe, die Kraftfahrzeugsteuer, ablösen.
Ein solches System wäre sowohl umweltpolitisch wie technisch und administrativ den jetzt vorgesehenen Maßnahmen überlegen. Der »Emissionszähler« im Kraftfahrzeug entspräche den allgemein verbreiteten Wärmezählern an Heizkörpern von Sammelheizungen, die die vom Verbraucher in Anspruch benommene Wärmemenge über einen längeren Zeitraum messen. Er wäre in jedem Auto eingebaut. Die in ihm gespeicherte Verbraucherangabe ließe sich an zugelassenen Tankstellen durch geeignete Geräte abfragen, die auch die Rechnung für die Inanspruchnahme der Umwelt ausdrucken. Die Zahlungsbelege wiederum könnten der staatlichen Kontrolle als Nachweis dienen oder in Form von Plaketten geführt werden, die die Abrechnung der Umweltkosten für einen bestimmten Zeitraum anzeigen. Eine solche Technik kann fälschungssicher entwickelt werden.
Durch die Fristen für die Umstellung auf das neue System kann der Staat das Tempo der Umstellung ebenso beeinflussen wie durch die Höhe der Preise für die Emissionen. Alles weitere kann er dem Markt überlassen. Dieser wird für neue Technologien und damit für das umweltfreundlichere Auto sorgen. Probleme mit dem Import von Autos treten ebensowenig auf wie bei der Versorgung mit geeigneten Kraftstoffen. Der mit dem Katalysatorauto verbundene Nachteil, daß der Katalysator im Kurzstreckenbereich kaum wirksam wird, würde durch eine solche Alternative überwunden. Der Nachteil würde nicht länger von der Umwelt, sondern vom Verbraucher bezahlt. Die Notwendigkeit, die Umwelt durch Geschwindigkeitsbeschränkungen zu entlasten, entfiele, denn der Verbraucher hätte selbst ein Interesse daran, möglichst wenig Umwelt »zu verbrauchen« – vor allem, wenn die Preise dafür steigen. Auch heute reagieren die Bürger auf steigende Treibstoffpreise mit sparsamerem Fahrverhalten.
Das Beispiel mag stellvertretend für viele andere stehen. Es zeigt die *Überlegenheit marktwirtschaftlicher Lösungen* gegenüber interventionistischen oder administrativen Methoden, Umweltschutz zu

betreiben. Die marktwirtschaftliche Lösung wirkt schnell und unbürokratisch. Sie ist wirksam und verbindet individuelles Interesse und gemeinwohlverträgliches Verhalten. Sie fördert die Umstrukturierung und regt Innovation an, und sie vermeidet die politische Konfrontation zwischen der Verwaltung und den Bürgern. Sie bietet die Möglichkeit, selbstanpassende Systeme zu schaffen und damit das gesellschaftliche Verhalten zu verändern. Zugleich erläutert das Beispiel den Zusammenhang von Grundsatzentscheidung, geeignetem Instrumentarium, technischen Voraussetzungen und Gestaltung der Rahmenbedingungen im konkreten Fall. Auch hier kommt uns die moderne technische Entwicklung, insbesondere im Bereich der Mikroprozessoren und Sensoren, zu Hilfe. Schon in absehbarer Zeit wird es möglich sein, preiswerte Meß- und Registriereinrichtungen anzubieten – vor allem, wenn sie in großer Zahl abgenommen werden. Wir werden in der Lage sein, auch die Emissionen der Beheizung von Häusern und Wohnblocks zu messen und die Belastung des Umweltschutzes den Bewohnern ebenso zu berechnen wie den Energieverbrauch. Die Zeit ist voraussehbar, da der Beruf des Kaminfegers eine neue, technische Dimension erhalten wird: die des Umweltwarts, der nicht nur seine traditionellen Tätigkeiten ausübt, sondern auch an der Einhaltung der Rahmenbedingungen des Umweltschutzes im Bereich der Beheizung von Wohnraum mitwirkt.

Grenzüberschreitender Umweltschutz

Die Umweltbelastung kennt keine nationalen Grenzen. Wir können in der Bundesrepublik Deutschland noch so sorgfältig mit Wasser und Luft umgehen – wenn unsere Nachbarn in Ost und West uns auf diesem Wege nicht folgen, bleiben die eigenen Anstrengungen ohne große Wirkungen. Die Gefahren werden vielleicht geringer. Aber sie werden nicht gebannt. Seit Jahren sind deshalb die Regierungen, vor allem im Rahmen der Europäischen Gemeinschaft, zunehmend aber auch im Verhältnis zum Osten, um Maßnahmen und Regelungen bemüht, die der internationalen Dimension des Umweltschutzes Rechnung tragen. Typisch für alle diese Bemühungen sind die Versuche, dem Problem des Umweltschutzes auf interventionistischem Wege zu Leibe zu rücken. So wächst inzwischen eine Umweltbürokratie heran.

Die von Bruno Simma und Bernd Rüster 1979 erstmals vorgelegte Sammlung von Verträgen, Abkommen und Deklarationen zur internationalen Umweltpolitik zählt heute mehr als 30 Bände. Trotzdem hat sich in der internationalen Umweltpolitik bisher nur wenig bewegt. Letzlich bleibt jedem einzelnen Staat die Möglichkeit, seine Mitwirkung unter Berufung auf seine Souveränität zu verweigern. Das bereits auf nationaler Ebene schwierige Problem, in bestehende Besitzstände einzugreifen, um die notwendigen Veränderungen zu bewirken, vervielfacht sich gewissermaßen auf internationaler Ebene. Zur Schwerfälligkeit einer interventionistischen Umweltpolitik tritt die Notwendigkeit, Vereinbarungen zu treffen. Sind mehrere beteiligt, hat im Grunde jeder ein Vetorecht.

Die Lage im Bereich der Europäischen Gemeinschaft ist dabei besonders schwierig. Einerseits haben die Mitgliedsländer auf die Europäische Gemeinschaft Souveränitätsrechte übertragen und der Gemeinschaft damit eigene Zuständigkeiten, auch der Rechtsetzung, eingeräumt. Andererseits war der Umweltschutz bei der Abfassung der Römischen Verträge noch kein selbständiges politisches Thema. Während die Römischen Verträge, vor allem in Artikel 85 und 86, die Prinzipien der marktwirtschaftlichen Ordnung festschreiben und sich damit – jedenfalls im Prinzip – die Entscheidung für eine freiheitliche Wirtschaftsordnung auf europäischer Ebene zu eigen machen, fehlt es an entsprechenden Grundsatzentscheidungen zugunsten der Umwelt.

Die Verhandlungen über eine europäische Regelung der ökologischen Umrüstung des Individualverkehrs – sprich: des europäischen Katalysatorautos – zeigen, wie kompliziert die Umsetzung allgemeiner Prinzipien dann wird, wenn nicht nur industrielle Interessen betroffen, sondern auch Beschäftigungsprobleme, die Rücksichtnahme auf strukturell benachteiligte Regionen oder allgemeine politische Rücksichten im Spiel sind. Für die Bundesrepublik wird sich in den kommenden Jahren die Frage stellen, welches politische Gewicht sie dem europäischen Umweltschutz, etwa im Verhältnis zu anderen wichtigen europäischen Fragen, wie der Agrarpolitik, beimessen wird. Wir werden auch die Frage beantworten müssen, in welchem Umfang wir bereit sind, europäische Konflikte hinzunehmen, um den Umweltschutz voranzutreiben. Das bedeutet nicht, daß die Bundesrepublik Deutschland im Umweltschutz eine »Vorreiterrolle« übernehmen soll. Entscheidend ist vielmehr, daß sie ihr politisches und wirtschaftliches Gewicht zugunsten eines breit angelegten, marktwirtschaftlich organisierten Umweltschutzes immer dann zum Tragen bringt, wenn andere Staaten anderen wirtschaftlichen oder politischen Interessen den Vorzug geben wollen. Der europäische Umweltschutz muß ein zentrales Anliegen der deutschen Europapolitik werden.

Mir ist bewußt, daß dies nicht nur für den Umweltschutz, sondern generell für die Überwindung des Denkens in quantitativer Expansion und der wachstumsorientierten Politik gilt. So wie dieses Denken und Handeln seine Ursache im *europäischen Denken* hat, muß es auch auf europäischer Ebene fortentwickelt und damit in seinen negativen Wirkungen überwunden werden.

Die Aufforderung der nachwachsenden Generationen, der Kirchen, der Wissenschaften, aber auch von seiten der Einsicht und der Vernunft, vom *quantitativen* zum *qualitativen Wachstum* zu finden und damit die *Begrenzungskrise* zu überwinden, die uns bedroht, ist letztlich eine Aufforderung an europäisches Denken. Daß dies so ist, befreit uns aber nicht von unserer eigenen Verantwortung. Nicht nur die Demokratie und die Freiheit, auch *qualitatives Wachstum* beginnt zu Hause.

Politik bei Piper (Auswahl)

Franz Alt · Frieden ist möglich
Die Politik der Bergpredigt
21. Aufl., 819. Tsd. 1985. 119 Seiten. Serie Piper 284

Norbert Blüm · Die Arbeit geht weiter
Zur Krise der Erwerbsgesellschaft. 1983. 128 Seiten. Serie Piper 327

Hans-Peter Bull
Datenschutz oder Die Angst vor dem Computer
1984. 360 Seiten. Kt.

Ralf-Dieter Brunowsky / Lutz Wicke · Der Öko-Plan
Mit Umweltschutz zum neuen Wirtschaftswunder
2. Aufl., 15. Tsd. 1985. 237 Seiten. Kt.

Heinz Griesinger · Überrollt uns die Technik?
Wege zu ihrer Beherrschung. 1985. 109 Seiten. Serie Piper 413

Hildegard Hamm-Brücher
Der Politiker und sein Gewissen
Eine Streitschrift für mehr Freiheit. 1984. 123 Seiten. Serie Piper 265

Elisabeth Noelle-Neumann / Burkhard Strümpel
Macht Arbeit krank? Macht Arbeit glücklich?
2. Aufl., 6 Tsd. 1985. 296 Seiten. Kt.

Pipers Wörterbuch zur Politik
Herausgegeben von Dieter Nohlen

Bereits erschienen:

Band 1: **Politikwissenschaft**
Theorien – Methoden – Begriffe. 1985. 1183 Seiten. Kt.
Band 2: **Westliche Industriegesellschaften**
Wirtschaft – Gesellschaft – Politik
1983. 558 Seiten mit 69 Tabellen und 14 Abbildungen Kt.
Band 3: **Europäische Gemeinschaft**
Problemfelder – Institutionen – Politik. 1984. 471 Seiten. Kt.
Band 5: **Internationale Beziehungen**
Theorien – Organisationen – Konflikte. 1984. 583 Seiten. Kt.

In Vorbereitung:

Band 4: **Sozialistische Systeme**
Politik – Wirtschaft – Gesellschaft (Erscheint voraussichtlich Frühjahr '86)
Band 6: **Dritte Welt**
Gesellschaft – Kultur – Entwicklung (Erscheint voraussichtlich Herbst '86)